utb 1789

Eine Arbeitsgemeinschaft der Verlage

Böhlau Verlag · Wien · Köln · Weimar
Verlag Barbara Budrich · Opladen · Toronto
facultas · Wien
Wilhelm Fink · Paderborn
A. Francke Verlag · Tübingen
Haupt Verlag · Bern
Verlag Julius Klinkhardt · Bad Heilbrunn
Mohr Siebeck · Tübingen
Ernst Reinhardt Verlag · München
Ferdinand Schöningh · Paderborn
Eugen Ulmer Verlag · Stuttgart
UVK Verlag · München
Vandenhoeck & Ruprecht · Göttingen
Waxmann · Münster · New York
wbv Publikation · Bielefeld

Vertiefende Kenntnisse vermitteln die Lehrbücher des

Grundkurs Politikwissenschaft

herausgegeben von
Hans-Joachim Lauth und Ruth Zimmerling

Bislang erschienen in der Reihe außerdem:

Behnke / Baur / Behnke:
Empirische Methoden der Politikwissenschaft UTB 2695

Becker / Schmidt / Zintl:
Politische Philosophie UTB 2816

Schmid / Buhr / Roth / Steffen:
Wirtschaftspolitik für Politologen UTB 2804

Korte / Fröhlich:
Politik und Regieren in Deutschland UTB 2436

Schimmelfennig:
Internationale Politik UTB 3107

Lauth / Pickel / Pickel:
Vergleich politischer Systeme UTB 4000

Simonis (Hg.):
Handbuch Globale Klimapolitik UTB 8672

Hans-Joachim Lauth / Christian Wagner (Hg.)

Politikwissenschaft: Eine Einführung

9., aktualisierte Auflage

FERDINAND SCHÖNINGH

Online-Angebote oder elektronische Ausgaben sind erhältlich unter
www.utb-shop.de

Bibliografische Information der Deutschen Nationalbibliothek

Die Deutsche Nationalbibliothek verzeichnet diese Publikation in der Deutschen
Nationalbibliografie; detaillierte bibliografische Daten sind im Internet über
http://dnb.d-nb.de abrufbar.

9., aktualisierte Auflage 2019

© 2019 Verlag Ferdinand Schöningh, ein Imprint der Brill-Gruppe
(Koninklijke Brill NV, Leiden, Niederlande; Brill USA Inc., Boston MA, USA;
Brill Asia Pte Ltd, Singapore; Brill Deutschland GmbH, Paderborn, Deutschland)

Das Werk, einschließlich aller seiner Teile, ist urheberrechtlich geschützt. Jede
Verwertung außerhalb der engen Grenzen des Urheberrechtsgesetzes ist ohne
Zustimmung des Verlages unzulässig und strafbar. Das gilt insbesondere für
Vervielfältigungen, Mikroverfilmungen und die Einspeicherung und Verarbei-
tung in elektronischen Systemen.

Printed in Germany.
Herstellung: Brill Deutschland GmbH, Paderborn
Einbandgestaltung: Atelier Reichert, Stuttgart

UTB-Band-Nr: 1789
ISBN 978-3-8252-4976-2

Inhaltsverzeichnis

III. Methoden und Arbeitsweisen 391

Vorwort zur sechsten Auflage

Das Interesse am Universitätsstudium und am Studium der Politikwissenschaft ist weiterhin ungebrochen. Mit der Verkürzung der Schulzeiten und der Einführung von Bachelor- und Masterstudiengänge haben sich aber die Rahmenbedingungen für das Studium in den letzten Jahren grundlegend gewandelt. Zugleich wird es angesichts der zunehmenden Ausdifferenzierung der einzelnen Fachgebiete immer schwieriger, einen Gesamtüberblick über das Fach und seine Teildisziplinen zu geben, der Studieninteressierten oder Studierenden in den ersten Semestern einen Einstieg ermöglicht. Dies hat innerhalb der hochschulpolitischen Diskussion zu einem neuen Nachdenken über die Aufwertung der Lehre geführt. Die vorliegende Einführung in die Politikwissenschaft versteht sich als ein Beitrag, die Diskrepanz zwischen fachlicher Differenzierung und den Anforderungen des Studienalltags zu verringern.

Unsere *studien- und problemorientierte Einführung* richtet sich vor allem an Abiturienten, Erstsemester und Studierende im Grundstudium. *Studienorientiert* will sie einen Überblick über die Politikwissenschaft und ihre Teildisziplinen geben, sowie zentrale politikwissenschaftliche Fragen und Themenfelder vermitteln. Zudem werden für Studienanfänger relevante Fragen des wissenschaftlichen Arbeitens und der Berufsperspektiven angesprochen. *Problemorientiert* sind die einzelnen Beiträge über die Teildisziplinen der Politikwissenschaft angelegt. Ausgehend von gesellschaftspolitischen Fragen und Problemen thematisieren sie auf unterschiedliche Art und Weise die damit verbundenen zentralen politik*wissenschaftlichen* Fragestellungen. Dadurch sollen die Entwicklung und der aktuelle Stand des Faches und seiner Teildisziplinen verdeutlicht werden. Der Zugang variiert dabei. Es können normative Fragestellungen damit verbunden sein (z. B. wie kann eine gerechte internationale Ordnung gestaltet werden?), es können methodische Aspekte diskutiert (z. B. wie lässt sich das demokratische Potential einer Gesellschaft bestimmen?), analytische Aufgaben aufgegriffen (z. B. was verstehen wir unter dem Begriff der Herrschaft?) bzw. theoretische Themen erörtert werden (z. B. welche Erklärungsmodelle lassen sich für die Entstehung des Rechtsradikalismus aufstellen?). Die Autoren des Bandes versuchen so weit wie möglich, den Fachjargon zu vermeiden, um damit den Zugang zur Materie zu erleichtern.

Neben der studien- und problemorientierten Vorgehensweise ist
ein zweiter Aspekt charakteristisch für die vorliegende Einführung: Sie ist als Gemeinschaftswerk konzipiert. Der wichtigste
Grund lag für uns in der zunehmenden Ausdifferenzierung des
Wissens in allen Gebieten – auch in der Politikwissenschaft. Jede
Woche erscheinen weltweit Dutzende von neuen Büchern in unserer Disziplin, von den Aufsätzen nicht zu reden. Neue Forschungsfelder erschließen sich aus alten Projekten, neue Verästelungen
entstehen im Wissenschaftsprozess. Viele Wissenschaftler können
sich jenseits ihrer eigenen Forschungsfelder kaum noch mit anderen Gebieten inhaltlich kompetent auseinander setzen. Wir haben
uns deshalb entschlossen, für jeden Bereich einen oder zwei Autoren zu gewinnen, die ihr jeweiliges Schwerpunktgebiet mit den
zentralen Problemen und Fragestellungen, den verschiedenen Ansätzen und den zukünftigen Perspektiven darstellen. Das Fach lebt
mittlerweile von seiner Vielfalt; Toleranz anderen Grundannahmen gegenüber und den daraus folgenden unterschiedlichen Bewertungen ist deshalb ein unumgängliches Muss.
    Pluralität spiegelt die gegenwärtige Situation des Faches wider,
das nur noch begrenzt eine Einheit darstellt. Auch die Autoren im
vorliegenden Band haben unterschiedliche wissenschaftliche So-
zialisationen durchlaufen und gehen entsprechend unterschiedlich
an ihr jeweiliges Schwerpunktgebiet heran – eine Situation, die die
Realität des Faches, des Wissenschaftsbetriebs und nicht zuletzt
auch des Hochschulalltags am besten wiedergibt. Die Verschiedenheit in der Herangehensweise an die Themen, die damit verbundenen Spannungen, wechselnden Perspektiven, unterschiedlichen
Bewertungen und Darstellungsformen halten wir als Herausgeber
für unvermeidbar. In dieser Vielfalt sehen wir zugleich ein wichtiges Forum für neue Fragestellungen und Diskussionen. Die verschiedenen Beiträge bewegen sich dabei im *mainstream* des Faches
und stellen damit einen repräsentativen Ausschnitt der Politikwissenschaft dar. Durch abgestimmte Strukturierungsfragen wurde
das Ziel verfolgt, einen gemeinsamen Duktus des Bandes unter den
Autoren zu erreichen. Dass dies u. E. in vielerlei Aspekten gelang,
ist der regen und ausgiebigen Diskussion aller Beteiligten zu verdanken, die oft auch auf einer jahrelangen Zusammenarbeit basiert. Dennoch sind alle Autoren für ihre Aufsätze und ihre darin
geäußerten Bewertungen selbst verantwortlich.
    In den einzelnen Beiträgen lassen sich Überschneidungen fin-
den. Es wäre unsinnig, diese vermeiden zu wollen. Ein Beispiel:
Die Systemtheorien werden hier nicht nur in einem Aufsatz erklärt, sondern tauchen in verschiedenen Kontexten auf. Wir halten

eine solche doppelte Darstellung nicht für einen Nachteil, sondern für einen Vorteil. Der Studienanfänger hätte nur begrenzten Nutzen davon, Systemtheorien allgemein dargestellt zu bekommen. Sie haben in verschiedenen Bereichen Diskussionen ausgelöst und Kontroversen entfacht, mit jeweils unterschiedlichen Konsequenzen. Generell ist zu beachten, dass die einzelnen Teilbereiche der Politikwissenschaft in vielen Aspekten den gleichen Gegenstandsbereich – allerdings unter unterschiedlichen Fragestellungen – haben.

Das Buch gliedert sich in vier Teile. Der erste Teil *Einführung und Überblick* befasst sich mit der historischen Entwicklung und dem gegenwärtigen Stand des Faches. Der zweite Teil *Disziplinen und Schwerpunkte der Politikwissenschaft* behandelt die verschiedenen Teildisziplinen des Faches. Von der thematischen Auswahl her orientieren wir uns an den in der Rahmenordnung für den Diplomstudiengang festgelegten Schwerpunkten. Dieser Rahmen prägt auch die Bachelor-, Master- und Lehramtsausbildung, so dass alle Studierenden sich mit diesen Bereichen im Verlauf ihres Studiums auseinander setzen müssen. Hierzu zählen: *Das politische System der Bundesrepublik Deutschland, Internationale Beziehungen, Vergleichende Politikwissenschaft, Wirtschaft und Gesellschaft, Politische Philosophie* und *Politische Theorie*. Die anschließenden Beiträge über *Wahlforschung, Politikfeldanalyse* und *Entwicklungstheorien* setzen sich mit speziellen Themen und Fragestellungen der Politikwissenschaft auseinander und bieten damit ein Beispiel für die Ausdifferenzierung des Faches.

Der dritte Teil *Methoden und Arbeitsweisen* behandelt verschiedene Schwerpunkte. Zunächst werden die theoretischen und methodischen Grundlagen des Faches vorgestellt. Anschließend werden die Probleme, die sich im Studienalltag stellen, z. B. beim Verfassen einer wissenschaftlichen Hausarbeit, erörtert, wobei der Umgang mit dem Internet mit seinen Problemen und Möglichkeiten aufgegriffen wird. Der vierte und letzte Teil widmet sich unter der Überschrift *Berufsperspektiven* abschließend der Situation der Politikwissenschaftler auf dem Arbeitsmarkt – einem Aspekt also, den wir angesichts der schwierigen Situation auf dem Arbeitsmarkt nicht vernachlässigen wollen. Der *Anhang* umfasst ein Abkürzungsverzeichnis, eine Übersicht über die wichtigsten Zeitschriften sowie ein Personen- und Sachregister. Die Literaturhinweise sind dort zu finden, wo sie gebraucht und aller Wahrscheinlichkeit nach auch gesucht werden – bei den einzelnen Beiträgen. Einer kurzen, annotierten Bibliographie folgt jeweils eine Liste weiterführender Literatur.

Einen Aspekt, der nicht fehlen darf und der vielen Studienan-
fängern Probleme bereitet, wollen wir an dieser Stelle kurz er-
wähnen. Das Studium der Politikwissenschaft ist, wie jedes andere wissenschaftliche Studium auch, hauptsächlich ein *Lesestudium*.
Wir können auf den folgenden Seiten nur eine Einführung in das
Fach und seine Teildisziplinen bieten, nicht mehr. Dies ist nur der
Einstieg zu den einzelnen Themenbereichen, die jeder Studierende im eigenständigen, täglichen (Lese-)Studium vertiefen muss.
Der immer wieder auftauchende „Frust" in den Lehrveranstaltungen rührt zu einem nicht unbeträchtlichen Teil auch aus einer
lesefeindlichen Haltung her. Diskussionen in Seminaren können
nicht stattfinden bzw. erreichen ihren Zweck nicht, wenn nicht
alle dieselbe oder eine ähnliche Grundlage – und das bedeutet in
unserem Fach fast immer: *Textgrundlage* – haben. Es empfiehlt sich
deshalb von Beginn des Studiums an, sich eine *eigene Bibliothek*
aufzubauen. Die Angebote der Bundeszentrale und der Landeszentralen für politische Bildung sollten hierbei genutzt werden.
Neben Büchern müssen auch die Fachzeitschriften regelmäßig
verfolgt werden, da aktuelle Diskussionen gerade dort stattfinden.
    Mit der vorliegenden Auflage hat es auch Veränderungen bei
den Herausgebern und Autoren gegeben. Manfred Mols hat sich
nach seiner Emeritierung aus dem Gremium der Herausgeber
mit der vorliegenden Auflage zurückgezogen. Dankenswerterwei-
se ist er uns als Autor mit seinem einführenden Beitrag erhalten
geblieben. Wir sind Ihm zu besonderem Dank verpflichtet, war es
doch seiner Initiative zu verdanken, dass die erste Auflage der
vorliegenden Einführung Anfang der neunziger Jahre erscheinen
konnte. Mittlerweile hat sich das Buch zur meist verkauftesten
Einführung in die Politikwissenschaft entwickelt. Daneben haben
einige Autoren aufgrund neuer wissenschaftlicher Forschungs-
orientierungen von einer weiteren Mitarbeit Abstand genommen.
Wir möchten uns an dieser Stelle bei allen Autoren bedanken,
deren Beiträge zum Erfolg der vergangenen Auflagen beigetragen
haben. Zugleich sind neue AutorInnen hinzugekommen, deren
Engagement in Zeiten knapper Zeitbudgets sehr zu schätzen wissen. Die Auswahl der Autorenschaft orientierte sich dabei an der
gleichfalls im Schöningh-Verlag erscheinenden Reihe „Grundkurs Politikwissenschaft", die von Hans-Joachim Lauth und Ruth
Zimmerling herausgegeben wird und die in der vorliegenden Einführung systematisch entfaltet wird.
    Dank auch all denjenigen, die mit nicht geringen Anstrengun-
gen in mühevoller Kleinarbeit mitgeholfen haben, dieses Buch in
der vorliegenden Form zu realisieren. Dies gilt besonders Oliver

Kauff und Anna-Maria Bös für ihre Zeit und Mühe, die vorliegenden Manuskripte so zu bearbeiten und mit einem Register zu
versehen, dass einer Veröffentlichung nichts mehr im Wege stand.
Nicht zuletzt möchte wir auch dem Verlag Schöningh und seinem
Lektor Dr. Sawicki danken, der uns seit vielen Jahren produktiv
begleitet. Schließlich möchten wir allen Studierenden wünschen,
dass der vorliegenden Band dazu beiträgt, nicht nur das Wissen
über die Politikwissenschaft zu vermehren, sondern das Interesse
an einem eigenständigem Studium zu vertiefen und dabei die
Neugier auf stets neue Fragen offenhält.

Würzburg und Berlin im Frühjahr 2009
Hans-Joachim Lauth und Christian Wagner

Vorwort zur neunten Auflage

Wir widmen diese neunte Auflage Professor Dr. Manfred Mols, der am 3. Mai 2016 im Alter von 81 Jahren verstorben ist. Seiner Initiative und sein Engagement für die Lehre war es zu verdanken, dass die erste Auflage dieser Einführung in die Politikwissenschaft 1994 erschien. Manfred Mols zählte zu der Generation junger Politikwissenschaftler, die seit Anfang der 1970er Jahre maßgeblich dazu beigetragen haben, das Fach als eigenständige Disziplin an den Universitäten zu etablieren. Sein Forschungsinteresse galt stets der außereuropäischen Welt, lange bevor Begriffe wie Globalisierung in die Politikwissenschaft Einzug hielten. Seine Forschungen lieferten wichtige Beiträge unter anderem zur Entwicklung politischer Integrationsprozesse zunächst in Lateinamerika und später in Asien. Sein unermüdlicher Wissensdurst und seine Neugier für aktuelle Entwicklungen und wissenschaftliche Fragestellungen waren für seine Studierenden sowie Mitarbeiterinnen und Mitarbeiter ein immerwährender Ansporn. Wir möchten sein Andenken mit dieser Einführung gerne bewahren.

In der vorliegenden Auflage wurden neuere und neuste wissenschaftliche Entwicklungen berücksichtigt, die Literatur aktualisiert und das Zeitschriftenverzeichnis erweitert. Wir danken Lisa Vogt für ihr wie stets kompetentes Engagement bei der Überarbeitung der vorliegenden Auflage und freuen uns auf die Rückmeldung der Leserschaft.

Würzburg und Berlin, Frühjahr 2018
Hans-Joachim Lauth und Christian Wagner

Abkürzungsverzeichnis

a. a. O.	am angeführten Ort
ASEAN	Association of South-East Asian Nations
APSR	American Political Science Review
APEC	Asia Pacific Economic Cooperation
APuZ	Aus Politik und Zeitgeschichte
Attac	Association pour une Taxation des Transactions financières pour l'Aide aux Citoyens (franz. Abk. für „Vereinigung zur Besteuerung von Finanztransaktionen im Interesse der BürgerInnen"
B.A.	Bachelor of Arts
BAföG	Bundesausbildungsförderungsgesetz
BAT	Bundesangestelltentarif
BFIO	Büro Führungskräfte zu Internationalen Organisationen
BIP	Bruttoinlandsprodukt
BPB	Bundeszentrale für Politische Bildung
BRD	Bundesrepublik Deutschland
BWL	Betriebswirtschaftslehre
CCP	Committee on Comparative Politics
CEPAL	Comisión Económica Para América Latina, UN-Wirtschaftskommission für Lateinamerika
CERN	Centre Européenne pour la Recherche Nucléaire
DAAD	Deutscher Akademischer Austauschdienst
DAC	Development Assistance Committee, Entwicklungsausschuss der OECD
DGB	Deutsche Gewerkschaftsbund
DHfP	Deutsche Hochschule für Politik
DIE	Deutsche Institut für Entwicklungspolitik
DVPW	Deutsche Vereinigung für Politische Wissenschaft
ebd.	ebenda
EG	Europäische Gemeinschaft
EU	Europäische Union
EuGH	Europäischer Gerichtshof
GATT	General Agreement on Tariffs and Trade
GG	Grundgesetz
GUS	Gemeinschaft Unabhängiger Staaten
G77	Gruppe der 77

HSFK	Hessische Stiftung für Friedens- und Konfliktforschung
HRK	Hochschulrektorenkonferenz
HTML	Hyper Text Markup Language
http	hypertext transport protocol
INRO	Internationale Nicht-Regierungsorganisation
INGO	International Non-Governmental Organization
ISBN	Internationale Standardbuchnummer
ITO	International Trade Organization
IWF	Internationaler Währungsfonds
KMK	Kultusministerkonferenz
KSZE	Konferenz über Sicherheit und Zusammenarbeit in Europa
loc. cit	loco citato
M.A.	Magister Artium
M.A.	Master of Arts
MERCOSUR	Mercado Común del Sur (Südamerikanischer Gemeinsamer Markt)
MEW	Marx-Engels-Werke
NAFTA	North American Free Trade Agreement
NATO	North Atlantic Treaty Organisation (Nordatlantische Verteidigungsorganisation)
NPÖ	Neue Politische Ökonomie
NRO	Nicht-Regierungsorganisation
OECD	Organization for Economic Cooperation and Development, Organisation für wirtschaftliche Zusammenarbeit und Entwicklung
OPAC	Online Public Access Catalogue
OPEC	Organization of Petroleum Exporting Countries (Organisation erdölexportierender Länder)
OSZE	Organisation für Sicherheit und Zusammenarbeit in Europa
ÖZP	Österreichische Zeitschrift für Politikwissenschaft
PR	Public Relations
PROKLA	Probleme des Klassenkampfes
PVS	Politische Vierteljahresschrift
QCA	Qualitative Comparative Analysis
SWS	Semesterwochenstunde
TNC	Transnational Corporation
UdSSR	Union der Sozialistischen Sowjet-Republiken
UNO/VN	United Nations Organization/Vereinte Nationen

UNCTAD	United Nations Conference on Trade and Development (Konferenz der UN für Handel und Entwicklung)
UNDP	United Nations Development Programme, UN-Entwicklungsprogramm
URL	uniform resource locator
USA	United States of America
VfZ	Vierteljahrshefte für Zeitgeschichte
vgl.	vergleiche
VWL	Volkswirtschaftslehre
WTO	World Trade Organization/Welthandelsorganisation
WWW	World Wide Web
ZfP	Zeitschrift für Politik

Einführung und Überblick I.

Politik als Wissenschaft: Zur Definition, Entwicklung und Standortbestimmung einer Disziplin

Manfred Mols

Einleitung 1.

Die Politikwissenschaft ist in vielen Ländern der Welt zu einem Universitätsfach geworden. Dies belegt auch die regionale Erweiterung der Disziplin durch die Gründung der *Asian Political and International Studies Association* APISA, die im November 2003 in Singapur ihren Gründungskongress abhalten konnte (Archarya/ To 2004). Wer die Geschichte der nordamerikanischen Politikwissenschaft oder gar die schwierige, von vielen innerakademischen Anfechtungen begleitete (Neu)Gründung des Faches in Westdeutschland nach 1950 kennt, wird in seiner weltweiten Entwicklung die Bestätigung seines Ranges in der modernen Wissenschaftslandschaft sehen.

Bei allem Aufstieg sind auch Probleme geblieben, die um das Selbstverständnis, um den Gegenstand und die konkrete Stellung der Politikwissenschaft im Fächergefüge des Universitätswesens kreisen, um das Spannungsverhältnis von Politik als Wissenschaft und Politik als praktische Gestaltung des Gemeinwesens und seiner internationalen Bindungen. Dies und einiges mehr so anzudiskutieren, dass der heutige Studienanfänger ein eigenes Verhältnis zur Art und Weise politikwissenschaftlichen Denkens erhält, ist Anliegen dieses einleitenden Beitrages, um Studierende zur Politikwissenschaft hinzuführen. Anliegen des Beitrages

Ein Teil der angedeuteten Reibungen an der Politikwissenschaft bezieht sich in erster Linie auf die deutsche Universität, genauer gesagt auf jene deutsche Universität, die nach der Zäsur des Nationalsozialismus fast ängstlich darauf bedacht war, ein in vielen Bereichen verlorengegangenes oder bedrohtes Profil zurückzugewinnen und die damals glaubte, sich keine Experimente mit ‚neuen‘ Fächern leisten zu können. Ein anderer Teil, wie etwa das, was sich auf die ‚Natur‘ des Faches oder auf seine praktische Anwendbarkeit bezog, ist auch international diskutiert worden Anfänge der Politikwissenschaft in Deutschland und gehört weiterhin in die internen Dispute und Dialoge der Disziplin. Allerdings: In jenen einleitend genannten 1950er Jahren hätte ein Student weder in den USA noch in anderen westlichen Ländern nennenswerte Akzeptanzprobleme des Faches *political science* gespürt. In Kanada beispielsweise wurde bereits 1888 die erste politikwissenschaftliche Professur eingerichtet. Ebenso war es in Europa schon vor dem Ersten Weltkrieg (1912) zu einem ersten Lehrstuhl in Oxford gekommen (Andrews 1982). Wie rasant der internationale Aufstieg des Faches war, zeigt sich darin, dass man bereits im Jahre 1900 an etwa einem halben Dutzend amerikanischer Universitäten einen politikwissenschaftlichen Doktorgrad erwerben konnte. Um 1903 gab es in Nordamerika schon rund 1.000 *political scientists*. Doch Politikwissenschaft ist weitaus älter und ungleich traditionsgeladener als bislang angeführt.

Politikwissenschaft in Nordamerika

2. Politik und Politikwissenschaft: Eine Begriffsbestimmung

Politikwissenschaft ist das wissenschaftliche Herangehen an ein höchst praktisches, uraltes und mit dem Menschen als Gemeinschaftswesen verbundenes Geschäft: Politik.

Was ist Wissenschaft? Was ist Politik? Und wie kommt beides so zusammen, dass man von einer Politik-Wissenschaft sprechen kann?

Wissenschaftsverständnis

Wissenschaft nennt man die in ihren Aussagen überprüfbare und systematische Beschäftigung mit nahezu beliebigen Bereichen der Natur, des menschlichen Denkens und des menschlichen Zusammenlebens und seiner Gestaltungsformen. Die Beschäftigung kann extrem abstrakt (Mathematik, theoretische Physik), verbunden mit anschaulich handfesten und im allgemeinen wiederholbaren Experimenten (Zoologie) bzw. experimentähnlichen wiederkehrenden Situationen (Teile der Wirtschaftswissenschaften oder der sozialwissenschaftlichen Verhaltensforschung) erfolgen. Es kann auch die Auswertung konkreter und nicht selten einmaliger Erfahrungen den Kern der wissenschaftlichen Arbeit bestimmen (die teilnehmende Beobachtung des Ethnologen oder des Politikwissenschaftlers, der konkrete Entscheidungsprozesse studiert). Die Überprüfbarkeit der wissenschaftlichen Aussagen hängt zum einen von einer präzisen Sprache und Begrifflichkeit ab, zum anderen von der Art standardisierter Vorgehensweisen und Zugriffe (Methoden), zum dritten nicht zuletzt von geistigen Strömungen und Traditionen, innerhalb derer man sich bewegt

Kriterien der Wissenschaftlichkeit

und Wissen und Argumente weitergibt. Wissenschaft steht und fällt damit, dass ihre Aussagen mitteilbar, nachvollziehbar und zugleich kritisierbar sind (Brecht 1961; Alemann 1995). Zur Wissenschaft gehört auch, dass ihre Aussagen in einen systematischen Zusammenhang gebracht werden können, der Einzeltatsachen zu ordnen hilft, sie in übergreifende Aussagen genereller Natur stellt und möglichst zu Erklärungen, d. h. zu verallgemeinernden Begründungsableitungen, vorstößt. Letzteres ist das Anliegen von Theorie, die entweder dem Besonderen einen sinnhaften Stellenwert in einem Allgemeineren zuweist oder eben einzelne Erscheinungen in ableitbare Zusammenhänge von Ursachen und Wirkungen bringt. In den Naturwissenschaften beruht die Gültigkeit von Theorie bzw. Erklärung auf der Wiederholung von Ereignisverknüpfungen. In den traditionellen Geisteswissenschaften (z. B. Literaturwissenschaften, Geschichtswissenschaft) geht es primär um kulturell erfahrene Sinnzusammenhänge, in denen ‚Tatsachen' als Bestandteile eines von subjektiven Vorannahmen erfüllten hermeneutischen, d. h. auf Verstehen bedachten, Kontextes aufgefasst werden.

> **Theorie und ihre Gültigkeit**

In den Sozialwissenschaften, die sich nicht selten als eine dritte Größe neben Natur- und Geisteswissenschaften präsentieren und damit implizit zugeben, dass sie aus beiden Richtungen Verständnisebenen von Wissenschaft aufgreifen, bedeutet Theorie noch etwas anderes. Sie ist entweder eine modellähnliche, abstrakte und damit reduzierte Konstruktion von Wirklichkeit, die auf als relevant empfundene Zusammenhänge achten lässt (Musterbeispiele bieten die soziologische und die politikwissenschaftliche Systemtheorie auf der Makroebene, die Spieltheorie auf der Ebene der Rationalität von Entscheidungen). Oder sie präsentiert die in der wissenschaftlichen Durchdringung der Materie gewonnene Erkenntnisse und Erfahrungen, d. h. den Verweis auf sich wiederholende Verhaltensweisen und/oder Entwicklungen in vergleichbaren historischen und verhaltensrelevanten Konstellationen sozialer, politischer oder auch ökonomischer Natur.

> **Theorie in den Sozialwissenschaften**

Politik ist demgegenüber zunächst eine höchst praktische Angelegenheit. Politik ist in Europa, wie schon ihre sprachliche Wurzel, das griechische Wort *polis* (Stadt, Burg, Gemeinde), anzeigt, ursprünglich auf die inneren Verhältnisse und die Bestandswahrung eines überschaubaren (Stadt-)Staates angelegt. Heute umfasst der Begriff der Politik „jenes menschliche Handeln, das auf die Herstellung allgemein verbindlicher Regelungen und Entscheidungen in und zwischen Gruppen von Menschen abzielt" (Patzelt 2003: 23). Aus der Politik der Polis ist (modern gespro-

> **Politikbegriff**

chen) über die Kommunalpolitik hinaus Regionalpolitik, Staats-
politik, Weltpolitik usw. geworden, die sich ihrerseits je nach Zu-
ständigkeitsbereich in einigermaßen fest umrissene Einzelgebiete
aufteilen: Innenpolitik, Wirtschaftspolitik, Finanzpolitik, Verteidi-
gungspolitik, Sozialpolitik, Verkehrspolitik, Außenpolitik, Umweltpolitik usw. (Maier/Vogel 1988). Dabei vollzieht sich Politik
in einem zunehmend komplexer werdenden Geflecht von staatlichen und supranationalen (Beispiel: die Europäische Union),

Politik in vielfältigen Verflechtungen globalen (das System der Vereinten Nationen) und internatio-
nal-gouvernemental-regionalen (die Assoziation Südostasiati-
scher Nationen ASEAN oder die Arabische Liga) Gremien und
Führungsstrukturen. Auch gesellschaftlich-transnationale (internationale Gewerkschafts- oder Parteienverbände) und wirtschaft-
lich-multinationale (Banken, Aktiengesellschaften) Akteure spielen einen zunehmend gewichtiger werdenden politischen oder
zumindest parapolitischen Part. Der nationale Staat wird wahrscheinlich bis auf weiteres die zentrale politische Ordnungs- und

Bedeutung und Grenzen des Nationalstaats Gliederungsform der Welt bleiben. Es treten ihm aber immer
mehr konkurrierende Größen politischer Natur entgegen, die sei-
nen existentiellen Rang, seine an den Begriff der Souveränität
gekoppelte einzigartige Entscheidungskompetenz, vor allem aber
seine Gestaltungskraft relativieren, wenn nicht sogar partiell ersetzen (Mols 1992; Simonis/Lauth/Bröchler 2007).

Politik hat also einen komplizierten und für viele Menschen
eher verwirrenden Charakter angenommen. Aus der Willensbildung in einem konkreten, überschaubaren Gemeinwesen und
aus der Führung in ebenso überschaubaren Verantwortungsbe-
reichen auf der Basis persönlicher Ausstrahlung, Lebenserfah-
rung und eines ausgebildeten *common sense* sind hochspezialisier-
te Funktionsbereiche geworden, bei denen (man sieht dies deutlich
an der Umweltproblematik) Bewältigungszwänge für den eigenen
unmittelbaren Lebensbereich und für die globale Ebene gleitend
ineinander übergehen können. Dies zu studieren und zu erforschen und vielleicht mit den Möglichkeiten der Wissenschaft mit
zu beeinflussen, kann eine ebenso reizvolle wie spannende Aufgabe sein.

Dem Leser kann nicht entgangen sein, dass wir uns längst der
Ausgangsfrage, wie es um das Verhältnis von Politik zur Politik-

Definition Politikwissen-schaft wissenschaft steht, genähert haben. Ein erster Ausgangspunkt
liefert folgende einfache, aber völlig korrekte Definition von Politikwissenschaft: Politikwissenschaft ist die systematische Beschäftigung mit den gerade ausgebreiteten Ereignisfeldern und Strukturmerkmalen des Politischen (Heinrich 1989: 34). Weiterhin

lässt sich die seit den späten siebziger Jahren durchgesetzte dreifache Perspektive aufgreifen, die in etwa der modernen Entwicklungsgeschichte des Faches und seinen sich allmählich herauskristallisierenden Interessenschwerpunkten entspricht: Politikwissenschaft beschäftigt sich *erstens* mit der Betrachtung von Strukturen und konstitutiven Normen des politischen Systems auf der Makro- wie auf intermediären und Mikroebenen; ihr geht es *zweitens* um die Analyse politischer Prozesse; Politikwissenschaft ist *drittens* auf die Planung, Durchführung und Überprüfung konkreter politischer Gestaltungsaufgaben gerichtet. Für diese dreifache Aufgabendefinition ist aus der angelsächsischen Literatur die sprachliche Trias *polity*, *politics* und *policy* übernommen worden. Oft verzichten aber gerade nordamerikanische und britische Lehrbücher auf sehr präzise Definitionen von Politikwissenschaft und stellen die *science of politics* statt dessen lieber in Schlüsselbegriffen des Politischen vor: Legitimität, Souveränität, Autorität, Macht usw.

Drei Dimensionen der Politik

polity, politics und policy

Es gibt zu den Versuchen, die Politikwissenschaft auf eine sprachlich-definitorische Formel zu bringen (oder zu dem bewussten Verzicht darauf), seit vielen Jahrzehnten eine alternative Strategie. Ausgehend von der Grundüberlegung, dass das Politische eine (manchmal dominierende, manchmal schwächere) Beimischung sehr vieler sozialer Beziehungen ist, kam immer wieder die Frage auf, was denn die besondere politische Qualität in diesen Interaktionsmustern sei. Die Fragestellung hat eine wichtige Rolle im Selbstverständnis der Politikwissenschaft gespielt. Sie ist in Deutschland unter der Bezeichnung ,Begriff des Politischen' gestellt und diskutiert worden, dem „archimedischen Punkt politologischer Analyse" (Albrecht et al. 1989: 9).

Begriff des Politischen

Wie zu erwarten, gibt es auf die Frage nach der eigentlichen Substanz oder dem Wesen der Politik verschiedene denkbare Antworten (Berg-Schlosser/Stammen 1995). Für die einen ist Herrschaft die maßgebliche politische Grundkategorie. Neomarxisten begriffen Politik als Macht- und Herrschaftsverhältnisse, die sich auf Klassenstrukturen beziehen. Macht überhaupt ist ein weiterer Einstieg für die Bestimmung des Politischen, den man schon in der Antike und seit der beginnenden Neuzeit mit Niccoló Machiavelli (1469-1527) und nicht zuletzt mit Thomas Hobbes (1588-1679) diskutiert.[1] Carl Schmitt, von dem die Bezeichnung ,Der Begriff des Politischen' stammt, weist auf die „Unterscheidung

---

[1] Man nennt im Allgemeinen diejenigen, die sich beim wissenschaftlichen Nachdenken über Politik auf Machtverhältnisse konzentrieren, Realisten. Die

von Freund und Feind" hin. Ein alternativer Politikbegriff heißt Frieden (Sternberger). Wiederum andere Politiktheoretiker, insbesondere, wenn sie durch das katholische Staats- und Sozialdenken im Gefolge der wirkungsträchtigen Philosophie Thomas von Aquins (1225-1274) bzw. überhaupt durch die Schule des Aristoteles (384/83-322) beeinflusst sind, stellen das Gemeinwohl in den Mittelpunkt ihrer Überlegungen. Dem politikwissenschaftlichen Denken fällt danach die Aufgabe zu, Kriterien für die gute Ordnung menschlichen Zusammenlebens zu erarbeiten. In der angelsächsischen Welt ist besonders der in Chicago lehrende David Easton (1965) mit seiner Definition von Politik als der „autoritativen Allokation von Werten" hervorgetreten. Werte können beliebige Güter und Zuweisungen (auch negativer Natur, also Sanktionen) sein. Politik ist hier deren verbindliche Verteilung (Allokation) durch das politische System. In diesen verschiedenen Perspektiven bzw. Diskussionen erschließt sich letztlich das komplexe Feld der Politik. Man sollte sie daher nicht exklusiv, sondern eher komplementär verstehen.

3. Eigenheiten politikwissenschaftlichen Denkens: Grundfragen und Voraussetzungen

3.1 Selektion und Abstraktion: Der Beginn (politik)wissenschaftlichen Arbeitens

Es ist faktisch unmöglich, sprachlich und unmittelbar die ungeheure Vielfalt des politischen Lebens bzw. die Menge vorhandener politischer Meinungen nachzuvollziehen. Jede Wissenschaft fängt damit an, dass man sich für die Beachtung von als relevant angenommenen Aspekten entscheidet, d. h. *Wissenschaft ist immer Produkt einer analytischen, nach erkenntnisleitenden Gesichtspunkten getroffenen Auswahl.* Man zieht gleichsam das als wichtig Erachtete aus einer Fülle von Erscheinungen, Zusammenhängen, Daten und ‚Fakten' heraus. Wissenschaft ist so gesehen immer ein Stück bewusst vorgenommener Abstraktion (lat. *abstrahere* = abziehen, herausziehen). Auch Politikwissenschaft ist daher Selektion von Relevantem, Abstraktion aus einer unendlich komplexeren politisch-historisch-sozialen Lebenswelt. Wissenschaftliche Arbeit, darin ist Karl Popper zuzustimmen, hat etwas mit einem Schein-

---

realistische Schule hat besonders in der Lehre von den internationalen Beziehungen einen anerkannten Stellenwert.

werfer zu tun, frei übersetzt mit einem einigermaßen präzisen, vorgefassten Einstieg, dessen eigentliche Aufgabe Selektion, Zuwendung zu dem als wesentlich Erachteten heißt (Popper 1972: 47).

Einflussfaktoren auf den politikwissenschaftlichen Auswahl- und Arbeitsprozess   3.2

Traditionen, geistige Strömungen und Ordnungsbilder   3.2.1

Wir bewegen uns immer in geistigen Strömungen und Traditionen, die gerade im Denken über Politik ihren Rang haben. Sie zu benennen, mit ihnen offen zu arbeiten ist ein Stück alltäglicher wissenschaftlicher Rationalität. Dies bedeutet gleichzeitig eine Vielzahl von tatsächlichen theoretischen, vortheoretischen und/ oder ideologischen Einstiegen. Ein Marxist wird anders an Verteilungsfragen herangehen als jemand, der in Kategorien schnellen volkswirtschaftlichen Wachstums denkt. Dem südostasiatischen Harmoniedenken ist der westliche Glaube an die konstruktive Impulskraft sozialer Konflikte fremd. Konflikte sind nach solchen Auffassungen auszuräumende Störgrößen von Stabilität.

Nahezu nahtlos knüpft sich hier ein anderer Gesichtspunkt an: Es gibt so etwas wie große, ganze Welt- und Ordnungsbilder bestimmende Sensibilisierungen in Form von politischen Ideologien. In modernen Zeiten gehören Konservatismus und Liberalismus dazu, Sozialismus und Kommunismus, Anarchismus und Faschismus, auf einer anderen Ebene auch die Mystifizierung der Mexikanischen Revolution (der Jahre ab 1910) als Prozess nationaler Selbstfindung wie auch jene fünf Säulen eines ,offiziellen' indonesischen politischen Bewusstseins, die man als Pancasila (Magnis-Suseno 1989) bezeichnet hat. Ideologien sind Weltsichten mit fließenden Übergängen in philosophische wie in theologische Dimensionen und in grundsätzliche politische Leitvorstellungen hinein. Für unseren Argumentationszusammenhang besteht ihre Bedeutung darin, dass sie Sensibilisierungsstränge herstellen, Perspektiven, Sichtweisen, die prägend in die Politikwissenschaft, ihre Fragestellungen, ihre Antwortrichtungen usw. hineinragen und deren Relevanz für die praktische Politik nicht deutlich genug unterstrichen werden kann.[2]

Welt- und Ordnungsbilder

---

[2] Die konstruktivistische Sichtweise der internationalen Beziehungen reflektiert entsprechend diese gedanklichen Grundlagen der Politik (Krell 2004).

3.2.2 Impulse aus der vorwissenschaftlichen Welt

Es gibt in der Politikwissenschaft nicht zu unterschätzende Impulse aus der vorwissenschaftlichen Welt. Dem Forscher wird vieles aus seiner persönlichen Erfahrungswelt als Staatsbürger, als Betroffener, als politisch Interessierter zum Problem. Was als politisch wichtig angesehen wird, auch als politikwissenschaftlich so bedeutsam, dass man sich ihm widmet, hängt sehr oft mit Eingaben aus dieser vorwissenschaftlichen Daseinserfahrung zusammen. In den Worten eines der bedeutendsten frühen deutschen Politologen, Hermann Hellers: „Jede echte Frage hat deshalb ihren Ursprung in der relativ objektiven Fragwürdigkeit des von uns faktisch mitgelebten Lebens" (Heller 1961: 26). Die Alternativen seien Scheinprobleme, d. h. Dinge, die mit dem Menschen und seiner politischen Existenz nichts oder nicht mehr viel zu tun haben. Der bolivianische Politologe Felipe Mansilla (1986: 9) geht so weit, mit einer deutlichen Verachtung von ‚Buch-Wissenschaften' überall dort zu sprechen, wo (Politik-)Wissenschaft zur immer wieder neu vorgelegten Interpretation, Ergänzung und Bereinigung von Texten (im Allgemeinen der so genannten Klassiker) degeneriert.

Kontext der Problem-wahrnehmung

3.2.3 Der wünschbare Praxisbezug politikwissenschaftlichen Denkens und einige seiner Implikationen

Das Argument von der Betroffenheit aus der vorwissenschaftlichen Daseinserfahrung hat Heller noch gesteigert: „Ohne letztlich praktische Forschungsabsicht kann es in der Staatslehre weder fruchtbare Fragen noch wesentliche Antworten geben" (Heller 1961: 26). Oder, um ein berühmtes Wort Hans Freyers (1964: 305) abgewandelt und pointiert vorzutragen: Nur wer politisch etwas will, sieht politikwissenschaftlich etwas. Solch eine Position mag in ihrer Radikalität überzogen klingen: Die praktische Forschungsabsicht heißt nichts anderes, als auf ein Stück Weltveränderung aus Betroffenheit hinzuwirken. In diesem Geiste hat Arnold Bergstraesser die zeitweilig mit Abstand einflussreichste deutsche politikwissenschaftliche Richtung, die *Freiburger Schule*, begründet: „Die Rechtfertigung der Politik als Wissenschaft liegt in ihrer Konzentration auf die *res gerendae*", d. h. auf ‚die Dinge, die zu tun sind' (Bergstraesser 1966: 28).

Praktische Forschungsabsicht

Jenseits von solchen grundsätzlichen Überlegungen stößt man sehr rasch auf das Spannungsverhältnis zwischen Politikwissen-

schaft und politischer Praxis, mit dem sich schon Max Weber
(1992) auseinander gesetzt hatte. Wir haben es, wenn wir von dem
Verhältnis von Politik als Wissenschaft und politischer Praxis sprechen, mit zwei Bezugsgrößen zu tun: der Rolle, die Wissenschaftler einnehmen können und eventuell müssen, und dem Part, den
die ‚Praktiker' spielen (Abgeordnete, Minister und Staatssekretä-
re, hohe Beamte, Entscheidungsträger in Verbänden und in internationalen Gremien usw.). Was bietet die eine Bezugsgröße der
anderen an, und worin bestehen mögliche und/oder tatsächliche
Rückkoppelungen?

Jenseits von Einzelheiten der Politikberatung wird man der Politikberatung
verbreiteten Meinung zustimmen müssen, dass es kaum noch
praktisch-politische Entscheidungen auf nationalen wie auf internationalen Ebenen gibt, die nicht der Information und Beratung
durch Experten in einzelnen Fachfragen bedürfen (Mols 1998;
Falk et al. 2006; Bröchler/Schützeichel 2008). Der Bedarf ist
genauso eindeutig wie die wachsende Tendenz zur Beratungs-
beteiligung auch von Politikwissenschaftlern.[3] Der Vorteil für die
Politikwissenschaft liegt auf der Hand. Wie in anderen Wissenschaften besteht ein erheblicher Teil der inneren Dynamik des
Faches im Vorstellen, Entkräften und Weiterentwickeln akademischer Positionen, d.h. in theoretisch gesicherten Potenzialen –
Aktivitäten, die zur fachinternen Selbstabschließung führen können. Politikberatung bedeutet demgegenüber die praktische Nutzen der
Herausforderung, sich aktuellen Problemlagen zu stellen und Politikberatung
entscheidungsgerichtete, operativ verwertbare Antworten zu finden. Politikberatung ist so gesehen ein außerordentlich nützliches
Korrektiv für viele Versuchungen, die vom akademischen Elfen-
beinturm ausgehen. – Umgekehrt kann der Nutzen für die praktische Politik darin bestehen, dass sich über die politisch-wissen-
schaftliche Beratung das anstehende Problem konzeptuell
präzisieren lässt – und dies auch mit Blick auf Lösungen (kein
geringerer als Henry Kissinger ist nicht müde geworden, auf dieses spezifische politikleitende Potenzial aus dem akademischen
Bereich aufmerksam zu machen). Politikwissenschaftliche Politikberatung kann des weiteren Distanz (z. B. gegenüber parteipolitischen Verranntheiten) und immer wieder auch das Zur-Ver-
fügung-Stellen eines spezifischen Wissensschatzes bedeuten,
über den der einzelne hohe Beamte, Parlamentarier, Diplomat
usw. nicht verfügen dürfte.

---

[3] Den Bedarf verdeutlicht die neu gegründete „Zeitschrift für Politikberatung"
    (ZPB) beim VS-Verlag.

Hier massiv dafür zu plädieren, dass Politikwissenschaft nicht den verantwortlichen Kontakt zur praktischen Politik verliert, bedeutet nicht, einige damit verbundene Probleme zu verkennen. Es besteht z. B. immer wieder die Gefahr einer „Sprachbarriere zwischen Beratern und Beratenen" (Frey 1992), die dann für beide Seiten abstoßend wirkt. Auch sind mitwirkende Wissenschaftler der Gefahr von Gefälligkeitsargumentationen ausgesetzt. Die Verführung durch die Macht soll nicht unterschätzt werden. An der wünschbaren partiellen (nicht vollständigen!) Verflechtung von Politikwissenschaft und politischer Praxis ändert das jedoch nichts.

Verflechtung Politikwissenschaft und polischer Praxis

3.2.4 Die epochale Einbindung politikwissenschaftlichen Denkens

Es gibt über das bisher Gesagte hinaus noch ein ganz spezifisches Verhältnis von Politikwissenschaft und politisch-sozialer Praxis: die Prägung politisch-theoretischen Denkens durch die jeweils erfahrene historische Epoche. Logisch haben sich hier in der Regel zwei Alternativen angeboten: a) die Herausforderung durch eine Krisen- und Umbruchsituation und als Antwort darauf der Entwurf einer neuen Ordnung, b) eine Bestandserfassung der zeitgeschichtlich-aktuellen Situation sozusagen in Grossaufnahme. Im ersten Fall liegt meist ein kritischer Duktus in der Argumentation vor, im zweiten Fall nicht selten ein affirmativer. Für all dies gibt es prominente Beispiele, häufig kommen Mischverhältnisse vor. Platon und Aristoteles legen ihre Überlegungen zur Herrschaftsordnung und zur politischen Ethik zur Zeit der Krise der griechischen Polis vor. Thomas Hobbes fühlt sich herausgefordert durch die biographisch miterlebte Bürgerkriegssituation im England seiner Zeit. Marx' Werk ist im Kern zunächst eine gnadenlose Abrechnung mit den Strukturdefekten des miterlebten aufblühenden kapitalistischen Zeitalters. Rudolf Smends beachtetes Werk „Verfassung und Verfassungsrecht" (zuerst 1928) ist der Versuch, der inneren Staatsentfremdung der Weimarer Republik auf die Spur zu kommen und zugleich Richtungen zu weisen, wie ein partizipativerer Staat funktionieren sollte. Die Mischung aus grundsätzlicher Bestandsaufnahme des jeweils geltenden Zeitalters, philosophischer Zeitkritik und Hindenken auf neue Ordnungsentwürfe ist, wie nicht anders zu erwarten, bei jedem der großen politisch-philosophischen Denker akzentuell unterschiedlich ausgeprägt. Heute stehen Globalisierungsüberlegungen und die Gefährdung wie die Möglichkeiten von Freiheit und Gerechtigkeit im Vordergrund (Sen 1999; Heuser 2000).

Epochale Herausforderungen spielen in Zeiten großer historischer Umbrüche eine besondere Rolle. In einer solchen Zeit leben wir jetzt. Das Ende des Kalten Krieges, die Folgelasten von Perestroika einschließlich der Selbstauflösung der ehemaligen Sowjetunion, die deutsche Wiedervereinigung, das Ringen um eine Neugestaltung Europas, neue Blockbildungen in den Amerikas und im asiatisch-pazifischen Raum, das wachsende Gewicht Chinas und nicht zuletzt die politischen und sozialen Folgen der Klimaveränderung stellen nicht nur veränderte Handlungszwänge auf, sie fordern auch zu wissenschaftlich-konzeptuellen Neubesinnungen heraus.

Konkrete Vorarbeiten und soziale Einbindung   3.2.5

Wissenschaft fängt selten beim Punkte Null an, sondern über die angedeuteten Traditionen hinaus bei konkreten Vorarbeiten, deren Ergebnisse, Thesen, Fragen und Hypothesen aufgegriffen werden. Dabei ist Wissenschaft immer auch ein soziales Unternehmen, in dem bevorzugte Themen-, Bearbeitungs- und Lösungsstandards gelten, die wie eine Mode eine Zeit lang en vogue sind und oft, meist recht abrupt, wieder aufgegeben und durch alternative Paradigmen ersetzt werden oder parallel dazu weiter existieren.

Paradigmen und Paradigmenwechsel

> „Das Studium der Paradigmata [...] ist für den Studierenden die wichtigste Voraussetzung für die Mitgliedschaft in einer wissenschaftlichen Gemeinschaft, mit der er später arbeiten will. Da er sich dort Menschen anschließen wird, welche die Grundlagen ihres Gebietes anhand derselben konkreten Modelle kennen gelernt haben, wird seine spätere Arbeit selten offene Meinungsverschiedenheiten über Grundprinzipien auslösen. Menschen, deren Forschung auf gemeinsamen Paradigmata beruht, sind denselben Regeln und Normen für die wissenschaftliche Praxis verbunden. Diese Bindung und die offenbare Übereinstimmung, die sie hervorruft, sind Voraussetzungen für eine normale Wissenschaft, d. h. für die Entstehung und die Fortdauer einer bestimmten Forschungstradition" (Kuhn 1976: 28f.).

Für die Richtigkeit dieser Kuhnschen Überlegungen auch in der Politikwissenschaft spricht vieles. Als seit den 1950er Jahren mit Blick auf die Dritte-Welt-Problematik die so genannten Modernisierungstheorien aufkamen, d. h. Theorien, in denen traditionale Gesellschaften im Vergleich zu modernen westlichen Industrie-

Modernisierungstheorien

gesellschaften als rückständig angesehen wurden und Unterentwicklung folglich als ein durch Modernisierungsimpulse über-
windbares Defizit galt, wäre der Gedanke an eine westliche
Mitverursachung des Elends in Asien, Afrika und Lateinamerika
innerhalb der großen Gruppe der Modernisierungstheoretiker als
etwas Absurdes erschienen. Die vor allem in den sechziger Jahren
aufkommenden Dependenztheorien (span. *dependencia* = Abhängigkeit) setzten gegenteilige Akzente. Eine wirklich seriöse Auseinandersetzung zwischen den beiden Lagern der Modernisierungstheoretiker und der *dependencistas* hat dann lange Zeit
deshalb nicht stattgefunden, weil jede Gruppe zunächst im sozialen und vor allem auch im paradigmatischen Binnenraum ihrer
selbst blieb. Es wäre dem jetzigen Stand der internationalen Diskussion angemessen, in unserer Entwicklungspolitik und Entwicklungstheorie von dem ewig einseitigen westlichen Vorbild
wegzukommen. Man denke an das Schicksal der von den Latein-
amerikanern vorgeschlagenen „carta de deréchos económicos".
(Zakaria 2008, Mols/Derichs 1995, Mols 1997).

Dependenz-theorien

3.2.6 Anthropologische Prämissen

Politikwissenschaft kommt nicht ohne anthropologische Prämissen aus, d. h. angebbare Überzeugungen über die Natur des Menschen und der Wirkungen der sozialen Bindungen, in denen er
steht. Das miteingebrachte Bild oder Selbstverständnis des Menschen mag als implizite Annahme angelegt sein, also noch nicht
begriffssprachlich präsentiert, sondern als „nachträglich expli-
zierbar und rekonstruierbar" (Alois Halder) erscheinen. Es kann
aber auch *expressis verbis* genannt und ausgebreitet werden. Es
mag sich stärker auf die grundsätzliche psychische Ausstattung
und Formbarkeit des Menschen beziehen oder auf oberste Zwecke menschlicher Vergemeinschaftung. Es kann ein Stück Vertrauen in die Möglichkeiten des einzelnen und seiner sozialen
Umwelt beinhalten wie auch ein klares Misstrauen gegenüber
dem Streben des Menschen und der von ihm gebildeten sozialen
Einheiten. Eine Politikwissenschaft, die glaubt, anthropologisch
neutral bzw. prämissenlos auskommen zu können, betrügt sich
selbst. Nicht immer sind die anthropologischen Fundamente so
deutlich zu greifen wie bei Thomas Hobbes oder in der Realisti-
schen Schule des Hans Morgenthau. Hobbes geht bekanntlich
von der Grundüberzeugung aus, dass der Mensch von Natur aus
dem Menschen ein Wolf sei (*homo homini lupus*) und dass in

Hobbes, Morgenthau

einem fiktiven Naturzustand folglich ein Krieg aller gegen alle
herrschen müsse, so dass es einer zwingenden Ordnungsmacht,
von ihm „Leviathan" genannt, bedürfe, um ein einigermaßen
friedliches Miteinander zu ermöglichen. Der Morgenthausche
Ansatz bezieht sich ausdrücklich auf die Theologie des protestan-
tischen Theologen Reinhold Niebuhr, bei dem die Versuchung
zum Machtmissbrauch aus einem angeblichen prinzipiellen Un-
vermögen des Menschen zu einem konsequent durchgehaltenen
altruistischen Handeln abgeleitet wird. Neoaristoteliker bzw. das   Neoaristoteliker
durch die katholische Soziallehre beeinflusste politik- und sozial-   und Neomarxisten
wissenschaftliche Denken betonen demgegenüber die natürliche
Anlage des Menschen auf das Gute hin. Politik ist nach dieser
Auffassung letztlich auf den guten Staat bzw. eine gerechte internationale Ordnung angelegt. Ein anderes Beispiel für ein eher
positives anthropologisches Grundverständnis geben Marxisten
und Neomarxisten ab. Sie betonen, dass der vollen Entfaltung der
menschlichen Potentiale nichts mehr im Wege stehe, wenn sich
die historische Lebenssituation nach einigermaßen angebbaren
Kriterien substantiell verändert habe.

Die bisherigen Verweise auf die nicht wegzudenkende erklärte
oder unterschwellige anthropologische Fundierung politikwissenschaftlichen Denkens waren stark auf den einzelnen Menschen
ausgerichtet. Letztlich teilen sie die abendländisch-philosophische
Grundprämisse von der personalen Einmaligkeit des Individuums.
In vielen außereuropäischen Gesellschaften, wie auch im Marxismus, wird dies anders gesehen: Es stehen Stamm, Gruppe, Volk,
Kaste, Klasse usw. im Mittelpunkt des Denkens auch über Politik   Asien
und Gesellschaft. Oskar Weggel (1989) hat dies systematisch für
Asien beschrieben, wobei er sich insbesondere auf die verschiedenen religiösen und pararreligiösen Fundierungen stützte. Der deutsche Jesuit Franz von Magnis-Suseno (1989) versucht aufzuzeigen,
wie sehr die eigenartige javanische Mischung aus Hinduismus und
Islam neben vielen gesellschaftlichen Bereichen auch die Auffassungen von Macht und Legitimität, politischen Verhaltens- und
Verhandlungsstilen und selbst noch die Ideologie des damals an
der Macht befindlichen indonesischen Regimes prägte. Manches
davon hat auch die ASEAN-Gruppe beeinflusst und reicht bis heute bis in die Verhandlungsformen der APEC (!) hinein.

Am Ende dieses Unterkapitels 3.2 sollte ein kurzes Resümee
stehen. In der obigen Reihung steckt keine Wertung. Ob Kuhns   Resümee
Argument richtiger ist als der Verweis auf die vorwissenschaftli-
che Daseinserfahrung, das handlungsrelevante Denken Hellers
und Bergstraessers oder die Anspielung auf ideologische Ansätze

auch politikwissenschaftlichen Denkens, die generellen Verweise auf Forschungstraditionen überhaupt oder auf wissenschaftliche Vorarbeiten und schließlich die Frage „richtiger" anthropologischer Grundannahmen muss hier nicht entschieden werden. Für den Leser ist es wichtiger zu begreifen, warum es eine Vielfalt von Ansätzen, Theorien, wissenschaftlichen Meinungen usw. gibt und auch geben muss. Sich dieser Verschränkung von relativer Subjektivität und relativer Objektivität bewusst zu bleiben, macht einen wesentlichen Teil des politikwissenschaftlichen Ethos aus und fördert zugleich jene Distanz zwischen Forscher und Gegenstand, ohne die keine Wissenschaft auskommen kann.

Subjektivität und Objektivität

4. Phasen der Entwicklung des Faches

4.1 Die ältere staatsphilosophische Lehre von der Politik

Politikwissenschaft ist eine bis auf Platon (427-347) und Aristoteles (384/83-322) zurückreichende Beschäftigung mit dem Sinn und den institutionell-organisatorischen Ausprägungen menschlichen Zusammenlebens in politischer Hinsicht. Diese ursprüngliche Betrachtungsweise der Politik bzw. der Polis überhaupt hat Aristoteles als Praktische Philosophie bezeichnet. Die Praktische Philosophie „umfasst neben der Ethik und Ökonomik auch die Politik: als die Wissenschaften vom individuellen Verhalten, vom Verhalten des Menschen in der Hausgemeinschaft (oikos) und in der Polis als alle anderen Formen menschlichen Zusammenlebens überwölbende Ordnung" (Berg-Schlosser/Stammen 1995: 7). Die in einem engen wechselseitigen Verweisungszusammenhang mit ethischen und ökonomischen Fragen stehende praktische Politikwissenschaft – wie man die Praktische Philosophie später nannte – wurde unter verschiedenen Bezeichnungen als Teil des so genannten Oberkurses an den Artistenfakultäten[4] der mittelalterlichen bis frühneuzeitlichen Universitäten verpflichtender Bestandteil der akademischen Grundausbildung. Im Zuge

Praktische Philosophie

---

4   Artistenfakultäten waren in den langen Jahrhunderten des mittelalterlichen und frühneuzeitlichen Universitätswesens, in denen es noch keine standardisiert abgeprüften Eingangsvoraussetzungen (Abitur) für die Universität gab, zuständig für ein allgemeines akademisches Grundstudium (man lehrte u. a. die *artes liberales*, die ‚sieben freien Künste' (noch heute erinnert unser Magister Artium an diese Tradition)), das einem der Eintritt in die eigentlichen berufsorientierten Fakultäten der Theologie, der Jurisprudenz und der Medizin ermöglichte (*Demandt* 1999; *Bleek/Lietzmann* 1999).

der sich ausweitenden und damit auch arbeitsteilig differenzie- Ausdifferenzierung
renden Tätigkeiten des neuzeitlichen kameralistischen Verwal- der Praktischen
tungsstaates verlor die ältere Lehre von der Politik schließlich an Philosophie
Bedeutung zugunsten von Einzelfächern, die sich in einem im
17. Jahrhundert anfangenden, bis ins 19. Jahrhundert währenden
Prozess aus ihr herauslösten (juristische allgemeine Staatslehre,
politische Philosophie, geographische Statistik, politische Histo-
riografie, Volkswirtschaftslehre, Soziologie etc.).[5]

„Gegenüber der älteren politischen Wissenschaft", schreibt
Hans Maier, „sind die modernen ‚politischen Fächer'" des 19. Jahrhunderts [...] spezialistische Ausgliederungen aus einem immer
fragwürdiger werdenden Ganzen: sie erfassen nur noch Teilbereiche, nicht mehr die Gesamtheit der älteren Disziplin." Und weiter:
Es „beginnt sich etwa von der Mitte des 19. Jahrhunderts an eine
eigentümliche Fremdheit, ja Beziehungslosigkeit zwischen den
politischen Fächern des 19. Jahrhunderts und der älteren, in der
praktischen Philosophie beheimateten politischen Wissenschaft
zu zeigen" (Maier 1962: 245).

Der hier zu notierende doppelte Traditionsbruch wird Generationen später zum Anlass genommen, um im Aufgreifen typischer
Fragestellungen der älteren praktischen Politikwissenschaft dem
Fach eine neue Aktualität und wesentliche, auch für die Gegenwart
relevante Fragestellungen zurückzugeben. In den USA hat dies Wiederaufgreifen
unter anderem Eric Voegelin mit seinem zeitweilig sehr einfluss- der praktischen
reichen Buch ‚The New Science of Politics' im Jahre 1952 versucht, Philosophie in der
in Deutschland Mitte der sechziger Jahre Wilhelm Hennis (1963) Politikwissen-
in seinem damals als programmatisch angesehenen Werk ‚Politik schaft
als Praktische Philosophie', das den bezeichnenden Untertitel
‚Eine Studie zur Rekonstruktion der politischen Wissenschaft'
trug. Damals glaubte man in (West-)Deutschland wie auch in anderen europäischen Ländern (Großbritannien, Italien, Frankreich
etc.) und selbst innerhalb einer starken Minderheitengruppe in
den USA, sicher zu sein, dass die Aktualisierung der älteren staats-
wissenschaftlichen Tradition und/oder ihrer staatsphilosophischen Spielformen dem wieder oder neu eingerichteten Fach bei
der Festsetzung seiner Aufgaben und Gegenstandsbestimmung
behilflich sein könnte. Alle Beteiligten waren sich darin einig, dass

---

5   Wie sehr die ältere Lehre auch noch das Kontinuitätsbewusstsein der neuen
     Fächer prägte, geht u. a. daraus hervor, dass zumindest in Deutschland der
     wirtschaftswissenschaftliche Doktortitel im Allgemeinen Dr. rer. pol. (= *doctor
     rerum politicarum*) heißt oder dass eines der profiliertesten wirtschaftswis-
     senschaftlichen Fachorgane im Jahre 1852 unter dem Namen ‚Zeitschrift für die
     gesamte Staatswissenschaft' gegründet wurde.

das eigene Anliegen in praktischer Absicht auf die Absicherung der Demokratie ausgerichtet zu sein hatte.

4.2 Die Entwicklung der modernen Politikwissenschaft in Deutschland und den USA

Gegen Ausgang des 19. Jahrhunderts und insbesondere um die Wende zum 20. Jahrhundert suchten einzelne Wissenschaftler in *Deutschland* wieder gezielt zu einer spezifischen Betrachtung von Staat und Politik in Form einer autonomen akademischen Disziplin zurückzufinden – nun unter den Arbeits- und Rationalitätskriterien eines reformierten, ,verwissenschaftlichten' Universitätswesens, das auf größere methodologische Klarheit und vor allem auf arbeitsteilige Differenzierungen bedacht war.

Zeitschrift für Politik
Adolf Grabowski und Richard Schmidt gründeten im Jahre 1908 die ,Zeitschrift für Politik'. Überhaupt entstanden um die Jahrhundertwende „innerhalb und außerhalb der Universitäten [...] neue Institutionen politischer Lehre" (Kastendiek 1977: 93) und zwar teils in Zusammenhang mit der Neugründung von Universitäten und Forschungsinstituten, teilweise auch als Konsequenz des schon in Preußen artikulierten Wunsches nach politischer Bildung. Darüber hinaus machte sich ein Bedürfnis nach einer „politischen Tatsachenforschung" (ebd.: 97) geltend, dies u. a. auch mit Blick auf fremde Kulturkreise. Höhepunkt dieser etwa ab 1890 einsetzenden Entwicklung war die 1920 erfolgende Gründung der Deut-

Deutsche Hochschule für Politik
schen Hochschule für Politik (DHfP) in Berlin, an der in der Folgezeit so bedeutende Persönlichkeiten wie Theodor Heuss, Friedrich Naumann, Arnold Wolfers, Hermann Heller, Arnold Bergstraesser und viele andere unterrichten sollten. Mit der zunehmenden Ausrichtung auf die Propagierung der parlamentarisch-repräsentativen Demokratie und der Beschäftigung mit außenpolitischen und/oder internationalen Themen musste die Hochschule in dem Moment in Schwierigkeiten geraten, als sich das politische System des Deutschen Reiches radikal änderte. Zwar hat sich die DHfP – allerdings zum Preis zunehmender Gleichschaltungen – auch unter dem Nationalsozialismus noch eine Weile halten können, doch ist die Mehrzahl seiner Dozenten und Mitarbeiter nach 1933 rasch ausgewandert (Missiroli 1988). Es spricht für deren Qualität, dass sie

Zwangsemigration
trotz der Zwangsemigration in der Lage waren, namentlich in den USA eine eigene und bedeutende politikwissenschaftliche Grundlagenforschung aufzubauen (z. B. über die weit ausstrahlende *New School for Social Research* in New York).

Die Deutsche Hochschule, die nach 1945 wiedergegründet wurde und später in das Otto Suhr-Institut der Freien Universität Berlin überging, gilt zu Recht als die eigentliche Keimzelle der deutschen Politikwissenschaft im 20. Jahrhundert. Dennoch konnte die

Problemkontext
der Neugründung

> „schrittweise Institutionalisierung der Politologie in den fünfziger Jahren nicht darüber hinwegtäuschen, dass anfangs nur wenig Klarheit über die konzeptuelle Grundlegung des Faches bestand. Über den spezifischen ‚Gegenstand' der Disziplin [...] sowie generell über die Stellung der Politologie im Fächersystem der westdeutschen Universitäten herrschte Unsicherheit" (Kastendiek 1977: 185),

die durch massive Widerstände gegen die Etablierung des Faches als eigenständige Universitätsdisziplin noch verstärkt wurde.

Gerade weil es auch im Deutschland des ersten Drittels des 20. Jahrhunderts eine ungemein leistungsfähige Staatswissenschaft gab, wollten viele Professoren aus den etablierten Fakultäten nicht einsehen, warum es für die gleichen oder doch ähnliche Probleme einer eigenen Disziplin bedürfe. Andererseits bestand eine gewisse Furcht vor einer erneuten Politisierung der Universitäten, ein Bedenken, das durch die offensichtliche Verknüpfung des Einrichtens von politikwissenschaftlichen Lehrstühlen mit dem *re-education*-Anliegen (Demokratisierung) vor allem der amerikanischen Besatzungsmacht verstärkt wurde. Wahrscheinlich wäre manches tragbarer gewesen, hätte man nicht innerhalb wie außerhalb des neu oder wiederbegründeten Faches mitbekommen, wie sehr die neuberufenen Politikwissenschaftler auf der Suche nach einer Definition ihres Faches waren. An genau dieser Stelle fällt eine spezifische Problemlage dieser deutschen Politikwissenschaft der fünfziger Jahre und oft noch der sechziger Jahre auf: Fast die gesamte erste Professorengeneration kam aus anderen Fächern (öffentliches Recht, Soziologie, Geschichtswissenschaft, Philosophie, Wirtschaftswissenschaften, selbst Philologie). Die meisten waren also nach den auch damals schon geltenden internationalen Standards in Bezug auf das Fach, das sie in Forschung und Lehre vertreten sollten, Autodidakten.

Widerstände und
Furcht

Erste Professoren-
generation

Hier begegnet man abermals dem Phänomen eines Traditionsbruchs, allerdings in einer ganz anderen Fassung als oben: Weil diese erste Professorengeneration im Anknüpfen an ältere Vorlagen das Heil suchte, kam kaum ein Bewusstsein dafür auf, dass sich weltweit, besonders aber in den USA, längst eine Politikwissenschaft herausgebildet hatte, die mit eigenen Methoden und Fragestellungen zu einer modernen und weitgehend akzeptierten Sozialwissenschaft herangereift war. Es sollte einem Teil der Assistentengeneration und einigen ganz wenigen jüngeren Ordina-

Internationaler
Anschluss

rien in den sechziger Jahren vorbehalten bleiben, auch von Westdeutschland aus nach dem überfälligen internationalen Anschluss zu suchen und nach und nach eine stärker international denkende professionalisierte Politikwissenschaft aufzubauen.

In den späten sechziger und vor allem in den siebziger Jahren kamen unter dem Einfluss einer oft neomarxistisch eingefärbten **Kritische** Politischen Ökonomie weitere Differenzierungen auf. Die Frie-**Positionen** densforschung, die Diskussion um die Legitimitätsgrundlagen des spätkapitalistischen Staates (Offe 1972) und erste Ansätze einer Ökologiedebatte sind typische Produkte dieser Entwicklung. Vor allem aber änderte sich seither das Verhältnis zu einzelnen Nachbardisziplinen. Aus einem Verhältnis der partiellen Abhängigkeit wurde ein neues Verhältnis der selektiven Beachtung und Koope-**Nachbar-** ration, das mit einer wachsenden Selbstgewissheit, dem zur Selbst-**disziplinen** verständlichkeit werdenden Hineinwachsen in die internationale Diskussion des Faches, aus sich andeutenden politikwissenschaftlich akzentuierten Berufsprofilen und mit den neu gefassten Studienplänen an den Universitäten und jenen Hochschulen zusammenhing, an denen das Fach gelehrt wurde.

Politikwissen- An dieser Stelle ist es zwingend, auf die *USA* zu schauen. Am **schaft in den USA** Ende des amerikanischen Bürgerkrieges im Jahre 1866 entstanden dort moderne, nach dem damaligen deutschen(!) Universitätswesen ausgerichtete politikwissenschaftliche Lehrstühle und Abteilungen, in denen allmählich eine Abkehr von früheren staatstheoretischen und philosophischen Positionen vollzogen wurde zugunsten einer empirischen, faktenbezogenen, machtpolitischen Betrachtung des eigenen Regierungswesens. In der Entstehungsgeschichte des amerikanischen Zweiges des Faches gibt es einige Eckdaten. 1886 gründete man das *Political Science Quarterly*. 1906 kam die bis heute einflussreiche *American Political Science Review* hinzu. 1903 entstand die *American Political Science Association*.

Für die baldige internationale Ausstrahlung der nordamerikanischen Politikwissenschaft wurden zwei Dinge entscheidend. **Dominanz der** Zum einen war es das quantitative Übergewicht der amerikani-**amerikanischen** schen Politikwissenschaftler im Verhältnis zu den politikwissen-**Politikwissen-** schaftlichen Ansätzen in anderen Ländern, das sich bis heute **schaft** gehalten hat.[6] Zum anderen hat gerade die amerikanische Politikwissenschaft sehr früh darum gerungen, Wissenschaft im Sinne

---

[6]   Beispielsweise gab es bereits zu Beginn der achtziger Jahre ca. 15.000 an US-Hochschulen und Forschungsinstitutionen arbeitende Politikwissenschaftler, um die gleiche Zeit in Frankreich ca. 600, in Westdeutschland etwa 800 und in Schweden 162 (vgl. Andrews 1982: 413).

von *science* zu werden, was eo ipso das Aufgreifen moderner sozialwissenschaftlicher Methoden einschließlich statistisch-mathematischer Verfahren bedeutete. Auch ihre Betonung des Pragmatismus ist anzumerken, des weiteren die Neigung zu aktuellen, gegenwartsbezogenen Themen. All dies zusammengenommen hat der amerikanischen Politikwissenschaft eine erhebliche interdisziplinäre Offenheit gegeben. Und es hat sich immer mehr ein faktenbezogener *mainstream* entwickelt, in dem das beobachtbare Verhalten von Individuen, Gruppen und ganzen politischen Systemen eine zentrale Rolle spielen sollte (Almond 1996).

Zur internationalen Geltung der amerikanischen Politikwissenschaft trugen noch weitere Elemente bei: Bekanntlich gerieten die USA nach 1945 in eine weltpolitische Vorbild- und Führungsrolle, was naturgemäß auch der internationalen Ausstrahlung der amerikanischen Politikwissenschaft zugute kommen musste. Ein weiteres Moment ist die bis heute einmalige amerikanische Universitätspolitik der Öffnung gegenüber dem Ausland: Tausende von ausländischen Nachwuchspolitikwissenschaftlern aus aller Welt und unter ihnen Hunderte von Deutschen hielten und halten sich seit den 1950er Jahren an führenden amerikanischen Universitäten auf. Es bedeutet dies nicht, dass sich das amerikanische politikwissenschaftliche Vorbild in jeder Hinsicht gehalten hat. Es impliziert dies aber weiterhin, dass im Kontakt mit der amerikanischen Politikwissenschaft und auch in der Auseinandersetzung mit ihr (die im Einzelfall recht kritisch vonstatten gehen kann) für die deutsche Politikwissenschaft eine maßgebliche Referenzgruppe entstanden ist, die die eigenen Standards substantiell mitprägt.

Das schließt nicht aus, dass wir manchmal gut beraten sind, in konkreten Fällen wieder bewusster auf die eigenen staatstheoretischen, politisch-historischen und staatsphilosophischen Traditionen zurückzugreifen. Politikwissenschaft wird sich immer in einem Spannungsverhältnis zwischen den *res gestae* (der jeweiligen historischen Situation und ihrer intellektuellen Aufbereitung) und den *res gerendae* entwickeln (Arnold Bergstraesser). Der Rekurs auf eigene Traditionen bedeutet primär, sich der eigenen historischen Lage und der eigenen historischen Verpflichtungen zu versichern und hieraus eventuell Erfahrungsangebote in die internationale Diskussion des Faches einzugeben. Dies nicht, um das Fach ,zu rekonstruieren‘, sondern um Gesichtspunkte einzubringen, die für die Bewältigung der politischen Zukunft bei uns, im globalen Verhältnis und nicht zuletzt mit Blick auf die lange Zeit so genannte „Dritte Welt“ wertvoll sind.

Marginalien:

Vorbild- und Führungsrolle

Bedeutung eigener Traditionen

Dazu zwei Beispiele: Es besteht die Leistung Europas und hier auch Deutschlands nun einmal im Aufbau von Sozialstaaten mit eigenen Mechanismen distributiver Gerechtigkeit und soziopoli-

Sozialstaat tischer Partizipation, zu denen sich das ‚individualistisch' angelegte Amerika bisher nur wenig und viele andere Staaten so gut wie gar nicht durchringen konnten. Oder: Es ist kein Zufall, dass man auch von amerikanischer Seite auf europäische Integrations-Überlegungen zurückgriff in einer Zeit, in der sich neue ökonomische und politische Arrangements (NAFTA; Mercosur) auf einer regionalen Basis in den Amerikas herausbildeten (Smith

Integration 1993). Das europäische Integrationsvorbild wird noch deutlicher in den sowohl in Lateinamerika als auch in Asien anzutreffenden Überlegungen um eine künftige regionale oder subregionale Währungsunion und gewinnt zunehmend in Afrika an Bedeutung.

5. Einheit oder Divergenz der Politikwissenschaft?

5.1 Strömungen und Schulen

Heutzutage stehen im Vordergrund politikwissenschaftlicher Fra-

Gegenstände gestellungen politische Institutionen und Prozesse einschließlich
politikwissen- ihrer Entwicklungspotenziale, die Durchleuchtung politischer
schaftlicher Macht, Planungs-, Verwaltungs- und Entscheidungsprozesse,
Forschung Ideologien und politische Ordnungsentwürfe, Wahlen und politische Kultur, nationale und internationale Kooperationsformen, Probleme der Friedenssicherung und Konflikte einschließlich ihrer demographisch-ethnischen und ökologischen Dimensionen, Analysen einer neuen Weltordnung und zunehmend auch konkrete Politikbereiche (Politikfelder, *policy analysis*) – ungefähr so, wie das auch in den Kapiteln dieses Einführungsbandes vorgestellt wird. Im Allgemeinen gliedert sich das Fach in speziali-

Gliederung des sierte Unterdisziplinen, von denen Systemlehre (mit dem Akzent
Faches auf das eigene Regierungssystem), Vergleichende Regierungslehre/Comparative Politics, Politische Theorie und Philosophie sowie Außenpolitik/Internationale Beziehungen am besten ausgebaut sind, wobei inzwischen die Methodenausbildung zunehmend an Bedeutung gewinnt. Die fachinterne Ausdifferenzierung geht in Deutschland wie auch international über diese Einteilung weit hinaus. Es ist allerdings fast eine deutsche Besonderheit, stärker als woanders an einer Einheit von Politikwissenschaft und ‚Internationalen Beziehungen' festzuhalten, wohingegen sich in den

USA, in vielen lateinamerikanischen Ländern und in Asien diesbezüglich Trennungen ergeben haben.

Wissenschaften folgen bestimmten Vorgehensmustern, die sicher nur von wenigen sklavisch befolgt werden, die aber doch im großen Ganzen prioritäre Denkrichtungen erkennen lassen. Unter diesem Vorbehalt: Es hatten sich in den ersten Jahrzehnten nach 1945 in vielen westlichen Ländern und besonders greifbar in (West-)Deutschland drei Schulen oder Strömungen herausgebildet, die auch in anderen einführenden Lehrbüchern des Faches aufgelistet und beachtet wurden und die so etwas wie idealtypische Überzeichnungen von besonders charakteristischen Denkrichtungen darstellen (Berg-Schlosser 1995: Kap. 6; Patzelt 2003: Kap. 3.V).

Zentrale Denkrichtungen

Die normativ-ontologische oder auch traditionelle Politikwissenschaft (man wird sie in ihrer Hochphase in der Bundesrepublik Deutschland in den fünfziger bis siebziger Jahren insbesondere mit Arnold Bergstraesser, Wilhelm Hennis und dem frühen Dieter Oberndörfer in Freiburg, mit Hans Maier und Theo Stammen in München und Augsburg und mit Persönlichkeiten aus Berlin wie Ernst Fraenkel oder Alexander Schwan verbinden) vereinte politisch-philosophische Fragestellungen mit einer vorwiegend institutionell geprägten Betrachtung des Politischen. In praktischer Hinsicht war sie den Idealen einer staatsbürgerlichen politischen Bildung verpflichtet. Historisch vergleichende, hermeneutische und topische (vernünftige Gesichtspunkte vorstellende) Methoden wurden von ihr bevorzugt. Wo sie eine internationale Perspektive zeigte, griff sie vor allem die Themen und Modelle klassischer Außenpolitik auf. Vielleicht ist Carl Joachim Friedrichs (1953) ‚Verfassungsstaat der Neuzeit' die ausgereifteste und bleibendste Arbeit dieser traditionellen Richtung.[7] Obwohl die normativ-ontologische Politikwissenschaft seit den sechziger Jahren die Konkurrenz anderer Schulen zu spüren bekam, wurde sie nie gänzlich verdrängt. Vor allem dort, wo sich ihre Vertreter für die Aufgaben politischer Bildung engagieren, kann sie weiterhin eine erkennbare Rolle einnehmen. Auch im Ausland gewinnt die Schule wieder an Profil in dem Maße, in dem man über gesamtgesellschaftliche Ordnungsprofile einer wünschbaren Gesellschaft von morgen nachdenkt, d. h. über normative Positionen mit einem eigenen Gestaltungsanspruch. Allerdings haben neu-

Normativ-ontologisch

Aktuelle Entwicklungen

---

7   Interessanterweise war die erste Fassung Jahre vorher in Harvard entstanden, was nicht der einzige Beleg dafür ist, dass die hier vorgestellte Schule international präsent war (und ist).

ere normative Denkrichtungen frühere ontologische Einbindungen oft zugunsten von Nützlichkeitsüberlegungen aufgegeben.

Empirisch-analytisch

Die empirisch-analytische Politikwissenschaft bzw. ihre wichtigsten nordamerikanisch geprägten Spielformen entstand als Gegenrichtung zur normativ-ontologischen Schule. Sie auf einen Nenner zu bringen, ist deshalb nicht leicht, weil sie wissenschaftstheoretisch sowohl ausgeprägte analytische wie auch empirische Komponenten enthält und sich teilweise mehr der Makro-, dann auch wieder stärker einer Individual- bzw. Mikro-Betrachtung des Politischen zuneigt. Ihre wissenschaftstheoretische Orientierungsgröße ist in etwa der Kritische Rationalismus Karl Raimund Poppers und seine Weiterinterpretation durch Hans Albert. Diese oft auch als ‚szientistisch' bezeichnete politikwissenschaftliche Richtung wird nicht zuletzt durch so genannte einheitswissenschaftliche Grundvorstellungen zusammengehalten, d. h. ihre Vertreter gehen davon aus, dass allen Wissenschaften, die ihren Namen verdienen, die gleichen wissenschaftslogischen Kriterien zu eigen sind und dass es von daher wenig Sinn macht, prinzipielle Unterschiede zwischen Natur-, Geistes- und Sozialwissenschaften zu treffen.

Methoden und Themenfelder

In der Forschungspraxis hat dies vor allem bedeutet, dass man sich unter solchen Gesichtspunkten an methodisch wie methodologisch avancierten Fächern wie der Psychologie, der Sozialpsychologie, der empirischen Soziologie, den Organisations- und Verwaltungswissenschaften und teilweise auch den Wirtschaftswissenschaften (bzw. der Ökonometrie) orientierte. Von dort bezog man wesentliche Arbeitsverfahren, Kategorien, Modelle und selbst Theorie-Ansätze wie z. B. das Stimulus-Response-Schema mit seinen neueren lerntheoretischen Erweiterungen (Lerntheorie), Input-Output-Analyse, funktionalistische und kybernetische Systemtheorie, Spieltheorie, Netzwerkanalyse, Steuerungsstrategien usw. Ihre größten Erfolge hat die empirisch-analytische Richtung bisher dort zu verzeichnen gehabt, wo sie sich individuellem wie gruppenspezifischem Verhalten (Beispiel: Wahlforschung), dem Aufzeigen entscheidungstheoretischer Alternativen (Entscheidungstheorie – Denkfigur des *Rational Choice*) und den den Nationalstaat übersteigenden Interaktionsgeflechten in der internationalen Politik (Interdependenz-Schule, Regime-Diskussion) widmen konnte. Das bleibende Verdienst dieser Richtung besteht in Deutschland zweifelsohne darin, ungefähr seit Mitte der sechziger Jahre den notwendigen Anschluss an die Mehrheitsströmung in der amerikanischen Politikwissenschaft hergestellt zu haben. Hochburgen dieser Rich-

tung waren und sind in Deutschland diejenigen Universitäten, in
denen verhaltenswissenschaftliche Fragen im Vordergrund stehen
oder in denen man – etwa in der Teildisziplin ‚Internationale Beziehungen' – die oben angezeigten Theorien aufgriff und teilweise
weiterentwickelte (Benz/Seibel 1997).

Internationaler Anschluss

Die marxistisch oder neomarxistisch eingefärbte kritisch-dialektische Politikwissenschaft warf den anderen beiden Richtungen
ideologische Verschleierungen gegebener Herrschaftsverhältnisse
und ein reduziertes Politikverständnis vor, das stillschweigend davon ausgehe, dass man den politischen Bereich forschungsprak-
tisch als eine autonome Größe ansehen könne. Die Schule war
weniger durch wissenschaftstheoretisch abgesicherte Kontroll-
schritte geprägt als durch die großen politischen Erschütterungen
motiviert, die seit den sechziger Jahren sowohl in der Bundesrepublik Deutschland als auch in anderen westlichen Industrieländern
gespürt und diskutiert wurden (Notstandsgesetze, Studentenrevol-
te, Protestbewegungen, Vietnamkrieg, Neue Linke). Ihr zentrales
Arbeitsprogramm kreiste um die Analyse gesellschaftlicher, vor
allem ökonomischer Rahmenbedingungen politischer Institutionen und Prozesse. In einigen Themenfeldern hatte gerade die
kritisch-dialektische Politikwissenschaft wesentliche Impulse aus
Entwicklungsländern, vornehmlich aus Lateinamerika (Dependenztheorien), erhalten. Auch die ‚kritische' Friedensforschung
und ein erheblicher Teil der politikwissenschaftlichen Ökologie-
forschung wussten oder wissen sich dieser Richtung verpflichtet,
auch wenn heutzutage ideologische Prämissen gerne herunter-
gespielt werden.

Kritisch-dialektisch

Zentrales Arbeitsprogramm

Zweifellos hat der weitgehende Zusammenbruch des Kommunismus der kritisch-dialektischen Politikwissenschaft weltweit
einen Dämpfer versetzt. Dass sie dauerhaft aus dem Fach aus-
scheidet, ist schon deshalb unwahrscheinlich, weil ihre Anliegen
nicht zur Gänze an Plausibilität verloren haben. Ob allerdings
künftighin noch einmal Klassenantagonismen und andere marxistische Denkrichtungen reaktivierbare Konzepte sind, darf man
bezweifeln. Die Digitalisierung der Welt mit ihrer vernetzten Ökonomie (Globalisierung) könnte wichtiger geworden sein als der
Kampf um Produktivkräfte und die Verfügungsgewalt über Produktionsmittel. Im übrigen siedeln sich Teildispute in der Auseinandersetzung mit einer neuen, neoliberalistisch eingefärbten
politischen Ökonomie im Fach an, besonders im Zusammenhang
mit Globalisierungs- und Transformationsfragen.

Perspektiven

Alle Schulen haben spezifische Schwierigkeiten nie überwinden können. Die normativ-ontologische Politikwissenschaft hat

zu sehr offizielle Politikbereiche in den Vordergrund gestellt, so dass sie immer wieder in die Versuchung einer „Legitimationswissenschaft" (Kastendiek) geriet. Der Kapitalismuskritik stand sie mehrheitlich verständnislos gegenüber. Neue gesellschaftliche Problembereiche (Ökologiefragen) griff sie zögerlich auf, so wie überhaupt ihre Stärke nicht in der Beachtung von Politikfeldern liegt. Die szientistische Richtung hat damit zu kämpfen, das wissenschaftstechnisch Raffinierte nicht dem politisch Bedeutenden vorzuziehen, d. h. sie lebt in der Versuchung, das methodisch Ergiebige gegenüber dem politisch Relevanten zu bevorzugen (und dabei unter Umständen in den Ergebnissen Trivialitäten vorzulegen, wenn sie nur forschungstechnisch einwandfrei arbeiten kann). Die kritisch-dialektische Politikwissenschaft stand in der Gefahr, die gesellschaftlich-ökonomische Mitkonditionierung von Politik einseitig und damit monokausal zu interpretieren. Damit droht der Kontingenzcharakter von Geschichte und damit auch von Politik strukturellen Zwängen bzw. Automatismen geopfert zu werden. Von ähnlichen Einseitigkeiten ist oft auch die neuere politische Ökonomie der Politologen (z.B. mit ihrer manchmal einseitigen Festlegungen auf die Verhaltenslogik von *Rational Choice*) nicht frei. Historische Tiefe ist nicht ihre Stärke.

Jede der Schulen hat sich ihren Platz an den Universitäten erobern können. Ihre jeweils besten Forschungsleistungen liegen im allgemeinen in Themenbereichen, die von den konkurrierenden Richtungen gar nicht oder nur defizitär ausgefüllt werden. Heute verwischen sich die Ränder mehr als früher, weil erstens allgemein im Vergleich zu den siebziger Jahren eine spürbare ideologische Entkrampfung zu notieren ist und weil zweitens neue wissenschaftstheoretische Kombinationstypen entstehen (z.B. normativ plus analytisch – was etwa im Zusammenhang mit liberalen Vertragstheorien diskutiert wird; vgl. Heywood 2002).

Drittens sind viele Politikwissenschaftler davon überzeugt, dass nicht nur dem Fach als Ganzem eine dem Pluralismus der Politik entsprechende Vielfalt gut ansteht, sondern dass auch viele Einzelprobleme am angemessensten von unterschiedlichen Seiten angegangen werden sollten. Das schließt nicht aus, dass viele Politikwissenschaftler ‚Einstiege' erkennen lassen, die sich in etwa diesen Schulen oder ihren Spielformen zuordnen lassen. Es bauen sich dadurch bestimmte und im Allgemeinen charakterisierende Argumentationsmuster auf – das ist hier der Punkt.

Ein mögliches Profil von Politikwissenschaft   **5.2**

Aus dem bisher Gesagten sollte hervorgegangen sein, dass es so etwas wie eine einheitliche, sozusagen allein selig machende politikwissenschaftliche Richtung weder gibt noch geben sollte. Gabriel Almond, einer der bedeutendsten Politikwissenschaftler des Zwanzigsten Jahrhunderts, hat dies vor wenigen Jahren so ausgedrückt (Almond 1990): Eigentlich säßen die meisten Politikwissenschaftler in einer „cafeteria of the center". Eine ideologische wie wissenschaftstheoretische Strenggläubigkeit schaffe nur Randlagen und Sektierertum. Unter solchen ausdrücklichen Vorbehalten seien hier einige Gesichtspunkte genannt, die andeuten sollen, in welche Richtung sich das Fach als Ganzes bewegen könnte.

a) Eine Eigenart politikwissenschaftlichen Denkens besteht – idealiter – in der Fähigkeit, auf größere Zusammenhänge zu achten. Um gleich sehr deutlich zu sagen, was gemeint ist: Wenn sich Ökonomen zu Mexiko, zur deutschen Wirtschaft oder zu wirtschaftspolitischen Beschlüssen in Singapur äußern, bringen sie es im Regelfall fertig, sich so gut wie ausschließlich auf wirtschaftswissenschaftlichen Denkebenen zu bewegen und die politischen, sozialen, kulturellen ‚Randbedingungen' souverän zu übersehen. Von einer guten politikwissenschaftlichen Arbeit darf man mehr Breite erwarten. Es gibt für dieses weitere Denken im Wesentlichen zwei Begründungen. Die erste lautet: Weil Politik im Kern auf die verbindliche Gestaltung menschlichen Zusammenlebens abhebt, reichen die Einflüsse, die Normsetzungen, die aus der Politik kommenden Möglichkeiten und Zwänge erkennbar in fast alle Lebensverhältnisse hinein, und daher kann man umgekehrt das Wirtschaftliche, Juristische, Gesellschaftliche usw. kaum vom Politischen trennen. Das bedeutet dann zweitens, dass es in vielen konkreten Diskussionszusammenhängen gleitende Übergänge zwischen politikwissenschaftlichem und historischem, soziologischem, wirtschaftswissenschaftlichem usw. Denken gibt. In etwa erkennt man die faktische Einlösung dieses Ideals daran, dass weltweit in der Politikwissenschaft ein unübersehbarer Schritt von der traditionellen Staatsorientierung zu einer deutlicheren Orientierung an ‚gesellschaftlichen' Problemen zu beobachten ist.

b) Politikwissenschaft und politische Praxis – darauf ist in Abschnitt 3 hingewiesen worden – gehören zusammen. Und zwar als sich ergänzende, einander herausfordernde, auch einander mit der notwendigen kritischen Distanz zu sich selbst versehende

Denken in Zusammenhängen

Fachübergreifende Zusammenhänge – fachübergreifendes Denken

Zusammenhang Politikwissenschaft und politische Praxis

Größen. Politikwissenschaft „ist eine das politische Handeln kritisch bedenkende und vordenkende Wissenschaft" (Oberndörfer 1962: 12). „Ziel der Forschung", so Peter Weber-Schäfer (1985: 804), „ist nicht allein die Beantwortung der Frage, nach welchen Gesetzen sich politisches Geschehen vollzieht, sondern was unter dem Aspekt des politisch Möglichen und zugleich Erstrebenswerten geschehen sollte."

Lange Zeit ist freilich die Vorstellung von einer praktischen Politikwissenschaft ein bloßes Projekt geblieben, das primär philosophisch bzw. wissenschaftshistorisch abgeleitet wurde. Vor
Fachinterne diesem Hintergrund war die Entwicklung der Disziplin seit den
Entwicklung der mittleren siebziger Jahren von entscheidender Bedeutung. Die
Disziplin Jahrestagung der Deutschen Vereinigung für Politische Wissenschaft (DVPW) im Jahre 1977, auf der Fragen wie Wirtschaftspolitik, Bildungs- und Forschungspolitik, Umweltschutz, Probleme der Massenkommunikation usw. diskutiert wurden, markiert daher einen erheblichen Qualitätssprung in der Entwicklung des Faches (Bermbach 1978). Ganz augenscheinlich bleibt dabei aber, dass eine so im wahrsten Sinne des Wortes praktischer gewordene Politikwissenschaft nichts mehr mit den manchmal etwas ängstlichen Abgrenzungsversuchen gegenüber den neoaristotelischen Ansätzen der sechziger Jahre zu tun hat: Wenn Politikwissenschaft auf politisches Handeln zielt, kann sie nicht darauf verzichten, die gesamte inzwischen von ihr erreichte Pluralität der Zuständigkeiten, Methoden, Themenfelder usw. einzusetzen.

c) Bleiben sollte aber der neoaristotelische Anspruch auf nor-
Normative mative Zielsetzungen. Da „die politische Ordnung und das poli-
Zielsetzungen tisch zu Tuende nicht vorgegeben, sondern aufgegeben sind" (Oberndörfer 1962: 19), kommt die Politikwissenschaft nicht um die immer erneute Frage nach dem „Wohl des politischen Verbandes und seiner Menschen" (ebd.) herum. Dies wird weltweit so gesehen. Der chilenische Sozialwissenschaftler Aníbal Pinto (1986: 35) wies z.B. in einer Arbeit über Entwicklungsstile darauf hin, dass von Entwicklungsstrategien zu sprechen nichts anderes bedeute, als an „die Konstruktion einer Gesellschaft mit wünschbaren Zügen" zu gehen. In der Praxis des politikwissenschaftlichen Arbeitens bedeutet dieser Verweis auf unumgängliche normative Fragen (die wohlgemerkt im Fach als solchem und nicht von jedem einzelnen Forscher in jeder Einzeluntersuchung zu stellen sind!): den grundsätzlichen Einbezug ethischer Fragestel-
Relevanz der lungen und einen immer wieder empfehlenswerten Rekurs auf
politischen die Denkfiguren klassischer politischer Philosophie, so wie sie
Philosophie seit Platon und Aristoteles in ununterbrochener Folge bis heute

betrieben wird. Denn „die Geschichte der politischen Theorien enthält einen Vorrat an Denkkonzepten, mit deren Hilfe aktuelle Problemstellungen in eine klärende Distanz gebracht und im Hinblick auf Lösungsmöglichkeiten neu beleuchtet werden können" (Lieber 1991: Vorwort).

d) Es war unter 3.2.4 auf die epochale Einbindung politikwissenschaftlichen Denkens hingewiesen worden. Im Klartext heißt dies, dass Politikwissenschaft sich selbst zur politischen Irrelevanz verurteilt, wenn sie nicht einen erkennbaren, ja prägenden zeitgeschichtlichen Bezug und Einfluss erhält (oder sollte man schreiben: wiedererhält?). Politikwissenschaft muss je und je ihre *Zeitgeschichtlicher* Epoche erfassen, kritisieren, auf den Begriff bringen und mit be- *Bezug und* hutsam zu handhabenden Mitteln der Projektion über sie hinaus- *Einfluss* denken können. So gesehen sind so unterschiedlich geschriebene Bücher wie Richard Rosecrance' (1987) ‚Der neue Handelsstaat', Paul Kennedys (1988) ‚The Rise and the Fall of the Great Powers', Samuel P. Huntingtons (1996) „The Clash of Civilizations" oder auch Ottfried Höffes (1999) „Demokratie im Zeitalter der Globalisierung" und viele andere, die auf der Linie von epochalen Bestandsaufnahmen liegen, anschauliche Beispiele für politikwissenschaftliches Denken oder für unverzichtbare Impulse aus benachbarten Disziplinen.

e) Der epochale Bezug von Politikwissenschaft kommt ein weiteres Mal dort zum Ausdruck, wo sie als Aufklärungswissenschaft, als Emanzipationswissenschaft, als herrschaftskritische Wissen- *Politikwissen-* schaft auftritt, auch als radikale Friedenswissenschaft. Macht und *schaft als* Herrschaft, gegebene Entscheidungsprozesse und gegebene Par- *Aufklärung und* tizipation, die vorfindliche internationale Ordnung und die herr- *Kritik* schenden Verteilungsmuster in der Weltwirtschaft sind unermüdlich daraufhin abzuklopfen, ob sie elementaren Kriterien einer guten Ordnung, nachvollziehbaren Formen akzeptabler Legitimation und partizipativer Mündigkeit des Subjekts und einer ebenso elementaren Autonomie der Gruppen und Verbände entsprechen, oder ob nicht vielmehr gewaltige Manipulationsmechanismen in Gang gesetzt und unterhalten werden.

Man nimmt diesem emanzipatorischen und kritischen Anspruch der Politikwissenschaft nichts, wenn hier die Warnung ausgesprochen sei, das Kritisieren, Hinterfragen, Entschleiern nicht zum Selbstzweck werden zu lassen. Wenn in einer der bekanntesten Einführungen in die Politikwissenschaft in der Zeit um und nach 1968 betont wird, es bestehe die „Absicht, jene politischen und gesellschaftlichen Verhältnisse kritisch zu analysieren, in denen autonomes privates und öffentliches Bewusstsein

in seinen Entwicklungsmöglichkeiten eher eingeschränkt als gefördert wird" (Kress/Senghaas 1969: 11), dann darf Politikwissenschaft dabei nicht stehen bleiben. Emanzipationsdenken muss in
Vorschlägen zu Alternativen münden, sonst erzeugt es Entfrem-
dungen von bestehenden Ordnungen, die eher ratlos und hilflos
als mündig und verantwortlich machen. Ist es Zufall, dass eines
der großartigsten Bücher der 68er-Periode, Herbert Marcuses
(1967) ‚Der eindimensionale Mensch', sicher seinem Untertitel
‚Studien zur Ideologie der fortgeschrittenen Industriegesellschaft'
entspricht, von heutigen Studenten jedoch kaum noch begriffen
wird, weil Marcuses leitende strategische Alternative, die „große
Weigerung", wenig Konstruktives enthält?

Politikwissenschaft bewegt sich wohl immer auf einem schma-
len Grat zwischen kritischer Distanz und konstruktiver Mitver-
antwortung. Sobald sie eine der beiden Seiten vernachlässigt,
stürzt sie ab, d. h. sie wird belanglos oder predigt Szenarien, die
unhistorisch sind, weil sie mit jenen hier mehrfach beschworenen
res gestae, die immer auch einen Teil der realen Möglichkeiten
politischer Gestaltung und damit die *res gerendae* abstecken, nichts
mehr zu tun haben.

f) Ein erhebliches Stück kultureller Tiefe muss hinzukommen,
und zwar in einem vertretbaren Maß ethnisch-zivilisatorischer Breite. Eine Politikwissenschaft, die etwa an China oder Indien völlig
vorbeileben würde, verurteilte sich zur kulturellen Bauchnabelschau,
weil sie nicht nur an gut 40% der Menschheit vorbei denkt, sondern
auch das Jahrtausende alte Gewicht der dortigen Zivilisationen und
die Chancen ihrer Renaissance nicht begreift.[8] Letzteres hat sehr viel

damit zu tun, dass wir auf globaler Basis am Scheidepunkt einer
Zivilisationskrise angelangt sind. Dies hat durch den 11. September
2001 an Aktualität gewonnen, der unterschiedliche Wertorientierungen zum Ausdruck brachte. Auch die Klimaveränderungen und der
steigende Bedarf an Energie werden nicht nur Verteilungskonflikte
auf globaler Ebene verschärfen, sondern verdeutlichen die Notwendigkeit Entwicklungsmodelle auf ihre globale und nachhaltige Trag-
fähigkeit zu überprüfen und Alternativen zu entwickeln.

5.3 Die Gefahr der Zersplitterung

Die eigentliche Gefahr für die Einheit des Faches kommt heute
von zwei Seiten. Zum einen hat sich ein Verständnis der empi-

---

8   Vgl. zu China die ungewöhnlich gelungene Arbeit von *Buckley Ebrey* 1996.

rischen Methoden etabliert, das die methodische Reinheit präfe-
riert und sich normativ uninteressiert zeigt. Ein epochal empirischer Zugriff auf die Zeitläufte und mögliche ordnungspolitische
Korrekturen sind damit kaum noch möglich (Mols 2007). Die
andere Versuchung – die das Fach historisch-politisch ins Abseits
der Irrelevanz zu drängen droht – besteht in der Tendenz zur fort-
schreitenden Aufteilung nach Spezialgebieten, die schon sprachlich nur noch Eingeweihten verständlich sind. Die deutsche Soziologie – gesellschaftliche Interpretationswissenschaft schlechthin
in den 6oer und 7oer Jahren – hatte sich selbst durch einen über-
zogenen *insider*-Jargon ins gesellschaftliche Abseits gebracht. Heute droht der (deutschen) Politikwissenschaft in vielen ihrer Zweige
eine ähnliche Irrelevanz durch kommunikative Sprachlosigkeit.
Wenn oder wo ein Fach sich nicht mehr mitteilen kann, wird es
nicht mehr ernst genommen und verbaut den Studierenden konkrete Berufschancen.

Ausdifferenzierung in Spezialgebiete

Wie immer man solche Bedenken einschätzen mag: Weltweit
hat heute auch die Politikwissenschaft einen Entwicklungsprozess
durchgemacht, der sie wie fast alle anderen Wissenschaften in
einen ungebrochenen Trend der zunehmenden Spezialisierung
und Differenzierung hineinbrachte. Allein für die Mitte der achtziger Jahre kannte man in (West-)Deutschland 21 ‚dominierende
Themenfelder‘, die in Hunderte von Unterspezialisierungen unterteilt sind (Wittkämper 1992: 290f.). Die Zeichen der Zeit stehen eindeutig auf weitere Spezialisierungen, ja auf Fragmentie-
rungen, – man sehe sich nur einmal die Tagungsprogramme der
‚Deutschen Vereinigung für Politikwissenschaft‘ bzw. das Anwachsen der Ad hoc-Gruppen innerhalb des Verbandes an.

Und doch kann man sich damit sinnvollerweise nicht zufrieden
geben. So wie die Soziologie nicht von den Bindestrich-Soziolo-
gien (Industrie-Soziologie, Familien-Soziologie usw.) zusammengehalten wird, genauso erschöpft sich die Politikwissenschaft
nicht in jenen fast schon nicht mehr zählbaren, auf keinen Fall
aber von einem einzelnen noch zu überschauenden Themenbereichen, wie sie etwa Dieter Nohlen verdienstvollerweise in seinem mehrbändigen ‚Pipers Wörterbuch zur Politik‘ erstmalig ab
1983 zusammengestellt hatte.[9] Ein aktueller Ansatz, der das Potential verspricht, divergente Forschungsaspekte zu den komplexer werdenden Politikverflechtungen unter einem gemeinsamen konzeptionellen Dach zu bündeln und systematisch

Governance

9　Seit 1992: *Dieter Nohlen* (Hrsg.): Lexikon der Politik, 7 Bde., München 1992-98.

zusammenzuführen, bildet die Governance-Analyse (Benz et al. 2007).

Nicht jeder Soziologe, Historiker oder eben auch Politikwissenschaftler kann Generalist sein, und sicherlich muss ein jeder sein Handwerk im Kleinen gelernt haben, bevor er sich an die großen Themen der Zeit heranwagt. Die Einheit der Soziologie wird davon abhängen, wieweit es gelingt, die Gesellschaft der Gegenwart und ihre Veränderungstendenzen auf den Begriff zu bringen. Auch die Einheit der Geschichtswissenschaft lässt sich nur historiographisch herstellen, genauer gesagt durch ‚große Historiographie‘, wozu es gleichfalls gute und gelungene Beispiele gibt, in denen ein ganzes Zeitalter in seiner inneren Struktur und in seiner Dynamik zusammengebracht wird. Solche „große Literatur" ist eben auch der Politikwissenschaft und ihren wichtigsten Teildisziplinen nicht unbekannt. Sie wird – wie in späteren Kapiteln dieses Buches etwas genauer gezeigt – manchmal eher konzeptuell-theoretischer Natur sein: Man denke an die Impulse, die von David Easton, Gabriel Almond oder Karl W. Deutsch ausgingen. Sie wird sich ein anderes Mal gezielter auf bestimmte Teildisziplinen beziehen: Hans Morgenthau, Hedley Bull oder Robert O. Keohane und Joseph S. Nye und andere haben auf je unterschiedliche Weise unübersehbare Verklammerungen (und natürlich auch Reibungspunkte) in die ‚Internationalen Beziehungen‘ eingebracht. Es ist der Typus der hier gemeinten Literatur, der Fächer wie die Politikwissenschaft und einige ihrer Nachbardisziplinen zusammenhält, aber es sind die spezifischeren Arbeiten zum Wählerverhalten, zur regionalen Integration, zur Bildungspolitik oder zur deutschen GUS-Politik, die dazu die Bausteine liefern. Wilhelm Bleeks Plädoyer für die Rückbesinnung auf Forschungstraditionen könnte hier greifen (Bleek 2001).

(Marginalie: Einheit der Disziplinen)

5.4 Die Zusammenarbeit mit Nachbardisziplinen

Wie ein roter Faden zieht sich durch dieses Einleitungskapitel das Verhältnis von Politikwissenschaft und Nachbardisziplinen. Sah es in den 1950er Jahren noch so aus, dass die Politikwissenschaft im Kreuzungspunkt von das Politische mitbetreffenden Nachbardisziplinen als eine ‚integrierende Sammelwissenschaft‘ (Ernst Fraenkel) oder als eine ‚synoptische Wissenschaft‘ (Arnold Bergstraesser) zu definieren sei, hat sich in der Folgezeit das Verhältnis zum wissenschaftlichen Umfeld verändert. Die „Expansion, Ausdifferenzierung und Professionalisierung" (Alemann 1985: 381f.)

der Politikwissenschaft seit den siebziger Jahren brachte eine derartig dichte Beschäftigung mit politikwissenschaftlichen Gegenstandsbereichen hervor, dass der Blick auf Nachbardisziplinen nicht mehr der Qualitätsbestimmung und der Identitätssuche des Faches diente, sondern nahe liegenden Überlegungen wich, wo sich vom Gegenstand her wünschbare Überschneidungsbereiche anboten bzw. wo man für die eigene Arbeit nützliche Methoden, Konzepte und Theorien fand. Hier soll daher nicht die alte Debatte um die Stellung der Politikwissenschaft unter den Wissenschaften in aktualisierter Form fortgesetzt werden. Vielmehr wird der Studierende wissen wollen, wie er selbst die eigene Beschäftigung mit der Politikwissenschaft dem, was sonst noch in den Universitäten angeboten wird, zuordnen soll.

Überschneidungs-bereiche

Der wichtigste (naturgemäß völlig unsystematische) Rat heißt: Es bringt die Fächerkombination erfahrungsgemäß besonders viel ein, die einem am meisten Spaß macht. Vor dieser Regel verblasst vieles andere. Und nur unter dem mit ihr ausgesprochenen Vorbehalt seien fünf besonders wichtige Nachbardisziplinen bzw. besser Gegenstandsbereiche genannt.

Fächerkombination

Die Kenntnis grundlegender historischer Zusammenhänge wird eine absolut unverzichtbare Grundlage allen wissenschaftlichen Nachdenkens über Politik bleiben. Auf den Rang epochaler Einbindungen ist mehrfach verwiesen worden. Kulturelle Identitäten sind gleichfalls ohne ihre historischen Fundamente nicht zu begreifen. Aber – und dies gilt wohl weltweit – die Geschichte steht auch Pate bei der Erfassung ganz konkreter politischer Abläufe, der Ausformulierung politischer Normen und der Absteckung von solchen Phänomenen, die man in der zeitgenössischen politikwissenschaftlichen Transformationsforschung „Handlungskorridore" nennt oder in der neoinstitutionalistischen Debatte unter der Rubrik ‚Pfadabhängigkeit' diskutiert. Das Mexiko des 21sten Jahrhunderts ist ohne die Revolution ab 1910 nicht zu verstehen, Russland nicht ohne die Kenntnis des Zarenreiches, Deutschland und seine Irrwege unter Wilhelm II und Hitler nicht ohne die verspätete und unvollkommene Einigung im 19. Jahrhundert.

Geschichtswissen-schaft

Ähnlich unverzichtbar sind die Impulse, die von der Philosophie ausgehen. Die Impulskraft philosophischen Denkens besteht nicht nur darin, dass sie prinzipielle Denkfiguren anbietet, die für das Zusammenleben von Menschen und ihren Ordnungsentwürfen von erheblichem Belang sind. Philosophie hat eine eigene Radikalität des Fragens, wie dies ‚normalen' Wissenschaften kaum je zu eigen ist. Platon hatte das Beispiel gesetzt.

Philosophie

Besonders für die neueren Strömungen der Politikwissenschaft unverzichtbar geworden sind die empirischen Sozialwissenschaften sowie die ihnen zugeordneten Methodenwissenschaften (Statistik, Ökonometrie, Soziometrie etc.). Auch die angrenzende naturwissenschaftliche Grundlagenforschung ist hier zu nennen. Der große systemtheoretische Theorieentwurf David Eastons beispielsweise wäre ohne die Einwürfe aus der naturwissenschaftlichen Kybernetik, dem input-output-Denken der Ökonomen und dem soziologischen Strukturfunktionalismus der Schule um Talcott Parsons nicht zu denken.

Methoden

Die Wirtschaftswissenschaften, insbesondere die Volkswirtschaftslehre, sind schon deshalb für die Politikwissenschaft von erheblichster Bedeutung, weil es in hochkomplexen Industriegesellschaften immer wesentlicher wird, die Doppelfrage nach der relativen Autonomie von Politik bzw. umgekehrt der Vertretbarkeit der relativen Eigensteuerung des wirtschaftlichen Bereichs zu stellen und weil zweitens Verteilungsfragen immer wichtiger werden. Die sich aus solchen Fragen ergebenden Verzahnungen von politikwissenschaftlichem und wirtschaftswissenschaftlichem Denken gehen so weit, dass die ‚Politische Ökonomie‘ in der Politikwissenschaft den Charakter einer eigenen Teildisziplin erhalten hat – dies häufig unter dem Namen ‚Wirtschaft und Gesellschaft‘.

Wirtschaftswissenschaften

Schließlich seien das Öffentliche Recht bzw. die überwiegend von den Juristen betriebene Allgemeine Staatslehre genannt. Gewiss wird man Politikwissenschaft heute nicht mehr überwiegend aus der Tradition der früheren Staatswissenschaften ableiten können. De facto ist auch die enge Verbindung zwischen Politikwissenschaft und/oder politischer Makrotheorie und Allgemeiner Staatslehre nicht mehr so selbstverständlich wie früher. Gleichwohl bleiben der Staat und die von ihm gesetzte Ordnung der Institutionen und des Rechtes eine der wesentlichsten Kalkulationsgrößen politischen Handelns.[10]

Rechtswissenschaften

6. Bleibende Fragestellungen, Probleme, Zukunftsperspektiven

Es gibt Belastungen innerhalb des Faches und für die Zukunft des Faches. Aber es gibt auch Zukunftsperspektiven, die optimistisch

---

[10] Das Hervorheben bestimmter Nachbardisziplinen soll nicht bedeuten, das andere Fächer in der politikwissenschaftlichen Forschung keine Rolle spielen. So können beispielsweise viele Aspekte Umweltpolitik ohne naturwissenschaftliche Expertise nicht ausreichend bearbeitet werden.

stimmen. Belastend war der rasche Aufbau des Faches – dies gilt in erster Linie für Deutschland. Er wirkte sich besonders deshalb negativ aus, weil es keine einheitlichen und ordnenden Standards gab und weil man eine verhältnismäßig lange Zeit für die eigene Professionalisierung und den Anschluss an die internationale Politikwissenschaft gebraucht hat. Belastend, aber auch anregend, war ebenso eine unübersehbare Politisierung nach 1968, die übrigens von ‚progressiver‘ wie von ‚bürgerlicher‘ Seite mit jeweils gleicher Intensität und einäugiger Blindheit getragen wurde. Eine weitere Belastung besteht schlicht darin, dass es eindeutige politikwissenschaftliche Berufsfelder – das gilt selbst für die von Bundesland zu Bundesland schwankende Rolle des Gemeinschafts- bzw. Sozialkundelehrers – noch immer nicht gibt, was all dem, was man mit seinen Studenten diskutiert und erarbeitet, ein gutes Stück berufsvorbereitender Verbindlichkeit nimmt.

Dennoch vermag ich der oft verbreiteten pessimistischen Stimmung über die Desintegrationstendenzen des Faches nicht zur Gänze zu folgen. Fächer behaupten sich, wenn sie etwas Spezifisches zu leisten vermögen. Die Politikwissenschaft wird sich noch weiter durchsetzen, wenn Politikwissenschaftler Wesentliches zu sagen wissen zur Sicherheitspolitik, zur Neugestaltung internationaler Beziehungen, zur Entwicklungspolitik, zum Problemfeld *good governance* und natürlich zu Modalitäten von Macht, Legitimation, Partizipation usw. Ihr Impuls hängt eindeutig vom Grad ihrer Mitsprachefähigkeit in politischen Dingen und vom Rang politischer Bildung im Normen- und Verhaltensgefüge moderner Gesellschaften ab.

In diesem Sinne sollte die Politikwissenschaft ein Fach bleiben, in dem es ein für den Mitwirkenden anregendes Spannungsverhältnis zwischen politischer Institutionenkunde, politischer Prozessanalyse, einer konkreten Politikbereichen verhafteten Policy-Betrachtung, dem Verhältnis von politischer Sozialisation und einer grundsätzlichen Zeit- und Gesellschaftskritik geben wird. Und es sollte in unserem Fach auch das – abermals in sich anregende – Spannungsverhältnis zwischen den Verpflichtungen politischer Bildung, einer mehr theoretisch-akademischen Reflektion und einem praktisch-politischen Engagement (Politikberatung) nicht verschwinden, einer Politikberatung, die auf ein gewisses Maß der Mitvorbereitung in nationalen und internationalen Entscheidungsprozessen und Konzeptualisierungen politischer Handlungs- und Orientierungsprogramme hinausläuft.

Stimulierender Maßstab wird zum einen sicherlich das inzwischen weltweit erreichte Profil des Faches sein. Zum anderen

Probleme

Leistungs-
potentiale

Spannungs-
verhältnisse

findet Politikwissenschaft ihren sehr maßgeblichen anderen Motor im bewussten Aufgreifen epochaler oder grundlegender Problemstellungen. Speziell für Deutschland heißen die Grundfragen aus heutiger Sicht: Wird die Politikwissenschaft die intellektuelle Kraft aufbringen, die unübersehbaren Verkrustungen und Fehlentwicklungen im Zusammenhang mit der deutschen Einheit, die sowohl mit der Standortsicherung wie mit der Wiedervereinigung absolut brisant gewordenen Verteilungsfragen und nicht zuletzt die veränderten Einordnungsmodalitäten außenpolitisch-internationaler Natur in einer überzeugenden Weise und mit ihren eigenen fachspezifischen Möglichkeiten und Kompetenzen

Grundlegende Fragen — anzugehen? Eine ganz zentrale Frage in diesem Kontext lautet: Was soll heute unter sozialer Gerechtigkeit verstanden werden – im nationalen wie im internationalen Rahmen? Wird sie des Weiteren ihren eigenen Beitrag leisten zur in die Krise geratenen Parteiendemokratie, von der nicht wenige Beobachter meinen, es sei längst eine Krise der Demokratie überhaupt eingetreten? Der unzweifelhaft erreichte hohe Professionalisierungsgrad des Faches wirkt sich dabei ambivalent aus: Er ist Hilfe und Versuchung zur Flucht in abgeleitete akademische Diskussionen in einem.

Ein Einleitungskapitel wie dieses kann nicht mehr leisten als den Versuch, in das scheinbare Dickicht einer weltweit angelegten Profession, in der es heutzutage rund 30.000 Mitwirkende in Universitäten und Forschungsinstitutionen geben mag, eine Schneise zu schlagen und dadurch dieses Dickicht erschließbar zu machen. Wenn dazu noch die Botschaft herübergekommen ist, dass Politikwissenschaft zu betreiben wahrlich Spaß macht und dass sie ein seriöses, verantwortliches und notwendiges Geschäft ist, dann haben die hier vorgestellten Überlegungen ihren Zweck erreicht.

Literatur

Annotierte Auswahlbibliografie
Albrecht, Ulrich et al. (Hrsg.) (1989): Was heißt und zu welchem Ende betreiben wir Politikwissenschaft? Kritik und Selbstkritik aus dem Otto-Suhr-Institut, Opladen.
Es gibt kaum eine deutschsprachige Veröffentlichung zur Lage des Faches, in der wie hier profilierte politikwissenschaftliche Positionen so plastisch und anregend in Diskussionsform vorgestellt werden – auch wenn der eine oder andere Leser dadurch sicher zum Widerspruch gereizt wird.

Almond, Gabriel A. (1990): A Discipline Divided. Schools and Sects in Political Science, Newbury Park u.a.
Dies ist eine kritische Bestandsaufnahme des Faches aus der Feder eines der einflussreichsten Politikwissenschaftler unseres Jahrhunderts.

Berg-Schlosser, Dirk/Stammen, Theo (2003): Einführung in die Politikwissenschaft, 7. Aufl., München (hier: Berg-Schlosser 1995).
Der Akzent dieser Einführung liegt auf erkenntnisleitenden und methodischen Fragestellungen. Eine gewisse Sympathie mit ‚klassischen' politikwissenschaftlichen Fragestellungen ist unübersehbar.

Goodin, Robert E./Klingemann, Hans-Dieter (Hrsg.) (1998): A New Handbook of Political Science, Oxford u.a. (hier: Goodin 1996).
In 35 Einzelkapiteln wird die geschlossenste Übersicht über das Fach von sehr namhaften Wissenschaftlern angeboten. Die Texte sind im allgemeinen gut lesbar.

Heywood, Andrew (2007): Politics, 3. Aufl., Houndmills/London.
Eine ungewöhnlich gelungene, gut verständliche und zugleich präzise Einführung in das Fach und wesentliche Teilgebiete. Seit Jahren das beste Buch seiner Art.

Maier, Hans (1996): Die ältere deutsche Staats- und Verwaltungslehre (Polizeiwissenschaft). Ein Beitrag zur Geschichte der politischen Wissenschaft in Deutschland, 2. Aufl., Neuwied/Berlin.
In der vor fast drei Jahrzehnten von Maier vorgelegten Habilitationsschrift wird die staatswissenschaftliche und politisch-philosophische Tradition des Faches sorgfältig und im Einzelnen überzeugend herausgearbeitet. Für jeden, der sich mit der Geschichte des Faches befasst, ist das Buch des späteren Bayerischen Kultusministers immer noch eine Pflichtlektüre.

Weiterführende Literatur
Acharya, Amitar/To, Lee ai (Hrsg.) (2004): Asia in the New Millennium, London u.a.
Albert, Hans (Hrsg.) (1972): Theorie und Realität. Ausgewählte Aufsätze zur Wissenschaftslehre der Sozialwissenschaften, 2. Aufl., Tübingen.
Alemann, Ulrich von (1985): Integrationswissenschaft, in: Nohlen, Dieter/Schultze, Rainer-Olaf (Hrsg.): Politikwissenschaft. Theorien, Methoden, Begriffe, München/Zürich, S. 381f.
Alemann, Ulrich von (Hrsg.) (1995): Politikwissenschaftliche Methoden. Grundriss für Studium und Forschung, Opladen.
Almond, Gabriel A. (1996): Political Science. The History of the Discipline, Oxford/New York (hier: Paperback-Ausgabe 1998).
Andrews, William G. (Hrsg.) (1982): International Handbook of Political Science, Westport/London.
Bellers, Jürgen/Robert, Rüdiger (Hrsg.) (1992): Politikwissenschaft I. Grundkurs, 3. Aufl., Münster/Hamburg.
Benz, Arthur/Lütz, Susanne/Schimank, Uwe/Simonis, Georg (Hrsg.) (2007): Handbuch Governance, Wiesbaden.
Benz, Arthur/Seibel, Wolfgang (Hrsg.) (1997): Theorieentwicklung in der Politikwissenschaft – eine Zwischenbilanz, Baden-Baden.

Bergstraesser, Arnold (1966): Politik in Wissenschaft und Bildung. Schriften und Reden, 2. Aufl., Freiburg i. Br.

Bermbach, Udo (Hrsg.) (1978): Politische Wissenschaft und politische Praxis, PVS-Sonderheft 9, Opladen.

Bleek, Wilhelm (2001): Geschichte der Politikwissenschaft in Deutschland, München.

Bleek, Wilhelm/Lietzmann, Hans J. (Hrsg.) (1999): Schulen in der deutschen Politikwissenschaft, Opladen.

Brecht, Arnold (1989): Politische Theorie. Die Grundlagen politischen Denkens im 20. Jahrhundert, 2. Aufl., Tübingen (hier: Brecht 1961).

Bröchler, Stephan/ Schützeichel, Rainer (Hrsg.) (2008): Politikberatung. Ein Handbuch, Stuttgart.

Brunner, Otto/Conze, Werner/Kosellek, Reinhard (Hrsg.) (1992): Geschichtliche Grundbegriffe. Historisches Lexikon zur politisch-sozialen Sprache in Deutschland, 7 Bde., Stuttgart.

Buckley Ebrey, Patricia (1996): China. Eine Illustrierte Geschichte, Frankfurt/New York. (in der Reihe ,Cambridge Illustrated History').

Bull, Hedley (2002): The Anarchical Society. A Study of Order in World Politics, 3. Aufl., New Jersey (hier: Bull 1977 New York).

Cavalcanti, Themistocles Brandao (1955): Introduçao a Ciencia Política, Rio de Janeiro.

Chaibong, Hahm et al. (Hrsg.) (1999): Confucian Democracy, Why & How, Seoul.

Demandt, Alexander (1999): Stätten des Geistes. Große Universitäten Europas von der Antike bis zur Gegenwart, Köln u.a.

Di Tella, Torcuato S. et al. (1989): Diccionario de Ciencias Sociales y Políticas, Buenos Aires.

Easton, David (1979): A Framework for Political Analysis, Englewood Cliffs/N. J. (hier: Easton 1965).

Eberwein, Wolf-Dieter/Kaiser, Karl (Hrsg.) (1998): Deutschlands neue Außenpolitik, München.

Eschenburg, Theodor/Rothfels, Hans (Hrsg.) (1962): Vierteljahreshefte für Zeitgeschichte 10, Stuttgart.

Faletto, Enzo/Martner, Gonzalo (Hrsg.) (1986): Repensar el futuro. Estilos de desarrollo, Caracas.

Falk, Svenja/Römmele, Andrea/Rehfeld, Dieter/Thunert, Martin (Hrsg.) (2006): Handbuch Politikberatung, Wiesbaden.

Fraenkel, Ernst (1991): Deutschland und die westlichen Demokratien, Frankfurt a. M.

Frey, Rainer (1992): Politikwissenschaft und Politikberatung, in: Bellers, Jürgen/ Robert, Rüdiger (Hrsg.): Politikwissenschaft I, Grundkurs, 3. Aufl., Münster/ Hamburg, S. 224-243.

Freyer, Hans (1964): Soziologie als Wirklichkeitswissenschaft. Logische Grundlegung des Systems der Soziologie, 2. Aufl., Darmstadt.

Friedrichs, Carl Joachim (1953): Verfassungsstaat der Neuzeit, Berlin.

Goodin, Robert E./Petit, Philip (Hrsg.) (1993): A Companion to Contemporary Political Philosophy, Oxford.

Görlitz, Axel/Burth, Hans-Peter (1998): Politische Steuerung, 2. Aufl., Opladen.

Görres-Gesellschaft (Hrsg.) (1985): Staatslexikon, 4. u. 5. Bd., 7. Aufl., Freiburg i. Br.

Heinrich, Hans-Georg (1998): Einführung in die Politikwissenschaft, 2. Aufl., Wien (hier: Heinrich 1989).

Heller, Hermann (1961): Staatslehre, 2. Aufl., Leiden.

Hennis, Wilhelm (1963): Politik als Praktische Philosophie, Neuwied/Berlin.

Heuser, Uwe Jean (2000): Das Unbehagen im Kapitalismus. Die neue Wirtschaft und ihre Folgen, Berlin.

Heywood, Andrew (2002): Political Ideas and Concepts. An Introduction, 2. Aufl., Houndmills/London.

Höffe, Ottfried (1999): Demokratie im Zeitalter der Globalisierung, München.

Huntington, Samuel P. (1996): The Clash of Civilizations and the Remaking of World Order, New York.

Kastendiek, Hans (1977): Die Entwicklung der westdeutschen Politikwissenschaft, Frankfurt a. M.

Kennedy, Paul (1988): The Rise and the Fall of the Great Powers, London.

Kirchhof, Paul (2005): Der Staat – eine Erneuerungsaufgabe, Freiburg.

Krell, Gert (2004): Weltbilder und Weltordnung: Einführung in die Theorie der Internationalen Beziehungen, 3. Aufl., Baden-Baden.

Kress, Gisela/Senghaas, Dieter (Hrsg.) (1969): Politikwissenschaft. Eine Einführung in ihre Probleme, 3. Aufl., Frankfurt a. M.

Kuhn, Thomas S. (1976): Die Struktur wissenschaftlicher Revolutionen, 2. Aufl., Frankfurt a. M.

Latouche, Serge (2005): L'occidentalisation du monde: Essai sur la signification, la portée et les limites de l'uniformisation planétaire, Paris (hier: Latouche 1986).

Leggewie, Claus (Hrsg.) (1994): Wozu Politikwissenschaft? Über das Neue in der Politik, Darmstadt.

Lieber, Hans-Joachim (Hrsg.) (1993): Politische Theorien von der Antike bis zur Gegenwart, 2. Aufl., Bonn (hier: Lieber 1991).

Lietzmann, Hans J./Bleek, Wilhelm (1999): Politikwissenschaft. Geschichte und Entwicklung, 2. Aufl., München (hier: Lietzmann 1996).

Maier, Hans (1962): Zur Lage der politischen Wissenschaft in Deutschland, in: Vierteljahresschrift für Zeitgeschichte 10 (3), S. 225-249.

Maier, Hans/Vogel, Bernhard (1988): Politik, in: Görres-Gesellschaft (Hrsg.): Staatslexikon, Bd. 4, 7. Aufl., Freiburg i. Br., S. 431-440.

Magnis-Suseno, Franz von (1989): Neue Schwingen für Garuda. Indonesien zwischen Tradition und Moderne, München.

Mansilla, H. C. F. (1986): Die Trugbilder der Entwicklung in der Dritten Welt, Paderborn.

Marcuse, Herbert (2004): Der eindimensionale Mensch, Neuwied/Berlin (hier: Marcuse 1967).

Missiroli, Antonio (1988): Die Deutsche Hochschule für Politik, Sankt Augustin.

Mohr, Arno (Hrsg.) (1997): Grundzüge der Politikwissenschaft, 2. Aufl., München (hier: Mohr 1995).

Mols, Manfred (1992): Die Zukunft des Staates als zentraler politischer Akteur, in: Huttner, Karltheodor/Haneke, Burkhard (Hrsg.): Konkrete Visionen. Gesellschaftliche Tendenzen und Perspektiven in Deutschland im 3. Jahrtausend, München, S. 29-50.

Mols, Manfred/Derichs, Claudia (1995): Das Ende der Geschichte oder ein Zusammenprall der Zivilisation?, in: Zeitschrift für Politik.

Mols, Manfred (1997): Universale oder kulturspezifische Kategorien und Theorien? Bemerkungen aus politikwissenschaftlicher Sicht, in: Brocker/Nau (Hrsg.): Ethnozentrismus. Möglichkeiten und Grenzen des interkulturellen Dialogs, Darmstadt.

Mols, Manfred (1998): Politikberatung im außenpolitischen Entscheidungsprozess, in: Eberwein, Wolf-Dieter/Kaiser, Karl (Hrsg.): Deutschlands neue Außenpolitik, München, S. 253-264.

Mols, Manfred (2007): Droht der Politikwissenschaft ein massiver Relevanzverlust? Eine Erfolgsgeschichte in den Grenzen von Spannungspunkten, in: Patzelt, Werner J./Sebaldt, Martin/Kranenpohl, Uwe (Hrsg.): Res publica semper reformanda. Wissenschaft und politische Bildung im Dienste des Gemeinwohls, Wiesbaden, S. 27-42.

Müller-Armack, Alfred (1981): Genealogie der sozialen Marktwirtschaft. Frühschriften und weiterführende Konzepte, 2. Aufl., Bern/Stuttgart.

Nohlen, Dieter (Hrsg.) (1992-2002): Lexikon der Politik, 7 Bde., München (+ Sonderausgabe, Politische Theorie 2002).

Nohlen, Dieter/Schultze, Rainer-Olaf (Hrsg.) (1985): Politikwissenschaft. Theorien-Methoden-Begriffe, München/Zürich.

Nonnenmacher, Günther (1989): Die Ordnung der Gesellschaft, Weinheim.

Nuscheler, Franz (2004): Lern- und Arbeitsbuch Entwicklungspolitik, 5. Aufl., Bonn (hier: Nuscheler 1996).

Nussmacher, Hiltrud (2004): Politikwissenschaft, 5. Aufl., München/Wien.

Oberndörfer, Dieter (1962): Politik als praktische Wissenschaft, in: Oberndörfer, Dieter (Hrsg.): Wissenschaftliche Politik. Eine Einführung in Grundlagen ihrer Tradition und ihrer Theorien, Freiburg i. Br., S. 9-58.

Oberndörfer, Dieter (Hrsg.) (1966): Wissenschaftliche Politik. Eine Einführung in Grundfragen ihrer Tradition und Theorie, 2. Aufl., Freiburg i. Br.

Offe, Claus (2006): Strukturprobleme des kapitalistischen Staates. Aufsätze zur Politischen Soziologie, Frankfurt a. M. (hier: Offe 1972).

Patzelt, Werner (2003): Einführung in die Politikwissenschaft, 5. Aufl., Passau.

Pierre, Jon/Peters, B. Guy (2000): Governance, Politics and the State, New York.

Pinto, Aníbal (1986): Estilos de desarrollo: origen, naturaleza y esquema conceptual, in: Faletto, Enzo/Martner, Gonzalo (Hrsg.): Repensar el futuro. Estilos de desarrollo, Caracas, S. 3-41.

Popper, Karl R. (1972): Naturgesetze und theoretische Systeme, in: Albert, Hans (Hrsg.): Theorie und Realität, 2. Aufl., Tübingen, S. 43-58.

Rohe, Karl (1994): Politik, Begriffe und Wirklichkeiten, Stuttgart.

Rosecrance, Richard (1987): Der neue Handelsstaat. Herausforderungen für Politik und Wirtschaft, Frankfurt a. M.

Roskin, Michael et al. (2002): Political Science. An Introduction, 8. Aufl., London (hier: Roskin 1989).

Saage, Richard (2000): Politische Utopien der Neuzeit, 2. Aufl., Bochum (hier: Saage 1991).

Scharpf, Fritz W. (1997): Games Real Actors Play. Actor-Centered Institutionalism in Policy Research, Boulder u.a.

Sen, Amartya (1999): Development as Freedom, Oxford.

Smith, Peter (Hrsg.) (1993): The Challenge of Integration. Europe and the Americas. New Brunswick/London.

Simonis, Georg/Lauth, Hans-Joachim/Broechler, Stephan (2007): Vergleichende Politikwissenschaften im 21. Jahrhundert, in: Zeitschrift für Vergleichende Politikwissenschaft ZfVP 1 (1), S. 146-165.

Stammen, Theo (Hrsg.) (1998): Grundwissen Politik, 2. Aufl., Frankfurt a. M./New York (hier: Stammen 1991).

Voegelin, Eric (1959): Die neue Wissenschaft der Politik, München.

Waschkuhn, Arno (2002): Grundlegung der Politikwissenschaft, München.

Weber, Max (1992): Politik als Beruf, Stuttgart.

Weber-Schäfer, Peter (1985): Praktische Wissenschaft, in: Nohlen, Dieter/Schultze, Rainer-Olaf (Hrsg.): Politikwissenschaft. Theorien-Methoden-Begriffe, München/Zürich , S. 803-804.

Weggel, Oskar (1997): Die Asiaten, München (hier: Weggel 1989).

Wittkämper, Gerhard W. (1992): Politikwissenschaft und Beruf, in: Bellers, Jürgen/ Robert, Rüdiger (Hrsg.): Politikwissenschaft I, Grundkurs, 3. Aufl., Münster/ Hamburg, S. 224-243.

Zakaria, Fareed (2008): The Future of American Power. How America Can Survive the Rise of the Rest, in: Foreign Affairs.

Disziplinen und Schwerpunkte der Politikwissenschaft   II.

Das politische System der Bundesrepublik Deutschland

Karl-Rudolf Korte

Gegenstandsbestimmung, Entstehungsgeschichte, Fragestellungen   1.

Die Beschäftigung mit dem politischen System des eigenen Staates gehört zum Kernbereich der Politikwissenschaft.

Die Entstehungsgeschichte des Faches in der Bundesrepublik Deutschland ist eng mit der Analyse des neu geschaffenen politischen Systems verbunden (Bleek 2001). Dabei konnte die Disziplin an die Ideen der 1920 in Berlin begründeten „Deutschen Hochschule für Politik" anknüpfen. Neben angelsächsischen Einflüssen bildete die Allgemeine Staatslehre der Weimarer Zeit eine Keimzelle bei den Fragen nach dem politischen System. Zu den eigentümlichen Varianten dieser eher an aristotelische Traditionen anknüpfenden Lehre von der Politik zählten die nicht empirisch ausgerichteten Forschungszweige, wie die Verwaltungs-, die Kameral-, und die Polizeiwissenschaften, wie sie sich seit dem 18. Jahrhundert entwickelte (vgl. dazu weiterführend den Beitrag von Manfred Mols in diesem Band). Polizei (oder Policey) war dabei Inbegriff sämtlicher staatlicher Aktivitäten und im Grunde praktisch synonym mit Staat und Verwaltung (Jann 1989).

Der Gegenstandsbereich des politischen Systems der Bundesrepublik Deutschland wird jedoch durch die Hinweise auf Traditionsstränge und Impulsgeber nur einschränkend deutlich. Was gehört dazu? Wie kann man das politische System abgrenzen von anderen Gebieten? Welche Methoden bieten sich dazu an? Wer diesen Fragen systematisch nachgeht, wird schnell feststellen, dass das politische System nur selten präzise definiert wird. Die Begriffe „Parlamentarisches Regierungssystem", „Verfassungs- und Demokratielehre", „Politisches System", „Regierungssystem" und auch „Innenpolitik" gehen durcheinander.

> Definitionsbereich: im engeren Sinne Regierungslehre/Government, im weiteren Sinne Berücksichtigung von ökonomischen/sozialen Problemstellungen und Prozessen der gesellschaftlichen Willensbildung.

Zur ersten Orientierung lassen sich ein engerer und ein weiterer Definitionsbereich dieser Begriffe unterscheiden. Im engeren Sinne gehört dazu die Regierungslehre, die sich mit dem Regierungssystem beschäftigt. Es ist die wörtlichste Übersetzung des angelsächsischen Government. Dabei konzentriert sich die Analyse auf die Aufgaben, Organisationsformen und Arbeitsweise von Regierungen auf allen Ebenen eines politischen Systems. Moderne Regierungsforschung verbindet praxisorientierte und machttheoretische Fragen: Wer entscheidet was, auf welcher Grundlage, wann und mit welchen Mitteln? Gefragt wird nach den Grundlagen, den Instrumenten und Techniken des Regierens und Opponierens sowie nach den Strategien und Stilen politischer Steuerung und Führung. Die Innensicht, die Machtseite der Politik wird dabei mit den politischen Sachfragen verbunden (Korte/Grunden 2013; Korte/Fröhlich 2009; Helms 2005).

Regierung Regierung umfasst nach diesem Verständnis die Verfassungsorgane eines Staates, die insgesamt das Regierungssystem bilden: Parlament und Regierung – eher nachgeordnet die Rechtsprechung. Es ist eine formale Eingrenzung, die allerdings ökonomische und soziale Bedingungen außerhalb des Kernbereichs des Regierungssystems nicht berücksichtigt.

politisches System Im weiteren Sinne des Begriffes „politisches System" wird die politische Analyse nicht auf den engeren staatlichen Bereich beschränkt. Ökonomische und soziale Problemstellungen sowie gesellschaftliche Willensbildungsprozesse werden berücksichtigt. Der Funktionszusammenhang zwischen Legislative, der Exekutive und der Judikative wird ausgeweitet. Autonome öffentliche und private Organisationen (z. B. die Parteien, Verbände, Bundesbank), die auf die Politikformulierung und den Politikvollzug einwirken bzw. daran aktiv gestaltend mitwirken, ergänzen das Untersuchungsgebiet „politisches System". In diesem umfassenden Sinne ist in den letzten Jahren der Begriff Governance fast schon ein Pendant zum Begriff des politischen Systems geworden. Governance stellt eine koordinierende Rolle von Institutionen für die Gesellschaft und die Wirtschaft in den Vordergrund. Mit der Transformation von Staatlichkeit (Leibfried/Zürn 2006) fallen

politische Entscheidungen nicht mehr primär über staatszentrier-
te hierarchische Steuerungsprozesse.

> Governance hat mit seiner inhaltlich-prozessbezogenen Sicht-
> weise zu einem veränderten Politikverständnis beigetragen.

Governance bedeutet Steuern und Koordinieren mit dem Ziel des
Managements von Interdependenzen zwischen staatlichen und
nichtstaatlichen Akteuren (Benz et al. 2007). Es ist ein struktur-
orientiertes Konzept, bei dem die Koordination öffentlicher und
privater Akteure bei der Herstellung öffentlicher Güter im Mittelpunkt steht. Gefragt wird nach der institutionellen Struktur kollektiver Regelungssysteme.

Es stehen sich somit eine eher formal-institutionenbezogene
und eine inhaltlich-prozessbezogene Sichtweise von Politik gegenüber (Murswieck 1989). Hinter diesen scheinbaren Begriffs-
spielen steckt nicht nur ein sich wandelndes Politikverständnis.
Vielmehr lassen sich an solchen begrifflichen Unterschieden erkenntnisleitende Fragestellungen, abweichende Konzeptionen
und Methoden aufzeigen.

Zentrale Fragen lauten daher aus heutiger Sicht:

Zentrale Fragestellungen

- Wie werden welche politischen Entscheidungen von wem ge-
  fällt?
- Wie werden in der Bundesrepublik Deutschland die politisch
  Handelnden beauftragt, beeinflusst und kontrolliert?
- Wie sind die Bürger an diesen Prozess der politischen Willens-
  bildung beteiligt?
- Welche Aufgaben erfüllt das politische System und welche
  nicht?
- Welche institutionellen Reformen sind angesichts veränderter
  gesellschaftlicher Bedingungen und Problemfelder notwendig?

Politikwissenschaft ist ohne Zeitbezug nicht denkbar. Der Gegenstandsbereich, die Fragestellungen und die Methoden des Faches
haben sich mit der Geschichte der Bundesrepublik Deutschland
verändert. Einmal war das erkenntnisleitende Interesse stärker an
bestimmten Institutionen orientiert, dann wiederum standen
Grundsatzfragen der Demokratie im Fokus. Das Analysespekt-
rum war stets auch vom Zeitgeist geprägt. Dies lässt sich im Teilgebiet politisches System der Bundesrepublik Deutschland nach-
zeichnen.

Politikwissen-schaft hat immer auch einen Zeitbezug

Die Politikwissenschaft in Westdeutschland begann nach 1949 als Verfassungs- und Demokratielehre. Das Forschungsinteresse galt Begründungen, Beschreibungen und Erklärungen von Institutionen.

Bedingt durch die nationalsozialistische Vergangenheit war die Politikwissenschaft in Westdeutschland nach 1949 zunächst weitgehend Verfassungs- und Demokratielehre. Neben den staatstheoretischen, politisch-historischen und staatsphilosophischen Rückgriffen gab es eine eindeutige Präferenz: die Funktionsweise der neuen politischen Institutionen wie Parlament, Regierung, Verfassung sollte vermittelt werden. Vorbild war, trotz der Rückgriffe auf die ältere politische Staatslehre, die angelsächsische Political Science (Jann 1989; Prätorius 1995; Bleek 2001), die damals das Konzept des Government ins Zentrum ihrer Fragestellungen gerückt hatte. Nicht der ahistorische und übergesellschaftliche Staat, sondern die konkrete Ausgestaltung der politischen Organisation wurde thematisiert. So entstanden zunächst von Politikwissenschaftlern verfasste „Verfassungslehren", wie beispielsweise die deutschen Übersetzungen von: „Political Power and the Government Process" (Loewenstein), „The Representative Republic" (Hermens), „Constitutional Government and Democracy" (Friedrich) (Loewenstein 1959; Friedrich 1953; vgl. den Beitrag von Manfred Mols in diesem Band). Das Forschungsinteresse galt Begründungen, Beschreibungen und Erklärungen von Institutionen. In solche Analysen sind immer wieder vergleichende Aspekte politischer Herrschaftsformen im Sinne der comparative government eingeflossen. Konzeptionell standen sich ideengeschichtliche (Fraenkel, Sternberger), normativ-ontologische (von der Gablentz, Bergstraesser), historisch-beschreibende und juristisch-systematisierende (Eschenburg) Ansätze gegenüber.

Im Vordergrund stand die politische Bildung der Studierenden; die Politikwissenschaft war eine Bildungswissenschaft.

Die fünfziger und sechziger Jahre brachten so eine Vielfalt an Einzelstudien über die Funktionsbedingungen des demokratischen Staates der Bundesrepublik hervor (Göhler 1987). Das war zugleich nützlich für die Umsetzung der gestellten Aufgabe, denn es ging bis Anfang der sechziger Jahre in erster Linie um politische Bildung der Studierenden. Man könnte die Politikwissenschaft der damaligen Zeit als Demokratie-, Aufklärungs- oder auf ein Schulfach bezogene Bildungswissenschaft bezeichnen. Als Demokratiewissenschaft sollte sie die Bedingungen und Möglichkeiten erforschen, in Deutschland eine stabile Demokratie aufzubauen. Die politische Bildung orientierte sich an idealistisch konzipierten Partnerschafts- und Harmoniemodellen (Assel 1979). Verhaltensweisen sollten gefördert werden, die sich gegen undemokratische und totalitäre Einstellungen wendeten. Die neuen politischen Institutionen wurden nicht hinterfragt, sondern primär ihre Funktionsweise beleuchtet, wobei die angelsächsischen Demokratievorstellungen als Maßstab dienten. Die Beschäftigung mit totalitären Systemen schlug sich auch in der Forschung über Entstehung und Wirkung solcher Systeme nieder (Arendt 1955; Sontheimer 1962). Als Motiv galt der doppelte Anti-Totalitarismus: gegen die NS-Vergangenheit und gegen den Sozialismus in stalinistischer Ausprägung des Ostens.

In der ersten formativen Phase der Bundesrepublik Deutschland waren Wirtschaftswunder, Kalter Krieg, Wiederaufbau und die Integration in die internationale Staatengemeinschaft die äußeren Markierungspunkte. Das Lebensgefühl der Menschen bestimmte nicht die große Politik. Eher desinteressiert und zögerlich reagierte die Mehrheit auf alles, was irgendwie mit Politik zusammenhing. Politisch-kulturell standen vielmehr der Aus- und Aufbau der privaten Existenz im Vordergrund. Walter Dirks hatte dazu frühzeitig das Stichwort gegeben: der restaurative Charakter der Epoche (Dirks 1949: 15f).

Erste formative Phase

Das Harmoniemodell der politischen Bildung stieß bereits Ende der fünfziger Jahre auf den Vorwurf, die politischen Verhältnisse als unveränderlich gegeben hinzunehmen und alle in der Realität vorhandenen Konflikte völlig auszuklammern. Das vor-

> Das Konzept aus Konsensfähigkeit, Toleranz und Kompromissbereitschaft verlor mit Beginn der sechziger Jahre seine Integrationskraft.

herrschende Konzept, das scheinbar auf Konsensfähigkeit, Toleranz und Kompromissbereitschaft beruhte, verlor mit Beginn der sechziger Jahre seine Integrationskraft. Mangelnde ökonomische

und politische Mitbestimmung wurden angemahnt. Anstelle von
Systemstabilität und Konsensfähigkeit wurden neue Aspekte des
Politischen artikuliert. Der Konflikt und die Strukturen des politischen Systems rückten in den Mittelpunkt des Forschungsinte-
resses. Durch die Einbeziehung machtanalytischer und emanzi-
patorischer Aspekte in den Politikbegriff wurde die gesellschaftliche Analyse ein Gegenstandsbereich der Teildisziplin.

Zweite formative Phase In dieser zweiten formativen Phase der Bundesrepublik
Deutschland stellten sich die Fragen nach dem Warum und dem
Wieso politischer Macht- und Herrschaftsverhältnisse nachdrück-
licher. Die Auseinandersetzung der westlichen Demokratie und
des politischen Systems mit sich selbst löste die Konfrontation mit
den totalitären Gegenmächten der ersten formativen Phase zunächst ab. Thematisiert wurden nun der Anspruch des demokra-

Wachsende Polarisierung zwischen den politischen Lagern tischen Rechtsstaats und seine Verfassungswirklichkeit. Zugleich
wuchs mit den Studentenprotesten von 1968 die Polarisierung
zwischen den politischen Lagern. Konflikte entzündeten sich vor
allem an der Notstandsgesetzgebung und der Rolle der USA im
Vietnamkrieg. Diese Auseinandersetzung spiegelte sich auch auf
wissenschaftlicher Ebene wider (Narr/Naschold 1971; Oberndör-
fer/Jäger 1975). Ungleichheit, Elitenherrschaft und politische Apa-
thie der breiten Massen wurden aus eher linker Perspektive dem
politischen System der Bundesrepublik Deutschland vorgewor-
fen. Herstellung von Freiheit und Gleichheit sowie die Demokratisierung in allen Bereichen des Staates und der Gesellschaft
waren die Vorstellungen, mit denen die Politisierung aller Lebensbereiche eingefordert wurde. Auch zu diesen Zielsetzungen gab
es innerhalb der Wissenschaft Gegenpositionen, die wiederum
neue Kontroversen auslösten (Hennis 1973; Fetscher 1970). „Mehr
Demokratie wagen" (Willy Brandt) war nicht nur politische Paro-
le, sondern auch wissenschaftliches Programm. Innere Reformen, Verständigung mit dem Osten und ein geistig-politischer
Aufbruch mit großen emotionalen Hoffnungen prägten die The-

Neue Leitbegriffe men der neuen Generation. Leitbegriffe wurden Lebensqualität,
Fortschritt, internationale Solidarität, Partizipation und Demokratisierung.

Zwischen 1965 und 1979 Hinwendung zur Demokratiefor-schung Die Diskussion in der Politikwissenschaft wandte sich Ende der
sechziger und in den siebziger Jahren intensiv den Fragen der
Demokratieforschung und den Krisen der politischen Repräsentation zu. Zugleich fand eine deutliche Ausdifferenzierung und
Zersplitterung der Politikwissenschaft statt. Es etablierte sich ein
Feld, das dann den Namen „Regierungssystem" trug. Doch ein
über die bisherige Institutionenlehre hinausreichender gemein-

samer Ansatz war nicht erkennbar. Die Fragestellung nach dem Zustand der Demokratie knüpfte an die Debatte um die Regierbarkeit und die Krisenerscheinungen der parlamentarischen Demokratie und den sich ausdünnenden Konsens im Vertrauensverhältnis zwischen Bürger und Staat an (Hennis et al. 1977 u. 1979; Beyme 1987). Die gleichen Phänomene wurden in neomarxistischen Diskussionen als Krisentheorien und Legitimationsprobleme im Spätkapitalismus thematisiert (Offe 1972; Habermas 1973). Generell stand zur Diskussion, wie der moderne Staat auf die Anspruchs- und Erwartungshaltungen der Bürger angemessen reagieren kann. Es öffnet sich eine Schere zwischen steigenden Erwartungen und offensichtlich abnehmender staatlicher Leistungsfähigkeit (Frei 1978; Lehner 1992). Die Kritik im Kontext dieser Debatte erfasste dabei die Willensbildungs- und Entscheidungsstruktur des gesamten Regierungsapparates, des Parlaments und der Parteien. Die Einflussnahme verschiedener Verbände und Interessengruppen auf politische Entscheidungen wurde hinterfragt und ließ die Grenzen des politischen Systems unscharf werden (Korporatismus).

> Steigende Erwartungen stehen abnehmbarer staatlicher Leistungsfähigkeit gegenüber

> Korporatismus

In den so genannten Neuen Sozialen Bewegungen der siebziger und achtziger Jahre (Friedensbewegung, Ökologiebewegung u. a.) zeigte sich eine gestiegene Partizipationsbereitschaft vieler Bürger. Diese wirkte sich auf politische Entscheidungen und deren Durchsetzung aus. Ansatzpunkte dieser Bewegungen waren unterschiedliche gesellschaftliche Missstände, die in den Augen der Beteiligten nicht adäquat gelöst wurden. Beispiele hierfür finden sich auf sehr unterschiedlichen Politikfeldern: Mangelnde Kindergartenplätze konnten ebenso zur Mobilisierung beitragen wie die Errichtung von Großprojekten (Atomkraftwerke, Startbahn West) und nicht zuletzt die wachsende atomare Aufrüstung (Nato-Doppelbeschluss) (Mayer-Tasch 1985; Holmes 1984; Katzenstein 1987; Cooney et al. 1985; Frisch-Bournazel 1999). In den gemeinsamen Aktionen solcher Bewegungen spiegelte sich auch die Suche nach einer kollektiven Identität als Alternative zur anonymen gesellschaftlichen Existenz des Einzelnen wider. Als Teil der eigenen Lebenswelt begriffen, sollte politisches Handeln kollektive und individuelle Identität stützen und zum Aufbau einer Gegenkultur beitragen. Politische Partizipation konzentrierte sich tendenziell auf die von den Bürgern als relevant erachteten Lebensbedingungen. Konsequenterweise favorisierte diese Politikrichtung das imperative Mandat anstelle des Mehrheitsprinzips:

> Die Neuen sozialen Bewegungen

„Man muss sich stets vor Augen halten, dass Abstimmungen und Entscheidungsfindung nach dem Mehrheitsprinzip auf Dauer nur dort
funktionieren [...], wo es nicht ums Ganze geht, wo auf dem Schlachtfeld
der politischen Willensbildung keine unbefriedbare Minderheit zurück-
bleibt [...]. In existentiellen Fragen lässt man sich nicht überstimmen"
(Guggenberger/Offe 1984: 16).

Die wissenschaftliche Analyse des politischen Systems der Bundesrepublik Deutschland versuchte sich diesen unterschiedlichen
Strömungen zu stellen. Die an der klassischen politikwissenschaftlichen Tradition orientierte Richtung verlor generationsbe-
dingt immer mehr an Einfluss. Durch die breite Übernahme der
vornehmlich in den USA entwickelten modernen sozialwissenschaftlichen Theorien, Methoden und Forschungsansätze verschob sich die theoretische Orientierung, ohne ein gänzlich einheitliches Bild zu vermitteln.

2. Erklärungsmodelle für politische Entscheidungen

Regierungshandeln lebt von der politischen Entscheidung. Sie ist
im allgemeinsten Sinne ein intentionaler (absichtsvoller) Vor-
gang – eine Auswahl einer Handlung aus mehreren Möglichkeiten. Auch die Nichtentscheidung – der Verzicht auf bzw. das
Verhindern einer Entscheidung – ist eine Handlung. Politische
Akteure entscheiden in der Demokratie nach einem mehrstufigen Prozess der Informationsverarbeitung. Für die Legitimität
der staatlichen Autorität (z. B. der Regierung) ist wichtig, wie
diese Entscheidungen letztlich im Rahmen der Inter-aktion zwischen den aktiv am politischen Prozess beteiligten Akteuren zustande kommen. Wer ist überhaupt bei dieser Entscheidung beteiligt worden? Ebenso entscheidend ist, ob diese Prozesse
wiederum so verknüpft sind, dass die Bürger partizipieren können (indirekt über das Repräsentationsprinzip oder direkt in
Form von Abstimmungen).

Entscheidungen fallen in einem mehrstufigen Prozess der Informations-verarbeitung

Entscheidend: Die Partizipation der Bürger

> Jede Entscheidung ist sowohl von der Interessenlage des politi-
> schen Akteurs als auch seines institutionellen Umfeldes abhän-
> gig.

Beispielsweise kann der Chefsachen-Entscheidung im Fach-Mi-
nisterium ein langwieriger Aushandlungsprozess mit vielen zu

beteiligenden Interessengruppen folgen, bevor ein Gesetzestext den Bundestag erreicht.

Regierungshandeln als politisches Handeln ist stets von einer Kombination von Entscheidungsstilen (d.h. wer entscheidet wie und wann?) und Steuerungsformen (d.h. in welchen Interaktionsformen wird der Prozess der politischen Herrschaftsausübung durchgeführt?) bestimmt.

Moderne politikwissenschaftliche Theorien geben unterschiedliche Antworten auf die Fragen nach den Entscheidungsstilen und den Steuerungsformen. Grundsätzlich gilt auch im Bereich der Regierungsforschung der Dualismus „Akteur" (Mikroebene) und „System/Struktur" (Makroebene). Die theoretische Grundfrage lautet: Bestimmen (a) eher die vorgefundenen gesellschaftlichen Strukturen, also konkret die Regierungsinstitutionen, das Handeln der Akteure oder ist es nicht gerade umgekehrt (b) das menschliche Handeln – bzw. die politische Entscheidung – aus der heraus sich die gesellschaftlichen Prozesse und Strukturen ableiten lassen, da die Akteure sich zur Problemlösung durchaus auch immer wieder neue politische Entscheidungsinstitutionen schaffen?

Dualismus Mikro-/ Makroebene

Vereinfacht lassen sich aus diesem Mikro-/Makrodualismus drei Erklärungsmodelle für die Regierungsforschung ableiten:

Literaturhinweis: Beitrag von Hans-Joachim Lauth/Peter Thiery in diesem Band; Schmidt/ Zohlnhöfer 2006: 11; Korte/Fröhlich 2009

a. „Frauen und Männer machen Geschichte"

Im übertragenen Sinne bedeutet dieses auf der Mikroebene angesiedelte Modell, dass die Akteure im Prozess des Regierungshandelns zentral sind. Die Interessenlagen und Präferenzen dieser Akteure bestimmen handelnd und steuernd das Regieren. Politische Führung setzt die Planbarkeit von politischen Prozessen in diesem Modell voraus. Akteure können in diesem Zusammenhang sein (Scharpf 2000: 101):

Individuelle, kollektive und korporatistische Akteure

- individuelle Akteure, d. h. einzelne Personen wie Politiker, Regierungschefs, Gewerkschaftsvorsitzende, etc.;
- kollektive Akteure, d. h. Zusammenschlüsse von einzelnen Individuen mit einem geringen formalen Organisationsgrad, die ein gemeinsames Ziel verfolgen, wie z. B. Verbände. Die kollektiven Akteure sind von den Präferenzen ihrer Mitglieder abhängig.
- korporatistische Akteure, d.h. Zusammenschlüsse einzelner Individuen, allerdings mit einem hohen formalen Organisationsgrad, wie z.B. Ministerien oder Behörden. Entscheidungen werden hierarchisch gefällt, nicht durch Abstimmungen.

Aus handlungstheoretischer Sicht verfolgen die Akteure ihre Interessen, indem sie sich am politischen Entscheidungsprozess entsprechend ihrer unterschiedlichen Wertorientierungen, Ziele, Präferenzen und situationsspezifischen Möglichkeiten beteiligen. Schnell wird deutlich, in welchem Bereich die Schwächen eines solchen Erklärungsmodells liegen: Die Akteure „machen Geschichte", handeln aber unter dem Einfluss vorgefundener Bedingungen, im Rahmen von Handlungsschranken, Regeln und Geschäftsordnungen. Der individuelle Anteil zur Politikgestaltung, die Handlungsautonomie der Akteure, wird ebenso überschätzt wie die generellen Möglichkeiten der planerischen politischen Gestaltung.

b. „Die Macht der Verhältnisse"

Die Verhältnisse und nicht die Akteure bestimmen die Politik – Machtlosigkeit der Akteure

Dieses auf der Makroebene angesiedelte Erklärungsmodell basiert auf der Annahme, dass Akteure kaum unabhängige Einwirkungsmöglichkeiten besitzen. Es dominieren in diesem Modell nicht die zielgerichteten Handlungen der Akteure, sondern die vorgefundenen institutionellen und strukturellen Verhältnisse. Daraus entstehen für jeden Akteur Handlungsbegrenzungen und nur sehr begrenzte Wahlmöglichkeiten. Die Staatstätigkeit wird vor allem durch sozialstrukturelle und ökonomische Faktoren bestimmt. Der Steuerstaat beispielsweise benötigt Geld – eine strukturelle Schranke, der sich die Akteure unterordnen müssen. Bezogen auf das Regierungssystem bedeutet das: institutionell und strukturell ist das Regierungssystem vorgegeben. Der Regierungsapparat, z.B. die Macht der Regierungsbürokratie, bestimmt die Politiksteuerung und die Politikergebnisse.

c. „Politiker nutzen Handlungskorridore des Regierens"

Der Akteur im institutionellen Kontext

Dieser dritte Erklärungsansatz versucht akteurszentrierte und institutionelle Ansätze miteinander zu verbinden. Im Zentrum steht der handelnde Akteur, der innerhalb eines institutionellen Kontextes entscheidet. Hintergrund sind Überlegungen, dass sowohl die Institutionenordnung auf den Akteur einwirkt, als auch der Akteur sich aktiv beispielsweise der Routinen, Regeln und Geschäftsordnungen dieser Institution bedient bzw. diese erweitert, um so seine Handlungsmöglichkeiten auszuschöpfen. Die theoretischen Annahmen des Neoinstitutionalismus können hierbei genutzt werden (Kaiser 2001): Verhalten in Institutionen wird analysiert und die Wirkung bestimmter institutio-

neller Arrangements gewichtet. Die Institution ist nicht neutrale
Bühne, sondern eröffnet für die Akteure Chancen bzw. Restriktionen.

> Ein Beispiel: Jeder Bundeskanzler verfügt als institutionelle
> Machtressource über das Kanzleramt. Wie er jedoch damit um-
> geht, d. h. ob er es primär als Behörde, Servicestelle, General-
> sekretariat, Denkstube oder Regierungszentrale nutzt, hängt
> vom Führungsstil und den Machtkonstellationen des amtieren-
> den Kanzlers ab. Die Institution eröffnet Handlungskorridore,
> kann jedoch auch Handlungsoptionen – bei Missmanagement
> – verbauen.

Institutionelle Arrangements generieren jeweils spezifische
Handlungsoptionen oder Handlungsrestriktionen. Diese Arrangements determinieren aus der Perspektive des handelnden Ak-
teurs stärker als andere Variablen.

Die Wirkungsweise von Institutionen (Neoinstitutionalismus)
im Regierungsapparat lassen sich verallgemeinernd folgendermaßen darstellen (Czada 1998: 54):

Tab. 1: Wirkungsweise von Institutionen

Institutionen
– Fördern oder hemmen bestimmte Eigenschaften von Entschei-dungsprozessen – Erweitern oder begrenzen die Verfügbarkeit politischer Prob-lemlösungen – Bedingen Chancen für die strategische Wahl politischer Ent-scheidungsalternativen – Beeinflussen die Qualität sozialer und ökonomischer Politik-ergebnisse

Systematische Zugänge bei der Analyse des politischen Systems   3.

Nach systematischen Gesichtspunkten bildeten sich bei der Analyse des politischen Systems vor allem vier Zugänge heraus
(Schuppert 2003):

- die politische Struktur: Ordnungspolitische institutionelle Ansätze (polity);
- der politische Prozess: Politikmanagement und Governance (politics);
- die politischen Inhalte: Politikfelder und sozio-kulturelle Bedingungen des politischen Systems (policy);
- die politische Kommunikation: Mediale Komponenten des Regierens und das Aufmerksamkeitsmanagement.

3.1 Die politische Struktur: Ordnungspolitische und institutionelle Ansätze (polity)

Vor allem Wilhelm Hennis, aber auch Emil Guilleaume und Thomas Ellwein arbeiteten in den sechziger Jahren daran, der politikwissenschaftlichen Regierungslehre – d. h. der bis dahin existierenden Verfassungs- und Demokratielehre – einen neuen Impuls zu geben (Hartwich 1990).

> Neuer Impuls für die Verfassungs- und Demokratielehre: Betrachtung von Regierungshandeln im Sinne der Erfüllung öffentlicher Aufgaben.

Sie forderten übereinstimmend eine stärkere Beachtung des Regierungshandelns im Sinne der Erfüllung öffentlicher Aufgaben. Es liegt nahe, dass hier eine enge Verwandtschaft zur Verwaltungslehre begründet ist. Hennis forderte eine Ausweitung von Polity und Politics hin zu Policies, ohne jedoch selber diese Begriffe zu benutzen. Welche Aufgaben hat der Leistungsstaat zwingend zu erfüllen? Hennis kritisierte mit dieser Frage gleichzeitig die seiner Meinung nach zu einseitige Ausrichtung des Faches auf Willensbildungsprozesse und Partizipationsansprüche. Innerhalb des skizzierten Forschungsansatzes konnten jedoch die methodischen Probleme nicht zufriedenstellend gelöst werden. Eine vollständige Operationalisierung wurde nicht erreicht. Angesichts einer unsicheren Quellenbasis, die im Zusammenhang mit der Ablehnung empirischer Methoden stand, blieb das Handeln individueller und kollektiver Akteure weitgehend ausgeblendet. Eine Ausweitung der institutionellen Analyse auf Fragestellungen, die auf die ökonomischen und sozialen Voraussetzungen der Funktionsweise der Institutionen abhoben, wurde nicht thematisiert.

Weitgehende Ausblendung von individuellen und kollektiven Akteuren

Der politische Prozess: Politikmanagement und Governance (politics)   3.2

Die Fragen nach den Funktionsweisen der Institutionen spitzten sich noch weiter zu, als es Ende der sechziger Jahre vermehrt um einen erhöhten Planungsbedarf ging. Die verwaltungswissenschaftliche Diskussion sollte Antworten liefern, um die vermeintlich organisierte Planbarkeit der politischen Entwicklungen zu steuern. Ein wichtiger Anstoß für den Aufschwung politikwissenschaftlicher Regierungs- und Verwaltungsstudien kam damit aus der politischen Praxis selbst, um den Planungs- und Gestaltungsbedarf zu befriedigen (Mayntz/Scharpf 1973). Als Reaktion hierauf entstand ein an modernen angelsächsischen Theorien und empirischen Methoden orientierter Ansatz, der die Funktionen und öffentlichen Aufgaben des politischen Systems sowie deren Realisierung in den Mittelpunkt rückte.

Regierungs- und Verwaltungs-studien sollten die Planbarkeit der politischen Entwicklungen absichern

Das Zusammenwirken von politischen Strukturen wurde auf der Basis systemtheoretischer Konzepte als politisches System bezeichnet. Gelegentlich wurde auch mit dem Begriff des politisch-administrativen Systems operiert. Durch den Einbezug der Systemtheorie gelang es, die Verbindung zwischen der Funktionsweise von Institutionen und ihrer Rolle im gesellschaftlichen Prozess herzustellen. Die Leitfragen der neuen Ausrichtung hießen nun: Auf welche Einflüsse reagiert das politische Entscheidungszentrum? Welche Interessen greift das politische System auf? Welche Rückwirkungen haben politische Entscheidungen?

Systemtheorie

Die politische Wirklichkeit sollte in Form eines Systemmodells analytisch dargestellt werden (vgl. dazu den Beitrag von Hans-Joachim Lauth/Christian Wagner in diesem Band). Die so konstruierte Vorstellung des politischen Systems löste zu Beginn der siebziger Jahre bisherige Ansätze im Kontext der Regierungslehre ab. Es war eine Antwort auf die Suche nach einem geeigneten Instrumentarium zur Analyse eines immer komplexeren Staatsapparates in hochmodernen Industriegesellschaften mit vielschichtigen, interdependenten Handlungsmöglichkeiten und Entscheidungsprozessen. Kritik wurde demgegenüber besonders daran geübt, dass die Systemtheorie über die Auflistung sich wechselseitig bedingender Faktoren innerhalb des politischen Systems nicht hinauskam. Die Funktionsleistungen des politischen Systems waren Gegenstand der Analyse, weniger jedoch die Frage, welchen Sinn sie eigentlich besaßen. Von dieser Fixierung auf Systemfunktionen lösten sich erst neuere systemtheoretische

Entwicklung von Systemmodellen

Ansätze, die mit Hilfe der Sinnfrage als dem entscheidenden Aus-
wahlkriterium bei der Reduktion von Komplexität operierten.

Frage nach dem
Steuerungspoten-
tial des politischen
Systems
Die Fragen nach den Steuerungspotentialen des politischen
Systems erhielten jedoch auch aus den Governance-Ansätzen
(Campbell et al. 1991; Benz/Dose 2010), den Forschungen zur
Verhandlungsdemokratie (Czada/Schmidt 1993; Holtmann/Vo-
elzkow 2000), dem Neo-Institutionalismus (Hall/Taylor 1996;
Schimank 2007) und des Politikmanagements (Korte/Fröhlich
2009) neue Schubkraft. Die Zugänge problematisieren staatliche
Steuerung unter den Bedingungen von Souveränitätsverlusten
und wachsender Informalität.

Wo fallen die politisch wichtigen Entscheidungen? Wer setzt
verbindlich Entscheidungen durch? Eine Richtung innerhalb der
Regierungsforschung fragte seit den achtziger Jahren verstärkt
nach der technischen Dimension des Regierens (nach der Organisation, den Instrumenten und dem Personal). Formelle und
informelle Komponenten des Regierens konnten herausgearbeitet werden. Welche Spielregeln herrschen jenseits formaler Normen und Regeln? Sind Netzwerke der politischen Kommunikation erkennbar, die aus keinem Organisationsschema hervorgehen?
Diese Blickrichtung auf die Aspekte des informellen Steuerns
ergänzen Annahmen zum politischen System als Kommunikati-
onsraum.

Gemeint ist mit Souveränitätsverlusten zunächst der Verlust der
inneren Souveränität. Immer neue und immer mehr Mitspieler
sind beim Regieren zu berücksichtigen. Gerhard Lehmbruch hatte
bereits in den 60er Jahren auf den Mischcharakter des politischen
Systems der Bundesrepublik verwiesen: konkurrenzdemokratische
(Modell des Parteienwettbewerbs) und konkordanzdemokratische
(Modell des Aushandelns im Bundesstaat) Entscheidungsmechanismen prägen den Regierungsalltag (Lehmbruch 1999). Staatliche Steuerung musste sich unter diesen Bedingungen weicherer
Techniken der Kompromissbildung bedienen: verhandeln, moderieren, koordinieren. Neben der Zentralisierung von Institutionen
konnte parallel auch eine Ausdifferenzierung und Informalisie-
rung der politischen Institutionen beobachtet werden. Gesellschaftliche Selbstregulierung sowie ein Politikverbund zwischen
den Regierungen und den betroffenen Verbänden und privaten
Einrichtungen erwiesen sich besonders dort als leistungsfähig, wo
dem Staat das zur Problemlösung notwendige Steuerungswissen
fehlte. Autonomieverluste und Steuerungseinbußen hängen allerdings auch mit äußeren Souveränitätsverlusten durch die Europäische Integration und die wachsende Globalisierung zusam-

men (Kohler-Koch 1998; Sturm/Pehle 2012). Governance-Ansätze reagieren auf diese staatlichen Entgrenzungsprozesse ebenfalls mit Auswegen für das Regierungshandeln. Wenn die politischen Entscheidungsträger zunehmend an Handlungsautonomie ein-büßen, ist politische Steuerung auf die Kooperation der politi-schen wie der gesellschaftlichen Akteure in Netzwerken und Ver-handlungssystemen angewiesen (Korte 2000).

> Politikmanagement: Steuerbarkeit des politischen Systems ver-bunden mit der Steuerungsfähigkeit der politischen Akteure.

Beim Politikmanagement wird sichtbar, dass die Steuerbarkeit des politischen Systems mit der Steuerungsfähigkeit der wichtigen politischen Akteure einhergeht. Dabei rücken drei ergänzende Aspekte ins Zentrum des aktuellen politikwissenschaftlichen In-teresses im Bereich der Regierungsforschung: Politische Führung (Stile, Techniken, Instrumente individueller Akteure) (Grasselt/ Korte 2008) und gleichermaßen Politische Strategie (Analyse, Strategiebildung, Strategische Steuerung) (Raschke/Tils 2007; Glaab 2007; Korte/Fröhlich 2009; Korte 2010) sowie die Euro-päisierung des bundesdeutschen Regierens (Sturm/Pehle 2012).

Das Politikmanagement in einem politischen System lässt sich darüber hinaus im Blick auf determinierende Handlungskorrido-re des Regierens in westlichen Demokratien drei strukturierenden Bereichen zuordnen:

Drei Arenen des Politikmanagements

Die parlamentarische Arena (Parteiendemokratie)

- Verhandlungsprozesse / Ausschüsse
- Entscheidungen mit Mehrheit
- Parteien und deren Repräsentanten
- Regierungs- und Parlamentsvertreter
- Sieger und Verlierer

Die administrative Arena (Verhandlungsdemokratie)

- Verhandlungsprozesse und Netzwerke
- nicht-öffentliche Abstimmungen als Paketlösung im Konsens
- Interessenvertreter und Parteien mit Abschlussvollmacht

Die öffentliche Arena (Mediendemokratie)

- Entscheidungen werden durch Stimmungen vorbereitet
- Bürger in Kommunikation mit politischen Akteuren
- Aufmerksamkeit als Machtprämie
- Darstellungspolitik

© 2003 Florack / Korte / Fröhlich

Abb. 1: Drei Arenen des Politikmanagements: parlamentarisch, administrativ und öffentlich.

die parlamentarische, die administrative und die öffentliche Arena (Kriesi 2001: 3ff.; Rucht 1988: 322; Grasselt/Korte 2008: 95ff.). Alle drei Arenen verfügen über ausdifferenzierte Handlungsebenen mit eigenen Handlungslogiken und Handlungsanforderungen, unterschiedlichen Reichweiten, Grenzen und verschiedenen Beteiligungschancen der Bürger. Vor allem bedeuten die Arenen auch drei unterschiedliche strategische Konsequenzen für eine Regierungskommunikation. Die Grundthese ist dabei, dass sich diese drei Handlungsebenen des Regierens im Zuge der Professionalisierung von Politik zunehmend ausdifferenziert haben (Grande 2000; Marcinkowski 2002). Dadurch ist das Prinzip der repräsentativen Demokratie belastet worden. Denn die Herstellung und Legitimation verbindlicher kollektiver Entscheidungen ist aus der dafür vorgesehenen parlamentarischen Arena ausgewandert durch Überlagerung, Ergänzung, Erweiterung von Regelsystemen der repräsentativen Demokratie (Benz et al. 2007):

Die parlamentarische Arena

Die Entscheidungsprozesse folgen der Logik von Mehrheitsregeln des Parlamentarismus. Kurzfristige Kalküle dominieren im Dauerwahlkampf. Alle Zuordnungen im Rahmen einer politischen Kommunikation über Sachfragen oder Lösungsoptionen orientieren sich primär am Dualismus Regierung vs. Opposition. Entschieden wird nicht primär nach dem Gesichtspunkt optimaler Problemlösung, sondern nach machtpolitisch-, mehrheits- und wiederwahlsichernden Aspekten. Die parlamentarische Arena bildet zusammen mit der administrativen Arena den Ort, wo sich die politischen Verhandlungsprozesse abspielen. Hier werden die allgemein verbindlichen politischen Entscheidungen gefällt. Die Auseinandersetzungen sind öffentlich.

Die Arena der Parteiendemokratie

Die administrative Arena

Bei der administrativen Ebene des Politikmanagements steht die Verhandlung, das Aushandeln im Zentrum (Pfetsch 2006). Wesentliche Entscheidungen werden nicht mit Stimmenmehrheit, sondern auf dem Wege von Aushandlungsprozessen getroffen. Sieger und Besiegte sind nicht wie auf der Ebene des Parteienwettbewerbs, der parlamentarischen Ebene erkennbar. Im Gegenteil: Der Parteienwettbewerb wird durch konsensdemokratische („gütliches Einvernehmen") und konkordanzdemokratische Arrangements überlagert (Czada 2002: 292ff.). Die Steuerung ist nichthierarchisch, nicht majoritär. Die freiwillige Einigung charakterisiert das Ergebnis. Der Anteil der Akteure an den Details des geschnürten Verhandlungspakets bleibt gezielt geheim, sie verfügen über eine Abschlussvollmacht. Blockierende Verflechtungsfallen können dennoch ebenso drohen wie Konsensfallen, in welche die jeweilige Opposition geraten kann. Bei der administrativen Arena spielen zusätzlich zu den Parteivertretern die Interessengruppen und die Vertreter der bürokratischen Verwaltungssteuerung eine wichtige Rolle. Netzwerkpflege und stilles

Die Arena der Verhandlungsdemokratie

Regieren kennzeichnen die Formate, in denen sich die in der Regel nichtöffentliche politische Kommunikation entwickelt.

Die öffentliche Arena

Die Arena der Mediendemokratie   Da jede politische Entscheidung in einer Demokratie öffentlich legitimiert sein muss – zustimmungsabhängig und begründungspflichtig (Sarcinelli 2011) – besteht zwischen den Akteuren in der Politik ein Wettbewerb um öffentliche Aufmerksamkeit (Kriesi 2003: 211f.). In der öffentlichen Arena ist die politische Entscheidung an den Erfolgsbedingungen der medialen Öffentlichkeit deshalb zu orientieren. Aufmerksamkeit entscheidet, weniger die sachliche Notwendigkeit. Die Zustimmung zu den politischen Akteuren und den von ihnen vertretenen Positionen ist wichtiger Darstellungspolitik   als die Lösung von Problemen. Medienadressierte Personalisierung (Darstellungspolitik) ist wichtig, nicht das verschwiegene Aushandeln in der Verhandlungsdemokratie. Die Steuerung läuft über die Beeinflussung und Aktivierung von Stimmungen, nicht über Hierarchie, Mehrheit oder Konsens. In dieser Arena findet primär die politische Kommunikation zwischen den politischen Akteuren und den Bürgern statt (Neidhardt 1995). Die politische Kommunikation und die politische Mobilisierung in der öffentlichen Arena ist zur Erlangung von Zustimmung des Publikums für alle Beteiligten eine entscheidende Voraussetzung zur Durchsetzung ihrer politischen Anliegen. Going public, gespielte Kohärenz und Chefsachen-Machtworte sind gängige Führungs-Instrumente der Spitzenakteure, um aus Stimmungen am Ende Stimmen zu machen (Korte/Fröhlich 2016).

3.3   Politische Inhalte: Politikfelder und soziokulturelle Bedingungen des politischen Systems (policy)

Die Politikfeldforschung oder Politikfeldanalyse ist Ausdruck dieses gewachsenen Interesses an der inhaltlichen Dimension von Politik (policy) – beispielsweise in der Sozialpolitik, Umweltpolitik oder Arbeitsmarktpolitik (vgl. den Beitrag von Hans-Joachim Lauth und Peter Thiery in diesem Band).[1] Die isolierte Betrachtung rein institutioneller oder prozessualer Aspekte des politischen Systems sollte überwunden werden zugunsten der Policy-Dimen-

---

[1]   Grundsätzlich dazu: Héritier 1993; Schubert/Bandelow 2009

sion. Vor allem im Bereich der Implementations- und Evaluations-
forschung stand dahinter auch der Anspruch, gesellschaftskri-
tisch zu wirken. Obwohl solche Fragen bei der Analyse politischer
Strukturen schon frühzeitig betont wurden, erfolgte die Etablierung der Policy-Forschung – auch als Analyse von Staatstätigkeit
bezeichnet – als eigenständiges Forschungsfeld erst seit Mitte der
siebziger Jahre (Schmidt/Zohlnhöfer 2006). Was tun und lassen
Regierungen? Wie organisieren sie ihre Tätigkeiten? Welche Folgen hat ihr Tun und Lassen für Form, Prozess und Inhalt der
Politik? Es konnte vergleichend herausgearbeitet werden, dass die
Politik trotz objektiver Handlungsgrenzen über ein erhebliches
Maß an Autonomie gegenüber Wirtschaft und Gesellschaft verfügt.

Im Mittelpunkt der Politikfeldanalysen stehen die Inhalte staatlicher Politik, ihre Voraussetzungen und Einflussfaktoren sowie die Frage nach der Wirkung (Héritier 1993)

Wie groß jedoch der autonome Handlungskorridor für die jeweilige Regierung ist, blieb strittig. Verfahrensregeln, Konfliktaus-
tragung und Konsensbildung, historische Spielräume und gewachsene Arbeitsteilung zwischen Staat und Wirtschaft bedingen
den jeweiligen Handlungskorridor. Je nach Themenfeld muss er
neu vermessen werden.

Die politische Kommunikation: Mediale Komponenten des Regierens und das Aufmerksamkeitsmanagement　　3.4

Kommunikation ist wesentlich für die Handlungs- und Steuerungsfähigkeit der Regierung. Politische Kommunikation erscheint keinesfalls als Nebenschauplatz oder bloßes Attribut der
Politik, sondern vielmehr als eine zentrale, konstitutive Bedingung für den Erfolg von Politik. Die Legitimation erfolgt über
Kommunikation – folgt man diesem systematischen Ansatz, der
seit den 90er Jahren das Forschungsfeld erweiterte (Sarcinelli
2013; Korte/Regge 2016).

Politische Kommunikation als zentraler Aspekt für erfolgreiche Politik

Kommunikative Macht benötigt der politische Akteur, um
Mehrheiten zu sichern, um Sach- und Machtfragen zusammen-
zubringen. Häufig wird dies mit Medienmacht verwechselt. Der
Spitzenpolitiker braucht die Medien, besonders die öffentliche
Arena, um dosiert Aufmerksamkeit zu generieren. Medienmacht
in diesem Sinne ist häufig eine „als-ob-Macht". Entscheidend ist
dabei weniger, ob Medien tatsächlich Entscheidungsmacht haben.
Wichtiger ist, ob allgemein angenommen wird, dass Medien
Macht besitzen. Denn wenn dies unterstellt wird, dann verhalten
sich alle Akteure so, als ob die Medien Macht hätten. Kommuni-

Kommunikative Macht ist nicht gleich Medienmacht

kative Macht ist für strategische Kommunikation von Akteuren unverzichtbar. Denn Medien bieten für die Akteure die Chance, Aufmerksamkeit im Tausch gegen Information zu erhalten (Sarcinelli 2011; Mertes 2003). Aufmerksamkeitsmanagement als Teil einer Strategie des Ringens um öffentliche Mobilisierung für Entscheidungsprozesse ist die moderne Machtprämie, die Medien den Politikern bieten können. Präsenz wird zur Machtwährung des Politikmanagements.

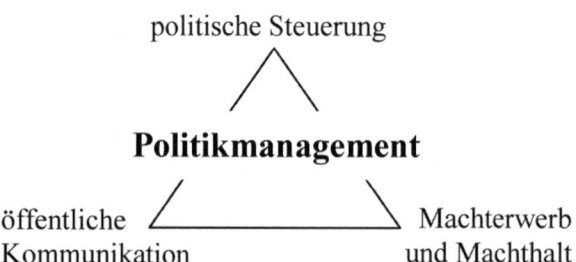

politische Steuerung

Politikmanagement

öffentliche
Kommunikation

Machterwerb
und Machthalt

Abb. 2: Vermittlungsdreieck der Politik: Politikvermittlung kennzeichnet die Schnittstelle zwischen Politikmanagement und politischer Kommunikation.

Aufmerksamkeit und Mobilisierungsfähigkeit gehören zusammen (Delhees et al. 2008). Unter diesen Bedingungen ist nachvollziehbar, dass Medien auch wiederum auf die Politik Einfluss nehmen. Zwei Formen sind dabei charakteristisch (dazu Schmidt/ Zohlnhöfer 2006: 20f.):

Direkter Einfluss   a. Direkte Einflüsse werden sichtbar, wenn Medien Agenda-Setting betreiben, wenn sie Stimmungen verstärken bzw. vergrößern und mithin als Stimmungssimulatoren agieren. Direkte Einflüsse lassen sich auch nachweisen, wenn beispielsweise öffentlich sichtbare Politikfelder wie Verbraucherschutz als Politisches Marketing (Karp/Zolleis 2004) geschaffen werden (Vowe 2006: 440; Kamps 2007).

Indirekter Einfluss   b. Indirekte Einflüsse sind erkennbar, wenn die politischen Akteure sich vollständig der Selektionslogik (Nachrichtenwerte – Aufmerksamkeit um jeden Preis) und der Präsentationslogik (Info- und Politainment – Vermischung von politischen Informationen mit Unterhaltungselementen) der Medien anpassen (Dörner/Schicha 2008). Politik wird zu einer anderen Form der Unterhaltung. Der politische Wettstreit wird entpolitisiert und das leise Verschwinden der Politik ist das Ergebnis: politics without policy. Politik und Geschäft der Politiker schrumpfen auf den politischen Betrieb zusammen: keine Kategorien, keine Inhalte, mit denen man die Urteilsfähigkeit schärfen und die Öffentlichkeit aufklären könnte. Bürger erkennen vielfach in Talkshow-Formaten nur noch ein rein taktisches Verhältnis der Politiker zur Politik: nur Machtfragen, keine Sachfragen.

Politisches Handeln ist in der Mediendemokratie kommunikationsabhängiger geworden. Darstellungspolitik (der Soll-Wert der Politik) ersetzt zunehmend Entscheidungspolitik (der Nenn-Wert der Politik) (Sarcinelli 1998, 2011). Dieser Trend wird unterstützt durch Befunde der Wahlsoziologie (Korte 2017). Da sich die Traditionsbindungen der Wähler an bestimmte Parteien drastisch abgeschwächt haben, kommt der massenmedialen, situativen Informationsvermittlung eine besondere Dominanz zu.

Darstellungspolitik und Entscheidungspolitik

Institutionen und Akteure: Das parlamentarische Regierungssystem

4.

Im Anschluss an diese systematische und entstehungsgeschichtliche Darstellung der verschiedenen Zugänge in der Analyse des politischen Systems wird exemplarisch und auszugsweise ein zentraler Teilbereich des politischen Systems mit ihren Fragestellungen, Problematisierungen und methodischen Ansätzen skizziert: das parlamentarische Regierungssystem.

Das parlamentarische Regierungssystem in der Bundesrepublik Deutschland ist keineswegs statisch angelegt. Die politischen Parteien haben es weitgehend vereinnahmt und je nach den Machtverhältnissen auch spezifisch geprägt. Das Gesamtsystem funktioniert nach demokratischen Spielregeln. Doch wie transparent sind die Entscheidungsmechanismen, welche Chancen zur Partizipation hat der Bürger, wie sehen die Rekrutierungsmechanismen für Politiker aus? Hier scheint sich eine Grundproblematik der parlamentarisch-repräsentativen Demokratie widerzuspiegeln, die im nachfolgenden Teilkapitel dieses Beitrages wieder aufgegriffen wird.

Der Bundestag (Ismayr 2012; Patzelt 2005) und die Landesparlamente (Mielke/Reutter 2012) verfügen über eine unmittel-

Parlamentarische Demokratie

bare Legitimation: Nur sie sind von den Bürgern gewählt. Am Begriff des parlamentarischen Regierungssystems lässt sich deshalb verdeutlichen, dass den so gewählten Parlamenten im Gefüge des politischen Systems die zentrale Rolle zukommt. Die klassische Trennung zwischen Legislative und Exekutive (Gewaltenteilung) hat sich jedoch für die Analyse der Parlamentsrealität als unbrauchbar erwiesen. Der Gegensatz zwischen regierender Mehrheit und Opposition strukturiert den Bundestag. Die regierende Mehrheit bildet eine Art Funktionseinheit. Das Gesamtparlament als ausschlaggebendes Gesetzgebungsorgan gerät bei dieser Sichtweise einer politischen Handlungseinheit aus dem Blickfeld. Machthemmung und Machtkontrolle der Regierung übernimmt in weiten Bereichen nicht das gesamte Parlament, sondern die Opposition. Die modernen Neubauten der Landesparlamente bzw. des Bundestages verdeutlichen dies auch architektonisch. Die Regierungsbank ist den Parlamentariern nicht gegenübergesetzt. Die Regierung ist vielmehr meist in rundförmiger Sitzordnung mit in das Gesamtparlament integriert.

Das parlamentarische Regierungssystem bringt im Bundestag drei Kraftpole hervor: Regierung, Mehrheitsfraktion und Opposition. Die Übereinstimmung zwischen Regierung und Mehrheitsfraktion muss jeweils durch Interaktion und Kommunikation erarbeitet werden, um wechselseitige Einbindungen und Profilierungschancen zur Geltung kommen zu lassen. In Anlehnung an den klassischen Aufgabenkatalog von Walter Bagehot (Bagehot 1963: 150f.; Beyme 1997; Ismayr 2012) lassen sich dem Parlament bestimmte Funktionen zuordnen und seine Leistungen dadurch untersuchen bzw. überprüfen.

Der Bundestag trägt zur Regierungsbildung bei: Die Abgeordneten wählen den Bundeskanzler und können ihn durch ein konstruktives Misstrauensvotum abberufen. De jure wird die Regierung vom Bundespräsidenten auf Vorschlag des Bundeskanzlers gebildet. **Wahlfunktion** Die Wahlfunktion ordnet den Bundestag dem Typus des parlamentarischen Regierungssystems zu. Bei der Wahl des Bundeskanzlers ist der Bundestag letztlich an das Wählervotum gebunden. Zur Wahlfunktion gehört auch die Möglichkeit des Parlaments, mit seinen Abgeordneten ein Reservoir für die Besetzung von Ministerämtern bereitzuhalten. Zusammen mit Vertretern der Länder konstituiert der Bundestag die Bundesversammlung, die den Bundespräsidenten wählt.

Gesetzgebungsfunktion Ohne die Beschlussfassung des Bundestages kommt kein Gesetz zustande, er übt damit die Gesetzgebungsfunktion aus. Die Initiative hat dabei weitgehend die Regierung übernommen.

> Ca. 75 % der verabschiedeten Gesetze entstehen auf Initiative
> der Regierung.

Durchschnittlich 75 Prozent der verabschiedeten Gesetze entstammen der Feder der Regierung. Kritik taucht deshalb immer
wieder auf, weil angeblich der Bundestag selbst zu wenig aktiv
wird. Gesetze können nämlich Bundesregierung, Bundestagsab-
geordnete (von einer Fraktion oder fünf Prozent der Abgeordneten) und Bundesrat gleichermaßen einbringen. Die Gesetzesini-
tiativen, die unmittelbar aus dem Bundestag kommen, stammen
meistens von der Opposition. Aber weder die Abgeordneten der
Mehrheitsfraktionen noch der Opposition sind bei den Gesetzes-
vorlagen nur Vollstreckungsgehilfen der Regierung. Sie sind in
Vorstadien von Gesetzesprojekten integriert und verändern in den
Bundestagsausschüssen die Gesetzesentwürfe meist sehr stark.

Die Kontrollfunktion nimmt der Bundestag heute weniger im   Kontrollfunktion
Nachhinein als vielmehr im Hinblick auf die laufende Regierungs-
arbeit wahr. Kontrollieren bezeichnet dabei alle Prozesse der Informationsgewinnung, -verarbeitung, -bewertung und Stellungnahme.
Die institutionellen Kontrollmittel werden vornehmlich von der Opposition angewandt. Dazu zählen: Große Anfrage, Kleine Anfrage,
Fragestunde, Aktuelle Stunde und in zunehmenden Maße auch die
Arbeit in Untersuchungsausschüssen. Meist abseits der Öffentlichkeit finden allerdings auch intern in der Regierungsmehrheit Kont-
rollprozesse statt, denn die Parlamentarier der Regierungspartei
haben einen unmittelbareren Zugriff auf Verwaltung und Kabinett
als dies der Opposition möglich ist. Dass sich die Mehrheitsfraktion
offen gegen Regierungsinitiativen ausspricht, gehört in diesem Kontext zu den Ausnahmen. In der Regel werden der Regierungschef
oder die Minister aus Gründen des eigenen Machterhalts zunächst
die eigene Fraktion in ihre beabsichtigten Initiativen einzubinden
versuchen. Kontroll- und Gesetzgebungsfunktion lassen sich oft nur
noch theoretisch voneinander trennen. Denn die Veränderung von
Regierungsvorlagen kann als Regierungskontrolle, aber auch als Mit-
wirkung bei der Gesetzgebung interpretiert werden.

> Rolle der Opposition: Kontrolle durch die Herstellung von Öf-
> fentlichkeit und Warten auf den Regierungswechsel.

Die Opposition zielt vor diesem Hintergrund weniger auf die konkrete Änderung der Regierungspolitik als vielmehr auf das Herstellen von Öffentlichkeit (Hohl 2018). Opposition heißt deshalb: Gegenpositionen aufzeigen. Von ihr muss in einem gewaltenteilig angelegten System wie in der Bundesrepublik der Druck ausgehen, damit die Regierungsmehrheit ihre Politik öffentlich rechtfertigt. Dies geht mittlerweile nicht mehr ohne die Medien. Der Druck durch die Medien ist meist sogar stärker als der Druck durch die Opposition. Da der Bundestag als Fraktionenparlament arbeitet, hängt die Wirksamkeit der Opposition auch maßgeblich von deren Status als Fraktion ab (Schüttemeyer 1998).

Artikulations- bzw. Repräsentationsfunktion

Bleibt noch die Artikulations- bzw. Repräsentationsfunktion des Bundestages: Die Abgeordneten sind in ihrer sozialen Zusammensetzung keinesfalls ein Spiegelbild der Bevölkerung. Der Unterrepräsentation von Frauen und Arbeitern steht die Überrepräsentation von Beamten (über 50%) und Akademikern (über 80%) gegenüber. Gleichfalls prägen ein Übergewicht von Juristen und ein geringer Anteil von Naturwissenschaftlern, Technikern und Selbständigen das Parlament. Den Angehörigen des öffentlichen Dienstes ist die Rückkehr in eine angemessene Stellung nach dem Ausscheiden aus dem Bundestag sicher, was für jede andere Berufsgruppe so nicht zutrifft. Doch niemand wird als Vertreter einer Berufsgruppe in den Bundestag gewählt. Der Weg führt immer über die Parteien. Im Willensbildungsprozess des Bundestages kommt den Fraktionen eine entscheidende Bedeutung zu. Bei der Artikulation politischer Interessen ist der Bundestag nur ein Faktor in der kommunikativen Vermittlung politischer Prozesse. Auf diesem Gebiet haben die Medien neben gesellschaftlichen Interessengruppen zunehmend an Bedeutung gewonnen.

Der Bundeskanzler

Zu den besonderen Spezifika des deutschen parlamentarischen Regierungssystems gehört die herausgehobene Stellung des Bundeskanzlers. Als einziges Regierungsmitglied wird er vom Bundestag gewählt. Auf seinen Vorschlag werden die Bundesminister vom Bundespräsidenten ernannt. Drei Prinzipien charakterisieren Arbeitsweise und Stellung der Bundesregierung: Richtlinienkompetenz des Bundeskanzlers (Kanzlerprinzip), Mehrheitsentscheidungen des Kabinetts (Kollegialprinzip) und schließlich die Verantwortlichkeit des Ministers für sein Ressort (Ressortprinzip).

Drei Prinzipien: Kanzlerprinzip, Kollegialprinzip und Ressortprinzip

> Die Richtlinienkompetenz ermöglicht dem Bundeskanzler besonders in strittigen Fällen die Durchsetzung seiner Vorstellungen.

Den verfassungsmäßigen Rahmen dafür enthält Artikel 65 des Grundgesetzes. Die Richtlinienkompetenz des Bundeskanzlers, die durch die Geschäftsordnung der Bundesregierung noch einmal festgeschrieben wird, ist eine Führungsbefugnis, nach der ein Bundeskanzler vorrangig in strittigen Fällen seine Vorstellungen durchsetzen kann. Sie ist vage und reicht von bloßer Koordinierung bis hin zur gesamten politischen Leitung (Eschenburg 1979). Dies erscheint zunächst als Widerspruch zu den anderen Funktionen. So überträgt der Artikel im ersten Satz dem Kanzler die Richtlinienkompetenz und eröffnet damit die Möglichkeit, das Kanzlerprinzip voll zu entfalten. Im zweiten Satz wird festgelegt, dass jeder Minister im Rahmen der Richtlinien sein Ressort selbständig und unter eigener Verantwortung leitet. Dadurch wird die Möglichkeit eröffnet, das Ressortprinzip zu verwirklichen. Trotz der Richtlinienkompetenz soll schließlich nach dem dritten Satz die Bundesregierung über Meinungsverschiedenheiten zwischen den Ministern entscheiden, was wiederum dem Kollegialprinzip entspricht.

Kombiniert sind hier offenbar Kollegialsystem und Einzelführung. Die Machtkonzentration beim Bundeskanzler hat dem Regierungssystem der Bundesrepublik Deutschland die Bezeichnung Kanzlerdemokratie eingebracht (Niclauß 2015; Korte 1998). Doch die Bedingungen, die den ersten Bundeskanzler Adenauer zu seinem spezifischen Regierungsstil veranlassten, lassen sich keinesfalls auf alle seine Nachfolger beziehen. Ein kooperativer Führungsstil, der heute besonders die Koalitionspartner (Mehrparteienregierung) berücksichtigen muss, macht eher die Schwäche der deutschen Bundeskanzler aus, die an der Spitze einer Koalitionsregierung stehen (Korte 1998; Grasselt/Korte 2008). Gerade den Koalitionsrunden als eine Art außerkonstitutioneller Nebenregierung ist eine eigene Rolle zugewachsen. Dort wird über strittige Punkte der Gesetzgebung entschieden und der Inhalt der Regierungserklärungen festgelegt. Die Koalitionsrunde ist damit das neue Entscheidungszentrum, nicht das Kabinett, nicht die Fraktion und nicht der Bundestag. Doch wie anders sollte eine Regierung, die aus mehr als einer Partei besteht, ihre politischen Entscheidungen formulieren, wenn nicht in Vorklärungen und Vorabsprachen? Aber dieser Regierungsstil lässt die Verantwortlichkeiten verschwimmen, wenn informelle Tischrunden und parteiübergreifende Pakte das politische Geschehen bestimmen.

Über die formalen – auch im Grundgesetz geregelten – Verfahren der Gesetzgebung hinaus (Ismayr 2008) stellt sich der politische Prozess in Deutschland als komplexes Politikmanagement mit einer Vielzahl von Nebenregierungen, den sogenannten Veto-Spielern dar (Schmidt 2011).

Marginalien:

Konzentration der Macht

Schwachstelle Koalition

> Veto-Spieler und institutioneller Rahmen bilden begrenzte Handlungskorridore.

Regieren im „halbsouveränen Staat" (Schmidt 2011: 268ff.) lautet die Formel. Die diesem Prozess zugrunde liegende Dynamik kann nur erfasst werden, wenn die systemischen und akteursbezogenen Komponenten im deutschen Regierungssystem miteinander verbunden werden. Die politischen Akteure handeln in einem von der Verfassung und den Geschäftsordnungen, der jahrzehntelangen politischen Praxis und der politischen Kultur herausgebildeten Aktions- und Interessenfeld. Der Charakter des Regierens im deutschen politischen System ergibt sich aus einer spezifischen Mixtur verschiedener Strukturmerkmale. Innerhalb der durch diese Strukturmerkmale begrenzten Handlungskorridore wird im Prozess des Regierens politikfeldbezogen Problemlösung – im Sinne der Erreichung materieller Politikziele – betrieben. Zu den konstituierenden Strukturmerkmalen des Regieren gehören: verhandelnde Wettbewerbsdemokratie, Kanzlerdemokratie, Parteiendemokratie, Koalitionsdemokratie, Mediendemokratie (Korte/Fröhlich 2009; auch Korte/Florack/Grunden 2006).

Strukturmerkmale des Regierens

Die Skizze wichtiger Merkmale und Besonderheiten des parlamentarischen Regierungssystems in Deutschland wäre ohne die Erwähnung des Bundesrates (Reuter 1989) unvollständig. Er nimmt zwar bei der Gesetzgebung parlamentarische Funktionen wahr, ist allerdings von seiner Struktur her kein Parlament. Er hat in funktionaler Hinsicht durchaus die Befugnisse einer zweiten Parlamentskammer, da er auch an der Gesetzgebung mitwirkt. Doch die Mitglieder des Bundesrates – alles Mitglieder der sechzehn Landesregierungen – haben kein von ihnen persönlich zu verantwortendes, sondern ein imperatives Mandat: Der Bundesrat ist eine Versammlung von Mitgliedern der Landesregierungen, die als strukturelles Exekutivorgan auf Bundesebene die Kompetenzen eines gesetzgebenden Organs ausübt. Im Dreiecksverhältnis von Bundesregierung, Bundestag und Bundesrat ist mit zwei möglicherweise unterschiedlichen Mehrheiten, verschiedenen Wahlverfahren, Abhängigkeiten und Interessenkonstellationen zu rechnen. Zu einer lang andauernden Blockadesituation in diesem Verhältnis ist es nur in Ausnahmefällen gekommen. Meist siegte die pragmatische Orientierung im Vermittlungsausschuss, um Kompromisse zu finden, die Bundestag und Bundesrat dann nur noch unverändert annehmen oder verwerfen können.

Blockademacht im Dreieck Bundesregierung, Bundestag und Bundesrat

Das politische System vor neuen Herausforderungen   **5.**

Selten wurden zwei Staaten mit derart entgegengesetzten politischen Systemen nach vier Jahrzehnten der Teilung nahezu übergangslos miteinander verbunden. Der Prozess der Vereinigung zeigt seit 1989 bis zum jetzigen Zeitpunkt, dass nicht etwas gemeinsames Neues aus der Bundesrepublik Deutschland und der Deutschen Demokratischen Republik entstanden ist. Vielmehr hat sich auch im Bewusstsein der West- und Ostdeutschen die alte Bundesrepublik erweitert: Aus zwei ungleichen Hälften erwuchs ein größeres Ganzes (Weidenfeld/Korte 1999; Korte 1994). Die alte Bundesrepublik ist weitgehend das Modell Deutschland: Verfassung, Gesetze, Sozialsystem, politische Institutionen, Föderalismus gelten seit dem 3. Oktober 1990 für das Gebiet der ehemaligen DDR.

Erweiterung der Bundesrepublik Deutschland – die Wiedervereinigung

Der Weg zur Einheit über Artikel 23 des Grundgesetzes sicherte den Stabilitätsbedarf in West- wie in Ostdeutschland. Im Gegensatz zu Artikel 146, der die Ausarbeitung einer neuen Verfassung vorsieht, bot er die Chance der notwendigen Beschleunigung des Vereinigungsprozesses. Ein langwieriger Schwebezustand für das gesamte politische System über den Weg einer verfassungsgebenden Versammlung blieb allen erspart.

Blickt man jedoch zurück und analysiert die Diskussionsschwerpunkte und die fachwissenschaftliche Auseinandersetzung zum politischen System in Deutschland vor der Vereinigung, dann scheinen sich die Stärken und Schwächen des politischen Systems bis heute kaum verändert zu haben. Souveränitäts-, Steuerungs-, Akzeptanz- und Legitimationsprobleme haben sich eher noch verschärft. Denn mit der staatlichen Einheit der Deutschen und der Zeitenwende in Europa sind die politischen Konfliktlinien entfallen, die jahrzehntelang Gedanken und Bewusstsein der Deutschen prägten. Der Ost-West-Konflikt hat auch die Westdeutschen über Jahrzehnte im Denken und Handeln diszipliniert. Mit dem Zusammenbruch des traditionellen Feindbildes lockerten sich angestammte oder bislang geschützte Positionen. Zugehörigkeiten und demokratische Spielregeln bedürfen im neuen Koordinatensystem verstärkt einer aktuellen Begründung aus sich selbst heraus – ohne historische Rekurse.

Wegfall der klassischen Konfliktlinien verstärkt Schwächen des politischen Systems

Weithin als Ausdruck gelassener demokratischer Normalität ist der Regierungswechsel 1998 wahrgenommen worden (auch Hennecke 2003; Egle/Ostheim/Zohlnhöfer 2003). Erstmals in der Geschichte der Bundesrepublik haben die Wähler eine Bundesregierung komplett abgewählt (Korte 2013). Im illusionslosen, rot-grünen Aufbruchsjubel wurde der politische Wandel zunächst mit Kontinuitätsversprechen abgefedert. Der Wandel entsprach damit ganz

Regierungswechsel 1998

dem politisch-kulturellen Traditionsmuster, wie er sich zwangsläufig in Konsens- und Konkordanzdemokratien seinen Weg bahnt.
Der Regierungswechsel von 1998 verknüpfte sich schließlich noch
im 50. Gründungsjahr der Bundesrepublik Deutschland mit dem
Umzug des Bundestages und der Bundesregierung nach Berlin. Die
neue Bundesregierung hat ganz gezielt die Interpretation der neuen
Berliner Republik in der ersten Regierungserklärung mit aufgenommen. Das Deutschland, so Bundeskanzler Schröder, „das wir repräsentieren, wird unbefangener sein, in einem guten Sinne vielleicht
deutscher." Das gehört mit zur Agenda der Berliner Republik, die
jedoch bei Schröder als „ganz und gar unaggressive Vision", eben
nicht „preußisch-autoritär, zu zentralistisch" angelegt ist.

Insofern traf dieser sich andeutende politisch-kulturelle Wechsel
die diffuse Stimmungslage der neuen Mehrheit. Diese war dadurch
charakterisiert, dass ihr die existentiellen Kriegs- und Nachkriegser-
fahrungen fehlten. Die ausgeprägte Fixierung der deutschen Politik
auf die NS-Schreckensherrschaft lockerte sich, ohne die Verantwortung für die Hypotheken zu leugnen. Diese Unbefangenheit wirkte
auch deshalb so unverdächtig, weil zeitbedingt die Erinnerung mittlerweile von dem kommunikativen ins kulturelle Gedächtnis überführt wurde. Die NS-Zeit und bereits auch schon die DDR-Realität
gehören heute nur noch zu den gelernten Bezugsordnungen. Die
Ära Kohl hingegen bezog ihre Sicherheit aus dem politischen Kom-
pass, eingestellt nach den Erfahrungen der Nachkriegshistorie. Die
Zeitläufe haben jedoch diese im Ost-West-Konflikt tief verwurzelte,
kollektive Ideenwelt zu einem Erfahrungsschatz von Minderheiten
gemacht. Mit dem Topos der Berliner Republik wird somit durchaus
eine politisch-kulturelle gelassene Normalität der neuen Mitte fass-
bar, die nicht sozialstrukturell, jedoch ideenpolitisch manifest ist.

Seit der vorgezogenen Bundestagswahl 2005 ist das politische
System und die deutsche Demokratie insgesamt spürbar in Bewegung geraten. Wählerische Wähler sind weniger verlässlich mobi-
lisierbar. Das Parteiensystem zeigt sich auf allen Ebenen fragmen-
tiert und fluide. Die Volksparteien verlieren an Unterstützung, die
ehemaligen kleinen Parteien erleben rasante Auf- und Abstiege,
Parteien wie Die Linke (Linke) und die Neugründung Alternative
für Deutschland (AfD) können sich in kurzer Zeit etablieren. Große Koalitionen führen zu einem Ausfransen der politischen Ränder. Fünf- oder Sechsparteienparlamente sind keine Seltenheit
mehr. Tradierte Lagerkoalitionen sind nur noch selten mehrheits-
fähig, sodass sich die Parteien auf dem Koalitionsmarkt tümmeln
müssen. Neue Formeln zur Macht wie beispielsweise Schwarz-
Grün. Rot-Rot-Grün, Ampel- oder Jamaikabündnisse oder auch

Minderheitsregierungen sind auf der Landesebene bereits er-
probt. Die Republik ist bunter und europäischer geworden (Korte
2015b) – mit entsprechenden Auswirkungen auf Entscheidungsprozesse im politischen System und auch in den Parteien (Korte
et al. 2018).

Die Flüchtlingskrise vom Spätsommer 2015 stellt das politische
System vor neue Herausforderungen (Korte 2016; Bieber et al.
2017). Sie setzte die Steuerungsfähigkeit der Politik unter Druck.
Nachdem die Kommunen zunächst mit Erstunterbringung der
Flüchtlinge gefordert waren, stellen sich nun Fragen der gesellschaftlichen Integration. Das Politikmanagement steht dabei im
Spannungsfeld der verwaltungstechnischen Organisation dieser
Aufgabe und einer in Teilen skeptischen Bürgerschaft. In der Bundesrepublik wird hingegen weiter über die Bedingungen der Zuwanderung gestritten, wobei die Debatte über das Grundrecht auf
Asyl, über Fragen der Begrenzung sowie Offenhaltung der Lan-
desgrenzen nicht nur zwischen sondern auch in den Parteien
verläuft. Auf europäischer Ebene wird grundsätzlich über Fragen
der europäischen Solidarität debattiert sowie die Praktikabilität
bestehender Regelungen (z.B. Dublin, Schengen) hinterfragt.

Hinter der Flüchtlingspolitik als Policy auf dem Wählermarkt
stellen sich grundsätzliche Fragen an die Demokratie, wie wir sie
bislang in Deutschland kennen und schätzen: Wo endet das gemeinsame Wir? Wer soll sich an welche Regeln halten? Die Wahrnehmung von Verschiedenheit und Differenz hat im politischen
Bewusstsein der Bürger zugenommen. Das gilt national wie auch
europaweit. Ursprünglich war das Konzept der repräsentativen Demokratie historisch eine Antwort auf Verschiedenheit. Anders als
noch im überschaubaren attischen Stadtstaat muss eine moderne
Demokratie auf Größe reagieren, strukturell zu Flächenstaaten passen und mit Vielfalt umgehen können. Wenn heute mehr Differenz
und Vielfalt als Problem wahrgenommen werden, dass steckt darin
auch ein Zeichen für die Krise der politischen Repräsentation.

Viele Bürgerinnen und Bürger fühlen sich in ihrer Vielfalt nicht
ausreichende in den Parlamenten repräsentiert. Sie zweifeln an
der Legitimität der Entscheidungen. Politiker wiederum werden
mit Verachtung konfrontiert, wenngleich sie sich bemühen, stell-
vertretend für die Zivilgesellschaft Probleme zu lösen. Alles spielt
sich zurzeit vor einem Epochendurcheinander ab. Hohe Zuwanderung, instabile Weltregionen, wachsende Risiken durch radikale Gruppen und neue ideologische Antagonismen zwischen West
und Ost, die längst überholt schienen. Diese normative Unord-
nung in Zeiten von Globalisierungskonflikten verunsichert.

Gerade die Stärkung der repräsentativen Demokratie könnte aber der Schlüssel sein, um mit der neuen Völkerwanderung angemessen umzugehen. Die Aushandlung von Kriterien, Größenordnungen und Rahmenbedingungen der neuen Heterogenität ist dabei ebenso wichtig wie die Benennung und Ausgestaltung des neuen Narrativs: Wohlstand und Sicherheit durch Vielfalt. Der Globalisierungsschub, den die Flüchtlinge auch im Bewusstsein vieler Bürger ausgelöst haben, verändert die Qualität der Demokratie. Noch ist unklar, ob Angst oder Zuversicht, ob die politische Mitte oder die Ränder gestärkt aus dem Umbruch hervorgehen. Der Ausgang ist offen.

Literatur

Annotierte Auswahlbibliografie

Alemann, Ulrich von (2010): Das Parteiensystem der Bundesrepublik Deutschland, 4. vollst. überarb. u. akt. Aufl., Opladen.
Systematisch erarbeitet der Autor den Parteibegriff und vermittelt einen Überblick über die Grundströmungen der Parteien sowie deren institutionellen Aufbau.

Benz, Arthur et al. (Hrsg.) (2007): Handbuch Governance, Wiesbaden.
Umfassend und problemorientierter Gesamtüberblick über politische Steuerung unter den Aspekten von Governance.

Florack, Martin/Grunden, Timo (Hrsg.) (2011): Regierungszentralen. Organisation, Steuerung und Politikformulierung zwischen Formalität und Informalität, Wiesbaden.
Das Spannungsfeld zwischen Formalität und Informalität steht hier im Mittelpunkt. Die Beiträge widmen sich den Mustern und Entstehungsbedingungen von informellen Organisationsstrukturen, Techniken und Instrumenten zur Steuerung des Regierungshandelns.

Gabriel, Oscar W./Holtmann, Everhard (Hrsg.) (2005): Handbuch Politisches System der Bundesrepublik Deutschland, 3. Aufl., München.
Eine systematische Einführung in die Verfassungsorgane sowie die Prozesse der politischen Willensbildung in Deutschland.

Grasselt, Nico/Korte, Karl-Rudolf (2008): Führung in Politik und Wirtschaft. Instrumente, Stile und Techniken, Wiesbaden.
Ein systematischer Vergleich von Führungsstilen. Umfassend und problemorientiert werden Techniken, Instrumente und Stile individueller Spitzenakteure analysiert.

Holtmann, Everhard/Patzelt, Werner J. (Hrsg.) (2008): Führen Regierungen tatsächlich? Zur Praxis gouvernementalen Handelns, Wiesbaden.
Untersucht werden bestimmte Aspekte und Probleme politischen Führens anhand konkreter institutioneller Spannungslagen, zum Teil in vergleichender Perspektive.

Korte, Karl-Rudolf/Grunden, Timo (Hrsg.) (2013): Handbuch Regierungsforschung, Wiesbaden.
Das Handbuch verleiht den vielfältigen Leitfragen, Untersuchungsobjekten und Forschungsständen der vergleichenden Regierungslehre eine systematische Darstellung. Sie beginnt auf der Makroebene politischer Systeme, führt über die Institutionen und Interaktionen politischer Organisationen auf der Mesoebene und erreicht schließlich mit individuellen Führungsstilen und Handlungsmustern die Mikroebene des Regierens.

Korte, Karl-Rudolf (2015a): Die Bundestagswahl 2013. Analysen der Wahl-, Parteien-, Kommunikations- und Regierungsforschung, Wiesbaden.
Wie wählten die Deutschen bei der Bundestagswahl 2013? Wie große war der Einfluss der Programm- und Personalangebote der Parteien auf den Wahlkampf und das Wahlergebnis? Welche Konsequenzen folgen aus dem Wahlausgang für das Parteiensystem und das Regieren in Deutschland? Dieser Konzeptband bietet umfassende Analysen zur Bundestagswahl 2013 und bettet sie in das breite Spektrum der Wahl-, Parteien-, Kommunikations- und Regierungsforschung.

Korte, Karl-Rudolf/Fröhlich, Manuel (2009): Politik und Regieren in Deutschland, 3. Aufl., Paderborn u. a.
Theorie und Empirie der modernen Regierungsforschung werden systematisch entwickelt. Mit einer Vielzahl von Schaubildern und Materialien wird anwendungsorientiert gearbeitet. Handelnde Akteure und politische Institutionen sind in einem gemeinsamen Bezugsrahmen des Politikmanagements dargestellt.

Rudzio, Wolfgang (2015): Das politische System der Bundesrepublik Deutschland. Eine Einführung, 9., akt. und erw. Aufl., Wiesbaden.
Eine umfassende und sehr anschauliche Einführung in das Gesamtgefüge des politischen Systems der Bundesrepublik Deutschland. Tabellen, Graphiken und weiterführende Literaturangaben machen das Buch zu einem unverzichtbaren Lehrbuch.

Sarcinelli, Ulrich (2011): Politische Kommunikation in Deutschland. Zur Politikvermittlung im demokratischen System, 3. Aufl., Wiesbaden.
Eine systematische politikwissenschaftliche Sicht zur politischen Kommunikation. Der Autor analysiert die Eigenlogik der Politik im Hinblick auf mediendemokratische Herausforderungen in Deutschland.

Schmidt, Manfred G. (2011): Das politische System Deutschlands. Institutionen, Willensbildung und Politikfelder, 2. überarb. u. erw. Aufl., Minden.
Ein umfassender und systematischer Überblick über das politische System.

Weidenfeld, Werner/Korte, Karl-Rudolf (Hrsg.) (1999): Handbuch zur deutschen Einheit, 1949-1989-1999, Neuausgabe, Frankfurt a. M./New York (Bundeszentrale für politische Bildung, Schriftenreihe Band 363).
Verlässlich kann mit diesem Nachschlagewerk sowohl die Geschichte der deutschen Einheit als auch die jeweils aktuelle Datenlage in den vielschichtig vorgestellten Policy-Bereichen erarbeitet werden. 71 Stichwörter sind faktenorientiert ausgerichtet.

Weiterführende Literatur

Almond, Gabriel A./Verba, Sidney (1965): The Civic Culture. Political Attitudes and Democracy in Five Nations, Boston.

Arendt, Hannah (1955): Elemente und Ursprünge totaler Herrschaft, Frankfurt a. M.

Assel, Hans-Günther (1979): Kritische Bemerkungen zu Denkansätzen in der politischen Bildung. Rückblick nach einem Dezennium, in: Aus Politik und Zeitgeschichte B 1, S. 3-38.

Bagehot, Walter (1963): The English Constitution, Collins-Fontana-Ed., London.

Benz, Arthur/Dose, Nicolai (Hrsg.) (2010): Governance – Regieren in komplexen Regelsystemen, 2. akt. u. veränderte Aufl., Wiesbaden.

Bergedorfer Gesprächskreis (2001): Verhandlungsdemokratie? Politik des möglichen – Möglichkeiten der Politik, Protokoll 120, Hamburg.

Berg-Schlosser, Dirk/Schissler, Jakob (Hrsg.) (1987): Politische Kultur in Deutschland. Bilanz und Perspektiven der Forschung, PVS-Sonderheft 18, Opladen.

Beyme, Klaus von (1987): Die Zukunft der parlamentarischen Demokratie, in: Beyme, Klaus von. et al. (Hrsg.): Politikwissenschaft. Eine Grundlegung. Bd. 2, Stuttgart u.a., S. 306-332.

Beyme, Klaus von (1997): Der Gesetzgeber, Wiesbaden.

Bieber, Christoph/Blätte, Andreas/Korte, Karl-Rudolf/Switek, Niko (Hrsg.) (2017): Regieren in der Einwanderungsgesellschaft. Impulse zur Integrationsdebatte aus Sicht der Regierungsforschung, Wiesbaden.

Bleek, Wilhelm (2001): Geschichte der Politikwissenschaft in Deutschland, München.

Busse, Volker (2005): Bundeskanzleramt und Bundesregierung, Heidelberg.

Campbell, John L. et al. (Hrsg.) (1991): Governance of the American Economy, Cambridge.

Conradt, David P. (1980): Changing German Political Culture, in: Almond, Gabriel A./Verba, Sidney (Hrsg.): The Civic Culture Revisited. An Analytic Study, Boston, S. 212-272.

Cooney, James et al. (Hrsg.) (1985): Die Bundesrepublik und die Vereinigten Staaten von Amerika, Stuttgart.

Czada, Roland (1998): Neuere Entwicklungen der Politikfeldanalyse, in: Czada, Roland/Aleman, Ulrich von (Hrsg.): Kongressbeiträge zur politischen Soziologie. Politische Ökonomie und Politikfeldanalyse, Polis 39, Arbeitspapiere der Fernuniversität Hagen, S. 47-65.

Czada, Roland (2002): Demokratietypen, institutionelle Dynamik und Interessenvermittlung: Das Konzept der Verhandlungsdemokratie, in: Lauth, Hans-Joachim (Hrsg.): Vergleichende Regierungslehre, Wiesbaden, S. 292-318.

Czada, Roland/Schmidt, Manfred G. (Hrsg.) (1993): Verhandlungsdemokratie, Interessenvermittlung, Regierbarkeit, Opladen.

Dahrendorf, Ralf (1965): Gesellschaft und Demokratie in Deutschland, München.

Delhees, Stefanie/Korte, Karl-Rudolf/Schartau, Florian/Switek, Niko/Weissenbach, Kristina (2008): Wohlfahrtsstaatliche Reformkommunikation. Westeuropäische Parteien auf Mehrheitssuche, Baden-Baden.

Dirks, Walter (1949): Der restaurative Charakter der Epoche, in: Frankfurter Hefte 1, S. 15f.

Dörner, Andreas/Schicha, Christian (2008): Politik im Spot-Format, Wiesbaden.

Egle, Christoph/Ostheim, Tobias/Zohlnhöfer, Reimut (Hrsg.) (2003): Das rot-grüne Projekt. Eine Bilanz der Regierung Schröder 1998-2002, Wiesbaden.

Egle, Christoph/Zohlnhöfer, Reimut (Hrsg.) (2007): Ende des rot-grünen Projektes. Eine Bilanz der Regierung Schröder 2002-2005, Wiesbaden.

Eschenburg, Theodor (1979): Die Richtlinien der Politik im Verfassungsrecht und in der Verfassungswirklichkeit, in: Stammen, Theo (Hrsg.): Strukturwandel der modernen Regierung, Darmstadt, S. 361-379.

Fetscher, Iring (1970): Die Demokratie, Grundfragen und Erscheinungsformen, Stuttgart.

Frei, Daniel (Hrsg.) (1978): Überfordert Demokratie?, Zürich.

Friedrich, Carl Joachim (1953): Der Verfassungsstaat der Neuzeit, Berlin.

Frisch-Bournazel, Renata (1999): Europa und die deutsche Einheit, 2. Aufl., Stuttgart.

Glaab, Manuela (2007): Strategie und Politik: das Fallbeispiel Deutschland, in: Fischer, Thomas et al. (Hrsg.): Die Strategie der Politik. Ergebnisse einer vergleichenden Studie, Gütersloh, S. 67-115.

Göhler, Gerhard (1987): Institutionenlehre und Institutionentheorie in der deutschen Politikwissenschaft nach 1945, in: Göhler, Gerhard (Hrsg.): Grundfragen der Theorie politischer Institutionen. Forschungsstand, Opladen, S. 15-47.

Grande, Edgar (2000): Charisma und Komplexität. Verhandlungsdemokratie, Mediendemokratie und der Funktionswandel politischer Eliten, in: Werle, Raymund/Schimank, Uwe (Hrsg.): Gesellschaftliche Komplexität und kollektive Handlungsfähigkeit, Frankfurt a. M., S. 297-319.

Grasselt, Nico/Korte, Karl-Rudolf (2008): Führung in Politik und Wirtschaft, Instrumente, Stile und Techniken. Studien der NRW School of Governance, Wiesbaden.

Grunden, Timo (2009): Politikberatung von Innen – Funktion und Einfluss der persönlichen Berater deutscher Ministerpräsidenten, Wiesbaden.

Grunden, Timo/Janetzki, Maximilian/Salandi, Julian (2017): Die SPD. Anamnese einer Partei, Baden-Baden.

Guggenberger, Bernd/Offe, Claus (1984): Politik an der Basis. Herausforderungen der parlamentarischen Mehrheitsdemokratie, in: Guggenberger, Bernd/Offe, Claus (Hrsg.): An den Grenzen der Mehrheitsdemokratie, Opladen, S. 8-21.

Habermas, Jürgen (1973): Legitimationsprobleme im Spätkapitalismus, Frankfurt a. M.

Hall, Peter A./Taylor, Rosemary C. R. (1996): Political Science and the Three New Institutionalisms, in: Political Studies 44 (5), S. 936-957

Hartwich, Hans-Hermann (1990): Regierungsforschung. Aufriss der Problemstellungen, in: Hartwich, Hans-Hermann/Wewer, Göttrik (Hrsg.): Regieren in der Bundesrepublik 1, Opladen, S. 9-20.

Helms, Ludger (2005): Regierungsorganisation und politische Führung in Deutschland, Wiesbaden.

Hennecke, Hans-Jörg (2003): Die dritte Republik, Aufbruch und Ernüchterung, München.

Hennis, Wilhelm (1973): Demokratisierung. Zur Problematik eines Begriffs, in: Hennis, Wilhelm (Hrsg.): Die missverstandene Demokratie. Demokratie – Verfassung – Parlament. Studien zu deutschen Problemen, Freiburg. S. 26-51.

Hennis, Wilhelm/Kielmansegg, Peter Graf/Matz, Ulrich (Hrsg.) (1977/1979): Regierbarkeit. Studien zu ihrer Problematisierung, 2 Bde., Stuttgart.

Héritier, Adrienne (Hrsg.) (1993): Policy-Analyse. Kritik und Neubewertung, Opladen.

Hermens, Ferdinand A. (1968): Verfassungslehre, Köln.

Hirscher, Gerhard/Korte, Karl-Rudolf (Hrsg.) (2003): Information und Entscheidung. Kommunikationsmanagement der politischen Führung, Wiesbaden.

Hirscher, Gerhard/Korte, Karl-Rudolf (Hrsg.) (2001): Aufstieg und Fall von Regierungen. Machterwerb und Machterosionen in westlichen Demokratien, München.

Hohl, Karina (2018): Agenda Politics in Parlament. Das Themen- und Tagesordnungsmanagement der Opposition im Landtag von NRW, Wiesbaden.

Holmes, Kim R. (1984): The West German Peace Movement and the National Question, Cambridge.

Holtmann, Everhard/Voelzkow, Helmut (Hrsg.) (2000): Zwischen Wettbewerbs- und Verhandlungsdemokratie, Wiesbaden.

Ismayr, Wolfgang (2012): Der Deutsche Bundestag, 3., völlig überarb. und akt. Aufl., Wiesbaden.

Jann, Werner (1989): Staatslehre, Regierungslehre, Verwaltungslehre, in: Bandemer, Stephan von/Wewer, Göttrik (Hrsg.): Regierungssystem und Regierungslehre. Fragestellungen, Analysekonzepte, Forschungsstand, Opladen, S. 33-56.

Kaiser, André (2001): Die politische Theorie des Neo-Institutionalismus: James March und Johan Olsen, in: Brodocz, André/Schaal, Gary S. (Hrsg.): Politische Theorien der Gegenwart II, Opladen, S. 253-282.

Kamps, Klaus (2007): Politisches Kommunikationsmanagement, Grundlagen und Professionalisierung moderner Politikvermittlung, Wiesbaden.

Karp, Markus/Zolleis, Udo (2004): Politisches Marketing. Eine Einführung in das politische Marketing mit aktuellen Bezügen aus Wissenschaft und Praxis, Münster.

Katzenstein, Peter (1987): Policy and Politics in West-Germany. The Growth of a Semi-sovereign State, Philadelphia.

Kohler-Koch, Beate (Hrsg.) (1998): Regieren in entgrenzten Räumen, Opladen.

Korte, Karl-Rudolf (1994): Die Chance genutzt? Die Politik zur Einheit Deutschlands, Frankfurt a. M./New York.

Korte, Karl-Rudolf (1998): Deutschlandpolitik in Helmut Kohls Kanzlerschaft. Regierungsstil und Entscheidungen, Stuttgart.

Korte, Karl-Rudolf (2000): Veränderte Entscheidungskultur. Politikstile der deutschen Bundeskanzler, in: Korte, Karl-Rudolf/Hirscher, Gerhard (Hrsg.): Darstellungspolitik oder Entscheidungspolitik? Über den Wandel von Politikstilen in westlichen Demokratien, München, S. 16-37.

Korte, Karl-Rudolf (2010b): Strategie und Regierung: Politikmanagement unter Bedingungen von Komplexität und Unsicherheit, in: Raschke, Joachim/Tils, Ralf (Hrsg.): Strategie in der Politikwissenschaft, Wiesbaden, S. 211-231.

Korte, Karl-Rudolf (2015b): Die Bundestagswahl 2013 – ein halber Machtwechsel: Problemstellungen der Wahl-, Kommunikations-, Parteien und Regierungsforschung; in: Korte, Karl-Rudolf (Hrsg.): Die Bundestagswahl 2013. Analysen der Wahl-, Parteien-, Kommunikations- und Regierungsforschung, Wiesbaden, S. 9-31.

Korte, Karl-Rudolf (2013): Machtwechsel in der Kanzlerdemokratie. Aufstieg und Fall von Regierungen, in: Korte, Karl-Rudolf/Grunden, Timo (Hrsg.): Handbuch Regierungsforschung, Wiesbaden, S. 411-421.

Korte, Karl-Rudolf (2016): Politik in unsicheren Zeiten. Einwanderungspolitik als Krisen-Symptom, in Korte, Karl-Rudolf (Hrsg.): Politik in unsicheren Zeiten. Kriege, Krisen und neue Antagonismen, Baden-Baden, S. 9-24.

Korte, Karl-Rudolf/Regge, Sophia (2016): Politische Kommunikation in der vergleichenden Politikwissenschaft, in: Lauth, Hans-Joachim/Kneuer, Marianne/Pickel, Gert (Hrsg.): Handbuch Vergleichende Politikwissenschaft, Wiesbaden, S. 600-613.

Korte, Karl-Rudolf (Hrsg.) (2002): „Das Wort hat der Herr Bundeskanzler". Eine Analyse der Großen Regierungserklärungen von Adenauer bis Schröder, Wiesbaden.

Korte, Karl-Rudolf (2017): Wahlen Deutschland, 9. überarb. und akt. Auflage, Bonn (Bundeszentrale für politische Bildung).

Korte, Karl-Rudolf/Florack, Martin/Grunden, Timo (2006): Regieren in Nordrhein-Westfalen. Strukturen, Stile und Entscheidungen 1990-2006, Wiesbaden.

Korte, Karl-Rudolf/Hirscher, Gerhard (Hrsg.) (2000): Darstellungspolitik oder Entscheidungspolitik? Über den Wandel von Politikstilen in westlichen Demokratien, München.

Korte, Karl-Rudolf/Michels, Dennis/Schoofs, Jan/Switek, Niko/Weissenbach, Kristina (2016): Entscheidungsmuster in deutschen Parteien und die Zukunft der Parteiendemokratie, Baden-Baden.

Korte, Karl-Rudolf/Weidenfeld, Werner (Hrsg.) (2001): Deutschland-Trendbuch. Fakten und Orientierungen, Opladen.

Kriesi, Hanspeter (2001): Die Rolle der Öffentlichkeit im politischen Entscheidungsprozess, WZB Papier P01-701, Berlin.

Kriesi, Hanspeter (2003): Strategische politische Kommunikation, in: Esser, Frank/Pfetsch, Barbara (Hrsg.): Politische Kommunikation im internationalen Vergleich, Wiesbaden, S. 208-239.

Lehmbruch, Gerhard (1999): Parteienwettbewerb im Bundesstaat. Regelsysteme und Spannungslagen im Institutionengefüge der Bundesrepublik Deutschland, Opladen.

Lehner, Franz (1992): Regierbarkeit, in: Nohlen, Dieter (Hrsg.): Lexikon der Politik, Bd.3, München, S. 387-393.

Liebfried, Stephan/Zürn, Michael (Hrsg.) (2006): Transformation des Staates?, Frankfurt a. M.

Loewenstein, Karl (1959): Verfassungslehre, Tübingen.

Marcinkowski, Frank (2002): Wie kann die politikwissenschaftliche Kommunikationsforschung zu einer modernen Regierungslehre beitragen?, in: Schatz, Heribert et al. (Hrsg.): Politische Akteure in der Mediendemokratie, Wiesbaden, S. 357-367.

Mayer-Tasch, Peter Cornelius (1985): Die Bürgerinitiativbewegung. Der aktive Bürger als rechts- und politikwissenschaftliches Problem, Reinbek.

Mayntz, Renate/Scharpf, Fritz W. (1973): Planungsorganisation, München.

Mertes, Michael (2003): Bundeskanzleramt und Bundespresseamt: Das Informations- und Kommunikationsmanagement der Regierungszentrale, in: Hirscher, Gerhard/Korte, Karl-Rudolf (Hrsg.): Information und Entscheidung. Kommunikationsmanagement der politischen Führung, Wiesbaden.

Mielke, Siegfried/Reutter, Werner (Hrsg.) (2012): Landesparlamente. Geschichte – Struktur – Funktionen, 2. durchges. und akt. Auflage, Wiesbaden.

Murswieck, Axel (1989): Parlament, Regierung und Verwaltung. Parlamentarisches Regierungssystem oder Politisches System?, in: Bandemer, Stephan von/Wewer, Göttrik (Hrsg.): Regierungssystem und Regierungslehre. Fragestellungen, Analysekonzepte, Forschungsstand, Opladen, S. 149-157.

Narr, Wolf-Dieter/Naschold, Frieder (1971): Theorie der Demokratie, Stuttgart.

Neidhardt, Friedhelm (1995): Prominenz und Prestige. Steuerungsprobleme massenmedialer Öffentlichkeit, in: Berlin Brandenburgische Akademie der Wissenschaften. Jahrbuch 1994, Berlin, S. 233-245.

Niclauß, Karlheinz (2002): Das Parteiensystem der Bundesrepublik Deutschland, Paderborn.

Niclauß, Karlheinz (2015): Kanzlerdemokratie. Regierungsführung von Konrad Adenauer bis Angela Merkel, 3. akt. u. erw. Auflage, Paderborn u. a.

Nullmeier, Frank/Saretzki, Thomas (Hrsg.) (2002): Jenseits des Regierungsalltags. Strategiefähigkeit politischer Parteien, Frankfurt a. M.

Oberndörfer, Dieter/Jäger, Wolfgang (Hrsg.) (1975): Die neue Elite. Eine Kritik der Kritischen Demokratietheorie, Freiburg.

Offe, Claus (1972): Strukturprobleme des kapitalistischen Staates, Frankfurt a. M.

Patzelt, Werner J. (2005): Der Bundestag, in: Gabriel, Oscar W./Holtmann, Everhard (Hrsg.): Handbuch Politisches System der Bundesrepublik Deutschland, München u. a., S. 159-232.

Pfetsch, Frank R. (2006): Verhandeln in Konflikten. Grundlagen, Theorie, Praxis, Wiesbaden.

Prätorius, Rainer (1995): Institutionen und Regierungsprozess, in: Mohr, Arno (Hrsg.): Grundzüge der Politikwissenschaft, München/Wien, S. 487-566.

Raschke, Joachim/Tils, Ralf (2007): Politische Strategie. Eine Grundlegung, Wiesbaden.

Reuter, Konrad (1989): Der Bundesrat als Parlament der Länderregierungen, in: Schneider, Hans-Peter/Zeh, Wolfgang (Hrsg.): Parlamentsrecht und Parlamentspraxis, Berlin, S. 1523-1564.

Röhring, Hans-Helmut/Sontheimer, Kurt (1977): Handbuch des Deutschen Parlamentarismus, München 1970, und in der Ausgabe von 1977: Handbuch des Politischen Systems der Bundesrepublik Deutschland, München.

Rucht, Dieter (1988): Themes, Logics, and Arenas of Social Movements: A Structural Approach, in: Klandermans, Bert (Hrsg.): From Structure to Action, Greenwich, S. 305-328.

Sarcinelli, Ulrich (Hrsg.) (1998): Politikvermittlung und Demokratie in der Mediengesellschaft. Beiträge zur politischen Kommunikationskultur, Opladen/Wiesbaden.

Sarcinelli, Ulrich (2013): Legitimation durch Kommunikation? Politische Meinungs- und Willensbildung in der „postmodernen" Mediendemokratie, in: Korte, Karl-Rudolf/Grunden, Timo (Hrsg.): Handbuch Regierungsforschung, Wiesbaden, S. 93-102.

Scharpf, Fritz W. (2000): Interaktionsformen. Akteurszentrierter Institutionalismus in der Politikwissenschaft, Opladen.

Schmidt, Manfred G./Zohlnhöfer, Reimut (Hrsg.) (2006): Regieren in der Bundesrepublik Deutschland. Innen- und Außenpolitik seit 1949, Wiesbaden.

Schubert, Klaus/Bandelow, Nils C. (2009): Lehrbuch der Politikfeldanalyse, München/Wien.

Schuppert, Gunnar Folke (2003): Staatswissenschaft, Baden-Baden, S. 368-426.

Schüttemeyer, Suzanne (1998): Fraktionen im Deutschen Bundestag 1949-1997: empirische Befunde und theoretische Folgerungen, Opladen.

Sontheimer, Kurt (1962): Antidemokratisches Denken in der Weimarer Republik. Die politischen Ideen des deutschen Nationalismus zwischen 1918 und 1933, München.

Sturm, Roland/Pehle, Heinrich (2012): Das neue deutsche Regierungssystem. Die Europäisierung von Institutionen, Entscheidungsprozessen und Politikfeldern in der Bundesrepublik Deutschland, 3. akt. und erweiterte Auflage.

Vowe, Gerhard (2006): Mediatisierung der Politik? Ein theoretischer Ansatz auf dem Prüfstand, in: Publizistik 51 (4), S. 437–455.

Weidenfeld, Werner/Korte, Karl-Rudolf (1991): Die Deutschen. Profil einer Nation, Stuttgart.

Vergleichende Politikwissenschaft: Analyse und Vergleich politischer Systeme

Hans-Joachim Lauth/Christoph Wagner

1. Einleitung[1]

Die Vergleichende Politikwissenschaft ist eines der zentralen Felder der Politikwissenschaft und wird mitunter als Königsweg der Disziplin bezeichnet. Dies hängt zum einen von der Relevanz der damit gegebenen empirischen Untersuchungsfelder ab und beruht zum anderen auf der ihr zugrunde liegenden komparativen Methoden, die der Vergleichenden Politikwissenschaft eine empirisch fundierte theoretische Ausrichtung ermöglichen. Beides zusammen – der politikwissenschaftlich relevante Untersuchungsgegenstand und die komparative Methode – verleihen der Vergleichenden Politikwissenschaft ihr charakteristisches Profil.

Es ergeben sich zahlreiche Forschungsfragen, die sich anhand unterschiedlicher Zielsetzungen des Vergleichs gliedern lassen. So gehört die Frage „Was unterscheidet ein präsidentielles Regierungssystem wie das der USA von einem parlamentarischen System wie dem der Bundesrepublik Deutschland?" zur Zielsetzung, Gemeinsamkeiten und Unterschiede festzustellen. Erhöhen wir die Fallzahl des Vergleichs, so lassen sich generelle Merkmale und Besonderheiten feststellen. Auf diese Weise lässt sich feststellen, ob es beispielsweise eine deutsche Besonderheit ist, dass ein Verfassungsgericht vom Parlament verabschiedete Gesetze für ungültig erklären kann. Eine dritte Zielsetzung richtet sich auf die Vor- und Nachteile von institutionellen Designs oder Policy-Strategien: Welche Vor- und Nachteile hat das Mehrheitswahlrecht, welche das Verhältniswahlrecht? Welche Effekte hat eine neoliberal bzw. sozialstaatlich ausgerichtete Wirtschaftspolitik auf die Arbeitsmarktentwicklung? Bei solchen und ähnlichen Fragestellungen ist zu beachten, dass sich das Verständnis von Vor- und Nachteilen nicht von allein aus dem Vergleich ergibt, sondern von außen an den Vergleich herangetragen wird. So kann sich die Untersuchung des Wahlrechts auf Partizipationsmöglichkeiten,

Zielsetzungen des Vergleichs

---

[1] Der Beitrag greift in einigen Passagen auf den gleichnamigen Artikel in den früheren Auflagen des Bandes von Peter Birle und Christoph Wagner zurück.

Stabilität der Regierung oder Gleichheit der Wahlstimme beziehen. Eine weitere Zielsetzung des Vergleichs ist die Prüfung von
Hypothesen und damit von theoretischen Zusammenhängen. Z.
B. kann bei der Frage „Können Demokratien die sozioökonomische Entwicklung eines Landes schneller vorantreiben als Diktaturen?" die zu testende Hypothese lauten: Je demokratischer ein
Regime, desto höher ist das Wirtschaftswachstum. Doch nicht nur
das Testen von Hypothesen kann anvisiert werden, sondern auch
die Erstellung von neuen Hypothesen und der Nachweis von entsprechenden kausalen Zusammenhänge, beispielsweise wenn
wir folgenden Fragen nachgehen: Unter welchen Bedingungen
existieren die größten Chancen, autokratische Herrschaftssysteme ins Wanken zu bringen? Welche Voraussetzungen müssen
erfüllt sein, damit ein demokratisches politisches System auf Dauer stabil bleibt?

Wenn wir die verschiedenen Zielaspekte bündeln, dann lassen
sich zwei Ziele benennen: Es geht darum a) Kenntnisse über
empirische Sachverhalte zu erwerben, zu erweitern und zu vertiefen sowie b) Theorien zu erzeugen und zu überprüfen. Letzteres formuliert zugleich den Fokus der komparativen politikwissenschaftlichen Forschung. Auf der Grundlage der mit den
verschiedenen Zielsetzungen erzielten Ergebnisse vermag die
Vergleichende Politikwissenschaft dann auch praktisch verwertbare Impulse für die Politikberatung zu liefern.

*Hauptziele:
Kenntniserweite-
rung und
Theoriebildung*

Der Gegenstandsbereich der Vergleichenden Politikwissenschaft lässt sich räumlich (lokal, regional, national, supranational)
und funktional in der Untersuchung von politischen Strukturen
(polity), Prozessen *(politics)* und Inhalten *(policy)* gliedern. Eine
entsprechende Systematisierung und Präzisierung findet sich in
Abb. 1.

*Gegenstands-
bereich der
Vergleichenden
Politikwissen-
schaft*

Der vorliegende Beitrag gliedert sich in vier Abschnitte: Zunächst werden nach einem Rückblick auf die historische Entwicklung der Teildisziplin grundlegende Kategorien und Forschungsfragen behandelt. Es folgen Anmerkungen zur komparativen
Methodik, zur Area-Forschung und zum Forschungsverlauf. Anschließend wird ein Blick auf zentrale Forschungsgebiete (Schwerpunkte) und Konzepte geworfen, bevor abschließend Stand (Leistungen und Probleme) und Perspektiven der Vergleichenden
Politikwissenschaft erörtert werden.

*Gliederung des
Beitrages*

	Polity	Politics	Policy
Erkenntnis-interesse	Ausprägung politischer Strukturen	Ausgestaltung politischer Prozesse	Inhalte von Politik
Ausrichtung	Institutionen-orientiert	*Input*orientiert	*Output*orientiert
Erscheinungs-formen	Verfassungen, Gesetze, Normen, formale und informelle „Spielregeln"	Einstellungen, Interessen, Verhalten, Konflikte, Handlungs-potentiale, Entscheidungs-findung und – durchsetzung	Ziele, Aufgaben und Ergebnisse der Politik, Einflussfaktoren auf Politikfelder, Tun und Lassen von Regierungen und anderen Akteuren, politische Steuerung
Unter-suchungs-gegenstände	Verfassungsrecht, Staats- und Herrschaftsformen, Regime, Regierungssysteme formale und informelle Institutionen	Parteien, Interessengruppen, Verbände, Wahlen, politische Kultur, politische Prozesse, Zivilgesellschaft, Medien	Politikfelder (z. B. Wirtschafts-, Sozial-, Bildungs- und Umweltpolitik); Gender, Staatätigkeit

Quelle: Eigene Zusammenstellung

Abb. 1: Gegenstand der Vergleichenden Politikwissenschaft

2. Historische Entwicklung, grundlegende Kategorien und Forschungsfragen

2.1 Vergleichsansätze in historischer Perspektive

comparative government/ Vergleichende Regierungslehre Typologie von Regierungs-systemen nach Aristoteles

Vergleichende Regierungslehre

Vergleiche haben in der Politikwissenschaft eine lange Tradition. Bereits der griechische Philosoph Aristoteles (384-322 v. Chr.) untersuchte 158 Verfassungen seiner Zeit und erstellte auf dieser Grundlage eine Typologie von Regierungssystemen. Ausgehend von der Anzahl der Machtträger und der Nutzenorientierung staatlichen Handelns unterschied er zwischen drei *guten* bzw. *le-*

gitimen (Monarchie, Aristokratie, Politie) und drei *schlechten* bzw. *illegitimen* (Tyrannei, Oligarchie und Ochlokratie bzw. Demokratie) Herrschaftsformen (vgl. auch Abb. 2 in Kap. 2.2). Mit dem Zerfall der griechischen Poliskultur und der römischen Republik erlosch allerdings für lange Zeit das Interesse am wissenschaftlichen Vergleich von Herrschaftsformen. Erst mit der allmählichen Säkularisierung des politischen Denkens im Zuge der Renaissance und mit dem Verblassen der Reichsidee erlebte es einen neuen Aufschwung.

Der Florentiner Machiavelli (1469-1527) untersuchte in seinem Hauptwerk „Der Fürst" unter Rückgriff auf antike Staatsformenlehren die Verfassungsformen seiner Zeit. Er wollte die politische Theorie von ethisch-religiösen Überlegungen lösen und leitete aus der Untersuchung von Herrschaftsformen konkrete politische Handlungsanweisungen ab. Im Vordergrund stand dabei die Frage, wie ein Herrscher politische Macht gewinnen und bewahren kann. Im Zuge der Herausbildung der modernen Nationalstaaten und des Aufkommens des Konstitutionalismus vom 16. bis zum 18. Jahrhundert (in Deutschland erst im 19. Jahrhundert) setzte sich langsam die Auffassung durch, dass die Macht des Monarchen durch eine Verfassung begrenzt und durch ein Parlament in Schranken gehalten werden sollte. Dadurch entwickelte sich auch ein Staats- und Verfassungsrecht, das zur Grundlage vergleichender Betrachtungsweisen wurde. Der französische Staatstheoretiker Montesquieu (1689-1755) legte mit seiner Lehre von der Gewaltentrennung in seinem Hauptwerk „Vom Geist der Gesetze" (1748) den Grundstein für viele spätere Diskussionen. Wichtige Impulse gingen im 19. Jahrhundert von Alexis de Tocquevilles Werk „Über die Demokratie in Amerika" aus, in dem er amerikanische Demokratie-Erfahrungen mit den Entwicklungen in Europa verglich.

Die „modernen Klassiker" der Vergleichenden Regierungslehre (engl.: *comparative government*) knüpften an dieses Gedankengut an. Wissenschaftler wie Carl Joachim Friedrich, Herman Finer und Karl Loewenstein entwickelten detaillierte Verfassungslehren, in denen sie „die tatsächliche Praxis und die wirkliche Dynamik der Verfassung im modernen – und ebenso im geschichtlichen – Staat" (Loewenstein 1959: IV) untersuchten. In modernen Begriffen heißt das: Sie interessierten sich für die verfassungsmäßige Ordnung der westlichen Demokratien sowie für das Spannungsverhältnis zwischen Verfassung und Verfassungswirklichkeit.[2] Im

Marginalien:

Herrschaftsbildung und -sicherung nach Machiavelli

Gewaltentrennung nach Montesquieu

Tocqueville und die Demokratie in Amerika

Moderne Klassiker

---

[2] Loewenstein (1957/1959) beispielsweise unterschied zwischen zwei autokratischen (autoritäre Regime, totalitäre Regime) und sechs konstitutionell-demo-

deutschen Sprachraum gehört die frühe Arbeit Klaus von Beymes (1970) über „Die parlamentarischen Regierungssysteme in Europa" zu den Standardwerken der Vergleichenden Regierungslehre, allerdings bildet dieses Werk aufgrund seiner systematisch orientierten Herangehensweise bereits eine Brücke zu neueren Formen des Vergleichs im Sinne von *comparative politics*. Zu den modernen Klassikern sind auch die Arbeiten von Arendt und Friedrich/Brzezinski über *totalitäre Herrschaftsformen* zu rechnen.

Vergleichenden Politische Systemforschung

Von der Vergleichenden Regierungslehre zur Vergleichenden Politischen Systemforschung

In den 1950er Jahren erfolgte ein Bruch mit der überkommenen Form des Vergleichs im Sinne von *comparative government*. Drei Impulse waren für diese Entwicklung, die in erster Linie von US-amerikanischen Wissenschaftlern ausging, wesentlich:

Verändertes Forschungsinteresse

a) Ein verändertes Forschungsinteresse: Bisher hatte sich die vergleichende Forschung weitgehend auf die westlichen Demokratien beschränkt. Der Beginn des Kalten Krieges und der Entkolonialisierungsprozess in den 1960er Jahren schufen eine neue internationale Situation. Je mehr sich die USA weltpolitisch engagierten, desto dringender wurde ihr Bedarf an grundlegenden Informationen über die politischen, gesellschaftlichen, ökonomischen und kulturellen Gegebenheiten in Ländern, denen bislang kaum Aufmerksamkeit geschenkt worden war.[3]

Kritik an der Vergleichenden Regierungslehre

b) Kritik an der Vergleichenden Regierungslehre als comparative government: Zentrale Einwände lauteten (Macridis 1955: 7-12): Erstens seien die „vergleichenden" Studien nicht wirklich komparativ, sondern in der Regel monografisch angelegt. Zweitens erfolge die Darstellung fremder Regierungssysteme zu deskriptiv und unsystematisch. Man beschränke sich weitgehend auf die historischen und (verfassungs-) rechtlichen Aspekte politischer Institutionen und Prozesse, statt konzeptionelle Kategorien auszuarbeiten, die den systematischen Vergleich von Einzelbeobachtungen

---

kratischen Regierungstypen (unmittelbare Demokratie, Versammlungs-Regierung, parlamentarische Regierung, Kabinettsregierung, Präsidentialismus, Direktorialregierung), um sich dann detailliert mit horizontalen und vertikalen Elementen der Gewaltenteilung in verschiedenen Typen demokratischer Regierungsformen auseinanderzusetzen.

3   Bereits während des Zweiten Weltkrieges stellte die US-Regierung großzügige Forschungsetats für die empirische Untersuchung fremder Länder und Kulturen zur Verfügung. Dabei entstanden interdisziplinär angelegte *area-studies* (vgl. auch Kap. 3.2), an denen neben Ethnologen und Soziologen auch Politikwissenschaftler beteiligt waren.

und die Entwicklung allgemeiner Hypothesen ermöglichen würden. Drittens sei das Forschungsinteresse geographisch zu sehr
auf Westeuropa und thematisch fast ausschließlich auf politisch-institutionelle Faktoren beschränkt; soziale, ökonomische
und kulturelle Variablen berücksichtige man dagegen kaum. Viertens seien die meisten Vergleiche zu statisch angelegt und igno-
rierten dynamische Elemente des politischen Wandels.

    c) Behavioralismus und Systemtheorie: Seit den 1950er Jahren
setzte sich in den USA nach und nach eine an behavioralistischen
(erfahrungswissenschaftlichen) Methoden und Forschungstechniken orientierte Wissenschaftsauffassung durch, deren wichtigstes Ziel es war, politische Phänomene durch die Beobachtung und
theoriegeleitete Verarbeitung menschlichen Verhaltens beschreiben, erklären und voraussagen zu können. Auf die Politikwissenschaft übertragen bedeutete dies, dass nicht mehr untersucht
werden sollte, welche politischen Institutionen und Verfahrensweisen die Verfassung eines Landes vorsieht und inwieweit diese
der politischen Wirklichkeit entsprechen, sondern wie sich Individuen und Gruppen in und gegenüber diesen Institutionen verhalten.

(Marginalie: Behavioralismus und Systemtheorie)

    Gleichzeitig avancierte der *Systembegriff* zu einer zentralen Ana-
lysekategorie. Nachdem aufgrund der zunehmenden Arbeitsteilung und der wachsenden Ausdifferenzierung der Sozial- und
Politikwissenschaft die Kommunikation zwischen den einzelnen
Disziplinen schwieriger geworden war, sollte die „Allgemeine Systemtheorie" dieser Tendenz entgegenwirken. Diese offerierte allgemeine Kategorien und Schemata, mit deren Hilfe sich die in
verschiedenen wissenschaftlichen Disziplinen beobachteten Gegebenheiten ordnen ließen. Eingang in die Vergleichende Politikwissenschaft fand systemtheoretisches und behavioralistisches
Gedankengut insbesondere durch die Arbeiten von Gabriel Almond. Dieser entwickelte unter Rückgriff auf Arbeiten von Easton
und Parsons ein allgemeines Vergleichsmodell, das einem weniger westlich geprägten Verständnis von Politik entsprechen und
der politischen Realität aller Staaten weltweit angemessen sein
sollte. Die 1960 erschienene Studie *The Politics of the Developing
Areas* (Almond/Coleman 1960) wurde zu einem Standardwerk
der Disziplin. Wichtigstes Ziel Almonds war es, einen Analyserahmen zu entwerfen, der vergleichende Studien aller politischen
Systeme ermöglichen und damit die Beschränkungen der Vergleichenden Regierungslehre überwinden sollte (zu weiteren Erläuterungen vgl. Kap. 2.2). Dies schlug sich auch in einer neuen
Begrifflichkeit nieder. Statt von *comparative government* war jetzt

(Marginalie: Politisches System als Analyse-kategorie)

comparative politics/ Vergleichende Politikwissenschaft

von *comparative politics* die Rede, was im Deutschen heute meist mit Vergleichende Politikwissenschaft übersetzt wird.[4]

Von der Politischen Systemtheorie zum Neo-Institutionalismus

Kritik am struktur-funktionalen Systemmodell blieb nicht aus.

Kritik am struktur-funktionalen Systemmodell

Bemängelt wurde die zu einseitige Konzentration von Konzepten und empirischen Arbeiten auf die *Input*-Seite des politischen Systems sowie auf den Wandel von politischen Institutionen. Dass umgekehrt auch die politischen Institutionen ihre Umwelt beeinflussen können (d. h. als unabhängige Variable betrachtet werden können), geriet dagegen phasenweise fast in Vergessenheit. Zudem blieben trotz der erklärten Absicht, ein allgemein gültiges Kriterienraster zu entwickeln, die Überlegungen Almonds dem eigenen politischen System, also den politischen Verhältnissen in den USA verhaftet. Obwohl er ausdrücklich auf die Multifunktionalität politischer Strukturen hingewiesen hatte, verbanden Forscher eben doch mit der Funktion Interessenartikulation in der Regel die Verbände, mit der Funktion Interessenaggregation die politischen Parteien und mit den *Output*-Strukturen die Institutionen Legislative, Exekutive und Judikative. Auch die analytische Trennschärfe zwischen Begriffen wie *Struktur* und *Institution* oder *Staat* und *politisches System* ließ zu wünschen übrig.

Almond und Powell reagierten auf die Kritik in späteren Arbeiten mit einer Ausdifferenzierung ihrer Modellvorstellungen, wobei sie insbesondere die *Output*-Komponenten des politischen Systems genauer betrachteten und zwischen vier Typen von *Steuerungsanstrengungen* und *-leistungen* unterschieden (Almond et al. 2009): *extractive, distributive, regulative* und *symbolic performances*. Der Begriff *extractive performance* bezieht sich darauf, mit welchen Mitteln (z. B. Steuern, Wehrpflicht) sich ein politisches System die finanziellen, personellen und sachlichen Ressourcen verschafft, die es für die Erfüllung seiner Funktionen

---

4   Das struktur-funktionale Systemmodell von Almond/Powell erlangte in der Vergleichenden Politikwissenschaft große Bedeutung. Die Arbeiten Almonds und seiner Kollegen im 1954 unter seinem Vorsitz gegründeten *Committee on Comparative Politics* (CCP) des *Social Science Research Councils* gaben neben Anstößen für die theoretische und konzeptionelle Weiterentwicklung der Vergleichenden Politikwissenschaft auch zahlreiche Impulse für die Anfertigung empirischer Forschungsarbeiten. Im Mittelpunkt des Untersuchungsinteresses standen zunächst die Entwicklungsländer, die zuvor meist in einer Kategorie „autoritäre Regierungssysteme" zusammengefasst und in der weiteren Betrachtung vernachlässigt worden waren. Viele Forscher thematisierten die Bedeutung sozialer, kultureller und ökonomischer Faktoren für Prozesse des politischen und gesellschaftlichen Wandels.

benötigt. *Distributive performance* bezeichnet die Art und Weise, wie Güter und Dienstleistungen in einer Gesellschaft verteilt werden und welche gesellschaftlichen Gruppen davon profitieren bzw. davon negativ betroffen sind (z. B. Sozialgesetzgebung). *Regulative performance* meint die Reichweite des staatlichen Gestaltungsanspruches gegenüber der Gesellschaft sowie die Anreiz- und/oder Zwangsmaßnahmen, die zur Durchsetzung dieses Anspruches eingesetzt werden (z. B. der Grad bürgerlicher Freiheitsrechte in einer Gesellschaft). Als *symbolic performance* werden diejenigen identitätsstiftenden äußeren Formen bezeichnet, die eingesetzt werden, um die Integrationskapazität des politischen Systems zu steigern (z. B. politische Reden, militärische Zeremonien, Flaggen). Ausdifferenzierung des Systemmodells

Mit einer weiteren Modifikation des Systemmodells wurde berücksichtigt, dass die von einer Regierung getroffenen Entscheidungen nicht automatisch Wirksamkeit erlangen, sondern zunächst umgesetzt (implementiert) werden müssen. Um dies zu verdeutlichen, unterschieden Almond/Powell zwischen *outputs* im Sinne der Produktion von Gesetzen und Verordnungen einerseits und *outcomes* im Sinne von tatsächlichen Ergebnissen und Folgen der politischen Entscheidungen andererseits.[5] Diese Thematik wurde seit den 1970er Jahren im Rahmen der *Politikfeldforschung* zu einem neuen Schwerpunkt der Politikwissenschaft, der auch zahlreiche vergleichend angelegte Studien hervorbrachte (vgl. hierzu ausführlich den Beitrag von Hans-Joachim Lauth und Peter Thiery in diesem Band). Politikfeld- bzw. Policy-Forschung

Neben der vergleichenden *Policy-Forschung* rückten seit den 1980er Jahren auch die vernachlässigten *Institutionen* wieder stärker ins Blickfeld der Forschung, allerdings auf eine andere Art und Weise als zuvor (March/Olson 1984). Vom alten, vorwiegend an formalen Regelsystemen (Verfassungen, Gesetze) interessierten, historisch-deskriptiven Institutionalismus unterscheidet sich der *Neo-Institutionalismus* durch eine systematisch-empirische Herangehensweise. Er betrachtet Institutionen sowohl als *abhängige* als auch als *unabhängige* Variable. Zudem werden nicht nur formal-institutionelle Gesichtspunkte berücksichtigt, sondern auch *informelle* Aspekte der politischen Realität. Wichtige Impulse für die Erneuerung der institutionellen Politiktheorien gingen Neo-Institutionalismus

---

[5]   So kann beispielsweise ein Gesetz zum Ausstieg aus der Kernenergie als *output* bezeichnet werden. Wie schnell und umfassend der Verzicht auf Atomkraftwerke zur Energiegewinnung dann tatsächlich realisiert wird (*outcome*), entscheidet sich erst im Verlauf der Implementierungsphase.

einerseits von organisationstheoretischen Arbeiten aus, andererseits von der politischen Ökonomie. Empirische Analysen der Leistungs- und Steuerungsfähigkeit politischer Institutionen im komplexen Wechselspiel gesellschaftlicher und ökonomischer Prozesse erfahren ebenso Aufmerksamkeit wie Untersuchungen zu Partizipation und Legitimation.

Definition   Der von Douglass C. North (1992) verwendete Institutionenbegriff, der unter Institutionen die Spielregeln fasst, die das faktische Handeln leiten, erschließt neue Untersuchungsperspektiven. Er bietet Anknüpfungspunkte an soziologische, ethnologische und ökonomische Forschungen, die gleichfalls mit dem theoretischen und methodologischen Instrumentarium des Neo-Institutionalismus arbeiten. Dieser greift somit nicht nur das Anliegen der Interdisziplinarität auf, das die klassische Systemtheorie verfolgte, sondern realisiert in einem umfassenderen Sinne die Intention von Almond, die realen Strukturen – nun verstanden als Institutionen – zu analysieren, welche die beschriebenen Funktionen erfüllen. Allerdings – und dies sollte nicht verschwiegen werden – kontrastiert der angesprochene Institutionenbegriff mit der in der Politikwissenschaft gängigen Vorstellung von Institutionen als Organisationen (Parlamente, Parteien etc.), die North wiederum als Spieler (und nicht als Spielregeln) begreift. Die Aufnahme neo-institutionalistischer Ansätze in das Repertoire der Vergleichenden Politikwissenschaft erfordert somit eine präzise begriffliche Klärung, um inhaltliche Verwirrungen zu vermeiden. Die Erweiterung des Institutionenbegriffes auf den Bereich der Informalität hat signifikante Auswirkungen auf den Vergleich. Denn erst der Einbezug formaler und informeller Institutionen ermöglicht eine umfassende Analyse politischer Systeme (Lauth 2014; Bröchler/Lauth 2014).

2.2 Grundlagen des Vergleichs

Bei dieser historisch orientierten Einführung, die unterschiedliche Perspektiven der Vergleichenden Politikwissenschaft angesprochen hat, wird generell die Bedeutung von Begriffen wie Struktur, Funktion, politischer Prozess, Policy und Institutionen deutlich. Sie markieren zentrale Kategorien in der Strukturierung des Vergleiches. Ein weiteres Instrument hierzu sind Typenbildung und Typologien. Bevor diese näher betracht werden, stellen wir die zentrale Begrifflichkeit der vergleichenden Systemtheorie vor.

zentrale Begriffe   In Almonds Überlegungen spielen die Begriffe *Struktur* und
der Systemtheorie   *Funktion* eine wichtige Rolle (Almond 1960): Als *Struktur* bezeich-

net er regelmäßige und wahrnehmbare Handlungsformen bzw. Sätze von miteinander verbundenen *Rollen*. Er verdeutlicht dies an einem Beispiel: Während der Beruf des Richters eine Rolle ist, kann ein Gericht als Struktur bezeichnet werden. Diese Struktur umfasst die Gesamtheit aller an einem Gericht wahrgenommenen Rollen, vom Gerichtsdiener über den Staatsanwalt bis hin zum Richter. Warum bleibt man nicht einfach bei den überkommenen Bezeichnungen *Institution* (für das Gericht) und *Amt* (für den Richter)? Almonds Erklärung lautet folgendermaßen: Während die Begriffe Institution und Amt auf normative Regeln verweisen, die das Verhalten von Richtern, Staatsanwälten und Verteidigern leiten *sollen*, beziehen sich die Begriffe Rolle und Struktur auf das empirisch wahrnehmbare Verhalten dieser Individuen. Als *Funktion* bezeichnet man eine Aufgabe oder Leistung, die von einer bestimmten Struktur erbracht wird bzw. erbracht werden soll.

Alle politischen Systeme, egal wie sehr sie sich voneinander unterscheiden mögen, weisen nach Ansicht Almonds vier gemeinsame Charakteristika auf:

Gemeinsame Merkmale politischer Systeme

1. Alle politischen Systeme besitzen eine *politische Struktur*, d. h. sie verfügen über regelmäßige Handlungsformen, mittels derer die politische Ordnung aufrechterhalten werden soll. Die Strukturen können sich von Land zu Land stark unterscheiden, sie können mehr oder weniger formalisiert oder ausdifferenziert sein, aber es existiert kein Land, in dem es solche Strukturen nicht gibt.

Universalität der politischen Struktur

2. Alle politischen Systeme üben die gleichen *Funktionen* aus. Almond geht in Anlehnung an Easton davon aus, dass das politische System nur eines von zahlreichen Subsystemen der Gesellschaft ist, von denen jedes spezifische Funktionen zu erfüllen hat.[6] Unterschieden werden Input- und Output-Funktionen. *Inputs* sind die Forderungen und Leistungserwartungen (*demands*), die aus der Umwelt an das politische System herangetragen werden, sowie die Unterstützung (*support*) der Bürgerinnen und Bürger für das politische System. *Outputs* sind diejenigen Handlungen, mit denen das politische System auf seine Umwelt einwirkt bzw. die Leistungen, die es für sie erbringt. Almond unterscheidet vier Input-Funktionen: a) Politische Sozialisation und Rekrutierung, b) Interessenartikulation c) Interessenaggregation, d) Politische Kommunikation

Universalität der Input- und Output-Funktionen

a) *Politische Sozialisation* bezeichnet den Prozess, durch den Individuen in die politische Kultur eines Landes eingeführt werden.

---

6 Neben dem politischen (Sub-)System gibt es beispielsweise ein ökonomisches und ein kulturelles Subsystem, mit denen das politische System durch *Inputs* und *Outputs* in einer wechselseitigen Austauschbeziehung steht.

Im Verlauf der Sozialisation entwickeln sich (beeinflusst z. B. durch Familie, Erziehung, Religion und Medien) die in einer Gesellschaft vorhandenen Grundeinstellungen gegenüber dem politischen System sowie die Einschätzungen bezüglich der eigenen politischen Rolle. *Politische Rekrutierung* meint die Einführung von Individuen in spezialisierte politische Rollen. Es geht etwa darum, ob und wie junge Menschen für parteipolitische Arbeit gewonnen werden können und wie eine Gesellschaft ihre Führungseliten hervorbringt.

b) *Interessenartikulation* bezieht sich darauf, ob und wie die in einer Gesellschaft vorherrschenden Bedürfnisse und Interessen im Rahmen des politischen Geschehens geäußert und für politische Entscheidungsprozesse wirksam werden können (z. B. durch Verbände und zivilgesellschaftliche Akteure).

c) *Interessenaggregation* bezeichnet die Bündelung einzelner (bereits artikulierter) gesellschaftlicher Interessen und deren Vermittlung gegenüber dem politischen System (z. B. durch politische Parteien). Sie soll verhindern, dass die Problemverarbeitungskapazitäten des politischen Systems durch eine zu große Anzahl von konträren Partikularinteressen überlastet werden.

d) *Politische Kommunikation* bezieht sich auf diejenigen Mechanismen, die der Übermittlung von Informationen aus dem Bereich der Gesellschaft an die politischen Entscheidungsträger und umgekehrt dienen (z. B. Mediensystem).

Als *Output-Funktionen* nennt Almond Regelsetzung, Regelanwendung und Regelauslegung. Diese entsprechen weitgehend denjenigen Aufgaben, die der Staat laut klassischer demokratietheoretischer Vorstellungen gewaltenteilig durch Legislative, Exekutive und Judikative zu übernehmen hat.

Almond geht davon aus, dass die genannten Funktionen nicht notwendigerweise überall mittels identischer Strukturen gemeistert werden. Die Aufgabe der Vergleichenden Politikwissenschaft bestehe darin herauszufinden, welche politischen Strukturen in unterschiedlichen politischen Systemen die jeweiligen Funktionen wahrnehmen (funktionale Äquivalente).

Multifunktionalität der politischen Strukturen   3. Alle politischen Strukturen sind *multifunktional*. Es existiert so gut wie nie ein genaues Entsprechungsverhältnis zwischen einer bestimmten Struktur und einer bestimmten Funktion. So dienen politische Parteien zwar in erster Linie der Interessenaggregation, sie können jedoch auch im Bereich der Interessenartikulation, bei der Regelsetzung oder bei der Regelanwendung eine Rolle spielen. „Moderne" politische Systeme unterscheiden sich von „traditionellen" Systemen dadurch, dass sie über ausdifferenziertere politische Strukturen verfügen.

4. Alle politischen Systeme sind durch einen *kulturellen Misch-charakter* gekennzeichnet, d. h. sie sind nie völlig traditionell oder völlig modern. Auch in „modernen" politischen Systemen, die über ausdifferenzierte Strukturen wie Parlamente, Bürokratien und Parteien verfügen, kann „vormodernen" bzw. „traditionellen" Verhaltensmustern (z. B. Verwandtschaftsbeziehungen und Gefühlen) eine wichtige politische Bedeutung zukommen.

Kultureller Mischcharakter

Typenbildung und Typologien
Kategorien – wie diejenigen der Systemtheorie – fungieren als Oberbegriffe, denen die Variablen zugeordnet werden. So können unterschiedliche Regierungssysteme den Oberbegriffen „Demokratie" und „Diktatur" zugeordnet werden. Oder die unterschiedlichen politischen Handlungsformen „Demonstration", „Unterschriftensammlung" und „Wahl" lassen sich unter der Kategorie der „politischen Partizipation" subsumieren. Die Variablen sind in diesen Beispielen stets eine Spezifikation einer Kategorie. Eine spezifische Form von Kategorien bilden Typen und Typologien. Unter einer Typologie wird die Zuordnung von mindestens zwei Merkmalen, die zwei oder mehr Ausprägungen aufweisen, auf eine spezifische Kombination der einzelnen Merkmalsausprägungen verstanden (Aarebrot/Bakka 1997: 62).[7] Ein Merkmal bzw. seine Ausprägung kann dabei direkt messbar sein (z. B. Anzahl der Herrschenden) oder benötigt eine weitere Operationalisierung mit entsprechenden Indikatoren (z. B. Qualität der Herrschaft).

Kategorien und Oberbegriffe

Typus und Typologie

Betrachten wir einige gängige Beispiele. Den Anfang typologischer Klassifikation finden wir bei Aristoteles, der – wie bereits erwähnt – anhand von zwei Merkmalen (Anzahl der Herrschenden und Qualität der Herrschaft) sowie unterschiedlichen Ausprägungen insgesamt sechs Herrschaftstypen unterschied (vgl. Abb. 2). Auf diesem Weg versuchte Aristoteles die Vielfalt der empirischen Befunde systematisch zu ordnen. Auch wenn sich diese Typologie in der Folgezeit als wirkungsträchtig erwies, ist die damit verbundene Problematik offenkundig: So macht es wenig Schwierigkeiten die Anzahl der Herrschenden zu bestimmen, doch über die angemessene Operationalisierung der Qualität der Herrschaft lässt sich trefflich streiten, wie etwa ein Blick auf die Debatte zu *Good Governance* zeigt.

Typen von Herrschaftsformen

---

7   Liegt nur ein Merkmal mit verschiedenen Ausprägungen vor, dann wird im gängigen Sinne von einer Klassifikation gesprochen.

Merkmal		Qualität der	Herrschaft
	Merkmalsausprägung	gut	schlecht
Anzahl der Herr- schenden	Alleinherrschaft	Monarchie	Tyrannei
	Herrschaft der Wenigen	Aristokratie	Oligarchie
	Volksherrschaft (Herrschaft der Vielen)	Politie	Demokratie bzw. Ochlokratie[1]

[1]   Im Sinne einer Herrschaft des „Pöbels".

Quelle: Eigene Zusammenstellung

Abb. 2: Sechs Typen von Herrschaftsformen nach Aristoteles

Weitere, aktuelle Beispiele zur Typenbildung finden sich in vielen Bereichen der Politikwissenschaft. In der Wohlfahrtsstaatsforschung hat sich der Typologievorschlag von Gøsta Esping-Andersen (1990, 1999) durchgesetzt, der drei „Welten des Wohlfahrtskapitalismus" unterscheidet, um die Vielfalt wohlfahrtsstaatlicher Politik und sozialpolitischer Leitkonzeptionen zu reduzieren

Typen des Wohlfahrtsstaates (siehe Siegel 2010). Zu nennen ist der *liberale Wohlfahrtsstaat* (z. B. USA) mit seinem Bestreben der Mindestsicherung und Armutsvermeidung, der *konservative* oder *korporatistische* Wohlfahrtsstaat (z. B. Deutschland), der die Sicherung des Einkommensstatus während der früheren Erwerbstätigkeit betont, sowie der *sozialdemokratische Wohlfahrtsstaat* (z. B. Schweden), der eine möglichst umfassende Grundsicherung auf hohem Niveau anstrebt. Eine weitere folgenreiche Typologie wurde im Bereich der politischen Kulturforschung von Almond/Verba (1963) entwi-

Typen politischer Kultur ckelt. Beide Autoren unterscheiden drei Typen politischer Kultur (parochial, Untertanen, partizipativ) anhand von vier Merkmalen. Betrachtet werden dabei individuelle politische Orientierungen, die sich auf vier Objekte beziehen (Näheres hierzu vgl. Kap. 4.1). Anzutreffen sind Typologien gleichfalls in der Regierungssystem- und Regimeforschung. Hervorzuheben ist hier der wirkungs-

trächtige Klassifikationsvorschlag von Arend Lijphart (1999), der
vier Typen von Regierungssystemen im Spannungsfeld zwischen
Mehrheits- und Konsensdemokratie unterscheidet (vgl. Abb 3).

Typen von
Regierungs-syste-
men

Merkmal		föderal-unitarische-Dimension	
	Merkmals-auspägung	*majoritär (unitarisch)*	*konsensual (föderal)*
Exekutive-Parteien-Dimension	*majoritär*	unitarische Mehrheitsdemokratie	föderale Mehrheitsdemokratie
	konsensual	unitarische Konsensdemokratie	föderale Konsensdemokratie

Quelle: nach Lijphart 1999

Abb. 3: Vier Typen demokratischer Regierungssysteme nach Lijphart

In der Regimeforschung werden demokratische, autoritäre und
totalitäre Regime als zentrale Typen unterschieden (Lauth 2010).
Hier stoßen wir gleichfalls auf Subtypen wie direkte und repräsentative Demokratie oder Monarchie und Militärdiktatur. Auch
diese Subtypenbildung dient dazu, die Komplexität der Realität zu
reduzieren und die empirischen Befunde zu klassifizieren. Ein
regulärer Subtypus wird dabei durch das Hinzufügen eines weiteren Merkmals gebildet, das an der Ausprägung der grundlegenden Merkmale des entsprechenden Haupttypus nichts ändert.
Eine repräsentative Demokratie ist ebenso eine Demokratie wie
eine direkte Demokratie. Dies ist anders im Falle einer *verminderten* Subtypenbildung. Hier sind die grundlegenden Merkmale des
Haupttypus nicht ganz ausgeprägt; es wird somit kein neues
Merkmal hinzugefügt. Notwendig ist die Festlegung von zwei
Schwellenwerten, die zum einen eine Grenze zur befriedigenden
Ausprägung eines Merkmals angeben und zum anderen aufzeigt,
welche Merkmalsausprägung mindestens notwendig ist.

Typen und
Subtypen von
Regimen

Ein Beispiel für einen verminderten Subtypus bildet der Typus
der „defekten" bzw. „defizitären" Demokratie (Merkel et al. 2003
und Lauth 2004). Ein zentrales Merkmal einer Demokratie sind
freie und faire Wahlen. Ist dieses Kriterium nicht vollständig erfüllt, dann liegt eine defizitäre Demokratie vor. Die Schweiz vor

Defekte und
defizitäre
Demokratie

Einführung des Frauenwahlrechts ließe sich hier anführen. Es macht keinen Sinn von einer defizitären Demokratie zu sprechen, wenn das Wahlkriterium auch nicht annähernd erfüllt ist (z. B. im Südafrika der Apartheid).

Solche Klassifikationsmöglichkeiten sind dann notwendig, wenn der empirische Befund eine eindeutige Zuordnung zu einem Grundtypus nur mit Bedenken erlaubt oder eine weitergehende Ausdifferenzierung in Subtypen zu einer besseren Ordnung der Fälle beiträgt. So wandelten sich im Rahmen der dritten Welle der Demokratisierung zahlreiche autokratische Staaten zu Demokratien. Doch es wurde bald offensichtlich, dass sich die Funktionsweise von vielen jungen Demokratien von der der etablierten Demokratien unterschied. Dies lag im Wesentlichen nicht am institutionellen Design, sondern an der unterschiedlichen Qualität der Demokratien. Etliche charakteristische/definitorische Merkmale der Demokratie waren in den jungen Demokratien noch nicht umfassend ausgebildet – und somit defizitär.

Nutzen von Typologien

Was ist nun der Vorteil des Einsatzes von Typologien beim Vergleich? Diese sind geeignet, die Komplexität der Realität stark zu reduzieren und eine Fülle von Informationen zu bündeln. So wissen wir bereits viel über ein Land x, wenn bekannt ist, dass dieses eine präsidentielle Demokratie mit einem liberalen Wohlfahrtsstaat ist. Typologien sind wichtig für den Vergleich, weil sie es erlauben, die empirischen Fälle zu ordnen und je nach Bedarf zu präzisieren (Typus, Subtypus). Typologien bilden somit eine wichtige Grundlage des Vergleichens.

3. Komparative Methodik und Area-Forschung

3.1 Vergleichsdesigns und Analyseverfahren

Was ist ein Fall?

Ausgangsbasis eines Vergleichs ist der Fall, der mit anderen Fällen verglichen wird. Doch was ist ein Fall? Bei einem Fall handelt es sich um einen räumlich und zeitlich abgegrenzten Untersuchungsgegenstand (Nohlen 1994: 511f.). In der Regel wird damit die Idee eines Nationalstaats oder eines Regierungssystems verbunden. Es ist aber auch möglich, Regionen oder Bundesländer innerhalb eines Staates oder mehrerer Staaten zu vergleichen. Ebenso lassen sich auf internationaler Ebene supranationale Gebilde vergleichen. Ein Fall kann sich auf eine längere Zeitperiode oder nur auf einen Zeitpunkt erstrecken. Gleichfalls können in einem Fall wenige oder viele Variablen einbezogen werden. Wenn wir diese Überlegungen zusammenführen, dann wird deutlich, dass es wenig Sinn macht, einen Fall lediglich durch eine allgemeine Festlegung auf den Nationalstaat oder eine einzelne Beobachtung zu bestimmen. Es gibt nicht den Fall an sich. Was ein Fall ist, bleibt stets eine Frage seiner Konstruktion, die sich an der Forschungsfrage und am Kriterium der *Abgrenzbarkeit* zu orientieren hat. Peters (1998: 146) hebt diesen Sachverhalt deutlich hervor: „Ultimately, all cases must be constructed. [...] the case itself must still be socially constructed by the researcher. That scholar must decide what the boundaries are for the case, what the relevant questions are, and what the relevant evidence is." Je nachdem, welche Absicht mit einer vergleichenden Untersuchung verfolgt wird, kann das Objekt des Vergleichs unterschiedlich als Fall konzipiert werden.

Kriterien der Fallbestimmung

Ebenso wie die zeitliche und räumliche Dimension eines Falles stark divergieren kann, kann der Vergleich selbst Fälle innerhalb eines Zeitraumes behandeln (*synchroner* Vergleich oder Querschnittsuntersuchung) oder Fälle in unterschiedlichen Zeitspannen erfassen (*diachroner* Vergleich oder Längsschnittuntersuchung). Die Bestimmung eines Falls beinhaltet noch keine Aussage über die Größe der *Grundgesamtheit*. Diese bezieht sich auf die gesamte Vergleichsanlage und alle damit einbezogenen Fälle. Je nachdem unter welchen Aspekten die Grundgesamtheit ausgewählt wurde, ist zu prüfen, ob sich die Aussagekraft des Befundes über diese hinaus erstrecken kann (externe inference), sich also das Ergebnis der Untersuchung auf andere Fälle außerhalb der Grundgesamtheit übertragen lässt.

Grundgesamtheit

Vergleichen selbst bedeutet eine nachvollziehbare, systematische und auf geeigneten Methoden basierende Analyse, in der die ausgewählten Fälle in Beziehung gesetzt werden, um speziell die Zusammenhänge zwischen den relevanten Variablen zu untersuchen. Hierbei kann die Anzahl der Fälle variieren und es können unterschiedliche Analyseverfahren eingesetzt werden, die in gewissem Maße mit spezifischen Vergleichsdesigns korrespondieren. Unterscheiden lässt sich (1) eine Vergleichsanlage mit einer mittleren Fallzahl, die eine kontrollierte Versuchsanordnung erfordert, von (2) einer Vergleichsanlage mit vielen Fällen, die eine statistische Auswertung erlaubt.

Definition des Vergleichens

Betrachten wir zunächst die erste Möglichkeit, die oftmals als die eigentliche komparative Methode bezeichnet wird. Die Grundidee ist, Variablen derart zu kontrollieren, dass einzelne Kausalbeziehungen – also der ursächliche Zusammenhang von unabhängigen und abhängigen Variablen – gezielt isoliert und analysiert

Komparative Methode

werden können. Die methodischen Überlegungen gehen auf *John Stuart Mill* (1843) zurück, der mit der Entwicklung der Differenz- und der Konkordanzmethode einen großen Einfluss auf die Vergleichende Politikwissenschaft ausgeübt hat. Bei der *Differenzmethode* werden Fälle ausgewählt, in denen die abhängige Variable in sehr ähnlichen Kontexten variiert. Dagegen basiert die *Konkordanzmethode* auf der Ähnlichkeit der abhängigen Variablen und der Varianz der Fälle. Obwohl beide Methoden zu allererst Analyseverfahren sind, bedingen sie eine spezifische Auswahl der Fälle und damit das Falldesign.

Differenz- und Konkordanzmethode

Damit verbunden sind zwei Arten des Forschungsdesigns, die mit *most similar cases design* (MSCD) und *most dissimilar cases design* (MDCD) beschrieben werden. Das MSCD folgt hierbei der Logik der *Differenzmethode* nach Mill. Ausgewählt werden Fälle, in denen die abhängige Variable in sehr ähnlichen Kontexten variiert, also ein Phänomen (Ergebnis) vorliegt oder nicht existent ist. Gesucht wird die Ursache für die Differenz, wobei zwischen unabhängigen Variablen und Kontexbedingungen unterschieden wird. Die Ähnlichkeit des Kontextes respektive der Kontextfaktoren bedeutet, dass alle Faktoren, die nicht mit der Hypothese in enger Verbindung gesehen werden (und somit den allgemeinen Kontext oder die Randbedingungen bilden) weitgehend gleich sein sollen, um den Einfluss intervenierender (Dritt-)Variablen gering zu halten.

Most similar cases design

Fall	*unabhängige Variablen (x1 bis x4)*	*abhängige Variable*
Fall 1	Kontext A (x1, x2, x3, x4)	Ergebnis: y
Fall 2	Kontext A (x1, x3, x4)	Ergebnis: nicht y

Quelle: Eigene Zusammenstellung

Abb. 4: Most similar cases design und die Struktur der Differenzmethode

Der Grund des unterschiedlichen Ergebnisses ('y', 'nicht y') liegt in der Differenz der verursachenden Faktoren oder unabhängigen Variablen ('x2' und 'nicht x2'), an denen sich die Hypothesenbildung oder Theoriebildung ausrichtet. In diesem Fall wäre die unabhängige Variable x2 eine notwendige Bedingung für die abhängige Variable y. Schwieriger gestaltet sich die Interpretation der anderen Variablen (x1, x3, x4). Auch diese könnten notwendige Bedingungen sein. Dies kann aber erst durch die Isolierung dieser Variablen unter Hinzuziehung weiterer entsprechend gestalteter Fälle überprüft werden. Die Differenz kann in einer Variablen oder in der Kombination von mehreren bestehen. Im zweiten Falle ist die Vergleichsanlage so zu wählen, dass der Einfluss der verschiedenen Variablen getrennt erfasst wird (Variablenisolierung).

Die andere von Mill vorgeschlagene Vorgehensweise ist die *Konkordanzmethode* (oder *method of agreement*), die auf der Ähnlichkeit der abhängigen Variablen beruht. Untersucht werden Fälle, die alle das gleiche zu erklärende Phänomen aufweisen (z. B. Demokratisierung oder Revolutionen). Hierbei sollen die Fälle sehr unterschiedlich sein. Die Grundidee besteht darin, dass es trotz der **Most dissimilar** großen Unterschiedlichkeit der Fälle (MDCD) einen (oder wenige) **cases design** gemeinsame Faktoren gibt, die dann als ursächlich im Sinne einer *hinreichenden* Bedingung für das Phänomen betrachtet werden. Im *most dissimilar cases design* wird somit versucht, unter möglichst differierenden Bedingungen die gleichgerichtete Wirksamkeit zwischen x und y festzustellen. Beispielsweise wird anhand verschiedener Transformationsstaaten Lateinamerikas, Asiens und Osteuropas untersucht, ob sich eine Beziehung zwischen wirtschaftlicher Prosperität (x) und Demokratisierung (y) feststellen lässt.

Fall	*unabhängige Variablen (x1, x2)*	*abhängige Variable*
Fall 1	Kontext A (x1, x2)	Ergebnis y
Fall 2	Kontext B (x1)	Ergebnis y
Prüffall 1	Kontext C (nicht x1)	Ergebnis: nicht y

Quelle: Eigene Zusammenstellung

Abb. 5: Most dissimilar cases design und die Struktur der Konkordanzmethode

Diese Strategie, die unabhängige Variable aufzuspüren, stößt jedoch rasch an Grenzen (Ragin 1987: 36-37; Peters 1998: 40). So **Grenzen der** ist die Idee, dass ein Phänomen nur eine Ursache haben soll, **Differenz- und** ebenso wenig überzeugend wie die Annahme, dass eine Ursache **Konkordanz-** selbst in sehr unterschiedlichen Kontexten die gleiche Wirkung **methode** zeitige. Darüber hinaus wird in dieser einfachen Form der Forschungsanlage nicht getestet, inwieweit das Vorhandensein der Bedingung auch mit der Nicht-Existenz der unabhängigen Variablen einher gehen kann, da solche Fälle bei der Konkordanzmethode bereits in der Fallauswahl ausgeschlossen werden. Damit ist ein typischer *selection bias* gegeben; das Untersuchungsergebnis wird also signifikant durch die Fallauswahl bestimmt (Jahn 2013: 241; vgl. auch Kap. 3.3).[8] Ein weiteres Problem, das auch für die Differenzmethode zutrifft, besteht in der dichotomen Ausprägung der Variablen. Diese „Entweder-Oder"-Position ist den graduellen Befunden der Empirie oftmals nicht angemessen. Dies gilt auch für die Weiterführung der Methode auf der Grundlage der booleschen dichotomen Logik (Wahrheitstafeln) durch Charles Ragin (1987) im Rahmen der von ihm verfolgten qualitativen komparativen Analyse (QCA). Erst die Weiterentwicklung dieses Ansatzes durch die Fuzzy-Set-Analyse (Ragin 2000) überwindet diese Problematik im Wesentlichen (Schneider/Wagemann 2007).

QCA und Fuzzy-Set

Diese Schwierigkeit besteht in den statistisch angelegten Vergleichen vieler Fälle nicht, die nicht auf die Analyse strenger kausalen Bedingungen abzielen, sondern die Wahrscheinlichkeit der Zusammenhänge testen. Dies kann mit makrobasierten Methoden der Datenauswertung (Aggregatdatenanalyse) oder auf mikrobasierten Verfahren der Datenanalyse (Surveyforschung) geschehen. Möglich ist auch eine Kombination der beiden Analyseebenen. Wir gehen auf diese Verfahren an dieser Stelle nicht näher ein, da diese im Beitrag von Christian Welzel in diesem Band behandelt werden (siehe Lauth/Pickel/Pickel 2015: Kap. 4 und 5).

Statistische Vergleichsanalyse

Bleibt am Ende dieses Abschnitts noch eine Frage zu klären: Gehören Einzelfallstudien überhaupt zur Vergleichenden Politikwissenschaft? Immerhin findet sich in vielen vergleichenden politikwissenschaftlichen Zeitschriften eine Reihe von solchen *case studies*. Der große Vorbehalt, diese Frage zu bejahen, liegt in dem Umstand begründet, dass viele Fallstudien ohne systematische Analyse und ohne theoretische Fundierung erfolgen. Damit können sie zwar die empirischen Kenntnisse über die untersuchten Länder/Staaten vermehren, jedoch nicht zum wissenschaftlichen

Einzelfallstudien in der Vergleichenden Politikwissenschaft

---

[8]   Um dieses Problem zu reduzieren, muss zumindest auch dieser negative Test unternommen werden, um zu prüfen, inwieweit die identifizierte unabhängige Variable nicht auch mit der Nicht-Existenz der abhängigen Variablen (also im Falle der Systemwechselforschung: Demokratisierung *und* keine Demokratisierung) zusammenfällt (vgl. Prüffall in Abb. 5). Erforderlich ist somit auch eine Varianz bei der abhängigen Variablen.

Erkenntnisgewinn beitragen. Es ist allerdings möglich, auch Fallstudien theoriegeleitet und mit angemessenen Methoden durchzuführen. Beides ist entscheidend für die Aufnahme von Fallstudien in das Feld der Vergleichenden Politikwissenschaft. Ein zentraler Fokus liegt dabei in der Begründung der Auswahl des Falles. Wofür steht er, was soll mit ihm getestet werden, was kann er für die komparative Forschung insgesamt beitragen? Ob eine Einzelfallstudie zum Bereich der Vergleichenden Politikwissenschaft gezählt werden kann, hängt letztendlich also davon ab, ob sie einen *comparative merit* aufweist. Dieser komparative Verdienst kann je nach Typ der Fallstudie in unterschiedlichen Formen erfolgen (Muno 2008).

Area-Forschung   3.2

Wenn wir in der Differenzmethode auf die Ähnlichkeit des Kontexts verweisen, dann geraten Area- bzw. Regionalstudien (*area studies*) in den Blick des Interesses. Diese werden letztlich durch einen spezifischen räumlichen Fokus definiert, der sich auf eine Region bezieht, von der angenommen wird, dass diese in Unterscheidung zu anderen Regionen gemeinsame, nur sie charakterisierende Merkmale besitzt (z. B. Skandinavien, Lateinamerika, Nah-Ost, Südasien). Als Ziel solcher Forschung wurde zunächst eine umfassende Bestandsaufnahme der damit gegebenen Länder verstanden. Dies betrifft nicht nur die politischen Verhältnisse, sondern auch wirtschaftliche, geographische, historische, soziale und kulturelle. Entsprechend setzen sich Forschungsgruppen aus Vertretern unterschiedlicher Disziplinen zusammen, die aufgrund ihrer fachspezifischen Ausbildung mehr oder weniger gut zusammenarbeiten können.

Regionalstudien und Region

Area-Studien wurden lange Zeit nicht als vollwertiges Mitglied der Vergleichenden Politikwissenschaft verstanden. Dies erscheint überraschend, da viele Standardwerke in diesem Bereich solch einer regionalen Anlage folgten. Doch wurde der damit gegebene methodische Area-Ansatz nicht explizit diskutiert. Zugleich gab es eine Reihe von Area-Studien, die ideographisch-deskriptiv angelegt waren. Damit haben sie zwar die Kenntnisse über die entsprechenden Regionen vermehrt, ohne aber von komparativen Methoden Gebrauch zu machen und damit den Erkenntnisgewinn zu steigern. Dabei können beide Bereiche im Sinne von *Comparative Area Studies* methodisch fruchtbar verbunden werden (Basedau/Köllner 2007).

Area-Studien in der Politikwissenschaft

comparative area studies

Diese fruchtbare Verbindung lässt sich hinsichtlich der Vergleich-
anlage verdeutlichen. Wie bereits angesprochen besteht eine spezifische Problematik des Forschungsweges der Differenzmethode in
der angemessenen *Konstruktion des Kontextes*. Wann ist dieser
gleich? Generell muss an dieser Stelle darauf hingewiesen werden,
dass *jede Annahme der Gleichheit und der zeitlichen Konstanz eine Illusion ist*. Jeder Fall ist verschieden, wenn man ihn in all seinen
Facetten betrachtet. Dies gilt insbesondere, wenn wir die kulturellen
Eigenheiten beachten, die den Vergleich vor besondere Anforderungen stellt (van de Vijver 2001). Doch wir können von diesen Differenzen abstrahieren, wenn die Gemeinsamkeiten betont werden,
die sich auf typologischer Ebene feststellen lassen. Die Auswahl der
jeweiligen Typologie ist ausschlaggebend für den Feinheitsgrad des
Designs (z. B. alle Demokratien, alle parlamentarischen Demokratien, alle Mehrparteiensysteme, alle Drei-Parteiensysteme etc.). Zu
beachten gilt, dass die mit der typologischen Konstruktion einher
gehenden Informationsverluste nicht für die theoretische Bestimmung relevant sind, da ansonsten wichtige Bestimmungsfaktoren
eliminiert werden. Um dem Erfordernis möglichst ähnlicher Kontextfaktoren Rechnung zu tragen, werden oftmals geographisch
nahe liegende Länder ausgewählt (z. B. die skandinavischen, westeuropäischen oder südamerikanischen Länder). Solche Regionen
haben oftmals eine ähnliche sozio-ökonomische Entwicklung und
ein korrespondierendes Entwicklungsniveau; sie sind gekennzeichnet von einer gemeinsamen Vergangenheit, haben verwandte kulturelle Muster und auch politische Strukturen und Verhaltensdispositionen. Das Forschungsdesign der ähnlichen Fälle begründet
somit die Relevanz der Area-Studien.[9]

Mainwaring/Pérez-Liñán (2004) haben die Bedeutung von
Area-Studien für die Theoriebildung unterstrichen: Grundlegende Annahme ist, dass Regionen (trotz der Unterschiedlichkeit der
damit gegebenen Einzelfälle) oftmals gemeinsame Strukturen
und Dynamiken aufweisen, die sie von anderen Regionen unterscheiden. Large-N-Untersuchungen, die mehrere Regionen umfassen, sind wenig in der Lage diese Trends zu erkennen und eine
angepasste Theorie mittlerer Reichweite zu formulieren.[10] Doch

Methodischer Einsatz (margin note)

Gemeinsame Merkmale von Regionen (margin note)

Einsatz für die Theoriebildung (margin note)

---

[9] Die Bedeutung regionaler Forschungsanlage führt bisweilen dazu, diese als
eigenen Typus des Vergleichens anzuführen; so Peters (1998: 18f.) in der Form
von *regional statistical analyses*.

[10] Dies bedeutet nicht, dass damit diese Theorien stets nur für eine Area gelten
müssen. Z. B. war die Krisensequenztheorie ursprünglich mit Blick auf die
Entwicklungsländer formuliert worden (Binder et al. 1971): Sie beschrieb typische Krisen, mit denen sich politische Systeme im Verlauf ihrer Entwicklung

gerade solche kontextangemessenen Theorien sind in den Sozialwissenschaften zu erwarten: „All generalizations are bounded by
geographic or historical contexts. Regional specificities are not the
only way to bound generalizations in social science, but because
regions are large parts of the world with distinctive dynamics and
intra-regional influences, delimiting some generalizations by regions is a useful research strategy" (Mainwaring/Pérez-Liñán
2004: 4). Diese Forschungsstrategie kann durch den komparativen Area-Vergleich noch weiter optimiert werden (Berg-Schlosser
2012).

Angesprochen wurde bislang die methodische und theoretische
Relevanz von Area-Studien. Es lassen sich allerdings noch weitere
Vorzüge anführen, die politikwissenschaftliche und politische Relevanz besitzen. So stellt sich gerade im Zuge der Globalisierung
die Frage, ob es zu einer Anpassung der politischen Formen und
Einstellungen kommt oder gerade in dem Versuch der Abwehr
solcher Konformität die Unterschiedlichkeit und Eigenart der einzelnen politischen Einheiten betont werden. Für die Beantwor- Bedeutung
tung solcher Fragen ist politikwissenschaftliche Regionalexpertise politikwissen-
gefragt, die auch offen ist für soziale und kulturelle Zusammen- schaftlicher
hänge. Solche Kenntnisse werden auch hinsichtlich vorhandener Regionalexpertise
Krisen- und Konfliktsituationen benötigt. Dies bezieht sich nicht
nur auf terroristische Kontexte, sondern auf zahlreiche Staaten-
bildungsprozesse, die nach dem Ende des Ost-West-Konfliktes
wieder an Bedeutung gewonnen haben, wie allein schon ein Blick
auf die Nachfolgestaaten der ehemaligen UdSSR verdeutlichen
kann. In all diesen Fällen geht es zunächst um eine differenzierte
Lageeinschätzung, die erhebliche Länder- und Sachkenntnisse
sowie Kontextsensibilität benötigt.

Ein vertieftes politikwissenschaftliches Verständnis der Dynamik und Stabilitätsbedrohungen erfordert aber darüber hinaus
den oben angesprochenen theoretischen und methodischen Zugriff, der auch genügend Distanz und kritische Reflexion ermöglicht. Beides ist notwendig, um eine weitere Funktion wahrnehmen zu können, auf die Manfred Mols (2002) hinweist. Es geht
um die zentrale Aufgabe der Übersetzung, die auf einer gesicher- Zentrale Aufgabe:
ten Fremd- und Eigenwahrnehmung beruht. Was heißt das kon- Übersetzung
kret? Wenn z. B. zu sehen ist, wie rasch es bereits im deutsch-

---

konfrontiert sehen, und schlug Strategien zur Krisenüberwindung vor. Dieser
theoretische Ansatz wurde einige Jahre später auch als Grundlage für eine
empirische Untersuchung der politischen Entwicklung in den USA und 13
europäischen Ländern herangezogen.

amerikanischen Verhältnis zu Irritationen kommen kann, weil scheinbar ähnliche Sachverhalte unterschiedlich interpretiert werden, ist es leicht nachzuvollziehen, wie schwierig die Verständigung in Regionen ist, deren Kultur sich noch viel stärker von der eigenen unterscheidet. Die Übersetzungsaufgabe hat dabei drei Adressaten: Sie zielt zunächst auf politische Akteure, die in der interkulturellen Kommunikation entsprechender Beratung bedürfen und die in der Regel durch entsprechende Think Tanks gegeben wird (z. B. das in Hamburg ansässige Geman Institute of Global and Area Studies, GIGA, oder die Berliner Stiftung für Wissenschaft und Politik, SWP). Ein weiterer Adressat ist die Öffentlichkeit, die mittels Publikationen (z. B. auch in Tageszeitungen oder Magazinen) und durch Auftritte in den Medien erreicht werden kann. Schließlich und in seiner Bedeutung nicht zuletzt ist die Politikwissenschaft selbst zu nennen. Nur ein entsprechend sachkompetentes und kontextsensibles Vorgehen ermöglicht eine angemessene Interpretation der gesammelten wissenschaftlichen Daten, deren sterile Auswertung ansonsten in Gefahr läuft irreale Ergebnisse zu produzieren.

Adressaten der Übersetzung

Kontextsensibilität

Wie an den Ausführungen leicht zu ersehen ist, sind Area-Studien auch weiterhin notwendig, ja sie werden in einer globalen und komplexen Welt zu einer unverzichtbaren Grundlage der Vergleichenden Politikwissenschaft. Allerdings – und dies ist gleichermaßen zu betonen – schöpfen sie ihr Potential nur dann aus, wenn sie angemessen theoretisch und methodisch ausgewiesen sind und mithin den Standards der Vergleichenden Politikwissenschaft folgen. Dann können Area-Studien auch in der Lage sein, einen wichtigen Beitrag zur Überwindung des sog. *travelling problem* zu liefern, das sich bei der Übertragung von in einem bestimmten Kontext entwickelten Begriffen, Typologien, Indikatoren usw. auf eine kulturell anders geprägte Region immer wieder stellt.

3.3   Forschungsverlauf

Der politikwissenschaftliche Vergleich folgt einem spezifischen Verlauf, der auch für die Erstellung studentischer Arbeiten seine Gültigkeit besitzt (vgl. Abb. 6 sowie zu weitergehenden Erläuterungen Lauth/Pickel/Pickel 2015: Kap. 7). Ausgangspunkt ist stets eine politikwissenschaftlich relevante Problemstellung. Daraus resultiert die Formulierung einer problemorientierten und erkenntnisleitenden Forschungsfrage, die theoretisch zu verankern

ist. Die Bedeutung der Theorie zeigt sich vor allem in zwei Punkten: Zum einen werden damit die grundlegenden Kategorien vorgegeben (so macht es z. B. einen Unterschied, ob der Vergleich
auf einer systemtheoretischen oder neo-institutionalistischen
Grundlage erfolgt). Zum anderen liefert die Theorie zentrale Hypothesen, also Aussagen über die Auswahl und den Zusammenhang der wichtigsten Variablen, die dann im weiteren Verlauf des
Vergleichs untersucht werden. Mit diesen Festlegungen sind bereits wichtige Vorentscheidungen für die Fallauswahl, das Ver-
gleichsdesign und die Angemessenheit der komparativen Methode – quantitativ und/oder qualitativ – getroffen. Wichtig ist dann
eine systematische Durchführung der Untersuchung auf der
Grundlage der vorhandenen Informationen und Daten, deren
Interpretation kontextsensibel und im Rahmen der theoretischen
Einbindung der Studie erfolgen soll.

*Problemorientie-
rung, Forschungs-
frage und Theorie*

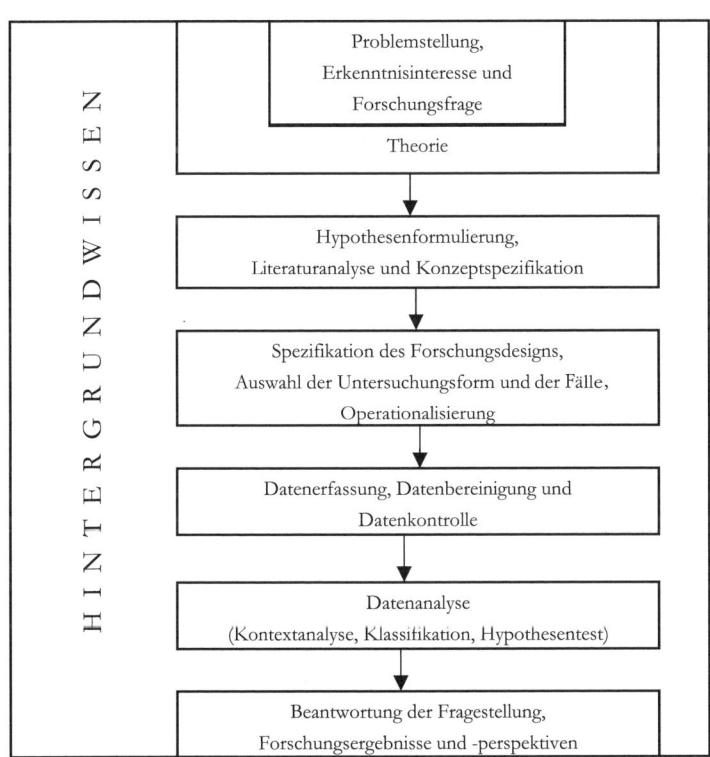

Quellen: in Anlehnung an Lauth/Winkler 2010: 43

Abb. 6: Der Ablauf eines Forschungsprozesses

Abschließend zum methodischen Teil möchten wir auf einige
Probleme und Gefahren des Vergleichens hinweisen. Anzuspre-
chen ist neben dem bereits im Kontext der Area-Studien angeris-
senen *travelling problem* noch einmal der *selection bias*, der besagt,
dass allein die Auswahl der Fälle einen maßgeblichen Einfluss auf
das Ergebnis haben oder es zumindest verzerren kann. Diese Gefahr ist stets gegeben – selbst bekannte Vergleichsstudien sind
davon betroffen – und es bedarf daher stets eine sorgfältige Begründung der Fallauswahl.

Ein anderes Forschungsproblem, das so genannte Galtons Problem (benannt nach dem britischen Wissenschaftler Sir Francis
Galton), betrifft die Diffusion. Mit der Diffusion wird auf Prozesse hingewiesen, die grenzübergreifend – präziser: fallübergrei-
fend – verlaufen und die idealtypische methodische Abgeschlos-
senheit des Falls stören. D. h., die Beziehung zwischen abhängigen
und unabhängigen Variablen wird durch externe Faktoren überlagert. Solche Einflüsse sind gerade im Kontext der Globalisierung zu beachten und sollten soweit möglich methodisch kontrolliert werden (vgl. Lauth/Pickel 2008). Das Problem der
Abgrenzbarkeit der Fälle zeigt sich nicht nur bei Diffusionspro-
zessen. Es ist auch dann gegeben, wenn – wie in der EU – die
Kompetenzbereiche der Politik auf verschiedenen Ebenen verlaufen (exemplarisch hierzu Benz 2006). Entsprechend ist es
dann notwendig, die Untersuchung im Rahmen einer Mehrebenenanalyse durchzuführen (Knodt/Stoiber 2007). In diesem Zusammenhang ist auf das generelle Abbröckeln von Staatlichkeit
– sei es durch den Prozess der Globalisierung oder der wachsenden Vergesellschaftung staatlicher Aufgaben – hinzuweisen, die
die Konturen eines Falles (nach nationalstaatlichen Grenzen) verschwimmen lassen.[11]

Marginalien: Probleme und Gefahren des Vergleichs · selection bias · Diffusion · Erosion des Nationalstaats

4. Ausgewählte Konzepte der Vergleichenden Politikwissenschaft

Nachdem wir methodische Aspekte der Vergleichenden Politikwissenschaft angesprochen haben, wenden wir uns in diesem
Kapitel ausgewählten politikwissenschaftlichen Konzepten und
Untersuchungsgegenständen zu. Es ist im Rahmen eines Über-
blicksaufsatzes nicht möglich, die ganze Palette von Themen,

---

[11] Zu weiteren Problemen des Vergleichens wie *conceptual stretching* und das
Problem des Schließens (inference) siehe Lauth/Pickel/Pickel 2015: Kap. 6
und 7.

Konzepten und Theorieansätzen der Vergleichenden Politikwissenschaft vorzustellen.[12] Deswegen werden wir nun zwei Bereiche exemplarisch betrachten, die zentrale Untersuchungsfelder der Vergleichenden Politikwissenschaft darstellen, nämlich die politische Kulturforschung (4.1) und die Systemwechsel- und Transformationsforschung (4.2).

Politische Kulturforschung   4.1

Politiker reden vom Verfall der politischen Kultur, in Polit-Talkshows unterstellen sich die Diskutanten gegenseitig, die politische Kultur im Lande beschädigt zu haben, in Zeitungen wird von einem Mangel an politischer Kultur berichtet. Der Begriff „politische Kultur" wird nicht selten als Kampfformel in der politischen Auseinandersetzung gebraucht, einmal mehr, einmal weniger polemisch. Aber jenseits eines normativ aufgeladenen Vorstellungsinhalts, der mit dieser Begrifflichkeit verbunden ist, gibt es auch ein politikwissenschaftliches, vor allem in der angelsächsischen Tradition verwurzeltes Verständnis von politischer Kultur im Sinne eines empirisch-analytischen Konzepts. Demnach ist politische Kultur nicht per se ein Qualitätsmerkmal, sondern ein wertfreier Begriff. Folglich hat auch jedes Land eine politische Kultur; es kann also keinen Mangel an politischer Kultur geben. Die konkrete Ausgestaltung der politischen Kultur variiert jedoch von Land zu Land und kann so z. B. in sehr unterschiedlicher Weise zur Stabilität von demokratischen Systemen beitragen.

Politische Kultur als empirisch-analytisches Konzept

Untersuchungen zur politischen Kultur sind seit den 1960er Jahren zu einem Schwerpunkt der Vergleichenden Politikwissenschaft geworden (Pickel/Pickel 2006). Grundsätzlich geht es bei diesem Themenkomplex um das Verhältnis zwischen Mikrostrukturen (Individuen, Gruppen) und Makrostrukturen (Staat, politisches System) der Gesellschaft. Nach dem Verständnis von Almond/Verba ergibt sich die politische Kultur aus der Verteilung der in einer Gesellschaft vorhandenen individuellen Kenntnisse (kognitive Dimension), Gefühle (affektive Dimension) und Bewertungen (evaluative Dimension) gegenüber dem politischen System, bezieht sich also auf die Gesamtheit der politischen Ein-

---

[12]   Eine weitergehende Orientierung bietet die Übersicht über wichtige Themenbereiche und Fragestellungen, einschließlich weiterführender Literaturhinweise, in Lauth/Wagner 2010: 30ff.

stellungen. In ihrer 1963 erschienenen Pionierstudie *The Civic Culture. Political Attitudes and Democracy in Five Nations* unterscheiden sie drei Idealtypen politischer Kultur anhand von vorhandenen bzw. nicht vorhandenen politischen Orientierungen gegenüber vier Objekten (System als Ganzes, *Input*-Strukturen, *Output*-Strukturen und das Selbst als politischer Akteur), nämlich:

Idealtypen politischer Kultur

a) die vormoderne *parochiale* politische Kultur (die Bevölkerung nimmt nur die unmittelbare Umgebung wahr, sieht also – deswegen auch parochial – nur den eigenen Kirchturm, so dass sich keine Einstellungen gegenüber den genannten Objekten, also auch nicht gegenüber dem politischen System als Ganzes, herausbilden),

b) die *Untertanen-* oder *Subjektkultur* (die Bevölkerung hat eine Beziehung zum politischen System entwickelt, die sich allerdings nur an den *Output*-Strukturen orientiert) und

c) die *partizipative* politische Kultur (die Einstellungen der Bevölkerung zum politischen System orientieren sich nicht nur an den *Output*-, sondern auch an den *Input*-Strukturen, d. h. im Unterschied zur Untertanenkultur ist eine aktive politische Beteiligung der Bevölkerung eingeschlossen und man nimmt sich selbst als politischer Akteur wahr).

Diese Idealtypen stehen nach Almond/Verba jeweils in Zusammenhang mit dem Entwicklungsstadium einer Gesellschaft, wobei als Mischform aus diesen drei Typen die *civic culture* (Staatsbürgerkultur) die beste Voraussetzung für die Stabilität und Funktionsfähigkeit demokratischer Systeme liefert.

civic culture

Einen spezifischen Aspekt der politischen Kultur berücksichtigt *Ronald Inglehart* (1977) in seinen Untersuchungen zum Wertewandel, mit denen er unter dem Stichwort *silent revolution* weit über die Grenzen der Sozialwissenschaften hinaus bekannt geworden ist. Sein Erkenntnisinteresse galt zunächst der Erklärung von Phänomenen, die in den 1970er Jahren verstärkt zu beobachten waren, wie z. B. Veränderungen im Wahlverhalten, die Entstehung von Umwelt- und Protestparteien, das damals zunehmende Engagement in Bürgerinitiativen und das Aufkommen neuer sozialer Bewegungen. Die zentrale These Ingleharts lautet, dass es in den westlichen Industrienationen einen Wandel in der politischen Kultur gegeben hat, der u. a. zu neuen Protest- und Partizipationsformen geführt hat: Aufgrund der lang anhaltenden Phase wirtschaftlicher Prosperität habe eine verstärkte Hinwendung zu postmaterialistischen Wertvorstellungen stattgefunden. Grundsätzlich gelte zwar, dass in der Bedürfnishierarchie materielle Bedürfnisse Priorität genießen. Da diese aber bei der jüngeren, im Wohlstand groß gewordenen Generation bereits in deren Sozialisationsphase befriedigt worden seien, hätten postmaterialistische Wertorientierungen an Bedeutung gewonnen, die die oben genannten Phänomene erklären.

Wertewandel als „silent revolution"

In folgenden Untersuchungen entwickelte Inglehart seinen Ansatz weiter. Zusätzliches Datenmaterial lieferte ihm vor allem der *World Value Survey*, der in unterschiedlichen Zeitphasen erhoben wurde. Waren in einer ersten Welle Anfang der 1980er Jahre noch 24 Gesellschaften Gegenstand der Untersuchung, so erfasste die zweite Befragungswelle knapp zehn Jahre später 43 Nationen. Auf dieser Basis stellte Inglehart Ende der 1990er Jahre fest, dass die von ihm fast 30 Jahre zuvor konstatierte Verschiebung von materialistischen zu postmaterialistischen Werten nur Teil einer weitaus größeren kulturellen Verschiebung sei, die er mit dem Etikett „Postmodernisierung" versieht (siehe den Beitrag von Christian Welzel in diesem Band).

World Value Survey

World Value Survey wurden in der zweiten Hälfte der 1990er Jahre und von 1999 bis 2004 durchgeführt. Dabei konnte die Zahl der weltweit berücksichtigten Länder noch einmal auf rund 60 bzw. über 70 erhöht werden; eine fünfte Welle folgte 2005-2009, eine sechste 2010-2014. Zur Zeit läuft die siebte Welle (2017-2019) in mehr als 70 Ländern. Dieses heute verfügbare Datenmaterial liefert die Basis für bislang kaum vorhandene Möglichkeiten des interkulturellen Vergleichs.

Ein weiteres Thema der politischen Kulturforschung wurde maßgeblich durch die Publikation von Robert Putnam (1993) forciert. Es handelt sich um die Bedeutung von „sozialem Kapital", maßgeblich verstanden als das Potential von wechselseitigem Vertrauen, das in einer Gesellschaft vorhanden ist (ausführlicher Kunz 2010). Verschiedene Forschungen (u. a. der Weltbank) haben gezeigt, dass dieser Vertrauensbestand positive Auswirkung sowohl auf die demokratische als auch die ökonomische Entwicklung hat. Entsprechend alarmierend werden empirische Befunde kommentiert, die eine Erosion des Sozialkapitals im Zuge einer zunehmenden Individualisierung der Gesellschaft konstatieren. Allerdings sind diese Zusammenhänge in der wissenschaftlichen Auseinandersetzung nicht unumstritten, was auch auf unterschiedlichen Operationalisierungskonzepten beruht.

Sozialkapital

4.2   Systemwechsel- und Transformationsforschung

Demokratisierung

Im Jahr 1974 gab es weltweit unter 145 unabhängigen Staaten nur 39 Demokratien (26,9 %). Gut zwanzig Jahre später (1996) wurden dagegen von 191 Staaten 118 als demokratisch eingestuft (61,8 %) (Diamond 1999: 25). Diese Entwicklung von der Diktatur zur Demokratie, die der amerikanische Politologe Samuel P. Huntington (1991) als „Dritte Demokratisierungswelle" bezeichnete, begann in den 1970er Jahren in Südeuropa, setzte sich in den 1980er Jahren in Lateinamerika fort und ergriff mit den epochalen Ereignissen seit 1989 auch Ostmittel- und Osteuropa. Auch in einigen asiatischen und afrikanischen Ländern konnten sich im genannten Zeitraum demokratische Herrschaftsformen etablieren.

Transformations-
forschung

Für die Vergleichende Politikwissenschaft in Gestalt der Systemwechsel- und Transformationsforschung warf diese Entwicklung eine Reihe von Fragen auf (Merkel 2010; O'Donnell/ Schmitter/Whitehead 1986): Warum und wie kommt es zum Zusammenbruch von Diktaturen, die oft über viele Jahre oder gar Jahrzehnte äußerst stabil erschienen? Welchen Verlauf nimmt die Demokratisierung und welche Akteure spielen in derartigen Prozessen eine Rolle? Welche Bedingungen müssen erfüllt sein, damit die demokratischen Verhältnisse auf Dauer erhalten werden können? Seit Mitte der 1980er Jahre widmeten sich weltweit immer mehr Forscher entsprechenden Fragestellungen.[13] Im Unterschied zu den weitgehend aus einer funktionalistischen oder strukturalistischen Perspektive geschriebenen Demokratisierungsstudien der 1950er und 1960er Jahre dominierten in der neueren Forschung zunächst jene Ansätze, die den *Akteuren* und deren strategischen Wahlmöglichkeiten einen hohen Stellenwert einräumten (Przeworski 1991). Standen dabei thematisch zunächst der Zusammenbruch der autokratischen Herrschaftssysteme und der Weg zur Demokratie im Mittelpunkt des Interesses, so richtete sich die Aufmerksamkeit später verstärkt auf Themen wie die *Konsolidierung* und die *Qualität der neuen Demokratien*. In diesem Kontext stellten sich dann auch Fragen nach der Operationalisierung unterschiedlicher Demokratiemodelle und der empirischen Bestimmung der Qualität einer Demokratie, wie sie im

---

[13]   Die Relevanz dieses Forschungsgebietes zeigt sich auch darin, dass mit *Journal of Democracy* und *Democratization* 1990 bzw. 1994 sogar wissenschaftliche Zeitschriften gegründet wurden, die sich ausschließlich mit Demokratisierungsfragen beschäftigen.

Bereich der Demokratiemessung behandelt werden (siehe ausführlich Lauth 2004).

Die Leistungen der Transformationsforschung zeigen sich sowohl in der Ausbildung forschungsadäquater Kategorien als auch in der theoretischen Durchdringung des Systemwechsels. Beispiele für die kategoriale Erschließung des Forschungsgegenstands bilden die Sequenzierung der Transition anhand der Phasen *Auflösung des autokratischen Systems, Liberalisierung, Institutionalisierung der Demokratie* und *Konsolidierung der Demokratie*. Ebenso unterschieden wurden verschiedene Formen des Systemswechsels (*von oben diktiert, von unten erzwungen, paktiert, extern bewirkt*) und verschiedene Modelle der Konsolidierung der Demokratie. Hier reichen die Vorschläge von sehr sparsamen Kriterien – z. B. *double overturn* bei Huntington 1991 – bis zu umfassenden Mehrebenenmodellen wie bei Merkel 2010.

Die theoretische Ausrichtung der Transformationsforschung erfolgte im weiten Spannungsfeld von makro- und mikro-orientierten Ansätzen und betrachtete entsprechend Strukturen, Institutionen, kollektive Akteure und individuelles Akteurshandeln (siehe den umfassenden Überblick bei Kollmorgen/Merkel/Wagener 2014). Im Zuge der Forschung hat sich gezeigt, dass ein puristisches Vorgehen weniger ergiebig ist als die Kombination verschiedener theoretischer Ansätze. Zugleich wurde deutlich, dass aufgrund der Komplexität des Forschungsgegenstands innerhalb eines sich wandelnden Kontextes keine allgemeine Theorie des Systemwechsels möglich ist, wohl aber die Formulierung von förderlichen und hinderlichen Bedingungen. Hierbei richtete sich der Blick zunehmend auf eine funktionsfähige Staatlichkeit und Rechtsstaatlichkeit, deren Relevanz zunächst weniger beachtet worden war. Obwohl die Transformationsforschung nie einen Automatismus hinsichtlich der Demokratisierung behauptet und stets von ergebnisoffenen Prozessen gesprochen hat, hat sie sich neben der bestehenden Problematik von ‚defekten‘ Demokratien erst später wieder intensiver dem Thema der Regression der Demokratie zugewandt (Merkel et al. 2003; Erdmann/Kneuer 2011). Dies geschah nicht nur aufgrund der stagnierenden und zuweilen rückläufigen Demokratisierungsprozesse in jungen „Demokratien“, sondern gleichfalls aufgrund analoger Tendenzen in etablierten Demokratien. Hier zeigt sich ein weites Gebiet der zukünftigen Demokratieforschung, das auch neue theoretische Anstrengungen erfordert. Neue Impulse hat gleichfalls die Autokratieforschung erfahren (Kailitz/Köllner 2013 und Kailitz/Wuster 2017).

5. Bilanz und Perspektiven

Die Vergleichende Politikwissenschaft beschäftigt sich heute mit allen Aspekten der politischen Realität. Sie beschränkt sich weder auf eine reine Institutionenbetrachtung, wie dies die klassische Vergleichende Regierungslehre tat, noch auf die Analyse der Inputs (frühe Vergleichende politische Systemforschung) oder Outputs (frühe Politikfeldforschung) des politischen Systems. Viele neuere Arbeiten sind darum bemüht, gerade das Zusammenspiel von *polity*, *politics* und *policy* in unterschiedlichen Ländern aus vergleichender Perspektive zu analysieren. Das Governance-Konzept beispielsweise bildet einen aktuellen Vorschlag zur Strukturierung der Analyse politischer Prozesse, die sich im weiteren Sinne auf die Steuerung und Koordination verbindlicher Regelungen beziehen (Benz et al. 2007).

Die zunehmende Institutionalisierung internationaler Forschungsverbünde, Netzwerke und Datenpools erleichtert die Durchführung größerer länderübergreifender Forschungsprojekte. Sie führen Wissenschaftler mit unterschiedlichen theoretischen, thematischen und regionalen Schwerpunkten zusammen und können dazu beitragen, trotz einer weiter zunehmenden innerwissenschaftlichen Arbeitsteilung und Spezialisierung die gemeinsamen Kernfragen der Politikwissenschaft nicht ganz aus den Augen zu verlieren.

Die gegenwärtige Situation der Teildisziplin unterscheidet sich von der Neuorientierung nach dem Zweiten Weltkrieg vor allem in drei Aspekten:

a) Die in den 1950er und 1960er Jahren proklamierte Suche nach einer allgemeinen Theorie des politischen Verhaltens ist weitgehend aufgegeben worden. Rückblickend haben sich Theorieansätze, die mit einem globalen Erklärungsanspruch auftraten, größtenteils als Fehlschläge erwiesen. Dies gilt für modernisierungs- und dependenztheoretische Ansätze genauso wie für Totalitarismus- oder Konvergenztheorien. Der Trend geht seit längerem zu Theorien mittlerer Reichweite, d. h. zu Erklärungsansätzen, die jeweils auf eine begrenzte Anzahl von Variablen und Fällen anwendbar sind und sich oftmals auf ähnliche Kontexte beziehen (vgl. Area-Studien). Derartige Theorien und die auf ihrer Grundlage angefertigten empirischen Studien sind weniger abstrakt und gleichzeitig bescheidener in ihrem Erklärungsanspruch.

b) Damals neue Begriffe wie *politisches System*, *inputs* oder *outputs* gehören heute zum Standardvokabular der Vergleichenden Politikwissenschaft. Die grundsätzliche Diskussion über Vor- und

Nachteile systemtheoretischer Konzepte ist seit Anfang der 1970er Jahre weitgehend abgeflaut. Gleichzeitig erlebten ältere Begriffe wie *Staat* oder *Institutionen* sowie die auf ihnen basierenden Theorietraditionen eine Renaissance.

c) Das im Zuge von empirischen Forschungsarbeiten angesammelte Wissen über die politischen Systeme der ganzen Welt hat in den letzten Jahrzehnten enorm zugenommen. Dies gilt nicht nur für die politischen Systeme westlicher Industrieländer, sondern auch für asiatische, afrikanische und lateinamerikanische Länder. Allerdings wächst auch der Bedarf an „neuen" Informationen, so dass längst nicht alles entdeckt ist, zumal sich je nach konzeptionellem Zugriff die Perspektiven auf die Realität verändern.

Wie nun wird die zukünftige Entwicklung der Teildisziplin aussehen?[14] Wir haben bereits auf die Veränderungen hingewiesen, die sich durch die Globalisierungsprozesse, Denationalisierung und internationale bzw. regionale Integration (EU, ITO etc.) ergeben. Damit verändert sich nicht nur ständig der Untersuchungsgegenstand der Vergleichenden Politikwissenschaft, sondern es ist auch notwendig, die Forschungsmethoden adäquat auszurichten. Nicht ohne Grund hat die Beschäftigung mit der komparativen Methode in den letzten Jahren auch im deutschsprachigen Raum zugenommen. Dabei geht es nicht nur um die Verbreitung der notwendigen methodischen Kenntnisse, sondern auch darum, angemessene und neue Antworten auf die zu beobachtenden Veränderungen zu finden. Es gibt dabei nicht nur *das eine* richtige methodische Verfahren, sondern es geht um die Angemessenheit des Lösungswegs. Gefordert sind auch Weiterentwicklungen auf theoretischem Gebiet, bildet dies doch die Ausgangsbasis für Prognosen oder zumindest für handlungsanleitende Aussagen. Diese werden in einer zunehmend komplexeren Welt auch aus dem Bereich der Politik angefragt. Schließlich ist es angebracht, sich über die normativen Grundlagen und Implikationen der komparativen Forschung zu verständigen, in der auch das Potential für eine Verbesserung der festgestellten Mängel in der realen Politik aufscheint.

---

[14]   Diese Frage wurde in der ersten Nummer der Zeitschrift für Vergleichende Politikwissenschaft (ZfVP 1/2007) umfassend diskutiert. Aktuell werden in Heft 4/2017 Entwicklungen und aktuelle Trends der Vergleichenden Politikwissenschaft behandelt sowie ein Überblick über grundlegende Werke der Vergleichenden Politikwissenschaft gegeben.

Annotierte Auswahlbibliografie
Lauth, Hans-Joachim/Kneuer, Marianne/Pickel, Gert (Hrsg.) (2016): Handbuch Vergleichende Politikwissenschaft, Wiesbaden.
Das Handbuch Vergleichende Politikwissenschaft stellt – erstmals im deutschsprachigen Raum – Beträge zu den wichtigsten Aspekten der Vergleichenden Politikwissenschaft zusammen. Mit über sechzig Beträgen wird ein umfassender Überblick zur Entwicklung und aktuellen Situation dieser Teildisziplin gegeben.

Jahn, Detlef (2013): Einführung in die vergleichende Politikwissenschaft, 2. Aufl., Wiesbaden.
Der Band bietet einen umfassenden Überblick über die Vergleichende Politikwissenschaft und eine intensive Auseinandersetzung mit vergleichenden Methoden und Vergleichsdesigns; zur Einführung und weiterführendem Studium geeignet.

Landman, Todd (2008): Issues and Methods in Comparative Politics: An Introduction, 3. Aufl., London/New York.
Landman klärt grundsätzliche methodische Fragen des Vergleichs und berücksichtigt dabei sowohl die besonderen Möglichkeiten als auch die Grenzen der vergleichenden Vorgehensweise. Darüber hinaus gibt er an einer durchgängigen Systematik orientiert einen problemorientierten Überblick über zentrale Forschungsbereiche der *Comparative Politics*.

Lauth, Hans-Joachim (Hrsg.) (2010): Vergleichende Regierungslehre. Eine Einführung, 3. Aufl., Wiesbaden.
In 17 Beiträgen gibt das Buch einen Überblick über die methodischen und theoretischen Grundlagen, zentrale Begriffe und Konzepte, Probleme und Perspektiven der Teildisziplin. Der Aufbau orientiert sich systematisch an den drei Dimensionen des Politikbegriffs (*polity, policy, politics*), durch ein ausführliches Stichwortverzeichnis lassen sich sowohl die klassischen als auch neuere Ansätze leicht erschließen.

Lauth, Hans-Joachim/Pickel, Gert/Pickel, Susanne (2015): Methoden der vergleichenden Politikwissenschaft, 2. Aufl., Wiesbaden.
Dieser Band bietet eine umfassende Einführung in die Methoden der Vergleichenden Politikwissenschaft. Behandelt werden quantitative und qualitative Methoden, Grundlagen und Forschungsdesigns des Vergleichs.

Weiterführende Literatur
Almond, Gabriel A./Powell, G. Bingham (1996): Comparative Politics. A Theoretical Framework, 2. Aufl., New York.
Almond, Gabriel A. (1960): Introduction: A Functional Approach to Comparative Politics, in: Almond, Gabriel A./Coleman, James S. (Hrsg.): The Politics of the Developing Areas, Princeton, S. 3-64.
Almond, Gabriel A./Powell, G./Dalton, Russel J. et al. (Hrsg.) (2015): Comparative Politics Today. A World View, 11. Aufl., Boston u.a.
Almond, Gabriel A./Coleman, James S. (Hrsg.) (1960): The Politics of the Developing Areas, Princeton.

Almond, Gabriel A./Powell, G. Bingham (1966): Comparative Politics: A Developmental Approach, Boston.

Almond, Gabriel A./Verba, Sidney (1996): Comparative Politics. A theoretical Framework, 2. Aufl., Nwe York.

Almond, Gabriel A./Verba, Sidney (1980): The Civic Culture Revisited. An Analytic Study, Boston.

Barrios, Harald/Stefes, Christoph H. (Hrsg.)(2006): Einführung in die Comparative Politics, München.

Basedau, Matthias/Köllner, Patrick (2007): Area Studies, Comparative Area Studies, and the Study of Politics: Context, Substance, and Methodological Challenges, in: Zeitschrift für Vergleichende Politikwissenschaft ZfVP 1 (1), S. 105-124.

Benz, Arthur (2006): Policy-making and accountability in EU multilevel governance, in: Benz, Arthur/Papadopolous, Ioannis (Hrsg.): Governance and Democracy – Comparing National, European and Transnational Experiences, London, S. 99-114.

Benz, Arthur et al. (Hrsg.)(2012): Handbuch Governance, 2. Aufl. Wiesbaden.

Berg-Schlosser, Dirk (Hrsg.)(2007): Democratization. The State of the Art, 2. Aufl. Wiesbaden.

Berg-Schlosser, Dirk (2012): Comparative Area Studies – goldener Mittelweg zwischen Regionalstudien und universalistischen Ansätzen, in: Zeitschrift für Vergleichende Politikwissenschaft ZfVP 6 (I), S. 1-12.

Berg-Schlosser, Dirk/Müller-Rommel, Ferdinand (Hrsg.) (2003): Vergleichende Politikwissenschaft. Ein einführendes Studienhandbuch, 4. Aufl., Opladen.

Beyme, Klaus von (1970): Die parlamentarischen Regierungssysteme in Europa, München (Neuauflage 1999: Die parlamentarische Demokratie. Entstehung und Funktionsweise 1789-1999, Opladen).

Beyme, Klaus von (2010): Vergleichende Politikwissenschaft, Wiesbaden.

Binder, Leonard et al. (1971): Crises and Sequences in Political Development, Princeton.

Bröchler, Stephan; Lauth, Hans-Joachim (Hrsg.)(2014): Von Government zu Governance: Informales Regieren im Vergleich, Sonderheft 4 der Zeitschrift für vergleichende Politikwissenschaft ZfVP, Wiesbaden.

Caramani, Daniele (Hrsg.) (2017): Comparative Politics, 4. Auflage, Oxford.

Chilcote, Ronald H. (1994): Theories of Comparative Politics. The Search for a Paradigm Reconsidered, 2. Aufl., Boulder.

Daalder, Hans (Hrsg.) (1997): Comparative European Politics. The Story of a Profession, London/New York.

Diamond, Larry (1999): Developing Democracy. Toward Consolidation, Baltimore.

Esping-Andersen, Gøsta (1990): The Three Worlds of Welfare Capitalism, Cambridge/Oxford.

Esping-Andersen, Gøsta (1999): Social Foundations of Postindustrial Economies, Oxford.

Hague, Rod/Harrop, Martin/McCormick, John (2016): Comparative Government and Politics. An Introduction, 10. Aufl., Basingstoke/New York.

Helms, Ludger/Jun, Uwe (Hrsg.) (2004): Politische Theorie und Regierungslehre. Eine Einführung in die politikwissenschaftliche Institutionenforschung, Frankfurt a. M./New York.

Huntington, Samuel (1991): The Third Wave. Democratization in the Late Twentieth Century, Norman/London.

Inglehart, Ronald (1977): The Silent Revolution: Changing Values and Political Styles Among Western Publics, Princeton.

Ismayr, Wolfgang (Hrsg.) (2010): Die politischen Systeme Osteuropas, 3. Aufl., Opladen.

Ismayr, Wolfgang (Hrsg.) (2009): Die politischen Systeme Westeuropas, 4. Aufl., Opladen.

Jahn, Detlef (2007): Was ist Vergleichende Politikwissenschaft? Standpunkte und Kontroversen, in: Zeitschrift für Vergleichende Politikwissenschaft ZfVP 1 (1), S. 9-27.

Jesse, Eckhard/Sturm, Roland (Hrsg.) (2003): Demokratien des 21. Jahrhunderts im Vergleich. Historische Zugänge, Gegenwartsprobleme, Reformperspektiven, Opladen.

Kailitz, Steffen/Köllner, Patrick (2013): Autokratien im Vergleich, in: Politische Vierteljahresschrift PVS Sonderheft 47, Baden-Baden.

Kaiser, André/Zittel, Thomas (Hrsg.) (2004): Demokratietheorie und Demokratieentwicklung, Wiesbaden.

Keman, Hans (Hrsg.) (2002): Comparative Democratic Politics. A Guide to Contemporary Theory and Research, London.

Kersting, Norbert/Cronqvist, Lasse (Hrsg.) (2005): Democratization and Political Culture in Comparative Perspective, Wiesbaden.

Knodt, Michèle/Stoiber, Michael (2007): Vergleichende Politikwissenschaft im Kontext der Mehrebenenanalyse, in: Zeitschrift für Vergleichende Politikwissenschaft ZfVP 1 (1), S. 80-104.

Kollmorgen, Raj; Merkel, Wolfgang; Wagener, Hans-Jürgen (Hrsg.)(2014): Handbuch der Transformationsforschung, Wiesbaden.

Kriesi, Hanspeter (2007): Vergleichende Politikwissenschaft. Teil 1: Grundlagen, Baden-Baden.

Kriesi, Hanspeter (2008): Vergleichende Politikwissenschaft. Teil 2: Institutionen und Länderbeispiele, Baden-Baden.

Kropp, Sabine/Lauth, Hans-Joachim (Hrsg.) (2007): Gewaltenteilung und Demokratie. Konzepte und Probleme der „Horizontal Accountability" im interregionalen Vergleich, Baden-Baden.

Kropp, Sabine/Minkenberg, Michael (Hrsg.) (2005): Vergleichen in der Politikwissenschaft, Wiesbaden.

Kunz, Volker (2010): Vergleichende Sozialkapitalforschung, in: Lauth, Hans-Joachim (Hrsg.): Vergleichende Regierungslehre. Eine Einführung, 3. Aufl., Wiesbaden, S. 373-396.

Lauth, Hans-Joachim (2004): Demokratie und Demokratiemessung. Eine konzeptionelle Grundlegung für den interkulturellen Vergleich, Wiesbaden.

Lauth, Hans-Joachim (2010): Regimetypen: Totalitarismus – Autoritarismus – Demokratie, in: Lauth, Hans-Joachim (Hrsg.): Vergleichende Regierungslehre. Eine Einführung, 3. Aufl., Wiesbaden, S. 95-117.

Lauth, Hans-Joachim/Pickel, Gert (2008): Diffusion der Demokratie – Transfer eines erfolgreichen Modells?, in: Erdmann, Gero/Kneuer, Marianne (Hrsg.): Externe Faktoren bei Demokratisierung, Baden-Baden, S. 37-73.

Lauth, Hans-Joachim/Wagner, Christoph (2010): Gegenstand, grundlegende Kategorien und Forschungsfragen der „Vergleichenden Regierungslehre", in: Lauth, Hans-Joachim (Hrsg.): Vergleichende Regierungslehre. Eine Einführung, 3. Aufl., Wiesbaden, S. 17-39.

Lauth, Hans-Joachim/Winkler, Jürgen (2010): Methoden der Vergleichenden Politikwissenschaft, in: Lauth, Hans-Joachim (Hrsg.): Vergleichende Regierungslehre, 3. Aufl., Wiesbaden, S. 39-73.

Lauth, Hans-Joachim (2014): Politische Systeme im Vergleich. Formale und informelle Institutionen im politischen Prozess, München.

Lijphart, Arend (1984): Democracies: Patterns of Majoritarian and Consensus Government in Twenty-One Countries, New Haven/London.

Lijphart, Arend (1999): Patterns of Democracy. Government Forms and Performance in Thirty-Six Countries, New Haven/London.

Loewenstein, Karl (1957): Political Power and the Governmental Process, Chicago (deutsch: Verfassungslehre, Tübingen 1959).

Macridis, Roy C. (1955): The Study of Comparative Government, New York.

Mainwaring, Cott/Pérez-Liñán, Aníbal (2004): Regional Effects and Region-wide Diffusion of Democracy: Why Regions of the World are Important in Comparative Politics, APSA-Paper.

March, James/Olsen, Johan P. (1984): The New Institutionalism. Organizational Factors in Political Life, in: American Political Science Review 78 (3), S. 734-749.

Merkel, Wolfgang et al. (2003): Defekte Demokratie, Opladen.

Merkel, Wolfgang (2010): Systemtransformation. Eine Einführung in die Theorie und Empirie der Transformationsforschung, 2. Aufl., Opladen.

Mols, Manfred (2002): Was sind und zu welchem Ende betreiben wir Regionalwissenschaften?, in: WeltTrends 37, S. 95-105.

Muno, Wolfgang (2009): Fallstudien und die vergleichende Methode, in: Pickel, Susanne et al. (Hrsg.): Methoden der vergleichenden Politik- und Sozialwissenschaft. Neue Entwicklungen und Anwendungen, Wiesbaden, S. 113-131.

Newton, Kenneth/Van Deth, Jan W. (2016): Foundations of Comparative Politics Democracies of the modern World, 3. Aufl., Cambridge.

Nohlen, Dieter (1994): Vergleichende Methode, in: Kriz, Jürgen/Nohlen, Dieter (Hrsg.): Politikwissenschaftliche Methoden (Lexikon der Politik Bd. 2), München, S. 507-517.

North, Douglass C. (1992): Institutionen, institutioneller Wandel und Wirtschafts-leistung, Tübingen (engl. Orig. 1990).

O'Donnell, Guillermo/Schmitter, Philippe C./Whitehead, Laurence (Hrsg.) (1986): Transitions from Authoritarian Rule. Prospects for Democracy, Baltimore/London.

Peters, Guy B. (1998): Comparative Politics. Theory and Methods, New York.

Pickel, Susanne/Pickel, Gert (2006): Vergleichende politische Kultur- und Demo-kratieforschung, Wiesbaden.

Pickel, Susanne/Pickel, Gert/Lauth, Hans-Joachim/Jahn, Detlef (Hrsg.) (2009): Methoden der vergleichenden Politik- und Sozialwissenschaft. Neue Entwicklun-gen und Anwendungen, Wiesbaden.

Przeworski, Adam (1991): Democracy and the Market. Political and Economic Re-forms in Eastern Europe and Latin America, Cambridge.

Putnam, Robert D. (1993): Making Democracy Work, Princeton.

Ragin, Charles C. (1987): The Comparative Method. Moving Beyond Qualitative and Quantitative Strategies, Berkeley.

Ragin, Charles C. (2000): Fuzzy-Set Social Science, Chicago.

Schmid, Josef (2010): Wohlfahrtsstaaten im Vergleich, 3. Aufl., Opladen.

Schmidt, Manfred G. (2010): Demokratietheorien. Eine Einführung, 5., Aufl., Wies-baden.

Schneider, Carsten Q./Wagemann, Claudius (2007): Qualitative Comparative Ana-lysis (QCA) und Fuzzy Sets. Ein Lehrbuch für Anwender und jene die es werden wollen, Opladen.

Siegel, Nico/Jochem, Sven (2010): Sozialpolitik, in: Lauth, Hans-Joachim (Hrsg.): Ver-gleichende Regierungslehre. Eine Einführung, 3. Aufl., Wiesbaden, S. 329-349.

Stüwe, Klaus/Rinke, Stefan (2008) (Hrsg.): Die politischen Systeme in Nord- und Lateinamerika. Eine Einführung, Wiesbaden.

Stykow, Petra (2007): Vergleich politischer Systeme, Paderborn.

Tsebelis, George (2002): Veto Players: How Political Institutions Work, Princeton.

Van de Vijver, Fons (2001): Cross-cultural Research Methods, in: International Encyclopedia of the Social & Behavioral Sciences, S. 2999-3003.

Wagschal, Uwe/Wenzelburger, Georg/Jäckle, Sebastian (2015): Vergleichende Poli-tikwissenschaft: Institutionen - Akteure - Policies, Stuttgart

Internationale Politik

Frank Schimmelfennig

Gegenstand, Probleme, Fragestellungen   1.

Was ist internationale Politik?   1.1

Internationale Politik ist Politik, die staatliche Grenzen überschreitet. Wenn wir Politik nach einer einflussreichen Definition von David Easton als autoritative (also kraft anerkannter Kompetenz verbindliche) Werteverteilung verstehen, dann umfasst *internationale* Politik die autoritative Verteilung von Werten jenseits staatlicher Grenzen. Staaten führen beispielsweise Krieg, um die Kontrolle über ein Territorium und seine Bodenschätze zu gewinnen oder zu behaupten. Sie geben Entwicklungshilfe, liefern Waffen und eröffnen Kulturinstitute in anderen Ländern. Sie schließen Abrüstungsverträge, Handelsvereinbarungen und Visa-Abkommen. Dadurch werden materielle Werte wie Rohstoffe, Waffen, Güter und Geld grenzüberschreitend zugeteilt – aber auch nicht-materielle Werte wie Sprachkompetenzen, die durch Kulturinstitute gefördert werden, oder Freizügigkeitsrechte, die durch Visabestimmungen erleichtert oder eingeschränkt werden. Zur internationalen Politik gehört schließlich auch, dass Parteien, Verbände, Interessengruppen und andere Akteure, die nicht selbst die Kompetenz zur verbindlichen Werteverteilung besitzen, *Einfluss* auf die Höhe und Empfänger der Entwicklungshilfe, das Ausmaß der Zollsenkungen oder die Einreisebestimmungen zu nehmen versuchen. Internationale Politik umfasst also die *Gesamtheit aller Interaktionen, die auf die autoritative Verteilung von Werten jenseits staatlicher Grenzen gerichtet sind.*

Autoritative Werteverteilung jenseits staatlicher Grenzen

Diese Definition gibt jedoch nur eine Teilantwort auf die Frage „Was ist internationale Politik?" Sie sagt noch nichts darüber aus, ob und wie sich internationale Politik von innerstaatlicher Politik wesentlich unterscheidet, welche Folgen die Überschreitung staatlicher Grenzen für die Probleme, Prozesse und Ergebnisse der Politik hat und warum die Internationalen Beziehungen eine eigenständige Teildisziplin der Politikwissenschaft sein sollten. Die Antwort auf diese Fragen lautet: *Internationale Politik ist Politik unter den Bedingungen der Anarchie.*

Politik unter den Bedingungen der Anarchie

Das internationale System ist im Kern ein anarchisches System. Anarchie ist ein Ordnungsprinzip sozialer Systeme; sie ist das

Anarchie als Ordnungsprinzip des internationalen Systems

Gegenteil von Hierarchie. Hierarchie beruht auf einem Verhältnis von Über- und Unterordnung, Befehl und Gehorsam zwischen sozialen Akteuren. In einem anarchischen System stehen die Akteure hingegen in einem formell gleichrangigen Verhältnis zueinander; „keiner von ihnen ist berechtigt zu befehlen; keiner ist verpflichtet zu gehorchen" (Waltz 1979: 88). Hierarchie besteht im internationalen System innerhalb der Staaten, nicht aber außerhalb. Anders gesagt: Die Staaten besitzen *interne und externe Souveränität*. Zum einen verfügen die Staaten auf ihrem Territorium (also innerhalb ihrer Grenzen) über das Herrschafts- oder Gewaltmonopol: allein der Staat ist befugt, innerhalb des Staatsgebiets verbindliche Entscheidungen zu treffen, Regeln zu setzen und diese – notfalls mit Gewalt – auch durchzusetzen. Zum anderen gibt es im internationalen System keine Herrschaft außerhalb oder oberhalb der Staaten. Keine andere politische Instanz ist den Staaten übergeordnet und befugt, ihnen vorzuschreiben, wie sie die Herrschaft in ihrem Territorium zu ordnen und auszuüben haben. Ebenso wenig unterliegen die Staaten herrschaftlich (durch)gesetzten Regeln für ihre Beziehungen untereinander. Es liegt allein an den einzelnen Staaten zu entscheiden, wie sie sich gegenüber anderen Staaten verhalten und welche internationalen Regeln sie vereinbaren und anerkennen. Ihre anarchische Grundkonstitution unterscheidet die internationale Politik wesentlich von den weitgehend hierarchischen Verhältnissen im Innern der Staaten und bringt besondere politische Herausforderungen und Probleme hervor. Diese Besonderheiten rechtfertigen es, dass wir uns mit der internationalen Politik in einer eigenständigen politikwissenschaftlichen Teildisziplin beschäftigen. Die Außenpolitikanalyse ist ein Teilbereich der Internationalen Beziehungen (vgl. zur deutschen Außenpolitik Schmidt/Hellmann/Wolf 2007). Sie untersucht das Handeln und Verhalten der Staaten in der internationalen Politik.

1.2   Herausforderungen und Probleme internationaler Politik

Einerseits steht internationale Politik vor den gleichen grundlegenden substanziellen Anforderungen an die Werteverteilung wie jede andere Politik auch: Sicherheit zu gewährleisten, die natürlichen Lebensgrundlagen zu erhalten, Wohlfahrt zu steigern und die individuellen Freiheiten und Menschenrechte zu respektieren und zu fördern. Die internationale Politik steht jedoch vor der besonderen Herausforderung, diese Leistungen unter den Bedingungen der Anarchie erbringen zu müssen. Unter diesen Bedingungen sind die Probleme in der Regel nicht nur größer, sondern auch schwerer zu bearbeiten und zu lösen. Tabelle 1 gibt einen Überblick.

Tab. 1: *Probleme und Herausforderungen internationaler Politik*

Werte	Probleme	Herausforderungen an Politik und Wissenschaft
Sicherheit	Unsicherheit: Krieg, Aufrüstung	Frieden, Abrüstung
Wohlfahrt	Ineffizienz: Marktfragmentierung, Marktversagen Verteilungsfragen	Marktintegration, Bereitstellung und Bewahrung internationaler Kollektivgüter, Befriedigung von Grundbedürfnissen, Chancengleichheit
Freiheit	Unfreiheit: Verletzung und Einschränkung individueller Autonomie	Gewährleistung von Freiheiten und Rechten im Staat und jenseits des Staates

Anders als in einem geordneten Staatswesen existiert im internationalen System kein Gewaltmonopol. Eine verlässliche Weltpolizei, die für Sicherheit und Ordnung unter den Staaten sorgen würde, gibt es nicht. Jeder Staat ist selbst für seine Sicherheit verantwortlich und beschafft sich dafür die Waffen und Streitkräfte, die er zu diesem Zweck für nötig erachtet. Würden diese Waffen und Streitkräfte tatsächlich nur zur Abschreckung und Verteidigung eingesetzt, wäre das – abgesehen von den erheblichen Kosten der Rüstung und des Militärs – kein gravierendes Problem. Doch sie lassen sich genauso gut dazu verwenden, andere Staaten zu bedrohen oder zu bekämpfen, um damit staatliche Interessen durchzusetzen. Weil kein Staat wirklich sicher sein kann, dass andere Staaten ihre Waffen und Streitkräfte ausschließlich defensiv verwenden, besteht im internationalen System eine existenzielle Unsicherheit. Krieg – die organisierte Anwendung physischer Gewalt zwischen sozialen Gruppen – ist in einem anarchischen System immer eine Möglichkeit, mit der Staaten rechnen müssen. Unsicherheit abzubauen, Kriege einzuhegen und zu verhindern sowie Rüstung zu begrenzen und zu verringern gehört also zu den zentralen Herausforderungen internationaler Politik. Entsprechend ist die Erforschung der Ursachen des Krieges und von Rüstungswettläufen sowie der Bedingungen eines stabilen Friedens ein erstrangiges Thema der wissenschaftlichen Analyse internationaler Politik.

Unsicherheit: Krieg und Rüstungswettläufe

Im wirtschaftlichen Bereich schafft das anarchische internationale System in erster Linie Effizienzprobleme. Zunächst sorgen die zahlreichen staatlichen Grenzen für fragmentierte Märkte, die höhere Kosten und Preise verursachen als ein integrierter Welt-

Ineffizienz: Marktfragmentierung und Marktversagen

markt. Um der Wohlfahrtssteigerung willen steht die internationale Politik also vor der Herausforderung, Handelsschranken abzubauen und Märkte zu integrieren. Wenn dies gelingt, stellt sich jedoch das Problem des „Marktversagens". Im nationalen Rahmen springt der Staat ein, um Marktversagen zu korrigieren. Er gibt dem Markt eine rechtliche Ordnung und verfolgt und bestraft Betrug. Er stellt steuerfinanzierte öffentliche Güter (wie Schulen oder die Verkehrsinfrastruktur) bereit, die der Markt nicht oder nur zu unerwünscht hohen Kosten produzieren würde, und er reguliert die Nutzung gemeinschaftlicher Ressourcen (wie Wasser oder eine intakte Umwelt). Als Wohlfahrts- oder Sozialstaat sorgt er schließlich durch Gesetze und Umverteilung dafür, Not und Armut zu lindern, die soziale Chancengleichheit zu erhöhen und die Rechte von Arbeitnehmern zu stärken.

Im anarchischen internationalen System sind die Voraussetzungen für eine solche politische Marktkorrektur ungleich ungünstiger. *Erstens* sind die soziale Ungleichheit und die Entwicklungsunterschiede im globalen Rahmen weitaus größer als innerhalb einzelner Staaten. Grenzüberschreitende Ressourcen wie Meere, der Weltraum oder das Klima sind schwerer zu kontrollieren als die kleinräumigeren Ressourcen innerhalb eines Staates. *Zweitens* können internationale Organisationen keine Steuern oder andere Zwangsabgaben erheben, die es ihnen erlauben würden, in größerem Umfang öffentliche Güter bereitzustellen, die Nutzung von Ressourcen effektiv zu regulieren oder Umverteilung zu finanzieren. Vielmehr sind sie auf freiwillige Beiträge durch die Staaten angewiesen. *Drittens* ist die politische und rechtliche Regulierung der Weltmärkte weit schwächer als die nationaler Märkte. Es ist schwerer, Betrug festzustellen und zu ahnden, und es fehlt ein internationaler Gesetzgeber, der alle am Weltmarkt Beteiligten auf gemeinsame Produkt- und Sozialstandards, Steuerregeln oder eine schonende und nachhaltige Nutzung von Ressourcen verpflichten könnte. Wie es dennoch gelingen kann, dass Staaten sich zu einer stabilen internationalen Zusammenarbeit verpflichten, um internationales Marktversagen zu korrigieren, ist daher ein zweites zentrales Thema der Analyse internationaler Politik.

Unfreiheit: Menschenrechte im und jenseits des Staates

In einem System souveräner Staaten hängen individuelle Freiheiten und Rechte allein von der Herrschaftsordnung und -ausübung der Staaten ab. Internationale Versuche, darauf Einfluss zu nehmen, werden als unangemessene „Einmischung in die inneren Angelegenheiten" zurückgewiesen. Das Problem der staatlichen Souveränität in einer anarchischen internationalen Ordnung besteht zum einen darin, dass diese Souveränität nicht nur die Freiheiten und Rechte derjenigen Bürgerinnen gegenüber externer Einmischung sichert, die in einem liberalen und demokratischen Staatswesen leben, sondern auch die Staaten schützt, die ihren Bürgern grundlegende Freiheiten und Rechte vorenthalten oder sie sogar foltern, vertreiben oder töten, wenn sie sich der Herrschaftsordnung widersetzen oder nicht in das ideologische Programm dieser Ordnung passen. Im Bereich Freiheit besteht die zentrale Herausforderung internationaler Politik also darin, die Anerkennung und Gewährleistung grundlegender Menschenrechte durch die Staaten zu fördern. Ein weiteres Problem der internationalen Anarchie ist die Gewährleistung von individuellen Freiheiten und Rechten jenseits der staatlichen Grenzen. Wenn Menschen ihre Freiheiten und Rechte nur als Bürgerinnen und Bürger eines Staates besitzen, was passiert, wenn sie in andere Länder reisen und aus wirtschaftlichen oder politischen Gründen vorübergehend oder dauerhaft aus ihrem Heimatstaat auswandern? Hier geht es unter anderem um Fragen des Einwanderungsrechts, des Asylrechts und der Familienzusammenführung – oder zusammengefasst um das Problem „kosmopolitischer" Rechte und Freiheiten, die Menschen ungeachtet ihrer Staatsangehörigkeit zustehen.

Vor dem Hintergrund dieser Probleme von Politik unter den Bedingungen der Anarchie versuchen Theorien der internationalen Politik, Antworten auf die folgenden zentralen Fragen zu geben: Wie können die Auswirkungen der Anarchie abgeschwächt oder überwunden werden? Unter welchen Bedingungen lässt sich Krieg verhindern und stabiler Frieden herstellen? Wann kooperieren Staaten, vereinbaren gemeinsame Regeln und halten sich auch daran, um die Sicherheits-, Wohlfahrts- und Freiheitsprobleme der Anarchie zu bearbeiten und zu lösen? Kernfragen

Theorien der internationalen Politik   2.

Die Theoriediskussion in den Internationalen Beziehungen ist seit Bestehen des Faches durch Debatten zwischen Großtheorien oder Denkschulen gekennzeichnet. Die „erste Debatte" im Fach wurde etwa in der ersten Hälfte des 20. Jahrhunderts zwischen „Realismus" und „Idealismus" (oder „Liberalismus") geführt. Bereits diese Debatte behandelte im Wesentlichen die Kernfrage der Internationalen Beziehungen: Kann die internationale Anarchie aufgrund von sozialen Entwicklungen oder durch gezieltes poli- Debatten zwischen Großtheorien

tisches Handeln überwunden oder zumindest so weit abgeschwächt werden, dass ihre problematischsten Konsequenzen zu
vermeiden sind? Der Idealismus bejahte diese Frage prinzipiell
und sah unter anderem in transnationalen Austauschbeziehungen, internationalen Institutionen und der Verbreitung demokratischer Systeme Ansätze zur Einhegung der Anarchie. Aus diesen
Ansätzen entwickelten sich in der Folge eigenständige Theorien:
Transnationalismus, Institutionalismus und Liberalismus. Der
Realismus hingegen erachtete diese Entwicklungen als zu
schwach, um die „Realität" der internationalen Machtkonkurrenz
auszuhebeln. In leicht veränderter Form ist diese Debatte später
immer wieder aufgegriffen worden. In den 1970er und 1980er
Jahren standen sich „Neorealismus" und „(neoliberaler) Institutionalismus" gegenüber. In den 1990er Jahren verlief die Kontroverse zwischen „Rationalismus" (darunter fielen sowohl der Realismus als auch der Institutionalismus) und „Konstruktivismus".
Auch diese Debatte hat in den vergangenen Jahren viel von ihrer
Schärfe verloren, und eine neue große Debatte ist nicht in Sicht.
Aus dieser durch die „großen Debatten" informierten Perspektive
stehen sich damit im Theorietableau der Internationalen Beziehungen aktuell im Wesentlichen Realismus, Institutionalismus,
Transnationalismus, Liberalismus und Konstruktivismus gegenüber.

2.1 Unsicherheit und Macht: der Realismus

Der Realismus ist die skeptischste Theorie der internationalen
Politik, was die Möglichkeiten angeht, die Auswirkungen der internationalen Anarchie einzudämmen und Frieden und Zusammenarbeit zwischen den Staaten dauerhaft herzustellen. Der Realismus wurde nach dem Zweiten Weltkrieg zur Leittheorie
internationaler Politik und behielt diese Stellung zumindest bis
in die 1970er Jahre. Das Hauptwerk des klassischen Realismus ist
Politics Among Nations (deutsch: *Macht und Frieden*) von Hans J.
Morgenthau (1904-1980) aus dem Jahr 1948 (hier: 1973). Begründer des Neorealismus ist Kenneth N. Waltz (1924-2013) mit seinem Buch *Theory of International Politics* von 1979. Am Neorealismus orientiert sich die folgende Darstellung überwiegend.

Machtstreben und Machtkonkurrenz   Für den Realismus sind die Staaten die einzig relevanten Akteure der internationalen Politik. Staaten werden als einheitliche,
zweckrationale und egoistische Akteure konzipiert, d.h. sie können wie Personen behandelt werden, die versuchen, für sich selbst

einen möglichst hohen Nutzen zu erzielen. Die internationale Anarchie und die von ihr erzeugte fundamentale Unsicherheit zwingen die Staaten dazu, sich in erster Linie um ihr Überleben und ihre Sicherheit zu kümmern. Dazu brauchen sie Macht, vor allem militärische oder militärisch nutzbare Machtressourcen, die sie einsetzen können, um mögliche Angriffe anderer Staaten abzuschrecken oder abzuwehren. Macht ist allerdings immer relativ. Sie bemisst sich danach, wie hoch die Machtressourcen der anderen Staaten im Vergleich zu den eigenen sind. Staaten müssen also danach streben, mindestens so mächtig zu sein wie die Staaten, mit denen sie es zu tun haben. Daraus resultiert eine immerwährende Machtkonkurrenz zwischen den Staaten. Das Sicherheitsdilemma und das Machtgleichgewicht sorgen dafür, dass sie aus dieser Machtkonkurrenz nicht ausbrechen können.

Das „Sicherheitsdilemma" sorgt dafür, dass selbst rein defensiv eingestellte Staaten in der Machtkonkurrenz gefangen bleiben. Wenn Staat A nur deshalb aufrüstet, um sich gegen eine eventuelle militärische Bedrohung zu schützen, kann Staat B nicht ausschließen, dass es sich um die Vorbereitung eines Angriffs handelt und rüstet seinerseits auf, was Staat A wiederum zu Gegenmaßnahmen veranlasst, usw. So entstehen aus Misstrauen selbst unter defensiven Staaten Rüstungswettläufe und Kriege, weil kein Staat das eigene Überleben riskiert und deshalb vom *worst case* ausgeht, dass alle anderen Staaten offensive Absichten hegen. Das gleiche Misstrauen sorgt generell dafür, dass Staaten sich auf internationale Kooperation nur zögerlich einlassen. Sie fürchten sich davor, ihre Unabhängigkeit zu verlieren, betrogen zu werden und weniger von der Zusammenarbeit zu profitieren als ihre Kooperationspartner. *(Randnotiz: Sicherheits-dilemma)*

Das „Machtgleichgewicht" sorgt hingegen dafür, dass offensive Staaten daran scheitern, eine dauerhafte Vorrangstellung zu erringen. Wenn ein offensiver Staat einen Machtvorsprung gegenüber anderen Staaten erreicht, so versuchen diese zunächst aus eigener Kraft, den Machtvorsprung auszugleichen. Gelingt das nicht, so schließen sie sich zu einem Bündnis zusammen, bis das Machtgleichgewicht wiederhergestellt ist. Da es höchst unwahrscheinlich ist, dass ein Staat sich auf Dauer gegen den Rest der Welt behaupten kann, bleibt die internationale Anarchie mit ihrer Machtkonkurrenz bestehen. *(Randnotiz: Machtgleich-gewicht)*

Wie scharf die internationale Machtkonkurrenz ist, hängt aus realistischer Sicht von zwei strukturellen Bedingungen ab: von der internationalen Machtverteilung und der (militärischen) Technologie. Für die Machtverteilung gilt: *Je höher die Machtkonzentration* *(Randnotiz: Machtverteilung) im internationalen System ist, desto wahrscheinlicher sind Frieden und Kooperation.* Ist ein Staat der Hegemon, verfügt also über höhere Machtressourcen als die übrigen Staaten zusammen, so kann er für Ruhe und Ordnung sorgen: Aggressoren in die Schranken weisen, Regeln setzen und Regelverletzer bestrafen. Allerdings ist Hegemonie aufgrund des Gleichgewichtsmechanismus immer nur ein vorübergehender Zustand. In multipolaren Systemen mit mehreren Großmächten sind die Machtverhältnisse instabil und unübersichtlich. Es kommt zu häufigen Bündniswechseln und Kriegen. Bipolare Systeme mit nur zwei Großmächten nehmen eine Mittelposition ein.

Technologie   Hier gilt: *Wenn die Militärtechnologie die Defensive gegenüber der Offensive stärkt, schafft das Stabilität und fördert Frieden und Kooperation.* In einem solchen System verschafft der Einsatz von Gewalt dem Angreifer keinen Vorteil. In Krisenfällen bleibt Zeit zum Verhandeln und zur Suche nach einer friedlichen Lösung. Aus realistischer Sicht ist ein stabiles System wechselseitiger nuklearer Abschreckung daher prinzipiell wünschenswert.

2.2 Interdependenz und Regime: der Institutionalismus

Der Institutionalismus unterscheidet sich vom Realismus im Wesentlichen dadurch, dass aus seiner Sicht Interdependenz und Regime die Wirkungen der internationalen Anarchie wirksam eindämmen. Sie überwinden die Anarchie zwar nicht, „zivilisieren" sie aber doch soweit, dass stabiler Frieden und stabile Kooperation auch ohne Hegemonie möglich werden. Die Titel der beiden inzwischen klassischen Texte dieser Denkschule sind Programm: *Power and Interdependence* (1977) von Robert O. Keohane (*1941) und Joseph S. Nye (*1937) und *After Hegemony* (1984) von Robert Keohane.

Interdependenz   Nach institutionalistischer Auffassung ist das internationale System durch zunehmende Interdependenz gekennzeichnet. Das heißt, Staaten können zentrale Funktionen ohne die Zusammenarbeit mit anderen Staaten gar nicht, in hohem Maße unzureichend oder nur zu extrem hohen Kosten erfüllen. Das gilt etwa bei der Energieversorgung oder dem Klimaschutz auch für Großmächte. Interdependenz schafft somit einen hohen Bedarf an internationaler Kooperation. Damit dieser Bedarf befriedigt werden kann, müssen die Staaten aber sicher sein können, dass Kooperation ihre Sicherheit nicht einschränkt und dass sie von ihren Kooperationspartnern nicht betrogen und übervorteilt werden.

Dabei hilft, dass sich der Wert militärischer Macht und damit auch die Unsicherheit im internationalen System deutlich verringert haben. Auf der einen Seite schwindet der Nutzen überlegener Machtressourcen. Das liegt zum einen an der nuklearen Abschreckung. Großmächte, die über eine gesicherte nukleare Zweitschlagsfähigkeit verfügen, lassen sich mit überlegenen Machtressourcen ohnehin nicht wirksam militärisch erpressen. Aber auch in den Partisanen- oder Guerillakriegen, die gegenwärtig die Regel sind, lässt sich die drückende technologische, ökonomische und militärische Überlegenheit der Großmächte oft nicht in dauerhafte militärische Siege ummünzen. Darüber hinaus schwindet die Zweckmäßigkeit militärischer Mittel generell. Atomwaffen sind zur Abschreckung oder Vernichtung eines Gegners, nicht aber zur begrenzten Kriegführung und zur Durchsetzung spezifischer politischer Ziele geeignet. Aber auch konventionelle militärische Mittel taugen nicht dazu, um in vielen der aktuellen Problemlagen internationaler Politik (Umwelt- und Klimaschutz, Regulierung der Weltmärkte) eigene Interessen durchzusetzen. In der Konsequenz müssen die Staaten und zumal die Großmächte sich nicht mehr permanent um ihre Sicherheit sorgen und einen militärischen Machtvorsprung anderer Staaten fürchten. Sie können sich somit ohne großes Risiko auf gewinnbringende internationale Kooperation einlassen. Es bleibt jedoch das Problem, von den Kooperationspartnern betrogen und ausgenutzt zu werden.

> Entwertung militärischer Macht

Hier helfen internationale Regime – das sind zwischenstaatliche Regelwerke für einen spezifischen Problembereich internationaler Politik (wie das Welthandelsregime des GATT, vgl. unten). Internationale Regime legen Regeln für die internationale Kooperation fest, überwachen die Regeleinhaltung der Regimeteilnehmer und sanktionieren regelverletzendes Verhalten. Dadurch ermöglichen sie es den beteiligten Staaten, verlässliche Informationen über das Verhalten ihrer Kooperationspartner zu erlangen und unkooperatives Verhalten zu entdecken und zu bestrafen. So schaffen internationale Regime das für die internationale Zusammenarbeit nötige Vertrauen. *Zusammen bilden Interdependenz und Regime (auch in Abwesenheit von staatlicher oder hegemonialer Regeldurchsetzung) somit ein stabiles Fundament für Frieden und effiziente internationale Kooperation.* Während Interdependenz einen wachsenden Bedarf an Zusammenarbeit und einen abnehmenden Nutzen militärischer Macht hervorbringt, sorgt die Vertrauensbildung durch internationale Regime dafür, dass die Zusammenarbeit auch tatsächlich zustande kommt.

> Internationale Regime

2.3 Netzwerke und Ressourcentausch: der Transnationalismus

Transnationale
Akteure

Wie der Institutionalismus sieht auch der Transnationalismus Möglichkeiten, der Unsicherheit und Ineffizienz der internationalen Anarchie zu entkommen und stabilen Frieden und dauerhafte internationale Kooperation zu gewährleisten. Im Unterschied zum Institutionalismus setzt er dabei jedoch nicht auf *zwischenstaatliche* Verhandlungen und Institutionen, sondern auf transnationale Netzwerke unterhalb der Ebene der Regierungen. Der Transnationalismus vollzieht dabei eine radikale Abkehr vom staatszentrischen Modell des Realismus und des Institutionalismus. An die Stelle einheitlich handelnder Staaten tritt eine Vielfalt öffentlicher, privater und zivilgesellschaftlicher Akteure. Klassiker des Transnationalismus sind Karl Deutschs (1912-1992) *Political Community and the North Atlantic Area* (1957) und *Turbulence in World Politics* (1990) von James Rosenau (1924-2011)

Transnationale
Interdependenz

Diese Vielfalt von Akteuren ist deshalb für die internationale Politik relevant, weil die Staaten nicht nur untereinander abhängig sind, sondern in zunehmendem Maße auch nicht-staatlicher Akteure bedürfen, um ihre Ziele effektiv zu verfolgen. Während öffentliche Akteure nach wie vor über die legitime Autorität verfügen, verbindliche Regeln zu setzen und durchzusetzen, verfügen private Akteure über Eigentumsrechte und finanzielle Ressourcen und zivilgesellschaftliche Akteure (NGOs) über Informationen sowie fachliche und moralische Autorität. In vielen Bereichen internationaler Kooperation sind Staaten auf diese Ressourcen nicht-staatlicher Akteure angewiesen. Zu diesem Zweck bilden sich transnationale Netzwerke, in denen die Ressourcen mehrerer Akteure zusammengebracht und getauscht werden.

Transnationale
Netzwerke

Transnationale Netzwerke entfalten zahlreiche friedens- und kooperationsförderliche Wirkungen. Erstens entwickeln sich durch intensive Verflechtung zwischen Gesellschaften mit kompatiblen Werten „pluralistische Sicherheitsgemeinschaften" (Deutsch et al. 1957), in denen die Möglichkeit eines Krieges aus dem Erwartungshorizont der Akteure verschwindet. Zweitens akkumuliert sich in Netzwerken „soziales Kapital". Die Netzwerkteilnehmer bauen wechselseitig Verständnis und Vertrauen auf, schaffen Transparenz und entwickeln Normen verallgemeinerter Reziprozität oder Kooperationsbereitschaft. *Je dichter die transnationalen Netzwerke sind, desto größer sind die Chancen grenzüberschreitender Responsivität und der Bildung zwischengesellschaftlichen Vertrauens.* Diese sind Voraussetzungen für Frieden und Kooperation.

Darüber hinaus erbringen transnationale Netzwerke spezifische Funktionen im Zusammenhang mit internationaler Kooperation, die sich mit den Leistungen überlappen, die der Institutionalismus internationalen Regimen zuschreibt. Sie stellen
Expertenwissen über internationale Probleme und Möglichkeiten
zu deren Lösung bereit, unterstützen die Staaten bei internationalen Konferenzen, helfen bei der Umsetzung internationaler
Vereinbarungen und liefern Informationen über Regelverstöße.
Zugespitzt gesagt, bedarf es dort, wo dichte zwischengesellschaft-
liche Verflechtung existiert, weder hegemonialer noch institutioneller Überwachung und Sanktionen, um Frieden und Kooperation zu sichern.

Transnationale Netzwerke und internationale Regime

Staat und Gesellschaft: der Liberalismus   2.4

Der Liberalismus ist eine „subsystemische" Theorie internationaler
Politik. Während bisher Strukturen des internationalen Systems
(Machtverteilung, Interdependenz, Institutionen und Netzwerke)
die größte Rolle für die Erklärung internationaler Politik spielten,
sind es im Liberalismus innerstaatliche Strukturen. Dieser Abschnitt orientiert sich an Andrew Moravcsiks (*1958) *Taking Preferences Seriously: a Liberal Theory of International Politics* (1997).

Wie der Transnationalismus nimmt auch der Liberalismus Abschied von der Annahme, dass die Akteure der internationalen
Politik einheitlich handelnde Staaten sind. Vielmehr ist das außenpolitische Handeln der Staaten in unterschiedlichen Handlungskontexten und Problembereichen von einer Vielzahl und
Vielfalt innerstaatlicher und gesellschaftlicher Akteure mit unterschiedlichen Zielen und unterschiedlicher Durchsetzungsfähig-
keit geprägt. Der Staat ist dabei nicht mehr als das außenpolitische
Handlungsorgan der Gesellschaft.

Der Staat als außenpolitisches Handlungsorgan der Gesellschaft

Zu den relevanten innerstaatlichen Strukturen gehören die
Staats- und Gesellschaftsordnung sowie Strukturen der Interessenvermittlung und Entscheidungsfindung. Sie bestimmen, welche unter den vielfältigen, teilweise konkurrierenden außenpolitischen Zielen sich als staatliche Ziele durchsetzen können.
Außerdem haben Staaten die Tendenz, grundlegende innerstaatliche Verhaltensroutinen und Verfahrensweisen („Politikstile") zu
externalisieren, also auch in der Außenpolitik zu befolgen. *Wenn
Staaten aufeinandertreffen, deren interne Strukturen verlässlich nicht-
militärische außenpolitische Ziele und/oder einen gewaltfreien Politik-
stil hervorbringen, entsteht Frieden. Internationale Kooperation wird*

Subsystemische Strukturen

dadurch erleichtert, dass Staaten interagieren, deren interne Struktu-
ren verlässlich regelgeleitete, kooperative Politikstile erzeugen. Von besonderer Bedeutung für den Liberalismus ist dabei die Differenz
zwischen demokratischen und nicht-demokratischen Staaten –
vor allem die bereits auf Immanuel Kants Schrift „Zum Ewigen
Frieden" (1795) zurückgehende Hypothese vom „demokratischen
Frieden" (vgl. Kap. 3.2).

Demokratie und internationale Politik   In demokratischen Staaten kann die Gesellschaft durch Wahl-
en und andere Einflusskanäle größeren Einfluss auf die Außen-
politik nehmen als in nicht-demokratischen Staaten. Die Politik
in demokratischen Verfassungsstaaten beruht außerdem auf der
friedlichen, regelgeleiteten Bearbeitung von Konflikten und der
Aushandlung von Kompromissen. Politische Entscheidungen
gründen auf der Ermächtigung und Zustimmung der Betroffenen; die Staatsgewalt ist an Recht und Gesetz gebunden.
Entsprechend tendieren Demokratien auch nach außen zu
friedlichem, regelgeleitetem und multilateral abgestimmtem
Verhalten, während undemokratische Staaten eine Tendenz zu
Gewaltanwendung, Unilateralismus und Regelverletzungen aufweisen. Schließlich sorgen in Demokratien die Öffentlichkeit,
die Gewaltenteilung und die Rechtsstaatlichkeit für hohe Transparenz staatlicher Entscheidungen und staatlichen Verhaltens.
Wenn im internationalen System Demokratien interagieren,
nehmen sie sich gegenseitig als friedlich, transparent, kompro-
missbereit und regeltreu wahr. Gegenüber Nicht-Demokratien
hegen Demokratien hingegen Misstrauen, weil der Staat dort
Andersdenkende gewaltsam unterdrückt, die öffentliche Meinung kontrolliert und Recht und Gesetz willkürlich definiert und
beugt.

Das Aufeinandertreffen von friedens- und kooperationsförder-
lichen innenpolitischen Strukturen leistet aus Sicht der liberalen
Theorie das, was der Institutionalismus internationalen Regimen
und der Transnationalismus transnationalen Netzwerken zu-
schreibt. Die liberale Demokratie ist der Generalschlüssel zur
Überwindung der internationalen Unsicherheit und Ineffizienz.
Für den Liberalismus setzt die Bekämpfung der fundamentalen
Probleme der internationalen Anarchie daher im Inneren der
Staaten an. Es ist nicht die internationale Anarchie an sich, die die
Probleme internationaler Politik hervorbringt, sondern es kommt
darauf an, welche Staaten und Gesellschaften im internationalen
System aufeinandertreffen.

Ideen und Gemeinschaft: der Konstruktivismus   2.5

Der Konstruktivismus nimmt zu den bisher behandelten Theorien der internationalen Politik zwei zentrale Gegenpositionen
ein. Zum einen behauptet er, dass nicht materielle Strukturen wie
Machtverteilung, Technologie oder Interdependenz, sondern ideelle Strukturen für die internationale Politik von primärer Bedeutung sind. Zum anderen behauptet er, entgegen der bisher vertretenen Annahme zweckrationalen Handelns, dass die Akteure
im Rahmen der ideellen Strukturen des internationalen Systems
„angemessen" handeln, sich also bei der Wahl ihrer Ziele und
Handlungsoptionen an Werten, Normen, Rollen und ähnlichem
orientieren. Ein Standardwerk des Konstruktivismus ist Alexander Wendts (*1958) *Social Theory of International Politics* (1999).

Ideelle Strukturen und angemessenes Handeln

Der Konstruktivismus unterscheidet zwischen zwei grundlegenden Ausprägungen ideeller Strukturen (Wendt 1999). In internationalen Gemeinschaften besteht eine gemeinsame Kultur, die
einen Werte- und Normenkonsens sowie ein freundschaftliches
Verhältnis unter den Gemeinschaftsmitgliedern hervorbringt. Die
Akteure orientieren sich an den gemeinsamen Werten, befolgen
die gemeinsamen Normen und verhalten sich freundschaftlich
und solidarisch zueinander. In diesem Kontext finden Sozialisationsprozesse statt, in denen die Gemeinschaftsmitglieder ihre
gemeinsame Kultur vertiefen, verbreiten und Konflikte auf der
Basis ihrer gemeinsamen Werte und Normen argumentativ lösen.
In internationalen Gemeinschaften lassen sich daher auf der Basis
von ideellem Konsens, angemessenem Verhalten und starkem
Vertrauen in die Friedfertigkeit und die Kooperationsbereitschaft
aller Gemeinschaftsmitglieder die Anarchieprobleme der Unsicherheit und Ineffizienz prinzipiell überwinden.

Kultur und Gemeinschaft: Freundschaft...

Außerhalb von und zwischen gegnerischen internationalen Gemeinschaften hingegen regieren Wertekonflikte und negative
kollektive Identitäten. Kontroverse Ideen, unvereinbare Werte,
umstrittene Normen und negative kollektive Identitäten tendieren
zu einer Kultur der Feindschaft, in der die gegensätzlichen Ziele
und das Misstrauen gegenüber der Friedlichkeit und Kooperationsbereitschaft der anderen Akteure akzentuiert werden. So steigern sich die Anarchieprobleme von der Unsicherheit zur Feindschaft und von der Ineffizienz zur reinen Konkurrenz. *Je größer
also die Übereinstimmung der Ideen von internationalen Akteuren und
je stärker damit Gemeinschaft zwischen ihnen ist, desto höher ist die
Wahrscheinlichkeit von Frieden und internationaler Kooperation.* Zu

...und Feindschaft

überprüfen wäre dann in der Forschung, inwieweit sich durch globale Diffusionsprozesse Wertauffassungen annähern oder eventuell sogar Abwehrreaktionen hervorrufen.

Tabelle 2 fasst die zentralen Positionen der Theorien der internationalen Politik noch einmal stichwortartig im Überblick zusammen.

Tab. 2: *Theorien der internationalen Politik im Überblick*

	Akteure	*Dispositionen*	*Strukturen*	*Strukturelle Wirkungen*	*Eindämmung der Anarchie*
Realismus	Staaten	Egoistisch-zweckrational	Machtverteilung Technologie	Unsicherheit Machtstreben	Zwang
Institutionalismus			internationale Interdependenz Regime	Sicherheit, Anreize zur Kooperation	Kontrolle
Transnationalismus	Transnationale Akteure	Zweckrational	transnationale Interdependenz Netzwerke		Vertrauen
Liberalismus	Staatliche und gesellschaftliche Akteure		Staatlich-gesellschaftliche Strukturen	Selektion Externalisierung	Demokratie
Konstruktivismus		Angemessen	Kultur	Konsens/Dissens Identität	Gemeinschaft

3. Krieg, Frieden, internationale Kooperation

Die zentralen Untersuchungsgegenstände der Internationalen Beziehungen sind die Ursachen und Bedingungen von Krieg, Frieden und internationaler Kooperation im anarchischen internationalen System. Für jeden dieser zentralen Gegenstände sollen in diesem Abschnitt wichtige Befunde, Entwicklungstrends und theoriegeleitete Erklärungen exemplarisch vorgestellt werden.

3.1 Vom zwischenstaatlichen zum innerstaatlichen Krieg

Welche Entwicklungen zeigen sich bei den bewaffneten Konflikten nach dem Zweiten Weltkrieg? Wie ist der aktuelle Zustand des Kriegsgeschehens?

Zahl und Art bewaffneter Konflikte
Die Zahl der bewaffneten Konflikte (mit mehr als 25 Toten pro Jahr) hat seit 1960 (16) bis zum Höchststand 1991/92 (51) zugenommen und seitdem wieder abgenommen. Berücksichtigt man, dass die Zahl der Staaten im gleichen Zeitraum ebenfalls zugenommen hat, so war der Höchststand bereits 1985 erreicht

und die Zahl der Konflikte seit 1995 geringer als je zuvor seit dem Zweiten Weltkrieg (Gleditsch et al. 2002: 622). Innerstaatliche Konflikte sind seit 1946 die bedeutendste Kategorie von bewaffneten Konflikten. Außerdem haben sie weitaus mehr Opfer gefordert: zwischen 1946 und 1999 kamen etwa fünfmal so viele Menschen in Bürgerkriegen ums Leben als in zwischenstaatlichen Kriegen: mehr als 16 Millionen im Vergleich zu 3,3 Millionen (Fearon/Laitin 2003: 75). Demgegenüber sind zwischenstaatliche bewaffnete Konflikte zu einem seltenen Ereignis geworden.

Die Zunahme von bewaffneten Konflikten bis in die zweite Hälfte der 1980er Jahre und ihren Rückgang seitdem können Realismus und Liberalismus plausibel erklären. Der Realismus erklärt die zeitliche Varianz des Kriegsgeschehens durch Phasen der Machtkonzentration und -diffusion im internationalen System. In Phasen der Machtkonsolidierung und stabilen Hegemonie besteht eine relativ geringe Kriegswahrscheinlichkeit; in Phasen der Machtdiffusion und des machtpolitischen Umbruchs sind bewaffnete Konflikte demgegenüber besonders wahrscheinlich. Nach dem Ende des Zweiten Weltkriegs, als die USA sich auf dem Höhepunkt ihrer Macht befanden und die US-Hegemonie sich konsolidierte, waren bewaffnete Konflikte relativ selten. Mit dem Machtzuwachs der Sowjetunion in den 1960er Jahren und der damit einhergehenden Machtdiffusion stieg die Zahl der bewaffneten Konflikte an, um in der Entscheidungs- und Umbruchsphase des Hegemonialkonflikts in der Mitte der 1980er Jahre ihren Höhepunkt zu erreichen. Mit dem Scheitern der sowjetischen Herausforderung und der Konsolidierung der neuen amerikanischen Vormachtstellung verringerte sich die Zahl der bewaffneten Konflikte in den 1990er Jahren erneut.

Realistische Erklärung der Kriegshäufigkeit

Aus liberaler Sicht entspricht das Kriegsgeschehen den Wellen der Demokratisierung im internationalen System. Der Zuwachs von Demokratien mündet in einen Rückgang von Kriegen – allerdings mit zeitlicher Verzögerung, weil Demokratisierung häufig von Gewalt begleitet wird. In der Tat deckt sich die frühe Phase geringer Kriegshäufigkeit mit der Demokratisierungswelle nach dem Zweiten Weltkrieg. Mit deren Ende in den 1960er Jahren stieg auch die Kriegshäufigkeit an. Der Rückgang der bewaffneten Konflikte seit Mitte der 1980er Jahre korrespondiert schließlich mit einer erneuten Demokratisierungswelle.

Liberale Erklärung

Für den Rückgang des Staatenkrieges nach dem Zweiten Weltkrieg lassen sich zahlreiche Faktoren anführen, die sich durchaus ergänzen und wechselseitig verstärken: das bipolare Staatensys-

Rückgang des Staatenkriegs

tem und die nukleare Abschreckung aus realistischer Perspektive, die abnehmende Funktionalität des Krieges und das Wachstum internationaler Institutionen aus Sicht des Institutionalismus, die zunehmende transnationaler Vernetzung (Transnationalismus), die Demokratisierung (Liberalismus) und die normative, völkerrechtliche Ächtung des Krieges (Konstruktivismus). Gegen den Bürgerkrieg wirken diese Faktoren nicht – eventuell verlagert oder beschränkt sich die Gewalt sogar auf den innerstaatlichen Bereich, weil zwischenstaatliche Kriege zu kostspielig, wenig aussichtsreich und schwer zu legitimieren sind.

Ursachen der Bürgerkriege Die Zunahme des Bürgerkriegs erklärt der Realismus ebenfalls mit Machtdiffusion – nun allerdings mit der Schwäche des Staats. Der Anstieg innerstaatlicher Kriege seit den 1960er Jahren hängt aus dieser Perspektive eng mit der Entkolonialisierung zusammen. Sie hinterließ vielfach schwache und umkämpfte Staatsgebilde. In ähnlicher Weise wirkte die Auflösung der Sowjetunion. James Fearon und David Laitin (2003) haben diese Erklärung von Bürgerkriegen weiterentwickelt. Sie sehen die Hauptursache in Bedingungen, die bewaffnete Aufstände durch kleine, leichtbewaffnete Gruppen begünstigen, welche von einer ländlichen Basis aus mit Guerillataktiken vorgehen. Die Ziele dieser Gruppen sind vielfältig. Entscheidend für den Ausbruch von Bürgerkriegen ist, dass erst die Schwäche des Staates – seine Unfähigkeit, wirksam gegen die Aufständischen vorzugehen – den bewaffneten Kampf aussichtsreich erscheinen lässt. Eine andere aktuell tonangebende Erklärung stammt von David Collier und Anke Hoeffler (2004). Sie betonen die ökonomischen Voraussetzungen für profitable und erfolgreiche Rebellionen. Demnach ist der Ausbruch von Bürgerkriegen besonders wahrscheinlich, wenn ein Land reich an Bodenschätzen ist, deren Kontrolle und Ausbeutung für die Rebellen attraktiv ist; die Rebellen finanzielle Unterstützung aus dem Ausland erhalten; und die Kosten der Rebellion gering sind.

3.2 Der lange und der demokratische Frieden

Kann es im internationalen System Frieden geben, der über eine zeitweilige Waffenruhe hinausgeht? Die Forschung glaubt, zumindest zwei Inseln des dauerhaften Friedens identifiziert zu haben. Mit dem „langen Frieden" oder Großmachtfrieden meint man die Beobachtung, dass es seit 1945 keine direkte militärische Auseinandersetzung zwischen Großmächten mehr gegeben hat – eine in historischer Perspektive ungewöhnlich lange Zeitspanne (vgl. Kegley 1991). Der „demokratische Frieden" thematisiert den Befund, dass demokratische Staaten untereinander keine Kriege führen. Die Analyse dieser Friedensphänomene steht in enger Beziehung zu jeweils einer Theorie der internationalen Politik. Während der lange Frieden in erster Linie aus realistischer Perspektive untersucht und erklärt wird, ist der demokratische Frieden ein zentraler Befund und Gegenstand der liberalen Theorie.

Der Realismus führt Unterschiede und Veränderungen in der internationalen Politik vorrangig auf zwei variable Strukturen zurück: die Machtstruktur und die Technologie. Beide bieten einen Ansatzpunkt zur Erklärung des langen Friedens, weil das Jahr 1945 sowohl den Übergang von einer multipolaren zu einer bipolaren Machtstruktur als auch den Beginn des nuklearen Zeitalters markierte. Die technologische Erklärung ist allerdings klarer bestimmt als die machtstrukturelle. Während in einem bipolaren System lediglich *weniger* Großmachtkriege zu erwarten sind als in einem multipolaren, kann die Technologie erklären, warum es zwischen nuklear bewaffneten Großmächten zu *überhaupt keinen* Kriegen kommt. Der Großmachtfrieden

Dass Demokratien keine Kriege gegeneinander führen, ist wahrscheinlich das einzige empirische Gesetz der Internationalen Beziehungen. Hinter diesem Gesetz steckt jedoch ein doppelter Befund. Während Demokratien untereinander friedlich sind, sind sie nicht an sich friedlicher als andere Staaten. Demokratien sind genauso wahrscheinlich in Kriege verwickelt sind wie Nicht-Demokratien – und zwar keineswegs lediglich als die angegriffenen Staaten. Kriege zwischen demokratischen und nicht-demokratischen Staaten sind wahrscheinlicher als solche zwischen nicht-demokratischen Staaten, und in diesen Kriegen sind Demokratien eher die Angreifer als die Opfer eines Angriffs. Mit diesem Doppelbefund muss eine überzeugende Erklärung des demokratischen Friedens zurechtkommen. Der Doppelbefund des demokratischen Friedens

Die klassischen liberalen Erklärungen, die den demokratischen Frieden einfach auf Merkmale von Demokratien zurückführen – vor allem auf die demokratische Norm der gewaltlosen Konfliktbearbeitung oder die Entscheidungsträgheit und Transparenz demokratischer Systeme – können zwar erklären, warum Demokratien untereinander friedlich sind, nicht aber, warum sie keineswegs friedlicher sind als andere Staaten. Hierzu bedarf es einer „systemischen Ergänzung" der subsystemischen liberalen Theorie. Liberale Erklärungen

Die konstruktivistische Ergänzung führt den Faktor Identität ein: Demokratien konstruieren andere Demokratien als Teil der Systemische Ergänzungen eigenen Wertegemeinschaft und als Freunde, Nicht-Demokratien hingegen als „Andere" oder gar als Feinde. Gegenüber Nicht-Demokratien fühlen sich Demokratien daher nicht an die eigenen Normen des gewaltlosen Konfliktaustrags gebunden – sie gelten nur für die eigene Gemeinschaft. Mehr noch: Weil Nicht-Demokratien die eigenen politischen Normen so eklatant verletzen, verhalten sich Demokratien ihnen gegenüber sogar besonders aggressiv (Risse-Kappen 1995). Eine andere Ergänzung schlagen Bruce Bueno de Mesquita et al. (1999) vor. Sie argumentieren, dass demokratische Regierungen nur Kriege führen, wenn sie erwarten zu gewinnen, weil sie sonst ihre Abwahl fürchten; und wenn sie Krieg führen, dann mit vollem Mitteleinsatz, um auch wirklich zu siegen. Aus diesen Gründen wären Kriege zwischen Demokratien äußerst kostspielig (und das Risiko für den Verlierer extrem hoch), so dass demokratische Regierungen vor ihnen zurückschrecken. Sofern sich Kriege lohnen und einfach zu gewinnen scheinen, sind Demokratien aber nicht prinzipiell abgeneigt. Zwischen starken und schwachen Demokratien kommt es nur deshalb nicht zum Krieg, weil schwache Demokratien das Risiko einer Niederlage fürchten und vor Kriegsausbruch einlenken. Die Rolle von internationalen Institutionen für den demokratischen Frieden heben hingegen Andreas Hasenclever und Brigitte Weiffen (2006) hervor. Internationale Institutionen helfen dabei, das Sicherheitsdilemma zwischen Staaten zu überwinden. Da sie zwischen demokratischen Staaten besonders dicht und stark sind, sind sie hier auch weitaus wirksamer als zwischen Demokratien und Nicht-Demokratien.

3.3   Internationale Kooperation: das Handelsregime

Trends der Institutionalisierung

Die Entwicklung der internationalen Beziehungen ist von einer dynamischen Entwicklung internationaler Institutionen gekennzeichnet. Seit der zweiten Hälfte des 19. Jahrhunderts hat die Zahl internationaler Verträge kontinuierlich zugenommen, und auch die Anzahl internationaler Organisationen und ihrer Mitgliedstaaten hat sich in mehreren Gründungswellen in der gleichen Zeit stark vergrößert. Neben das quantitative Wachstum internationaler Verträge und Organisationen ist in jüngster Zeit verstärkt deren qualitatives Wachstum getreten. Die „Verrechtlichung" internationaler Regime und Organisationen lässt sich unter anderem an der Streitbelegung durch internationale Gerichte, den vermehrten Sanktionsmöglichkeiten durch internationale Organisa-

tionen und der Beteiligung von Individuen und Nichtregierungs-
organisationen an den Regimeverfahren ablesen.

Beispielhaft lässt sich die Verrechtlichung am internationalen
Handelsregime des GATT (*General Agreement on Tariffs and Trade*)   Vom GATT...
zeigen. Durch das GATT wurde 1948 ein multilaterales Handelsregime auf der Basis von wechselseitiger Nichtdiskriminierung
und Handelsliberalisierung geschaffen. Es erstreckte sich allerdings anfangs fast nur auf die Senkung von Zöllen auf Industriegüter. Später kamen „nicht-tarifäre Handelshemmnisse" (wie
Produktstandards) hinzu – allerdings auf freiwilliger Basis. Außerdem hatte das GATT eine schwache Organisation. Das Sekre-
tariat des GATT besaß nur geringe autonome Kompetenzen, und
die Verfahren der Streitbeilegung konnten jederzeit von einzelnen
Staaten blockiert werden.

1994 kam es nicht nur zu einer umfassenden Revision des
GATT-Vertrags, sondern auch zur Gründung der internationalen
Handelsorganisation, der WTO (*World Trade Organization*). Das   ...zur WTO
neue GATT brachte zum einen eine Verbreiterung der Handels-
regulierung: zum Handel mit Industriegütern kam der Handel mit
Dienstleistungen (GATS) und der Schutz geistiger Eigentumsrechte (TRIPS) hinzu. Insbesondere das TRIPS-Abkommen war eine
bedeutende Neuerung, weil das GATT damit über die Beseitigung
nichttarifärer Handelshemmnisse hinaus in die innerstaatliche
Domäne der Regulierung von Eigentumsrechten eingriff. Darüber
hinaus kamen die Mitgliedstaaten überein, den Handel mit Agrar-
produkten und Textilien in das GATT zu integrieren. Zum anderen
mussten die Mitgliedstaaten nun sämtliche GATT-Regeln verbindlich akzeptieren und umsetzen. Schließlich wurde der Überwa-
chungs- und Streitbeilegungsmechanismus deutlich gestärkt. Mitgliedstaaten können sich dem Streitschlichtungspanel, seinem
Urteil und seinen Sanktionen nicht mehr entziehen. Die ausge-
weiteten und verrechtlichten Regimeregeln gelten für inzwischen
164 Staaten (bei 23 Gründungsmitgliedern des GATT).

Die Entwicklung des internationalen Handlungsregimes reflek-   Nord-Süd-Konflikt
tiert auch den Wandel der Handelskonzeptionen zwischen den In-
dustrie- und den Entwicklungsstaaten. So wandten sich in den
1970er Jahren viele Entwicklungsländer gegen eine weitere Liberalisierung des Weltmarktes und verfochten innerhalb der UNC-
TAD eher protektionistische Vorstellungen sowie Garantiepreise bei
Rohstoffen. In der aktuell laufenden Verhandlungsrunde zur Regelung des Welthandels werden nun dagegen die bestehenden protektionistischen Haltungen der führenden OECD-Länder (USA, EU,
Japan) kritisiert und freier Marktzugang gefordert. Allerdings gilt

dies nur für die konkurrenzfähigen Schwellenländer (wie Brasilien, Indien, China), während andere – vor allem afrikanische Länder – größere Wohlfahrtsverluste durch zunehmenden Freihandel befürchten (vgl. dazu den Beitrag von Jörg Faust in diesem Band).

Institutionalistische Erklärung der Regimeentwicklung: Spillover

In institutionalistischer Perspektive führt anfängliche Interdependenz zur Etablierung internationaler Institutionen, die weitere Interdependenz schaffen oder ermöglichen, die wiederum durch eine Stärkung der Institutionen bearbeitet wird. Insbesondere wirkt hierbei der Mechanismus des *Spillover* (wörtlich: „Überschuss" oder „Überschwappen"). Werden Interdependenzen in einem Politikbereich A erfolgreich reguliert, so führt dies zu einer Nachfrage nach weiterer Institutionalisierung, sofern die Effizienzgewinne aus der Regulierung von A suboptimal bleiben, wenn nicht auch der Politikbereich B reguliert wird oder die Regulierung von A negative Auswirkungen auf B hat und B daher auch kollektiv reguliert werden muss.

Verbreiterung des Handelsregimes

Nachdem die Zölle auf Industriegüter im GATT weitgehend liberalisiert waren, erwiesen sich andere Schutzmaßnahmen wie nicht-tarifäre Handelshemmnisse oder Quotenregelungen als die bedeutenderen Hindernisse für freien Handel. Dadurch entstand eine verstärkte Nachfrage nach einer Regulierung und Liberalisierung nicht-tarifärer Schutzmaßnahmen. Durch die Liberalisierung verändern sich weiterhin die Interessen der Staaten. Sie stärkt die exportorientierten und wettbewerbsfähigen Bereiche der Wirtschaft und führt dazu, dass die nicht wettbewerbsfähigen Bereiche unter dem Druck billiger Importe schrumpfen. In der Folge erhöht sich das Interesse der Staaten an weiterer Liberalisierung, um den exportstarken Wirtschaftssektoren noch bessere Bedingungen zu schaffen, und verringert sich der Widerstand gegenüber einer Liberalisierung nicht-wettbewerbsfähiger Sektoren. So erklärt sich, warum sich die Regulierung im GATT auf Landwirtschaft und Textilien ausgedehnt hat, bei denen zunächst die protektionistischen Interessen stärker waren als die Liberalisierungsinteressen.

Mitgliederzuwachs

Auch der enorme und anhaltende Mitgliederzuwachs kann durch Spillover erklärt werden: Wird in einem großen Teil der Welt der Handel liberalisiert, so entstehen für exportorientierte Unternehmen günstige Bedingungen. Sie investieren also bevorzugt dort, wo die Handelsschranken niedrig sind. Weil Handels- und Investitionsströme daher an Ländern mit hohen Handelsschranken zunehmend vorbeilaufen, sehen diese sich gezwungen, ihren Handel ebenfalls zu liberalisieren, um keine Wohlfahrtsverluste zu erleiden.

Verrechtlichung

Die Verrechtlichung des GATT lässt sich in dieser Perspektive schließlich auf wachsende Komplexität und Risiken zurückführen. Erstens wurde das Handelsregime durch die zunehmende Zahl von Abkommen unter seinem Dach immer komplexer. Zweitens wuchs mit der Zahl der Mitglieder nicht nur die Heterogenität der Interessen, sondern es wurde für die Mitglieder auch immer unübersichtlicher zu erkennen, wer sich an die Regeln hielt und wer nicht. Da drittens der Anteil des Handels an der wirtschaftlichen Aktivität der Staaten und an ihrer Wertschöpfung immer weiter zunahm, stand für die Mitglieder des GATT immer mehr auf dem Spiel. Je wichtiger der Handel für die Wohlfahrt eines Staates ist, desto größer ist sein Interesse, dass die Regeln auch tatsächlich von allen Handelspartnern eingehalten werden. Die Verringerung der Flexibilität der GATT-Regeln und ihre stärker zentralisierte Überwachung und Sanktionierung waren in dieser Situation funktional.

Internationale Kooperation: das Menschenrechtsregime   3.4

Beim globalen Menschenrechtsschutz ist eine ähnliche Entwicklung zu beobachten wie beim Welthandel. Zum einen sind die anfänglich rechtlich nicht bindenden Bestimmungen (vor allem die Allgemeine Erklärung der Menschenrechte von 1948) durch rechtlich bindende Verträge (wie die Internationalen Menschenrechtspakte von 1966) ersetzt worden. Auch hat sich eine wachsende Zahl von Staaten diesen Verträgen angeschlossen (etwa 160). Zum anderen sind die Verfahren des Menschenrechtsschutzes immer stärker von den Staaten unabhängig und Gerichtsverfahren ähnlicher geworden. Es wurden individuelle oder Gruppenbeschwerden gegen massive staatliche Menschenrechtsverletzungen zugelassen. Darüber hinaus können die Vereinten Nationen auch selbst Untersuchungen über einzelne Länder in Auftrag geben. 1998 wurde schließlich das Statut des Internationalen Strafgerichtshofs verabschiedet, der bei Völkermord, Kriegsverbrechen und Verbrechen gegen die Menschlichkeit tätig wird.

Regimeentwicklung

Anders als beim Welthandel lässt sich diese Entwicklung institutionalistisch allerdings nur unzureichend erklären, da es weder eine funktionale Notwendigkeit zur internationalen Kooperation (analog zum Marktversagen) noch wirksame internationale Reziprozität (analog zu Schutz- und Strafzöllen) gibt. Die Menschenrechte betreffen allein das Verhältnis zwischen einem Staat und den Menschen, die in seinem Herrschaftsgebiet leben. Ein Staat, der die Menschenrechte achten will, muss sich nur selbst darauf verpflichten und die notwendigen innerstaatlichen Regeln und

Rätsel für den Institutionalismus

Verfahren schaffen. Er braucht dazu weder die Unterstützung anderer Staaten, noch spielt es eine Rolle, wie andere Staaten sich auf ihrem Territorium verhalten. Es bringt diesem Staat auch keinen eigenen Nutzen, sich für Menschenrechte in anderen Staaten einzusetzen. Wenn er die Menschenrechtssituation in einem autoritären Staat anprangert und die Opfer von Menschenrechtsverletzungen dort unterstützt, so trägt er dafür die Kosten. Im Fall des Erfolgs haben den Nutzen aber die Menschen im autoritären Staat. Schließlich kann er dem autoritären Staat Menschenrechtsverletzungen nicht in gleicher Münze heimzahlen (wie das bei protektionistischen Verletzungen des Freihandels möglich ist). Wenn er als Reaktion auf Demonstrationsverbote im autoritären Staat ebenfalls Demonstrationen verbietet, so hat der regelverletzende Staat davon keinen Schaden, sondern fühlt sich allenfalls in seinem Verhalten bestätigt.

Konstruktivistische Erklärung

Der Konstruktivismus führt die Entwicklung internationaler Kooperation demgegenüber nicht auf die Funktionalität, sondern auf die Legitimität internationaler Normen und Regeln zurück. Demnach spiegelt das globale Menschenrechtsregime eine internationale Kultur wieder, in der Menschenrechte eine hohe Legitimität genießen und ein wichtiger Bestandteil der Identität einer internationalen Gemeinschaft sind. Die Verankerung des Menschenrechtsschutzes in der Charta der Vereinten Nationen speiste sich wesentlich aus der historischen Erfahrung des Nationalsozialismus und verdankt sich der führenden Rolle westlicher Staaten bei der Gestaltung der Nachkriegsordnung. Für sie ist die Förderung der Menschenrechte jenseits eigennütziger Motive Ausdruck ihrer Kultur und Identität. Sobald die Förderung der Menschenrechte aber einmal als Aufgabe der Vereinten Nationen festgeschrieben war, musste jeder Staat, um international anerkannt zu sein und Mitglied der Weltorganisation zu werden, seinerseits die Menschenrechte prinzipiell anerkennen. Damit erklärt der Konstruktivismus, warum auch Staaten, die kein eigenes Interesse an den Menschenrechten besitzen, aber nach internationaler Anerkennung streben, den internationalen Menschenrechtsnormen zumindest verbal und auf dem Papier Tribut zollen. Um ihre internationale Legitimität zu erhöhen, unterzeichnen sie auch rechtlich bindende Menschenrechtskonventionen.

Sie versuchen allerdings gleichzeitig, sich einer wirksamen internationalen Überwachung ihrer Herrschaftsausübung zu entziehen. Daraus ergibt sich die Diskrepanz zwischen der breiten und weithin anerkannten rechtlichen Kodifizierung der Menschenrechte und den bruchstückhaften und weithin zahnlosen

Verfahren, die den internationalen Menschenrechtsschutz auszeichnet. Die tatsächliche Durchsetzung der Menschenrechte
bleibt hinter ihrer formalen Anerkennung weit zurück.

Regionale Integration: die Europäische Union   3.5

Eine besondere Entwicklung in der internationalen Politik stellt
die europäische Integration dar. Mit ihr stoßen wir allerdings bereits in den Grenzbereich von zwischenstaatlicher und innerstaatlicher Politik vor. In keiner anderen internationalen Organisation
ist die Überwindung der internationalen Anarchie weiter fortge-
schritten: in vielen Politikbereichen haben die Mitgliedstaaten ihre
souveränen Kompetenzen an supranationale Organe delegiert
oder üben sie zumindest gemeinsam statt autonom aus. Das gilt
vor allem für den Binnenmarkt, die Handelspolitik und die Wäh-
rungspolitik. Nach den Grundsätzen der Direktwirkung und des
Vorrangs des europäischen Rechts gelten europäische Regeln in
den Mitgliedstaaten auch dann, wenn sie nicht ausdrücklich in
nationales Recht überführt worden sind, und gehen ihnen entge-
genstehenden nationalen Regeln vor. Die supranationalen Organe
der EU – u.a. Kommission, Parlament und Gerichtshof – besitzen
vertraglich garantierte, von den Regierungen der Mitgliedstaaten
unabhängige Kompetenzen im europäischen Gesetzgebungspro-
zess sowie bei der Umsetzung und Durchsetzung europäischer
Regeln. Andererseits fehlen der EU typische Attribute des Staates.
Die EU besitzt kein Gewaltmonopol – weder nach innen durch eine
europäische Polizei noch nach außen durch eine europäische Ar-
mee. Sie besitzt keine Steuerhoheit und auch sonst kaum eigenständige Einnahmen. Ihre „Verfassung" beruht im Wesentlichen
auf internationalen Verträgen, deren Veränderung stets von allen
Mitgliedstaaten vereinbart und ratifiziert werden muss: ein einheitlicher europäischer Volkssouverän existiert nicht.

Zwischen internationaler Organisation und quasi-staatlichem Gebilde

Entsprechend variiert auch die Untersuchung der EU zwischen
Konzepten und Theorien der Internationalen Beziehungen und
solchen der vergleichenden Analyse politischer Systeme. In dieser
Arbeitsteilung sind die Integrationstheorien, die aus den Internationalen Beziehungen kommen, in erster Linie für die Erklärung
der konstitutionellen Veränderungen und Entwicklungsschritte
der europäischen Integration zuständig: die Übertragung von
politischen Kompetenzen vom Staat auf die EU in immer mehr
Politikfeldern („Vertiefung") und die Ausdehnung der EU von ursprünglich sechs auf aktuell 27 Mitgliedstaaten („Erweiterung").

Integrations-theorien:

Die zentrale theoretische Auseinandersetzung wird hier zwischen Intergouvernementalismus und Supranationalismus geführt.

Intergouvernementalismus

Die bedeutsamste Variante des Intergouvernementalismus, Andrew Moravcsiks „liberaler Intergouvernementalismus" (1998) speist sich aus liberalen und institutionalistischen Theorieelementen. Für Moravcsik ist die europäische Integration ein Instrument zur Bewältigung internationaler Interdependenz. Durch Integration können die für sich genommen kleinen und schwachen europäischen Staaten zum einen ihre Autonomie und ihre Wohlfahrt erhöhen. Zum anderen sorgt die Übertragung von Kompetenzen auf supranationale Organe dafür, dass die europäischen Regeln von allen Mitgliedstaaten eingehalten werden müssen. In den Integrationsverhandlungen versuchen die Regierungen in erster Linie die wirtschaftlichen Interessen mächtiger gesellschaftlicher Interessengruppen durchzusetzen. Inwieweit ihnen das gelingt, hängt von ihrer Verhandlungsmacht ab. In jedem Fall bleibt die europäische Integration unter der Kontrolle der Mitgliedstaaten. Dass die EU sich nicht zum Bundesstaat entwickelt, liegt aus dieser Perspektive daran, dass die Mitgliedstaaten zentrale staatliche Funktionen (wie das Gewaltmonopol oder die Steuerhoheit) nicht aus der Hand geben wollen.

Supranationalismus

Der Supranationalismus (vgl. Stone Sweet/Sandholtz 1997) behauptet demgegenüber, dass die europäische Integration eine Eigendynamik entwickelt, die sich der Kontrolle der Staaten entzieht. Dazu zieht er institutionalistische, transnationalistische und konstruktivistische Theoriebausteine heran. Zum einen sorgt *Spillover* (vgl. Kap. 3.3) dafür, dass immer mehr Politikbereiche integriert werden und immer mehr Staaten ein Interesse am Beitritt haben. Zum anderen nutzen die supranationalen Organe zusammen mit transnationalen Netzwerken ihre Spielräume, um die Integration zu vertiefen. Aus konstruktivistischer Perspektive schließlich setzt die Integration Sozialisationsprozesse in Gang, die für eine zunehmend europäische Identität der beteiligten Akteure sorgen. So erklärt der Supranationalismus, dass die Kompetenzen der EU im Zeitverlauf stark zugenommen haben und über diejenigen anderer internationaler Organisationen deutlich hinausgehen.

4. Perspektiven

Von der ungezügelten Souveränität...

In der Vergangenheit stand das Problem der Einhegung ungezügelter staatlicher Souveränität im Mittelpunkt theoretischer und praktischer Reflexion der internationalen Politik. Weltkriege, Atomwaffen, Imperialismus, Weltwirtschaftskrise und totalitäre Regime standen für exzessive staatliche Machtentfaltung, die unter den Bedingungen internationaler Anarchie ein höchstmögliches Maß an Unsicherheit, Ineffizienz und Unfreiheit verursachte. Nach dem Ende des Zweiten Weltkrieges kam daher die Errichtung einer Weltordnung zur Verhinderung eines neuerlichen Weltkriegs, einer neuerlichen Weltwirtschaftskrise und neuerlicher Völkermorde ganz oben auf die internationale Tagesordnung.

Zumindest in den Ländern des „Westens" hat die staatliche Souveränität seitdem jedoch ihren Schrecken weitgehend eingebüßt. Der dauerhafte Frieden zwischen den vormals verfeindeten europäischen Staaten wird weithin als Selbstverständlichkeit empfunden. Die Märkte sind wechselseitig geöffnet. Mit der Verbreitung von liberaldemokratischen Staaten ist die staatliche Herrschaft zivilisiert worden.

gebändigte Souveränität...

Viele Gefahren und Herausforderungen, die im Westen aktuell im Mittelpunkt der internationalen Politik stehen, lassen sich eher darauf zurückführen, dass die staatliche Souveränität – teils gewollt, teils ungewollt – geschwächt wurde. Nicht Staatenkriege, sondern Bürgerkriege in zerfallenden Staaten und der internationale Terrorismus, der ohne eine klar zurechenbare staatliche Basis operiert, sind die vorherrschenden Sicherheitsprobleme. Nicht Imperialismus und Protektionismus, sondern die „Globalisierung", das Wachstum von grenzüberschreitenden Wirtschaftsprozessen, die sich politischer Kontrolle und Steuerung entziehen, stellt die zentrale Herausforderung für die internationale Wirtschaftspolitik dar. Schließlich tauchen mit der Verlagerung relevanter politischer Entscheidungen aus dem demokratisierten nationalstaatlichen Kontext auf die mit Demokratiedefiziten behaftete internationale Ebene neue Freiheitsprobleme auf. In diesem Kontext stellt sich der internationalen Politik weniger das Problem der Einhegung ungezügelter staatlicher Souveränität. Vielmehr geht es darum, die entwertete staatliche Souveränität zu kompensieren und politische Gestaltungsfähigkeit im Rahmen internationaler Kooperation und Organisationen wiederherzustellen.

...zur entwerteten Souveränität

Dabei darf man jedoch nicht vergessen, dass die „alten" Anarchieprobleme in vielen Teilen der Welt immer noch aktuell sind. Dies wird drastisch deutlich, wenn man Europa etwa mit dem Vorderen Orient und Ostasien vergleicht – und mit den zwischenstaatlichen Sicherheitsproblemen, Rüstungswettläufen, ökonomischen Rivalitäten und Ressourcenkonflikten sowie den undemokratischen und menschenrechtsverletzenden Regimes, die in diesen Regionen nach wie vor dominieren. Die Bedingungen, die von den

Nebeneinander von Friedens- und Konfliktzonen

Theorien der internationalen Politik als Anarchie eindämmende Faktoren genannt werden, treten hoch konzentriert in den Friedens- und Stabilitätszonen der Welt auf: zahlreiche und starke internationale Institutionen, ein hohes Maß an transnationaler Verflechtung, stabile Demokratien und eine Kultur der Freundschaft. In den Konfliktzonen verdichten sich hingegen die Bedingungen einer uneingeschränkten internationalen Anarchie: keine oder schwache internationale Institutionen, geringe transnationale Verflechtung, undemokratische Regime und eine Kultur der Feindschaft.

Das Nebeneinander von Friedens- und Konfliktzonen und von ungezügelter und entwerteter Souveränität bringt mit sich, dass alle Probleme und Theorien der internationalen Politik nach wie vor relevant sind.

Aktuelle Entwicklungen ziehen außerdem den Befund der „gebändigten Souveränität" auch im Westen in Zweifel. Als Reaktion auf die „entwertete Souveränität" gewinnen globalisierungskritische, populistische Parteien und Programme an Unterstützung, die die liberale Weltordnung offener Märkte und starker internationaler Institutionen in Frage stellen und sich die Rückgewinnung nationaler Souveränität auf die Fahnen geschrieben haben. Die Präsidentschaft Donald Trumps in den USA und der „Brexit" sind prominente Beispiele für diese Tendenz.

Literatur

Annotierte Auswahlbibliografie
Ausführlichere Überblicke über die Theorien der internationalen Politik bieten Krell (2009) und Schieder/Spindler (2010), wobei Krell die wichtigsten Großtheorien behandelt, während der Sammelband von Schieder und Spindler auch zahlreiche Beiträge zu spezifischeren theoretischen Ansätzen enthält. Schimmelfennig (2017) folgt dem Aufbau dieses Kapitels: Zunächst werden die Großtheorien der IB vorgestellt und anschließend in unterschiedlichen Beziehungs- und Problemfeldern der internationalen Politik angewendet und überprüft. Das *Handbook of International Relations* (Carlsnaes/Risse/Simmons 2012) enthält Artikel über Theorien, Gegenstände und Politikbereich der internationalen Politik, die den aktuellen Forschungsstand aufarbeiten.

Weiterführende Literatur
Bueno de Mesquita, Bruce/Morrow, James/Siverson, Randolph/Smith, Alastair (1999): An Institutional Explanation of the Democratic Peace, in: American Political Science Review 93 (4), S. 791-807.

Carlsnaes, Walter/Risse, Thomas/Simmons, Beth A. (2012): Handbook of International Relations, London, 2. Aufl.

Collier, Paul/Hoeffler, Anke (2004): Greed and Grievance in Civil War, in: Oxford Economic Papers 56, S. 563-595.

Deutsch, Karl W. et al. (1957): Political Community and the North Atlantic Area: International Organization in the Light of Historical Experience, Princeton/NJ.

Fearon, James D./Laitin, David D. (2003): Ethnicity, Insurgency, and Civil War, in: American Political Science Review 97 (1), S. 75-90.

Gleditsch, Nils Petter et al. (2002): Armed Conflict 1946-2001: A New Dataset, in: Journal of Peace Research 39 (5), S. 615-637.

Hasenclever, Andreas/Weiffen, Brigitte (2006): International Institutions are the Key: a New Perspective on the Democratic Peace, in: Review of International Studies 32 (4), S. 563-585.

Kegley, Charles W. Jr. (Hrsg.) (1991): The Long Postwar Peace. Contending Explanations and Projections, New York.

Keohane, Robert O. (1984): After Hegemony. Cooperation and Discord in the World Political Economy, Princeton.

Keohane, Robert O./Nye, Joseph S. (1977): Power and Interdependence: World Politics in Transition, New York.

Krell, Gert (2009): Weltbilder und Weltordnung. Einführung in die Theorie der Internationalen Beziehungen. 4. Aufl., Baden-Baden.

Moravcsik, Andrew (1997): Taking Preferences Seriously: A Liberal Theory of International Politics, in: International Organization 51(4), S. 513-553.

Moravcsik, Andrew (1998): The Choice for Europe: Social Purpose and State Power from Messina to Maastricht, Ithaca.

Morgenthau, Hans J. (1973): Politics among Nations: The Struggle for Power and Peace, New York.

Risse-Kappen, Thomas (1995): Democratic Peace – Warlike Democracies? A Social Constructivist Interpretation of the Liberal Argument, in: European Journal of International Relations 1(4), S. 491-517.

Rosenau, James N. (1990): Turbulence in World Politics. A Theory of Continuity and Change, Princenton.

Schieder, Siegfried/Spindler, Manuela (Hrsg.) (2010): Theorien der Internationalen Beziehungen, 3. Aufl., Opladen.

Schimmelfennig, Frank (2017): Internationale Politik, 5. Aufl., Paderborn.

Schmidt, Siegmar/Hellmann, Gunther/Wolf, Reinhard (Hrsg.) (2007): Handbuch zur deutschen Außenpolitik, Wiesbaden.

Stone Sweet, Alex/Sandholtz, Wayne (1997): European Integration and Supranational Governance, in: Journal of European Public Policy 4 (3), S. 297-317.

Waltz, Kenneth N. (1979): Theory of International Politics, New York.

Wendt, Alexander (1999): Social Theory of International Politics, Cambridge/Mass.

Klassische und moderne politische Philosophie

Michael Becker

1. Einleitung

Die politische Philosophie, die hier als Teilbereich der Politikwissenschaft vorgestellt wird, war ursprünglich ein Element unter anderen innerhalb umfassender philosophischer Systeme und stand mehr oder weniger gleichberechtigt neben der Ethik, der Erkenntnistheorie und Ontologie, der Logik und der Ästhetik. Ihre Aufgabe bestand in nichts Geringerem, als in Konkurrenz zu bzw. in Nachfolge von theologischen Weltdeutungen Ordnungen menschlichen Zusammenlebens zu rechtfertigen. Diese Aufgabe war von Anfang an deshalb heikel, weil es nicht nur um die Legitimation von Ordnung überhaupt, sondern um die Auffindung der „guten" oder „besten" Ordnung ging und diese Modelle unmittelbar praxisrelevant waren oder zumindest werden konnten. Eine einflussreiche, idealistische Lösung dieser Legitimationsaufgabe bestand in dem Nachweis unveränderlicher, „ewiger" Ideen oder apriorischer Prinzipien im Rahmen einer „Metaphysik" – verstanden als eine Wissenschaft, die sich mit den nicht empirisch fassbaren Grundlagen menschlicher Erkenntnis oder zwischenmenschlicher Ordnung beschäftigt.

Aufgabe der politischen Philosophie

Die Position der „Königin der Wissenschaften" hat die Philosophie einerseits zwar verloren, sie wird jetzt gelegentlich als „Platzhalter" gehandelt, als Refugium, in dem von vernünftigen Grundannahmen aus Modelle entwickelt werden, die dann einer empirischen Überprüfung unterzogen werden müssen. Andererseits ist jedoch anhand zeitgenössischer Theorieentwürfe erkennbar, dass die politische Philosophie sich zu einer weitgehend eigenständigen Teildisziplin mit zum Teil äußerst komplexen Modellen emanzipiert hat.[1]

---

[1] Man kann die politische Philosophie von der politischen Theorie durch die Annahme unterscheiden, dass erstere *normative* Kriterien für eine politische Ordnung vorgibt und damit Empfehlungen ausspricht, wie diese gerechterweise beschaffen sein *soll*, während letztere rein *deskriptiv* verfährt. Diese Annahme lässt sich zwar nicht generell durchhalten, weil es z.B. auch eine normative politische Theorie gibt, wird aber bei der in diesem Band vorgenommenen Trennung zwischen „Theorie" und „Philosophie" aus pragmatischen Gründen vorausgesetzt. Sie soll keinesfalls dazu verleiten, die „Deskriptivität" der politi-

Im Folgenden werden diejenigen Themen vorgestellt, die im Übersicht
Zentrum der politischen Philosophie stehen und z. T. auch aus
einem Alltagskontext heraus vertraut sein dürften.
Als Erstes sei der Begriff der „Herrschaft" im Hinblick auf die
„Demokratie" untersucht. Der Begriff „Demokratie" taucht u. a.
an ganz prominenter Stelle, nämlich in Art. 20 Abs. 1 des Grundgesetzes auf. Dort wird die Bundesrepublik Deutschland als demokratischer (und sozialer) Bundesstaat qualifiziert und in Art.
20 Abs. 2 GG wird dazu näher ausgeführt: „Alle Staatsgewalt geht
vom Volke aus." Durch diese Festlegung auf den Grundsatz der
Volkssouveränität entsteht das Problem ihrer Organisation: Die
Prinzipien der Gewaltenteilung, der Mehrheitsregel und der Repräsentation werden relevant. Mit diesen Begriffen und Institutionen sind wir derart vertraut, dass ihre möglicherweise (auch)
problematischen Konsequenzen nur selten ins Blickfeld rücken.
Aber nicht nur diese Prinzipien, sondern auch der all dies überwölbende Grundsatz der Herrschaft des Volkes muss gerechtfertigt werden, soll Demokratie nicht bloß als historische Zufälligkeit
betrachtet werden (Abschnitt 2).
Einen zweiten zentralen Themenkreis innerhalb der politischen Philosophie bilden die Anthropologien oder Modelle des
Menschen. Zu fragen ist in diesem Zusammenhang etwa, wo der
Typus des eigeninteressierten Menschen seine ideellen ‚Wurzeln'
hat, ob er die mittlerweile einzig angemessene Akteurs-Modellie-
rung darstellt und wenn nicht, auf welche Alternativ-Konzepte
sich diejenigen berufen, welche die Entfremdungserscheinungen
in der modernen Gesellschaft kritisieren (Abschnitt 3).
Gleichfalls von grundsätzlicher Bedeutung sind die Fragen
nach der Gerechtigkeit einer weitgehend oder ausschließlich
durch ökonomische Handlungen hergestellten Güterverteilung
innerhalb einer Gesellschaft. Darf der Staat z. B. in das so genannte „freie Spiel der Marktkräfte" eingreifen, soll er die ökonomisch
Schwächeren unterstützen, also z. B. finanzschwache Studierende
durch BAföG (Abschnitt 4)?
Ein vierter ausführlicher zu behandelnder Themenkomplex besteht in der Frage nach dem Verhältnis des liberalen Rechtsstaates
zu jenen gemeinschaftlichen oder gesellschaftlichen Normen, die
ihm immer schon vorausliegen. In diesem Zusammenhang werden wichtige Positionen aus der Liberalismus-Kommunitaris-
mus-Diskussion zu erörtern sein (Abschnitt 5).

---

schen Theorie mit „Modernität" und die „Normativität" der politischen Philosophie mit „Traditionalität" gleichzusetzen.

Hinsichtlich dieses Fragenkatalogs haben sich in der politischen Philosophie fruchtbare Dialoge, aber natürlich auch tief gehende Kontroversen und nicht selten höchst polemische Auseinandersetzungen mit den jeweiligen Vorgängern entwickelt. Aus den vielfältigen Beziehungen der einzelnen Theorien lässt sich, wie zu zeigen sein wird, u. a. zweierlei herauslesen. Erstens lassen sich auch mit „alteuropäischem" Gedankengut zumindest einige moderne Probleme analysieren und Wege zu ihrer Lösung aufzeigen. Und zweitens und damit zusammenhängend: Politische Philosophie verstand sich ursprünglich, und das heißt bei Aristoteles, als eine praktische Disziplin. Als solche ist sie gekennzeichnet durch einen eigenen Gegenstandsbereich und durch ein eigenes Erkenntnisinteresse, das „praktische", das gegenüber dem ebenfalls auf dem Feld des Politischen anzutreffenden „technischen" Erkenntnisinteresse mit guten Gründen zu verteidigen ist.[2]

Relevanz der politischen Philosophie

2. Die Legitimität demokratischer Herrschaft

Klassischer und moderner Demokratiebegriff

Das komplexe Thema der demokratischen Herrschaft lässt sich unter einer ganzen Reihe von Aspekten diskutieren. Eine der klassischen, wenn auch mittlerweile nicht mehr zentralen herrschaftsspezifischen Fragen lautete: Wer soll herrschen? Untersucht man dies ideengeschichtlich, dann fällt auf, dass der Demokratiebegriff – anders als heutzutage – nicht immer positiv bestimmt war. *Platon* (427-347) hat z. B. in seinem Dialog *Der Staat* (oder *Politeia*) die Demokratie als eine „schlechte" Herrschaftsform charakterisiert (Platon 1958: VIII 557a-564e).[3] „Schlecht" ist die Demokratie in den Augen Platons deshalb, weil in ihr jeder Bürger die größtmögliche Freiheit erstrebe, um tun zu können, „was er will". Die Demokratie mache die Unabhängigkeit von Personen und Gesetzen zu ihrem Prinzip und betrachte in dieser Hinsicht alle als gleich. Dieser unbändige Drang nach absoluter Freiheit müsse aber notwendi-

Demokratieauffassungen in der Antike

---

[2] Die angesprochene Eigenständigkeit der politischen Philosophie vertritt z. B. *Hennis* (1981). Zum Konzept der sog. „Einheitswissenschaft" des Kritischen Rationalismus, das diese bestreitet, vgl. die einschlägigen Beiträge von *Karl Popper* und *Hans Albert* in Adorno et al. 1982.

[3] Alle fremdsprachigen Klassiker werden möglichst nach leicht zugänglichen, deutschsprachigen (Taschenbuch-)Ausgaben zitiert. Da diese Übersetzungen nicht immer ganz zuverlässig sind, ist es unumgänglich, zumindest im Falle neusprachlicher Autoren, den betreffenden Text auch in seiner Originalfassung zu studieren.

gerweise in deren Gegenteil, in vollkommene Knechtschaft um-
schlagen – er provoziere geradezu die Entstehung der Tyrannei.
Die Entwicklung der „schlechtesten" oder „ungerechtesten" aus
der „besten" Staatsform ist bei Platon eingebettet in eine Art „negativer Dialektik": Die Deformierung der von ihm – mittels Ideen-
schau – kategorisch als „beste" ausgezeichneten Herrschaftsform,
die in den Varianten der Monarchie und der Aristokratie auftreten
kann, ist maßgeblich bedingt durch den in einem Staat jeweils
vorherrschenden bzw. sich durchsetzenden Menschen- oder „See-
len"-Typus. Sie durchläuft mit der Timokratie, in der sich die ursprünglich durch Tugendhaftigkeit ausgezeichneten Aristokraten
verstärkt materiellen Interessen zuwenden, der Demokratie, in der
vor allem die besitzbezogenen, aber auch alle anderen Unterschiede zwischen den Bürgern eingeebnet werden, und schließlich der
Tyrannis insgesamt vier Stadien mit jeweils abnehmender Güte
von Mensch und Verfassung.

Aristoteles (384-322) hat in seinem Hauptwerk, der *Politik,* diese
Klassifizierung empirisch unterfüttert, indem er die verschiedenen zu seiner Zeit bekannten Verfassungen in sein berühmtes
Sechser-Schema hat einfließen lassen. Dort unterscheidet er, ähnlich wie sein Lehrer Platon, drei „gute", am Gemeinwohl orientierte und drei „schlechte", weil durch den Eigennutz der Herrschenden geprägte Verfassungen. Die Differenzierung erfolgt
außerdem anhand der Zahl der Herrschenden: Entweder herrscht
einer oder es herrschen mehrere oder viele (alle). Daraus ergeben
sich die Gegensatzpaare[4] Monarchie-Tyrannei, Aristokratie-Olig-
archie und Politie-Demokratie. Gemäß dieser Einteilung ist die
Demokratie, wie bei Platon, also eine „schlechte" Herrschaftsform.

Jean-Jacques Rousseau (1712-1778) hat der demokratischen Herrschaft dagegen eine grundsätzlich positive Bedeutung zugewiesen
und damit einen Prototyp des modernen Demokratieverständ-
nisses geschaffen. In seinem *Gesellschaftsvertrag* (Rousseau 1977:   Moderne
Buch I, Kap. 6 u. 7) entwirft er ein Modell direkter Demokratie,   Demokratie als
genauer gesagt der Republik, in dem der Grundsatz der Autono-   Republik
mie zentral ist, also das Prinzip, dass sich das Volk seine Gesetze
selbst gibt. Gesetze werden nicht mehr von einem absoluten Monarchen erlassen, sondern entspringen dem allgemeinen Willen
des Volkes, der „volonté générale". Um diesen feststellen zu kön-

---

4   Zu den verschiedenen Verfassungsschemata und zur Mischverfassung der
     Politie, die dem heutigen Demokratie-Begriff am ehesten entspricht, vgl. *Aris-
     toteles* 1981: 1279a25-1280a5 und 1289a25ff.

nen, bedarf es jedoch einer tatsächlichen Anwesenheit, einer unmittelbaren Partizipation aller Bürger. Und dies ist auch der
Grund, weswegen Rousseaus Republik nach seinem Bekunden
nur in kleinen Staaten Chancen zur angemessenen Realisierung
hat, weil nur dort eine Volksversammlung organisatorisch im Bereich des Möglichen liegt.

Dass das Volk herrschen soll (wenn auch nicht unbedingt im
Sinne Rousseaus): Das bezweifelt heute (fast) niemand mehr. Allerdings bleiben auch für die moderne Demokratie zwei Probleme
bestehen: das der Herrschaftsorganisation (2.1) und das der Rechtfertigung – auch Volksherrschaft muss legitimiert werden (2.2).

2.1   Zur Frage der Herrschaftsorganisation: Gewaltenteilungs- und Repräsentationsprinzip

Aus der von Rousseau selbst vorgenommenen Beschränkung der
direkten Demokratie auf kleine Staaten geht schon hervor, dass
die Organisation demokratischer Herrschaft für große Staaten in
anderer Weise geregelt werden muss: Das Repräsentationsprinzip
kommt ins Spiel. Es wird gleich zu zeigen sein, dass gerade die
Lösung dieser organisatorischen Frage, wie der Souverän zu vertreten sei (b), aber darüber hinaus auch das Prinzip der Gewaltenteilung (a) Anlass geben, über die angemessene institutionelle
Realisierung der Volksherrschaft zu streiten.

Gewaltenteilung in der Antike
(a) Erste Auskünfte über das Gewaltenteilungsprinzip enthält
bereits Aristoteles' Begriff der Politie, den er so verstanden wissen
will, dass in ihr aristokratische und demokratische Herrschafts-
elemente kombiniert sind. In einer solchen Mischverfassung gibt
es ein beratendes, für die Gesetzgebung zuständiges Gremium, in
dem „alle über alles" beraten, während alle Exekutiv-Ämter entweder in der Hand der an Tugend und Tapferkeit Herausragenden
liegen oder durch das Los bestimmt werden. Die Mitgliedschaft in
der Volksversammlung lässt sich als lebenslanges Amt aller freien
Bürger verstehen, während z. B. das Amt eines Feldherren von
seiner Kompetenz abhängt und zudem zeitlich begrenzt ist.

Gewaltenteilung in der Neuzeit
In neuzeitlichen Modellen der Gewaltenteilung kommt ein weiteres Motiv hinzu: das Vertrauen bzw. Misstrauen gegenüber den
Amts- und Machtinhabern. So z. B. bei *John Locke* (1632-1704), der
in seinen *Zwei Abhandlungen über die Regierung*, in Anlehnung an
die politische Praxis in England, zunächst zwei Gewalten unterscheidet (Locke 1977: Buch II, §§ 143ff. und 159ff.): erstens die
Legislativmacht, die grundsätzlich die Bürger innehaben und die

aus Praktikabilitätsgründen auf eine Repräsentativkörperschaft, auf das Parlament, übertragen werden muss, diesem aber im Falle des Missbrauchs jederzeit wieder entzogen werden kann; und zweitens die Exekutivmacht, die zur damaligen Zeit vom König wahrgenommen wurde. Dieser verfügt darüber hinaus über zwei weitere „Gewalten": über die „Föderative", im Sinne der Gestaltungskompetenz für die Außenpolitik, und über die „Prärogative", unter der eine auf Notfälle bezogene Handlungskompetenz des Königs ohne gesetzliche Grundlage zu verstehen ist.

Die Kernidee der Gewaltenteilung übernimmt *Charles de Montesquieu* (1689-1755) in seinem Hauptwerk *Vom Geist der Gesetze* (Montesquieu 1992: Buch XI, Kap. 6). Aber auch dessen Konzept der Gewaltenteilung unterscheidet sich noch von der uns heute bekannten Form. Zwar findet sich bei ihm das in liberalen Rechtsstaaten mittlerweile durchgängig institutionalisierte Dreier-Schema, in dem er neben Legislative und Exekutive auch eine Judikative vorsieht, aber diese ist bei ihm noch keine dauerhafte Einrichtung, sondern tritt nur bei Bedarf zusammen. Die Exekutive liegt in der Hand des Monarchen, und die gesetzgebende Gewalt teilen sich die beiden Kammern des Adels und des Volkes. Bei Montesquieu wird, ähnlich wie bei Aristoteles, deutlich, dass das Konzept der Gewaltenteilung ursprünglich auch mit der Heterogenität der Gesellschaft zusammenhängt: Die verschiedenen politischen Gewalten im Staat wurden auf die unterschiedlichen Gesellschaftsschichten oder -klassen (Adel und Volk) verteilt, in der Absicht, keine von beiden ein zu großes Übergewicht erlangen zu lassen.

Was nun die zeitgenössische Kritik der Gewaltenteilung angeht, so setzt z.B. diejenige von *Ingeborg Maus* an der in der Verfassung der USA enthaltenen Form an. Denn diese basiere auf dem Prinzip der „wechselseitigen Kontrolle teilsouveräner Staatsapparate, die sich insgesamt gegenüber dem Volkswillen verselbständigen" (Maus 1992: 230). Kritisiert werden die starke Stellung des amerikanischen Supreme Court einerseits und das präsidentielle Veto andererseits. Beide Institutionen erscheinen *Maus* deshalb als bedenklich, weil sie jederzeit die Souveränität des Parlaments (des Kongresses) einschränken können, indem sie formal korrekte Gesetze blockieren. Generell sei festzuhalten, dass in einem präsidentiellen Regierungssystem wie dem der USA, im Unterschied zu einem parlamentarischen Regierungssystem wie dem Großbritanniens, der Wille des demokratischen Souveräns nicht unumschränkt zur Geltung gelangen kann, zumal dann, wenn die konstitutionellen Beschränkungen des Gesetzgebers ihrerseits nicht

Zeitgenössische Kritik

auf einen demokratischen Ursprung zurückzuführen seien.[5] Auf das hinter dieser Kritik stehende Konzept einer absoluten Volkssouveränität sei gleich noch einmal zurückgekommen.

Repräsentation   (b) Die Kritik am Repräsentationsprinzip, dem zweiten Organisationsmittel von Herrschaft, ist nicht ganz neu und stammt ursprünglich von Rousseau. Er war ein vehementer Kritiker des Repräsentationsgedankens und vertrat die Auffassung, dass die Bürger in einem repräsentativen Regierungssystem (wie dem damaligen England) nur am Tage der Wahl der Parlamentarier frei seien. Die neuere Kritik des Repräsentationsprinzips von *Hannah Arendt* stützt ihre Argumentation auf Beobachtungen zu den beiden politischen Großereignissen des 18. Jahrhunderts: der Amerikanischen und der Französischen Revolution (Arendt 1974). Auffällig sei gewesen, dass sich jeweils in den Anfangsphasen der beiden Revolutionen ein spontanes und breites politisches Interesse der Bürger gezeigt habe. Dieses habe zunächst in ganz formlosen Zusammenkünften seinen Rahmen gehabt und sich im zwanglosen Meinungsaustausch artikuliert. Solche „Meinungen" sind immer an einen eigenen Standpunkt gebunden, sie sind jedoch nichts „Letztes" und können durch angemessenere Anschauungen, die andere vertreten, ersetzt werden.[6]

Ein nun von Arendt wesentlich mit dieser individuellen Meinung identifizierter „Geist der Revolution", der die gemeinsame (Neu-) Gestaltung des politischen Lebens zum Ziel hat, erlischt paradoxerweise gerade dann, wenn er in inadäquate Institutionen gefasst wird. Auf die Amerikanische Republik bezogen heißt das: „Sie gab zwar dem Volke die Freiheit, aber sie enthielt keinen Raum, in dem diese Freiheit nun auch wirklich ausgeübt werden konnte. Nicht das Volk, sondern nur seine gewählten Repräsentanten hatten Gelegenheit, sich wirklich politisch zu betätigen" (Arendt 1974: 302). Authentische Politik muss Arendt zufolge aus den nicht repräsentierbaren Meinungen der Vielen hervorgehen; regelmäßige Wahlen zu Repräsentativkörperschaften seien dafür kein Ersatz. Allerdings muss sich Arendt ihrerseits fragen lassen, inwiefern ihr demgegenüber favorisiertes Konzept der Räte-Demokratie in ausdifferenzierten Gesellschaften überhaupt praktikabel sein würde.

---

[5]   Zur Unterscheidung präsidentieller und parlamentarischer Regierungssysteme vgl. auch den Beitrag von *Hans-Joachim Lauth* und *Christoph Wagner* in diesem Band.

[6]   Die damit ansatzweise skizzierte Theorie politischer Kommunikation hat Arendt (1985) zu einer Neuinterpretation der politischen Philosophie Kants weiterentwickelt.

Die politische Philosophie des Gesellschaftsvertrags und die 2.2
(Grenzen der) Volkssouveränität

Eines der wichtigsten, wenn nicht *das* wichtigste Thema der modernen politischen Philosophie ist das der Herrschaftslegitimation. Dass staatliche Herrschaft überhaupt begründet (und akzeptiert) werden muss[7], ist im Wesentlichen eine Folge ihrer Säkularisierung, des Umstands also, dass Herrschaftsverhältnisse nicht mehr, zumindest nicht mehr unumwunden als gottgegeben betrachtet werden können. Die Frage nach der legitimen Herrschaft besitzt zumindest zwei Aspekte: denjenigen der Einsetzung des Souveräns (a) und denjenigen seiner Vollmachten (b).

(a) Die zentrale Legitimationsfigur in der neuzeitlichen politischen Philosophie ist der Vertrag. Alle Vertragstheoretiker, die auch als *Kontraktualisten* bezeichnet werden, gehen von der Vorstellung aus, dass staatliche Zwangsgewalt nur noch dann zulässig ist, wenn die ihr Unterworfenen alle im Prinzip zustimmen können. Die Einsetzung staatlicher Herrschaft per Kontrakt ist allerdings nicht als tatsächlicher, sondern als fiktiver Akt, als ein Gedankenexperiment zu betrachten. Die Begründung, warum das menschliche Zusammenleben überhaupt staatlich und rechtlich geregelt werden soll, variiert von Autor zu Autor. Vier der wichtigsten Legitimationsargumente seien ganz knapp vorgestellt.

Einsetzung des Souveräns

Der Begründer der neuzeitlichen Vertragstheorie ist *Thomas Hobbes* (1588-1679). Seine im *Leviathan* vorgestellte Konzeption sieht die freien und gleichen Menschen im Naturzustand, also der hypothetischen Situation, in der noch kein Staat besteht, in einer Art Kriegszustand, in der niemand seines Lebens sicher sein kann (vgl. Hobbes 1984: Kap. 13). Die Individuen kommen deshalb überein, einen *Gesellschafts*vertrag zu schließen, in dem jeder jedem garantiert, auf sein natürliches „Recht auf alles" – auch auf das Leben anderer – zu verzichten. Und die staatliche Gewalt, die einzusetzen die Einzelnen vereinbaren, soll die generelle Einhaltung dieses Verzichts gewährleisten. Sie soll mit anderen Worten das friedliche Zusammenleben der Menschen ermöglichen oder besser: erzwingen. Der unter diesen Voraussetzungen eingesetzte Souverän ist absolut im vollen Wortsinn, weil er, einmal installiert, an keine Weisung gebunden ist. Es gibt keinen *Herrschafts*vertrag, der die Modalitäten des Verhältnisses zu den Herrschaftsunterworfenen regelte. Einen (Gesellschafts-)Vertrag abzuschließen heißt für die Beteiligten

Hobbes

---

[7]   Vgl. dagegen jedoch Rorty 1988.

> „einen Menschen oder eine Versammlung von Menschen bestimmen, die deren Person verkörpern sollen, und bedeutet, daß jedermann alles als eigen anerkennt, was derjenige, der auf diese Weise seine Person verkörpert, in Dingen des allgemeinen Friedens und der allgemeinen Sicherheit tun oder veranlassen wird, und sich selbst als Autor alles dessen bekennt und dabei den eigenen Willen und das eigene Urteil seinem Willen und Urteil unterwirft" (Hobbes 1984: 134).

Hobbes' Vertrag begrenzt die staatliche Gewalt nicht und er begründet keine demokratische Herrschaft. Die „Freiheiten der Untertanen" beschränken sich bei ihm auf jene Gebiete, die durch die Allmacht des Souveräns nicht geregelt sind, vor allem auf die Freiheit des Kaufs und des Tauschs.

Locke   In dem Naturzustand, den Locke konstruiert, besitzen die Individuen ein „natürliches Recht" an ihrer eigenen Person, das sie auch zu ihrer Selbsterhaltung und zur Bestrafung der gegen sie gerichteten Handlungen autorisiert. Daraus resultiert jedoch die Verlegenheit, dass die Menschen gezwungen sind, Richter in eigener Sache zu sein. Lockes Vertrag ist daher darauf ausgerichtet, diese individuelle Richter-Gewalt in eine staatliche zu transformieren mit dem Ziel, die von Natur aus vorhandenen (will heißen: nicht gesetzten) Rechte zu schützen. Der Zusammenschluss zu einem „politischen Körper" (*body politick*) ergibt sich dann aus dem je individuellen Kalkül,

> „sich selbst, seine Freiheit und sein Eigentum besser zu erhalten (denn man kann von keinem vernünftigen Wesen voraussetzen, daß es seine Lebensbedingungen mit der Absicht ändere, um sie zu verschlechtern). Man kann deshalb auch nie annehmen, daß sich die Gewalt der Gesellschaft oder der von ihr eingesetzten Legislative weiter erstrecken soll als auf das gemeinsame Wohl" (Locke 1977: 281).

Rousseau   Ein neuer Aspekt im Vertragsdenken erscheint bei Rousseau. Zwar schließen die Individuen bei ihm, genauso wie bei Hobbes, untereinander einen Gesellschaftsvertrag zugunsten eines Dritten, des Souveräns, der dann vollkommen uneingeschränkt herrschen soll. Aber dennoch enthält diese Vertragskonzeption eine Besonderheit: die Einzelnen sollen nach Vertragsabschluss – anders als bei Hobbes – genauso frei sein wie zuvor (Rousseau 1977: Buch I, Kap. 6). Die Auflösung dieses Rätsels besteht darin, dass die Vertragschließenden selbst den Souverän verkörpern sollen. Die Bürger, als vernünftige, gemeinwohlorientierte *citoyens*, geben sich demnach selbst, als den auf Eigennutz bedachten *bourgeois*, Gesetze, die für den Erhalt des politischen Körpers erforderlich sind.

Kant   Das von Rousseau formulierte Autonomieprinzip hat *Immanuel Kant* (1724-1804) zunächst in seine Moralphilosophie übernommen. Kant hat in diesem Zusammenhang die Frage „Was soll ich tun?" damit beantwortet, dass man überprüfen müsse, ob diejenige Richtlinie („Maxime"), nach der man zu handeln gedenkt, auch für alle anderen Menschen in der gleichen Situation gelten könne. Das heißt, nach Kant verhält sich der moralisch verantwortliche Mensch, der den kategorischen Imperativ befolgt, wie ein individueller Gesetzgeber. Aber auch in seiner „Staatslehre" folgt Kant dem mit der Volkssouveränität Rousseau'scher Provenienz gewiesenen Weg der Selbstgesetzgebung. Auch Kant ist, was bisweilen übersehen wird, Kontraktualist. Bei ihm übernimmt der Vertrag jedoch eine besondere Funktion: Er ist Beurteilungskriterium für existierende Staaten, so unvollkommen und ungerecht diese auch sein mögen:

> „(D)er G e i s t jenes ursprünglichen Vertrages (anima pacti originarii) enthält die Verbindlichkeit der konstituierenden Gewalt, die R e g i e - r u n g s a r t jener Idee angemessen zu machen, und so sie, wenn es nicht auf einmal geschehen kann, allmählich und kontinuierlich dahin zu verändern, daß sie mit der einzig rechtmäßigen Verfassung, nämlich der einer reinen Republik, i h r e r W i r k u n g n a c h zusammenstimme" (Kant 1974a: 464).

Kants Vertragstheorie ist also weniger revolutionär als reformerisch (weswegen sie gelegentlich auch als konservativ bezeichnet wurde), weil durch sie der jeweils aktuelle Machthaber (zu Zeiten Kants z.B. Friedrich II.) ,lediglich' gehalten ist, seine Gesetzgebung so zu gestalten, *als ob* sie dem gesetzgebenden Willen des Volkes entsprungen sei. Der aufgeklärte Monarch, mit dem Kant rechnete, hatte also bis auf Weiteres Demokratie zu simulieren!

Interessant ist nun, dass einer der wichtigsten zeitgenössischen Kontraktualisten, *John Rawls*, sich ursprünglich an Kants Moraltheorie, nicht an seiner Staatslehre orientiert hat. Rawls ging in *Eine Theorie der Gerechtigkeit* davon aus, dass die Prinzipien einer gerechten politischen Ordnung von Menschen in einem Urzustand (*original position*) zu wählen seien. Dieser ist durch den Schleier des Nichtwissens (*veil of ignorance*) charakterisiert, der garantieren soll, dass keine der Personen etwas darüber weiß, welche Position sie später in der Gesellschaft einnehmen wird, welche Bedürfnisse und Fähigkeiten sie hat. Die Besonderheit dieses Urzustandes ist, dass er „eine verfahrensmäßige Deutung von *Kants* Begriff der Autonomie und des Kategorischen Imperativs" (Rawls 1979: 289) darstellt. Das heißt, die Situation des Urzustandes ist so zugeschnitten, dass die Individuen als ausschließlich vernünftige Wesen betrachtet wer-

Rawls

den, die die Verfassungsprinzipien unparteilich und unabhängig von egoistischen Motiven auswählen (vgl. Rawls 1979: Kap. 3).[8]

Vollmachten des Souveräns (b) Was ist nun zu der zweiten der oben aufgeworfenen Fragen im Zusammenhang der Herrschaftslegitimation, derjenigen nach den Vollmachten des legitimen Souveräns, zu sagen? Hinsichtlich der politischen Grundbegrifflichkeiten wird gelegentlich von einer „politischen Theologie" gesprochen worden: Diejenigen Begriffe, die ursprünglich aus einem theologischen Kontext stammen, heißt es, werden auch auf dem Gebiet des Politischen gebraucht. Diese Annahme hat nirgends mehr Plausibilität als bei dem neuzeitlichen Souveränitätsbegriff, denn dem politischen Souverän werden nicht selten gottgleiche Kompetenzen zugeschrieben.

Ein Blick hinüber zu der von Juristen betriebenen Staatsphilosophie zeigt allerdings, dass dort unterschiedliche Varianten des Verhältnisses von allmächtigem Souverän einerseits und seiner Verfassung andererseits vertreten werden. Danach existiert entweder *im* Verfassungsstaat gar kein Souverän (Kriele 1988: 224) oder aber die Volkssouveränität wird als prinzipiell nicht verfassbar betrachtet (Schmitt 1993: 79). Schließlich wird behauptet, dass die verfassunggebende Gewalt des Volkes (*pouvoir constituant*) sich durch eine Verfassung selbst binden könne (Böckenförde 1991: 107ff.). Diese gelte dann zwar nicht als unabänderlich, aber immerhin als schwer änderbar.

Konstitutionalismusdebatte Die beiden letztgenannten Positionen finden sich auch im aktuellen Streit zwischen dem *Konstitutionalismus* und dem *Prozeduralismus* wieder. Ersterer hält eine Einbettung der Demokratie in demokratisch nicht verfügbares Recht für unerlässlich, letzterer will auch die grundrechtlichen Schranken, die der Demokratie durch die Verfassung gesetzt sind, aus einem demokratischen Prozess hervorgehen lassen. Der Streitgegenstand lässt sich in aller Kürze anhand einer zentralen Stelle in Kants *Rechtslehre* bestimmen. Kant vertritt dort (1974a: §§44ff.) das Prinzip der Volkssouveränität und damit die Auffassung, dass das ganze als bindend gesetzte („positive") Recht auf einen Beschluss des demokratischen Souveräns zurückzuführen sei. *Ingeborg Maus* liest Kant vor diesem Hintergrund als einen reinen Proeduralisten, bei dem die „Vernünftigkeit des Rechts nicht mehr jenseits des Gesetzgebungsprozesses" verortet werden könne. Externe

---

[8]   Zu den wichtigsten Modifikationen in *Rawls'* Theorie gehört, dass er diese moralphilosophische Grundlage seiner Gerechtigkeitsprinzipien in den 80er Jahren ersetzt hat durch einen sich aus unterschiedlichen (Weltanschauungs-) „Lehren" speisenden „überlappenden Konsens" im Hinblick auf diese Prinzipien; vgl. Rawls 1998: Kap. IV.

Kriterien, die dem Souverän in Form eines Natur- oder Vernunft-
rechts vorgeordnet werden, erscheinen vor diesem Hintergrund
als „vormodern". Allenfalls könne davon gesprochen werden, dass
der normative Gehalt des Naturrechts in die demokratischen Verfahren eingewandert sei. Mit dieser Lesart entsteht jedoch u. a.
das erhebliche Problem, „Freiheit", die Kant als das „einzige, ursprüngliche, jedem Menschen, kraft seiner Menschheit zustehen-
de Recht" (1974a: 345) auszeichnet, ausschließlich als ein Prozess-
element verstehen zu müssen (vgl. Maus 1992: 155).

Die demgegenüber moderatere These von der „Gleichursprüng-
lichkeit" von Freiheitsrecht(en) und Volkssouveränität vertritt *Jürgen Habermas*. Er räumt ein, dass der demokratische Souverän als
Autor eines Grundrechte-Katalogs Freiheitsrechte voraussetzen
muss:

> „(D)iese Rechte sind notwendige Bedingungen, die die Ausübung poli-
> tischer Autonomie erst *ermöglichen*". Bezeichnenderweise heißt es dann
> weiter: „(A)ls ermöglichende Bedingungen können sie die Souveränität
> des Gesetzgebers, obwohl sie diesem nicht zur Disposition stehen, nicht
> *einschränken*. Ermöglichende Bedingungen erlegen dem, was sie kon-
> stituieren, keine Beschränkung auf" (Habermas 1992: 162).

Begreift man dagegen das Menschenrecht auf Freiheit als ein
moralisches Recht (wie z.B. Lohmann 1998), dann ergibt sich eine
Übereinstimmung mit der Position der Konstitutionalisten, wonach dieses Recht im strengen Sinne vorstaatlich ist und von einem Souverän positiviert werden muss – mit der Folge, dass sich
die Verfassungsgesetzgebung und folglich auch die normale Gesetzgebung dann an inhaltlichen Kriterien messen lassen müssen.

Politische Anthropologie: Die „Natur" des homo politicus   3.

Hinsichtlich der für die philosophischen Staatskonzeptionen zentralen Frage, worin die Natur des Menschen besteht und wie sie
zu ergründen sei, bestand und besteht begründeter Dissens. Die
einen gehen davon aus, dass der Mensch, wie jedes andere Lebewesen auch, in erster Linie ein eigeninteressiertes Bedürfniswe-
sen und seine Nutzenmaximierung in einem sozialen Umfeld
konfliktverursachend sei. Die anderen sehen im Menschen ein
Wesen, das seine Bestimmung, sein „telos" hat, das entwickelt
werden muss. Die „Natur" des Menschen besteht demnach gerade nicht in seiner Triebhaftigkeit, sondern in seinem Vernunft-
potential, das es zu kultivieren gilt.

Zwei Versionen
des guten Lebens

Charles Taylor formuliert vor diesem Hintergrund die interessante These, dass erstens das Unbehagen der Menschen in modernen Gesellschaften zu einem guten Teil daher rührt, dass sie ganz unterschiedliche Ideale des „guten" Lebens gleichzeitig verfolgen (Taylor 1988). Und er behauptet zweitens, dass dies auch die Legitimität des Staates bedrohende Konsequenzen hat. Taylor operiert in seiner Analyse mit den anthropologischen Konzepten von Platon und Rousseau einerseits und demjenigen von Hobbes andererseits.

Platon

Zunächst zu Platon: Im Buch IV der *Politeia* legt er sein Menschenbild dar. Genauso wie im Staat, den Platon, nebenbei bemerkt, als einen „großen Menschen" begreift, sind dabei drei Elemente auseinander zu halten: das „Vernünftige", das, gleich den Philosophen im Staat, für das Erkennen des Gerechten und Guten zuständig ist; das „Beeifernde", das, wie die Wehrmänner oder Wächter im Staat, dem Vernünftigen bei der Befolgung des Rechten zur Seite steht; und schließlich das „Begehrliche", das, analog zum Nährstand, für die Befriedigung der grundlegenden Bedürfnisse zuständig ist. Sowohl im Staat als auch in der menschlichen Seele müssen diese drei Elemente den ihnen gemäß der „Idee des Staates" zugewiesenen Platz einnehmen, zumindest wenn im Staat Gerechtigkeit herrschen und der Mensch gerecht handeln soll. Das heißt, Vernunft und Beeiferndes müssen

> „dem Begehrlichen vorstehen, welches wohl das meiste ist in der Seele eines jeden und seiner Natur nach das Unersättlichste; welches sie dann beobachten werden, damit es nicht etwa, durch Anfüllung der so genannten Lust des Leibes groß und stark geworden, unternehme, anstatt das Seinige zu verrichten, vielmehr die andern zu unterjochen und zu beherrschen, was ihm nicht gebührt, und so das ganze Leben aller verwirre" (Platon 1958: IV 442a-b).

Kann diese Hierarchie nicht aufrecht erhalten werden, tritt der weiter oben (in Kap. 2) erwähnte Zerfallsprozess der guten Herrschaftsordnung ein.

Bevor nun das zu diesem Menschenbild nahezu konträre anthropologische Konzept von Hobbes betrachtet werden kann, muss auf einen in seinen Konsequenzen kaum zu überschätzenden Wandel in der Neuzeit wenigstens hingewiesen werden: auf die Heraufkunft des Individuums. Die klassische politische Philosophie war bestrebt, ewig gültige Ordnungen für das menschliche Leben zu entdecken oder zu „erschauen". Innerhalb dieser Ordnungsmodelle, wie beispielsweise in Platons *Politeia* oder später im mittelalterlichen Weltbild, hatte jeder Einzelne den ihm zugewiesenen Platz einzunehmen und diesen auszufüllen. Mit dem Aufkommen der Naturwissenschaften und der damit verbundenen Relativierung der religiösen Weltsicht, die durch die Glaubensspaltung im 16. Jahrhundert noch weiter vorangetrieben wurde, änderte sich die Auffassung vom Wesen des Menschen radikal. Denn wenn Kriterien für das gute Leben des Menschen nicht weiterhin von einer äußeren, gottgegebenen Ordnung abhängig gemacht werden können, dann müssen neue Orientierungspunkte *im Menschen selbst* gesucht werden.

Hobbes ist neben *Niccolò Machiavelli* (1469-1527) einer der ersten, die daraus Konsequenzen für die politische Philosophie und die Politik ableiteten. Sein Menschenbild ist in einem doppelten Sinn von den neuzeitlichen Veränderungen geprägt. Denn er begreift den Menschen im Ersten Teil des *Leviathan* – in radikaler Abkehr von Aristoteles – erstens als ein grundsätzlich individualistisches Wesen und zweitens als ein primär physisches Objekt (Körper), das den Gesetzen der Kausalität unterworfen ist.[9] Aufgrund der ungefähren Gleichheit an Körperkraft und dem Willen zur Selbsterhaltung entsteht unter den Menschen ein „Kampf aller gegen alle" (z. B. um knappe Güter). Deswegen ist, nach Hobbes' berühmtem Ausspruch, „der Mensch dem Menschen ein Wolf" – eine, je nach Sichtweise, eher pessimistische oder aber realistische Anthropologie, die durch den in der Mitte des 17. Jahrhunderts in England tobenden Bürgerkrieg eine empirische Bestätigung zu erhalten schien. In einem Punkt unterscheidet sich der Mensch von anderen Lebewesen: Er besitzt Vernunft. Aber diese spielt bei Hobbes eine ganz andere Rolle als z.B. bei Platon: Diente bei ihm die Vernunft der Zügelung der Leidenschaften, so stellt Hobbes sie in den Dienst der Leidenschaften, um sie effizienter befriedigen zu können. Die Hobbes'sche Vernunft ist reine Zweckrationalität.

Die von Platon inspirierte Kritik Rousseaus an diesem Menschenbild behauptet nun, in der von Hobbes entworfenen Anthropologie spiegele sich nicht die Natur des Menschen, sondern dessen Deformierung durch eine dekadente Gesellschaft. Für Rousseau besteht die wahre Natur des Menschen in seiner Empfindsamkeit und in seinem Mitleid mit anderen Menschen. Der natürliche Mensch lasse seine „innere Stimme" zu Wort kommen

Hobbes

---

9   *Hobbes* hat seine physikalischen und anthropologischen Ansichten parallel zum *Leviathan* zwischen 1642 und 1658 auch in „Elemente der Philosophie" (Hobbes 1994 und 1996) formuliert. Insofern dort „Vom Körper", „Vom Menschen" und „Vom Bürger" gehandelt wird, kann man durchaus behaupten, Hobbes begreife den Bürger primär als eine besondere Art von Körper.

und verleihe dieser Ausdruck in unverstellten Empfindungen. Dieses folgenreiche romantische Menschenbild vertritt Rousseau allerdings nicht in seinen politischen Schriften, sondern an anderer Stelle (vgl. Rousseau 1978: bes. 5. Teil, 7. Brief).

Beide, die Hobbes- und die Rousseau-Linie des guten, naturgemäßen Lebens, prägen, so nun Taylor, den modernen Menschen. In der Gegenwart dominant sei das schier endlose Streben nach Bedürfnisbefriedigung mit seinen enormen sozialen und ökologischen Kosten. Aber auch das Ideal des empfindsamen Lebens besitze weiterhin Wirksamkeit. Es komme zum Ausdruck u. a. in der noch gar nicht so alten Suche nach Liebe und Geborgenheit in Ehe und Familie. Und auch die Verabsolutierung dieses Ideals müsse letztlich in eine Sackgasse führen. Am Ende, so steht zu befürchten, könnte das Individuum bei der Suche nach *Selbstverwirklichung* tatsächlich nur noch mit sich selbst konfrontiert sein.

Der Versuch des intensiven und gleichzeitigen Auslebens dieser beiden so unterschiedlichen Vorstellungen des „naturgemäßen" Lebens hat auch die Folge, und hier kommen wir auf das von Taylor angesprochene Legitimitätsproblem zurück, dass das Ausmaß der Staatsinterventionen wächst. Denn zum einen bedingt das den individualisierten Lebensstilen geschuldete Auseinanderfallen familiärer Strukturen, dass der Staat in zunehmendem Maße Sozialleistungen bereitstellen, sich z. B. um Arbeitslose, Kranke und Alte kümmern muss. Und zum anderen erfordern die ausufernde Bedürfnisbefriedigung und die daraus resultierenden Umweltprobleme ebenfalls in stärkerem Maße staatliche Eingriffe. Diese von der modernen Lebensweise selbst provozierten Staatsinterventionen werden von ihren Verursachern dann als lästig oder gar als bedrohlich empfunden, weil sie die Freiheit des Einzelnen einengen; sie ziehen so die Legitimität des Staates in Zweifel (Taylor 1988: 287ff.).

Auf eine weitere wirkmächtige Modellierung des *homo politicus* sei abschließend verwiesen. Sie steht im Kontext des bereits angeführten Demokratiebegriffs von Rousseau, wonach Herrscher und Beherrschte identisch sind. Dahinter verbirgt sich ein dualistisches Menschenbild, in dem ein sinnliches und ein vernünftiges Element zu unterscheiden ist. Letzteres soll durch den Gesellschaftsvertrag dominant werden und zwar so, dass auch hier das Vernünftige über das Sinnliche herrscht. Der Zusammenschluss zum „corps collectif" bewirkt nämlich, so Rousseau, beim Menschen eine „bemerkenswerte Verwandlung", denn „anstelle des Instinkts setzt er die Gerechtigkeit und verleiht seinen Handlungen jene moralische Verpflichtung, die ihnen vorher gefehlt hatte" (Rousseau 1977: Buch I, Kap. 8). Dieser Dualismus diente Kant als Vorlage für den in seinen moralphilosophischen Schriften auftretenden „Bürger zweier Welten" und dieser wiederum wirkt fort innerhalb von *Rawls'* Konzeption des vernunftimprägnierten Urzustandes einerseits und der rationalen Wahl in dieser Situation andererseits (Rawls 1979: 283ff.).

Ökonomie und politische Philosophie   4.

Bevor wir uns einigen der neuzeitlichen Auffassungen zum Verhältnis von Politik und Ökonomie zuwenden, sei kurz darauf eingegangen, dass das „Politische" und das „Ökonomische" Begriffe sind, die aus dem Griechischen stammen. Im Ersten Buch von Aristoteles' *Politik* findet sich eine grundlegende Unterscheidung von oikos und polis. Das der Privatsphäre zuzurechnende Haus, der *oikos*, umfasst mehrere Gemeinschaften gleichzeitig, die alle aus Gründen der Lebenserhaltung der Einzelnen bestehen: die Gemeinschaft von Mann und Frau, die von Vater und Kind und schließlich die von Herr und Sklave. „Ökonomie" oder Hauswirtschaft(slehre) beschränkt sich auf die effiziente Bewältigung der alltäglich wiederkehrenden reproduktionsnotwendigen Tätigkeiten. Dem von physischer Arbeit befreiten männlichen Haushaltsvorstand wird die Teilnahme an einer vom Privatbereich getrennten Einrichtung, den Beratungen in der Öffentlichkeit der *polis*, ermöglicht. Dort bewegt sich der freie Herr unter Gleichen und berät mit ihnen die Lösung der politischen Probleme. Polis-Öffentlichkeit und oikos verkörperten somit zwei strikt separierte und über die dort vollzogenen Tätigkeiten definierte Sphären.

Oikos und Polis

Dass spätestens seit dem 19. Jahrhundert von „politischer Ökonomie" gesprochen werden muss, ist ein weiteres Indiz für die radikalen Veränderungen, die sich innerhalb der Gesellschaften auf ihrem Weg in die Moderne ergeben haben. Die Ausweitung des Handels und vor allem das Aufkommen einer neuen Wirtschaftsmentalität als Voraussetzung des modernen Kapitalismus rücken das in den Vordergrund, was Aristoteles „Kaufmanns- und Erwerbskunst" nannte: die Erzielung von finanziellem Gewinn durch „Umsatz von Gegenständen". Diese aufgrund ihrer prinzipiellen Grenzenlosigkeit von den klassischen Philosophen stets beargwöhnte „Kunst" erhält in modernen Gesellschaften einen ganz neuen Stellenwert.

Staat und   Eine erste Erwähnung der Auffassung, wonach der Staat die
Ökonomie ökonomischen Aktivitäten der Bürger zu schützen habe, findet
sich bei Hobbes. Denn bei ihm zählten, wie erwähnt, die mit Kauf
und Tausch zusammenhängenden Handlungen zu den „Freiheiten der Untertanen", der Gewinn solcher Transaktionen wird zum
respektablen Ziel menschlicher Interaktion. Dass auch in Lockes
politischer Philosophie, die sich ansonsten von derjenigen von
Hobbes grundlegend unterscheidet, ökonomische Fragen eine
privilegierte Stellung einnehmen, geht bereits aus den einleitenden Passagen seiner zweiten „Abhandlung" hervor, wo es sehr
dezidiert heißt, die staatliche Regierung habe „Regelung und Erhaltung des Eigentums Gesetze mit Todesstrafe und folglich auch
allen geringeren Strafen zu schaffen" (Locke 1977: Buch II, §3,
zum folgenden vgl. §§25ff.).

Diese Dominanz des Eigentumsbegriffes bei Locke resultiert aus
seiner Aneignungstheorie. Der Mensch, so Locke, der von Natur aus
ein Recht auf Eigentum an seiner Person habe, verfüge auch über ein
Recht an deren Tätigkeiten, vor allem an der Arbeit. Werde die Arbeit
gemäß des biblischen Gebotes, sich die Erde untertan zu machen,
mit Materie „gemischt", so werde der arbeitende Mensch dadurch
zum Eigentümer der bearbeiteten Sache. Der Übergang vom Besitz
(als dem bloßen Verfügen) einer Sache zum Eigentum an einer Sache,
also zum rechtmäßigen Besitz, kommt bei Locke ohne staatliche
Gesetzgebung aus. Es könne daher auch nicht die Aufgabe des vertraglich legitimierten Staates sein, das natürliche Recht auf Eigentum
zu beschneiden, er habe es vielmehr zu garantieren.

Ein ganz anderes Verhältnis von Politik und Ökonomie ist mit
den Namen *Georg Wilhelm Friedrich Hegel* (1770-1831) und *Karl
Marx* (1818-1883) verbunden. Die sich allmählich herauskristalli-
sierende kapitalistische Gesellschaft und die damit einhergehende
Verselbständigung des ökonomischen Bereichs werden bei ihnen
als mehr oder weniger starke Bedrohung für Tradition und „Sitt-
lichkeit" einer Gemeinschaft betrachtet. Die gemeinschaftlichen
Werte würden durch das rein zweckrationale egoistische Wirt-
schaftshandeln ausgehöhlt und zerstört und sogar die physische
Existenz der Arbeiter sei gefährdet. In Hegels *Rechtsphilosophie*
findet sich folglich die Auffassung, es sei die Aufgabe des Staates,
das ökonomische System mit Hilfe des Rechts so zu „bändigen",
dass dieses nicht der Ort eines Kampfes aller gegen alle im Sinne
von Hobbes werde (Hegel 1970a: §§182ff. und §§257ff.).

Dass ausgerechnet der Staat mäßigend auf das sowohl großen
Reichtum als auch tiefe Armut hervorbringende Wirtschaftssystem einwirken solle, diese Auffassung verfällt bereits kurze Zeit

später der radikalen Kritik von Marx und Engels. Die Staatsgewalt
ist ihnen, wie es im *Manifest der Kommunistischen Partei* heißt,
„nur ein Ausschuß, der die gemeinschaftlichen Geschäfte der ganzen Bourgeoisklasse verwaltet" (Marx/Engels 1969: 25). Er diene
so der Unterdrückung und Ausbeutung der besitzlosen Arbeiter-
klasse. Unter kapitalistischen Produktionsverhältnissen, unter
denen die Arbeit öffentlich (weil sie zunehmend in Großbetrieben
stattfinde) und zu einer Ware geworden sei (weil auch sie am
Markt verkauft werden müsse), die Produktionsmittel und die finanziellen Gewinne jedoch privat blieben, führten die Menschen
ein entfremdetes Leben. Marxens hier durchscheinende philosophische Anthropologie besagt, in erstaunlicher Nähe zu Locke,
dass die Arbeit ein Wesensmerkmal des Menschen sei. Im Arbeitsprozess entäußere er seine Kräfte, vergegenständliche sie
und gelange so zu einer Anschauung seiner Arbeit und somit
seiner selbst als arbeitendes Wesen (Marx 1990: 74ff.). Entfremdet
sei das Leben der Arbeiter vor allem deshalb, weil sie nicht über
die von ihnen hergestellten Produkte verfügen könnten. Von Ent-
fremdung sei aber auch zu sprechen, weil die Menschen in der
bürgerlichen Gesellschaft sich nur noch als interessengeleitete
Tauschpartner gegenüberträten. Allerdings ist zum Entfrem-
dungsbegriff des jungen Marx anzumerken, dass er vom Ideal der
handwerklichen Arbeit abgeleitet ist und dieser in einer industriellen, geschweige denn in einer postindustriellen Gesellschaft
nicht unvermittelt angewandt werden kann.

Beide, sowohl die aristotelische als auch die marxistische Perspektive auf das Verhältnis von Staat oder Politik und Ökonomie
spielen eine zentrale Rolle bei der Analyse zeitgenössischer Gesellschaften. Arendt (1981: Kap. 2) z. B. bezieht sich auf das alte
Konzept einer Trennung von *oikos* und *polis* sowie die jeweils dazugehörigen Tätigkeiten des Arbeitens und des Handelns. Diese
idealtypische Differenzierung zwischen den Tätigkeitsbereichen
lasse sich, so Arendt, für moderne Gesellschaften nicht mehr aufrechterhalten. Die Arbeit verlasse, wie bereits gesagt, die Sphäre
des Hauses und wird öffentlich, während die Politik, die für
Arendt ursprünglich im öffentlichen Austausch von Meinungen
bestand, sich immer mehr den zum Politikum gewordenen Interessen, den natürlichen Bedürfnissen und Lebensnotwendigkei-
ten zuwenden müsse. Arendt kritisiert dies als das „unnatürliche
Wachstum des Natürlichen", vor dem sie ihren ‚reinen' Begriff des
Politischen bewahren möchte.

Ebenfalls unter Rekurs auf klassische, diesmal Marxens Argumente hatte ursprünglich Jürgen Habermas das Verhältnis von

Politische
Ökonomie

Politik und Ökonomie beschrieben. Ein Hauptkritikpunkt in seinem *Strukturwandel der Öffentlichkeit* ist die nur vermeintlich unparteiliche Gesetzgebung in der bürgerlichen Gesellschaft. Habermas (1990: §§ 7, 8 und 11) zeigt, dass, sobald die bürgerliche Öffentlichkeit im 18. und 19. Jahrhundert als maßgebliche politische Kraft im Parlament repräsentiert war, der Gesetzgeber unter dem Deckmantel der Allgemeinheit der Gesetze die spezifisch bürgerlichen Interessen hinsichtlich Besitz und Produktion schützte. Nach seiner Rezeption der soziologischen Systemtheorie in den siebziger Jahren versteht Habermas das Verhältnis von ökonomischem System und gesellschaftlicher Lebenswelt jedoch eher in einem hegelschen Sinne: Die Gesellschaft müsse darum bemüht sein, die negativen Auswirkungen der kapitalistisch organisierten Wirtschaft, die aus Effizienzgründen unentbehrlich ist, zu begrenzen (vgl. Habermas 1981: Kap. IV.2.).

Gerechtigkeit und Ökonomie

Gerechtigkeitsfragen sind neben dem ‚Imperialismus' des ökonomischen Systems, das zweite zentrale Thema im Verhältnis von Ökonomie und politischer Philosophie. Je nachdem welche Gerechtigkeitskonzeption bevorzugt wird, gelten z. B. ein und dieselbe Verteilung von Ressourcen als gerecht oder als ungerecht. Betrachten wir deshalb zu dem Problem staatlicher Umverteilungsmaßnahmen abschließend zwei denkbar konträre Positionen, die als „liberal" bzw. als „libertär" bezeichnet werden können. Die *liberale* Gerechtigkeitstheorie von Rawls geht davon aus, dass eine Gesellschaft mit gerechten Institutionen sich nicht gleichgültig gegenüber *ungerechten* Ungleichheiten zwischen ihren Mitgliedern verhalten kann. Extrem auseinanderklaffende Niveaus der Lebensführung aufgrund unterschiedlicher Talente oder Ressourcen können dann nicht mehr hingenommen werden. Die Individuen in Rawls' fiktivem Urzustand wollen dies vermeiden und legen sich mit dem zweiten dort gewählten Gerechtigkeitsprinzip auf das sog. „Unterschiedsprinzip" fest, das vorschreibt, die Gesellschaft müsse

> „sich mehr um diejenigen kümmern, die mit weniger natürlichen Gaben oder in weniger günstige gesellschaftliche Positionen geboren werden. Der Gedanke ist der, die zufälligen Unterschiede möglichst auszugleichen. Nach diesem Prinzip würde man vielleicht mehr für die Bildung der weniger Begabten als der Begabteren aufwenden"(Rawls 1979: 121).

Das liberale Argument von Rawls impliziert insofern ein ‚sozialdemokratisches' Anliegen, als nach ihm die vom kapitalistischen Markt und vom Zufall bzw. der Natur bedingten Ungerechtigkeiten vom Staat zu kompensieren oder zu korrigieren sind.

Die *libertäre*, von *Robert Nozick* vertretene Gegenposition zu dieser liberalen Begründung des staatlichen Interventionismus vertritt die Auffassung, der Staat habe lediglich für die Einhaltung oder Durchsetzung individueller Rechte zu sorgen. Für eine Ergänzung dieser Schutzfunktion des Minimal- oder Nachtwächterstaates durch eine Leistungsfunktion und somit auch für die erwähnten Umverteilungsprogramme gebe es keine Rechtfertigung. Für diesen Ansatz gibt es „keine zentrale Verteilung, keine Person oder Gruppe, die berechtigt wäre, alle Hilfsquellen zu kontrollieren und gemeinsam zu entscheiden, wie sie zu verteilen sind" (Nozick o. J.: 143). Solche Institutionen beschnitten lediglich die Verfügungsgewalt über individuelles Eigentum, und die von ihnen vorgenommenen Umverteilungen seien letztlich Diebstahl. *Nozicks* hier angeführte Position lässt deutlich das auf Locke zurückgehende Begründungsmuster erkennen.

Gemeinschaft vs. Gesellschaft oder Kommunitarismus vs. Liberalismus   5.

Insbesondere gegenüber neuen liberalen Vertragstheorien ist Kritik geübt worden von einer Strömung in der politischen Philosophie, die mit dem Namen „Kommunitarismus" bezeichnet wird. Dahinter verbirgt sich eine Gruppe von Autoren, die im Detail durchaus unterschiedliche Positionen vertreten. Im hiesigen Kontext interessant sind zwei ihnen allen gemeinsame Anliegen, nämlich erstens die Kritik des liberalen Menschenbildes und zweitens die Kritik am Beharren auf einem abstrakten moralischen Maßstab zur Beurteilung der Gerechtigkeit einer konkreten politischen Ordnung. Nach Auffassung der Kommunitaristen verdrängen beide auf das Engste zusammenhängende Grundannahmen die Tatsache, dass jede Gemeinschaft bereits über *vorpolitische* Wertmaßstäbe verfügt, nach denen sie ihre Praxis gestaltet. Die kommunitaristische Kritik wendet sich damit allgemein gegen moderne Moralkonzeptionen, insbesondere aber gegen diejenigen von Kant und Rawls, und beruft sich statt dessen mehr oder weniger deutlich auf andere Vorbilder.

Dazu gehören vor allem Aristoteles und Hegel. Von beiden ausgehend lässt sich eine Ergänzung der anthropologischen Modelle aus Kap. 3 vornehmen, wenn es um die Frage geht, ob der Mensch als ein von Natur aus auf die Gemeinschaft angewiesenes Wesen zu begreifen sei. Dass Aristoteles diese Position vertritt, geht schon aus der bekannten Äußerung im Ersten Buch seiner

Klassiker des Kommunitarismus

Politik hervor, wonach der Mensch ein „Staaten bildendes Lebewesen" sei. Ein häufig vernachlässigtes Element dieser Definition
macht aber erst das Spezifikum menschlicher Staaten aus: die
Menschen besitzen eine Sprache und damit gemeinsame Vorstellungen vom Guten und Rechten. Menschen haben nur deshalb
Wertmaßstäbe, weil sie immer schon einer bestimmten *Sprach*-
gemeinschaft angehören.

Von einer anderen Seite lässt sich der liberale Individualismus
kritisieren, wenn man die Theorie des Selbstbewusstseins von
Hegel berücksichtigt. In der *Phänomenologie des Geistes* hat Hegel
die Entstehung des Selbstbewusstseins aus einem „Kampf um
Anerkennung" beschrieben. In dem berühmten Kapitel über
„Herrschaft und Knechtschaft" (Hegel 1970b: 145ff.) kommt es
zwischen aufeinandertreffenden Individuen zunächst (ähnlich
wie bei Hobbes) zu einem Kampf auf Leben und Tod. Der dabei
Siegreiche sieht von der Tötung des Unterlegenen ab und lässt ihn
fortan für seine Bedürfnisbefriedigung arbeiten. Die physische
Macht des einen schlägt sich also in der Versklavung des anderen
nieder. Das arbeitende Individuum erreicht jedoch in dem ihm
aufgezwungenen Arbeitsprozess eine Vergegenständlichung seiner Arbeitskraft und erlangt damit eine Anschauung seiner selbst,
es entwickelt sich in ihm ein Selbstbewusstsein. Der Knecht er-
arbeite sich, so Hegel, regelrecht dieses Selbstbewusstsein, während der Herr im Genuss der Gegenstände und damit in seinem
mehr oder weniger unreflektierten Zustand gefangen bleibe.[10]
Aristotelische bzw. hegelsche Grundannahmen tauchen nun bei
den kommunitaristischen Ansätzen in verwandelter Form auf.
Dazu zwei Beispiele:

Der Mensch als „geschichtener-zählendes Tier"

Alasdair MacIntyre verweist darauf, dass Menschen immer einer
bestimmten Gemeinschaft angehören und von den in ihr vorherrschenden Wertvorstellungen geprägt werden. Neue Gemeinschaftsmitglieder müssten in die von allen (oder doch zumindest
von den meisten) geteilten Wertvorstellungen eingewiesen werden, weil sie durch die Handlungen, die diesen Werten gemäß
sind, wiederum zum Fortbestand der traditionellen moralischen
Überzeugungen und zur gemeinschaftlichen Integration beitragen. Jede Gemeinschaft habe so ihre eigene Geschichte und Vergangenheit, welche in unterschiedlichem Maße das Selbstver-

---

[10] Von dieser Dialektik im Verhältnis von Herr und Knecht ausgehend entwickelte *Marx* übrigens seine Geschichtstheorie, in der das Proletariat (in der Rolle
des Knechts) mit naturgesetzlicher Notwendigkeit die Herrschaft der Kapita-
listen (in der Rolle der Herren) abschaffen wird.

ständnis, die ,Geschichte' ihrer Angehörigen bestimme. Unter diesem Aspekt kann MacIntyre, in einer an Aristoteles erinnernden Wendung, den Menschen als ein „Geschichten erzählendes Tier" begreifen, denn ich könne die (kantische) Frage, „„Was soll ich tun?' nur beantworten, wenn ich die vorgängige Frage beantworten kann: ,Als Teil welcher Geschichte oder welcher Geschichten sehe ich mich?'" (MacIntyre 1987: 288).

Das bei MacIntyre damit bereits anklingende Motiv, dass Individuen immer schon einer Integrität verbürgenden *Werte*gemeinschaft angehören, wird am deutlichsten bei *Taylor* ausgearbeitet. Die Hauptstoßrichtung seiner Argumentation ist es, die in der Rawls'schen Gerechtigkeitstheorie anzutreffende Unterordnung des „Guten" unter das „Gerechte" (vgl. z. B. Rawls 1992: Kap. 7) aufzuheben. *Taylor* (1988: 10ff.) begreift die in Abwägung der Brauchbarkeit verschiedener Gegenstände vorgenommenen Bestimmungen als lediglich „schwache Wertungen" und hebt von diesen die „starken Wertungen" ab. Diese beziehen sich ihrerseits auf die Nutzenbestimmungen erster Stufe und beurteilen sie entweder als „richtig/falsch", „höher/tiefer" oder „besser/schlechter". Die in einer Gemeinschaft geltenden Werte sind zugleich konstitutive Merkmale der individuellen Persönlichkeit:

> „Definiert wird meine Identität durch die Bindungen und Identifikationen, die den Rahmen oder Horizont abgeben, innerhalb dessen ich von Fall zu Fall zu bestimmen versuchen kann, was gut oder wertvoll ist oder was getan werden sollte bzw. was ich billige oder ablehne" (Taylor 1996: 55).

Das Vokabular für diese „kontrastive Charakterisierung" ist ein jeweils gemeinschaftsspezifisches, es wird im Laufe der Sozialisation vermittelt und geht dem Einzelnen somit voraus; es steht (zunächst) nicht zur Disposition. Insofern ist auch die Rede von „objektiven" Werten innerhalb einer Gemeinschaft möglich, ein Befund der sich aus der Sicht individualistischer Theorien nicht reformulieren lässt.

Aber trotz aller Berechtigung, mit der hier auf die Bedeutung gemeinschaftlicher Werte hingewiesen wird: Eine moderne Gesellschaft, wie die der Bundesrepublik, als mehr oder weniger homogene Wertegemeinschaft aufzufassen, die sich die für sie konstitutiven Werte in einer Rechtsordnung festschreiben lässt, ist letztlich unplausibel. Wenn man dagegen das „Faktum des Pluralismus" im Sinn der Koexistenz mehrerer Weltanschauungen als das Kennzeichen der Moderne ernst nimmt, dann erscheint der wertneutrale Rechtsstaat des Liberalismus immer

Das „Gute" und
das „Gerechte"

noch als verlässlichster Garant eines (mit der Verfassung konformen) eigen- bzw. wertbestimmten Lebens.[11]

Gleichwohl darf die damit noch einmal aufgegriffene Grundsatz-Differenz zum kommunitaristischen Lager nicht darüber hinwegtäuschen, dass man den Liberalismus und den Kommunitarismus über weite Strecken als letztlich komplementäre Sichtweisen betrachten muss. Der Kommunitarismus ist dann eine notwendige Korrektur der liberalen Auffassung, Gesellschaft sei ausschließlich eine freiwillige Assoziation von Individuen. Er betont, dass auch die Individuen des Liberalismus zunächst einmal in Gemeinschaften hineingeboren und von den dort herrschenden Wertvorstellungen geprägt werden.[12]

Sozialkapital   Abschließend zu diesem Abschnitt sei noch kurz auf ein Thema im Grenzgebiet zwischen politischer Philosophie und politischer Theorie eingegangen. Seit und vielleicht auch wegen der Diskussion mit dem Kommunitarismus ist nicht nur beim kantisch geprägten Liberalismus, sondern generell bei den dem methodischen Individualismus verpflichteten Theorien eine Beschäftigung mit der Eingebettetheit („embeddedness") individueller Akteure festzustellen. Im Rahmen der ökonomischen Theorie der Politik, die von der grundlegenden Prämisse des sich selbst genügenden, eigeninteressierten Individuums ausgeht, wird dem seit geraumer Zeit mit dem Begriff des „Sozialkapitals" Rechnung getragen. Sozialkapital wird dabei verstanden (vgl. z. B. Coleman 1995: Kap. 12 und Edwards/Foley 1997) als eine Ressource, deren Vorhandensein das Erreichen bestimmter, gesellschaftlich positiv oder negativ bewerteter Handlungsziele durch Kooperation möglich macht. ‚Hergestellt' wird diese Ressource in den Beziehungen der Individuen untereinander, nämlich durch gelungene Interaktionen. Die Grundvoraussetzung für die Entstehung sozialen Kapitals ist eine relativ kleine, überschaubare Gruppe, in der jeder jeden kennt und in der somit eine gegenseitige Kontrolle zur Vermeidung der Ausbeutung eines Vertrauensvorschusses möglich ist. Der Prototyp der kleinen, Sozialkapital in Form *horizontalen* Vertrauens produzierenden

---

[11]   Neben Rawls bietet *Ronald Dworkin* (1985) eine überzeugende Formulierung dieses liberalen Credos.

[12]   So zumindest Walzer 1993. Vgl. auch *Kymlicka* 1999: Kap. 1 (Liberaler Nationalismus). Aspekte der Liberalismus-Kommunitarismus-Kontroverse finden sich auch auf internationaler Ebene. Zum Problem der Reduzierung der als universal begriffenen Menschenrechte auf bloß kulturelle Werte im oben erwähnten Sinne vgl. z. B. Sen 1999: Kap. 10 (Culture and Human Rights) sowie Habermas 1999.

Gruppe ist die Familie. Die Naturwüchsigkeit dieser Institution ist deshalb von Bedeutung, weil sie einem unendlichen Regress bei der Frage vorbeugt, wie vertrauensgenerierende Einrichtungen unter Nutzenmaximierern überhaupt entstehen können. Aus der eigeninteressierten Perspektive ist es nämlich rational, dazu keinen immer kostspielig Beitrag zu leisten. Da jedoch die Mitgliedschaft in Familien für die Heranwachsenden über eine hinreichend lange Zeit außerhalb ihrer Willkür liegt, können diese als einigermaßen verläßliche Produktionsstätte von Vertrauen aufgefasst werden.

Das Konzept „Sozialkapital" ist auch zur Beantwortung politikwissenschaftlicher Fragestellungen herangezogen worden. *Robert D. Putnam* et al. (1993) haben in einer Studie zu belegen versucht, dass das Vorhandensein des erwähnten horizontalen Vertrauens, also des Vertrauens von Bürgern untereinander, maßgeblich für das Funktionieren von politischen Institutionen sei. Vertrauensgenerierend seien, und dabei stützt sich Putnam auf eine Beobachtung aus Alexis de *Tocquevilles* (1805-1859) Amerika-Studie (1990: Kap. 23), unterschiedliche freiwillige Organisationen wie Vereine und Clubs.

Allerdings stellt sich die Frage, ob die vertrauensabhängige Institutionenperformanz in der Politik nicht doch vor allem eine Angelegenheit *vertikalen* Vertrauens ist. Vertikales Vertrauen existiert zwar im Regelfall auch innerhalb von Organisationen, nämlich zwischen der Mitgliederbasis einerseits und der Führungsspitze andererseits. Aber im Verhältnis zwischen Wählern und Repräsentanten ist, anders als in (kleinen) Organisationen, ein wesentlicher Faktor allenfalls in begrenztem Maße vorhanden: die Beobachtbarkeit und Kontrolle der Treuhänder des Vertrauens durch die Vertrauensgeber. Wie die bereit gestellte Ressource Vertrauen tatsächlich genutzt wurde, wird oft erst mit erheblicher Verspätung sichtbar. So gesehen ließe sich Politikverdrossenheit auch als Folge eines Ver- bzw. Missbrauchs des gewährten Vertrauens, gleichsam als eine Ressourcenverschwendung besonderer Art durch die politische Elite verstehen (wozu die in mehr oder weniger regelmäßigen Abständen in der Politik aufgedeckten Spenden- und Schmiergeldaffären Anlaß bieten). Das beschädigte Vertrauensverhältnis im wörtlichen Sinne wieder herzustellen ist ein schwieriges, von den einstigen Treuhändern meist unterschätztes Unterfangen (vgl. Offe 1999).

6. Zusammenfassung und Ausblick

Die vorangegangenen Ausführungen verfolgten den Zweck, anhand von vier zentralen Themenbereichen wesentliche Positionen
und Fragestellungen in der politischen Philosophie vorzustellen.
Es wurde deutlich, dass klassische Argumentationsmuster auch
von den zeitgenössischen Philosophen rezipiert werden und dass
mehrere, auch zum Teil einander widersprechende Grundpositionen nebeneinander bestehen können.

Außerdem wurde an vielen Stellen ersichtlich, dass der politische Philosoph zu seinem Gegenstandsbereich grundsätzlich
nicht, zumindest nicht durchgehend die Distanz aufbringen
kann, die der Naturwissenschaftler zur leblosen Materie hat. Zwar
zeigt z. B. Hobbes' *Leviathan* in beeindruckender Weise, wie man
eine *stabile* Rechtsordnung unter rationalen Egoisten schaffen
kann, über die *substantiellen* Anforderungen an eine solche Ordnung vermag er jedoch nur sehr wenig zu sagen. Und gerade weil
die politische Praxis und die überkommenen politischen Institutionen immer schon eine Bedeutung besitzen und Sinnablagerun-
gen (z. B. hinsichtlich der Gerechtigkeitsfrage) darstellen, muss
gegenüber dem Konzept der „Einheitswissenschaft" auch ein her-
meneutisch inspirierter Zugang zum Objektbereich der politischen Philosophie reklamiert werden.[13]

Welche Themen könnten in der politischen Philosophie zukünftig besonders relevant werden? Der philosophischen Kritik
der instrumentellen Vernunft, also der Kritik an einem in *jeder*
Hinsicht zweckrational gestalteten Leben, scheint einerseits weiterhin eine herausragende Stellung zuzukommen. Andererseits
darf aber von einer normativ argumentierenden politischen Philosophie nicht länger verkannt werden, dass „ökonomische Rationalität" über ein Aufklärungspotential ganz eigener Art verfügt
und sich ihrerseits bereits „im Rücken" der praktischen Vernunft
kantischer Provenienz wähnt (vgl. Gauthier 1986).

Darüber hinaus wird ganz sicher ein Thema, das bisher noch
gar nicht angesprochen wurde, noch weiter an Bedeutung gewinnen: das Problem der *Verrechtlichung* der internationalen Beziehungen über bi- oder multilaterale Verträge hinaus. Es spricht für
die Weitsicht eines genialen philosophischen Kopfes (aber auch
für die Hartnäckigkeit des Problems), dass diesbezüglich immer

---

[13]   Die hermeneutische Diskussion in der Philosophie und in den Sozialwissenschaften ist mittlerweile sehr komplex geworden. Für viele Modelle immer
noch Bezugspunkt ist die grundlegende Arbeit von Gadamer (1986).

noch eine Schrift als maßgeblicher Referenzpunkt dient, die über zweihundert Jahre alt ist: Kants *Zum ewigen Frieden* von 1795 (Kant 1974b; vgl. dazu Höffe 1995). Für Kant ist der Zustand der internationalen Recht- bzw. Gesetzlosigkeit prinzipiell nicht haltbar – vernünftige Wesen sind aufgefordert, in *allen* ihren Beziehungen in gesetzmäßige Verhältnisse einzutreten. Das deshalb gebotene Verlassen des zwischenstaatlichen Naturzustandes soll sich unter zwei Bedingungen oder in zwei Stufen vollziehen, die Kant in dem ersten und dem zweiten „Definitivartikel" der Friedensschrift erwähnt: erstens müsse die Verfassung in jedem einzelnen Staat „republikanisch" sein und zweitens solle das Völkerrecht (das nach Kant besser „Staatenrecht" hieße) „auf einen Föderalismus freier Staaten gegründet sein."

Es lässt sich nun, von diesen Überlegungen ausgehend, durchaus die Auffassung vertreten, dass mit der „Charta der Vereinten Nationen" und der „Allgemeinen Erklärung der Menschenrechte" nach dem 2. Weltkrieg die erste Etappe des langen Weges zur Errichtung einer dauerhaften internationalen Rechts- und Friedensordnung beschritten wurde, dass damit einerseits ein wie auch immer verbesserungswürdiger institutioneller Apparat der Staatengemeinschaft und andererseits eine auf den Menschenrechten beruhende ‚Verfassung' etabliert wurden. Es scheint sich gegenwärtig, weltweit gesehen, eine Mehrheitsmeinung dahingehend abzuzeichnen, dass der normative Gehalt dieser Quasi-Verfassung auch gegen solche UN-Mitgliedstaaten durchgesetzt werden darf, die in ihrem Staatsgebiet die Menschenrechte derart massiv verletzen, dass z.B. von einem Genozid oder von einem Verbrechen gegen die Menschlichkeit (bzw. die Menschheit) gesprochen werden muss. Setzt sich diese Auffassung durch, dann muss von einem grundlegenden Wandel in der Konzeption der Souveränität von Staaten gesprochen werden (vgl. dazu Rawls 2002: §§ 10, 13-14).

Allerdings ist mit Blick z. B. auf die letztlich wohl gerechtfertigte Militärintervention 1999 im Kosovo auch zu berücksichtigen, dass solche in der Intention humanitären, in der Durchführung unweigerlich militärisch-gewaltsamen Interventionen keinesfalls geleitet sein dürfen vom Grundsatz „es geschehe Gerechtigkeit, auch wenn die Welt dabei zugrunde geht." Weder in der internationalen Politik noch anderswo steht es der ohnehin nicht mit einer Stimme sprechenden politischen Philosophie an, sozusagen von einer höheren Warte aus auf der gänzlich folgenblinden Realisierung ihrer Modelle zu bestehen – worauf sie jedoch achten kann ist, um Kant ein letztes mal zu Wort kommen zu lassen, dass

die Politik keinen Schritt tut, „ohne vorher der Moral gehuldigt zu
haben" (Kant 1974b: 243).[14]

Literatur

Annotierte Auswahlbibliografie

Becker, Michael/Schmidt, Johannes/Zintl, Reinhard (2017): Politische Philosophie,
4. Aufl., Paderborn.
Das Buch bietet eine Einführung in die Grundprobleme der politischen Philosophie aus politikwissenschaftlicher Perspektive: Die Themen „Gerechtigkeit", „Freiheit", „Demokratie" sowie die
Rechtfertigung der staatlichen („Gesellschaftsvertrag") und der internationalen Ordnung werden
anhand einschlägiger Werke klassischer und moderner Philosophen in den Grundzügen erörtert.

Bohman, James/Rehg, William (Hrsg.) (1997): Deliberative Democracy. Essays on
Reason and Politics, Cambridge/Mass. u.a.
Dieser Sammelband ist unverzichtbar für einen Überblick über die Konzepte deliberativer und
diskursiver Demokratie. Im ersten Teil sind etwas ältere, ‚klassische' Texte (von Elster, Habermas,
Joshua Cohen und Rawls) abgedruckt, im zweiten Teil dann aktuellere, größtenteils vorzügliche
Abhandlungen zu sehr spezifischen Fragestellungen.

Fetscher, Iring/Münkler, Herfried (Hrsg.) (1985ff.): Pipers Handbuch der Politischen Ideen, München.
Das fünfbändige Werk gibt einen umfassenden Überblick über das politische Denken von den
frühen Hochkulturen bis in die Gegenwart. Das chronologisch aufgebaute Handbuch bringt alle
wichtigen Denkströmungen und Schulen und hebt darüber hinaus die klassischen Autoren der
politischen Philosophie in ausführlichen Einzeldarstellungen hervor.

Goodin, Robert E./Pettit, Philip (Hrsg.) (2012): A Companion to Contemporary
Political Philosophy, 2. Aufl., Oxford.
Das über 600 Seiten starke Handbuch gliedert sich in drei Teile, zu denen namhafte Autoren
insgesamt 41 Beiträge leisten: Teil I stellt benachbarte Disziplinen vor, die die Themen der politischen Philosophie mit anderen Mitteln bearbeiten; Teil II ist den verschiedenen modernen
Ideologien gewidmet; Teil III enthält Ausführungen zu wichtigen Begriffen von „autonomy" bis
„welfare".

Goodin, Robert E./Pettit, Philip (Hrsg.) (1997): Contemporary Political Philosophy,
Oxford.
Die Sammlung bringt insgesamt 38 wichtige Originaltexte, die in der zweiten Hälfte des 20. Jahr-
hunderts erschienen sind, und ist sieben Themenkreisen gewidmet („Demokratie", „Rechte",
„Freiheit", „Gleichheit" u. a.). Trotz der nicht ganz nachvollziehbaren Unterrepräsentation konti-
nentaler Autoren ist auch dieser Band von Goodin/Pettit eine äußerst gewinnbringende Lektüre.

---

[14]   Unter „Moral" ist hierbei ganz unspezifisch der „Inbegriff von unbedingt ge-
bietenden Gesetzen" zu verstehen (Kant 1974b: 228). Zur Frage der Rechtfertigung von (Militär-)Interventionen seitens der UNO vgl. Maus (1998) einerseits und andererseits Zanetti (1998). Vgl. auch Herborth/Niesen (2007).

Horn, Christoph (2012): Einführung in die Politische Philosophie, Darmstadt, 3. Aufl.
In kompakter und übersichtlich gestalteter Form werden in acht Kapiteln die Hauptanliegen der Politischen Philosophie – von den „Grundlagen" über die „Theorie der Demokratie" bis zu Fragen der „Globalisierung" – aus der Perspektive des Philosophen präsentiert.

Weiterführende Literatur

Adorno, Theodor W. et al. (1982): Der Positivismusstreit in der deutschen Soziologie, 10 Aufl., Darmstadt/Neuwied.

Arendt, Hannah (1974): Über die Revolution, Neuausgabe, München.

Arendt, Hannah (1981): Vita activa oder Vom tätigen Leben, Neuausgabe, München.

Arendt, Hannah (1985): Das Urteilen. Texte zu Kants politischer Philosophie, hrsg. und mit einem Essay von R. Beiner, München.

Aristoteles (1981): Politik, übersetzt und hrsg. von O. Gigon, 4. Aufl., München.

Becker, Michael (Hrsg.) 2013: Politischer Liberalismus und wohlgeordnete Gesellschaften. John Rawls und der Verfassungsstaat, Baden-Baden.

Beiner, Ronald/Booth, William James (Hrsg.) (1993): Kant & Political Philosophy. The Contemporary Legacy, New Haven/London.

Benhabib, Seyla (Hrsg.) (1996): Democracy and Difference. Contesting the Boundaries of the Political, Princeton.

Berlin, Isaiah (1995): Freiheit. Vier Versuche, Frankfurt a. M.

Böckenförde, Ernst-Wolfgang (1991): Die verfassunggebende Gewalt des Volkes – Ein Grenzbegriff des Verfassungsrechts, in: Böckenförde, Ernst-Wolfgang: Staat, Verfassung, Demokratie. Studien zur Verfassungstheorie und zum Verfassungsrecht, Frankfurt a. M., S. 90-112.

Brocker, Manfred (Hrsg.) (2007): Geschichte des politischen Denkens. Ein Handbuch, Frankfurt a. M.

Bubner, Rüdiger (2002): Polis und Staat. Grundlinien der Politischen Philosophie, Frankfurt a. M.

Castoriadis, Cornelius (1991): Philosophy, Politics, Autonomy: Essays in Political Philosophy, Oxford.

Coleman, James S. (1995): Grundlagen der Sozialtheorie, Bd. 1: Handlungen und Handlungssysteme, München/Wien.

Derrida, Jacques (2003): Schurken. Zwei Essays über die Vernunft, Frankfurt a. M.

Dworkin, Ronald (1985): Liberalism, in: Dworkin, Ronald: A Matter of Principle, Cambridge/Mass., S. 181-204.

Edwards, Bob/Foley, Michael W. (1997): Social Capital, Civil Society and Contemporary Democracy, in: American Behavioral Scientist 40 (5).

Fetscher, Iring (1975): Rousseaus politische Philosophie. Zur Geschichte des demokratischen Freiheitsbegriffs, Frankfurt a. M.

Fishkin, James S./Laslett, Peter (Hrsg.) (2003): Debating Deliberative Democracy, Oxford.

Forst, Rainer (1994): Kontexte der Gerechtigkeit. Politische Philosophie jenseits von Liberalismus und Kommunitarismus, Frankfurt a. M.

Gadamer, Hans-Georg (1986): Wahrheit und Methode. Grundzüge einer philosophischen Hermeneutik, 5. Aufl., Tübingen.

Gauthier, David (1986): Morals by Agreement, Oxford.

Gerhardt, Volker (1995): Immanuel Kants Entwurf >Zum ewigen Frieden<. Eine Theorie der Politik, Darmstadt.

Gray, John (1991): Liberalisms. Essays in Political Philosophy, London/New York.

Habermas, Jürgen (1981): Theorie des kommunikativen Handelns, Bd. 2: Zur Kritik der funktionalistischen Vernunft, Frankfurt a. M.

Habermas, Jürgen (1982): Theorie und Praxis. Sozialphilosophische Studien, 3. Aufl., Frankfurt a. M.

Habermas, Jürgen (1990): Strukturwandel der Öffentlichkeit. Untersuchungen zu einer Kategorie der bürgerlichen Gesellschaft, Frankfurt a. M.

Habermas, Jürgen (1992): Faktizität und Geltung. Beiträge zur Diskurstheorie des Rechts und des demokratischen Rechtsstaats, Frankfurt a. M.

Habermas, Jürgen (2005): Zwischen Naturalismus und Religion. Philosophische Aufsätze, Frankfurt am Main.

Hayek, Friedrich A. v. (1991): Die Verfassung der Freiheit, 3. Aufl., Tübingen.

Hegel, Georg Wilhelm Friedrich (1970a): Grundlinien der Philosophie des Rechts, in: Moldenhauer, Eva/Michel, Karl Markus (Hrsg.): Werke, Bd. 7, Frankfurt a. M.

Hegel, Georg Wilhelm Friedrich (1970b): Phänomenologie des Geistes, in: Moldenhauer, Eva/Michel, Karl Markus (Hrsg.): Werke Bd. 3, Frankfurt a. M.

Henkel, Michael und Lembcke, Oliver W. (Hrsg.) (2013): Praxis und Politik – Michael Oakeshott im Dialog, Tübingen.

Hennis, Wilhelm (1981): Politik und praktische Philosophie, in: Hennis, Wilhelm: Politik und praktische Philosophie. Schriften zur politischen Theorie, Stuttgart, S. 1-130.

Herborth, Benjamin/Niesen, Peter (Hrsg.) (2007): Anarchie der kommunikativen Freiheit. Jürgen Habermas und die Theorie der internationalen Politik, Frankfurt a. M.

Hobbes, Thomas (1984): Leviathan oder Stoff, Form und Gewalt eines kirchlichen und bürgerlichen Staates, hrsg. und eingeleitet von Iring Fetscher, Frankfurt a. M.

Hobbes, Thomas (1994): Vom Menschen. Vom Bürger (Elemente der Philosophie II/III), Hamburg.

Hobbes, Thomas (1996): Vom Körper (Elemente der Philosophie I), Hamburg.

Höffe, Otfried (1999): Demokratie im Zeitalter der Globalisierung, München.

Höffe, Otfried (Hrsg.) (1995): Immanuel Kant: Zum ewigen Frieden, Berlin.

Höffe, Otfried (2015): Kritik der Freiheit. Das Grundproblem der Moderne, München.

Miller, David (2016): Strangers in Our Midst. The Political Philosophy of Immigration, Harvard.

Kant, Immanuel (1974a): Die Metaphysik der Sitten, in: Weischedel, Wilhelm (Hrsg.): Werkausgabe, Bd. 8, Frankfurt a. M., S. 309-634.

Kant, Immanuel (1974b): Zum ewigen Frieden, in: Weischedel, Wilhelm (Hrsg.): Werkausgabe, Bd. 11, Frankfurt a.M., S. 191-251.

Kersting, Wolfgang (2000): Politik und Recht. Abhandlungen zur politischen Philosophie der Gegenwart und zur neuzeitlichen Rechtsphilosophie, Weilerswist.

Kriele, Martin (1988): Einführung in die Staatslehre, 3. Aufl., Opladen.

Kymlicka, Will (1996): Politische Philosophie heute – Eine Einführung, Frankfurt a. M.

Kymlicka, Will (1999): Multikulturalismus und Demokratie. Über Minderheiten in Staaten und Nationen, Hamburg.

Locke, John (1977): Zwei Abhandlungen über die Regierung, hrsg. und eingeleitet von W. Euchner, Frankfurt a. M.

Lohmann, Georg (1998): Menschenrechte zwischen Moral und Recht, in: Lohmann, Georg/Gosepath, Stefan (Hrsg.): Philosophie der Menschenrechte, Frankfurt a. M., S. 62-95.

Lübbe, Hermann (1963): Politische Philosophie in Deutschland. Studien zu ihrer Geschichte, Basel.

Lyotard, Jean-Francois (1988): Der Enthusiasmus. Kants Kritik der Geschichte, Wien.

MacIntyre, Alasdair (1987): Der Verlust der Tugend. Zur moralischen Krise der Gegenwart, Frankfurt a. M.

Marx, Karl (1990): Ökonomisch-philosophische Manuskripte, in: Marx, Karl/ Engels, Friedrich: Studienausgabe, Bd. II, Frankfurt a. M., S. 38-128.

Marx, Karl/Engels, Friedrich (1969): Manifest der Kommunistischen Partei, Stuttgart.

Maus, Ingeborg (1992): Zur Aufklärung der Demokratietheorie. Rechts- und demokratietheoretische Überlegungen im Anschluss an Kant, Frankfurt a. M.

Maus, Ingeborg (1998): Volkssouveränität und das Prinzip der Nichtintervention in der Friedensphilosophie Immanuel Kants, in: Brunkhorst, Hauke (Hrsg.): Einmischung erwünscht? Menschenrechte und bewaffnete Intervention, Frankfurt a. M., S. 88-116.

Maus, Ingeborg (2011): Über Volkssouveränität. Elemente einer Demokratietheorie, Frankfurt a. M.

Montesquieu, Charles de (1992): Vom Geist der Gesetze, übersetzt und hrsg. von Ernst Forsthoff, 2 Bde., 2. Aufl., Tübingen.

Nida-Rümelin, Julian (2009): Politische Philosophie der Gegenwart. Rationalität und politische Ordnung, Paderborn.

Nozick, Robert (o.J.): Anarchie, Staat, Utopia, München.

Nussbaum, Martha (2014): Politische Emotionen. Warum Liebe für Gerechtigkeit wichtig ist, Frankfurt a. M.

Oakeshott, Michael (2000): Zuversicht und Skepsis. Zwei Prinzipien neuzeitlicher Politik, Berlin.

Offe, Claus (1999): How Can we Trust our Fellow Citizens?, in: Warren, Mark E. (Hrsg.): Democracy and Trust, Cambridge, S. 42-87.

Ott, Konrad (2016): Zuwanderung und Moral, Stuttgart.

Platon (1958), Politeia, in: Platon: Sämtliche Werke, hrsg. von E. Grassi unter Mitarbeit von W. Hess, Bd. III., Hamburg.

Popper, Karl Raimund (1992): Die offene Gesellschaft und ihre Feinde, 2 Bde., 7. Aufl., Tübingen.

Putnam, Robert D./Leonardo, Roberto/Nanetti, Raffaella Y. (1993): Making Democracy Work. Civic Traditions in Modern Italy, Princeton.

Rancière, Jacques (2002): Das Unvernehmen. Politik und Philosophie, Frankfurt a.M.

Rawls, John (1979): Eine Theorie der Gerechtigkeit, Frankfurt a. M.

Rawls, John (1992): Der Vorrang des Rechten und die Ideen des Guten, in: Rawls, John: Die Idee des politischen Liberalismus. Aufsätze 1978-1989, hrsg. von Wilfried Hinsch, Frankfurt a. M., S. 364-397.

Rawls, John (1998): Politischer Liberalismus, Frankfurt a. M.

Rawls, John (1999): Collected Papers, hrsg. von Samuel Richard Freeman, Cambridge/Mass.

Rawls, John (2002): Das Recht der Völker, Berlin/New York.

Rawls, John (2006): Gerechtigkeit als Fairneß. Ein Neuentwurf, Frankfurt a. M.

Rawls, John (2008): Geschichte der politischen Philosophie, Frankfurt a. M.

Ritter, Joachim (1977): Metaphysik und Politik. Studien zu Aristoteles und Hegel, Frankfurt a. M.

Rorty, Richard (1988): Der Vorrang der Demokratie vor der Philosophie, in: Rorty, Richard: Solidarität oder Objektivität? Drei philosophische Essays, Stuttgart, S. 82-125.

Rousseau, Jean-Jacques (1977): Vom Gesellschaftsvertrag oder Prinzipien des Staatsrechtes, in: Rousseau, Jean-Jacques: Politische Schriften Bd. 1, Übersetzung und Einführung von L. Schmidts, Paderborn.

Rousseau, Jean-Jacques (1978): Julie oder die neue Héloïse. Briefe zweier Liebenden aus einer kleinen Stadt am Fuße der Alpen, München.

Schmitt, Carl (1993): Verfassungslehre, 8. Aufl., Berlin.

Sen, Amartya (1999): Development as Freedom, New York.

Steinvorth, Ulrich (1999): Gleiche Freiheit. Politische Philosophie und Verteilungsgerechtigkeit, Berlin.

Strauss, Leo (1956): Naturrecht und Geschichte, Stuttgart.

Taylor, Charles (1988): Legitimationskrise?, in: Taylor, Charles: Negative Freiheit? Zur Kritik des neuzeitlichen Individualismus, Frankfurt a. M., S. 235-294.

Taylor, Charles (1996): Die Quellen des Selbst. Die Entstehung der neuzeitlichen Identität, Frankfurt a. M.

Tocqueville, Alexis de (1990): Über die Demokratie in Amerika, Stuttgart.

Voegelin, Eric (2004): Die Neue Wissenschaft der Politik. Eine Einführung, München.

Vollrath, Ernst (1987): Grundlegung einer philosophischen Theorie des Politischen, Würzburg.

Waldron, Jeremy (1999): The Dignity of Legislation, Cambridge.

Walzer, Michael (1993): Die kommunitaristische Kritik am Liberalismus, in: Honneth, Axel (Hrsg.): Kommunitarismus. Eine Debatte über die moralischen Grundlagen moderner Gesellschaften, Frankfurt a. M., S. 157-180.

Walzer, Michael (2006): Sphären der Gerechtigkeit. Ein Plädoyer für Pluralität und Gleichheit, 2. Aufl., Frankfurt a. M.

Zanetti, Véronique (1998): Ethik des Interventionsrechts, in: Chwaszcza, Christine/ Kersting, Wolfgang (Hrsg.): Politische Philosophie der internationalen Beziehungen, Frankfurt a. M., S. 297-324.

Moderne politikwissenschaftliche Theorie

Peter Thiery

1. Der Gegenstand der Teildisziplin

Anliegen und Teilgebiete der Politischen Theorie

Der wissenschaftliche Zugriff auf Realität setzt immer schon Theorie voraus. Das Anliegen der Politischen Theorie besteht darin, verallgemeinernde Aussagen über die politische Wirklichkeit zu treffen und Instrumente zu ihrer weiteren Analyse zur Verfügung zu stellen. Hierbei können verschiedene Teilgebiete unterschieden werden: Die *politische Ideengeschichte* beschäftigt sich mit politischen Ideen bzw. Ideologien und ihrer Entwicklung seit der Antike und stellt dadurch einen Fundus an Argumenten, Konzepten und Lösungen bereit. Die *Politische Philosophie* geht systematisch der gesamten Bandbreite normativer Fragestellungen innerhalb der Politikwissenschaft nach, z. B. Gerechtigkeit, Legitimität (Goodin/Pettit 1997; siehe auch den Beitrag von Michael Becker in diesem Band). Die *Wissenschaftstheorie der Politikwissenschaft* beschäftigt sich mit den metatheoretischen Voraussetzungen der übrigen Teilbereiche und -disziplinen, fragt also nach grundsätzlichen Bedingungen und Möglichkeiten politikwissenschaftlicher Aussagen (vgl. den Beitrag von Christian Welzel in diesem Band). Schließlich existiert jener Theoriebereich, um den es hier in erster Linie geht, nämlich die *empirisch-analytischen Theorien und Modelle*, mit denen die komplexe politische Realität erfasst, geordnet und vor allem erklärt bzw. prognostiziert werden kann. Je nach Abstraktionshöhe ist hier ein breites Spektrum anzutreffen: Neben einzelnen Generalisierungen, zu denen das Gros politologischer Studien gehört, gibt es ‚Theorien mittlerer Reichweite‘, die sich auf Teilgebiete erstrecken, die zeitlich, geographisch oder inhaltlich eingegrenzt sind (z. B. über das Wählerverhalten in der BRD). Makrotheorien der Politik versuchen, den Gegenstandsbereich ‚Politik‘ insgesamt zu erfassen, wie z. B. die Politische Systemtheorie oder die ältere Staatslehre.

Grundlegende Merkmale einer politischen Theorie

Allerdings besteht in der Politikwissenschaft nur wenig Einigkeit darüber, was als Theorie zu gelten hat. Dies liegt zum einen daran, dass unterschiedliche Vorstellungen von Theorie vorherrschen, zum andern daran, dass die Bildung und Verwendung von Theorien pragmatisch oder ‚puristisch‘ gehandhabt werden kann.[1]

---

[1]   Für Theoriepuristen stellt ein Modell zunächst nur ein analytisches Konstrukt dar, das komplexe Zusammenhänge durch Vereinfachung veranschaulicht

Darüber hinaus gehen bei der Bildung von Theorien implizit oder explizit noch weitere Vorentscheidungen mit ein, wie etwa die anthropologischen Prämissen, also das zugrundeliegende Menschenbild (vgl. den Beitrag von Manfred Mols in diesem Band; Gabriel 1978; Beyme 2000: Kap. I). Immerhin lassen sich drei grundlegende Merkmale für die Herausbildung einer *modernen* politischen Theorie benennen (Beyme 1991: 44ff.):

(1) *Differenzierung:* Die Klassiker der Moderne in den Sozialwissenschaften (Durkheim, Weber, Pareto) betrachteten die Entwicklung neuzeitlicher Gemeinwesen unter dem Aspekt der Ausdifferenzierung von Lebenssphären, die sich durch wachsende gesellschaftliche Arbeitsteilung, Spezifizierung und Komplexität auszeichnen. War schon seit Hegel klar zwischen Staat und Gesellschaft unterschieden worden, so wurde diese Ausdifferenzierung nun fortgesetzt in Politik, Wirtschaft, Kultur, etc. Gesellschaft wird dabei nicht mehr unbedingt als einheitliches Ganzes gedacht, doch hielt sich der Gedanke, dass Politik steuernd und integrierend auf die übrigen Teilbereiche einwirken könnte.

> Differenzierung

(2) *Offenheit:* Gesellschaftliche und damit auch politische Entwicklung wird nicht mehr in den Determinismus einer teleologischen Geschichtsbetrachtung eingebunden, wie etwa in der marxistischen Vorstellung einer klassenlosen Gesellschaft, sondern kann im Prinzip nur noch im Nachhinein rekonstruiert werden. Zulässig und auch gefordert sind hingegen Prognosen, sofern sie auf empirisch überprüften oder überprüfbaren Hypothesen über soziale und politische Prozesse beruhen. Mit diesen Einsichten ändert sich zugleich der Blick auf die Möglichkeiten menschlichen Handelns: Zwar bringt die Offenheit gesellschaftlicher und politischer Prozesse Unsicherheiten mit sich, doch erweitern sich auch die Handlungsspielräume. Und da gesellschaftliche Entwicklung zumindest prinzipiell erkennbar ist, so die Überzeugung, wird sie in begrenztem Maße auch gestaltbar.

> Offenheit

(3) *Empirischer Rationalismus:* Entscheidend für das Moderne an der Theorie wird letztlich jedoch ihre wissenschaftslogische Begründung, wie sie die Analytische Philosophie mit universellem Anspruch vornahm: Wichtigstes Ziel ist eine auf Erfahrung gegründete Vernunfterkenntnis, die die Wirklichkeit aus ihren beobachtbaren Erscheinungen heraus deutet, während Werte, Vor-

> Empirischer Rationalismus

---

und genau genommen Theoriebildung – Hypothesen, ‚Gesetze‘ – anleitet (zur präziseren Unterscheidung Druwe 1995: 273ff.).

schriften etc. säuberlich davon getrennt werden müssen. Vor allem das Programm des Logischen Positivismus (Hügli/Lübcke 1993: 59ff.) radikalisierte eine Auffassung von Wissenschaft, die die mehr mit normativen Fragestellungen sich befassende Politische Philosophie für längere Zeit an den Rand drängen sollte. Im Vordergrund stand nunmehr der Anspruch, intersubjektiv prüfbare Aussagen über die politische Realität zu gewinnen, also darüber, wie die politische Realität verfasst ist und warum sie so ist, nicht aber, wie sie sein soll. Das damit verknüpfte Rationalitätspostulat – logische und sprachliche Präzision, Intersubjektivität, Begründbarkeit (Druwe 1995: 21ff.) – gilt seitdem als das Maß aller (wissenschaftlichen und theoretischen) Dinge.

Anliegen der modernen politischen Theorie

Trotz der Vielgestaltigkeit ihres Gegenstandes[2] lässt sich das Anliegen der modernen politischen Theorie so auf einen Nenner bringen: Es geht ihr in erster Linie darum, Modelle und Muster bereit zu stellen, die kollektive gesellschaftliche Phänomene erklären können. Selbst wenn für die Konstruktion solcher Aussagensysteme bislang kaum auf ,harte' Gesetze wie in der Physik zurückgegriffen werden kann, ist es doch möglich, auf einen Fundus von gesetzähnlichen Regelmäßigkeiten oder ,Mechanismen' (Elster 1989: 3ff.) zu bauen. Gleichwohl präsentiert sich das Spektrum der modernen politikwissenschaftlichen Theorien in einer großen Vielfalt, die aus unterschiedlichen Abstraktionsgraden, Reichweiten und Tiefenschärfen resultiert. Je enger sie am Gegenstand bleiben und je eingegrenzter dieser ist, desto heterogener ist das Erscheinungsbild der Teildisziplin. Der Versuch, auf gedrängtem Raum diesem Mosaik gerecht zu werden, ist weder möglich noch nötig. Im Vordergrund stehen im folgenden vielmehr Modellbildungen und Erklärungsmuster, die über typische Verfahrensweisen und auch über markante Punkte der Theorieentwicklung Auskunft geben.

Eine der zentralen Fragen der Theoriebildung nicht nur in der Politikwissenschaft lautet, welches Modell den adäquaten Zugang zur Analyse sozialer und politischer Phänomene verspricht und welche Maßstäbe dafür anzulegen sind:

Reduktion als Ziel der Theoriebildung

„Eine gelungene Erklärung bedeutet die Einordnung eines Rätsels in im Prinzip bereits *bekannte* Zusammenhänge. Darin liegt ihre beson-

---

2 Ein Minimalkonsens, der auf den Politikbegriff des Systemtheoretikers David Easton zurückgeht (vgl. Kap. 2.2), besagt, dass Politik mit verbindlichen Entscheidungen für eine ganze Gesellschaft zu tun hat; zur weiteren Unterscheidung in die Dimensionen polity, politics und policy siehe die Beiträge von Manfred Mols sowie Hans-Joachim Lauth und Peter Thiery in diesem Band.

dere Leistung: Die Reduktion und *nicht* die Vermehrung von Komplexität ist das Ziel der wissenschaftlichen Theoriebildung. Viele, auch gut
verwendbare Erklärungen sind gleichwohl oft noch sehr komplex – im
Sinne von aufwendig und unübersichtlich. Wenn die explanative Leistung aber mit besonders einfachen Mitteln möglich wird, dann verbessert sich das Verhältnis von Erklärungskraft und theoretischem Aufwand. Und um dieses Verhältnis geht es bei wissenschaftlichen
Analysen nicht zuletzt auch: mit möglichst sparsamen Mitteln ein
Höchstmaß an Aufklärung zu erreichen. Insoweit liegt in der *Vereinfachung* von Theorien ein wichtiges, eigenständiges Ziel. Genau hierin
liegt der Wert von erklärenden Modellen" (Esser 1999: 119).

Stark vereinfacht lassen sich die diversen Entwürfe auf einen Kern
reduzieren, der im Theoriedualismus von ‚Akteur‘ und ‚System‘
(bzw. ‚Struktur‘) besteht: Bestimmen eher die vorgefundenen gesellschaftlichen Strukturen das menschliche Handeln oder ist es
nicht gerade das menschliche Handeln, aus dem heraus die gesellschaftlichen Prozesse und Strukturen prinzipiell abzuleiten
sind? *Strukturtheorien* berücksichtigen zwar in ihren Modellvorstellungen individuelles und kollektives Handeln, doch spielt es
nicht die ausschlaggebende Rolle für Erklärungen. Vielmehr liegt
die Vorstellung zugrunde, dass kollektive Phänomene (Macht-
strukturen, Normen, Kultur, sozioökonomischer Entwicklungs-
stand u.ä.) die primär erklärenden Faktoren darstellen (methodologischer ‚Holismus‘ bzw. ‚Kollektivismus‘). *Akteurstheorien*
hingegen sind dem methodologischen Individualismus verpflichtet. Sie gehen davon aus, dass Aussagen über soziale und politische
Phänomene letztlich auf Aussagen über das Handeln oder Verhalten von Akteuren zurückgeführt werden können. Erklärungen
sind demnach nur vollständig, wenn kausale Mechanismen angegeben werden können, die individuelles Handeln mit den (zu
erklärenden) überindividuellen Phänomenen verknüpfen.

*Theoriedualismus:
Strukturtheorien
und Akteurs-
theorien*

Im Kern reicht diese Kontroverse bis in die Anfänge der neuzeitlichen Sozialtheorie zurück, und zumeist war der theoretische
auch mit einem praktischen Dualismus verbunden (Schimank
1996: 205ff.). Dieser basiert in erster Linie auf den unterschiedlichen Menschenbildern, die implizit oder explizit in den Ansätzen enthalten sind. So sehen Strukturtheorien den Menschen
stärker durch die soziale und politische Ordnung determiniert,
deren Erhalt wiederum für das Zusammenleben notwendig ist.
Im akteursorientierten Paradigma hingegen wird der Mensch
deutlicher als der Gestalter seiner Verhältnisse gesehen. Er ist in
der Lage, sie kraft seiner eigenen Vorstellungen besser einzurich-
ten, selbst wenn er dabei anderen ins Gehege kommt und Kon-

*Unterschiedliche
Menschenbilder*

flikte heraufbeschwört. Entsprechend des skizzierten theoretischen Dualismus gliedern sich die weiteren Ausführungen in zwei Blöcke, deren mögliche Verknüpfung im abschließenden Teil behandelt wird.

2. Makroebene: Struktur- und Systemtheorien

Holismus bzw. methodologischer Kollektivismus

Strukturmodellen bzw. -theorien ist gemeinsam, dass sie politische Phänomene und Ereignisse auf kollektive Phänomene zurückführen. Zu ihnen zählen nicht nur die Systemtheorie und die mit ihnen verwandten Modernisierungstheorien, sondern auch die älteren institutionellen Ansätze. Die Neigung zum Ordnungsdenken, die sich häufig mit ihnen verbindet, wird am deutlichsten an den Basiskonzepten ‚Staat‘ und ‚Politisches System‘, mit denen der gesamte politische Handlungsraum in den Blick genommen werden soll.

2.1 Staat und ‚alter‘ Institutionalismus

Nahtstelle zwischen klassischer und moderner politischen Theorie

‚Staat‘ und Staatstheorie bilden gewissermaßen die Nahtstelle zwischen klassischer und moderner politischer Theorie. Vom heutigen Standpunkt aus aber – so viel sei vorweg genommen – ist mit dem Staat sozusagen kein Staat mehr zu machen – jedenfalls nicht im Sinne analytischer Modellbildung. Als Strukturmodell, aus dem forschungsrelevante Hypothesen abgeleitet werden können, hat hier die Systemtheorie der Staatslehre den Rang abgelaufen. Dennoch tauchen staatstheoretische Versatzstücke und Argumentationen in allen Teildisziplinen der Politikwissenschaft auf, und dies in unterschiedlichen Konjunkturen. Jenseits der analytischen Unschärfen gehört daher der Staatsbegriff nach wie vor in die Werkzeugkiste der Politologen.

Soziologisierung der Staatslehre

Das Unterfangen, eine ‚Staatslehre‘ als empirische Sozialwissenschaft zu etablieren, bildet einen zentralen Ausgangspunkt für die Entwicklung ‚moderner‘ politikwissenschaftlicher Theoriebildung. Sie ist verbunden mit der Herauslösung der Politikwissenschaft aus der Staatslehre des frühen 20. Jahrhunderts. Die wachsende Einsicht in die Ausdifferenzierung gesellschaftlicher Teilbereiche – insbesondere auch der Politik – mündete in die zunehmende Differenzierung der wissenschaftlichen Disziplinen. Mit der strikten Trennung eines juristischen und eines soziologischen Staatsbegriffs (Jellinek 1960) begannen Staatslehre und politische Theo-

rie mit sozialwissenschaftlicher Orientierung getrennte Wege zu
gehen. Diese ‚Soziologisierung' der Staatslehre ist am prägnantes-
ten zu erkennen bei Max Weber, dessen Staatsbestimmung bis
heute geläufig ist (Weber 1984: 91; Benz 2008: 54ff.).

Das Projekt einer empirischen Staatslehre, mit der im Kern
auch das Konzept einer modernen politischen Theorie ihren Anfang nahm, lässt sich exemplarisch an *Hermann Heller* (1891-1933)
zeigen, der zur Zeit der Weimarer Republik und angesichts ihrer
scharfen gesellschaftlichen (Klassen-)Auseinandersetzungen eine
Staatslehre formulierte, die modernen Kriterien weitgehend entspricht. Staatslehre war für ihn Teil der politischen Wissenschaft,
die er als nomothetische[3] Sozialwissenschaft zur Erforschung der
Strukturen der sozialen und politischen Realität verstand. Sie war
für ihn somit – im Gegensatz zur juristischen Staatslehre – Er-
fahrungswissenschaft, die ihren Gegenstand auf Kausalitätsbezie-
hungen hin zu befragen hatte. Heller definierte den Staat als Ge-
bietsherrschaftsverband, der „die gesellschaftlichen Akte auf
einem bestimmten Gebiet in letzter Instanz ordnet" (Heller 1971:
23). Von anderen Organisationen unterscheidet er sich durch seinen Charakter als souveräne Entscheidungs- und Wirkungsein-
heit und vor allem durch das Gewaltmonopol.

Ähnlich der von Max Weber oder Georg Jellinek vertretenen
Staatsauffassung[4] lassen sich demnach als wichtigste Merkmale
des Staates festhalten: (1) Staat bedeutet zunächst Herrschaftsver-
band, d. h. eine organisierte Ordnung zur Steuerung und Kontrolle menschlicher Handlungen. Heller griff Webers Definition
von Herrschaft auf und nannte sie „Verfügung über menschliche
Leistungen" sowie „die Fähigkeit, Gehorsam zu finden ohne Rücksicht darauf, ob der Gehorchende dem Befehl innerlich zustimmt"
(Heller 1971: 16, 19). (2) Staat ist ein Ordnungssystem, das verbindliche Autorität über alle Handlungen in seinem Rechtspre-
chungsbereich (zumeist Territorium) beansprucht. An seine
Maßgaben, verkörpert etwa in Gesetzen, müssen sich alle Mitglieder des Herrschaftsverbandes halten, Abweichungen werden
mit entsprechenden Sanktionen geahndet. (3) Als *ultima ratio*
dient dem Staat – und vor allem das zeichnet ihn nach Max Weber
aus – das Monopol legitimer physischer Gewaltsamkeit, d. h.: Der
Staat duldet im Prinzip auf seinem Territorium keine Gewaltan-

*Empirische
Staatslehre:
Hermann Heller*

*Merkmale des
Staates*

---

3   Als nomothetisch wird eine Wissenschaft bezeichnet, wenn sie die Formulie-
    rung empirisch wahrer, möglichst allgemeiner Gesetzesaussagen anstrebt.
4   Ein Überblick über das Denken Max Webers findet sich in Heins 1990; zur
    Staatsauffassung siehe Weber 1976a.

wendung seitens nicht-staatlicher Akteure, es sei denn, er gestattet dies ausdrücklich (z. B. Notwehr). Jeder Fall illegaler Gewaltanwendung verletzt diesen Anspruch. (4) Der Staat ist allerdings kein monolithisches Gebilde, sondern ist selbst wieder aus verschiedenen Agenturen zusammengesetzt (Exekutive, Bürokratie etc.). (5) Als organisierte Herrschaft auf Grundlage des Gewaltmonopols kann der Staat zwar Gehorsam erzwingen, doch kann kein Staat auf Dauer sein Handeln nur auf Gewaltmittel gründen. „Praktisch beruht die Herrschaft des Staates in normalen Zeiten in viel höherem Maße auf Spontaneität und gesellschaftlich notwendiger Zustimmung als auf (staatlich organisiertem) Zwang" (Heller 1971: 19). Notwendig ist also Legitimation oder – wie Max Weber es nannte – ein bestimmter Legitimitätsglaube: Die Herrschaftsunterworfenen müssen Herrschaft als ‚rechtens' anerkennen, wofür unterschiedliche Begründungen möglich sind.[5] Der Staat kann je nach Ausprägung dieser Merkmale verschiedene Formen annehmen, da z. B. über die Art der Partizipation theoretisch nicht vorentschieden wird.

Ablösung der Staatslehre

Während sich diese Staatsbestimmung in ihren Grundzügen bis heute gehalten hat, entfernten sich Modell- und Theoriebildung zunehmend vom Kategoriensystem der Staatslehre. Insbesondere die Vorstellung, dass der Staat steuerndes politisches Zentrum der – und über der – Gesellschaft sei, ließ sich angesichts der gesellschaftlichen Differenzierungsprozesse kaum noch aufrecht erhalten. Zwar hielten sich insbesondere in der deutschen Politikwissenschaft Ansätze der Staatslehre sowie das damit verknüpfte institutionelle Denken länger, doch wurde es schließlich auch hier in den 6oer Jahren an den Rand gedrängt. Jenen Ansätzen, die am Staat noch festhielten, fiel es schwer, mit ihren Konzeptionen die politische Realität angemessen ‚auf den Begriff zu bringen'.[6] Gleichwohl ist der Staat in verschiedenen Konjunkturen als Analysegegenstand sowie als Fokus theoretischer Auseinandersetzungen virulent geblieben (Benz 2008; Grimm 1996; Evans et al. 1985; Skocpol 2008; Vu 2010); in jüngerer Zeit zählt hierzu etwa die Frage der „Staatlichkeit" bzw. mangelnder Staatlichkeit („failed states") und deren Bedeutung

---

[5]   Weber unterschied traditionelle, charismatische und legale Herrschaft; in modernen Industriegesellschaften treten soziale und ökonomische Leistungen zur Rechtfertigung staatlicher Herrschaft hinzu. Zum Problem der (notwendigen) Unterscheidung von Legitimation und Legitimität siehe Garzón Valdés 1988: 17ff.

[6]   So etwa das konservative Staatsdenken mit seiner Überhöhung des Staates (Forsthoff 1971) oder die marxistische Staatstheorie, die sich lange Zeit nicht aus den Fesseln des Basis-Überbau-Denkens befreien konnte (Jürgens 1990).

für Entwicklung und Demokratie (Fukuyama 2011: 95ff., 435ff.; Andersen et al. 2014; Lambach/Bethke 2012.). Der *mainstream* der deutschen Politikwissenschaft hatte unterdessen aber jene Wendung nachvollzogen, die die amerikanische Politikwissenschaft bereits in den 40er Jahren begonnen hatte.

Politische Systemtheorie   2.2

Obwohl oft synonym benutzt, stellt das Konzept des ‚Politischen Systems' den wichtigsten Konkurrenzbegriff zum ‚Staat' dar, wenn es um die Analyse makropolitischer Einheiten (Länder, Nationalstaaten) geht. Den politischen Handlungsraum als ‚Politisches System' aufzufassen, geht u. a. auf den amerikanischen Politikwissenschaftler David Easton zurück. Als erkenntnisleitende Grundfrage formulierte er:

> „Wie erreichen es politische Systeme, sich in einer Welt, die zugleich Stabilität und Wandel aufweist, zu behaupten? Die Suche nach einer Antwort wird schließlich aufdecken, was ich den Lebensprozess politischer Systeme genannt habe – d. h. jene fundamentalen Funktionen, ohne die kein System existieren kann sowie jene typischen Reaktionsweisen, durch die Systeme diese Prozesse in Gang halten. Die Untersuchung dieser Prozesse sowie die Beschaffenheit und die Bedingungen dieser Reaktionen halte ich für das zentrale Problem der politischen Theorie" (Easton, zit. nach Waschkuhn 1987: 55).

Das Aufkommen des Systemdenkens fiel in eine Zeit heftiger Auseinandersetzungen innerhalb der amerikanischen Politikwissenschaft über den Stellenwert und das ‚richtige' Betreiben politischer Theorie (Gunnell 1983; Falter 1982). Die traditionelle politische Theorie war bis in die dreißiger Jahre auch in den USA vorwiegend mit politischer Philosophie sowie der Geschichte und Aufarbeitung politischer Ideen beschäftigt, während in der praktischen Forschung zumeist Institutionenkunde betrieben wurde. Gegen diese Tradition formierte sich unter dem Einfluss des Logischen Positivismus eine empirisch orientierte Gegenbewegung, die zunächst unterschwellig, dann als ‚behavioralistische Revolution' die Disziplin grundlegend veränderte: Als Politikwissenschaft sollte nur noch gelten, wenn nach dem Vorbild der Naturwissenschaften systematische Analysen beobachtbarer Phänomene betrieben werden, wobei theoretische Aussagen (Hypothesen) anhand empirischer Beobachtungen zu testen sind. Auf der Makroebene boten systemtheoretische Modelle hierfür einen geeigneten Orientierungsrahmen.

Marginalien:

Konkurrenzbegriff zum ‚Staat'

Erkenntnisleitende Grundfrage

Auseinandersetzungen innerhalb der amerikanischen Politikwissenschaft

Allgemeine Systemtheorie

Als Allgemeine Systemtheorie entstand der Systemansatz in den vierziger und fünfziger Jahren in den USA u. a. als Versuch, der zunehmenden Spezialisierung der Wissenschaften mit einem integrativen Konzept und der Entwicklung eines einheitlichen Vokabulars entgegenzuwirken. So wie etwa der menschliche Organismus als System, d. h. als funktionstüchtiges Ganzes aus bestimmbaren Teilen aufgefasst werden kann, so auch die Gesellschaft.

Grundidee des Ansatzes

Die Grundidee des Ansatzes ist folgende: Ein System besteht aus einer Menge von Elementen, die untereinander in Beziehung stehen. Ihre Zuordnung zueinander ergibt – bei einem gewissen Grad an Stetigkeit – die Struktur des Systems. Als solches hebt sich das System von seiner Umwelt (= alles, was nicht System ist) ab. Zur Aufrechterhaltung (Integration) des Systems bzw. seiner Strukturen müssen bestimmte Leistungen (Funktionen) erbracht werden: Z. B. besteht die Funktion des politischen Systems für das gesamtgesellschaftliche System in der Herstellung bindender Entscheidungen.

Systemtheorie nach Talcott Parsons

Für *Talcott Parsons*, den Pionier der soziologischen Systemtheorie, bildet die Gesamtgesellschaft das umfassende System, das sich in weitere Subsysteme mit entsprechenden Funktionen untergliedert (Wirtschaft, Kultur, Politik, Gemeinschaft). Der Komplexität und Ausdifferenzierung moderner Gesellschaften, die der Begriff Staat bzw. die Dichotomie Staat–Gesellschaft nicht fassen konnte, wird somit in diesem Modell explizit Rechnung getragen (zum Überblick siehe Gabriel 1978: 223-266; Waschkuhn 1987). Parsons geht grundlegend von der Frage aus, was Gesellschaften ‚überleben‘ lässt. Er legt seiner Argumenta-

Handlungstheorie

tion eine ausgefeilte Handlungstheorie zugrunde, die sich gleichwohl deutlich von den Ansätzen des methodologischen Individualismus unterscheidet. Zentral bleibt bei ihm die Vorstellung, dass gesellschaftliche Integration an die Etablierung normativer Orientierungen gebunden ist, d. h. individuelle Handlungen überwiegend durch Normen geprägt sind, die internalisiert werden. Alle sozialen Handlungssysteme – von Kleingruppen über Organisationen bis hin zur Gesamtgesellschaft – sind dabei als offene Systeme konzipiert, d. h. sie unterliegen permanenten Einflüssen und Störungen aus ihrer Umwelt, die sie genauso verarbeiten müssen wie Fehlentwicklungen im Innern. Um Erhalt und Stabilität zu garantieren, müssen alle

Vier grundlegende Funktionen sozialer Systeme

sozialen Systeme deshalb laut Parsons vier grundlegende Funktionen erfüllen: *adaptation* (Anpassung), *goal attainment* (Zielerreichung), *integration* und *latent pattern maintenance* (Erhaltung von Wertmustern).[7] Um diese Funktionen gewährleisten zu können, müssen Systeme adäquate Strukturen herausbilden. Mit Blick auf die Gesamtgesellschaft leisten dies die Subsysteme Wirtschaft, Politik, Gemeinschaft und Kultur. Parsons ging davon aus, dass der Weg von Gesellschaften in die Moderne als Evolution nur über die Ausdifferenzierung dieser Funktionssysteme führt. Dabei spielen bestimmte ‚evolutionäre Universalien' eine Rolle, ohne die eine funktional differenzierte Gesellschaft nicht überleben kann. Hierzu zählt Parsons vor allem Bürokratie, Marktorganisation, universelle Normen im Rechtssystem, demokratisches Assoziationsrecht sowie allgemeine und freie Wahlen (Parsons 1969: 57).

An Parsons' Überlegungen schloss Easton mit seiner Theorie des politischen Systems an, das er als besonders ausdifferenziertes Teilsystem der Gesellschaft konzipierte (Easton 1965: Kap. II): In ihm werden Werte und Güter autoritativ gesetzt bzw. verteilt. Diese autoritativen Entscheidungen beanspruchen bindende Gültigkeit für die gesamte Gesellschaft und sind mit entsprechenden Sanktionsmöglichkeiten zu ihrer Durchsetzung verknüpft. Wie bei Parsons steht auch bei Easton die Frage der Erhaltung *(persistence)* des politischen Systems angesichts sich wandelnder Umwelten im Vordergrund. Dabei betont er das Prozesshafte des ‚politischen Lebens', weshalb der politische Bereich als offenes und adaptives System zu konzipieren ist: Bei Strafe des Untergangs müssen politische Systeme in der Lage sein, auch auf grundlegende Störungen aus der Umgebung zu reagieren, also gegebenenfalls auch die eigenen Strukturen und Ziele verändern. Dem Anspruch nach ist Eastons Theorie universal: Sie gilt für alle politischen Systeme in Raum und Zeit, trifft also für Stammesgesellschaften ebenso zu wie für komplexe Industriegesellschaften, wobei auch die Regimeform (totalitär, autoritär, demokratisch etc.) zunächst keine Rolle spielt. Dies sind empirische Fragen, die durch die Theorie nicht vorentschieden werden können.

Politisches System nach David Easton

---

[7]   Die Anfangsbuchstaben sind die Namensstifter für das sog. AGIL-Schema.

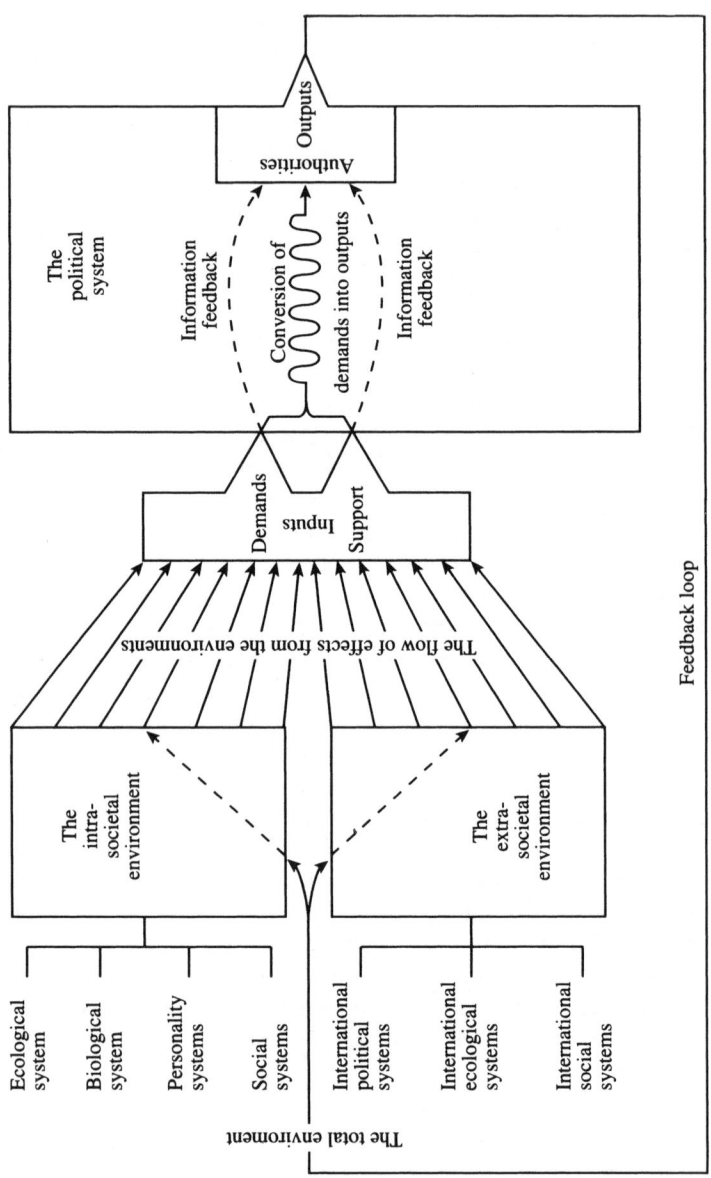

Abb. 1: Das Modell des Politischen Systems nach David Easton

Wie Abb. 1 schematisch festhält, ist das politische System als ,Fließmodell', d.h. als Mechanismus zur Verarbeitung von Umwelteinflüssen konzipiert. Eingaben aus der Umwelt *(inputs)* können sowohl Forderungen *(demands)* als auch Unterstützungen *(supports)* sein. Während die Unterstützungsleistungen (z. B. Steuern, Loyalität) materiell wie immateriell unabkömmlich sind, stellen die Forderungen (etwa nach Steuersenkungen, Militäreinsatz oder der Änderung des Tarifrechts) die konkreten Impulse für das Systemhandeln dar. Diese *inputs* verwandelt das politische System nun in *outputs*, d.h. spezifische Maßnahmen (Gesetze, Verordnungen), mit denen gesellschaftliches Verhalten verbindlich geregelt (,gesteuert') wird (z. B. ein Änderungsgesetz zum Tarifrecht). Diese *outputs* wirken sich in der Umwelt wiederum auf weitere *inputs* aus, zumindest aber ist an den Umweltreaktionen ein Feedback abzulesen: Ein Gesetz wird einige Gruppen bevorteilen, andere benachteiligen, und kann sich somit sowohl auf die *supports* wie auf neue *demands* auswirken (Entzug der Unterstützung bei einem ,schlechten' Gesetz, Forderung nach Änderung des Gesetzes). Damit ist der Kreislauf geschlossen, der von Easton im Idealfall als Regelkreislauf angesehen wird: Da ein Feedback gegeben ist, können die *authorities* (gewöhnlich die Regierung) reagieren, also z. B. das Gesetz ändern, anderweitig für Unterstützung sorgen, bewusst ,aussitzen' usw.

Politisches System als Fließmodell

Das politische System funktioniert bzw. überlebt so lange, wie es seine beiden Grundfunktionen erfüllen kann: zum einen also Entscheidungen zu treffen, zum andern für die bindende Akzeptanz zu sorgen. Allerdings dürfen die Entscheidungen nicht beliebig sein: Da das politische System funktionale Leistungen für die Gesellschaft erbringen muss, müssen diese auch adäquat sein. Ebenso können Störungen auftreten, wenn das Feedback nicht (mehr) funktioniert, also die Angemessenheit von Entscheidungen nicht an das politische System ,weitergemeldet' wird. Im engeren Sinne meinte Easton jedoch mit Gefährdung des Systems, dass die beiden Grundfunktionen nicht mehr ausgeübt werden können: sei es, dass zu viele Forderungen die Regierung und ihre Entscheidungskapazität überlasten (Unregierbarkeit), sei es, dass die Entscheidungen nicht mehr als bindend akzeptiert werden (Legitimationskrise).[8]

Grundfunktionen des politischen Systems

---

[8] In eine ähnliche Richtung geht die Frage, was die Stabilität und die ,Identität' politischer Systeme bzw. ihren Wandel ausmacht. Siehe hierzu Garzón Valdés 1988: 32ff.

2.3 Verwendung und Reichweite von Strukturmodellen

Universeller
Charakter der
Systemtheorie

Der universelle Charakter des Systemkonzeptes eröffnete neue Möglichkeiten insbesondere des Vergleichs unterschiedlicher Gesellschaften und Länder.[9] Ähnlich produktiv wirkte sich die Aufschlüsselung in Strukturen und Funktionen des Systems aus, da mit ihnen analytisch weitaus pragmatischer gearbeitet werden konnte als mit substantiellen Begriffen wie ‚Staat'. Dennoch blieb der Blick auf die Gesamtzusammenhänge gerichtet und verlor sich nicht im Partikularen. Bei der Analyse einzelner politischer Systeme konnten nun deutlicher die Austauschbeziehungen zum jeweiligen gesellschaftlichen Umfeld herausgearbeitet und Funktionsleistungen bzw. -störungen eruiert werden. Im Blick waren dabei auch genuin gesellschaftliche (‚vorpolitische') Sujets wie Interessengruppen oder später die Zivilgesellschaft, deren Wirken etwa als Forderungen konzipiert werden konnten. Innerhalb des politischen Systems bot sich die Möglichkeit, über institutionelle Analysen hinaus das Zusammenwirken der Subsysteme (Parlament, Regierung etc.) zu untersuchen.[10]

Bedeutung
struktureller und
systemtheoreti-
scher Konzepte

Die Bedeutung struktureller und insbesondere systemtheoretischer Konzepte lässt sich an zwei recht unterschiedlichen Beispielen demonstrieren, die auch die Konjunktur solcher Ansätze widerspiegeln. Im ersten Fall geht es um Generaldebatten über die politischen Gestaltungsmöglichkeiten in westlichen Gesellschaften, die in den siebziger und achtziger Jahren vor allem in der deutschen Politikwissenschaft eine Rolle spielten (1). Zum andern lohnt sich ein näherer Blick auf die Erklärungskraft von Strukturtheorien anhand der Transformationsforschung, die im Zuge der Demokratisierungen der achtziger und neunziger Jahre Auftrieb erhielt (2).

Krisentheorie und
Steuerungsdebatte

(1) Krisentheorie und Steuerungsdebatte: Diese Debatten standen deutlich unter dem Einfluss von Großtheorien, d. h. dem Versuch, politische Entwicklungen als grundlegende Strukturentwicklungen zu analysieren und mit eher abstrakten Modellen zu erklären. Im Zentrum standen Legitimations- und Strukturprobleme westlicher Industrienationen, also Krisentendenzen eines ganzen Gesellschaftstyps, der sich u. a. durch eine steuernde keynesianische Wirtschaftspolitik sowie relativ umfassende

---

[9]   Siehe den Beitrag von Hans-Joachim Lauth/Christoph Wagner in diesem Band.

[10] Siehe den Beitrag von Karl-Rudolf Korte in diesem Band; zur Belastbarkeit systemtheoretischen Denkens mit Blick auf die Finanzmarktkrise siehe Mayntz 2013.

Sozialpolitiken auszeichnete. Vereinfacht lautete die – ideologie-
kritische – Fragestellung: Wie schafft es der Staat, die Gesellschaft
trotz objektiver Krisentendenzen als (scheinbar) funktionierendes
Ganzes zusammenzuhalten?

Die beiden deutschen Hauptvertreter der politischen Krisentheorie – Claus Offe und Jürgen Habermas (Offe 1972; Habermas
1973) – vermieden dabei eine explizite Bezugnahme auf den (problematischen) älteren Staatsbegriff. Stattdessen nutzten sie das
Instrumentarium der Systemtheorie nicht nur, um mit dem Begriff ‚politisch-administratives System' zu arbeiten, sondern
konnten damit auch dessen Verknüpfungen mit den anderen Subsystemen der Gesellschaft – d.h. dem ökonomischen und dem
soziokulturellen System – analytisch fassen. Zwar werden die
hauptsächlichen Krisen nach wie vor im ökonomischen System
(d.h. im kapitalistischen Produktionsprozess) verortet, doch ergibt
sich daraus nicht mehr ein Automatismus hin zur Gefährdung
des Gesamtsystems. Vielmehr steuert hier der ‚spätkapitalistische'
Staat entgegen, indem er die Funktionsweise des Wirtschaftssystems aufrechterhält und für einen Ausgleich seiner Dysfunktionalitäten sorgt, z. B. durch Sozialausgaben oder Eingriffe in das
Marktgeschehen. Damit greift er allerdings auch die wesentliche
Legitimationsgrundlage der kapitalistischen Gesellschaft an,
nämlich die Ideologie des gerechten (vom Staat nicht beeinträch-
tigten) Tausches. Durch diese Ausweitung staatlichen Handelns
verlagern sich die Krisentendenzen vom ökonomischen in das
politische System. Neben der Finanzkrise des Staates wird insbesondere seine Legitimationskrise nun als entscheidend angesehen: Da der Staat zu viele Steuerungsleistungen übernehmen
muss, diese jedoch nicht alle (und schon gar nicht gleichzeitig)
bewältigen kann, schwindet die breite Zustimmung (Massenloya-
lität), von der seine Handlungsfähigkeit eigentlich abhängt. Trotz
dieser Probleme wird aber der Staat noch als relativ autonomer
und steuerungsfähiger Akteur (‚Krisenmanagement') gedacht.[II]

In den achtziger Jahren geriet auch dieser Rest an Steuerungs-
optimismus in Widerstreit. Das Gewicht des Staates wird nicht
mehr nur gegenüber den anderen Subsystemen relativiert, wie
etwa in der Neokorporatismus-Diskussion Ende der siebziger Jahre. Vielmehr wird seine Steuerungs- und Handlungskapazität
grundsätzlich hinterfragt. Aus systemtheoretischer, insbesondere
an Niklas Luhmann orientierter Perspektive wird von einer ‚Ent-

Staat als Krisenmanager: Claus Offe und Jürgen Habermas

Ende des Steuerungsopti-mismus: Niklas Luhmann

II Zu einer Theorie umfassender staatlicher Krisenregulation aus neomarxisti-
scher Perspektive Hirsch 1986.

zauberung' des Staates gesprochen: Angesichts der zunehmenden
Selbststeuerung der übrigen gesellschaftlichen Subsysteme werden die subsystemfremden Steuerungsversuche des Staates dys-
funktional. Eine hierarchische Organisationsform der Gesellschaft
mit dem Staat an der Spitze ist nicht mehr realistisch, genauso
wenig Integration durch Steuerungsleistungen des politischen
Systems (Willke 1996). Luhmann griff die Systemkonzeption von
Parsons auf und radikalisierte insbesondere das Theorem der
funktionalen Differenzierung. Demnach sind die gesellschaftlichen Teilsysteme (Wirtschaft, Recht, Wissenschaft, Religion, Sport,
Unterhaltung usw.) derart verselbständigt, dass sie sich gewissermaßen autonom am Laufen halten. „Kein Funktionssystem kann
für ein anderes einspringen; keines kann ein anderes ersetzen oder
auch nur entlasten" (Luhmann 1984: 207). Sie funktionieren jeweils nach einem eigenen Kommunikationscode, der von den übrigen Teilsystemen nicht ‚verstanden' werden kann.[12] Deshalb sind
Absichten des politischen Systems, mit dem ihm eigenen Medium
der Macht Entwicklungen in anderen Teilsystemen gezielt zu beeinflussen, von vornherein zum Scheitern verurteilt. Wenn etwa
die Politik wie im Wohlfahrtsstaat versucht, per staatlicher Erzwin-
gungsmacht in das Wirtschaftssystem hinein zu regieren, so stört
bzw. verwirrt sie nur dessen Funktionieren, da hier Geld das spezifische Medium darstellt. Im Ergebnis heißt das, dass die Effizienz
des Wirtschaftssystems untergraben wird.

Differenzierter wurden die Steuerungsmöglichkeiten dagegen
von Empirikern bewertet.[13] Zwar gehen sie ebenso davon aus, dass
der Staat bzw. das politisch-administrative System nicht mehr
steuern kann, wie es in der klassischen Idee des souveränen Nationalstaates oder in der zitierten Staatsbestimmung zum Ausdruck kommt. Beispiele aus der Politikfeldforschung etwa zeigten,
dass die Vielzahl der involvierten Akteure (z. B. bei der Errichtung
von AKWs) komplizierte und komplexe Entscheidungsprozesse
ergaben, in denen der Staat nur als *ein* Akteur auftrat. Dennoch
sind damit nicht alle Steuerungsmöglichkeiten gekappt. Vielmehr
ist der zeitgenössische Staat in seinen Steuerungsansprüchen bescheidener geworden und setzt verschiedene Regulierungsinstru-
mente selektiv ein. Unter dem Stichwort „governance" hat sich
daraus ein neuer Blick auf die Problemlösungsfähigkeit moderner

---

12   Beispiele für diese binären Codes, die als Orientierung der jeweiligen Kom-
      munikation fungieren, sind Haben/Nicht-Haben (Wirtschaft), Wahrheit/Un-
      wahrheit (Wissenschaft), Verfügen/Nicht-Verfügen über Macht (Politik) oder
      Sieg/Niederlage (Sport) (Schimank 1996: 155).
13   Zur dezidierten Gegenposition zu Luhmann siehe Scharpf 1989.

Gesellschaften ergeben (Mayntz 1996; vgl. auch den Beitrag von Hans-Joachim Lauth/Peter Thiery in diesem Band). In der Tendenz zeigten diese Debatten, dass sich die politische Realität oft anders entwickelte, als es die ‚großen Theorien‘ mit ihrem umfassenden Erklärungsanspruch behaupteten.

(2) Strukturtheorien in der Transformationsforschung: Die achtziger Jahre waren Zeuge einer weltweiten Demokratisierungswelle, die mit dem Zusammenbruch der meisten sozialistischen Systeme 1989 ihren Höhepunkt fand. Auf die Frage, was zum Zusammenbruch der Autokratien bzw. zum Entstehen von Demokratien führte, bieten Strukturtheorien plausible Antworten, die sich auch empirisch erhärten ließen (zum Folgenden Merkel 2010: 67ff.). Schon früh hatte Parsons die Prognose gewagt, „dass sich die kommunistische Gesellschaftsformation als instabil erweisen wird und entweder Anpassungen in Richtung auf die Wahlrechtsdemokratie und ein pluralistisches Parteiensystem machen, oder in weniger entwickelte und politisch weniger effektive Organisationsformen regredieren wird" (Parsons 1969: 70). Erklärbar ist dies auf Grundlage seines Theorems der funktionalen Differenzierung. Denn indem die totalitären Regime die übrigen Subsysteme den Imperativen des politischen Systems unterwarfen und sie ideologisch wie politisch zu durchdringen versuchten, behinderten oder unterbanden sie deren Ausdifferenzierung. Dadurch wurde der evolutionäre Modernisierungsprozess gewissermaßen stillgestellt und das Gesamtsystem war auf Dauer nur mittels staatlichen Zwanges zusammenzuhalten – bis es bei dessen Nachlassen implodierte. In eine ähnliche Richtung weist die These, die sich aus Luhmanns Ansatz ableiten lässt: Je autoritärer politische Regime sind, desto mehr überlagert der Machtcode des politischen Systems die Codes der übrigen Teilsysteme. Wirtschaft, Wissenschaft, Kunst usw. wurden dadurch zu eng an die Politik (und den Code sozialistisch/nicht-sozialistisch) gekoppelt, was zu Effizienzverlusten und Funktionskrisen in diesen Teilsystemen führte – insbesondere in der Wirtschaft.

Weitaus differenzierter und weniger abstrakt argumentiert die Modernisierungstheorie in der Version von Lipset, der die klassische These formulierte, dass die Chancen für die Aufrechterhaltung einer Demokratie um so höher sind, je größer der Wohlstand einer Gesellschaft ist (Lipset 1959: 69). Hinter dieser zunächst eher schlicht anmutenden These verbirgt sich eine Reihe von Kausalannahmen, die sich weiter konkretisieren und operationalisieren lassen (Merkel 2010: 70ff.): Demnach führt ökonomische Entwicklung zu einem höheren Bildungsniveau und schließlich auch zu einer demokratischeren politischen Kultur, indem Bürger und Politiker tolerantere und rationalere Einstellungen und Verhaltensweisen annehmen. Auch wirkt sich ein relativ hohes Wohlstandsniveau dämpfend auf soziale Unterschiede und ökonomische Verteilungskonflikte aus, wodurch politische Auseinandersetzungen an ‚existentieller' Schärfe verlieren. Schließlich intensiviert sich u.a. durch das Aufkommen starker Mittelschichten das Streben nach Partizipation, was letztlich die Zivilgesellschaft stärkt und übermäßigen Machtkonzentrationen (des Staates und anderer Mächte) entgegenwirkt.

Gewiss trifft dies nicht in jedem Fall zu, doch ist Lipsets These auch vorsichtig genug formuliert. Zum einen ist hier die für alle Erklärungen zu beachtende Unterscheidung zwischen notwendiger und hinreichender Bedingung wichtig: Wohlstand alleine reicht zur Erklärung nicht aus, ist also keinesfalls eine hinreichende Bedingung für Demokratie.[14] Im Kern wird Wohlstand also als notwendige Bedingung angesehen, d. h. im Prinzip gilt: Ohne Wohlstand keine (stabile) Demokratie. Aber auch hier werden Ausnahmen zugelassen, da eine Wahrscheinlichkeit behauptet wird (also nicht ‚wenn – dann', sondern ‚je – desto').[15] Mit anderen Worten: Auch arme Länder können unter bestimmten Umständen Demokratie erreichen, selbst wenn dies ebenso wenig wahrscheinlich ist wie ihre Stabilisierung. Gleichwohl weist dies bereits auf typische Defizite struktureller Erklärungen im Allgemeinen hin: Sie können eben nicht erklären (oder gar prognostizieren), warum genau zu einem gegebenen Zeitpunkt eine Transition zur Demokratie zustande kommt, welche Akteure daran teilnehmen und wie sie mit welchem Ergebnis verläuft.

Defizite struktureller Erklärungen

3. Mikroebene: Handlungs- und Akteurstheorien

3.1 Spektrum, Anliegen und Karriere mikrotheoretischer Modelle

Methodologischer Individualismus

Theorien auf der Basis des methodologischen Individualismus teilen das Credo, dass alle politischen Phänomene im Prinzip aus individuellem Handeln heraus erklärbar sind und sein müssen. Sie richten den Fokus darauf, dass alles, was es an sozialen (poli-

---

[14] Siehe etwa die zahlreichen Fälle zwischen den beiden Weltkriegen, insbesondere Deutschland, Italien und Österreich, aber auch – wenigstens bis 1983 – Argentinien.

[15] Zu dieser Methodenlogik siehe den Beitrag von Christian Welzel in diesem Band.

tischen, kulturellen, wirtschaftlichen) Erscheinungen und Prozessen um uns herum gibt, letztlich dadurch zustande gekommen
ist, dass konkrete Individuen entsprechend gehandelt haben.
Hierbei existiert eine gewisse Bandbreite von Ansätzen: Neben
den älteren Modellen etwa der Weberschen Handlungstheorie
und des Behavioralismus sind hier insbesondere Ansätze der
Theorie rationaler Entscheidung (*Rational Choice*) und der verwandten Spieltheorie zu nennen, die in den letzten 20 Jahren in
Politikwissenschaft und Soziologie zunehmend das theoretische
und empirische Arbeiten nachhaltig geprägt haben.

Die zugespitzte Gegenüberstellung eines Theorie-Dualismus
von ‚Struktur‘ und ‚Akteur‘ darf dabei nicht so verstanden werden,
als würden Strukturtheoretiker das Handlungselement völlig aus-
blenden und umgekehrt. Insbesondere Parsons hatte vor seiner
‚Systemwende‘ eine allgemeine Handlungstheorie ausgearbeitet.
Die grundlegende Hypothesenstruktur von Akteursansätzen sieht
gleichwohl so aus, dass prinzipiell Handlungen die unabhängige
und Prozesse und Strukturen die abhängige Variable darstellen.
Dieser Unterschied lässt sich an dem bereits viel zitierten Beispiel
verdeutlichen, das James Coleman in seinen ‚Grundlagen der Sozialtheorie‘ (zum Folgenden Coleman 1991: 8ff.) behandelt hat.
Dabei geht es um die berühmte These von Max Weber, wonach
die Herausbildung der kapitalistischen Produktionsweise (‚Geist
des Kapitalismus‘) zurückzuführen ist auf die protestantische
Ethik – ein Makrophänomen würde somit ein anderes erklären.
Bereits damit könnte man natürlich arbeiten, d.h.: Überall da, wo
die protestantische Ethik vorherrscht, sind die Chancen für die
Entfaltung des Kapitalismus zumindest günstig; überall da hingegen, wo sie fehlt, sind die Chancen für seine (eigenständige)
Entfaltung geringer. Für Handlungstheoretiker wäre ein solcher
Zusammenhang jedoch gleichsam mehr postuliert denn als Kau-
salzusammenhang nachgewiesen. Aufzuzeigen wäre demnach,
wie sich die protestantische Ethik in konkrete individuelle Verhaltensdispositionen und entsprechendes Handeln übersetzt und
wie sich schließlich diese – als Massenphänomen angenommenen – Handlungen zum kollektiven Phänomen des Kapitalismus
wieder zusammensetzen.

Für die genannte Protestantismusthese sähe dies im Sinne Webers so aus (Abb. 2): Die protestantische Ethik führte zu veränderten Sozialisationsmustern und Erziehungsstilen in den Familien,
darüber zur Internalisierung neuer Handlungsmotivationen (Be-
währung im Diesseits durch rationale Lebensführung, ‚innerwelt-
liche Askese‘) und so zur nachfolgenden Konzentration auf

*Aufbau von
Akteurstheorien*

Leistung und Beruf (Kontrolle ‚irrationaler' Antriebe, ‚Geist des Kapitalismus') (Esser 1999: 98ff.).

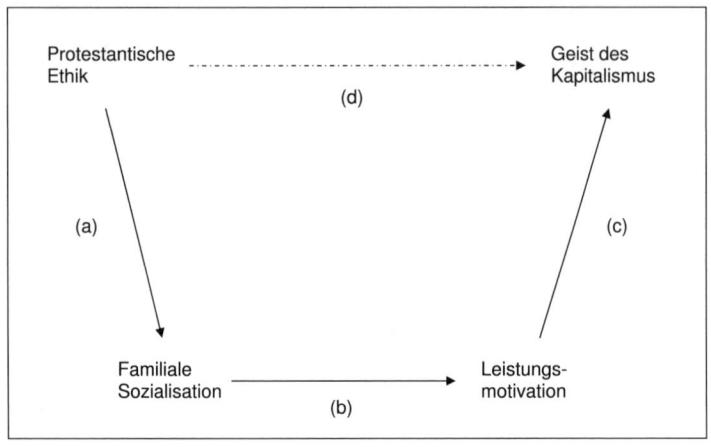

Quelle: Esser 1999: 100

Abb 2: Erklärung des kollektiven Phänomens „Kapitalismus" aus handlungstheoretischer Sicht

Diese Erklärungsstruktur lässt sich auch allgemeiner formulieren, wie es Esser in Anlehnung an Max Weber in seinem ‚Grundmodell der soziologischen Erklärung' (Abb. 3) zusammengefasst hat (Esser 1999: 91ff.). Wie im Beispiel der ‚Protestantismusthese' kommt es dabei darauf an, Makro- und Mikroebene derart schlüssig zu verknüpfen, dass kollektive Phänomene („kollektives Explanandum") über die Erklärung individuellen Handelns erschlossen werden können. Hierzu sind nach Esser drei Schritte notwendig: (a) die Verbindung zwischen Makro- und Mikroebene („Logik der Situation"), in der die Beziehung zwischen einer objektiven sozialen Situation und der Ebene der individuellen Akteure hergestellt wird; (b) die Erklärung des individuellen Handelns anhand möglichst allgemeiner Gesetze, nach denen Akteure bestimmte Handlungsalternativen auswählen („Logik der Selektion") – nach Esser der eigentliche Kern des gesamten Erklärungsmodells; sowie (c) die Verknüpfung der individuellen Handlungen mit den kollektiven Folgen und damit der Schritt zurück von der Mikro- zur Makro-Ebene („Logik der Aggregation"). Erst diese Abfolge erlaubt es, eine kausal-analytische Beziehung zwischen den kollektiven Phänomenen (d) herzustellen und diese damit zu erklären.

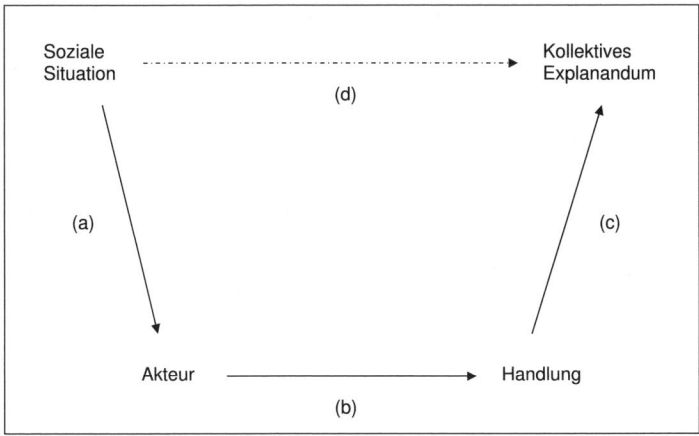

Quelle: Esser 1999: 98

Abb. 3: Grundmodell einer Erklärung aus handlungstheoretischer Sicht

Eine der entscheidenden Fragen besteht darin, wie man sich dieses Modellindividuum bzw. eine adäquate Handlungstheorie vorstellen soll. Davon hängt letztlich ab, welche Faktoren und Variablen bei solchen sozialwissenschaftlichen Analysen überhaupt ins Blickfeld geraten und welche ausgeblendet werden. Wie bei so vielen grundlegenden politikwissenschaftlichen bzw. soziologischen Begriffen und Kategorien lohnt auch hier ein kurzer Rückblick auf Max Weber, der vier Handlungstypen unterschied, nämlich affektives, traditionales, wertrationales und zweckrationales Handeln (vgl. Abb. 4). Wenn ein Beobachter das Motiv nicht direkt in Erfahrung bringen kann, muss er dieses gemäß seiner Theorie erschließen (= erklären); Weber selbst hat dies am Beispiel eines holzhackenden Mannes verdeutlicht (Weber 1976b: 4).

Handlungstypen

Handlungstyp	Handlungsmotiv	Erklärung ‚Holzfällen'
affektiv	emotionaler Impuls	Abreagieren
traditional	Gewohnheit	lebenslange Regelmäßigkeit
wertrational	Normen und Werte	‚Gebot Gottes'
zweckrational	Ziel/Mittel-Kalkül	Mittel zum Zweck: Heizen, Fitness, Geld

Abb. 4: Handlungstypen nach Max Weber

Mittelpunkt der Theorieentwicklung: zweckrationales Handeln

Nur die beiden letzten Typen werden also von Weber als rational bezeichnet. Wertrational heißt, dass das Handeln bewusst an einer vorgegebenen Werteordnung (z. B. die 10 Gebote) orientiert wird, und zwar ohne Rücksicht auf die vorhersehbaren Folgen. Dagegen handelt zweckrational, „wer sein Handeln nach Zweck, Mitteln und Nebenfolgen orientiert und dabei sowohl die Mittel gegen die Zwecke, wie die Zwecke gegen die Nebenfolgen, wie endlich auch die verschiedenen möglichen Zwecke gegeneinander rational *abwägt*" (Weber 1984: 45). Relevant für die neuere Theorieentwicklung wurde letztlich nur das zweckrationale Handeln, auch wenn es sich mehr in der Version von Thomas Hobbes, der Utilitaristen und eben ökonomischer Theorien durchgesetzt hat denn im Sinne Max Webers. Wenn im folgenden von Theorien rationaler Entscheidung gesprochen wird, so wird damit erstens nur ein Typus menschlichen Handelns herausgehoben, und zweitens sogar ein bestimmter Subtypus zweckrationalen Handelns. Aufgrund seiner steilen Karriere wird hier dennoch dieser engen Fokussierung auf *Rational Choice*-Ansätze Rechnung getragen.

3.2 Theorien rationaler Entscheidung (Rational Choice)

Tradition der Rational Choice-Theorien

Rational Choice-Theorien stellen also nur eine Variante von Handlungstheorien dar. Sie können auch in der Politikwissenschaft – oder genauer: in der politischen Philosophie – auf eine schon längere Tradition zurückblicken, wie vor allem in Thomas Hobbes' Leviathan prägnant vorgeführt (Braun 1999: 18ff.). In der empirischen Politikwissenschaft des 20. Jahrhunderts spielten sie lange Zeit allerdings eine geringe Rolle, indem sie zunächst hinter institutionellen und später hinter strukturellen Ansätzen (Systemtheorie, Marxismus) zurücktraten. Dagegen bildeten sie das lange unhinterfragte Fundament der neoklassischen Wirtschaftstheorie, was einige Ökonomen veranlasste, damit auch die Rolle der Politik näher zu beleuchten. Aufgrund dieses Re-Imports werden sie auch als ökonomische Theorien der Politik bezeichnet. Sie sind insofern verallgemeinerbar, als sie auf ein generelles Akteurs- und Handlungsmodell zielen, das universelle Gültigkeit beansprucht.

Allgemeine Theorie rationalen Handelns

Die politische Theorie profitierte somit von der Erkenntnis, dass bestimmte Fragestellungen der Wirtschaftstheorie verallgemeinerbar sind. Dies gilt vor allem in bezug auf Situationen, in denen Akteure unter Ressourcenknappheit und Unsicherheit entscheiden müssen. Ökonomische Theorien der Politik gehen davon aus, dass der Mensch als rational denkender und handelnder *homo oeconomicus* zu begreifen ist, der ausschließlich auf der Basis individueller Kosten-Nutzen-Kalküle entscheidet. Unabhängig davon, welche Ziele er verfolgt, handelt er dann rational, wenn er unter mehreren Handlungsalternativen diejenige wählt, die zur Realisierung seiner Ziele am geeignetsten erscheint. In der klassischen Variante wird ihm dabei die Fähigkeit unterstellt, seine Präferenzen vollständig zu kennen und diese klar ordnen zu können. Ausgehend von diesem Menschenbild wird auf analoge Strukturen und Funktionsweisen von ökonomischem und politischem System geschlossen: Beide sind als Tauschprozesse zu verstehen. Entworfen wird somit eine allgemeine Theorie rationalen individuellen Handelns, aus der Annahmen über die Realität abgeleitet werden, welche wiederum empirisch überprüft werden können. Mit diesen handlungstheoretischen Annahmen weicht der *Rational Choice*-Ansatz deutlich von einem Menschenbild ab, das starke Affinitäten zu Strukturmodellen besitzt und für gewöhnlich der soziologischen Tradition zugeschrieben wird (*homo sociologicus*). Eine pointierte Gegenüberstellung verdeutlicht diese Unterschiede (Abb. 5).

In der Argumentation von *Rational Choice*-Theorien werden generell folgende Prämissen zugrunde gelegt (zum Folgenden Braun 1999: 17ff.; Kirsch 2004: 3ff.; Lehner 1981: 9-19): (1) Entscheidungsträger können nur Individuen sein, ob isoliert oder in Zusammenschlüssen. Aussagen über soziale, ökonomische und politische Entscheidungsprozesse sind demnach aus Aussagen über individuelles Handeln abzuleiten. (2) Das Prinzip der (ökonomischen) Rationalität: Jedes Individuum entscheidet und handelt in jeder Situation rational, d.h. es wählt immer die Alternative, die den höchsten Nutzen verspricht oder mit den geringsten Kosten verknüpft ist. (3) Darüber hinaus ist rationales Verhalten primär von eigennützigen Absichten geleitet. Was als Eigennutz gilt, ist abhängig von subjektiven, nicht aber von objektiv messbaren Werthaltungen. Es wird angenommen, dass das Individuum in der Lage ist, diese in eine konsistente und transitive Ordnung zu bringen (Präferenzbildung). (4) Weiterhin wird angenommen, dass ein Individuum auch in sozialen Zusammenhängen primär deshalb handelt, weil es seinen individuellen Zielen (Einkommen, Prestige, Macht, Anerkennung, Liebe etc.) dient. Aus diesen Prämissen werden speziellere Theorien entwickelt, die soziale Prozesse nach dem Muster des Tausches konzipieren. Als mittlerweile schon klassische Beispiele gelten die Demokratietheorie von Downs sowie die Theorien Olsons über kollektives Handeln bzw. über politischen Wandel.

> Prämissen von
> Rational
> Choice-Theorien

	HOMO OECONOMICUS	HOMO SOCIOLOGICUS
Individuum	ist autistisch, ohne Gefühle, verwirklicht seine Nutzenvorstellungen; handelt dabei nach seinen eigenen Normen.	reagiert auf andere Menschen gemäß den internalisierten Normen der Gesellschaft, erwartet dabei bestimmtes Verhalten von anderen.
Mitmenschen	sind Konkurrenten um knappe Ressourcen.	sind überindividuelle, gesellschaftliche Kräfte, die Erwartungszwänge ausüben.
Handlung	Individuelle Handlungen sind das Ergebnis einer rationalen Abwägung zwischen Kosten und Nutzen jeder Handlungsalternative.	Individuelle Handlungen erfolgen aufgrund von Zwängen aus sozialen Beziehungen. Dabei wird die Nichtvollziehung einer geforderten Handlung bzw. die Vollziehung einer unerlaubten Handlung durch die Gesellschaft sanktioniert.
Erklärungsansatz für soziale Tatbestände	Alle sozialen Tatbestände werden auf die Handlungen dieser quasi-isolierten Individuen zurückgeführt. Erklärungen des Verhaltens mit dem Nachweis, dass alle nicht-gewählten Handlungsalternativen schlechter sind als die gewählte Handlung. Der HOMO OECONO-MICUS *will* nicht anders handeln.	Alle sozialen Tatbestände werden auf die Handlungsumstände zurückgeführt, die das Individuum zu einer bestimmten Handlung veranlassten. Der HOMO SOCIOLO-GICUS *konnte* nicht anders handeln.

Quelle: nach Braun 1999: 41

Abb. 5: Homo oeconomicus versus Homo sociologicus

Anthony Downs: Ökonomische Theorie der Demokratie

(1) *Demokratie:* Als eine der wichtigsten Pionierleistungen auf diesem Gebiet gilt die ‚Ökonomische Theorie der Demokratie‘ von Anthony Downs (Downs: 1968). Sein Anliegen war, unter Anlehnung an eine ältere Konzeption von Joseph A. Schumpeter (1950: 427ff.), eine ‚realistische‘ Theorie der Demokratie, die weniger auf den normativen Elementen der klassischen Demokratiekonzepti-

onen (Rousseau) aufbaute, als vielmehr ihr tatsächliches Funktionieren zu analysieren versuchte. Insbesondere galt hier das Interesse dem Verhalten von Wählern und Parteien und seinen Konsequenzen für das Handeln von Regierungen.

Über die demokratische Regierungsform als Rahmen (Tausch-
bedingungen) der politischen Prozesse (hier: Wahlen) trifft Downs
einige Annahmen, die Demokratie als Methode der Herrschaftsausübung begreifen: Jeder Stimmbürger hat bei allen (periodisch
stattfindenden) Wahlen eine Stimme. Anhand der Mehrheitsregel
wird über die Regierungsbildung entschieden, um die sich mindestens zwei konkurrierende Parteien bewerben. Für die Zeit zwischen den Wahlen darf die Regierungspartei ihre Macht nicht
dazu benutzen, die andere Partei zu behindern oder die Wahlpe-
rioden zeitlich abzuändern, wie umgekehrt die oppositionelle
Partei die Regierung nicht mit Gewalt bekämpft.

> Demokratie als
> Markt

Unter diesen Bedingungen versuchen nun sowohl Parteien wie
Wähler ihren Nutzen zu maximieren. Ziel der Parteien ist der
Wahlsieg und folglich die Stimmenmaximierung. Zu diesem
Zweck bieten sie Programme an, die ihnen die größtmögliche
Stimmenzahl versprechen. Der Wähler gibt derjenigen Partei seine Stimme, deren Programm bzw. Handlungsabsichten ihm ver-
mutlich mehr Vorteile einbringen wird als andere. Die Analogien
zum Wirtschaftssystem sind somit deutlich: Politische Parteien
verhalten sich wie Unternehmer, indem sie konkurrierende Programme (Waren) auf dem Markt anbieten, um dafür Stimmen
(Geld) einzutauschen: Sie ‚verkaufen‘ also ihre Programme. Die
Wähler hingegen versuchen, mit ihrer Stimme das für sie nützliche Regierungsprogramm zu ‚kaufen‘.

> Politische Parteien
> als Unternehmer

Inhaltliche Programme werden nach Downs somit nicht primär
aus ‚vernünftigen‘, objektiven, idealistischen oder gar altruistischen Beweggründen erstellt, sondern aus dem Kalkül heraus,
dass sie die Stimmenmaximierung erlauben. Die inhaltliche Dimension verlagert sich somit auf die Nachfrageseite der Wähler:
Deren (vermutete) Präferenzen geben den Ausschlag, welche politischen Programme angeboten werden. Wenn z. B. bekannt ist,
dass Umweltprobleme bei den Menschen eine große Rolle spielen, so wird kaum eine Partei um ein gewisses umweltpolitisches
Profil herumkommen.[16] Ein grundlegendes Problem, das nahe an
einen Selbstwiderspruch grenzt, konnte aber weder von Downs
noch nachfolgend gelöst werden: Die ökonomische Theorie kann

---

[16] Downs hat seine Annahmen an einem einfachen Modell durchgespielt (Downs
1968 : 111ff.; auch Lehner 1981: 21–43).

nämlich nicht zufriedenstellend erklären, warum sich individuelle Bürgerinnen und Bürger überhaupt an der Wahl beteiligen (Mensch 1999). Denn der Nutzen einer einzelnen Stimme, die in Millionen anderer quasi untergeht, ist zu gering im Vergleich zu den Kosten (Urnengang, Informationsfindung etc.).

Mancur Olson: Politische Organisation und politischer Wandel

(2) *Politische Organisationen und politischer Wandel:* Ein Verdienst von Mancur Olson war es, das Problem sozialer und politischer Partizipation auf der Grundlage individuellen rationalen Verhaltens in ein neues Licht zu rücken und zu erklären (Olson 1968). Seine Analyse geht davon aus, dass Individuen sich gegenüber kollektiven Zielen anders verhalten als gegenüber individuellen Zielen: Die Bereitschaft, sich individuell für ein gemeinsames Ziel einzusetzen, ist zumindest ab einer bestimmten Gruppengröße nicht mehr zu erwarten. Der Grund für dieses durchaus rationale Verhalten liegt darin, dass Organisationen oder Gruppen kollektive Güter bereitstellen, also z. B. Sicherheitsleistungen (Militär, Polizei), Infrastrukturmaßnahmen (Straßen, Brücken) oder – im Falle z. B. von ver.di – Tarifabschlüsse. Diese Güter stehen im Prinzip allen Konsumenten zur Verfügung (also z. B. allen Einwohnern oder allen öffentlichen Bediensteten), d. h. diese können vom Nutzen des Gutes nicht ausgeschlossen werden. In einer solchen Situation ist es für das Individuum sehr rational, kostenlos als sog. ‚Trittbrettfahrer‘ *(free-rider)* daran zu partizipieren. Dies ist nach Olson um so wahrscheinlicher, je größer die Gruppe ist und je allgemeiner ihr Ziel. Denn in großen Gruppen hat der individuelle Beitrag nur geringe Auswirkungen auf die Herstellung eines kollektiven Gutes, so dass es sich nicht lohnt, aktiv zu werden.

Bedingungen für die Erstellung kollektiver Güter

Demzufolge muss nach Olson mindestens eine der folgenden Bedingungen erfüllt sein, damit kollektive Güter erstellt werden: (a) Die Gruppe muss relativ klein sein, so dass der Nutzen durch Herstellung des Gutes für jedes Individuum selbst dann gegeben ist, wenn es alleine für die gesamten Kosten aufkommen müsste; (b) es existieren gesetzliche Regelungen für einen Zwangszusammenschluss, wie etwa die *union shops* in den USA (in bestimmten Betrieben dürfen nur Gewerkschaftsmitglieder eingestellt werden); (c) es werden selektive Anreize geboten, die nur den Gruppenmitgliedern zugute kommen, wie z. B. Streikgelder bei den Gewerkschaften. Dennoch bleibt – entgegen der Annahme der Pluralismustheorie – die Tendenz, dass gesellschaftliche Interessen ungleich organisierbar sind: Kleine Gruppen mit speziellen Interessen (Atomindustrie, Fluglotsen) können sich besser organisieren und politisch durchsetzen als große

Gruppen mit allgemeinen Interessen (z. B. Verbraucher) (Lehner 1981: 83f.).

Olsons Ansatz warf auch auf ältere Theorien wenigstens teilweise ein neues (kritisches) Licht. So teilte er nicht die oft gegen Marx vorgebrachte Kritik, dieser habe das Potential rationalen Verhaltens überschätzt und deswegen sei der prognostizierte Klassenkampf ausgeblieben. In Olsons Logik kehrt sich das Argument um, d. h. gerade „wenn die Einzelnen, die eine Klasse bilden, rational handeln, wird es nicht zu klassenorientiertem Handeln kommen" (Olson 1968: 104). Der Grund dafür liegt im *free-rider*-Problem. Auch die Theorie des Gruppenpluralismus wird in entscheidenden Grundannahmen getroffen: Gesellschaftliche Interessen sind nicht gleich organisierbar, noch kontrollieren oder beschränken sie sich wechselseitig. Seine Relevanz zeigt dieser Ansatz immer dann, wenn der Rekurs auf individuelles und kollektives Handeln zur Debatte steht.[17]

Auf dieser Theorie baut Olson in seinem zweiten Hauptwerk auf, um wichtige Aspekte politischen Wandels von Gesellschaften zu erklären. Während Strukturansätze hier auf Dysfunktionalitäten von Systemen oder Strukturen im Verhältnis zu (sich wandelnden) Herausforderungen verweisen, führen Akteursansätze auch dies auf individuelle und kollektive Akteure und deren Interessen und Entscheidungen zurück. Olson ging nunmehr der Frage nach, welchen Beitrag gesellschaftliche Organisationen zum gesellschaftlichen Fortschritt bzw. zur Stagnation leisten (Olson 1981). Demnach haben insbesondere kleine Interessengruppen kaum Anreize, sich am ‚kollektiven Gut' des gesellschaftlichen Reichtums zu orientieren. Vielmehr verhalten sie sich rational, wenn sie egoistisch und nutzenmaximierend agieren und versuchen, ein größeres Stück vom vorhandenen Kuchen zu ergattern. So ist es z. B. für einen sektoralen Industrieverband oder eine sektorale Gewerkschaft u.U. lohnender, auf gesetzliche Erleichterungen (Steuern, Arbeitsgesetzgebung) hinzuwirken, als schmerzhafte Modernisierungsleistungen vorzunehmen. Anstatt also den gesamtgesellschaftlichen Reichtum über wirtschaftliche Innovationen zu mehren, werden Ressourcen für Absprachen, Lobbying etc. mobilisiert. Dieses Verhalten wird als *rent seeking* bezeichnet, d. h. diese Kosten werden aufgewendet, lediglich um eine Umverteilung des vorhandenen Reichtums zu erreichen, nicht jedoch seine produktive Steigerung. Die Herausbildung solcher ‚Verteilungskoalitionen' führt letztlich dazu, dass gesell-

---

[17] Zur Auseinandersetzung mit Olson siehe Schubert 1992.

schaftliche Ressourcen fehlgeleitet und unproduktiv genutzt werden. Für Olson ist deshalb die aus demokratietheoretischer Sicht zumeist positiv bewertete Fülle gesellschaftlicher Interessengruppen durchaus ein Fortschrittshemmnis.

3.3 Zur Reichweite mikrotheoretischer Erklärungsmodelle

Ökonomischer Imperialismus

Die zunächst zögerliche Rezeption ökonomischer Theorien der Politik ist mittlerweile – v. a. nach Olsons ‚The Rise and Decline of Nations' und aufgrund der mangelnden Erklärungskraft anderer Ansätze z. B. über das Verhalten großer gesellschaftlicher Gruppen oder über die Staatstätigkeit in modernen Gesellschaften – einem breiteren Interesse gewichen. Von der Anlage her sind diese Theorien ‚modern': Aufgrund ihrer einfachen (universell gültigen) Prämissen und ihrer empirischen Überprüfbarkeit bieten sie ein längst nicht ausgeschöpftes Reservoir sowohl für theoretisch-systematische wie für theoretisch angeleitete empirische Analysen. Das massive Aufkommen mikrotheoretischer Erklärungen im Stile des *Rational Choice*-Ansatzes stieß gleichwohl auf ebenso massive Kritiken, die nicht zuletzt einen ‚ökonomischen Imperialismus' befürchteten, d. h. die Verengung politikwissenschaftlicher Analysen auf ein zu schlichtes Variablenset und die einseitige Ausrichtung auf Kosten-Nutzen-Kalküle.

Kritik am Rational Choice-Ansatz: Menschenbild und Rationalitätsbegriff

Entsprechend richten sich die Fundamentalkritiken vornehmlich auf das Menschenbild und den Rationalitätsbegriff. Gewarnt wird hier insbesondere davor, dass die vielfältigen sozialen Bezüge des Menschen aus dem Blick geraten und so nur ein Zerrbild der Realität gezeichnet werden kann. Auch wird kritisiert, dass der Rationalitätsbegriff einer zu engen ‚ökonomischen' Ausrichtung unterliege, wobei rational zumeist damit gleichgesetzt wird, dass Menschen egoistisch ihre ureigensten Ziele gegenüber anderen verfolgen und durchsetzen müssen. Gerade wenn man daraus Handlungsanleitungen ableite, führe dies zu einer gefährlichen Reduktion der Realität auf eine Welt egoistischer Nutzenmaximierer, in der es vorwiegend um materielle Vorteile gegenüber anderen geht (Zey 1998; Etzioni 1996: 311ff.). Solche Kritiken unterliegen allerdings nicht selten einem Missverständnis, das am Anliegen ökonomischer Theorien vorbeigeht. Denn behauptet wird nicht, dass sich Menschen empirisch immer und überall nach individuellen Kosten-Nutzen-Kalkülen verhalten. Vielmehr wird angenommen, dass das Modell ein nützliches Instrument darstellt, mit dem sich in der Regel brauchbare Annahmen zur

Analyse sozialer und politischer Zusammenhänge generieren lassen. Auch wird rational nicht damit gleichgesetzt, dass individuelle (materielle) Interessen maximiert werden oder gar maximiert werden sollen. Letzten Endes können die Annahmen sowohl auf die Ziele eines Saddam Hussein wie für diejenigen einer Mutter Teresa angewendet werden, d. h. auch altruistische Ziele können rational verfolgt werden. Über die Inhalte der Präferenzen jedwelcher Akteure werden also keine Vorentscheidungen getroffen noch gar normative Urteile gefällt (Schmitt 1996). Kritiker halten dagegen, der Ansatz ließe sich so auf beliebige Situationen anwenden und immunisiere sich selbst gegen Kritik (Hartmann 1997: 216).

Differenzierter argumentieren dagegen Autoren, für die die Schlankheit des Ansatzes zwar einen akzeptablen Analysemodus verspricht, jedoch eine verkürzte Modellierung individueller Wahlhandlungen bedeutet. So wird es als wenig realistisch angesehen, dass Individuen in Entscheidungssituationen immer über die möglichen Handlungsalternativen informiert sind, dass sie tatsächlich eine klare und stabile Präferenzordnung besitzen oder ihre Entscheidungen erst dann treffen, wenn alle Vor- und Nachteile vorhandener Alternativen quasi objektiv abgewogen wurden. Dies hat Diskussionen über Korrekturen und Erweiterungen des klassischen rationalen Handlungsmodells ausgelöst, ohne aber die wesentlichen Grundannahmen aufzugeben (vgl. Kap. 4.1).

Verkürzte Modellierung individueller Wahlhandlungen

Schließlich wurden aber auch Kritiken laut, die sich aus der empirischen Übertragung und Überprüfung der Annahmen des Ansatzes ergaben (Braun 1999: Kap. 5.2.4, Kap 6.1.4). So zeigten Analysen etwa im Anschluss an Downs oder Olson, dass deren Annahmen zwar schlüssige Erklärungen für eine Vielzahl der anvisierten Phänomene liefern, aber auch gravierende Lücken bestehen blieben bzw. neue Fragen erst aufgeworfen wurden. Während letzteres immerhin für die Fruchtbarkeit des Ansatzes spricht, indem neue Analyseperspektiven eröffnet wurden, bleibt die Lückenhaftigkeit eher unbefriedigend. So ist Downs zwar nützlich, um eine wichtige Tendenz in der Entwicklung demokratischer Gesellschaften aufzuzeigen, indem er den politischen Prozess als Markt modelliert. Allerdings bleiben im Modell der Stimmenmaximierung all jene Faktoren (z. B. traditionelle Parteibindungen) aus dem Blickfeld, die in der Realität eben auch noch wirksam sind, solange sie sich dem Marktmodell nicht weitgehend angenähert hat. Ähnlich lässt sich auch bei Olson kritisieren, dass sich seine These der Herausbildung von Verteilungskoalitionen zwar vereinzelt, aber nicht systematisch empirisch nachwei-

Erklärungslücken des Rational Choice-Ansatzes

sen lässt. Dies sind aber nur Beispiele, die auf ein grundlegendes Problem des Ansatzes hinweisen. Es besteht darin, dass die Schlankheit des Modells jeweils zahlreiche Faktoren unberücksichtigt lässt, die ebenso auf reale Prozesse einwirken. Es fehlt somit letztlich an der angemessenen Differenzierung, um Erklärungen nicht nur ausschnitthaft vornehmen zu können.

Beispiel: Systemwechsel Der Nutzen kann exemplarisch wiederum am Beispiel der Transformationsforschung illustriert werden. Dezidierte Akteurstheoretiker gehen dabei davon aus, dass Systemwechsel hin zur Demokratie letztlich auf das rationale Handeln der beteiligten Akteure (alte Regimeeliten, demokratische Opposition, Zivilgesellschaft bzw. mobilisierte Bevölkerung) zurückzuführen sind (Przeworski 1991). Demnach liegt also kein struktureller Determinismus vor, der eine Demokratisierung verbürgt. Vielmehr ist der Ausgang einer solchen Transition kontingent, also ungewiss, da ihr Verlauf von wechselnden strategischen Situationen abhängt, in denen die Akteure zum einen mit unterschiedlichen und wandelbaren Ressourcen ausgestattet sind und zum anderen jeweils über verschiedene Handlungsalternativen verfügen. Wie diese Prozesse letztlich verlaufen, hängt somit nicht unwesentlich davon ab, wie die Akteure ihre Handlungschancen wahrnehmen und ob diese auch in etwa ihren realen Handlungsmöglichkeiten entsprechen. So wurden Liberalisierungen nicht selten deshalb eingeleitet, weil eine moderate Fraktion des autokratischen Regimes der Fehleinschätzung unterlag, einen solchen Prozess kontrollieren und gegebenenfalls anhalten zu können, wenn er ihren Interessen zuwiderlief – also Machterhalt mit einer Verbreiterung der Unterstützung zu verbinden. Dies kann nun die Opposition – oder einen relevanten Teil – zufrieden stellen, aber auch als Signal der Regimeschwäche und damit zu weiterer Mobilisierung benutzt werden. Für eine Erklärung kommt es somit darauf an, diese wechselnden Situationen, Koalitionen, Strategien und Konflikte sukzessive zu modellieren. Dies verweist darauf, dass letztlich nur Akteurstheorien in der Lage sind, den tatsächlichen Verlauf etwa von Transitionen zu erklären. Sie schließen somit die Lücke, die Strukturtheorien offenlassen.

Fazit   Als Fazit wäre daraus festzuhalten, dass es offenkundig Ausschnitte der politischen Realität gibt, für die mikrotheoretische Erklärungen im Stile des *Rational Choice* besonders geeignet zu sein scheinen, während sie in anderen Fällen ihrem universellen Erklärungsanspruch nicht gerecht werden können. Wesentliche Beschränkungen liegen in den Prämissen selbst, wie sie von der Wirtschaftstheorie übernommen wurden. So mag zwar das Leit-

bild des methodologischen Individualismus als erkenntnisleiten-
des Interesse zweckmäßig sein, doch ist deutlich, dass damit
menschliches Handeln nicht insgesamt erfasst werden kann. Dies
mag in vielen Fällen eine geringe Rolle spielen, in anderen jedoch
greift man damit an der Realität vorbei.

Entwicklungslinien und Perspektiven   4.

Zur Verknüpfung von Makro- und Mikroebene   4.1

Die je spezifische Leistungskraft, letztlich aber auch die begrenzten
Reichweiten struktur- und akteurstheoretischer Erklärungen sind
hinlänglich bekannt – und anerkannt. Was also tun? Zunächst ist
an das Zitat von Esser zu erinnern: Die Schlankheit von Theorien
macht – *ceteris paribus* – ihre Stärke aus. Unter Umständen ist dabei
in Kauf zu nehmen, dass Erklärungslücken (zunächst) bestehen
bleiben, sei es in Reichweite, Tiefenschärfe oder Abstraktionshöhe.
Allerdings ist dies nicht das Ende der Theorie-Geschichte. Zwei
Strategien bieten sich an: Zum einen die geschickte Verknüpfung
unterschiedlicher Ansätze, zum anderen die Justierung der Modelle, um sie realitätsnäher zu gestalten (Benz 1997a).

(1) Erweiterungen des Handlungsmodells: Das klassische rationa- | Erweiterung des
le Akteursmodell besticht durch seine Einfachheit, doch sind für | Handlungsmo-
jedermann auch schnell die Grenzen zu erkennen. So ist es wenig | dells
realitätsnah, von einem (Alltags-)Individuum auszugehen, das
vollständig informiert ist, dessen Präferenzen unverrückbar fest-
liegen oder das seine Präferenzen immer genau ordnen kann.
Entsprechend betreffen Theorieinnovationen eine Neufassung
des Modell-Individuums. Bereits in den 50er Jahren hatte Herbert | Herbert Simon:
Simon auf das wenig realitätsgerechte Konzept des vollständig | beschränkte
rationalen Individuums (,allwissender Nutzenmaximierer') hin- | Rationalität
gewiesen (Simon 1993). Vielmehr sei davon auszugehen, dass der
Mensch gerade nicht über vollständige Informationen verfügen
kann. Simon spricht folglich von beschränkter Rationalität, die für
rationale Handlungsstrategien gravierende Folgen hat. Denn in
der Regel werden Entscheidungen dann getroffen, wenn sie im
Licht bisheriger Erfahrungen eine wenigstens zufriedenstellende
Übereinstimmung mit den Präferenzen ermöglichen (,*satisficing*')
– nicht zuletzt auch deshalb, weil Entscheidungen eben irgendwann auch getroffen werden müssen.

Noch darüber hinaus geht der Versuch, eine angemessene Syn- | Hartmut Esser:
these zwischen *homo oeconomicus* und *homo sociologicus* zu finden | RREEMM

und so einerseits von einem realitätsgerechteren Menschenbild auszugehen, andererseits die Vorteile beider Modelle zu nutzen. Ein solches Modell stellt das von Lindenberg und später Esser entwickelte Konzept des RREEMM dar. Dahinter verbirgt sich die Vorstellung, dass der Mensch ein *Resourceful, Restricted, Expecting, Evaluating, Maximizing Man* ist. Mit diesen fünf Eigenschaften (findig, eingeschränkt, erwartend, bewertend, nutzenmaximierend) wird das Rationalitätsprinzip gewahrt, aber nicht verabsolutiert. Diese Erweiterung bedeutet, „dass der Akteur sich Handlungsmöglichkeiten, Opportunitäten bzw. Restriktionen ausgesetzt sieht; dass er aus Alternativen seine Selektion vornehmen kann; dass er *immer* eine ‚Wahl' hat; dass diese Selektion über Erwartungen (expectations) einerseits und Bewertungen (evaluations) andererseits gesteuert sind; und dass die Selektion des Handelns aus den Alternativen der Regel der Maximierung folgt" (Esser 1999: 238). Die Kritik an solchen Modellerweiterungen liegt auf der Hand: Je komplexer ein Modell, desto aufwändiger auch das Unterfangen, daraus Hypothesen abzuleiten. Eine geeignete Anwendung steht noch aus. Dennoch scheint die Einseitigkeit der anderen Modelle kaum eine andere Wahl zuzulassen.

Neo-Institutionalismus

(2) Neo-Institutionalismus: Solche Brückenbildungen sind deutlich auch in den Debatten erkennbar, die sich an die Renaissance des Institutionalismus seit den achtziger Jahren knüpften. Während der alte Institutionalismus sich mehr oder weniger in Institutionenkunde und normativen Debatten erschöpfte, ist der neue Institutionalismus gewissermaßen geläutert und durch die harte Schule empirischer Forschung gegangen. Streng genommen gibt es nicht *den* Neo-Institutionalismus, sondern verschiedene Varianten, die wiederum mit den genannten theoretischen Grundströmungen in Verbindung stehen. Trotz der immerfort bestehenden Gefahr vorschneller Etikettierungen kann zwischen einem ‚soziologischen' und einem ‚ökonomischen' oder ‚rationalen' Institutionalismus unterschieden werden (Göhler/Kühn 1999).

Ökonomischer Institutionalismus

Der *ökonomische Institutionalismus* hat sich zunächst als Kritik an den Annahmen der neoklassischen Wirtschaftstheorie entwickelt (Neue Institutionenökonomik) (Richter/Furubotn 1996). Ihre Vertreter gehen davon aus, dass die jeweilige Institutionenordnung Einfluss hat auf das Handeln von Akteuren. Dabei werden allerdings das grundlegende Konzept des *homo oeconomicus* sowie weitere Grundannahmen der Neoklassik nicht vollständig aufgegeben. Vielmehr wird argumentiert, dass Institutionen Bestandteile der jeweiligen Handlungssituationen sind und so als

externe Faktoren auf die rationalen Entscheidungen von Individu-
en einwirken, indem sie Handlungsmöglichkeiten und -grenzen
(*opportunities, constraints*) umreißen. Akteure werden demnach
weiterhin so behandelt, als hätten sie relativ stabile Präferenzen
und würden kohärent und strategisch handeln. Veränderbar sind
hingegen die Institutionen, die als Regeln bzw. Regelwerke konzipiert werden, während die Akteure gewissermaßen die ‚Spieler‘
sind. Verschiedene institutionelle Anreize – etwa Änderungen im
Wahlsystem, der Kartellgesetzgebung etc. – bewirken so bei gleich
bleibenden Präferenzen unterschiedliche Handlungsoptionen.
Dadurch ändern sich nachfolgend auch die Handlungsstrategien
und die Entscheidungen der Akteure sowie schließlich die Hand-
lungsergebnisse. Um bei einem einfachen Beispiel zu bleiben:
Gesetzt der Fall, Parteien wollten Stimmen maximieren, so macht
es eben einen Unterschied, ob es sich um ein Verhältnis- oder
Mehrheitswahlrecht handelt. Letzteres macht u. U. Parteienzu-
sammenschlüsse oder Wahlkoalitionen notwendig, um Parla-
mentssitze zu erlangen; im anderen Fall kann es rational sein,
Stimmen durch die Besetzung einer ‚Marktnische‘ zu maximieren. Dem ökonomischen Institutionalismus geht es aber nicht
zuletzt auch darum, das Zustandekommen von Institutionen zu
erklären, sowohl generell als auch in ihrer empirischen Varianz.
Dass es überhaupt zur Bildung von Institutionen kommt, liegt
demnach daran, dass sie Instrumente der Handlungskoordination darstellen, die für alle Beteiligten letztlich Kosten senken helfen.

Der *soziologische Neoinstitutionalismus* hingegen wendet sich
prinzipiell gegen rein individualistische Erklärungsversuche und
damit auch gegen ein Konzept von Institutionen, wonach diese
nur als externe Begrenzung auf die Präferenzen von Individuen
wirken. Stattdessen wird argumentiert, dass Institutionen den
Handelnden und der Handlungssituation nicht rein äußerlich
sind, sondern umgekehrt Akteursentscheidungen immer im Kontext sozialer Institutionen zu begreifen sind. Mehr noch: Institutionen sind letztlich mit entscheidend für die Konstituierung von
Akteuren, indem sie die Sinnzusammenhänge sozialen Handelns
dar- bzw. bereitstellen. Würde man ein Individuum jenseits davon
konzipieren, so würde man es sich lediglich als Nicht-Person vorstellen: „Institutions do not just constrain options: they establish
the very criteria by which people discover their preferences" (Di
Maggio/Powell 1991: 11). Akteure in Institutionen handeln folglich nicht – oder nur sehr begrenzt – nach einem Kosten-Nutzen-
Kalkül, sondern folgen einer Logik der Angemessenheit, d. h. sie

*Soziologischer
Neoinstitutiona-
lismus*

orientieren sich an vorgefundenen Routinen, Gewohnheiten oder Regeln, die sich mehr oder weniger bewährt haben.

Kombination makro- und mikrotheoretischer Erklärungen

(3) Zur Kombination makro- und mikrotheoretischer Erklärungen: Der Vorteil der Ausdifferenzierung von Theoriedebatten bzw. gar der gesamten Teildisziplin besteht in einer Ausweitung von Spezialdiskursen, größerem Ideenwettbewerb und damit auch an einem reichhaltigeren Theoriereservoir für Erklärungen. Auch der Nachteil wurde bereits genannt: Wie lassen sich solche differenzierten Modelle und Theorien sinnvoll in der empirischen Forschung verwenden? Schließlich macht dies ja das ‚Moderne‘ an modernen politikwissenschaftlichen Theorien aus. Aber je raffinierter ein Modell wird, desto realitätsnäher wird es zwar, aber auch um so komplexer und schwieriger zu handhaben.

Wie die Beispiele aus der Systemwechselforschung zeigten, lässt sich aber auch mit den bereits vorhandenen und getesteten Mitteln ein pragmatischer Weg zur Erklärung relativ komplexer empirischer Phänomene beschreiten. So können strukturelle Faktoren dazu benutzt werden, um die grundlegenden Handlungskorridore offenzulegen, innerhalb derer Akteure handeln müssen. Dies können soziostrukturelle Variablen sein, aber auch spezifische institutionelle Arrangements, die die Freiheitsgrade und Gestaltungsmöglichkeiten von Akteuren begrenzen. Mit Akteursansätzen wiederum ist es möglich, den latenten Determinismus von Strukturtheorien zu überwinden und den Entscheidungen, Handlungen und Interaktionen der Beteiligten ein angemessenes Gewicht zu geben.[18]

4.2 Perspektiven

Unterschiedliche Gründe für Theorieentwicklung

Das hier präsentierte Theoriepanorama war notwendigerweise eingegrenzt und ließ insbesondere neuere Entwicklungen jenseits von *mainstream* und *male-stream* unberücksichtigt (siehe hierzu Reese-Schäfer 2000; Holland-Cunz 1998; Zerilli 2006). Doch auch so ist zu erkennen, dass Theorie sich aus unterschiedlichen Gründen fortentwickelt. Neben den Impulsen, die sich aus theoretischen Auseinandersetzungen selbst ergeben, erhält sie die wichtigen Anstöße aus der Auseinandersetzung mit der Realität: Politik und Gesellschaft entfalten neue Dynamiken; politische Phänomene tauchen auf, die mit bekannten Theorien nicht zu greifen sind; oder sie wurden bisher als Randphänomene behan-

---

[18] Siehe die Beispiele bei Merkel 2010.

delt, die nun aber nicht mehr einfach als Ausnahmeerscheinungen behandelt werden können; oder es stellen sich neue politische Aufgaben und Perspektiven.

Gleichfalls durchlebt die Theorieentwicklung Konjunkturen, in denen sie sich eine Zeit lang an bestimmten Problemen abarbeitet, bis alte und neue Paradigmen (wieder) aufkommen. So sind die Großdebatten der 60er und 70er Jahre – wie etwa der Positivismusstreit oder die Auseinandersetzung mit marxistischen Ansätzen – mittlerweile abgeklungen. Dies bedeutet aber nicht, dass diese Ansätze von heute auf morgen aus dem politikwissenschaftlichen Arsenal ausgemustert werden, solange sie für einen wie auch immer kleinen Teil der *scientific community* einen wissenschaftlichen (oder außerwissenschaftlichen) Ertrag versprechen. Damit ist fast schon auf den ersten Blick einleuchtend, dass es kein festes Arsenal politikwissenschaftlicher Theorien geben kann, das gewissermaßen als *tool box* historisch unverändert zur Verfügung steht.

Kein festes Arsenal politikwissenschaftlicher Theorien

Charakteristisch ist für die Entwicklung politischer Theorie auch, dass die metatheoretischen Auseinandersetzungen nicht mehr dominieren. Im Nachhinein muss ihr Beitrag wohl darin gesehen werden, dass sie wichtige Grundpositionen klären halfen, wie etwa das Verhältnis Theorie-Realität und Theorie-Praxis oder den Stellenwert und die wissenschaftliche Verortung normativer Fragestellungen. Letztere werden auch von empirisch-analytischen Wissenschaftlern nicht mehr als ,rotes Tuch' gesehen (Gabriel 1990) und gewinnen im Bereich der politischen Theorie (,politische Philosophie') wieder an Gewicht, wie etwa die Kommunitarismusdebatte zeigte (Honneth 1992). Ähnliches gilt auch für die Diskussion über die Zivilgesellschaft, in der darüber hinaus unterschiedliche Theoriestränge zusammengeführt und Themen der modernen politischen Theorie neu beleuchtet wurden (Cohen/Arato 1992).

Fehlen einer metatheoretischen Auseinandersetzung

Politische Theorie ist dadurch gewiss noch unübersichtlicher geworden, nachdem sich – auch aufgrund ,postmoderner' Kritiken (Beyme 1991: 141ff.) – alte Frontstellungen gelockert haben und neue Strömungen, wie etwa die feministische politische Theorie (Bryson 1992; Zerilli 2006), aufgekommen sind. Vielleicht wird es noch von Vorteil sein, dass die Politikwissenschaft in ihrer kurzen (modernen) Geschichte ein großes Reservoir an theoretischen Ansätzen herausgebildet und fortentwickelt hat, die auch für empirische Forschungen anwendbar sind. Ihre Vernetzung oder zumindest terminologische Vereinheitlichung ist sicher eine Aufgabe, der sich politische Theorie als Disziplin zu stellen hat – nicht zuletzt, um auch Außenstehenden eine geeignete Orientierung geben zu können.

Unübersichtlichkeit der Politischen Theorie

Literatur

Annotierte Auswahlbibliografie

Brodocz, Andre/Schaal, Gary S. (Hrsg.)(2016): Politische Theorien der Gegenwart I, II und III (3 Bände), 4. Aufl., Stuttgart.
Die drei Bände Politische Theorien der Gegenwart I, II und III liefern einen systematischen Überblick über den aktuellen Stand der sozialwissenschaftlichen und philosophischen Debatte. Während der erste Band die klassischen politischen Theorien des 20. Jahrhunderts vorstellt, konzentriert sich der zweite Band auf die gegenwärtig diskutierten politischen Theorien. Im neuen dritten Band wird dies fortgesetzt sowie jüngste Theorieströmungen behandelt (u.a. Feminismus, Differenz oder Postdemokratie).

Buchstein, Hubertus/Göhler, Gerhard (Hrsg.)(2007): Politische Theorie und Politikwissenschaft, Wiesbaden.
Der Band behandelt die Bedeutung der Politischen Theorie für die Politikwissenschaft und diskutiert dies in verschiedenen Perspektiven.

Dryzek, John S./Honig, Bonnie/Philips, Anne (Hrsg.)(2008): The Oxford Handbook of Political Theory (Oxford Handbooks of Political Science), Oxford.
In 46 Beiträgen werden zentrale Themen der politischen Theorie von renommierten Autoren behandelt.

Hartmann, Jürgen (2012): Politische Theorie: Eine Kritische Einführung für Studierende und Lehrende der Politikwissenschaft, Wiesbaden.
Hartmann präsentiert die gesamte Bandbreite politischer Theorie, schließt also auch die politische Philosophie ein. Aus diesem Blickwinkel verdeutlicht er die Schwierigkeiten, ,politische Theorie' sinnvoll als Teildisziplin der Politikwissenschaft zu konzipieren.

Mayntz, Renate (Hrsg.) (2002): Akteure – Mechanismen – Modelle. Zur Theoriefähigkeit makro-sozialer Analysen, Frankfurt a. M.
Der Band vermittelt anhand verschiedener Forschungsbereiche lohnende Einblicke in die Möglichkeiten und Grenzen von sozialwissenschaftlicher Theoriebildung. Die profunden Beiträge repräsentieren verschiedene theoretische Zugänge auf neuestem Forschungsstand zur Analyse qualitativer empirischer Studien.

Weiterführende Literatur

Andersen, David/Møller, Jørgen/Skaaning, Svend-Erik (2014): The state-democracy nexus: conceptual distinctions, theoretical perspectives, and comparative approaches, in: Democratization 21 (7), S. 1203-1220.

Beck, Ulrich (1993): Die Erfindung des Politischen. Zu einer Theorie reflexiver Modernisierung, Frankfurt a. M.

Benz, Arthur (1997a): Von der Konfrontation zur Differenzierung und Integration – Zur neueren Theorieentwicklung in der Politikwissenschaft, in: Benz, Arthur/ Seibel, Wolfgang (Hrsg.): Theorieentwicklung in der Politikwissenschaft – eine Zwischenbilanz, Baden-Baden, S. 9-29.

Benz, Arthur (Hrsg.) (1997b): Theorieentwicklung in der Politikwissenschaft. Eine Zwischenbilanz, Baden-Baden.

Benz, Arthur (2008): Der moderne Staat: Grundlagen der politologischen Analyse, 2., überarb. und erweiterte Auflage, München.

Berger, Peter L./Luckmann, Thomas (2012): Die gesellschaftliche Konstruktion der Wirklichkeit, 24. Aufl., Frankfurt a. M. (zuerst: Frankfurt a. M. 1969).

Beyme, Klaus von (1991): Theorie der Politik im 20. Jahrhundert, Frankfurt a. M.

Beyme, Klaus von (2000): Die politischen Theorien der Gegenwart. Eine Einführung, 8. neu bearbeitete Auflage, Opladen.

Braun, Dietmar (1999): Theorien rationalen Handelns in der Politikwissenschaft, Opladen.

Bryson, Valery (1992): Feminist Political Theory, London.

Cohen, Jean/Arato, Andrew (1992): Civil Society and Political Theory, Cambridge/ London.

Coleman, James (1991): Grundlagen der Sozialtheorie, Bd. 1: Handlungen und Handlungssysteme, München.

Di Maggio, Paul/Powell, Walter (1991): Introduction, in: Powell, Walter/Di Maggio, John (Hrsg.): The New Institutionalism in Organizational Analysis, Chicago, S. 1-38.

Downs, Anthony (1968): Ökonomische Theorie der Demokratie, Tübingen.

Druwe, Ulrich (1995): Politische Theorie, 2. Aufl., Neuried.

Druwe, Ulrich/Kunz, Volker (Hrsg.) (1994): Rational Choice in der Politikwissenschaft. Grundlagen und Anwendungen, Opladen.

Druwe, Ulrich/Kunz, Volker (Hrsg.) (1996): Handlungs- und Entscheidungstheorie in der Politikwissenschaft, Opladen.

Easton, David (1965): A Systems Analysis of Political Life, New York.

Elster, Jon (1989): Nuts and Bolts for the Social Sciences, Cambridge.

Esser, Hartmut (1993): Soziologie, 3. Aufl., Frankfurt a. M.

Esser, Hartmut (1999): Soziologie. Allgemeine Grundlagen, 3. Aufl., Frankfurt.

Etzioni, Amitai (1996): Die faire Gesellschaft, Frankfurt.

Evans, Peter B. et al. (Hrsg.) (1985): Bringing the State Back In, Cambridge.

Falter, Jürgen (1982): Der Positivismusstreit in der amerikanischen Politikwissenschaft, Opladen.

Forsthoff, Ernst (1971): Der Staat der Industriegesellschaft, München.

Fukuyama, Francis (2011): The Origins of Political Order, London.

Gabriel, Oscar W. (1978): Methodologie der Politikwissenschaft, in: Gabriel, Oscar W. (Hrsg.): Grundkurs Politische Theorie, Köln/Wien, S. 2–60.

Gabriel, Oscar W. (1990): Konflikt oder Kooperation? Zur Beziehung zwischen traditioneller und empirischer Politikwissenschaft in der Bundesrepublik, in: Haungs, Peter (Hrsg.): Wissenschaft, Theorie und Philosophie der Politik, Baden-Baden 1990, S. 63-100.

Galtung, Johan (1983): Struktur, Kultur und intellektueller Stil, in: Leviathan 3, S. 303–338.

Garzón Valdés, Ernesto (1988): Die Stabilität politischer Systeme, Freiburg.

Göhler, Gerhard/Kühn, Rainer (1999): Institutionenökonomie, Neo-Institutionalismus und die Theorie politischer Institutionen, in: Edeling, Thomas et al.

(Hrsg.): Institutionenökonomie und Neuer Institutionalismus, Opladen, S. 17-42.

Goodin, Robert E./Pettit, Philip (Hrsg.) (1997): Contemporary Political Philosophy, Oxford.

Greven, Michael Th. (1999): Politische Theorie – heute: Ansätze und Perspektiven, Baden-Baden.

Grimm, Dieter (Hrsg.) (1996): Staatsaufgaben, Frankfurt a. M.

Gunnell, John G. (1983): Political Theory: The Evolution of a Sub-Field, in: Finifter, Ada W. (Hrsg): Political Science. The State of the Discipline, Washington, S. 3-45.

Habermas, Jürgen (1973): Legitimationsprobleme im Spätkapitalismus, Frankfurt.

Hasse, Raimund/Krücken, Georg (1999): Neo-Institutionalismus, Bielefeld.

Heins, Volker (1990): Max Weber zur Einführung, Hamburg.

Heller, Hermann (1971): Gesammelte Schriften, Bd. 3: Staatslehre als Politische Wissenschaft, Leiden.

Hill, Paul Bernhard (2002): Rational-Choice-Theorie, Bielefeld.

Hirsch, Joachim (1986): Der Sicherheitsstaat, 2. Aufl., Frankfurt.

Holland-Cunz, Barbara (1998): Feministische Demokratietheorie, Opladen.

Honneth, Axel (Hrsg.) (1992): Kommunitarismus, Frankfurt a. M./New York.

Hügli, Anton/Lübcke, Poul (Hrsg.) (1993): Philosophie im 20. Jahrhundert, Bd. 2: Wissenschaftstheorie und Analytische Philosophie, Reinbek.

Jellinek, Georg (1960): Allgemeine Staatslehre (1900), 3. Aufl. (7. Neudruck), Darmstadt.

Jürgens, Ulrich (1990): Entwicklungslinien der staatstheoretischen Diskussion seit den siebziger Jahren, in: Aus Politik und Zeitgeschichte B 9-10, S. 14-22.

Kirsch, Guy (2004): Neue Politische Ökonomie, 5. Aufl., Stuttgart.

Kriz, Jürgen/Nohlen, Dieter/Schultze, Rainer-Olaf (Hrsg.) (1994): Lexikon der Politik, Bd. 2: Politikwissenschaftliche Methoden, München.

Lambach, Daniel/Bethke, Felix S. (2012): Ursachen von Staatskollaps und fragiler Staatlichkeit: Eine Übersicht über den Forschungsstand, INEF-Report No. 106/2012, Duisburg.

Lehner, Franz (1981): Einführung in die Neue Politische Ökonomie, Königstein.

Lipset, Seymour Martin (1959): Some Social Requisites of Democracy: Economic Development and Political Legitimacy, in: American Political Science Review 53, S. 69-105.

Luhmann, Niklas (1984): Soziale Systeme, Frankfurt a. M.

Mayntz, Renate (1996): Politische Steuerung: Aufstieg, Niedergang und Transformation einer Theorie, in: Beyme, Klaus von/Offe, Claus (Hrsg.): Politische Theorien in der Ära der Transformation, PVS-Sonderheft 27, Opladen, S. 148-168.

Mayntz, Renate (2013): Erkennen, was die Welt zusammenhält: Die Finanzmarktkrise als Herausforderung für die soziologische Systemtheorie, MPIfG Discussion Paper, No. 13/2. https://www.econstor.eu/dspace/bitstream/10419/70248/1/737353732.pdf (1.6.2015).

Mensch, Kirsten (1999): Die segmentierte Gültigkeit von Rational-Choice-Erklärungen. Warum Rational-Choice-Modelle die Wahlbeteiligung nicht erklären können, Opladen.

Merkel, Wolfgang (2010): Systemtransformation, 2. überarb. und erweiterte Aufl., Wiesbaden.

Nohlen, Dieter/Schultze, Rainer-Olaf (Hrsg.) (1995): Lexikon der Politik, Bd. 1: Politische Theorien, München.

Offe, Claus (1972): Strukturprobleme des kapitalistischen Staates, Frankfurt.

Olson, Mancur (1968): Die Logik des kollektiven Handelns, Tübingen.

Olson, Mancur (1981): The Rise and Decline of Nations, New Haven/London (dt.: Aufstieg und Niedergang von Nationen. Ökonomisches Wachstum, Stagflation und soziale Starrheit, Tübingen 1985).

Parsons, Talcott (1969): Evolutionäre Universalien der Gesellschaft, in: Zapf, Wolfgang (Hrsg.): Theorien des sozialen Wandels, Köln/Berlin, S. 55-74.

Peters, Guy B. (1999): Institutional Theory in Political Science. The New Institutionalism, London/New York.

Przeworski, Adam (1991): Democracy and the Market, New York.

Reese-Schäfer, Walter (2000): Politische Theorie heute, München u.a.

Richter, Rudolf/Furubotn, Eirik (1996): Neue Institutionenökonomik. Eine Einführung und kritische Würdigung, Tübingen.

Scharpf, Fritz W. (1989): Politische Steuerung und politische Institutionen, in: PVS 30, S. 10-21.

Scharpf, Fritz W. (Hrsg.) (1993): Games in Hierarchies and Networks. Analytical and Empirical Approaches to the Study of Governance Institutions, Frankfurt a. M./Boulder/Colorado.

Schimank, Uwe (1996): Theorien gesellschaftlicher Differenzierung, Opladen.

Schmidt, Manfred G. (Hrsg.) (1988): Staatstätigkeit. International und historisch vergleichende Analysen, PVS-Sonderheft 19, Opladen.

Schmitt, Annette (1996): Ist es rational, den Rational Choice-Ansatz zur Analyse politischen Handelns heranzuziehen?, in: Druwe, Ulrich/Kunz, Volker (Hrsg.): Handlungs- und Entscheidungstheorie in der Politikwissenschaft, Opladen, S. 106-126.

Schubert, Klaus (Hrsg.) (1992): Leistungen und Grenzen politisch-ökonomischer Theorie. Eine kritische Bestandsaufnahme zu Mancur Olson, Darmstadt.

Schumpeter, Joseph A. (1950): Kapitalismus, Sozialismus und Demokratie, Bern.

Shapiro, Ian/Smith, Rogers M./Masoud, Tarek E. (Hrsg.) (2004): Problems and Methods in the Study of Politics, Cambridge.

Simon, Herbert (1993): Homo rationalis. Die Vernunft im menschlichen Leben, Frankfurt.

Skocpol, Theda (2008): Bringing the State Back In: Retrospect and Prospect, in: Scandinavian Political Studies 31 (2), S. 109-124.

Vincent, Andrew (2004): The Nature of Political Theory, Oxford.

Voigt, Stefan (2002): Institutionenökonomik, München.

Vu, Tuong (2010): Studying the State through State Formation, in: World Politics 62, S. 148-175.

Waschkuhn, Arno (1987): Politische Systemtheorie, Opladen.

Weber, Max (1976a): Die rationale Staatsanstalt und die modernen politischen Parteien und Parlamente, in: Weber, Max: Wirtschaft und Gesellschaft, 5. Aufl., Tübingen, S. 815–824.

Weber, Max (1976b): Wirtschaft und Gesellschaft, Tübingen.

Weber, Max (1984): Soziologische Grundbegriffe, 6. Aufl., Tübingen.

Willke, Helmut (1993): Systemtheorie, 4. Aufl., Stuttgart/Jena.

Willke, Helmut (1996): Ironie des Staates, Frankfurt a. M.

Young, Iris Marion (1990): Justice and the Politics of Difference, Princeton.

Zerilli, Linda (2006): Feminist Theory and the Canon of Political Thought, in: Dryzek, John S./Honig, Bonnie/Phillips, Anne (Hg.): The Oxford Handbook of Political Theory, Oxford/New York, S. 106-124.

Zey, Mary (1998): Rational Choice theory and organizational theory: a critique, Thousand Oaks u.a.

Wirtschaft und Gesellschaft: Politische Wirtschaftlehre

Daniel Buhr/Josef Schmid

Gegenstandsbestimmung, Entstehungsgeschichte, zentrale Begriffe und Perspektiven   1.

Politische Wirtschaftslehre ist keine traditionelle, klar strukturierte Teildisziplin der Politikwissenschaft, sondern liegt *„zwischen"* der Politikwissenschaft und der Volkswirtschaftslehre. Kennzeichnend ist eine Pluralität der Perspektiven und theoretischen Konzepte. Das zeigt sich schon auf der Begriffsebene, wo von Politischer Ökonomie, Politischer Wirtschaftslehre, Volkswirtschaftslehre, Wirtschaftspolitik etc. die Rede ist. In der politischen Praxis spielen eine Vielzahl an Zielen und Akteuren eine große Rolle; daher ist das Feld häufig von heftigen Konflikten und großen Interessenunterschieden geprägt.

> Feld zwischen den Disziplinen

Ein kurzer Hinweis auf die Geschichte des wirtschaftswissenschaftlichen Denkens hilft uns, aus der Entwicklung der Konzepte und Paradigmen den *Fortschritt* und *die Irrtümer* zu erkennen (Kruber 2002). Dies gilt umso mehr, als die heute übliche Vorstellung, dass die Wirtschaft einen eigenständigen Bereich darstellt, der von Märkten dominiert wird, eine Konstruktion des 18. Jahrhunderts ist. Vom alten Griechenland bis über das christlich geprägte Mittelalter hat hingegen eine Einheit aus Politik, Ethik und Ökonomie bestanden. Bis zum 17./18. Jahrhundert gibt es zwar immer wieder Abhandlungen über verschiedene Aspekte des ökonomischen Verhaltens (etwa Steuern, Wucher oder eigentumsrechtliche Probleme), aber erst die neuzeitliche Naturrechtsphilosophie öffnet den Zugang zu einer eigenen Beschreibung der spezifischen Interaktionsmuster in dem aus der modernen Gesellschaft ausdifferenzierten Teilsystem, was einen expliziten Bruch mit der aristotelischen Tradition darstellt. Mit *Adam Smith* beginnt die Ökonomie eine eigenständige Form des Wissens zu werden und sich in verschiedene Strömungen auszudifferenzieren (Priddat 2004; Schmid/Buhr 2015).

> Geschichte

Worum geht es bei der Politischen Wirtschaftslehre? Vor allem um die Wechselbeziehungen zwischen Wirtschaft und Gesellschaft bzw. Politik. Dazu werden mehrere Prämissen getroffen, die für unsere Perspektive wesentlich sind:

> Prämissen und Perspektiven

A) Das Vorgehen ist interdisziplinär und theoretisch *plural* angelegt. Es gilt, die Vielfalt an Konzepten und Positionen neutral darzustellen und die Erkenntnisse sowohl der Politik- wie der Wirtschaftswissenschaft einzubringen.

B) Die Analyseebene bildet die *Makroökonomie* (bzw. die real existierenden Formen von kapitalistischen Ökonomien). Wichtige Themen sind die Konjunktur, das Wirtschaftswachstum, die Beschäftigung (bzw. Arbeitslosigkeit) und die Inflation (bzw. Deflation).

C) Es geht um die *Institutionen* – einschließlich der Märkte –, die den Rahmen für das Verhalten von individuellen und kollektiven Akteuren bilden. Das umfasst nicht nur staatliche Einrichtungen wie Parlamente, Regierungen und Notenbanken, sondern ebenfalls die Gewerkschaften, Arbeitgeber-/ Wirtschaftsverbände und die Kammern von Industrie und Handwerk. In der Bundesrepublik sind ferner der föderale Aufbau und die Zugehörigkeit zur Europäischen Union in Rechnung zu stellen (Sturm 2005; Hartwich 1998).

D) Der Primat von Ökonomie bzw. Politik bildet zwei analytische *Spannungspole*. Im ersten Zugriff erscheint Ökonomie als „Hoffnung" oder als „Sachzwang" und „Schicksal", dem sich die anderen Belange der Gesellschaft unterordnen müssen. Der Markt ist für die einen ein funktionierender, effizienter Mechanismus, der Wohlstand produziert und zugleich ein Element von Freiheit bildet. Aus umgekehrter Richtung wird eben dies bezweifelt und eine stärkere Aktivität des Staates gefordert. Im Extremfall sogar eine stärkere Planung und Steuerung der Wirtschaft. Zwischen den beiden Extremen stehen Ansätze, welche die gesellschaftliche Einbettung der Ökonomie in den Vordergrund stellen und von einer Interdependenz – also einer wechselseitigen Beeinflussung – von Wirtschaft und Politik ausgehen. Eine leistungsfähige Wirtschaft wird daher als Zusammenwirken spezifischer institutioneller Arrangements in Politik und Ökonomie betrachtet, wobei hier durchaus beachtliche Divergenzen zwischen kapitalistisch-marktwirtschaftlichen Demokratien bestehen. Auch bezogen auf die Realisierung der Ziele Freiheit und Gleichheit wird eine Mischung angestrebt.

Konkretisierungen Was bedeutet das nun konkret? Das Phänomen der Interdependenz erscheint im *Alltagsverständnis* einerseits als Abhängigkeit der Politik von der Wirtschaft in dem Sinne, dass die Popularität und damit die Wahl- bzw. Wiederwahlwahrscheinlichkeit von Regierungen und Parteien von der Wirtschaftslage – indiziert durch die Wachstumsrate des Sozialprodukts, die Höhe der Arbeitslosigkeit etc. – maßgeblich beeinflusst werden. Andererseits wird das Handeln wirtschaftlicher Akteure stark durch die allokativen, stabilisierenden und distributiven Funktionen des Staates bestimmt. Daher sind alle westlichen Gesellschaften *„Mixed Economies"*. Dieses Konzept umfasst verschiedene, teilweise widersprüchliche Elemente, die in ihrer Totalität zu begreifen sind und nur zu analytischen Zwecken separat behandelt werden. So beinhaltet die Mixed Economy:

Mixed Economy

- reine Marktelemente, die sich selber regeln;
- Institutionen und „Hierarchien" (Williamson), weil nur so das Eigentumsrecht garantiert und effizient produziert werden kann;
- temporäre staatliche Eingriffe, weil der Markt Instabilitäten und Ungleichgewichte aufweist;
- kontinuierliche staatliche Steuerung und Regulierung. Neben der Steuerung von Angebot und Nachfrage im Aggregat treten hier selektivere Struktur-, Industrie-, Forschungs- und Entwicklungspolitiken sowie eine umfassende Sozial- und Arbeitsmarktpolitik bzw. mit anderem politischen Vorzeichen: Privatisierungs- und Deregulierungspolitiken (Schmid et al. 2006).

Zentrale Theorieansätze und relevante grundsätzliche Theoriediskussionen in Wirtschafts- und Politikwissenschaft

2.

Die Kontroverse zwischen Keynesianern und Monetaristen bzw. Neoliberalen

2.1

John Meynard Keynes, dessen Hauptwerk, die „General Theory", vor dem Hintergrund der Weltwirtschaftskrise – die mit dem Börsencrash vom 29. Oktober 1929 begann und zu einer weltweiten Massenarbeitslosigkeit führte – entstanden ist, plädiert für eine Intervention des Staates in den Wirtschaftskreislauf. Damit wandte er sich zugleich gegen das von den liberalen Klassikern und Neoklassikern behauptete Funktionieren der „unsichtbaren Hand" (Adam Smith) und des „Say'schen Theorems".[1]

John Meynard Keynes

---

[1] Der berühmt gewordene Lehrsatz von Jean Baptiste Say (1767-1832) besagt, dass Angebot und Nachfrage in einer Volkswirtschaft stets gleich groß sind, da jede Produktion sich selbst eine wertmäßig entsprechende kaufkräftige Nachfrage schafft.

Nachfragetheorie   In der keynesianischen Theorie und der darauf basierenden Wirtschaftspolitik steht die *gesamtwirtschaftliche Nachfrage* als Aggregat im Mittelpunkt. Diese ist aber höchst instabil und verläuft in Konjunkturzyklen. Dabei treten typische Konstellationen auf: Während einer Rezession steigt die Arbeitslosigkeit an, während die Inflation niedrig ist und sogar noch sinkt. Umgekehrt steigt diese in Boomphasen, während dann Vollbeschäftigung herrscht. Dieser auch Phillips-Kurve genannte trade-off ist eine wichtige Grundlage der Stabilitätspolitik geworden, was Helmut Schmidt einmal so formuliert hat: „Lieber 5% Inflation als 5% Arbeitslosigkeit."

Arbeitslosigkeit   Wie kommt es nun in diesem ökonomischen Ansatz zu Arbeitslosigkeit? Bei steigenden Einkommen sinken – *„psychologisches Gesetz"* von Keynes – die Konsumausgaben, während das Sparen an Bedeutung gewinnt. Der Mensch arbeitet also nicht nur, um seine aktuellen Konsumwünsche befriedigen zu können, sondern auch, um Ersparnisse und Vermögen anzusammeln. Daher besteht die gesamtwirtschaftliche Nachfrage (Y) aus folgenden Komponenten: $Y = C + I + A + S + Ex - Im$[2]

Ferner können die Investitionen der Unternehmen zu niedrig ausfallen, weil die Zinsen zu hoch sind. Dabei spielt bei Keynes die Zukunftserwartung in Bezug auf die Absatzmöglichkeiten eine entscheidende Rolle. Hat ein Unternehmer in einer Krise trotz niedriger Zinssätze „Angst", so wird er nicht investieren, selbst wenn die Zinssätze auf Null sinken. Das Geld wird stattdessen zu Spekulationszwecken „gehortet". Damit verlieren der Zinssatz und die Geldpolitik ihre ausgleichende Wirkung. Zusätzliches Geld verschwindet in der *„Liquiditätsfalle"*.

Globalsteuerung   Um die Wirtschaft aus einer solchen Krise herauszuführen, muss die gesamtwirtschaftliche Nachfrage gesteigert werden, was zugleich die pessimistische Erwartungshaltung beendet. Dies geschieht durch eine antizyklische Fiskalpolitik des Staates – auch Globalsteuerung genannt: Durch *„deficit spending"*, also durch erhöhte Staatsausgaben und Steuersenkungen, die zur Erhöhung des Konsums und der Investitionen beitragen, wird die gesamtwirtschaftliche Nachfrage gesteigert. Finanziert werden soll dieses „deficit spending" in einer Rezessionsphase durch staatliche Kreditaufnahme am Kapitalmarkt. In Zeiten des wirtschaftlichen Booms sollen dann die Staatsausgaben wieder gesenkt und die Steuern (temporär) erhöht werden. Auf diese Weise gelangt zu-

---

[2]   C = Konsum, I = Investitionen, A = Staatsausgaben, S = Sparen, Ex = Export, Im = Import (vgl. etwa Willke 2012)

sätzliches Geld in die Staatskasse. Kredite können abgelöst bzw. eine Konjunkturausgleichsrücklage gebildet werden, die in der nächsten Rezessionsphase eingesetzt werden kann. Dadurch hilft die Stabilitätspolitik, „Überhitzungen" in einer Phase der Hochkonjunktur samt dazugehörender inflationärer Tendenzen zu verhindern.

Bei dieser Globalsteuerung ist es für Keynes nicht nötig, dass der Staat die gesamte Nachfragelücke mit seinem „deficit spending" schließt. Es reicht, wenn er als Initiator fungiert, denn das durch sein Gegensteuern erzeugte neue Gleichgewicht von Angebot und Nachfrage führt zu einer verstärkten Nachfrage nach Investitionsgütern, was wiederum mehr Produktion, mehr Arbeitsplätze und mehr Einkommen bewirkt (*Multiplikatoreffekt*). Dieser Multiplikatoreffekt erhöht wiederum die Konsumausgaben und kurbelt die Nachfrage nach Gütern und Investitionen an. Dadurch steigen zusätzlich Produktion und Einkommen (*Akzeleratoreffekt*).

Kritiker des Keynesianismus verweisen auf die Tatsache, dass Arbeitslosigkeit nicht nur wegen Nachfragemangels entsteht, sondern auch aufgrund technischen Fortschritts; sie ist also teilweise strukturell und nicht nur konjunkturell verursacht. In diesem Fall hilft das Instrument der Globalsteuerung bzw. das „deficit spending" nichts – im Gegenteil: es führt nur zu einer anhaltenden Staatsverschuldung. Außerdem ist es schwierig, die Instrumente der Globalsteuerung in zeitlicher Hinsicht adäquat einzusetzen. Das richtige „Timing" ist aber nötig, um nicht prozyklische statt der gewünschten antizyklischen Effekte zu erzielen. Zudem existiert – vor allem in den 1970er und 1980er Jahren – das Phänomen der *Stagflation*, d.h. entgegen der Annahmen der Phillips-Kurve kommt es sowohl zu Inflation als auch zu Arbeitslosigkeit.

In der Bundesrepublik finden sich zudem weitere Schwierigkeiten für die Umsetzung einer Globalsteuerung. Durch die föderale Ordnung entstehen erhebliche *Koordinierungsprobleme*: Bund, Länder und Kommunen verfolgen nicht immer dieselbe Strategie. Helmut Kohl wird – während seiner Amtszeit als rheinland-pfälzischer Ministerpräsident – der Satz zugeschrieben, dass ihn die wirtschaftspolitischen Probleme und Maßnahmen des Bundeskanzlers (damals H. Schmidt) nichts angingen. Der Parteienwettbewerb unterstützt solche Überlegungen und erschwert es darüber hinaus, in Boomphasen die Steuern zu erhöhen bzw. die Ausgaben zu senken – also unpopuläre Maßnahmen zu ergreifen –, was zu einem anhaltenden Wachstum der Staatsschulden geführt hat (vgl. Adam 2015; Wienert 2008).

Probleme und Kritik

Milton Friedman

Milton Friedman, der die „*Konterrevolution*" gegen den Keynesianismus eingeleitet hat, postuliert, dass vor allem die Stabilität des Geldes für die Wirtschaftsentwicklung förderlich wäre und dies nur durch eine stetig wachsende Geldmenge erreicht werden könne. Daher auch der Name Monetarismus. Durch seine Arbeiten im Bereich der Wirtschaftstheorie und -politik ebenso wie durch seine politischen Stellungnahmen und populären Kommentare ist Friedman zum „vielleicht einflussreichsten Ökonomen" in der zweiten Hälfte des 20. Jahrhunderts geworden, wie sein Kritiker J. K. Galbraith meint. Der Einfluss der sogenannten „*Chicago-Schule*" auf Politiker wie R. Reagan, M. Thatcher, aber auch auf die chilenischen Diktatoren in den 70er und 80er Jahren ist kaum zu überschätzen (vgl. Pies/Leschke 2004).

Monetarismus

Die zentrale These des Monetarismus ist, dass monetäre Größen die Realwirtschaft nicht beeinflussen. In der „*Theory of the Consumption Function*" betont Friedman, dass entgegen der keynesianischen Ansätze die privaten Haushalte die Höhe ihrer Konsumausgaben entsprechend ihrer langfristigen Einkommenserwartungen bestimmten; kurzfristige Einkommensänderungen würden meist ignoriert und dementsprechend wirkten antizyklische staatliche Maßnahmen zur Einkommenserhöhung und die entsprechenden Multiplikatoreneffekte nicht. Daher sei es die einzige Aufgabe der Notenbanken, die Geldmenge in gleichem Ausmaß wie die Realwirtschaft wachsen zu lassen. Damit knüpft er an die „Quantitätstheorie des Geldes" an, wonach die Geldmenge die Inflationsrate einer Volkswirtschaft bestimmt. Die entsprechende Formel lautet: $M \times V = P \times Y$; wobei M = Geldmenge, V = Umlaufgeschwindigkeit des Geldes, P = Preisniveau und Y = reales Sozialprodukt bedeuten (vgl. etwa Willke 2003: 128ff.; vgl. auch Schaper 2001; Rogall 2006). Zugleich wird von der Gültigkeit des Say'schen Theorems ausgegangen.

Kapitalismus und Freiheit

Auf der Grundlage seiner theoretischen Arbeiten zieht Friedman weitreichende wirtschaftspolitische Konsequenzen. In seinem berühmt gewordenen Buch „*Capitalism and Freedom*" empfiehlt er unter anderem:

- die Abschaffung von Agrarsubventionen;
- die Beseitigung von mengenmäßigen Importbeschränkungen und Zöllen;
- den Verzicht auf staatlich garantierte Mindestlöhne, die es in den USA gibt;
- die Streichung aller staatlichen Mittel für den sozialen Wohnungsbau;

- die vollständige Privatisierung der gesetzlichen Sozialversiche-
  rung;
- die Aufhebung des Postmonopols.

Berühmt wurde Friedman insbesondere für die Idee, sämtliche
Sozialleistungen durch eine negative Einkommenssteuer für Familien unterhalb der Armutsgrenze zu ersetzen.

In dieselbe Richtung wirken angebotstheoretisch orientierte   Angebotstheorie
Autoren (z.B. R. Lucas, G. Stigler, der Sachverständigenrat oder
Werner Sinn). Hier wird generell ein Abbau von Staatseingriffen
gefordert, um Flexibilität und Innovation zu verbessern und die
Rentabilität der Produktion zu erhöhen. Dazu sind Deregulierung, adäquate Löhne, Steuer- und Abgabenerleichterungen für
Unternehmen nötig. Ziel ist es, ein gleichmäßiges Wachstum und
eine internationale Wettbewerbsfähigkeit zu erreichen, was wiederum zu Vollbeschäftigung führt. Allerdings bleibt es bei einer
„natürlichen Rate der Arbeitslosigkeit", weil die Löhne nicht elastisch
genug sind (Schaper 2001: 86ff.).

Ein vielfach kritisierter Schwachpunkt des Monetarismus liegt   Probleme und
in seiner einseitigen vermögenstheoretischen Ausrichtung. So be-   Kritik
steht zwar weitgehend ein Konsens darüber, dass die Nachfrage-
entscheidungen privater Haushalte vor allem von den individuellen Vermögen (und regelmäßigen Einkommen) bestimmt wird.
Für Unternehmen ist eine solche Fixierung jedoch zumindest
zweifelhaft. Schließlich gründen sich Unternehmen oftmals nur
auf der Basis einer Idee und nehmen erst zu ihrer Vermarktung
Fremdkapital auf. Ein weiterer Schwachpunkt wird in der Geldmenge erkannt. Würde sie als Zielgröße festgelegt, könne es
durchaus geschehen, dass durch Geldtransaktionen und Finan-
zierungen, die nicht im Geldvolumen der Zentralbank berücksichtigt seien, die Geldmengenziele der Zentralbank unterlaufen
würden. Zudem könne eine geringere Geldmenge für eine höhere (und eben nicht gleichmäßige) Umlaufgeschwindigkeit des
Geldes sorgen – wodurch eine restriktive Festlegung der Geldmenge stabilitätspolitisch wirkungslos bliebe. Am Monetarismus
kritisiert wird schließlich auch seine Verengung auf die unbe-
dingte *Rationalität*[3] einzelner Akteure und Wirtschaftseinheiten,

---

3   Für die Rational Choice Theorie und die Neue politische Ökonomie spielt dies
    eine zentrale Rolle. Diese Ansätze liefern eine Mikrofundierung des ökonomi-
    schen und politischen Verhaltens. Ausgangspunkt ist das Nutzen maximieren-
    de Individuum, der Homo oeconomicus. Dieses handelt – aus der eigenen
    Perspektive – vernünftig (Rationalitätsprinzip) und reagiert auf Umweltbedin-
    gungen bzw. deren Änderungen. Kennzeichnend für die Neue Politische Öko-
    nomie ist es nun, dass dieses Modell auf politische Strukturen und Prozesses

womit er nur ein Zerrbild der Wirklichkeit liefere (vgl. Schmid et al. 2006).

2.2 Institutionalismus und Vergleichende Kapitalismusanalyse

Institutionen

Akteure und Interessen stoßen weder in der Wirtschaft noch in der Politik in einem leeren Raum aufeinander. Vielmehr werden sie durch Institutionen kanalisiert und diese Konfigurationen prägen die Systeme bzw. Wirtschaftsmodelle. Sie umfassen dabei *Entscheidungssysteme* wie Märkte, Verhandlungen, Hierarchie bzw. *Organisationen* wie Unternehmen, Verbände und Staat (Kruber 2002: 95ff.). Institutionen sind einerseits historisch gewachsen und in einer Gesellschaft immer schon vorhanden; insofern ist alles ökonomische Handeln immer auch sozial *„eingebettet"* (Granovetter 2000). Andererseits werden sie absichtsvoll geschaffen, weil sie Vorteile bieten. Sie senken nämlich die Kosten für die Beschaffung von Informationen, die für rationale Wahlakte notwendig sind – und sie minimieren die Risiken des Opportunismus und Betrugs. Funktionierende Märkte bedürfen daher institutioneller Regelungen und Absicherungen, die meist durch den Staat gesichert werden wie zum Beispiel das Vertragsrecht.

Für die Politikwissenschaft gehört die Analyse von Institutionen zu den klassischen Fragestellungen des Faches (Czada/Lütz 2000; Czada/Zintl 2004; Blancke 2006); in der Wirtschaftswissenschaft hat hingegen lange die Betrachtung von Märkten dominiert und erst später kamen die „Hierarchien" bzw. Institutionen hinzu. Besonders die Namen Ronald Coase, Oliver Williamson und Douglas North sind in der Wirtschaftswissenschaft mit diesem Ansatz verbunden. Allerdings weichen jene Vorstellungen erheblich von soziologischen und historisch-politikwissenschaftlichen Ansätzen ab (vgl. Göhler/Kühn 1999).

Varianten des Kapitalismus

Aufbauend auf solchen institutionalistischen Theorieansätzen lassen sich stärker empirisch-vergleichende Varianten des Kapitalismus[4] unterscheiden. Die *Wettbewerbsfähigkeit* und der Wohlstand einer Nation sind demnach auch Folge der institutionellen

---

sowie auf Probleme der wechselseitigen Abhängigkeit und Beeinflussung (Interdependenz) von Wirtschaft und Politik übertragen wird. So existieren eine „Ökonomische Theorie der Demokratie" (Downs), der Verbände und der Bürokratie sowie der Reformpolitik (vgl. Schmid/Buhr 2015).

4   Als Kapitalismus wird hier ein Wirtschaftssystem verstanden, das sich durch Privateigentum an Produktionsmitteln sowie Produktion für einen den Preis bestimmenden Markt auszeichnet. Ferner wird damit eine Gesellschaft be-

Struktur der politischen Ökonomie eines Landes (Hall/Soskice 2001). Damit werden Thesen, wonach sich eine Konvergenz aller Systeme auf einen Industrialismus oder eine Form des Kapitalismus bzw. *„der"* Marktwirtschaft einstellen würde, abgelehnt. Im Gegenteil, diese Systeme befinden sich angesichts der neuen Herausforderungen, die mit den Stichworten „Globalisierung" und „technologischer Wandel" verbunden sind, geradezu in einem ökonomischen „Kulturkampf" (Abelshauser 2003).

Für die Analyse unterschiedlicher Kapitalismen oder *„economic*   Typen
governance"-Systeme gibt es verschiedene Typenbildungen. Besonders bekannt geworden ist die von Michel Albert (1992), der den angelsächsischen Kapitalismus dem Modell eines „rheinisch-nipponischen" gegenüberstellt; hierzu rechnet man auch die BRD. Andere Autoren unterscheiden zwischen „markt-orientierten" und „netzwerk-orientierten" bzw. zwischen „unkoordinierten oder liberalen" und „koordinierten" Marktwirtschaften (Hall/Soskice 2001; Windolf 2005).[5] Zur Analyse ihrer Funktions-   Teilbereiche
weise und zum typisierenden Vergleich können vier Teilbereiche unterschieden werden:

- das Finanzsystem,
- das System der Arbeitsbeziehungen,
- das Berufsausbildungssystem und schließlich
- die Beziehungen zwischen Unternehmen.

Die folgende Tabelle fasst die Hauptmerkmale des rheinischen Kapitalismus bzw. der koordinierten Marktwirtschaften noch einmal kurz zusammen und kontrastiert sie mit dem liberalen Modell.

Diese Überlegungen über die Vielfalt an kapitalistischen Markt-   Vor- und Nachteile
wirtschaften zeigen zum einen, wie eng die Interdependenz von Wirtschaft und Politik in einigen Fällen verläuft, und zum anderen, dass es keinen *„one best way"* gibt. Der koordinierte Kapitalismus und seine Unternehmen agieren im Vergleich zu Firmen im „liberal market capitalism" weniger flexibel, weil das politisch-institutionelle Gefüge ihnen nicht die Freiheiten bietet, auf schnell ändernde Marktbedingungen zu reagieren. Daher fallen die kurzfristigen – nicht die langfristigen – Profite vergleichsweise gering aus. Weitere Nachteile bzw. Ambivalenzen des Modells liegen im

---

zeichnet, bei der eine über den Markt geregelte Arbeitsteilung dominiert und sich entsprechende Klassenstrukturen (bei Marx Arbeit vs. Kapital) ergeben.

5   Diese Überlegungen sind äußerst kompatibel mit der Analyse von unterschiedlichen Welten des Wohlfahrtsstaats, wo zwischen liberalen, konservativen und sozialdemokratischen Regimen unterschieden wird (Schmid 2010).

	Liberal Market Economies	Coordinated Market Economies
Finanzsystem	• Dominanz des Kapitalmarktes, d.h. kurzer Zeithorizont • Möglichkeit hoher Risiken	• Bankendominanz, d.h. langfristiger Finanzierung (Hausbank)
Arbeitsbeziehungen	• Deregulierte Arbeitsmärkte • keine effektive Mitbestimmung → wenige „veto points"	• kooperative, wichtige Rolle der Gewerkschaften • Lohnaushandlung überbetrieblich
Berufsaus- und Weiterbildung	• Schwerpunkte auf allgemeinen Kenntnissen • keine langen Anlernzeiten • stückweise Weiterbildung	• intensive, berufsbezogene Ausbildung • starke Einbindung der Wirtschaftsverbände und der einzelnen Unternehmen
Unternehmensbeziehungen	• starker Konkurrenzdruck • wenige Möglichkeiten zur Kooperation	• erheblich Möglichkeiten zur Kooperation (z.B. Standards oder technologische)

Abb. 1: Hauptmerkmale der „Liberal Market Economies" und der „Coordinated Market Economies"

vergleichsweise schwierigen Kapitalzugang v.a. der kleinen, innovativen Unternehmen und der ausgeprägten Regulation, die für Unternehmen erhebliche Aufwendungen und Rigiditäten bedeuten. Bei den Arbeitnehmern ist ferner eine mangelnde Mobilität festzustellen – was aber angesichts der hohen Investitionen in das Humankapital zu relativieren ist (vgl. Schmid/Buhr 2015).

2.3 Die Politikfeldanalyse und Steuerungsforschung

Die Politikfeldanalyse beschäftigt sich seit den 70er Jahren mit der Analyse materieller Politikbereiche beziehungsweise staatlicher Handlungsfelder, etwa der Arbeitsmarkt-, Sozial-, Umwelt- oder Finanzpolitik. Damit liefert sie wesentliche Erklärungsbeiträge für das, was in der Terminologie der Ökonomie *„Rahmenbedingungen"* sind.

Konzepte   Eine grundlegende Vorgehensweise stellt die Bestimmung von Politikfeldern dar. Verbreitet ist eine Klassifizierung nach nominalen, meist institutionellen Kriterien. Demnach ist Wirtschaftspolitik genau jenes Feld, das vom Wirtschaftsministerium und den darauf bezogenen politischen Akteuren und Organisationen bearbeitet wird. Allerdings ist hierbei zu beachten, dass trotz gleichen äußerlichen Sprachgebrauchs Veränderungen über die Zeit und im internationalen Vergleich auftreten können. So hat der Begriff Wirtschaftspolitik in den USA eine deutlich neoliberalere Note als in Frankreich oder Schweden. Eine stärker analytische

Unterscheidung klassifiziert nach der Wirkung in regulative, distributive und redistributive Policies; dabei weisen diese unterschiedliche Grade und Formen des politischen Konflikts auf, was Theodore Lowi auf die These *„Policy determines Politics"* gebracht hat (Windhoff-Héritier 1997; Schmid/Buhr 2015).

Mit dem Policy-Cycle-Konzept strukturiert die Politikfeldanalyse ihren Untersuchungsgegenstand in zeitlicher Hinsicht. Dabei wird zwischen den folgenden Phasen unterschieden:

Policy-Cycle

• Thematisierung und Problemdefinition,
• Agenda-Gestaltung,
• Politikformulierung und Entscheidung,
• Politikimplementation,
• Evaluation, Termination oder Politikneuformulierung.

In der ersten Phase des Zyklus nehmen die Medien, die großen Verbände und die Parteien ein Thema auf und *definieren* es als politisches Problem. Dabei handelt es sich um einen komplexen Prozess der Selektion, da zum einen das politische System nicht für alle Fragen zuständig ist und zum anderen hier schon häufig eine erste politisch-institutionelle Kanalisierung und sachliche Typisierung vorgenommen wird. In der Phase der Politikformulierung und *Entscheidung* dominiert die Regierung; die Parteien und das Parlament spielen ebenfalls eine wichtige Rolle. Danach kommt die Verwaltung zum Zuge; sie setzt die getroffenen Entscheidungen um, wobei ihr durchaus beachtliche Implementationsspielräume zukommen. Je nach Problemlage und Politikstrukturen kann auch eine Umsetzung weitgehend außerhalb der staatlichen Bürokratien erfolgen; so findet etwa in Teilen der Wirtschafts- und Sozialpolitik *Politikimplementation* besonders in Netzwerken statt, in denen den großen Verbänden – vor allem von Kapital und Arbeit – eine zentrale Rolle zukommt. Unter dem Gesichtspunkt der Interessenvermittlung spricht man hier ebenfalls von Korporatismus. Schließlich erfolgt nach einer gewissen Zeit ein „feedback", meist in Form einer *Evaluation*, um die Wirkung der Policy zu ermitteln. Dabei kann das ursprüngliche Problem erfolgreich bewältigt worden sein, was eine Beendigung nahe legt, oder aber es sind erhebliche Defizite aufgetreten, was zu einem Nachsteuern oder sogar zu einer Politikneuformulierung führen kann. Bei einer Evaluation spielen vielfach Experten aus der Wissenschaft oder aus privaten Beratungsinstituten eine wichtige Rolle.

In *struktureller Hinsicht* lassen sich Politikfelder als Netzwerke erfassen, in denen Interessen vermittelt, politische Entscheidungen getroffen und implementiert werden. Wichtige Dimensi-

Politiknetzwerke

onen bilden dabei die beteiligten Akteure, ihre Funktionen und Strukturen, Art und Grad der Institutionalisierung sowie die geltenden formellen und informellen Entscheidungs- und Verhaltensregeln, die Machtverhältnisse in dem Politikfeld und die Akteursstrategien. Demnach können Politiknetzwerke mehr oder weniger stark geschlossen oder zentralisiert sein oder durch eher konfligierende oder kooperative Strategien gekennzeichnet sein. Sie können ferner eher im politischen System liegen oder weit in die Wirtschaft hinein reichen. Typische Verhaltensmuster der Akteure bei der Problemlösung können sich als Politikstile perpetuieren, wobei hier weniger die Charakteristika von gesamten politischen Systemen als von spezifischen Politikfeldern gemeint ist (Windhoff-Héritier 1977; Schmid 2005).

Determinanten   Welche Faktoren bestimmen nun die Staatsaktivitäten, nach welchen kausalen Mustern funktioniert Politik (in westlichen Industriegesellschaften)? Dazu gibt es eine Reihe von Ansätzen und Determinanten, die von *M.G. Schmidt* so zusammengefasst werden:

* die sozioökonomische Schule
* die Machtressourcentheorie
* die Lehre von der Parteiendifferenz
* politisch-institutionalistische Theorien
* die internationale Hypothese
* die Lehre vom Politikerbe (Schmidt 2001)

Sozioökonomische Ansätze gehen von einer hohen Interdependenz zwischen Wirtschaft, Gesellschaft und Politik aus; sie interpretieren staatliche Politik als *funktionale Reaktion* auf die Veränderung von Wirtschaft und Gesellschaft. Dabei argumentieren sie, dass einerseits immer wieder ein sozioökonomischer Problemdruck (etwa Arbeitslosigkeit) entstehe und es so zu politischen Reaktionen komme; zum anderen spiele die Ressourcenausstattung bzw. der Reichtum eines Landes eine Rolle, denn ohne diese ökonomische Voraussetzung könne der Staat kaum handeln. Gegen diesen sozialökonomischen Determinismus wenden sich Ansätze, bei denen Politik sehr wohl einen Unterschied macht. Das heißt, es geht um Machtressourcen, Interessen und Konflikte und daher spielen Parteien und Verbände bzw. der Neokorporatismus eine große Rolle. Gemäß der Parteiendifferenztheorie bzw. der *„parties-do-matter"*-These repräsentieren sie unterschiedliche soziale Schichten bzw. Wählerpräferenzen, verfügen über differierende Programmatiken und produzieren somit unterschiedliche Staatstätigkeiten. So tendieren Linksparteien (samt Gewerkschaften) zu einer intensiveren Bekämpfung der

Arbeitslosigkeit als bürgerliche Parteien; umgekehrt verhält es sich bei der Geldwertstabilität – einem Phänomen, das mit der Phillips-Kurve kompatibel ist.

Neuere Arbeiten betonen ferner, dass aktuelle Politiken durch politische Institutionen historisch („*Politikerbe*") und strukturell eingebunden sind. Diese bilden Vetopunkte, wirken gewissermaßen als Filter für die Problemwahrnehmung und die Interessenpolitik; sie bevorzugen bestimmte Interventionen in die Ökonomie und die Gesellschaft oder schließen andere aus. Damit gewinnen divergente nationale Entwicklungspfade an Bedeutung bzw. wird die Eigendynamik und relative Autonomie der Politik betont. Die zentrale Ursache für diese Eigendynamik bildet die Binnenkomplexität des modernen Staats selbst, denn es handelt sich hier nicht um ein einheitliches monolithisches Gebilde (Schmidt 2001; Schmid 2005, 2010).

Politik macht Unterschiede

Staatsaktivitäten werden unter dem Stichwort „politische Steuerung" – neuerdings oft auch als Governance bezeichnet – behandelt. Damit werden die staatlichen Interventionen in die Gesellschaft, also ebenfalls in die Wirtschaft, erfasst. Konkret stehen dafür unterschiedliche Steuerungsinstrumente, die nach bestimmten Prinzipien funktionieren und eine entsprechende Wirkung bezwecken sollen, zur Verfügung – z.B. Angebot, Anreiz, Gebot/Verbot, Überzeugung/Aufklärung und Vorbild.

Staatliche Steuerung

Zusammenfassend lassen sich *vier grundlegende Modelle* unterscheiden:

- Bei der klassischen Intervention ist der Staat verantwortlich für die strategischen Weichenstellungen und Projektionen und organisiert mit Hilfe seiner Verwaltung weitgehend die Ressourcenverteilung und gesellschaftliche Koordination.
- Dem entgegengesetzt ist das Modell eines minimalen Staatseingriffs, das den Markt als idealen Koordinations- und Verteilmechanismus sieht, dem Staat aber weiterhin eine wichtige soziale Koordinierungsfunktion zuschreibt, nämlich über gesetzliche Regeln den optimalen Ablauf von Marktprozessen zu fördern.
- Neuere Steuerungsvorstellungen akzentuieren weiterhin den aktiven und strategisch operierenden Staat, aber dies im Wesentlichen begrenzt auf die Zielbenennung, der aber die Umsetzung den gesellschaftlichen Teilbereichen und Organisationen überlässt.
- Schließlich wird Steuerung noch weicher als Moderation interpretiert. Gesellschaftliche Selbstorganisation ist demnach besser in der Lage, für Koordination zu sorgen. Dem Staat bleibt

aber die Funktion zu therapieren und zu moderieren, Hilfe-
stellung zu leisten und dort, wo es nötig ist, ausgleichend auf
gesellschaftliche Konflikte einzuwirken (Braun 2001).

Staats- und
Steuerungs-
versagen
Die zunehmende Relativierung staatlicher Steuerung hängt nicht
zuletzt damit zusammen, dass es in vielen Fällen zu einem Steuerungsversagen (etwa im Falle der Hartz-Reformen) kommt.
Denn regulative Programme sind manchmal nicht implementier-
bar (Implementationsproblem) oder die Adressaten verweigern
Gefolgschaft (Legitimations- und Motivationsproblem) oder der
Gesetzgeber verfügt nur über mangelhaftes Wissen über den
Steuerungsbereich (Wissensproblem) oder der Staat kann mit den
verfügbaren Instrumenten nicht gezielt steuernd in Systempro-
zesse eingreifen (Steuerbarkeitsproblem).

Die verschiedenen Ansätze der Politikfeld- und Steuerungsana-
lyse bewegen sich vorwiegend innerhalb des politischen Systems
und weniger in der Marktökonomie. Gleichwohl gehen sie von
einer Interdependenz beider Bereiche aus und postulieren ferner
eine relativ hohe Notwendigkeit und Fähigkeit des Staates zur
Steuerung der Ökonomie. Im Vordergrund stehen dabei spezifische staatliche Programme und Strukturen wie etwa in der aktiven
Arbeitsmarktpolitik, wo es mehr um die Entwicklung und Evaluation von Instrumenten und deren Wirkungen geht – und weniger
um die makroökonomische Kontroverse zwischen Keynesianern
und Neoliberalen bzw. Monetaristen. Wichtig ist ferner die Erkenntnis, dass sich Politik nicht als willkürlicher, ideologisierter
Prozess darstellt, sondern eine Regelhaftigkeit und Funktionalität
aufweist.

3. Probleme- und Lösungsansätze: Aktualität

3.1 Arbeitsmarkt- und Beschäftigungspolitik

Problemstruktur
Mit der Entwicklung hin zu flexibilisierten Arbeitsmärkten im
Zusammenhang mit Globalisierungsprozessen und der Durchsetzung neuer wissensintensiver Technologien gehen tiefgreifende Umstrukturierungsprozesse in Produktion und Organisation
einher, deren Verlauf für einzelne Arbeitnehmer, Unternehmen,
Branchen und Regionen nicht immer optimal und schmerzfrei
ist.

So sind Verschiebungen individueller Arbeitsmarktchancen,
Ungleichheiten und Ungleichzeitigkeiten kaum vermeidbar und
können zu einer „new division of labour" führen, für ganze Ar-

beitnehmergruppen gar den Ausschluss aus den Arbeitsmärkten bedeuten. Auffallend auf den Arbeitsmärkten ist generell der Bedeutungsgewinn höherer Qualifikationen in Industrie und Dienstleistung. Die Prognosen für die nächsten Jahre lassen einen sehr deutlichen Rückgang der Nachfrage nach geringqualifizierten Arbeitskräften vermuten.

Daher sind staatliche Maßnahmen – eben Arbeitsmarkt- und Beschäftigungspolitik – nötig. Den Begriffen liegen keine allgemein anerkannten Definitionen zugrunde. Prinzipiell lässt sich aber sagen, dass von *Arbeitsmarktpolitik* dann die Rede ist, wenn Maßnahmen sich auf die Gestaltung der Arbeitsmärkte und ihrer Rahmenbedingungen richten und wenn Arbeitskräfteangebot und Nachfrage quantitativ und qualitativ beeinflusst werden sollen – sei es durch staatliche Arbeitsvermittlung und Lohnersatzleistungen (kompensatorische Arbeitsmarktpolitik), sei es durch Prävention und Förderung der beruflichen Mobilität (aktive Arbeitsmarktpolitik). *Beschäftigungspolitik* hingegen zielt auf das Gesamtniveau der Beschäftigung und verwendet dabei all jene Maßnahmen, die sowohl die Höhe der Beschäftigung als auch die regionale und sektorale Beschäftigungsstruktur durch wirtschafts- und wachstumsfördernde Instrumente bis hin zum kommunalen Quartiersmanagement verbessern sollen. In Deutschland bildet die Grundlage der Arbeitsmarktpolitik das Dritte Buch des Sozialgesetzbuches zur Arbeitsförderung (SGB III) mit der Bundesagentur für Arbeit als zuständiger Behörde.

Instrumente und Maßnahmen

Zur Beseitigung der Massenarbeitslosigkeit und Förderung von Beschäftigung werden eine Vielzahl von Wegen und Instrumenten diskutiert. Grob kann zwischen drei beschäftigungs- bzw. arbeitsmarktpolitischen Strategien unterschieden werden (Blancke/Schmid/Roth 2000: 6ff.):

• nachfrageorientierte Globalsteuerung,
• angebotsorientierte Wirtschaftspolitik sowie
• Maßnahmen der aktiven Arbeitsmarktpolitik

Die ersten beiden Strategien sind Anwendungsfälle der entsprechenden volkswirtschaftlichen Theorien (vgl. oben). Zu den zentralen Strategien zur Erreichung des Vollbeschäftigungsziels gehören aber auch die Maßnahmen der aktiven Arbeitsmarktpolitik. Unter *aktiver Arbeitsmarktpolitik* versteht man aktive Maßnahmen wie Arbeitsvermittlung, Arbeitsbeschaffung und Qualifizierung, mit denen das Ziel einer bestmöglichen Beschäftigung jedes Arbeitswilligen bzw. einer Aufrechterhaltung eines hohen Beschäftigungsstandes erreicht werden soll; zur passiven Arbeitsmarktpolitik werden die Lohnersatzleistungen, also das Arbeitslosengeld

Aktive Arbeitsmarktpolitik

(ALG I und II), gerechnet. Diese finanzieren sich aus Beiträgen der Arbeitgeber und Arbeitnehmer und gehören damit zum Sozialversicherungssystem. Zudem sind Maßnahmen zur Arbeitszeitverkürzung, Veränderungen im Arbeitsrecht und die allgemeine Wirtschaftspolitik für die Situation am Arbeitsmarkt von Bedeutung; ebenso industrie-, regional- und strukturpolitische Programme von Bund, Ländern und Europäischer Union.

Aktive Arbeitsmarktpolitik zielt vorrangig darauf ab, Arbeitslose über die Arbeitsvermittlung, Mobilitätshilfen, verschiedene Maßnahmen der Qualifizierung, Weiterbildung und auch der Beschäftigung in das Arbeitsleben zu reintegrieren und Struktureffekte zu erzielen. Trotz ihrer unumstritten großen Bedeutung sollte ihr Einsatz nicht mit Erwartungen überfrachtet werden. Die Leistungsfähigkeit der Instrumente kann dabei nicht vorrangig an der Senkung der Arbeitslosigkeit gemessen werden. Zwar lassen sich so sicherlich Entlastungsziele erreichen (z.B. durch die Beschäftigung Arbeitsloser auf dem „zweiten Arbeitsmarkt"), die Nachfrage nach Arbeitskräften erhöht dies jedoch nicht. Die aktive Arbeitsmarktpolitik ist also nicht an der konjunkturellen Arbeitslosigkeit orientiert, sondern ihr kommt vor allem die Rolle der Umverteilung von Arbeitslosigkeitsrisiken (zugunsten der Arbeitslosen bzw. Problemgruppen) zu. Zudem soll sie dazu beitragen, die Arbeitslosen an veränderte Strukturbedingungen anzupassen, den Markt mit qualifiziertem Humankapital zu versorgen und den Strukturwandel zu antizipieren.

Kritik an der aktiven Arbeitsmarktpolitik

Die aktive Arbeitsmarktpolitik steht immer wieder im Kreuzfeuer der Kritik. Nicht zuletzt spielen dabei die Finanzierungsmodi eine wichtige Rolle: Die Maßnahmen der aktiven Arbeitsmarktpolitik werden aus dem Budget der BA finanziert, also aus Versicherungsbeiträgen. Im Falle hoher Arbeitslosigkeit bleibt der Behörde nur wenig finanzieller Spielraum für aktive Maßnahmen, weil die Kompensationsleistungen (Arbeitslosengeld) schon den größten Teil des Budgets verbrauchen. Auch wenn der Bund Defizite der BA ausgleichen muss, so hat dieser selten die Transferleistungen im Falle hoher Arbeitslosigkeit ausgeweitet. Dies führt zu einer prozyklischen Haushaltspolitik der BA, die bei steigender Arbeitslosigkeit die Ausgaben für aktive Arbeitsmarktpolitik senkt und bei sinkender Arbeitslosigkeit erhöht. Weitere Kritik an der aktiven Arbeitsmarktpolitik bezieht sich auf die mangelnde Marktnähe der Maßnahmen (insbesondere der Arbeitsbeschaffungsmaßnahmen), die weitgehend den Voraussetzungen der Gemeinnützigkeit und Zusätzlichkeit entsprechen müssen, um nicht im Wettbewerb mit der privaten Wirtschaft zu stehen und um Verdrängungseffekte auf dem regulären Arbeitsmarkt zu vermeiden. Auch die mangelnde Verknüpfung der Maßnahmen mit den regionalen und kommunalen Investitionen und Entwicklungsprogrammen, die mangelnde betriebliche Nähe der Weiterbildungsmaßnahmen und die strengen Fördervoraussetzungen sind wiederholt skeptisch bewertet worden. Obwohl mit der Reform des Arbeitsförderungsrechts einige dieser Schwachstellen angegangen wurden, bleibt auch das SGB III von dieser Kritik nicht ausgenommen.

Seit Ende der 90er Jahre wird weniger von aktiver Arbeitsmarktpolitik als von *Aktivierung* gesprochen (vgl. Schmid 2005; Heinelt/ Weck 1998). Der Begriff Aktivierung zielt auf die Steigerung der Erwerbs- oder auch Beschäftigungsquote durch politische Maßnahmen. Präziser ist damit gemeint, dass die Berechtigung zum Bezug wohlfahrtsstaatlicher Leistungen (grundsätzlich oder über eine bestimmte Dauer oder Höhe hinaus) an die Bedingung einer nach bestimmten Kriterien definierten aktiven Arbeitssuche, Teilnahme an (Qualifizierungs-)Maßnahmen oder die Annahme einer subventionierten Beschäftigung im Niedriglohnsektor geknüpft ist. Mit dem Ziel der Steigerung der Erwerbsquote sollen aus passiven Empfängern wohlfahrtsstaatlicher Leistungen aktive Erwerbstätige werden.

Agendawechsel in der Arbeitsmarktpolitik

Vertreter einer solchen Strategie der Aktivierung sind seit den 1990er Jahren Großbritannien, die Niederlande und Dänemark. Teilweise wird sie als Element von „New Labour" betrachtet und mit „Welfare-to-Work"-Konzepten verbunden. Ihre Beschäftigungspfade enthalten mit einem hohen Teilzeitanteil (Niederlande) und Jobrotation (Dänemark) stark ausgeprägte Arbeitsteilungselemente. Die Strategie umfasst vor allem drei Maßnahmen:

- Senkung der passiven Leistungen bzw. Anreize zur Nicht-Arbeit;
- Aktivierung der einzelnen Arbeitslosen und eine stärkere Orientierung auf den ersten Arbeitsmarkt;
- Verbesserung der Organisation und Arbeitsweise der Arbeitsmarktbehörden.

Auch in Deutschland wurde mit neuen Regelungen am Arbeitsmarkt und insbesondere mit der Umsetzung der Hartz-Reformen unter der rot-grünen Koalition dieser Weg eingeschlagen (vgl. Buhr 2003). Die wichtigsten arbeitsmarktpolitischen Reformen der letzten Jahre sind in der folgenden Synopse zusammengefasst.

Umsetzung der Aktivierungsstrategie in Deutschland

Gesetz	Wichtige Inhalte
Erstes Gesetz für moderne Dienstleistungen am Arbeitsmarkt (Hartz I)	• Einrichtung von Personal-Service-Agenturen • Reform des Arbeitnehmerüberlassungsgesetzes • Änderungen im Leistungsrecht (Wegfall der Dynamisierung, Flexibilisierung der Sperrzeiten, leichte Verschärfung der Zumutbarkeit) • Einführung von Bildungsgutscheinen
Zweites Gesetz für moderne Dienstleistungen am Arbeitsmarkt (Hartz II)	• Existenzgründerzuschuss (Ich-AG) • Reform der geringfügigen Beschäftigungsverhältnisse (Mini-Job) • Einführung einer Gleitzone • Förderung haushaltsnaher Dienstleistungen
Gesetz zu Reformen am Arbeitsmarkt	• Reform des Kündigungsschutzes • Anhebung der maximalen Befristungsdauer bei befristeten Beschäftigungsverhältnissen in neu gegründeten Unternehmen • Verkürzung der Bezugsdauer des Arbeitslosengeldes • Neuregelung (Renten-) Erstattungspflicht des Arbeitgebers
Gesetz zur Änderung der Handwerksordnung und zur Förderung von Kleinunternehmen (kleine Handwerksnovelle)	• Ausübung einfacher Tätigkeiten die nicht zum Kernbereich eines Handwerks gehören, durch Nichthandwerksbetriebe.
Drittes Gesetz für moderne Dienstleistungen am Arbeitsmarkt (Hartz III)	• Reform der Bundesanstalt für Arbeit • Änderung der Altersteilzeit
Drittes Gesetz zur Änderung der Handwerksordnung und anderer handwerklicher Vorschriften (große Handwerksnovelle)	• Vereinigung der Zahl der Gewerbe mit Meisterzwang • Erleichterung der Übernahme eines Handwerkbetriebs durch erfahrene Gesellen • Aufgabe des Inhaberprinzips
Viertes Gesetz für moderne Dienstleistungen am Arbeitsmarkt (Hartz IV)	• Zusammenlegung der Arbeitslosen- und Sozialhilfe, Arbeitslosengeld II.

Quelle: Schmid/Buhr 2015.

Abb. 2: Arbeitsmarktpolitische Reformen in Deutschland

3.2   Geld- und Fiskalpolitik

Geldpolitik umfasst die Gesamtheit der wirtschaftspolitischen Maßnahmen mit den Zielen, die Volkswirtschaft mit Geld zu versorgen und gleichzeitig den Geldwert stabil zu halten. Preisstabilität bedeutet, dass zwar einzelne Produkte im Preis steigen, aber das gesamte Preisniveau konstant bleibt – und ist damit das Gegenteil von Inflation. Geldwertstabilität ist – siehe Monetarismus – ein wichtiges Ziel der Wirtschaftspolitik, wobei die Angst vor einer Inflation meist deutlich höher ist als ihre tatsächlichen Folgen. Im Durchschnitt der EU-15 hat seit 1996 die Inflationsrate stets unter 2,6 Prozent gelegen. Diese Situation könnte sich jedoch durch die global steigenden Rohstoff- und Energiepreise ändern (Rogall 2006). Zur *Fiskalpolitik* zählen alle Maßnahmen, welche die wirtschaftliche Lage durch Veränderung der Staatsausgaben und Staatseinnahmen (vor allem Steuern) verbessern.

Mit der Einführung des Euro als gemeinsamer Währung von 12   Geldpolitik
Mitgliedstaaten der Europäischen Union – durch das Inkrafttreten
der dritten Stufe der Europäischen Wirtschafts- und Währungsunion (EWWU) am 1. Januar 1999 –, wurden der Europäischen
Zentralbank mit Sitz in Frankfurt a. M. folgende geldpolitischen
Aufgaben übertragen:
- die Festlegung der Geldpolitik innerhalb der Währungsunion;
- die Durchführung von Devisengeschäften;
- die Verwaltung der Währungsreserven der Euro-Staaten;
- die Förderung der Zahlungssysteme innerhalb der Währungsunion.

Damit gaben die nationalen Zentralbanken ihre Souveränität auf.
Geldpolitische Entscheidungen treffen ihre Präsidenten heute nur
noch gemeinsam mit dem Direktorium der EZB im EZB-Rat. Die
nationalen Zentralbanken und ihre Zweigstellen, in Deutschland
sind das die Landeszentralbanken, setzen seither die Entscheidungen des EZB-Rates um.

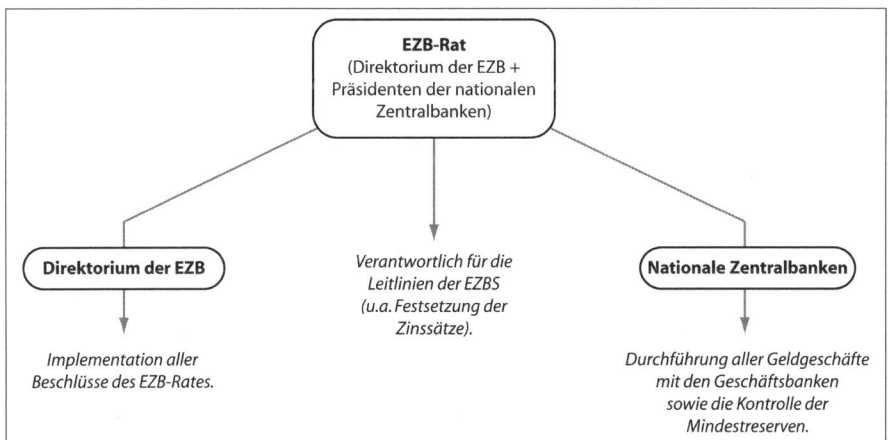

Quelle: nach Beike/Schlütz (2001)

Abb. 3: Das Europäische System der Zentralbanken (ESZB)

Das Europäische System der Zentralbanken (ESZB) ist nach *Artikel 105 EGV* zuerst der Preisstabilität verpflichtet. Ähnlich wie im
Falle der Bundesbank wird ein positiver institutioneller Effekt auf
die Preisstabilität postuliert (als Überblick und Kritik Rehm
1999).

Maßgeblich für die Funktionsweise der Währungsunion ist die Unabhängigkeit der Geldpolitik. In *Artikel 108 des EG-Vertrages* heißt es, dass weder die EZB noch die nationalen Zentralbanken bei der Ausübung der ihnen übertragenen Aufgaben Weisungen von Einrichtungen der Gemeinschaft oder von nationalen Regierungen entgegennehmen dürfen. Der *Autonomiebegriff* geht für eine Zentralbank jedoch über die in Artikel 108 niedergelegte Unabhängigkeit von Weisungen hinaus. Sie beinhaltet zudem eine personelle, finanzielle und operative Autonomie (Weber 2006):

1. Die personelle Unabhängigkeit der geldpolitischen Akteure im europäischen System der Zentralbanken zeigt sich insbesondere darin, dass die Mitglieder des EZB-Direktoriums für eine einmalige Periode von acht Jahren berufen werden und ihre Wiederernennung nicht zulässig ist – ein Mechanismus, der die persönliche Autonomie der geldpolitischen Entscheidungsträger vor möglichen politischen Einflüssen stärkt.

2. Die finanzielle Unabhängigkeit der europäischen Geldpolitik wird einerseits dadurch sichergestellt, dass ihre Ausgaben nicht aus staatlichen Haushalten finanziert werden. Andererseits ist es den Zentralbanken des Eurosystems untersagt, Kredite an öffentliche Einrichtungen der EU und der Mitgliedstaaten zu vergeben.

3. Schließlich genießen die Zentralbanken der Eurozone Autonomie hinsichtlich ihrer operativen Tätigkeit. Das europäische System der Zentralbanken verfügt über alle Instrumente und Kompetenzen, die für eine effiziente Geldpolitik erforderlich sind, und kann selbständig über deren Einsatz entscheiden.

Die Gründe, die für eine Autonomie der Zentralbank sprechen, sind ökonomischer, politischer und technischer Natur. Erstens würde die Vereinigung des Notenausgabe- und Steuererhebungsmonopols zur Fiskalinflation führen; zweitens ist die Notenbank nicht von aktuellen politischen Kontroversen betroffen, kann dementsprechend auch unpopuläre, aber stabilisierende Maßnahmen durchsetzen; drittens kann die Zentralbank in kleinen Gremien effizienter Entscheidungen treffen, wodurch die „decision lags" verkürzt werden. Die Argumente gegen eine autonome Zentralbank sind staats- und wirtschaftspolitischer Natur. Zum einen wird angeführt, dass die Zentralbank als Nebenregierung fungiere und die Handlungsfähigkeit der Regierungen einschränke und zum anderen, dass die Wirtschaftspolitik durch zwei Träger (bzw. den zwölf Staaten der Währungsunion und der EZB) nicht homogen sei (vgl. Böhlich 2002: 13).

Die Geldpolitik beeinflusst indirekt die Geld- und Kreditversorgung der Wirtschaft, indem sie die Liquidität der Kreditinstitute zu steuern versucht. Die dabei konzertiert eingesetzten Instrumente der Zentralbanken variieren. Zu den wichtigsten Instrumenten – auch der EZB – gehören der Mindestreservesatz (Mindesteinlagen von Kreditinstituten bei den Zentralbanken), Offenmarktgeschäfte (Kauf und Verkauf von Wertpapieren durch die Zentralbank) sowie ständige Fazilitäten (kurzfristige Kreditvergabe an Banken) (vgl. Bajohr 2003: 80).

Die Währungsunion ist mit der institutionellen Balance zwischen einer einheitlichen Geldpolitik und den nationalen Fiskalpolitiken in besonderem Maße auf eine stabilitätsorientierte Grundausrichtung angewiesen. Denn die Stabilität einer Währung hängt unter anderem von der Haushaltsdisziplin ab. Als problematisch in diesem Zusammenhang erweist sich die Tatsache, dass die Mitgliedstaaten trotz Einführung des Euros weiterhin die Hoheit über ihren Staatshaushalt behalten haben. Somit drohte von Anfang an die Gefahr, dass die gemeinsame europäische Währung instabil bzw. „weich" würde, wenn einzelne Staaten ihre Verschuldung stark erhöhten. Daher ist auf Initiative des ehemaligen Bundesfinanzministers Theo Waigel im Jahre 1997 der Europäische Stabilitätspakt geschaffen worden.

Relevanz des europäischen Stabilitätspakts

Der Stabilitätspakt verpflichtet die Eurostaaten zu einer strikten Haushaltsdisziplin. Diese orientiert sich in Anlehnung an die Maastrichter Konvergenzkriterien an zwei Referenzwerten. Einerseits darf die Neuverschuldung eines Mitgliedslandes pro Jahr maximal 3% des Bruttoinlandsprodukts betragen (*Defizitkriterium*). Andererseits darf die Gesamtverschuldung eines Staates, gemessen am Verhältnis zwischen öffentlicher Bruttoverschuldung und Bruttoinlandsprodukt zu Marktpreisen, 60% nicht übersteigen (*Schuldenstandskriterium*). Diese Kriterien werden dann zeitweise außer Kraft gesetzt, wenn besondere Ereignisse in den Mitgliedstaaten (z.B. Naturkatastrophen) zu erhöhten finanziellen Belastungen führen oder eine wirtschaftliche Rezession das BIP eines Landes um mindestens 2% schrumpfen lässt.

Kriterien des Stabilitätspaktes

Die Nichteinhaltung dieser Kriterien setzt einen zweistufigen Sanktionsmechanismus in Gang. Bei drohendem Verstoß erfolgt zunächst einmal eine Abmahnung („*Blauer Brief*") aus Brüssel. Diese ist verbunden mit konkreten Handlungsempfehlungen der Europäischen Kommission hinsichtlich möglicher Schritte für eine Konsolidierung des Haushaltes in dem betroffenen Land. Bei Verstoß droht dann in einem zweiten Schritt eine Geldstrafe von bis zu 0,5% des jährlichen BIP. Der Mitgliedstaat hinterlegt im

Der Sanktionsmechanismus

ersten Jahr eine festgelegte unverzinsliche Einlage bei der EU, die im zweiten Jahr in eine Geldbuße umgewandelt wird, sofern das übermäßige Haushaltsdefizit nicht abgebaut wurde. Die Strafe wird in jedem Überschreitungsjahr aufs Neue erhoben und die Zinserträge der Einlagen werden unter den Euro-Staaten verteilt, die sich an die Vorgaben des Europäischen Stabilitätspaktes im zurückliegenden Zeitraum gehalten haben.

Fiskalpolitik   Der Einsatz von geldpolitischen Instrumenten kann in der Regel nicht isoliert von der Fiskalpolitik betrachtet werden. So ist ein Haushaltsdefizit, das infolge einer expansiven Fiskalpolitik entsteht, meist nur über die Kreditaufnahme (Erhöhung der Zinsen) oder die Erhöhung der Geldmenge zu finanzieren. In beiden Fällen ist die Geldpolitik unmittelbar betroffen. Umgekehrt wird die Wirksamkeit der Fiskalpolitik stark von der eingeschlagenen Geldpolitik bestimmt. Weil zwischen der Geldpolitik der EZB und der Fiskalpolitik der Euro-Länder praktisch keine enge Koordination vorgesehen ist, scheint die Geldpolitik das einzige Instrument zu sein, das schnell und möglicherweise effektiv zur Stabilisierung der Volkswirtschaften der Eurozone eingesetzt werden kann.

Fiskalpolitische Instrumente   Expansive (Nachfrage steigernde) fiskalpolitische Instrumente sind z.B.:

- Senkung von Steuersätzen;
- Sonderabschreibungsmöglichkeiten;
- Investitionszulagen und Subventionen;
- Vergabe von öffentlichen Aufträgen;
- Ausbau von Sozialleistungen;
- Förderung von Beschäftigungsprogrammen.

Restriktive (Nachfrage senkende) fiskalpolitische Instrumente sind z. B.:

- Erhöhung von Steuersätzen;
- Abbau von Abschreibungsmöglichkeiten;
- Subventionsabbau;
- Verringerung öffentlicher Aufträge;
- Abbau von Sozialleistungen.

Interdependenzen   Zwischen Geld- und Fiskalpolitik bestehen also Interdependenzen. Sie beeinflussen einander und können so auch wechselseitig ihre Wirkungen konterkarieren. Beispielsweise können eine Verknappung der Geldmenge und Zinserhöhungen (restriktive Geldpolitik) die Wirkungen einer aktiven Fiskalpolitik neutralisieren. Das kann geschehen, wenn der Staat seine Ausgaben erhöht, um die Arbeitslosigkeit weiter zu senken, die Zentralbank aber gleichzeitig die Zinsen anhebt, damit eine mögliche Inflation verhindert wird.

Globalisierung   3.3

Die Globalisierung ist zu einem der wichtigsten politischen Themen geworden. Denn erst die Prozesse der globalen Vernetzung
der Ökonomie schufen die Voraussetzung für eine globale Ökonomie, deren Struktur sich in einem Mehrebenensystem abbildet
und dessen Verhandlungssystem als „Global Governance" bezeichnet werden kann.

Gleichermaßen diskutiert in der Politik und der interessierten
Öffentlichkeit polarisiert der Begriff „Globalisierung" und führt
oft zu sehr emotionalen Debatten. Der Streit um die beste Strategie zur Bekämpfung der Arbeitslosigkeit und der Hebung des
Wirtschaftswachstums, über die Reform der sozialen Siche-
rungssysteme und Senkung der Lohnnebenkosten, über die op-
timale Steuerpolitik, über die Verschuldung von Entwicklungsländern oder über Klimaschutz und Atomausstieg, fast alles wird
heute im Zusammenhang der Globalisierung gesehen und diskutiert. Es ist in der Debatte jedoch nicht immer klar, was mit
„der Globalisierung" gemeint ist. Der Begriff ist vielschichtig
und komplex, wird oft ideologisch missbraucht und anscheinend
trifft auf ihn das charakteristische Merkmal der „Entgrenzung"
gleichermaßen zu wie auf den Gegenstand, mit dem er sich beschäftigt.

Vielschichtig und komplex

Mit dem Begriff Globalisierung werden ganz allgemein Tendenzen einer zunehmenden weltweiten wirtschaftlichen, politischen und gesellschaftlichen Interdependenz beschrieben, die
weitreichende Veränderungen der Rahmenbedingungen nationaler wie internationaler Politik zur Folge haben. Charakteristisch
für Globalisierungsprozesse ist, dass durch die wachsende Verflechtung in den unterschiedlichen Bereichen die Handlungsautonomie des Nationalstaates eingeschränkt wird und politische
Handlungsräume in zunehmendem Maße funktional bestimmt
sind. Das heißt, es muss immer wieder neu überlegt werden, auf
welcher politischen Ebene ein Problem am besten gelöst werden
kann.

Bei der Globalisierung müssen vier Dimensionen unterschieden werden, nämlich die kommunikationstechnische, die ökonomische, die politische und gesellschaftliche Dimension.

Dimensionen der Globalisierung

Kommunikation	Ökonomie	Politik	Gesellschaft
„Vernetzte Welt"	„Weltbinnenmarkt"	„Welt als Risikogesellschaft"	„Welt als globales Dorf"
Merkmale			
Innovationen in den Transport- und Kommunikationstechnologien	Abbau von Handlungsschranken, internationale Arbeitsteilung, Mobilität des Kapitals	Globale Probleme (u.a. Klima, Migration, Armut, Terrorismus), Internationale Organisationen und Verträge	Nationalstaaten und kulturelle Eigenheiten verlieren an Bedeutung
Chancen (+) und Gefahren (-)			
+ Teilhabe an weltweiter Kommunikation + Vertiefung internationaler Kontakte und Beziehungen + mehr Wissen über die Welt und rasche Verbreitung von Informationen - Entstehung einer Informationselite - Überflutung mit Informationen	+ Schaffung neuer Arbeitsplätze im Weltmaßstab + Verbilligung der Produktionskosten - Konkurrenzdruck auf dem Weltmarkt - Verlust von Arbeitsplätzen in Regionen und Branchen - Soziale Unsicherheit in den Industriestaaten - Vertiefung der Ausbeutung in den Entwicklungsländern	+ Zwang zur Kooperation + Stärkung internationaler Organisationen - Komplexität der Probleme - Überforderung nationalstaatlicher Politik - Delegation von Verantwortung	+ Demokratisierung + globale Handlungsmöglichkeiten gesellschaftlicher Gruppen - Verlust von Identität und Heimat - neuer Nationalismus als Gegenbewegung zur Globalisierung - starker Einfluss der Wirtschaft auf politische Entscheidungen - Unkontrollierbarkeit politischer Entscheidungen auf globaler Ebene

Quelle: eigene Darstellung modifiziert nach Jäger (2003)

Abb. 4: Dimensionen der Globalisierung

Globalisierung und Ökonomie
Die Fokussierung der Globalisierungsdiskussion auf eine Dimension, nämlich die wirtschaftliche, liegt nicht zuletzt darin begründet, dass die kommunikationstechnologische, gesellschaftliche und politische Dimension in vielfältiger Art und Weise mit der globalen Ökonomie verknüpft sind:

• Die Innovationen in den Transport- und Kommunikationstechnologien schufen erst die notwendigen Voraussetzungen für die Intensivierung des Freihandels und die internationale Arbeitsteilung. Sie fungieren als Motor der wirtschaftlichen Globalisierung und beschleunigen durch weiteren technischen Fortschritt den Strukturwandel hin zur Informations- und Dienstleistungsgesellschaft.

• Die weltumfassende Verbreitung von Informationen durch die Massenmedien führen darüber hinaus zu einer weltweiten Annäherung der Konsumentenpräferenzen und Nachfragestrukturen.

• Schließlich fördern auch weltweite politische Lösungsansätze die wirtschaftliche Dynamik der Globalisierung. Als Beispiel sei hier die internationale Klimapolitik aufgeführt. „Sustainable Development" ist hier eng verbunden mit Innovationen in der Umwelttechnologie und der Implementierung eines weltweiten Emissionshandels. Ferner wird auch die Entwicklungszusammenarbeit und die Förderung marktwirtschaftlicher Strukturen mehr und mehr mit dem Prinzip der Nachhaltigkeit verknüpft.

Die Globalisierung der Ökonomie ist kein neues Phänomen. Sie begleitet uns schon seit Jahrhunderten. Bereits Adam Smith (1776) führte den Wohlstand auf Arbeitsteilung und internationalen Handel zurück. Im Zuge der Industrialisierung am Ende des 18., Anfang des 19. Jahrhunderts kam es bis heute durch technische Innovationen (Stichwort: Strukturwandel und lange Wellen) immer wieder zu Globalisierungsschüben, in deren Verlauf der weltweite Handel immer stärker anstieg. Jedoch schufen erst die Entwicklungen der modernen Informations- und Kommunikationstechnologien sowie der Verkehrsmittel in den 80er Jahren die Voraussetzung für die globale Vermarktung und Beschaffung hochwertiger Güter- und Dienstleistungen.

Auf die Wirtschaft bezogen bedeutet Globalisierung einen Prozess, durch den die Produktion und die Arbeitsteilung in verschiedenen Ländern immer mehr voneinander abhängig werden. Wirtschaftspolitisch findet dabei außenwirtschaftliche Liberalisierung und innerstaatliche Deregulierung statt. Wichtige Indikatoren für die ökonomische Globalisierung sind: *(Randnotiz: Wirtschaftliche Globalisierung)*

- der voranschreitende Wegfall von Handelsschranken (insbesondere von Zöllen);
- steigende weltweite wirtschaftspolitische Interdependenz (gemessen an der zunehmenden Bedeutung und Anzahl an Wirtschaftsorganisationen und NGO's);
- zunehmende internationale Arbeitsteilung und damit die Globalisierung der Produktion (gemessen an der Anzahl multinationaler Konzerne);
- das ständige Anwachsen des Welthandelsvolumens (gemessen an Exporten und Importen im globalen Maßstab);
- die steigende Mobilität des Kapitalverkehrs (gemessen an der Zunahme der Direktinvestitionen und der weltweiten Kapitalströme).

Mit wachsender Globalisierung der Wirtschaft sind erhebliche Anpassungen der nationalen Volkswirtschaften verbunden. Denn die Globalisierungsprozesse führen zu einer steigenden Markttransparenz der Arbeitskosten von erzeugten Gütern und Dienstleistungen auf dem Weltmarkt und damit zu einer Verschärfung des internationalen Wettbewerbs. Die Nutzung von Standortvorteilen und die Sicherung bzw. Eroberung von Absatzmärkten werden zu wichtigen Erfolgsfaktoren der Unternehmen im globalen Wettbewerb. Um hier bestehen zu können, bedarf es nicht nur eines weltweiten Abbaus von Zöllen und Handelshemmnissen, *(Randnotiz: Anpassungszwänge für die nationalen Volkswirtschaften)* sondern – im nationalstaatlichen Kontext – einer Anpassung des Sozialstaats, der nationalen Arbeitspolitik und der wirtschaftspolitischen Rahmenbedingungen an die neuen Marktmechanismen der globalen Ökonomie.

Chancen der Globalisierung

Die Vernetzung der Kulturen und Volkswirtschaften birgt zahlreiche Chancen:

- positive Resultate der internationalen Arbeitsteilung;
- Steigerung der Arbeitsproduktivität und Ressourceneffizienz durch wachsenden Wissens- und Technologietransfer;
- weltweite Demokratisierung, Rechtsstaatlichkeit, Gleichberechtigung, Nachhaltigkeit;
- Angleichung von ökologischen und sozialen Standards auf hohem Niveau.

Risiken der Globalisierung

In jüngster Zeit erkennen aber immer mehr Menschen auch die Gefahren in den Globalisierungsprozessen:

- Verlust der Steuerungspotenziale und der Legitimation der Nationalstaaten;
- wirtschaftliche Instabilitäten;
- „Race to the bottom" bei Lohn- und Sozialstandards;
- weitere Nachteile für die Entwicklungsländer, wachsende Ungleichheit;
- Übernutzung der natürlichen Ressourcen (Rogall 2006).

Gewinne und Verluste der Globalisierung scheinen zumindest (noch?) ungleich verteilt zu sein. Einzelne Länder und Regionen profitieren stärker von Globalisierungsprozessen als andere. So sorgt die wachsende Verflechtung der Ökonomie auch für neue soziale Spaltungsprozesse – und das vor allem an den Orten, die von der Globalisierung weitgehend abgekoppelt sind. Insgesamt betrachtet stellt die Globalisierung die bisherige Wirtschaftspolitik vor neue Herausforderungen und neue Lösungskonzepte (Imbusch/Lauth 2003).

4. Aktuelle Debatten und Perspektiven: Das deutsche Wirtschaftsmodell im Wandel

Ambivalenzen des deutschen Modells

Folgt man den Überlegungen, die mit den Stichworten „Reform Soziale Marktwirtschaft" oder „Krise des rheinischen Kapitalismus" benannt werden können, dann zeigt sich eine gewisse Ambivalenz. Nicht Wachstum, sondern Reformstau gilt heute vielfach als Merkmal des deutschen Modells. Andererseits finden sich auch positive Indikatoren.

Was ist geschehen? Ganz einfach, die Rahmenbedingungen haben sich verändert. Die großen Veränderungsschübe resultieren aus der deutschen Einheit, der Globalisierung der Waren- und Finanzmärkte sowie dem technischen Wandel. Die Transformation einer Planwirtschaft in eine Marktwirtschaft hat sich als erheblich langwieriger, schwieriger und teurer erwiesen, als zu Beginn der Wende angenommen worden ist. Schätzungen gehen für die Jahre 1990 und 2004 von einer Transfersumme von 1,5 Billionen Euro aus. Kritisch daran ist das Volumen, das den Staatshaushalt belastet und nicht unerheblich zur öffentlichen Verschuldung beigetragen hat. Kritisiert wird ferner, dass es ein Fehler war, den Sozialtransfers Vorrang vor Investitionen zu geben. Diese Ausrichtung hängt mit dem Transfer der sozialpolitischen Institutionen, Rechts- und Leistungssysteme nach Ostdeutschland zusammen. Zugleich hat dieser Weg die Sozialversicherungsbeiträge – und damit auch die Lohnnebenkosten – erheblich ansteigen lassen. Dies alles reduziert heute die Handlungsmöglichkeiten des Staates erheblich.

Auffällig ist im internationalen Vergleich der späte Kurswechsel Deutschlands in Richtung ausgeglichener Haushalt bzw. Abbau der Staatsverschuldung, wie ihn eine Reihe von Ländern mit Erfolg beschritten haben. Und das nicht nur in der Haushaltspolitik, sondern auch in den Bereichen Wachstum und Beschäftigung.

Gute und schlechte Ergebnisse

Freilich existieren auch weiterhin Bereiche, in denen das alte Modell noch bemerkenswert gut funktioniert – man denke etwa an den immer noch prosperierenden und exportierenden Automobil- und Maschinenbau. Gerade diese Heterogenität von Strukturen und Problemlagen ist aber für große Länder charakteristisch und eine vielfach unbeachtete Ursache dafür, dass sich hierzulande auswärtige Erfolge nicht einfach kopieren lassen. Noch wichtiger ist jedoch, dass sich aus der Tatsache, dass einzelne Segmente des alten Modells immer noch funktionieren, für manche Akteure die Illusion des weiteren Erfolgs und eine Bestätigung der Veränderungsunwilligkeit ergeben.

Hinzu kommt, dass gerade eine große Volkswirtschaft wie die deutsche sich nach den Strukturveränderungen der letzten Jahrzehnte nicht mehr als homogen beschreiben lässt. Vielmehr ist das deutsche Wirtschaftsmodell ein Konglomerat aus

Heterogenität

- traditionell erfolgreichen, exportorientierten Branchen (Automobil-, Maschinenbau und Chemie) nach dem alten rheinischen Regulationsmodell,

- der weitgehend un- und unterregulierten Informationsökonomie („New Economy"),
- einem Niedriglohn- und Niedrigqualifikationssektor in der Dienstleistungsökonomie als einem äußerst problematischen Bereich, in dem sich Beschäftigungschancen und Armutsrisiken gleichermaßen konzentrieren,
- dem öffentlichen Dienst als „Schutzzone" mit Sonderbedingungen und
- einer Krisenzone in Ostdeutschland.

Diese Vielfalt erschwert das Finden von einheitlichen Lösungen – und bedeutet zudem eine Herausforderung für obige theoretische Ansätze, weil diese von erheblich homogeneren Systemen ausgehen bzw. sich auf unterschiedliche Teilaspekte konzentrieren.

Literatur

Annotierte Auswahlbibliografie

Adam, Hermann (2015): Bausteine der Wirtschaft: Einführung, 16. Aufl., Wiesbaden.

Bundeszentrale für politische Bildung (2009): Wirtschaft heute, Berlin.
Einführendes, sehr anschauliches Werk, in dem 144 einzelne Aspekte knapp das Thema behandeln. Weniger für wissenschaftliche Zwecke als für die Schule und die politische Bildung geeignet.

Obinger, Herbert/Wagschal, Uwe/Kittel, Bernhard (Hrsg.) (2003): Politische Ökonomie, Opladen.
Anspruchsvoller Überblick mit 13 Beiträgen über das politikwissenschaftliche Teilgebiet, stark empirisch-analytisch orientiert.

Rogall, Holger (2006): Volkswirtschaftslehre für Sozialwissenschaftler, Wiesbaden.
Relativ verständlich geschriebene Einführung eines Ökonomen in die VWL; auch mit Bezügen zu aktuellen Themen (z.B. Nachhaltigkeit).

Schmid, Josef/Buhr, Daniel (2015): Wirtschaftspolitik, Paderborn.
Eine interdisziplinäre Einführung für Studierende der Sozialwissenschaften; umfasst sowohl breite theoretische Grundlagen als auch Handlungsfelder und Institutionen der Wirtschaftspolitik .

Schubert, Klaus (Hrsg.) (2005): Handwörterbuch des ökonomischen Systems der Bundesrepublik Deutschland, Wiesbaden.
Politikwissenschaftliches Nachschlagewerk mit Stichworten (von „Abgaben" bis „Zoll"); auch zu Organisationen und Institutionen.

Weiterführende Literatur:

Abelshauser, Werner (2003): Kulturkampf. Der deutsche Weg in die Neue Wirtschaft und die amerikanische Herausforderung, Berlin.

Albert, Michael (2001): Kapitalismus contra Kapitalismus – zehn Jahre danach, in: Blätter für deutsche und internationale Politik 12, S. 1451-1462.

Bajohr, Stefan (2003): Grundriss Staatliche Finanzpolitik: eine praktische Einführung, Opladen.

Beike, Rolf/Schlütz, Johannes (2001): Finanznachrichten lesen – verstehen – nutzen. Ein Wegweiser durch Kursnotierungen und Marktberichte, 3. Aufl., Stuttgart.

Blancke, Susanne (2006): Vergleichende Politische Ökonomie, in: Barrios, Harald/ Stefes, Christoph (Hrsg.): Comparative Politics, München.

Blancke, Susanne/Schmid, Josef/Roth, Christian (2000): Aktiv und koordiniert? Arbeitsmarktpolitik auf verschiedenen Ebenen, in: SOWI 4, S. 78-81.

Böhlich, Susanne (2002): Geldpolitik, 3. Aufl., Köln.

Braun, Dietmar (2001): Diskurse zur staatlichen Steuerung: Übersicht und Bilanz, in: Burth, Hans-Peter/Görlitz, Axel (Hrsg.): Politische Steuerung in Theorie und Praxis, Baden-Baden, S. 101-131.

Buhr, Daniel (2003): Das „Hartz-Konzept": Reformen des Arbeitsmarktes zwischen Flexibilisierung und sozialer Absicherung, in: Aktualitätendienst 2002/2003, Stuttgart, S. 22-26.

Busch, Andreas (2000): „Economic Governance" in angelsächsischen Demokratien, in: Kaiser, André (Hrsg.): Regieren in Westminster-Demokratien, Baden-Baden, S. 59-73.

Czada, Roland/Lütz, Susanne (2000): Die politische Konstitution von Märkten, Wiesbaden.

Czada, Roland/Zintl, Reinhard (Hrsg.) (2004): Politik und Markt. PVS-Sonderheft 34, Wiesbaden.

Göhler, Gerhard/Kühn, Rainer (1999): Institutionenökonomik, Neo-Institutionalismus und Theorie der politischen Institutionen, in: Edeling, Thomas/Jann, Werner et al. (Hrsg.): Institutionenökonomie und neuer Institutionalismus: Überlegungen zur Organisationstheorie, Opladen, S. 17-42.

Granovetter, Mark (2000): Ökonomisches Handeln und soziale Struktur, in: Müller, Hans-Hermann/Siegmund, Steffen (Hrsg.): Zeitgenössische amerikanische Soziologie, Opladen.

Hall, Peter/Soskice, David (2001): Varieties of Capitalism. The Institutional Foundations of Comparative Advantage, Oxford/New York.

Hartwich, Hans-Hermann (1998): Die Europäisierung des deutschen Wirtschaftssystems, Opladen.

Heinelt, Hubert/Weck, Michael (1998): Arbeitsmarktpolitik. Vom Vereinigungskonsens zur Standortdebatte, Opladen.

Imbusch, Peter/Lauth, Hans-Joachim (2003): Wirtschaft und Gesellschaft, in: Mols, Manfred/Lauth, Hans-Joachim/Wagner, Christian (Hrsg.): Politikwissenschaft. Eine Einführung, 4. Aufl., Paderborn, S. 244-277.

Jäger, Uli (2003): Themenblätter im Unterricht. Globalisierung: Ängste und Kritik, Bonn.

Kurz, Heinz D. (2013): Geschichte des ökonomischen Denkens, München.

Kruber, Klaus-Peter (2002): Theoriegeschichte der Marktwirtschaft, Münster.

Pies, Ingo/Leschke, Martin (2004): Milton Friedmans ökonomischer Liberalismus, Tübingen.

Priddat, Birger (2004): Theoriegeschichte der Ökonomie. Eine knappe Skizze von Aristoteles bis heute, in: WiSt (Wirtschaftswissenschaftliches Studium) 5, S. 278-282.

Rehm, Philipp (1999): Unabhängigkeit von Notenbanken. Empirische Befunde und öffentliche Meinungen, WIP Occasional Paper Nr. 10, Tübingen.

Roth, Christian (2002): Arbeitslosigkeit in der Europäischen Union – Bestandsaufnahme und Lösungsansätze, in: Aktualitätendienst 2001/02. Gesellschaft – Politik – Wirtschaft, Stuttgart, S. 15-19.

Schaper, Klaus (2001): Makroökonomie. Ein Lehrbuch für Sozialwissenschaftler, Frankfurt a. M.

Schmid, Josef (2004): Stichworte Alfred Müller-Armack, Oswald Nell-Breuning, Milton Friedman, in: Riescher, Gisela (Hrsg.): Politische Theorie der Gegenwart in Einzeldarstellungen, Stuttgart.

Schmid, Josef (2005): Stichworte Verbände, Korporatismus, Politikfeldanalyse, Policy Cycle, Politikberatung, Politische Führung, in: Lexikon Public Affairs, Münster.

Schmid, Josef (2010): Wohlfahrtsstaaten im Vergleich. Soziale Sicherung in Europa: Organisation, Finanzierung, Leistungen und Probleme, 3. akt. und erw. Aufl., Wiesbaden.

Schmid, Josef/Buhr, Daniel (2015): Wirtschaftspolitik. Begriffe, theoretische Ansätze und Handlungsfelder einer interdisziplinären Politischen Wirtschaftslehre, 2. grundlegend überarb. Aufl., Paderborn.

Schmid, Josef/Hörrmann, Ute/Maier, Dirk/Steffen, Christian (2004): Wer macht was in der Arbeitsmarktpolitik? Maßnahmen und Mitteleinsatz in den westdeutschen Bundesländer, Münster.

Sturm, Roland (2005): Wirtschaftspolitik, in: Schubert, Klaus (Hrsg.): Handwörterbuch des ökonomischen Systems der Bundesrepublik Deutschlands, Wiesbaden.

Schmidt, Manfred G. (2001): Wohlfahrtsstaatliche Politik: Institutionen, politischer Prozess und Leistungsprofil, Opladen.

Weber, Axel (2006): Unabhängige Geldpolitik in Europa. Festvortrag anlässlich des 80. Geburtstags von Norbert Kloten in Tübingen, Deutsche Bundesbank, Frankfurt a. M.

Wienert, Helmut (2008): Grundzüge der Volkswirtschaftslehre, Band 1 & 2: Makroökonomie, Stuttgart u.a.

Willke, Gerhard (2012): John Meynard Keynes, 2. akt. Aufl., Frankfurt/New York.

Willke, Gerhard (2003): Neoliberalismus, Frankfurt/New York.

Windhoff-Héritier, Adrienne (1997): Policy-Analyse. Eine Einführung, Frankfurt a. M./New York.

Windolf, Paul (2005): Finanzmarktkapitalismus, Wiesbaden.

Politikfeldanalyse

Hans-Joachim Lauth/Peter Thiery

1. Einleitung[1]

Warum sind in den demokratisch gefestigten Industrieländern des Westens unterschiedliche Ausprägungen im Bereich der Sozialpolitik festzustellen? Weshalb haben die westeuropäischen Staaten große Erfolge bei einer grenzübergreifenden Verregelung ihrer Wirtschaftsbeziehungen vorzuweisen, während in anderen Regionen der Welt die Prozesse regionaler Wirtschaftskooperation nur schleppend vorankommen? Warum sind die Umweltstandards in vielen Entwicklungsländern meist viel geringer als in den westlichen Industrieländern? Sind die Ursachen solcher Gemeinsamkeiten oder Unterschiede in der Sozialpolitik, den internationalen Wirtschaftsbeziehungen oder der Umweltpolitik Ausdruck sozio-ökonomischer Strukturen und Entwicklungsstandards, des politischen Institutionengefüges, der politischen Kultur oder aber der politischen Machtverhältnisse?

Solchen Fragestellungen widmet sich die Politikfeldanalyse oder auch Policy-Analyse, die einzelne Bereiche der Politik – wie Wirtschafts-, Sozial- und Umweltpolitik oder Bildungs- und Forschungspolitik – untersucht. „Policy analysis is finding out what governments do, why they do it, and what difference it makes" (Dye 1976). Die Politikfeldanalyse fragt demnach nach den Inhalten der Politik und deren Zustandekommen, oder anders formuliert nach dem Tun und Lassen von politischen Entscheidungsträgern. Der *policy*-Begriff unterscheidet sich somit von den beiden anderen Dimensionen des Politikbegriffs, der *polity*-Dimension und der Dimension der *politics*. Das Forschungsinteresse der *politics* richtet sich auf die Akteure, deren Interessen und Handlungspotentiale und beschäftigt sich mit Fragen wie etwa der Legitimität politischer Ordnung oder den Ursachen für Konsens und Konflikt. Erkenntnisobjekte der *polity* sind die politischen Institutionen, Verfahrensregeln und Normen. Sie stellen die formalen und informalen Spielregeln der Politik, die zugleich Ergebnisse

Zielsetzung der Politikfeldanalyse

Polity, politics und policy

---

[1] Der Beitrag greift in diversen Passagen auf den gleichnamigen Artikel in den früheren Auflagen des Bandes von Jörg Faust und Hans-Joachim Lauth zurück.

aber auch Voraussetzung für politische Prozesse und Inhalte sind.

Die Policy-Analyse befasst sich hingegen mit Gemeinsamkeiten und Unterschieden in den spezifischen Ausprägungen einzelner Politikfelder und sucht diese zu erklären, indem sie die Gegenstände und Wirkungen politischer Aktivitäten systematisch betrachtet (Jann 1994). Hierbei können unterschiedliche Klassifizierungen von *Policies* vorgenommen werden, so etwa nach nominellen Bezeichnungen wie Wirtschafts- oder Sozialpolitik, nach der materiellen bzw. immateriellen Beschaffenheit von Politikfeldern oder nach den eingesetzten Steuerungsprinzipien wie Anreizen bzw. Sanktionen. In den folgenden Ausführungen wird im Wesentlichen zwischen nominellen Differenzierungen unterschieden (Windhoff-Héritier 1987: 21).

Tab. 1: Polity, Politics und Policy

Bezeichnung	Dimension	Erscheinungsform	Merkmale
Polity	Form	Verfassung Normen Institutionen	Organisation Verfahrensregeln Ordnung
Politics	Prozess	Interessen Konflikte Kampf	Macht Konsens Durchsetzung
Policy	Inhalt	Aufgaben und Ziele politische Programme	Problemlösung Aufgabenerfüllung Wert- und Zielorientierung Gestaltung

Quelle: nach Schubert/Bandelow 2014b: 5

Bei der Unterscheidung zwischen *polity, politics* und *policy* handelt es sich um eine analytische Trennung des Politikbegriffs, dessen Termini, aus dem Angelsächsischen kommend, sich mangels adäquater Begriffe auch in der deutschen Politikwissenschaft etabliert haben. In der empirischen Untersuchung von Politikinhalten sind auch die Dimensionen der *politics* und der *polity* von großer Bedeutung. Bei dem Versuch, theoretische Aussagen im Bereich der Politikfeldanalyse zu erstellen, sind daher meist spezifische Ausprägungen in einem bestimmten Politikfeld die abhängigen Variablen. Strukturelle Faktoren, politische Institutionen und die Interessen der Akteure sowie deren Anordnung hingegen sind die unabhängigen Variablen. Eine praktisch-politische Bedeutung

Policy als abhängige Variable

erlangt die Politikfeldanalyse dadurch, dass ihre Vertreter aus ex-
post gewonnenen Erkenntnissen über die Entwicklung in einzelnen *policy areas* auf die Gestaltung zukünftiger Politik in Form von
Politikberatung Einfluss nehmen können.[2]

Ordnet man die Politikfeldanalyse in das Spektrum der politikwissenschaftlichen Teildisziplinen ein, kann festgestellt werden,
dass die Policy-Analyse entgegen noch weit verbreiteter Auffassungen nicht ausschließlich Bestandteil des politischen System-
vergleichs bzw. der Vergleichenden Regierungslehre ist. Sie kann
vielmehr auch Gegenstand der Teildisziplin der Internationalen
Beziehungen sein, je nachdem ob eher die internationale oder die
nationale Dimension eines Politikfeldes Gegenstand der Untersuchung ist. Geht es um die Analyse des Entstehungsprozesses
internationaler Institutionen zum Schutze der Ozonschicht, so ist
dies Teil der Internationalen Beziehungen. Steht die Frage im
Mittelpunkt, warum einige Industriestaaten den Ausstieg aus der
Atomenergie planen, während andere hingegen unbeirrt an dieser
Energiequelle festhalten, so wird dies eher der Vergleichenden
Politikwissenschaft zuzurechnen sein. Gleichwohl haben die
wachsenden internationalen Verflechtungen, welche eine zunehmende Aufweichung des Territorialitätsprinzips der Staaten bedingen, die Trennlinie zwischen den Teildisziplinen der Internationalen Beziehungen und dem Vergleich politischer Systeme
unscharf werden lassen. Dies wiederum erschwert die Zuordnung
der Politikfeldanalyse zu einer der beiden genannten Teildisziplinen im konkreten Einzelfall. So kann etwa für die Umweltpolitik
festgestellt werden, dass einerseits ein gestiegenes Umweltbe-
wusstsein in der Bundesrepublik und andererseits die schärferen
Regeln in den USA als wichtigstem ausländischem Absatzmarkt
als Faktoren gesehen werden können, welche die Einführung
strengerer Abgasnormen begünstigten.

Um einen einführenden Überblick über die Politikfeldanalyse
zu geben, erscheint es uns im Folgenden als angebracht, näher
auf die beiden zentralen Fragestellungen dieses Teilgebietes der
Politikwissenschaft einzugehen. Erstens, welche Faktoren wirken
auf die Inhalte der Politik, und zweitens, wie können Politikfelder
gesteuert und Politikergebnisse kontrolliert werden? Trotz dieser
Trennung in zwei Fragen soll im Verlaufe der Ausführungen deutlich werden, dass beide nicht unabhängig von einander zu betrachten sind.

Zuordnung zu den
Teildisziplinen

Zwei zentrale
Fragestellungen

---

[2]   Vertiefend zur Politikberatung siehe den einführenden Beitrag von *Manfred*
     Mols.

Beschäftigt man sich mit der ersten Fragestellung (Kap. 2), so ist ein Blick auf die Entwicklung der Policy-Analyse nützlich. Denn die einzelnen Phasen der wissenschaftlichen Beschäftigung mit Politikfeldern unterscheiden sich maßgeblich dadurch, dass jeweils unterschiedliche Typen von unabhängigen Variablen als herausragend für die in der Realität beobachtbaren Veränderungen von Politikinhalten hervorgehoben werden. Dementsprechend waren die Ansätze zur Theoriebildung in der Politikfeldanalyse zunächst gekennzeichnet durch die Formulierung stärker eindimensionaler Kausalzusammenhänge, die mittlerweile jedoch durch komplexere Erklärungsansätze abgelöst wurden.

Wandel der Erklärungsansätze

Die zweite Frage (Kap. 3) ist auf die gezielte politische Beeinflussung von Politikinhalten gerichtet, also der Frage nach dem Verständnis und den Möglichkeiten politischer Steuerung. Hierzu werden vier unterschiedliche Modelle politischer Steuerung vorgestellt, nämlich das Policy-Making-Modell, das Policy-Zyklus-Modell, der Netzwerkansatz und das *Governance*-Konzept. Die ersten beiden zählen dabei noch zu den traditionellen Steuerungsmodellen, denen ein hierarchisches Konzept politischer Steuerung zu Grunde liegt. Der Netzwerkansatz und mehr noch das *Governance*-Konzept hingegen lösen sich von der Idee der hierarchischen Steuerung und gehen stärker auf die zunehmende gesellschaftliche Komplexität und die damit verbundenen Herausforderungen für politische Einflussnahme ein. In einem Ausblick werden neue Herausforderungen für die Politikfeldforschung skizziert, die mit dem Wandel der Organisationsform Staat verbunden sind.

Modelle der politischen Steuerung

2. Einflussfaktoren auf Politikfelder: Theoretische Ansätze

Die Frage, welche Faktoren auf die Gestaltung der *policy* und insbesondere auf die Politikergebnisse einwirken, wurde vor allem im Bereich der international vergleichenden Staatstätigkeitsforschung aufgegriffen, in der das Tun und Lassen von Regierungen in Quer- und Längsschnitten untersucht wird.[3] In methodologischer Hinsicht können grob drei Etappen von Forschungsansätzen unterschieden werden, auch wenn sie sich zeitlich stark überlappen. In ihnen wurden die Einflussfaktoren auf

Drei größere Etappen der Forschungsansätze

---

[3] Einen informativen Überblick zur Entwicklung dieser Teildisziplin, ihrer Phasen und Entwicklung gibt Schmidt (1993), dem die Ausführungen in diesem Kapitel in verschiedenen Aspekten folgen (siehe auch Zohlnhöfer 2008).

Politikfelder aus verschiedener Perspektive analysiert und führten zur Formulierung von entsprechenden Theorien – bisweilen auch nur Annahmen und Thesen – bzw. zur Bildung von Forschungsschulen:

1. ein strukturalistischer Ansatz, in dem Akteure kaum Bedeutung erfahren;

2. makro-akteurstheoretische Ansätze, die sich in zwei Varianten aufgliedern – je nachdem ob die Akteure die Entscheidungsträger sind (2a) oder sie auf diese einwirken (2b);

3. einen institutionellen Ansatz, der strukturalistische und akteurstheoretische Komponenten integriert.

Ad. 1: Der strukturalistische Ansatz beschäftigte sich mit der grundlegenden Frage „Do politics matter?", wobei diese Frage auch die institutionellen Aspekte mit einschloss. Sie war in den 1960er Jahren auch das Thema der Policy-Forschung in den USA, wo die so genannten *Policy Sciences* seit den Pionierarbeiten von Harold Lasswell in den 1950er Jahren eine rasante Entwicklung genommen hatten. In Deutschland knüpften die seit den 60er Jahren lancierten Forschungsprojekte auch an Überlegungen von Karl Marx und Émile Durkheim sowie insbesondere an Adolph Wagner und seine Lehre von der wachsenden Staatstätigkeit an (Wagner 1893). Demnach sind es vor allem sozialstrukturelle und ökonomische Faktoren, die das Staatshandeln bestimmen. Dies betrifft sowohl die Ausbildung einzelner *policies* (Sozial- und Gesundheitspolitik, Bildung, Infrastruktur u.a.) als auch den Umfang der allgemeinen Staatstätigkeit (Staatsfinanzen). Deren Gestaltung ist im Wesentlichen abhängig vom Grad der wirtschaftlichen Entwicklung und dem Ausmaß der damit mobilisierten Ressourcen wie der sozialen Bedürfnisse. Untersucht wurden in späteren Jahren kapitalistische, sozialistische und Dritte-Welt-Staaten (Wilensky 1975; Dye/Gray 1980). Hierbei fand man durchaus beachtliche Übereinstimmungen, welche die grundlegende *Hypothese der sozio-ökonomischen Determination* oftmals bestätigten, der zufolge nicht die politisch-institutionellen Faktoren, sondern das Ausmaß und Niveau der Industrialisierung für die Staatstätigkeit ausschlaggebend sei.

Mit diesen Ergebnissen schien die Bedeutung von *politics* und *polity* vernachlässigbar. Allerdings waren die Grenzen des Ansatzes nicht zu übersehen. Auch wenn langfristige Trends eine gewisse Plausibilität erlangten, waren die beachtlichen Unterschiede innerhalb von Ländergruppen mit ähnlichem Entwicklungsstandard (z.B. im Rahmen der OECD) nicht erklärbar. Dies betrifft den Umfang der Staatstätigkeit und deren inhaltliche Aus-

Marginalien:

„Do politics matter?"

Bestätigende Fallstudien

Grenzen des Ansatzes

Nicht erklärbare Unterschiede

richtung. Wie lässt sich beispielsweise die unterschiedliche Höhe der Staatsquote in den skandinavischen Ländern und im angelsächsischen Raum erklären? Die begrenzte Erklärungskraft kann problemlos auch für andere Politikfelder illustriert werden. Mit Blick etwa auf die Umweltpolitik ist es zunächst durchaus einleuchtend, dass die Entstehung und Herausbildung dieses Politikfeldes eng mit dem Stand der industriellen Entwicklung korrespondiert. Doch können dann die Unterschiede, die den Zeitpunkt der Einführung, die Wahl der Instrumente und die Effektivität der Maßnahmen betreffen, nicht hinreichend durch die Theorie der sozio-ökonomischen Determination erläutert werden. Insgesamt erwies sich die einfache Kausalbeziehung zwischen ökonomischer Struktur und Ausprägung des Politikfeldes als zu undifferenziert.

Ad 2a: Unter der Devise „Politics do matter" wurde mit den Parteien ein zentraler Akteur des politischen Systems als erklärende Variable für die Unterschiede im Regierungshandeln betrachtet. Nach der hierbei entwickelten *Parteiendifferenzthese* macht es einen entscheidenden Unterschied, ob linke (sozialistische und sozialdemokratische), rechte (konservative) oder Mitte-Parteien bzw. feste Koalitionen die Regierung stellten. Untersucht wurde der Zusammenhang zwischen parteipolitisch ausgerichteter Regierungspolitik und Politikfeldgestaltung am Beispiel der Wirtschaftspolitik, in der Linksparteien als primäres Ziel die Reduktion der Arbeitslosigkeit, Rechtsparteien dagegen Preisstabilität betrachteten (Hibbs 1977). Prinzipiell können Parteien ihr jeweiliges Ziel aus programmatischen (und ideologischen) Überzeugungen oder aus wahltaktischer Motivation verfolgen. Im ersten Fall bilden Parteien und ihre Ideologien einen relativ stabilen kognitiven Filter im Konversionsprozess von *inputs* in *outputs*. Im zweiten Fall verfolgen sie aus Gründen der Wiederwahl diejenige Politik, von der sie annehmen, dass sie den Präferenzen ihrer Wählerschaft entspricht. In dieser Perspektive bietet die Parteiendifferenzthese Anknüpfungspunkte für konzeptionelle Überlegungen zu Machterwerbs- und Wiederwahlinteressen (Downs 1957).

Auch wenn die Forschung einiges zur Unterstützung der These einer parteipolitisch gefärbten Regierungspraxis beigetragen hat (Hibbs 1977, 1991; Tufte 1978; Budge/Keman 1990), so enthält auch dieser Ansatz einige Schwachstellen. Da das Regierungshandeln unterschiedlichen Zwängen ausgesetzt ist, die zu einer verminderten oder unvollständigen Umsetzung des Parteiprogramms führen, werden die Gestaltungsmöglichkeiten der

Parteien als erklärende Variable

Wirkungsmuster

Schwachstellen des Ansatzes

Politik generell überschätzt. Zu denken ist an Koalitionszwänge und institutionelle Barrieren im Regierungssystem (vgl. Ansatz 3) oder gesellschaftliche Widerstände (vgl. Ansatz 2b). Weder werden die prinzipiellen Steuerungsprobleme noch die Begrenztheit der Regierungsressourcen angemessen reflektiert. Während somit im ersten Ansatz der sozio-ökonomischen Determination die staatlichen Handlungsspielräume systematisch unterschätzt werden, so wird nun die Rolle der Politik überbewertet. Nicht zuletzt haben auch die empirischen Entwicklungen der letzten drei Jahrzehnte, in denen sich die programmatischen Profile der Parteien in zunehmendem Maße annäherten, dazu beigetragen, die Erklärungskraft der Parteiendifferenztheorie zu relativieren. In diesem Zusammenhang ist etwa der Paradigmenwechsel im wirtschaftspolitischen Bereich zu nennen, der zu einer politischen Neubewertung von diversen wirtschafts- und finanzpolitischen Variablen führte. Beispielsweise wird nun Preisstabilität nicht unbedingt als der Vollbeschäftigung entgegengesetzt betrachtet, sondern vielmehr als eine Voraussetzung, um jene zu erreichen.

Grenzen der politischen Gestaltungsmöglichkeiten

Abnehmende Erklärungskraft

Eine weitere Einschränkung betrifft die Auswahl der konkreten Politikfelder. Die vorliegenden Untersuchungen beziehen sich maßgeblich auf Rechts-Links-Unterscheidungen und thematisieren nur eine zentrale Konfliktlinie (*cleavage*), welche die programmatische Orientierung von Parteien beeinflusst (vgl. den Beitrag von Eith/Mielke in diesem Band). Materialistische vs. postmaterialistische Orientierungen, die sich beispielsweise in der Entstehung „grüner Parteien" als ausschlaggebend zeigten, werden ebenso nicht berücksichtigt wie ethnische *cleavages*, die in vielen Entwicklungsländern relevant sind. Am überzeugendsten sind daher die Argumente der *Parteiendifferenzthese*, wenn sie sich auf Fälle beziehen, in denen Parteien über lange Zeit im Amt agierten, die stärker zu einer Mehrheitsdemokratie als zu einer Konkordanz- oder Konsensdemokratie (Lijphart 2012) neigen oder in denen vor allem sozial- und wirtschaftspolitische *issues* betroffen sind. Positiv ist gleichfalls zu vermerken, dass mit dieser Forschungsausrichtung das ‚Innenleben' des politischen Systems zumindest in das Blickfeld rückte.

Nicht-Berücksichtigung anderer Politikfelder und cleavages

Bleibender Beitrag des Ansatzes

Ad 2b: Mit der *Theorie der gesellschaftlichen Machtressourcen* werden sowohl Begrenzungszwänge (*constraints*) als auch Unterstützungen für das Regierungshandeln angesprochen. Im Kern besagt dieser Ansatz, dass das Staatshandeln überwiegend von der Konstellation gesellschaftlicher Kräfteverhältnisse und den daraus erwachsenden Organisationen (Größe und Bedeutung von Klassen und Verbänden, Koalitionsmöglichkeiten) geprägt wird.

Konstellation gesellschaftlicher Kräfteverhältnisse

Zwei Varianten dieser Theorie lassen sich unterscheiden: eine
liberale und eine eher neo-marxistisch geprägte. Nach der liberalen Interpretation versuchen kollektive Akteure (Verbände
u.a.) das Staatshandeln zu ihren Gunsten zu instrumentalisieren, um auf diesem Weg höhere Profite zu erhalten als sie auf
dem Markt realisieren könnten (Olson 1982; Weede 1990). Dieses so genannte *rent-seeking* verringert die Effizienz des staatlichen Handelns und verändert Policy-Profile. Die andere Variante konzentriert sich stärker auf die Analyse von Klassenstrukturen
und daraus resultierenden gesellschaftlichen Machtverhältnissen, die ihrerseits in Form von kollektiven Akteuren (Gewerkschaften, Verbänden) nun signifikant den Policy-Prozess beeinflussen (Esping-Andersen 1990; Korpi 1991; Evans et al. 1985;
Rueschemeyer et al. 1992). Diese Analyse trägt beispielsweise
einiges zur Erhellung der Unterschiede zwischen skandinavischen und angelsächsischen Ländern bei. Besonders deutlich
zeigen sich Auswirkungen von Klassenkonstellationen bei der
Entwicklung des Wohlfahrtsstaates, in der sich die Herausbildung von drei Typen – dem sozialdemokratischen, dem konservativen und dem liberalen Typ – plausibel mit den gesellschaftlichen Kräfteverhältnissen erläutern lässt (Esping-Andersen
1990; Schmidt 1988).

Aber auch dieser Ansatz hat deutliche Grenzen. Zum einen
wird auch bei ihm die generelle Gestaltungsmöglichkeit der Politik eher über- als unterschätzt. Zum anderen werden weitere relevante Faktoren, die im politisch-institutionellen Bereich angesiedelt sind, systematisch ausgeblendet. Darüber hinaus vermag der
Ansatz wenig zur Erläuterung der Politikfeldgestaltung auszusagen, wenn die gesellschaftlichen Kräfteverhältnisse schwanken
oder sich nicht klar definieren lassen, wie dies in modernen Industrieländern zunehmend der Fall ist. Schließlich reduziert sich
sein Erklärungspotential erheblich, wenn Politikfelder untersucht
werden, bei denen sich die Verbands- und Klasseninteressen nicht
klar strukturieren lassen (wie Bildungspolitik, Umweltpolitik oder
Außenpolitik).

Ad 3: Der *politisch-institutionalistische Theorieansatz* thematisiert
maßgeblich die Blindstellen der anderen Ansätze. Demnach wird
die Staatstätigkeit vor allem durch institutionelle Rahmenbedingungen geprägt, die das Verhalten der politischen Akteure sowohl
beschränken wie ermöglichen. Als Institutionen werden sowohl
formal gesetzte Normen als auch – im Anschluss etwa an Douglass C. North (1992) – informelle Regeln, die verhaltensstrukturierend wirken, verstanden. Institutionen bestimmen die Hand-

Marginalien:

Zwei Theorievarianten

rent-seeking

Klassenkonstellationen und Wohlfahrtsstaat

Grenzen des Ansatzes

Prägende Rolle von Institutionen

Wirkungsweise von Institutionen

lungskorridore der beteiligten Akteure auf vielfältige Weise, indem sie Kompetenzen zuweisen, Restriktionen formulieren, Handlungsmuster vorgeben, Toleranzgrenzen angeben, Ressourcen zur Verfügung stellen oder Konfliktschlichtungsregeln etablieren (vgl. Abb. 1). Zwar ist damit das Handeln nicht mehr völlig frei, aber auch nicht determiniert oder nur durch einzelne Faktoren vermittelt, wie es die anderen Theorien nahe legen. Die Anfänge der diesbezüglichen Forschung sind im Kontext der Implementierungsstudien angesiedelt, welche die Umsetzung von Gesetzen untersuchten und sich mit den Grenzen einer ‚aktiven Politik' beschäftigten (Mayntz/Scharpf 1973; Scharpf 1977).

Vier „Barrieren" der Politikgestaltung werden hierbei identifiziert: a) formell-ökonomische, b) formell-politische, c) materiell-ökonomische und d) materiell-politische Schranken. Während sich die beiden ersten auf von der Verfassung gesetzte Grenzen beziehen, thematisieren die beiden anderen die situativen Komponenten der Begrenzung (Ressourcen, Veto-Akteure, Koalitionszwänge etc.). Die Chancen einer produktiven Nutzung institutioneller Bedingungen wurden dagegen stärker in der Neokorporatismusdebatte betont (Schmidt 1986; Czada 2010). Die nähere Betrachtung der formell-politischen Begrenzung der Demokratie durch institutionelle Regelungen und ihre Auswirkung auf die Politikformulierung und -implementierung erbrachte eine zusätzliche Erweiterung (Schmidt 1993: 383-390).

Vier „Barrieren" der Politikgestaltung

Produktive Nutzung institutioneller Rahmenbedingungen

- Institutionen sind Wahrnehmung bestimmend und Handlung beschränkend, sie gewähren Erwartungssicherheit in der sozialen Interaktion
- Sie sind Komplexität reduzierend und Entscheidung entlastend
- Sie reduzieren Unsicherheit und Transaktionskosten
- Sie ermöglichen einigen Gruppen zusätzliche Handlungsmöglichkeiten, während sie den Handlungsspielraum anderer beschneiden.
- Institutionen dienen letztlich zur Herstellung sozialer Ordnung.

Abb. 1: Die Wirkungsweise von Institutionen

Die explizite Berücksichtigung institutioneller Faktoren stellt sicherlich den bedeutendsten Fortschritt in der Entwicklung der Policy-Forschung dar. Nicht ohne Grund spricht Manfred G. Schmidt vom „ertragreichsten Ansatz der neueren vergleichenden

Ertragreicher Ansatz ...

... mit einigen Blindstellen

Staatstätigkeitsforschung" (Schmidt 1993: 380). Durch die Konzentration auf Institutionen gerieten in diesem Ansatz allerdings diejenigen Faktoren außer Sichtweite, die für die anderen Theorien zentrale Bedeutung hatten: sozio-ökonomische Entwicklungen, Parteien, organisierte Interessen und gesellschaftliche Machtverteilung. Aufgrund der Desiderate jedes Ansatzes war es nahe liegend zu prüfen, inwieweit sich diese fruchtbringend verknüpfen lassen.

Kombination theoretischer Ansätze

Verschiedene Forschungsstrategien wurden eingeschlagen, die von der bloßen additiven Verknüpfung hin zu neuen integrativen Modellen reichten, die die Variablen der verschiedenen Ansätze theoretisch neu strukturierten und auch mit dem Verfahren einer „dichten Beschreibung" kombinierten (Merkel 1993). Auch in dieser Weiterentwicklung erwiesen sich diejenigen Ansätze als besonders ertragreich, welche die institutionellen Faktoren systematisch einbezogen. In neueren Überlegungen werden auch wieder stärker Formen informeller Politik wie Klientelismus und Korruption hinsichtlich ihrer Wirkung auf die Funktionsweise formaler Institutionen (Liebert 1995; Lauth/Liebert 1999) oder im Hinblick auf die Ergebnisse wirtschaftspolitischer Reformen (Faust 2000a) in Betracht gezogen. Wir treffen somit in der jüngeren Forschung seit den 1990er Jahren auf eine Kombination von strukturellen Faktoren mit akteurstheoretischen Bezügen, die oftmals unter der Perspektive von handlungsbeeinflussenden Institutionen gebündelt werden.

Pfadabhängigkeit und Internationalisierung

Zwei weitere Erklärungsfaktoren sind in den letzten Jahren stärker betont worden. Zum einen ist das vom neo-institutionalistischen Denken geprägte Theorem der Pfadabhängigkeit zu nennen, demnach aktuelle Entscheidungen stets auch von früheren Regelsetzungen geprägt sind. Allgemeiner formuliert heißt dies ‚history matter' (vgl. Erblasttheorie). Zum anderen ist das Argument der Internationalisierung zu beachten, das sich in den Versionen der Globalisierung und Europäisierung zeigt und auf Mechanismen des Wettbewerbs, der Anpassung und der Diffusion beruft.

Differenzierung der Fragestellungen

Wenn wir die drei Phasen der Entwicklung der Politikfeldforschung im Zusammenhang betrachten, wird deutlich, dass damit eine Differenzierung der Fragestellungen einhergeht. Die alte Frage, ob *politics* und *polity* überhaupt eine Bedeutung haben, hat sich längst überholt. Die prinzipielle Bedeutung der Politik (in ihren unterschiedlichen Akzenten) steht nicht mehr zur Debatte. Untersucht wird nunmehr, welche Relevanz die durch Institutionen und andere Einflussfaktoren bewirkten verschiedenen Formen der Beteiligung und der Gestaltung des Entscheidungsprozesses auf die Entscheidungsfindung haben (so hängt z.B. die Entscheidung auch davon ab, ob sie durch Abstimmung, Wahl, durch autoritative Anweisung, Verhandlung oder marktförmig zustande kommt; Czada 1998). Ebenso wird danach gefragt, welche spezifischen Bedingungen die Implementierung und Wirkung politischer Entscheidungen in welcher Weise beeinflussen. (Hofferbert/Cingranelli 1998: 594).

Die Entwicklung der theoretischen Debatte ist somit gekennzeichnet von einem prinzipiellen Perspektivenwechsel, der durch die Verlagerung des Gewichtes sozio-ökonomischer hin zu politisch-institutionellen Faktoren charakterisiert ist. Damit wird der Eigenwert politischer Variablen in der Konversion von *inputs* in *outputs* betont. Zugleich lässt sich eine Erweiterung der Policy-Bereiche feststellen. Zu den klassischen Feldern der Wirtschafts- und Sozialpolitik sind weitere Politikfelder – wie beispielsweise Gesundheits- und Umweltpolitik – getreten, die mit den traditionellen Annahmen nur begrenzt fruchtbar zu behandeln sind und die somit gleichfalls zur skizzierten theoretischen Reformulierung beitrugen.

Fazit: Perspektivenwechsel und neue Politikfelder

Die skizzierte Ausdifferenzierung und Verfeinerung der analytischen Herangehensweise spiegelt sich auch in der Methodenentwicklung der Policy-Forschung wider, wenngleich diese Entwicklung nicht parallel verläuft noch streng mit der Theorieentwicklung verknüpft ist. Sie war im Laufe der letzten Jahrzehnte weiteren Einflüssen ausgesetzt, zu denen als wichtigste die allgemeine Methodenreflexion in den Sozialwissenschaften, die Ausdehnung des Methodenarsenals und seine Verfeinerung, die zunehmende Vielgestaltigkeit der Forschungsfragen wie auch der Forschungsanlagen und nicht zuletzt neue empirische Herausforderungen gehören. Wie für die deutsche Politikwissenschaft im Allgemeinen, so gilt allerdings auch für die Politikfeldforschung, dass sie weder dezidiert noch kontinuierlich eine eigene Methodendebatte geführt hat. Dies deckt sich mit der Beobachtung, dass bislang auch keine „eigenen" Methoden existieren, sondern die in den sozialwissenschaftlichen Nachbardisziplinen – insbesondere der Soziologie – angewandten Methoden erfolgreich adaptiert wurden.

Methodische Entwicklung

Insgesamt ist festzuhalten, dass die Politikfeldanalyse bis heute im Wesentlichen als empirische Politikwissenschaft betrieben wird und hierfür sowohl auf qualitative wie auf quantitative Methoden zurückgreift. Dabei haben in den letzten zwei Jahrzehnten die quantitativ-statistischen Untersuchungen wie z.B. in der Staatstätigkeitsforschung an Bedeutung zugenommen, doch

Qualitative und quantitative Methoden

sind nach wie vor Einzelfallstudien und vergleichende qualitative
Fallstudien mit geringer Fallzahl der vorherrschende Typus des
Forschungsdesigns. Wie Tabelle 2 zeigt, lässt sich ein Zusammenhang zwischen Methodenwahl und Fallzahl erkennen, d.h. qualitative Studien konzentrieren sich auf einen oder wenige Fälle,
während die quantitative Policy-Forschung in der Regel mit vielen
Fällen operiert.

Tab. 2: Forschungsdesigns in der Policy-Forschung

	Einzelfall und wenige Fälle	Viele Fälle
Qualitative Studien	häufig: Einzelfallstudie; vergleichende Fallstudie	sehr selten: qualitativer Vergleich
Quantitative Studien	selten: quantitative Fallstudien	häufig: statistisch-vergleichende Studien

Quelle: Schneider/Janning 2006: 41

Einige Beobachter sprechen geradezu von einer Zweiteilung der
Forschungslandschaft (Kritzinger/Michalowitz 2008: 197). Während Einzelfallstudien und Studien mit wenigen Vergleichsfällen
dazu geeignet sind, die jeweils untersuchten Politikfelder tiefen-
schärfer und kontextgebunden zu analysieren, bleibt ihr analytischer Gehalt, insbesondere, was die Verallgemeinerbarkeit ihrer
Ergebnisse anbetrifft, notgedrungen mager – oft wird ein solcher
„Szientismus" von den Forschern auch gar nicht angestrebt. Dieses „Kausal-Defizit" können quantitativ-vergleichende Studien
mit größerer Fallzahl zwar besser beherrschen, doch trifft sie der
Vorwurf, dass sie mit stark vereinfachten Modellen arbeiten müssen und so die realen Wirkungsverhältnisse in konkreten Politikfeldern aus dem Blick geraten. Auch bleibt festzuhalten, dass die
vergleichende Politikfeldanalyse – wie die Politikwissenschaft allgemein – vor dem Dilemma steht, dass sie im Prinzip mit potentiell zu vielen unabhängigen (erklärenden) Variablen für in der
Tendenz zu wenig vergleichbare Fälle operieren muss. Die jünge-
re Methodendiskussion weist gleichwohl darauf hin, dass die sehr
zugespitzte Gegenüberstellung zwischen qualitativen und quantitativen Methoden nicht unüberbrückbar ist, sondern beide unter
dem Zauberwort der „Triangulation" systematisch zusammengeführt werden können (Kritzinger/Michalowitz 2008; Lauth/
Pickel/Pickel 2015). Einen anderen Ausweg bietet eine stärker
konstruktivistische Ausrichtung der Forschung, die weniger die

,harten' Fakten als die soziale Konstruktion der Zusammenhänge erfasst und die entsprechenden Narrative analysiert (Gadinger/ Jarzebski/Yildiz 2014).

Politische Steuerung und Policy-Forschung   3.

Politische Steuerung kann als der Versuch politischer Akteure aufgefasst werden, in Politikfeldern die gesellschaftliche Entwicklung gemäß konkretisierter Zielvorgaben zu beeinflussen. Als generelle Steuerungsinstrumente können hierbei Steuerungsformen wie Staat (Macht, Recht), Markt (Tausch) und Gemeinschaft (Solidarität) eingesetzt werden (Mayntz 1997), die eine große Bandbreite von „harter" bis „weicher" und von „direkter" bis „indirekter" Steuerung erlauben.

Gezielte politische Gestaltung

Tab. 3: Steuerungsziel, -formen und -instrumente

Ziel: Beeinflussung gesellschaftlichen Handelns			
Direkte Steuerung	*Indirekte Steuerung*		
Regulative Politik (Gesetze, Verordnungen)	Finanzierung (finanzielle Anreize)	Strukturierung; prozedurale Steuerung (Rahmenordnungen, Infrastruktur)	Überzeugung (Information, Werbung, Appelle)

Quelle: nach Braun/Giraud 2014: 182

Insbesondere während der Planungseuphorie der sechziger und der siebziger Jahre wurde politische Steuerung als hierarchischer und linear-kausal verlaufender Planungsprozess verstanden. Politische Steuerung wurde aus staatszentrierter Perspektive als Regelungsprozess betrachtet, der eine deutliche Hierarchie zwischen Steuerungssubjekt und Steuerungsobjekt aufweist. Dieser Betrachtungsweise lag allerdings kein handlungstheoretisches, sondern vielmehr ein an die Systemtheorie Eastons angelehntes Verständnis politischer Steuerung zu Grunde. Unter dem Stichwort „aktive Politik" zielte die politische Planung und Steuerung auf „die vorausschauende, aktive Regelung und Steuerung jener gesellschaftlichen und wirtschaftlichen Prozesse, deren ungesteuerte Dynamik die für das Gesamtsystem relevanten Probleme und Krisen hervorbringt" (Mayntz/Scharpf 1973: 116).

Planungseuphorie der 1960/70er Jahre

„Aktive Politik"

Policy-Making-
Modell

So interpretiert das mit vergleichsweise geringer Komplexität ausgestattete Modell des *Policy-Making* die Politikfeldgestaltung aus jener Perspektive, die dem *Input-Output*-Modell Eastons zu Grunde liegt. „Steuerung wird im *Policy-Making*-Modell als Problemverarbeitungsprozess begriffen, in dessen Verlauf gesellschaftlich artikulierte Probleme vom politischen System aufgenommen (*input*), in politische Handlungsprogramme bzw. *Policies* transformiert (*conversion*) und schließlich in der gesellschaftlichen Umwelt umgesetzt werden (*output*)" (Görlitz/Burth 1998: 81f.). Mit Blick auf die Resultate kann weiterhin zwischen dem *Output* als der politischen Maßnahme (Gesetze, Verordnungen, Erlasse), dem *Impact* als den Veränderungen bei den Adressaten der Maßnahme und dem *Outcome* als die Auswirkungen auf alle Betroffenen unterschieden werden.

Policy-Kreislauf-Modell

Angesichts der ernüchternden Resultate, die mit dem vergleichsweise einfachen Vorgehen des *Policy-Making*-Modells verbunden waren, rückten differenzierte Aspekte der Implementierung sowie der Wirkung und Evaluation politischer Steuerung ins Blickfeld der Politikfeldforschung. Daraus resultierte ein zy-

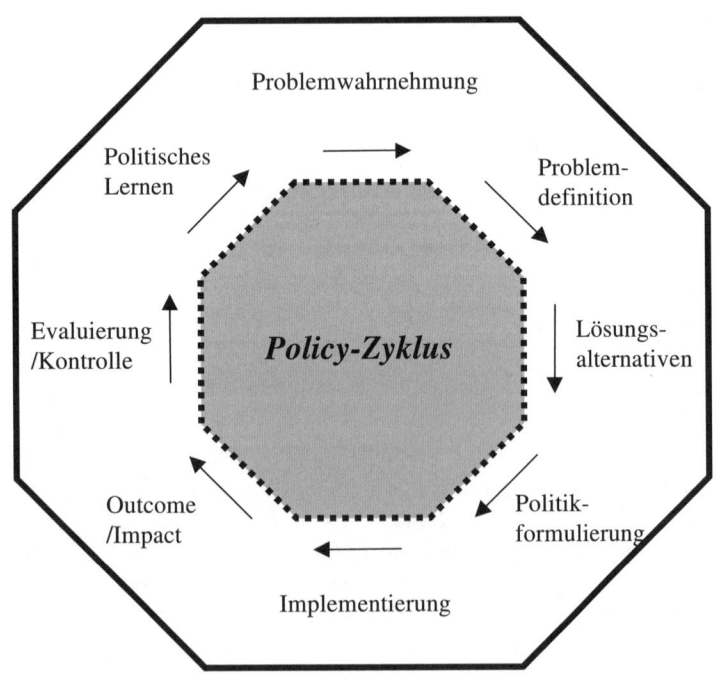

Abb. 2: Der Policy-Zyklus

klisches Steuerungsmodell, das als *Policy*-Kreislauf in unterschiedlichen Facetten verschiedene Phasen der politischen Steuerung chronologisch hintereinander schaltet (Jann/Wegrich 2014; Blum/Schubert 2011; Görlitz/Burth 1998: 141ff.).

Während der (1) *Problemwahrnehmung* wird zunächst festgestellt, inwiefern überhaupt Bedarf für politische Steuerung vorliegt (vgl. Abb. 2). Dabei ist zu beachten, dass von einer Problemwahrnehmung erst dann gesprochen wird, wenn politische Entscheidungsträger das Problem aufgreifen. Es kann durchaus sein, dass gesellschaftliche Gruppen bereits zuvor auf das Problem (z.B. Umweltverschmutzung) hingewiesen haben, ohne allerdings damit einen Steuerungsprozess auszulösen. So werden nicht alle externen Effekte des Marktes als Herausforderungen für politische Steuerung begriffen. Eng mit der Problemwahrnehmung verknüpft ist (2) *die Problemdefinition*, eine Phase des *agenda-setting*, in dem aufgrund der wahrgenommenen Phänomene die Handlungsrelevanz politischer Steuerung konkretisiert und die Ursachen-Wirkungszusammenhänge analysiert werden.

Auf die Phase der Problemdefinition folgt die Phase der Suche und Bewertung von (3) *Lösungsalternativen*. Hier stellt sich zunächst die Frage, auf welchen allgemeinen Steuerungsprinzipien (Markt, Hierarchie, Kommunikation) die Lösungen basieren sollen. Die folgende Bewertung alternativer Lösungsansätze ist mit zwei Problemen konfrontiert. Zum einen entziehen sich politikfeldspezifische Einflussvariablen oftmals objektiven Operationalisierungskriterien. Zum zweiten besteht in ausdifferenzierten Gesellschaften ein zunehmendes Informationsverarbeitungsdefizit staatlicher Akteure. Zunehmende Unsicherheit erschwert eine vergleichende Analyse unterschiedlicher Lösungsalternativen (Dose 2008). In einer vierten Phase erfolgt die Entscheidung über eine der Lösungsalternativen, die sich in konkreter (4) *Politikformulierung* in Form von Gesetzen, Erlassen und Verordnungen niederschlägt (*Output*). Durch die fortlaufenden Aushandlungsprozesse der relevanten politischen Akteure, die gemeinhin in ein Regelwerk aus formalen und informalen Institutionen eingebettet sind, können in einer der Entscheidung folgenden Phase der (5) *Implementierung* jedoch noch Modifikationen der ursprünglich gewählten Lösungsalternative auftreten.[4] In der Phase der Imple-

Marginalien:
Phasen des Policy-Zyklus

Problemwahrnehmung

Problemdefinition

Lösungsalternativen

Politikformulierung

Implementierung

---

[4] Die primäre Entscheidung über die Einrichtung einer Börse zum Handel mit Schadstoffzertifikaten mag lediglich den Rahmen für weitere Handlungsoptionen vorgeben. Die konkretere Ausgestaltung von Maßnahmen, die etwa die Stückelung und die Anzahl der zu vergebenden Emissionszertifikate oder die

mentierung rückt auch die Verwaltung in den Fokus der Untersuchung. Ist diese mit entsprechenden Kompetenzen und Ressourcen ausgestattet, um die Lösung umzusetzen? Besitzt sie
eigene Interessen, die mit der gewählten Lösung konfligieren?

Outcome/ Die sechste Phase des Policy-Zyklus ist die der (6) *Outcomes* und
Impacts des *Impacts*, also der beobachtbaren intendierten und nicht-inten-
dierten Auswirkungen der Steuerungsversuche, der die Phase der
Evaluierung (7) *Evaluierung* und *Kontrolle* folgt. Dabei wird die Evaluierungs-
und Kontrollphase von ähnlichen Operationalisierbarkeits- und
Messproblemen beeinflusst wie die Phase der Alternativenbewer-
tung. Darüber hinaus stellt sich die Frage, anhand welcher Kriterien gemessen und bewertet werden soll. Sind also Abweichungen
von ursprünglichen Zielgrößen auf die Auswahl einer suboptima-
len Lösungsalternative, auf politische Verhandlungsprozesse vor
und während der Implementation oder auf „externe Schocks"
zurückzuführen? Von Bedeutung für korrekte Evaluations- und
Kontrollverfahren ist gleichfalls die Berücksichtigung der Zeitver-
schiebung zwischen Implementation und Politikergebnissen.[5]
Jene die Evaluation beeinflussenden Variablen strukturieren da-
politisches mit auch den Verlauf von (8) *politischem Lernen* als der letzten
Lernen Phase des *Policy*-Kreislaufs. Durch Politisches Lernen wird der
Policy-Kreislauf zum rückgekoppelten Prozess, in dessen Verlauf
eine Optimierung der Steuerungsmaßnahmen erfolgen kann.

Die Vorstellung, politische Steuerung verlaufe gemäß einem
solchen Kreislauf, bietet gegenüber dem Policy-Making-Modell
den Vorteil der zeitlichen Differenzierung. Zwar erweist sich das
Policy-Zyklus-Modell durch eine differenzierte Phasenaufteilung
somit als komplexer und betont zudem die Rückkopplungspro-
zesse in wesentlich stärkerem Maße als das Policy-Making-Modell
Defizite des (Görlitz/Burth 1998: 142). Dennoch birgt eine solche Vorstellung,
Policy-Zyklus- die einen festen Phasenablauf politischer Steuerung unterstellt
Konzeptes und in die skizzierten Phasen gliedert, drei zentrale Probleme.

---

regionale Begrenzung für den Zertifikathandel betreffen, erfolgt hingegen
oftmals erst während der Implementierungsphase.

[5] Was die Evaluation und Kontrolle von umweltpolitischen Steuerungsmaßnahmen anbelangt, so sind diese mit vielfältigen Problemen konfrontiert, die mit
dem mangelnden Kenntnisstand über die Komplexität ökologischer Systeme
zusammenhängen. Ungeklärte Ursachen über die Zusammenhänge von Um-
weltbelastung, die unbekannte Zeitverschiebungen zwischen Implementation
und *Outcome* und der verzerrende Effekt politischer Verteilungskämpfe er-
schweren eine befriedigende Optimierung bzw. Korrektur der ursprünglichen
Steuerungsprogramme im Verlaufe der Evaluations- und Korrekturphase.

- Erstens wird der dargestellte Phasenablauf nicht theoretisch begründet. Warum müssen die einzelnen Phasen zwangsläufig dem beschriebenen Kreislauf folgen? Vielfach folgen die unterschiedlichen Phasen nicht einer sequentiellen Logik, sondern sind miteinander verschränkt oder verlaufen parallel zueinander (Sabatier 1993: 117). Ganze Phasen des Kreislaufs können zudem ausfallen, so dass vielfach lediglich verkürzte Reparaturzyklen zu beobachten sind, in denen sich *agenda-setting*, Programmformulierung und Implementierung überlappen, Problemdefinition und Programmevolution hingegen umgangen werden (Czada 1998: 52).

  Theoretische Begründung

- Zweitens werden die politischen Verhandlungsprozesse zwischen staatlichen und gesellschaftlichen Akteuren und diejenigen innerhalb der staatlichen Steuerungsbürokratie zu wenig berücksichtigt. Die noch stark durch das systemisch-funktionale Paradigma geprägte Perspektive des *Policy*-Kreislauf-Modells vernachlässigt daher die zentrale Bedeutung von widerstreitenden Interessen einer zunehmenden Anzahl kollektiver Akteure in pluralistischen Gesellschaften.

  Nicht-Beachtung von Verhandlungsprozessen

- Drittens interpretiert das *Policy-Zyklus*-Modell politische Steuerung immer noch als hierarchischen Prozess, in dem der Staat die gesellschaftlichen Probleme aufgreift bzw. diese an den Staat delegiert werden. In der Realität erfüllte sich der damit verbundene Gestaltungs- und Steuerungsanspruch des Staates kaum (Héritier 1994: 9). Die Fähigkeiten des zu Gunsten eines normativ definierten Gemeinwohls in gesellschaftliche Handlungsinterdependenzen eingreifenden Staates wurden überschätzt. Vielmehr war Staatsversagen bereits in den 1970er Jahren als Problem der Unregierbarkeit moderner Gesellschaften offensichtlich und wird im Zuge nationalstaatlicher Entgrenzung seit Mitte der 1980er Jahre erneut diskutiert.

  „Hierarchie" als Steuerungsmodus

In dem Maße, wie die Versuche politischer Einflussnahme eher einem ungeordneten „Durchwursteln" (*muddling through*) glichen, konstatierten Kritiker eine generelle Machbarkeitsillusion staatlicher Steuerung. Der Komplexität einer hochgradig ausdifferenzierten Gesellschaft, die sich in eine Vielzahl eigenen Regeln gehorchenden Subsysteme aufspalte, könne der staatliche Steuerungsanspruch nicht mehr gerecht werden. Eine solche, die Eigendynamik und Selbstorganisationskraft sozialer Systeme betonende Sichtweise, die am prominentesten in der Systemtheorie Niklas Luhmanns (1984) vertreten wird, war somit Attacke gegen jegliche Form politischen Steuerungsglaubens. Zwar verpuffte diese Kritik nicht völlig wirkungslos, doch Mitte der Achtzigerjah-

Kritik an der „Machbarkeitsillusion"

Komplexität, Eigendynamik und Selbstorganisation

... vs. Wiederent-
deckung des
Staates

re wurde der Staat als Steuerungsakteur wieder verstärkt ins Spiel gebracht (Evans et al. 1985). Trotz – und wegen – der Differenzierung moderner Gesellschaften in teilautonome Subsysteme, so lautete nun erneut die These, sei politische Steuerung zur Entschärfung gesellschaftlicher Handlungsinterdependenzen grundsätzlich möglich. Problematische Handlungsinterdependenzen sind solche Probleme, die nicht mehr vom einzelnen Individuum oder von einer einzelnen Organisation (Staat) am effizientesten gelöst werden können, sondern nur mittels eines kollektiven Gutes in Form eines gemeinsamen Regelwerkes (Gesetz, Vertrag). Die theoretischen Bemühungen zum Beleg dieser These unterschieden sich jedoch maßgeblich von den älteren Konzepten.

Paradigmen-
wechsel zum
Neo-Institutiona-
lismus:
„Akteurzentrierter
Institutionalismus"

Neue Steuerungs-
muster

Vielfach wurden nun in einer institutionenökonomisch geprägten Analyse die interessenorientierten Akteure in einen Handlungsspielraum aus Institutionen gesetzt. Die Interessen der Akteure werden dabei in der Regel anhand der Funktionserfordernisse der Institutionen modelliert. Zudem wurde die konstruierte Dichotomisierung zwischen Staatssteuerung (Hierarchie) und Selbstregelung (Markt) aufgegeben. Den gesellschaftlichen Problemen der Gegenwart sei zwar nicht mit einseitig hierarchischen Formen beizukommen, ebenso wenig jedoch zeichne die sozialen Teilsysteme moderner Gesellschaften ein ausschließlich selbstreferentieller Charakter aus. Vielmehr sei es die besondere Dynamik komplex strukturierter Gesellschaften, die es dem Staat nur dann ermögliche, zielorientierte Politik zu betreiben, wenn er die an einem Sachverhalt beteiligten kollektiven Akteure auf kooperativer Basis mit in den Steuerungsprozess einbezöge. So sei der Erfolg neokorporatistischer Arrangements gerade darauf zurückzuführen, dass der Staat die Handlungsautonomie kollektiver Akteure allenfalls institutionell einhege und ihnen dabei ein hohes Maß an Handlungsautonomie belasse, wohl wissend um deren bessere Kenntnis der Ursache-Wirkungszusammenhänge im jeweiligen Politikfeld. Die Verregelung von bestimmten Handlungskontexten unter Beteiligung der Verhandlungspartner erlaube es daher, kollektive Dilemmasituationen zu vermeiden.

Policy-Netzwerk

Merkmale

Das auf dem analytischen Substrat eines solchen *akteurzentrierten Institutionalismus* (Mayntz/Scharpf 1995) aufbauende Steuerungskonzept ist das *Policy-Netzwerk* (Jansen 2006; Börzel 1998). Policy-Netzwerke sind hierbei a) zwischen Markt und Hierarchie angesiedelte Organisationsformen, bestehen b) aus gesellschaftlichen und staatlichen Akteuren, die über c) informale wie formale Austauschkanäle miteinander verbunden sind. Die Mitglieder von

Policy-Netzwerken arbeiten d) im Hinblick auf ein gemeinsam definiertes Problem zusammen, bei dessen Bewältigung e) jedes Netzwerkmitglied bestimmte Kernkompetenzen einbringt. So werden in den USA die politikfeldbezogenen Beziehungen zwischen Kongressausschuss, Interessengruppe und ausführender Bundesbehörde oftmals als *iron triangles* bezeichnet. Dabei benötigt jeder der drei kollektiven Akteure die Kernkompetenzen der beiden anderen, um seine Interessen durchsetzen zu können. So kann die Bundesbehörde den Interessengruppen Zugang zur Regierung verschaffen, die Behörde benötigt die Interessengruppe, um wiederum Unterstützung für die von ihr entworfenen Steuerungsprogramme zu bekommen. Beide wiederum benötigen den Kongressausschuss, um Unterstützung in den entscheidenden Gremien der Legislative zu erhalten. Dieser wiederum benötigt die Unterstützung der Interessengruppe, um Stimmen in den Wahlkreisen mobilisieren zu können. Die Finanzierung der Bundesbehörde hängt vielfach von den Entscheidungen des Kongresses ab, während die Kongressabgeordneten oft auf das *Know-how* bei Forschung und Problemanalyse der Bundesbehörde angewiesen sind (Schubert 1991: S. 92f.).

> Beispiel: *iron triangles* in den USA

Das Konzept des Politiknetzwerkes stützt somit eine Sichtweise, die politische Steuerung als zielorientierte Kooperation zwischen staatlichen und gesellschaftlichen Akteuren auffasst. Es ist Zugeständnis an die gesellschaftlichen Selbstorganisationskräfte, und es bricht endgültig mit dem Konzept des rationalen Planungsentwurfs des Zentralstaates. Vielmehr erhöht die zielorientierte Verflechtung zwischen teilautonomen kollektiven Akteuren die Eigenkomplexität der Organisation und nähert diese damit an die steigende Umweltkomplexität an.

> Zielorientierte Kooperation statt rationalem Planungsentwurf

Die skizzierten Eigenschaften von Policy-Netzwerken bedeuten gleichwohl nicht, dass die Netzwerk-Akteure nicht mit unterschiedlichen Ressourcen ausgestattet sein können, was das Ausmaß ihrer Interessendurchsetzung erweitert bzw. einschränkt. Auch sind die Beziehungen zwischen den Beteiligten lediglich innerhalb des Netzwerkes durch Kooperation geprägt; außerhalb dagegen können die Mitglieder im Wettbewerb zueinander stehen. In diesem Zusammenhang ist politische Steuerung über Politiknetzwerke auch nicht gleichbedeutend mit anhaltender Dezentralisierung und damit einer Aufgabe des staatlichen Steuerungsanspruches. Ähnlich wie das koordinierende Unternehmen in strategischen Unternehmensnetzwerken (Bellmann/Hippe 1996; Sydow 1994, 2009) ist der Staat in Politiknetzwerken oftmals dergestalt positioniert, dass seine Kernkompetenz in der

> Rolle von Ressourcen und Kooperation

> Staatlicher Steuerungsanspruch

Koordination des Netzwerkes besteht, was seinen Einfluss auf die Politikergebnisse wesentlich erhöht.

Wachsende Koordinations-probleme durch Verflechtung   Als problematisch für die Koordinationsfähigkeit des Staates erweisen sich jedoch auch in *Policy*-Netzwerken die zunehmenden Überlappungen zwischen unterschiedlichen Politikbereichen, etwa der Umwelt- und der Wirtschaftspolitik. Einer wachsenden Anzahl an politischen Entscheidungsprozessen beteiligter Akteure gelingt es somit immer weniger, sich auf allseits akzeptierte Lösungen zu einigen. Die Durchlässigkeit nationaler Grenzen führt besonders im Integrationsgebilde der Europäischen Union zu zusätzlichen Schwierigkeiten, müssen staatliche Akteure doch gleichsam auf verschiedenen Ebenen konkurrierende Interessen koordinieren (Mehrebenenpolitik). Aus dieser zunehmenden Verflechtung politischer Arenen und den komplexeren Verhandlungssituationen können letztlich auch Politikblockaden resultieren (Scharpf 1993; Benz 1998).

Prekäre Ausprägungen von Policy-Netzwerken   Schließlich ist noch auf eine dunkle Seite von Politiknetzwerken hinzuweisen, die deren Legitimität betrifft. Ein Blick in viele junge Demokratien genügt, um zu erkennen, dass hier exklusive Verteilungskoalitionen zwar durchaus beachtliche Steuerungsleistungen erbringen können, diese jedoch aufgrund von ausuferndem Klientelismus und Patronage zu Lasten der Allgemeinheit gehen und nicht selten die tiefere Ursache für Finanzkrisen und wirtschaftliche Rezession darstellen. Auf Grundlage oftmals informeller Beziehungen können sich Regierung, Bürokratie und gesellschaftliche Akteure verbünden und zu Lasten der Allgemeinheit an den verfassungsmäßig vorgesehenen Organen gleichsam vorbeiregieren (Faust 2000b).

Governance   Seit etwa zwanzig Jahren hat mit dem Begriff der *Governance* sukzessive ein Konzept für Furore gesorgt, das die skizzierten Entwicklungen um den Steuerungsbegriff noch einen Schritt weiter vorantreibt. Die Fülle jüngerer Literatur bis hin zu ganzen Buchreihen zeigen genauso wie die Einrichtung eines Sonderforschungsbereiches in Berlin oder die Gründung des *Governance*-Zentrums in München, dass sich dieser Trend massiv in der Forschungslandschaft festgesetzt hat. Das *Governance*-Konzept – das gleichwohl in sehr verschiedenen Varianten existiert, weshalb von *dem* Konzept eigentlich nicht gesprochen werden kann (Benz et al. 2007: 13ff.) – schließt dabei zwar an Vorstellungen des akteurzentrierten Institutionalismus und der Policy-Netzwerke an und teilt deren Kritik an einfachen Modellen, geht aber in seinem Steuerungsverständnis darüber hinaus.

Was bedeutet nun *Governance?* – Der an sich eher harmlose Begriff (verstanden als *governing*, Regieren als Prozess) wurde erst in den 1990er Jahren zu einem analytischen Konzept, das verschiedene theoretische und empirische Akzentverschiebungen bündeln konnte. Theoretisch profitierte es von der Rezeption eines Stranges der Wirtschaftswissenschaften – genauer der Institutionenökonomik bzw. der Transaktionskostentheorie – die sich sukzessive mit dem wieder geweckten Interesse der Sozialwissenschaften – und allen voran der Politikwissenschaft – an Institutionen vereinbaren ließ (Benz et al. 2007; Mayntz 2004b). Die Institutionenökonomik hob – vereinfacht formuliert – darauf ab, dass der in der klassischen Wirtschaftstheorie nahezu dogmatisch verabsolutierte Markt nicht den einzigen und für bestimmte Aspekte nicht einmal den effizientesten Mechanismus der Handlungskoordination darstellen muss (Benz et al. 2007: 10ff.; Richter/ Furubotn 2010). Daraus ergaben sich Fragen, die – immer mit Blick auf wirtschaftliche Vorgänge („Transaktionen") – einen kritischen Blick auf das Funktionieren von Märkten erlaubten und das Interesse an ihrer Einbettung in nicht-marktförmige Regelungsstrukturen weckten.

Entwicklung des Governance-Konzepts

Institutionenökonomik: Kritik am „Markt"

Umgekehrt bewegte sich die Politikwissenschaft und insbesondere die Policy-Forschung – wie oben bereits erläutert – beständig weg von der „Hierarchie" als prägendem Mechanismus der Handlungskoordination im politischen System. Vom empirischer Seite profitierte die Karriere des Begriffs dabei von der schrumpfenden Bedeutung der nationalstaatlichen Handlungsspielräume und den darauf bezogenen Bestrebungen, die vielfältigen Regelungsmechanismen auf supranationaler Ebene angemessen zu erfassen, ohne sich dabei auf einen klar benennbaren Steuerungsakteur beziehen zu können. Zum einen wurde die sich nach dem Vertrag von Amsterdam rapide entwickelnde Europäische Union trotz der ihr zugewachsenen Kompetenzfülle zunehmend als Regelungsstruktur begriffen, die keine entscheidende politische Spitze hat, sondern selbst als maßgeblicher – quasi un-persönlicher – Rahmen und Handlungskorridor aller relevanten Akteure dient. Oder mit anderen Worten: Der institutionelle Rahmen des europäischen Regelgeflechts wird stärker zum maßgeblichen Fixpunkt der Handlungskoordination als eine Regierung bzw. ein erzwingender Staat als Steuerungsakteur.

Politikwissenschaft: Kritik an „Hierarchie"

Schrumpfende Handlungsspielräume der Nationalstaaten

Europäische Union

Zum andern war das Ende des Ost-West-Konflikts mit dem Zusammenbruch des Sowjetimperiums der letzte Auslöser dafür, dass im Bereich der Internationalen Beziehungen wieder verstärkt jenen Phänomenen zwischenstaatlicher Kooperation

Internationale Beziehungen

Aufmerksamkeit geschenkt wurde, die problemlösungsorientiert und vor allem relativ dauerhafter Natur waren, ohne über einen Weltstaat als Steuerungssubjekt zu verfügen. „Governance without government" (Rosenau/Czempiel 1992) wurde das Geflecht aus internationalen Organisationen, „internationalen Regimen" und transnationalen Kooperationsformen genannt, das auf den verschiedensten Politikebenen, in den verschiedensten Politikbereichen und überdies in allen Weltregionen zu beobachten war (und ist). Mit anderen Worten ergab sich ein Bild der internationalen Politik, das weit von „Anarchie" und puren Machtbeziehungen entfernt war, sondern – auch ohne „Weltstaat" – eine erstaunliche Problemlösungsfähigkeit unter Beweis stellte (etwa in den Bereichen Sicherheit, Umwelt, Entwicklung, v.a. aber Wirtschaft). Auch hier – etwa in der Forschung über die internationalen Regime – spielten theoretische wie empirische Entwicklungen zusammen, die insgesamt den Blick auf den Eigenwert von Institutionen, ihr Entstehen und natürlich ihre Wirkung lenkten (Müller 1993).

Nicht zuletzt wurden weitere Impulse für ein „staatloses Regieren" durch den Nachweis gesetzt, dass auch innerhalb von Nationalstaaten selbst in Dilemmasituationen Problemlösungen gefunden werden können, ohne auf den Staat als „neutrale" Instanz rekurrieren zu müssen (Ostrom 1990). Die Fähigkeit zur „Selbstregierung" privater Akteure – d.h. die relativ dauerhafte Lösung gesellschaftlicher Konflikte ohne Zutun staatlicher Instanzen – bestärkte letztlich eine Sichtweise, die den Staat als Steuerungssubjekt noch weiter aus dem analytischen Blickfeld rückt.

In diesem Sinne lässt sich *Governance*, bezogen auf die nationalstaatliche Ebene, in der Definition von Renate Mayntz (2004a: 66) fassen als „... das Gesamt aller nebeneinander bestehenden Formen der kollektiven Regelung gesellschaftlicher Sachverhalte: von der institutionalisierten zivilgesellschaftlichen Selbstregelung über verschiedene Formen des Zusammenwirkens staatlicher und privater Akteure bis hin zu hoheitlichem Handeln staatlicher Akteure".

Dies bedeutet, dass die in der Vorstellung der Steuerung noch enthaltene Unterscheidung zwischen Steuerungssubjekt („Staat") und Steuerungsobjekt („Gesellschaft") aufgegeben wird zugunsten der Vorstellung einer Regelungsstruktur, der beide gleichermaßen – wenn auch mit ganz unterschiedlichen Handlungskapazitäten – unterliegen. In ihr sind somit zwar noch immer die in den klassischen Ansätzen bis hin zu den Policy-Netzwerken prominenten Akteure enthalten, doch werden diese gleichsam

---

Marginalien:

„Governance without government"

Fähigkeit zur „Selbstregierung"

Definition „Governance"

Verwischung der Unterscheidung von „Steuerungssubjekt" und „Steuerungsobjekt"

überwölbt durch die von ihnen selbst mitgeschaffenen Regeln und Verfahren. Noch deutlicher als bei den Policy-Netzwerken ist auch die private Selbstregelung mit in diesem Konzept enthalten, die oftmals als gleichberechtigte Handlungskoordination und Problemlösungsmechanismus begriffen wird. Andererseits wird der Staat nicht als einheitlicher Akteur angesehen, sondern als Geflecht verschiedener, nicht durchweg hierarchisch verknüpfter Instanzen (Behörden, Ämter), weshalb in der Definition auch nicht von „Staat", sondern von staatlichen Akteuren gesprochen wird. Aus dieser Perspektive kann man bei *Governance* somit zwar von „institutioneller Steuerung" reden. Allerdings ist mit der Aufgabe der Unterscheidung zwischen Steuerungssubjekt und Steuerungsobjekt eine Tendenz angelegt, sich von einem klaren Steuerungsbegriff zu verabschieden und damit auch keinen klaren analytischen Ansatzpunkt für die Behandlung von Steuerungsfragen angeben zu können (Mayntz 2004b: 6).

Der analytische Nutzen des Konzeptes – hier immer mit Blick auf „Steuerung", d.h. im eingangs erwähnten Sinne der zielgerichteten Beeinflussung gesellschaftlicher Entwicklungen – liegt gleichwohl darin, die verschiedenen Formen und Mechanismen kollektiver Problemlösung in modernen Gesellschaften einzufangen sowie deren Strukturen, Mechanismen und Wirkungen zu analysieren. Dazu gehören somit auch jene Strukturen und Mechanismen, die sich dem hergebrachten Steuerungsbegriff entziehen, wie auch solche, die im zwischenstaatlichen oder suprastaatlichen Bereich liegen. Es erlaubt, „Typen von Koordinationsstrukturen zu identifizieren, die man je nach dem Gegenstand der Analyse auf einem Kontinuum zwischen Markt und Staat einordnen oder in Kategorien wie Wettbewerb, Netzwerke, Verhandlungen oder Gemeinschaft fassen kann, um das Zusammenwirken dieser Koordinationsstrukturen zu analysieren" (Benz et al. 2007: 18). Für politische Steuerung als praktisches Konzept bedeutet dies, dass sie im Wissen um ihre Grenzen in verschiedenen Arenen betrieben werden kann, aber auch, dass jenseits dieser Grenzen die Regelung kollektiver Sachverhalte möglich ist.

Nutzen des Governance-Konzepts

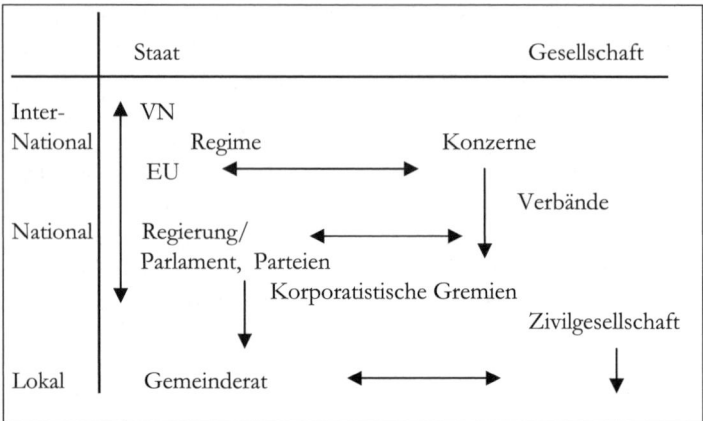

Quelle: Eigene Darstellung, Doppelpfeile = Interaktionsbeziehungen

Abb. 3: Governance – Akteure und Regulierungsebenen

Kritik: „Macht-
blindheit"

Mit seinem Fokus auf die kollektive Regelung gesellschaftlicher Sachverhalte ist der *Governance*-Ansatz deutlich durch einen „Problemlösungsbias" (Mayntz 2004a: 74) geprägt, indem die Leistungsfähigkeit institutioneller Arrangements zur Bereitstellung von Kollektivgütern zum Thema gemacht wird. Aus analytischer Perspektive ist er zwar offen auch für die Thematisierung von Steuerungsversagen, Machtfragen und ungleiche Verteilungen. Dennoch läuft er nach Mayntz Gefahr zu unterstellen, es gehe in der politischen Wirklichkeit um die Lösung kollektiver Probleme und nicht – auch oder primär – um Machtgewinn und Machterhalt. „Die Governance-Theorie, die sich auf Regelungsstrukturen konzentriert, wird (...) leicht zu dem funktionalistischen Fehlschluss verführt, dass existierende Institutionen im Interesse der Lösung kollektiver Probleme entstanden sind" (Mayntz 2004b: 7). Sowohl der *Governance*- wie auch der Steuerungstheorie wohne „die Gefahr inne, die erfolgreiche Kanalisierung bzw. Transformation partikularer Interessen im Interesse des größeren Ganzen als Normalfall anzusehen bzw. sich in der empirischen Analyse auf solche Fälle zu konzentrieren" (ebd.).

Policy-Analyse
und „Macht"

Damit schließt sich gewissermaßen der Kreis mit Blick auf die Policy-Analyse im Allgemeinen. Denn die Kritik am Problemlösungsbias des *Governance*-Ansatzes ist letztlich auch eine Kritik am größten Teil der Policy-Forschung als solcher, da diese schon von ihrem Gründungsanspruch her dezidiert auf Problemlösung ausgerichtet war und ist. Die Kritik an der damit scheinbar einher gehenden „Machtvergessenheit" wurde en passant und in den letzten Jahren wiederholt geäußert. Neben einer Insiderkritik aus der Policy-Forschung selbst, die das Zurückholen dieser klassischen politikwissenschaftlichen Frage nach den „unterschiedlichen Gesichtern und Dimensionen der Macht" (Schneider/Janning 2006: 224) als Desiderat einfordert, stimmen z.B. auch feministische Positionen, die etwa die fehlende geschlechtsspezifische Neutralität von Institutionen und Organisationen betonen, mehr oder weniger grundsätzlich in diesen Chor ein (Hawkesworth 1994; Ostendorf 1996; Behning/Lepperhoff 1997). Am schärfsten formulieren dies Kritiker, die in der Entwicklung der Policy-Analyse eine Hinwendung zur „technokratisch-gouvernementalen Problemlösungsperspektive" (Greven 2008: 27) ausmachen, in der der macht- und herrschaftskritische Aspekt verschwindet und sich die Forschung „gewissermaßen die Gedanken der Regierenden" (ebd.) macht. „Die Politikwissenschaft wird dadurch gegenüber ihrem ureigensten Untersuchungsgegenstand unkritisch und ist in Gestalt der Politikfeld- und Policy-Forschung in der Gefahr, zu einer Art Betriebswirtschaft der öffentlichen Angelegenheiten zu denaturieren" (ebd.). Alles in allem deutet diese Vielstimmigkeit darauf hin, dass Fragen der Macht in Zukunft wieder ein stärkeres Gewicht in der Politikfeldanalyse beizumessen ist.

Fazit und Perspektiven der Forschung   4.

In der Entwicklung der Policy-Forschung zeigen sich zwei Befunde: (1) Die Theorien sind in den Bereichen am stärksten elaboriert, in denen die methodischen Probleme relativ gering und die Datenlage zufriedenstellend ist (gerade auch im internationalen Vergleich); (2) die Theoriebildung ist nicht mehr reduziert auf stark vereinfachte Kausalannahmen, sondern versucht alle relevanten Aspekte (unter dem Gesichtspunkt der Steuerung) zu berücksichtigen – am deutlichsten ausgeprägt im institutionellen Ansatz und in der Netzwerk-Analyse bzw. dem *Governance*-Ansatz (auch wenn diese keine Theorien im eigentlichen Sinne darstellen, sondern theoretische Modelle, die für die Einbindung von Hypothesen offen sind). Aufgrund der damit verbundenen theoretischen Komplexitätssteigerung gestaltet sich mit diesen Analysekonzepten die Entwicklung von Theorien zur Erklärung von Politikfeldern nicht einfacher, doch sie erweisen sich als situationsadäquater als die Ansätze der früheren Etappen.

Trotz der konzeptionellen Grenzen in traditionellen Ansätzen sind die Leistungen der Policy-Forschung beachtlich. Systematische Untersuchungen in den klassischen Policy-Feldern der Wirtschafts- und Sozialpolitik haben etliche Zusammenhänge hinsichtlich des Erfolges und Scheiterns plausibel erläutern können, wenngleich die empirischen Veränderungen in diesen Gebieten stets auf das Neue zur Überprüfung bestehender Annahmen drängen. In der vergleichenden Perspektive hat die Policy-Forschung gleichfalls den Blick auf die Charakteristika der Politikgestaltung gerichtet und nicht nur das Tun, sondern auch das Lassen von Regierungen herausgestellt. Schließlich haben die Untersuchungen der Steuerungsprozesse zwar nicht die Euphorie einer einfach zu kalkulierenden Planung aufrecht erhalten können ('Ende der Machbarkeitsillusion'), sie haben aber deutlich die Probleme der politischen Steuerung analysiert und neue Steuerungsmöglichkeiten skizziert.

Wir können im Bereich der Politikfeldanalyse zwei zentrale Trends beobachten. Erstens haben sich die methodischen und die theoretischen Bemühungen stetig differenziert. Mit diesen Differenzierungsbestrebungen wird die Forschungslage nicht einfacher, aber dem Gegenstand angemessener. Eng mit dieser Entwicklung ist die Einsicht verknüpft, dass lineare und vertikale Steuerungsmodelle ein hohes Maß an Unterkomplexität besitzen und folglich ihre Ergänzung oder Modifizierung durch Mehrebenenmodelle oder Netzwerkkonzeptionen benötigen. Diesen Schritt zu gehen, bedeutet nicht, dem Luhmannschen Diktum der „autopoietischen Selbststeuerung" zu folgen, nach dem sich die einzelnen Subsysteme weitgehend selbst steuern und dem politischen System allenfalls eine moderierende Rolle zukommt, sondern zu erkennen, dass Regieren in zahlreichen Wirkungszusammenhängen steht, die eine differenzierte Analyse erfordern.

Damit ist bereits der zweite Trend angesprochen, der die Globalisierungsprozesse reflektiert. Politikfeldgestaltung kann in vielen Politikfeldern weder in der politischen Planung noch in der politikwissenschaftlichen Analyse als rein nationales Unterfangen konzipiert werden. Denn die gesellschaftlichen und wirtschaftlichen Verflechtungen im internationalen Bereich lassen einer rein nationalen Koordinierung immer weniger Raum. Zugleich haben die Nationalstaaten auch institutionell Kompetenzen an supranationale Organisationen und internationale Regime abgetreten, was gleichfalls für die Erweiterung des Analysekonzeptes spricht. Die Überlegungen zum Phänomen der Globalisierung lassen von einer generellen Neuordnung der Policy-Forschung sprechen. Waren die ersten drei Phasen der Theorieentwicklung überwiegend von einer national fokussierten Analyse geprägt, so werden nun die Defizite dieser Begrenzung systematisch einbezogen und einer ‚entgrenzten' Welt geöffnet (Faust/Vogt 2006). Dies sollte nun aber wiederum nicht bedeuten, die Steuerungsfähigkeit der nationalen Ebene zu ignorieren oder allzu gering zu achten, sie ist aber stets im Kontext der globalen Einflüsse und Verflechtungen zu analysieren.

Literatur

Annotierte Auswahlbibliografie

Blum, Sonja/Schubert, Klaus (2018): Politikfeldanalyse, 3. akt. Aufl., Wiesbaden.
Diese Einführung führt in grundlegende Fragen der Policy-Forschung ein und bietet einen Einstieg in die Thematik.

Görlitz, Axel/Burth, Hans-Peter (1998): Politische Steuerung. Ein Studienbuch, Opladen.
Die Autoren geben einen breiten, einführenden und theoretisch geleiteten Überblick über Aspekte politischer Steuerung.

Lange, Stefan/Braun, Dietmar (2000): Politische Steuerung zwischen System und Akteur. Eine Einführung, Opladen.
Die Autoren führen in die Thematik der politischen Steuerung aus system- und akteurstheoretischer Perspektive ein und erläutern die Problematik anhand ausgewählter Policy-Bereiche.

Scharpf, Fritz (1998): Games Real Actors Play. Actor-Centered Institutionalism in Policy Research, Boulder/Oxford 1998 (deutsch: Interaktionsformen. Akteurszentrierter Institutionalismus in der Politikforschung, Opladen 2000).
Der Autor verwendet in diesem anspruchsvollen Buch zur Politikfeldanalyse mit dem „akteurzentrierten Institutionalismus" einen stärker institutionenökonomischen Ansatz, der mittels der Betonung spieltheoretischer Verfahren empirische Politikergebnisse zu erklären sucht.

Schneider, Volker/Janning, Frank (2006): Politikfeldanalyse. Akteure, Diskurse und Netzwerke in der öffentlichen Politik, Wiesbaden.
Dieser eher anspruchvollere Band bietet einen umfassenden Überblick über die Politikfeldforschung. Im Zentrum stehen hierbei grundlegende und weiterführende theoretische und methodologische Fragen.

Schubert, Klaus/Bandelow, Nils C. (Hrsg.) (2014a): Lehrbuch der Politikfeldanalyse, 3. akt. & überarb. Aufl., München.
Das Lehrbuch wendet sich an fortgeschrittene Studierende und bietet einen umfassenden Überblick über unterschiedliche Methoden und Konzepte der Politikfeldanalyse. Die anschauliche Darstellung und die gelungene Ausrichtung auf die Studienpraxis erleichtern die vertiefende Beschäftigung mit der Materie.

Wenzelburger, Georg; Zohlnhöfer, Reimut (Hrsg.) (2015): Handbuch Policy-Forschung, Wiesbaden.
Das Handbuch, das in drei Bereiche (Theorien, Methoden und Politikfelder) gegliedert ist, bietet einen umfassenden Überblick zum Thema und zum aktuellen Forschungsstand.

Weiterführende Literatur
Behning, Ute/Lepperhoff, Julia (1997): Policy-Forschung revisited. Zum theoretischen, methodischen und methodologischen Gehalt von Policy-Analysen, in: femina politica. Zeitschrift für feministische Politik-Wissenschaft 6 (1), S. 52-60.
Behrens, Maria (2003): Quantitative und qualitative Methoden in der Politikfeldanalyse, in: Schubert, Klaus/Bandelow, Nils C. (Hrsg.): Lehrbuch der Politikfeldanalyse, München, S. 203-236.
Bellmann, Klaus/Hippe, Alan (Hrsg.) (1996): Management von Unternehmensnetzwerken. Interorganisationale Konzepte und praktische Umsetzung, Wiesbaden.
Benz, Arthur (1998): Postparlamentarische Demokratie? Demokratische Legitimation im kooperativen Staat, in: Greven, Michael (Hrsg.): Demokratie – eine Kultur des Westens?, Opladen, S. 201-222.
Benz, Arthur et al. (2007): Einleitung, in: Benz, Arthur et al. (Hrsg): Handbuch Governance. Theoretische Grundlagen und empirische Anwendungsfelder, Wiesbaden, S. 9-25.
Börzel, Tanja (1998): Organizing Babylon – On the Different Conceptions of Policy Networks, in: Public Administration 76 (2), S. 253-273.
Braun, Dietmar/Giraud, Olivier (2003): Steuerungsinstrumente, in: Schubert, Klaus/ Bandelow, Nils C. (Hrsg.): Lehrbuch der Politikfeldanalyse, München, S. 147-173.
Budge, Ian/Keman, Hans (1990): Partys and Democracy. Coalition Formation and Party Functioning in Twenty States, Oxford.
Czada, Roland (1996): Vertretung und Verhandlung. Aspekte politischer Konfliktregelung in Mehrebenensystemen, in: Benz, Arthur/Seibel, Wolfgang (Hrsg.): Theorieentwicklung in der Politikwissenschaft – Eine Zwischenbilanz. Baden-Baden, S. 237-259.
Czada, Roland (1998): Neuere Entwicklungen der Politikfeldanalyse, in: Czada, Roland/Alemann, Ulrich v. (Hrsg.): Kongressbeiträge zur Politischen Soziologie, Politischen Ökonomie und Politikfeldanalyse. Polis 39, Arbeitspapiere aus der Fernuniversität Hagen, S. 47-65.
Czada, Roland (2006): Demokratietypen, institutionelle Dynamik und Interessenvermittlung: Das Konzept der Verhandlungsdemokratie, in: Lauth, Hans-Joachim (Hrsg.): Vergleichende Regierungslehre, Wiesbaden, S. 247-269.
Dose, Nicolai (2008): Wiederbelebung der Policy-Forschung durch konzeptionelle Erneuerung, in: Janning, Frank/Toens, Katrin (Hrsg.): Die Zukunft der Policy-Forschung, Wiesbaden, S. 175-190.
Downs, Anthony (1957): An Economic Theory of Democracy, New York (deutsch: Ökonomische Theorie der Politik, Tübingen 1968).

Dye, Thomas R. (1976): Policy Analysis. What governments do, Why they do it and What difference it makes, University of Alabama, Tuscaloosa.

Dye, Thomas R./Gray, Virginia (Hrsg.) (1980): The Determinants of Public Policy, Lexington/Mass.

Esping-Andersen, Gösta (1990): The Three Worlds of Welfare Capitalism, Cambridge.

Evans, Peter B./Rueschemeyer, Dietrich/Skocpol, Theda (1985): Bringing the State Back in, Cambridge.

Faust, Jörg (2000a): Informale Politik und ökonomische Krisen in jungen Demokratien, in: Aus Politik und Zeitgeschichte (APUZ) B22, S. 3-9.

Faust, Jörg (2000b): Politische Herrschaft, Verteilungskoalitionen und ökonomische Labilität – eine erste Bilanz, in: Faust, Jörg/Dosch, Jörn (Hrsg.): Die ökonomische Dynamik politischer Herrschaft. Lateinamerika und das pazifische Asien, Opladen, S. 285-304.

Faust, Jörg/Vogt, Thomas (2006): Politikfeldanalyse und internationale Kooperation, in: Lauth, Hans-Joachim (Hrsg.): Vergleichende Regierungslehre, 2. Aufl., Wiesbaden, S. 419-449.

Greven, Michael Th. (2008): „Politik" als Problemlösung – und als vernachlässigte Problemursache. Anmerkungen zur Policy-Forschung, in: Janning, Frank/Toens, Katrin (Hrsg.): Die Zukunft der Policy-Forschung. Theorien, Methoden, Anwendungen, Wiesbaden, S. 23-33.

Hawkesworth, Mary (1994): Policy Studies within a Feminist Frame, in: Policy Science 27 (2-3), S. 97-118.

Hèritier, Adrienne (1994): Die Veränderung der Staatlichkeit in Europa. Ein regulativer Wettbewerb. Deutschland, Großbritannien und Frankreich in der Europäischen Union, Opladen.

Héritier, Adrienne (Hrsg.) (1993): Policy-Analyse. Kritik und Neuorientierung, PVS-Sonderheft 24, Opladen.

Hibbs, Douglas A. (1977): Political Partys and Macroeconomic Policy, in: APSR 71, S. 1467-1487.

Hibbs, Douglas A. (1991): The Partisan Model of Macroeconomic Cycles: More Theory and Evidence for the United States, Stockholm.

Hofferbert, Richard I./Cingranelli, David Louis (1998): Public Policy and Administration: Comparative Policy Analysis, in: Goodin, Robert E./Klingemann, Hans-Dieter (Hrsg.): A New Handbook of Political Science, Oxford, S. 593-609.

Jann, Werner (1994): Politikfeldanalyse, in: Nohlen, Dieter (Hrsg.): Lexikon der Politik Bd. II. Begriffe und Methoden, München, S. 308-314.

Jann, Werner/Wegrich, Kai (2003): Phasenmodelle und Politikprozesse: Der Policy-Cycle, in: Schubert, Klaus/Bandelow, Nils C. (Hrsg.): Lehrbuch der Politikfeldanalyse, München, S. 71-104.

Jansen, Dorothea (2006): Einführung in die Netzwerkanalyse. Grundlagen, Methoden, Forschungsbeispiele, 3. Aufl., Opladen.

Korpi, Walter (1991): Political and Economic Explanations for Unemployment: A Cross-National and Long-Term Analysis, in: British Journal of Political Science 21, S. 315-348.

Kritzinger, Sylvia/Michalowitz, Irina (2008): Methodologische Triangulation in der europäischen Policy-Forschung, in: Janning, Frank/Toens, Katrin (Hrsg.): Die Zukunft der Policy-Forschung. Theorien, Methoden, Anwendungen, Wiesbaden, S. 191-210.

Lauth, Hans-Joachim/Liebert, Ulrike (Hrsg.) (1999): Im Schatten demokratischer Legitimität. Informelle Institutionen und politische Partizipation im interkulturellen Demokratien-Vergleich, Opladen.

Lauth, Hans-Joachim/Pickel, Gert/Pickel, Susanne (2015): Methoden der vergleichenden Politikwissenschaft, Wiesbaden.

Liebert, Ulrike (1995): Modelle demokratischer Konsolidierung. Parlamente und organisierte Interessen in der Bundesrepublik Deutschland, Italien und Spanien (1948-1990), Opladen.

Lijphart, Arend (2015): Patterns of Democracy, 2. Aufl., New Haven/London.

Mayntz, Renate (1997): Politische Steuerung und gesellschaftliche Steuerungsprobleme, in: Mayntz, Renate: Soziale Dynamik und politische Steuerung. Frankfurt, S. 186-208.

Mayntz, Renate (2004a): Governance im modernen Staat, in: Benz, Arthur (Hrsg.), Governance – Regieren in komplexen Regelsystemen (Reihe Governance, Bd. 1). Wiesbaden, S. 65-75.

Mayntz, Renate (2004b): Governance Theory als fortentwickelte Steuerungstheorie?, MPIfG Working Paper 04/1 (http://www.mpi-fg-koeln.mpg.de/pu/workpap/wp04-1/wp04-1.html).

Mayntz, Renate/Scharpf, Fritz W. (1973): Kriterien, Voraussetzungen und Einschränkungen aktiver Politik, in: Mayntz, Renate/Scharpf, Fritz W. (Hrsg.): Planungsorganisation. Die Diskussion um die Reform von Regierung und Verwaltung des Bundes, München, S. 115-145.

Mayntz, Renate/Scharpf, Fritz W. (1995): Der Ansatz des akteurszentrierten Institutionalismus, in: Mayntz, Renate/Scharpf, Fritz W. (Hrsg.): Gesellschaftliche Selbstregelung und politische Steuerung, Frankfurt a. M., S. 39-72.

Mayntz, Renate/Scharpf, Fritz W. (Hrsg.) (1973): Planungsorganisation. Die Diskussion um die Reform von Regierung und Verwaltung des Bundes, München.

Merkel, Wolfgang (1993): Ende der Sozialdemokratie? Machtressourcen und Regierungspolitik im westeuropäischen Vergleich, Frankfurt a. M.

Müller, Harald (1993): Die Chance der Kooperation. Regime in den internationalen Beziehungen, Darmstadt.

North, Douglass C. (1992): Institutionen, institutioneller Wandel und Wirtschaftsleistung, Tübingen.

Olson, Mancur (1982): The Rise and Decline of Nations. Economic Growth, Stagflation, and Social Rigidities, New Haven/London.

Ostendorf, Helga (1996): Überlegungen zur Geschlechterpolitik staatlicher Institutionen – Die Chancen der Implementation frauenfördernder Bildungsprogramme, in: Zeitschrift für Frauenforschung 14 (3), S. 23-38.

Ostrom, Elinor (1990): Governing the Commons. The Evolution of Institutions for Collective Action, Cambridge.

Richter, Rudolf/Furubotn, Eirik (2010): Neue Institutionenökonomik. Eine Einführung und kritische Würdigung, 4. überarb. & erw. Aufl., Tübingen.

Rosenau, James N./Czempiel, Ernst-Otto (Hrsg.) (1992): Governance without Government: Order and Change in World Politics, Cambridge.

Rueschemeyer, Dietrich/Huber Stephens, Evelyne/Stephens, John D. (1992): Capitalist Development and Democracy, Chicago.

Sabatier, Paul A. (1993): Advocacy-Koalitionen, Policy-Wandel und Policy-Lernen: Eine Alternative zur Phasenheuristik, in: Héritier, Adrienne (Hrsg.): Policy-Analyse. Kritik und Neuorientierung, Opladen, S. 116-148.

Scharpf, Fritz W. (1977): Politischer Immobilismus und ökonomische Krise. Aufsätze zu politischen Restriktionen der Wirtschaftspolitik in der Bundesrepublik, Königstein/Ts.

Scharpf, Fritz W. (1993): Legitimationsprobleme der Globalisierung – Regieren in Verhandlungssystemen, in: Böhret, Carl/Wewer, Göttrik (Hrsg.): Regieren im 21. Jahrhundert – Zwischen Globalisierung und Regionalisierung, Opladen, S. 165-186.

Schmidt, Manfred G. (1986): Politische Bedingungen erfolgreicher Wirtschaftspolitik. Eine vergleichende Analyse westlicher Industrieländer (1960-1985), in: Journal für Sozialforschung 26, S. 251-274.

Schmidt, Manfred G. (1988): Sozialpolitik. Historische Entwicklung und internationaler Vergleich, Opladen.

Schmidt, Manfred G. (1993): Theorien in der international vergleichenden Staatstätigkeitsforschung, in: Héritier, Adrienne (Hrsg.): Policy-Analyse, Opladen, S. 371-393.

Schubert, Klaus (1991): Politikfeldanalyse. Eine Einführung, Opladen.

Schubert, Klaus/Bandelow, Nils C. (2014b): Politikfeldanalyse: Dimensionen und Fragestellungen, in: Schubert, Klaus/Bandelow, Nils C. (Hrsg.): Lehrbuch der Politikfeldanalyse, 3. Aufl. München, S. 1-24.

Sydow, Jörg (1994): Strategische Netzwerke. Evolution und Organisation, Wiesbaden.

Sydow, Jörg (Hrsg.) (2009): Management von Netzwerkorganisationen. Beiträge aus der ‚Managementforschung‘, 5. Aufl., Wiesbaden.

Tufte, Edward R. (1978): Political Control of the Economy, Princeton.

Wagner, Adolph (1893): Grundlegung der politischen Ökonomie, Teil 1: Grundlagen der Volkswirtschaft, 3. Aufl., Leipzig.

Weede, Erich (1990): Wirtschaft, Staat und Gesellschaft. Zur Soziologie der kapitalistischen Marktwirtschaft und der Demokratie, Tübingen.

Wilensky, Harold T. (1975): The Welfare State and Equality, Berkeley.

Windhoff-Héritier, Adrienne (1987): Policy-Analyse, Frankfurt a. M./New York.

Zohlnhöfer, Reimut (2008): Stand und Perspektiven der Vergleichenden Staatstätigkeitsforschung, in: Janning, Frank/Toens, Katrin (Hrsg.): Die Zukunft der Policy-Forschung, Wiesbaden, S. 157-174.

Politische Soziologie: Zur Bedeutung und Methodik empirischer Sozialforschung am Beispiel der Wahlforschung

Ulrich Eith/Gerd Mielke

1. Einleitung

Politische Soziologie Die politische Soziologie hat die politischen Einstellungen der Bürgerinnen und Bürger sowie deren politisches Verhalten zum Gegenstand, etwa die unterschiedlichen Formen der politischen Beteiligung, das Wählerverhalten oder auch die Ausprägung der politischen Kultur. Analyse und Interpretation dieser Einstellungen und des mit ihnen verbundenen Verhaltens erfolgen vor dem Hintergrund sozialer, ökonomischer und kultureller Verhältnisse und ihrer Entwicklungen.

Teilgebiete der politischen Soziologie Auf diese Weise ist in den letzten Jahrzehnten ein breites Spektrum von Teilgebieten der politischen Soziologie entstanden, in denen sich zum Teil eigenständige und differenzierte Forschungstraditionen entwickelt haben. Zu nennen sind hier etwa die Elitenforschung, die Forschung zu Parteimitgliedern und anderen politischen Aktivisten, der weite Bereich der Wertwandelsforschung oder auch die gerade in den letzten Jahren stark expandierende Forschung zum Sozialkapital und zum bürgerschaftlichen Engagement. Auf all diesen Teilgebieten haben sich zudem vergleichende, länderübergreifende Forschungsprojekte etabliert. Sie verknüpfen die politische Soziologie mit der vergleichenden Regierungslehre bzw. dem Feld der *comparative politics*.

Erweiterung der Forschungsperspektive Die so genannte behaviouristische Revolution der 1970-er Jahre hat zu einer Erweiterung der wissenschaftlichen Analyseperspektiven geführt. Insbesondere in den demokratischen Systemen stehen seitdem nicht allein die Strukturen des politischen Systems sondern zudem auch die politischen Einstellungen und Verhaltensweisen der Akteure – sowohl Regierende als auch Regierte – im Zentrum des wissenschaftlichen Interesses.

Veränderungen im Verständnis der wissenschaftlichen Methodik Verbunden mit dieser Erweiterung der Analyseperspektiven waren auch Veränderungen im Verständnis dessen, was als wissenschaftliche Methodik anzusehen ist. So hat die empirische Sozialforschung (vgl. König 1973-1978; Behnke et al. 2010) ganz nachdrücklich das kritisch-rationale Wissenschaftsverständnis in der Tradition von Karl R. Popper befördert, der die Falsifizierbarkeit wissenschaftlicher Aussagen und verbunden damit deren intersubjektive, quantitative Überprüfungsmöglichkeit zum zentralen Kriterium für Wissenschaftlichkeit erhoben hat (Popper 1984). Wissenschaft in diesem Verständnis beruht vor allem auf der Anwendung einer spezifischen Methodik, insbesondere hinsichtlich der Datenerhebung und der Datenanalyse.

Gleichwohl gehören die erkenntnistheoretischen und methodischen Auseinandersetzungen zwischen quantitativem und qualitativem Vorgehen, zwischen „Erklären" und „Verstehen" heute zumindest in der wissenschaftlichen Praxis weitgehend der Vergangenheit an.[1] Beide Zugänge haben ihre Vor- und Nachteile und ergänzen sich im Prozess der Erkenntnisgewinnung weit mehr, als dass sie sich gegenseitig ausschließen.[2] Bereits Max Weber hat als Ziel wissenschaftlichen Arbeitens die Erkenntnis der Wirklichkeit in ihrer Kulturbedeutung und ihrem kausalen Zusammenhang hervorgehoben. Und es gilt selbst für den Bereich der Wahlforschung, die wie kaum ein anderes Forschungsfeld unter der erkenntnistheoretischen und methodischen Hegemonie der kritisch-rationalen Wissenschaftsstandards steht, dass auch Vertreter anderer Schulen der Politikwissenschaft immer wieder wichtige Diskussionsbeiträge geleistet haben (vgl. Hennis 1957; Adorno 1984).

Quantitative vs. qualitative Verfahren

Der nachfolgende Beitrag gliedert sich in drei Teile. Nach der Einordnung der Wahlforschung in die Politikwissenschaft gilt es, die verschiedenen Erklärungsmodelle des Wählerverhaltens vergleichend zu diskutieren. Die abschließenden Ausführungen zur praktisch-politischen Wirkung der Wahlforschung verweisen auf ihre Bedeutung auch über den akademischen Bereich hinaus.

Gliederung des Beitrags

Zur Einordnung der Wahlforschung in die Politikwissenschaft   2.

Die Wahlforschung zählt ohne Zweifel zu den am höchsten entwickelten Teilbereichen der Politikwissenschaft. Nach einigen frühen Pionierstudien in der Tradition der Wahlgeographie oder *political ecology* lösten die seit den späten vierziger Jahren durchgeführten, bis heute als Klassiker der Wahlsoziologie geltenden amerikanischen Wahlstudien von Paul F. Lazarsfeld, Angus Campbell und ihren Mitarbeitern eine wahre Flut von Forschungsprojekten zu den Bestimmungsfaktoren des individuellen und

Ausnahmestellung der Wahlforschung

---

[1]   Zentral für die Auseinandersetzungen etwa die Beiträge in: Adorno et al. 1984.
[2]   Zur Methodik qualitativer Sozialforschung insb. Lamnek 1995.

kollektiven Wahlverhaltens aus, die schnell auf alle westlichen Demokratien übergriff.[3] Mittlerweile trifft zu:

> „Kaum ein anderer Forschungszweig weist eine ähnlich breite Basis an kontinuierlich erhobenen empirischen Befunden, an theoretisch tragfähigen Konstrukten und Hypothesengeflechten, an methodischem Raffinement und nicht zuletzt an internationaler wissenschaftlicher Kommunikationsfülle auf. Daß sich im Bereich der Wahlforschung in relativ kurzer Zeit feste Forschungstraditionen entwickelt [...] haben, gehört zweifellos zu den Ausnahmesituationen des Faches" (Oberndörfer 1978: 13).

Etablierung der Wahlforschung

Die Etablierung der Wahlforschung ist mit einer breit gefächerten Ausdifferenzierung der Wissenschaftslandschaft einhergegangen. Neben der universitären Wahlforschung hat sich in den letzten Jahrzehnten zugleich eine Routinisierung und Kommerzialisierung der Wahlforschung in zahlreichen Instituten außerhalb der Hochschulen vollzogen.

Ausnahmestellung ihres Forschungsgegenstandes

Die Ausnahmestellung der Wahlforschung wird zum anderen durch die Ausnahmestellung ihres Forschungsgegenstandes begründet. Trotz mancher kritischer Einschätzungen, die auch in der politikwissenschaftlichen Diskussion gegenüber dem „Regentanz-Ritual" der Wahlen und Wahlkämpfe in modernen Demokratien laut wurden und die im Wählen einen eher formalen, im Vergleich zu anderen Formen der politischen Teilhabe undifferenzierten Akt politischer Partizipation sehen, nehmen die Wahlen im politischen Leben der westlichen Demokratien nach wie vor eine Schlüsselstellung ein. Wahlen legitimieren politische Herrschaft. Sie entscheiden letzten Endes über die Zuweisung der zentralen Rollen von Regierung und Opposition. Mit ihrer Hilfe wird der Mechanismus der politischen Repräsentation in Gang gehalten. Für den weitaus größten Teil der Bevölkerung bilden sie das wichtigste und einzige Instrument der politischen Teilhabe. Wahlen tragen ganz maßgeblich zur Artikulation politischer Interessen im öffentlichen Bereich bei.[4]

Wahlforschung als Beispiel für die moderne Politikwissenschaft

Mit der kaum noch überschaubaren Fülle der Literatur und der Vielzahl der in ihrem Bereich abgehandelten Themen bietet die Wahlforschung gleich in mehrfacher Hinsicht ein bemerkenswertes Beispiel für die moderne Politikwissenschaft. Deutlich geworden ist bereits die Verankerung der Wahlforschung als Teil

---

3   Als Klassiker der deutschen Wahlforschung sind bspw. zu nennen Heberle 1963; Schauff 1928; zur Entwicklung der Wahlforschung vgl. Diederich 1965.

4   Zu den Funktionen von Wahlen vgl. Vogel et al. 1971; Nohlen 2013.

der empirischen Sozialforschung im kritisch-rationalen Wissenschaftsverständnis. Darüber hinaus sollen im Folgenden drei weitere, zentrale Aspekte näher ausgeführt werden.

So bewegt sich die Wahlforschung zum Ersten inmitten des demokratietheoretischen Kernbereichs des Faches. Als empirische Disziplin in der Tradition der politischen Verhaltensforschung konzentriert sie sich auf die Frage nach den Beweggründen und Bedingungskonstellationen für die Wahlentscheidung. Viele Facetten des Bildes, das wir in den vergangenen Jahrzehnten vom *political man* gewonnen haben, gehen auf Studien über das Wahlverhalten zurück. Entsprechend hat sich das Bild, das wir heute vom Bürger haben, unter dem Einfluss dieser empirischen Befunde zu den Ursachen des Wahlverhaltens grundlegend geändert. Dies wurde vor allem bei den Wahlstudien deutlich, die in den vierziger und fünfziger Jahren in den Vereinigten Staaten veröffentlicht wurden und deren Ergebnisse zu nachhaltigen Korrekturen an einem Bürgerbild führten, das in der Tradition der Aufklärung die politischen Tugenden und Fähigkeiten des Bürgers und Wählers in leuchtenden und optimistischen Farben gemalt hatte. Demgegenüber vermittelten die frühen Wahlstudien ein eher ernüchterndes Bild eines recht uninformierten, von Gruppen- und anderen sozialen Zwängen gesteuerten Wählers, dessen Stimmabgabe eben nicht auf gründlicher Befassung mit politischen Fragen beruhte.[5]

Die Ergebnisse der frühen Wahlstudien blieben nicht ohne Folgen für die normative Diskussion über demokratietheoretische Probleme. Alsbald entwickelte sich aus den Arbeiten der Wahlforscher eine „revisionistische" oder „realistische" Demokratietheorie. Diese geriet wiederum unter schweren Beschuss von zahlreichen Autoren, die ihr vorhielten, voreilig zentrale demokratische Normen preiszugeben. Die demokratietheoretischen Auseinandersetzungen, die die Wahlforschung und ihre Ergebnisse auslösten und die keineswegs abgeschlossen sind, verweisen auf die Korrektiv- bzw. kritische Funktion, die einer empirischen Teildisziplin wie der Wahlforschung im normativen Diskursfeld der Politikwissenschaft, der stetigen Reibungsfläche zwischen dem Bereich normativ-ethischer Aussagen und Festlegungen einerseits und den empirischen Befunden andererseits, zufällt (Burdick 1959; Sartori 1992: 94-136, 212-249).

Randnotizen:
Politische Verhaltensforschung

Korrektur am Bild des political man

Wirkung auf demokratietheoretische Dikussion

---

[5] Dies gilt vor allem für die weiter unten noch zu diskutierenden Studien von Lazarsfeld, Berelson und Campbell, aber auch für Almond/Verba 1963, 1980.

Synoptischer
Charakter der
Politikwissen-
schaft

Zum Zweiten demonstriert die Wahlforschung auch eindrucks-
voll den synoptischen Charakter der Politikwissenschaft (Bergstraesser 1966: 29). Schon die frühen Klassiker der Wahlforschung
haben in ihren Studien über die Bestimmungsfaktoren des Wählerverhaltens ganz unterschiedliche und disparate Theorien und
Forschungszweige der Sozialwissenschaft in einer Fragestellung
gebündelt. Theorien des sozialen Wandels, Modelle der Kommunikationsforschung und Mutmaßungen über das Konsumenten-
verhalten flossen in die Suche nach den Bestimmungsgründen
der Wahlentscheidung ebenso mit ein wie Elemente der Partizi-
pationsforschung oder auch der Kleingruppenpsychologie, die
dazu beitragen konnten, etwa die auffällige politische Homogeni-
tät von Einstellungen innerhalb von Familien oder Freundeskrei-
sen plausibel zu erklären. Diese in den frühen Wahlstudien bereits
angelegte Konzentration verschiedener Forschungslinien und
Traditionen auf eine Fragestellung hat sich in den vergangenen
Jahrzehnten noch verstärkt.

Ausweitung
der Fragestellung
und Verknüpfung
mit benachbarten
Forschungs-
gebieten

Parallel hierzu vollzog sich eine zweite Entwicklung. Nachdem
die Studien in den sechziger und frühen siebziger Jahren die
Faktoren, die der Wahlentscheidung unmittelbar vorgelagert sind,
systematisch analysiert hatten und damit das eng definierte For-
schungsziel, die individuelle Wahlentscheidung zu erklären, erreicht schien, gingen mehr und mehr Arbeiten dazu über, den
Wahlakt in ein weites und komplexes Spektrum von politischen
Einstellungen und Verhaltensformen einzuordnen. In der westdeutschen Wahlforschung gab Max Kaase 1973 mit seiner vielzi-
tierten Frage, „ob es sich überhaupt noch lohnt, so wie bisher
weiterzuarbeiten" (Kaase 1973: 152), den Startschuss einer bis
heute fortdauernden Ausweitung der Fragestellungen der Wahlforschung und ihrer Verknüpfung mit benachbarten Forschungs-
gebieten.

Fächerüber-
greifende Studien

Beispielhaft für diese Entwicklung im unmittelbarsten Umfeld
der Wahlforschung sind die zahlreichen Studien zur politischen
Kultur und zum Wertewandel in den modernen westlichen Industriegesellschaften. Hier wurde das Aufkommen der Grünen und
sogenannter Neuer Sozialer Bewegungen wie die Frauen-, Um-
welt- und Friedensbewegung auf tiefgreifende Veränderungen des
Wertgefüges in den jüngeren Generationen, vor allem in der sogenannten Postmaterialismus-Diskussion im Anschluss an die
Thesen von Ronald Inglehart, zurückgeführt (vgl. Inglehart 1989
und Gabriel 1986). Auch die beiden großen, international vergleichenden Studien zur politischen Partizipation von Samuel H.
Barnes, Max Kaase und ihren Mitarbeitern sind in der theore-

tischen Nachbarschaft der Wahlforschung angesiedelt und betten die analysierten Aktionsformen in einen komplexen sozio-ökonomischen, sozialisationsbezogenen und ideologischen Kontext von politischen Verhaltensmustern und Einstellungen ein (vgl. Barnes et al. 1979). Weiterhin ist in diesem Zusammenhang auf das von Max Kaase und Kenneth Newton initiierte Forschungsprojekt „Beliefs in Government" zu verweisen. In vergleichender Perspektive werden längerfristige Veränderungen in den Einstellungen der Bevölkerungen Westeuropas zur Legitimation demokratischer Politik sowie zur Bedeutung und den Aufgaben der Nationalstaaten wie auch der Europäischen Union untersucht.[6]

Diese Tendenz zur Erweiterung der Forschungsperspektive auf benachbarte Themenfelder wurde durch zahlreiche Studien ergänzt, die auf eine historische oder regionale Differenzierung des Wählerverhaltens abzielten. Das bemerkenswerte Charakteristikum gerade dieser Studien ist, dass sie häufig die ansonsten übliche Datenebene der durch Umfragen gewonnenen Individualdaten verlassen und ihre Ergebnisse vorwiegend auf Aggregatdaten, also auf Gebietseinheiten bezogene Daten, stützen (vgl. Falter 1991; Mielke 1987; Eith 1997; Schoon 2007). [Studien zur historischen und regionale Differenzierung des Wählerverhaltens]

Schließlich ist die Wahlforschung ein aufschlussreiches Beispiel für eine politikwissenschaftliche Teildisziplin mit ganz unmittelbaren Bezügen zur praktischen Politik. Dies bezieht sich zunächst auf das öffentliche und politische Interesse an den Ergebnissen der Wahlforschung, das zu einer kommerziellen und mediengerechten Aufbereitung vor allem eines Teils der Umfrageforschung geführt hat. Die Wahlanalysen von Infratest dimap oder der Forschungsgruppe Wahlen in den öffentlich-rechtlichen Programmen am Wahlabend, dem allmonatlich erscheinenden Politbarometer oder den Spiegel-Umfragen haben einen hohen Unterhaltungswert. Sie vermitteln den Zuschauern und Lesern ein Bild davon, welche Partei in der Wählergunst vorne liegt oder gerade an Boden verliert, welche Themen „in" oder „out" sind. Auch wenn im einzelnen nach wie vor umstritten ist, welchen Einfluss diese Informationen nun ihrerseits auf die politischen Einstellungen der Wähler ausüben, sie gehören zweifellos in jedem Fall längst zu unserer Informationskultur wie die Tagesschau, Wettervorhersagen, Berichte zur Fußball-Bundesliga oder auch die Notierungen des DAX oder Dow Jones-Index der Börse. [Wahlforschung und Öffentlichkeit]

---

[6] In den letzten Jahren erschien etwa folgende Untersuchung in vergleichender Perspektive: van Deth et al. 2007.

Wahlforschung und Parteien

Allerdings ist die praktisch-politische Relevanz der Wahlforschung mit der Widerspiegelung des Meinungs- und Informationsklimas keineswegs erschöpft. Sie entfaltet ihre stärkste Wirkung in den Parteien selbst, also unter den Akteuren, die versuchen, aus der wissenschaftlich fundierten Kenntnis über die Bestimmungsgründe des Wählerverhaltens nun – gewissermaßen im Umkehrschluss – Strategien der gezielten Beeinflussung der Wählerschaft zu entwickeln. Mittlerweile gehören allenthalben sozialwissenschaftliche Planungsstäbe, die sich diese Aufgabe zu eigen machen, zur Grundausstattung der Parteizentralen.

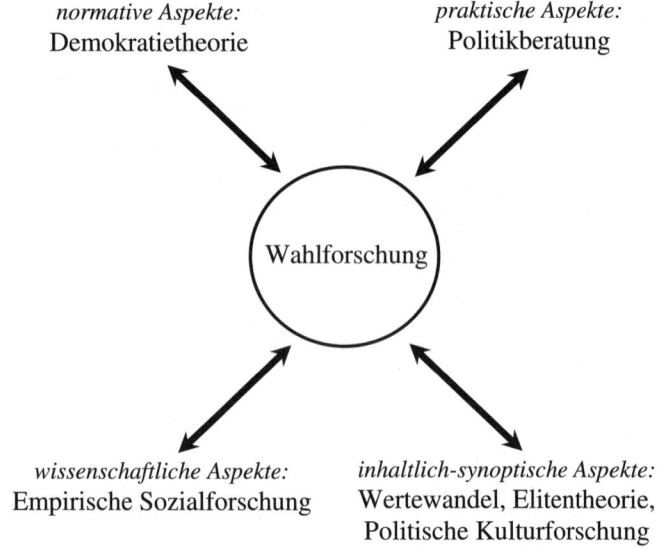

normative Aspekte:
Demokratietheorie

praktische Aspekte:
Politikberatung

Wahlforschung

wissenschaftliche Aspekte:
Empirische Sozialforschung

inhaltlich-synoptische Aspekte:
Wertewandel, Elitentheorie,
Politische Kulturforschung

Abb. 1: Die Wahlforschung im Spannungsfeld von Wissenschaft und Praxis

3. Theoretische Erklärungsmodelle des Wählerverhaltens

Theoretische Erklärungsmodelle

Das in allen westlichen Demokratien geltende geheime Wahlrecht für politische Wahlen aller Ebenen verhindert eine direkte Beobachtung der persönlichen Stimmabgabe durch den Wahlforscher. Um dennoch Aussagen über die individuellen und gruppenspezifischen Prozesse und Bestimmungsfaktoren der Wahlentscheidung treffen zu können, ist die Wahlforschung auf das Instrument des wissenschaftlichen Indizienbeweises angewiesen: Tragfähige theoretische Erklärungsmodelle leiten das jeweils konkrete Wahlergebnis aus einer Anzahl kausal vorgelagerter Faktoren ab.

Drei zentrale Ansätze lassen sich hierbei unterscheiden[7]: der soziologische Ansatz, der heute vielfach durch Lebensstil-Studien ergänzt wird, der individualpsychologische Ansatz und das Modell des rationalen Wählers. Ungeachtet aller im Folgenden noch detaillierter aufzuzeigenden unterschiedlichen Schwerpunkte und Herangehensweisen können zwei grundsätzliche Differenzierungskriterien gleich zu Beginn benannt werden. Der soziologische Ansatz und dementsprechend auch die Lebensstil-Studien konzentrieren sich in erster Linie auf die Einflüsse, die die Umwelt des Wählers auf seine Entscheidung ausübt, der individualpsychologische Ansatz und das Modell des rationalen Wählers hingegen fokussieren hauptsächlich den individuellen Entschei-

Drei zentrale Ansätze

Zwei Differenzierungskriterien

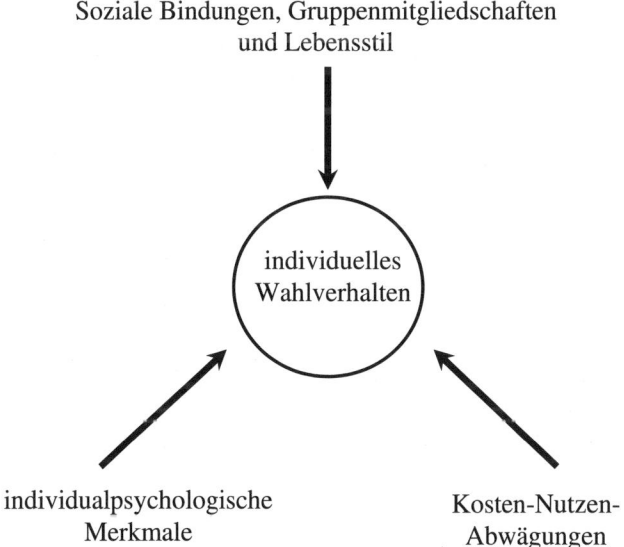

Abb. 2: Wahlverhalten im Spannungsfeld von individuellen und soziologischen Faktoren

---

7   Vgl. die Literaturhinweise am Ende des Beitrags sowie Eith 1997: 27-61; Roth 2010.

dungsprozess. Eher auf die Konstanz bzw. emotionale Tiefe der Wähler-Partei-Beziehung heben ihrerseits der soziologische und der individualpsychologische Ansatz ab, während das Modell des rationalen Wählers utilitäre Kosten-Nutzen-Abwägungen und die Lebensstil-Studien Imagekomponenten der Wahlentscheidung in den Vordergrund rücken. Trotz aller Unterschiede herrscht in der Wahlforschung allgemein die Überzeugung vor, dass sich die verschiedenen Ansätze eher ergänzen, als dass sie sich widersprechen oder gar gegenseitig ausschließen (vgl. Falter/Schoen 2005; Schultze 1991: 17).

Datentypen   Ausgangspunkt und Grundlage aller theoretischen Erklärungen des Wählerverhaltens bilden die unterschiedlichen Möglichkeiten der Datenerhebung. Die verschiedenen Datentypen sind mit spezifischen Vor- und Nachteilen behaftet, die es bei der entsprechenden Verwendung und Interpretation zu berücksichtigen gilt.

Aggregatdaten   a) *Aggregatdaten* beziehen sich immer auf Gebietseinheiten, im Falle der Wahlforschung üblicherweise auf Wahlkreise. Die verschiedenen Stimmenanteile in den Wahlkreisen lassen sich zu weiteren ökonomischen oder sozialen Strukturmerkmalen dieser Gebietseinheiten systematisch in Beziehung setzen. Aggregatdaten weisen einen hohen Grad an Verlässlichkeit auf, da sie vorwiegend aus amtlichen Erhebungen stammen. Sie ermöglichen die Analyse des sozialen Kontextes, in dem das Wahlverhalten eingebettet ist. Ein Rückschluss auf das individuelle Verhalten, die Dispositionen und die Motive des Wählers lässt dieser Datentypus im Allgemeinen allerdings nicht zu. Dennoch sind Aggregatdaten für die historische Wahlforschung die nahezu einzige Möglichkeit, entsprechende Erklärungsmuster empirisch untersuchen zu können.

Umfragedaten   b) Die in großer Anzahl seit den fünfziger Jahren verfügbaren *Umfragedaten* resultieren aus der Befragung von Personen einer jeweils repräsentativen Stichprobe. Sie enthalten neben den sozialstrukturellen Merkmalen der Befragten deren politische Verhaltensabsichten und Einstellungen zu Parteien, Kandidaten und Sachfragen. Allerdings gilt es bei diesem heute sehr verbreiteten Datentyp in besonderer Weise, seine Spezifika zu erkennen. So ermitteln Umfragen in erster Linie Verhaltensabsichten und keineswegs tatsächliches Verhalten. Zudem ist die Möglichkeit der bewussten oder unbewussten Falschaussage des Befragten nie auszuschließen. Weiterhin ist es erforderlich, die mathematischen Gesetze der Stichprobentheorie einzuhalten, um zu gesicherten, repräsentativen Aussagen zu gelangen.

c) Darüber hinaus stehen für Deutschland die Daten der *repräsentativen Wahlstatistik* zur Verfügung, die aufgrund gesetzlicher Anordnung mit Ausnahme von 1994 und 1998 bei allen überregionalen Wahlen und zudem auch bei verschiedenen regionalen Wahlen erhoben werden. Sie beruhen auf der Auszählung markierter Stimmzettel und ermöglichen so exakte Aussagen über das tatsächliche Abstimmungsverhalten nach den Merkmalen Alter und Geschlecht. Diese zwar präzise ermittelten, im allgemeinen aber keineswegs verhaltensrelevanten Kategorien bedürfen jedoch erst der theoretischen Aufladung, um für kausale Erklärungsmuster des Wählerverhaltens von Nutzen zu sein (vgl. Westle/Kühnel 2007).

Für sich allein betrachtet sind selbst umfangreiche Datensätze zur Erklärung von Wählerverhalten wertlos. Ihre Bedeutung und ihren Sinn erlangen sie erst innerhalb theoretischer Überlegungen. Die wichtigsten Erklärungsmodelle des Wählerverhaltens werden nun im Folgenden näher vorgestellt und miteinander kontrastiert.

Repräsentative Wahlstatistik

Der soziologische Erklärungsansatz
3.1

Ein erster klassischer Ansatz hebt auf die verhaltensrelevante Bedeutung des sozialen Umfelds ab: *Wählerverhalten ist Gruppenverhalten.* Schulbildend für dieses in der Literatur als mikrosoziologischer, sozialstruktureller oder auch gruppentheoretischer Ansatz bezeichnete Erklärungsmodell wirkte die Untersuchung des Meinungsbildungsprozesses bei der amerikanischen Präsidentschaftswahl 1940 in Erie County (Ohio) durch Paul F. Lazarsfeld und seine Mitarbeiter an der Columbia University (Lazarsfeld et al. 1969). Weniger der ursprünglich angenommene Einfluss der Massenmedien oder der Wahlpropaganda als vielmehr die Zugehörigkeit zu bestimmten sozialen Gruppen mit festen politischen Verhaltensnormen bestimmten die individuelle Wahlentscheidung. Lazarsfeld konstruierte mit Hilfe der Merkmale sozioökonomischer Status, Konfessionszugehörigkeit und Größe des Wohnorts einen „Index der politischen Prädisposition", der das Zusammenwirken der unterschiedlichen Gruppenzugehörigkeiten widerspiegelt: Je gleichgerichteter die Wahlnormen derjenigen Gruppen, denen der einzelne Wähler angehört, desto geringer die Wahrscheinlichkeit einer individuell abweichenden Wahlentscheidung; „a person thinks, politically, as he is, socially. Social characteristics determine political preference." (Lazarsfeld

Mikrosoziologischer Ansatz: Lazarsfeld

et al. 1944: 27)[8] Auf sich widersprechende Loyalitätsforderungen, nach Lazarsfeld *cross-pressures* genannt, reagiert das Individuum mit der Reduzierung des politischen Interesses und der Herauszögerung der Wahlentscheidung, bis die Entscheidung darüber getroffen ist, welche Gruppenzugehörigkeit denn jetzt als wichtigste, und damit als verhaltensrelevant, eingestuft wird (vgl. Lazarsfeld et al. 1969: 88-101).

Kritik   Dieses Erklärungsmodell, das das Individuum im Mittelpunkt konzentrischer, sich gegenseitig verstärkender Einflusskreise sieht, veranschaulicht in besonderer Weise ein stabiles, über einen längeren Zeitraum hinweg konstantes Wahlverhalten. Kurzfristige Änderungen der Wahlentscheidung erklärt es hingegen nur unzureichend.

Makrosoziologi-   Seine makrosoziologische, sozialhistorische Erweiterung und
sche Erweiterung: Einbettung erfuhr dieser allein das Individuum betrachtende Co-
Cleavage-Theorie   lumbia-Ansatz durch die *Cleavage*-Theorie von Seymour M. Lipset
von Lipset/Rokkan   und Stein Rokkan (Lipset/Rokkan 1967). In ihrer über ein Dutzend Länder berücksichtigenden Untersuchung verweisen sie neben allen länderspezifischen Besonderheiten auf eine Reihe grundlegender Gemeinsamkeiten in der Struktur der westeuropäischen Parteiensysteme. Lipset/Rokkan führen dies auf den im Kern vergleichbar stattgefundenen Demokratisierungsprozess zurück, in dessen Verlauf die Parteiensysteme vier zentrale Etappen zu bewältigen hatten: die Frage der nationalen Einheit sowie den Konflikt zwischen Kirche und weltlicher Macht um die politische und kulturelle Vorherrschaft im neuen Staat, die im Zuge der Industrialisierung divergierenden Interessen von ländlichen und städtisch-industriellen Gebieten sowie den Konflikt zwischen Kapital und Arbeit. In Abhängigkeit von den spezifischen institutionellen Rahmenbedingungen der entsprechenden politischen Systeme haben diese dauerhaft politisierten, in der Sozialstruktur verankerten Konflikte zu *cleavages*, zu stabilen Koalitionen zwischen politischen Eliten und den Trägern dieser Konflikte geführt und somit die Ausprägung der europäischen Parteiensysteme bestimmt.[9]

Historisch-   Die historische Entwicklung der Parteiensysteme in Deutsch-
soziologische   land lässt sich mit Hilfe dieses Ansatzes gewinnbringend analysie-
Analysen   ren. Je nach Datentyp benutzen historisch-soziologische Analysen

---

[8]   In der Übersetzung (Lazarsfeld et al. 1969: 62): Ein Mensch denkt politisch entsprechend seinem sozialen Sein. Soziale Merkmale bestimmen die politischen Präferenzen.

[9]   Zur Übertragbarkeit auf andere Parteiensysteme vgl. Eith/Mielke 2001.

als Indikatoren der Milieu- oder Gruppenzugehörigkeit hauptsächlich die gängigen ökonomischen und kulturellen Kategorien der Sozialstruktur wie Beruf, Einkommen, Bildung, Konfession, Alter und Wohnortgröße, zudem auch Merkmale der regionalen Industriestruktur, individuelle Gewerkschaftsmitgliedschaft oder Kirchgangshäufigkeit.

Bereits in den sechziger Jahren zeigt M. Rainer Lepsius in seiner Untersuchung des Weimarer Parteiensystems, wie sich sozialstrukturelle Gegensätze und gruppenspezifische Wert- und Moralvorstellungen gegenseitig ergänzen, zu vier sozialmoralischen Milieus verdichten und die politische Landschaft der Weimarer Republik prägen (Lepsius 1966; Rohe 1992). Die Hauptspannungslinien der Bundesrepublik diskutiert Franz Urban Pappi und passt das Cleavage-Modell den deutschen Rahmenbedingungen in seinem Konzept der politisierten Sozialstruktur an (Pappi 1973, 1979). So repräsentieren in der Frühphase der Bundesrepublik die CDU/CSU die konfessionelle, die SPD die klassenbezogene Konfliktlinie der deutschen Gesellschaft auf der politischen Ebene. Dieses stabile Zuordnungsmuster ändert sich Ende der sechziger, Anfang der siebziger Jahre. Der gesellschaftliche und industrielle Wandel bewirkt eine sozialstrukturelle Angleichung der Wählerschaften der beiden großen Volksparteien (vgl. Veen/ Gluchowski 1988). Ein zunehmender Anteil der Wähler löst sich von den traditionellen, bislang das Wahlverhalten bestimmenden Milieus und Gruppenzugehörigkeiten. Zudem schrumpfen die einstmals bedeutenden, das Wahlverhalten beeinflussenden Traditionsmilieus kontinuierlich ab. So stimmten bei der Bundestagswahl 2005 zwar im Westen 72 % der Katholiken mit regelmäßigem Kirchgang erwartungsgemäß für die Union, allerdings macht diese Wählergruppe inzwischen nur noch 14 % der gesamten Unionswählerschaft aus. Dies zwingt die soziologisch orientierte Wahlforschung zur Verfeinerung und Erweiterung ihrer Analyseinstrumente, etwa durch eine stärkere Berücksichtigung regionaler politischer Traditionen und Besonderheiten (vgl. Falter 1991; Mielke 1987; Eith 1997; Schoon 2007) oder die Einbeziehung alternativer Erklärungskonzepte.

Große Aufmerksamkeit erzielten in diesem Zusammenhang zwei in den achtziger Jahren erstellte Studien (SPD-Parteivorstand 1984; Gluchowski 1987, erweiterte Fassung 1991), die mit dem auch in der Markt- und Konsumforschung bestens bewährten Analyseinstrumentarium des Lebensstilansatzes den Versuch unternahmen, den inzwischen unübersichtlichen deutschen Wählermarkt neu zu strukturieren: *Wahlverhalten ist danach Teil des*

cleavages der Bunderepublik Deutschland

Lebensstilansatz

persönlichen Lebensstils. Ausgehend von der Prämisse, dass die unmittelbar verhaltensrelevante Bedeutung der sozioökonomischen Merkmale der Sozialstruktur stetig abnimmt (vgl. Beck 1986: 121-160, 205-207), richten diese Studien ihre Aufmerksamkeit auf den Lebensstil und alltagsästhetische Inszenierungen. Diese übernehmen in der mobilen und auf Freizeit-Dimensionen ausgerichteten, modernen Gesellschaft zunehmend Orientierungs- und Deutungsfunktionen (vgl. Flaig et al. 1993: 11-32; Gluchowski 1988: 9-24). Allerdings herrscht in der inzwischen etablierten empirischen Milieu- und Lebensstilforschung der Soziologie keine Einigkeit darüber, ob die „objektiven" Schicht- und Klassenmodelle generell durch „subjektive" sozio-kulturelle Faktoren zu ersetzen und somit obsolet sind (vgl. Schulze 1992: 169-217) oder ob Lebensstilanalysen nicht vielmehr „eine notwendige Ergänzung und sinnvolle Verfeinerung" (Müller 1992: 369)[10] der Sozialstrukturanalyse darstellen.

Individualisierungsthese vs. Differenzierung der Schicht- und Klassenstruktur

Somit stehen sich bei der Lebensstilanalyse und ihrer Integration in die Erklärungsansätze der Wahlforschung bei genauerem Hinsehen die Vertreter der Individualisierungsthese, die von einer zunehmenden Entstrukturierung der Gesellschaft und von wachsender persönlicher Autonomie ausgehen, und die Anhänger der These von einer grundsätzlich beibehaltenen, jedoch von einer horizontalen Ausdifferenzierung gekennzeichneten Schicht- und Erwerbsklassenstruktur gegenüber.[11]

Lebenstilstudien Peter Gluchowski

Unterschiedliche methodische Vorgehensweisen kennzeichnen die beiden Pilotstudien. Peter Gluchowski erstellte eine Lebensstil-Typologie auf der Basis von repräsentativen Umfragen zu persönlichen Lebenszielen und Wertorientierungen sowie Einstellungsmustern in verschiedenen Lebensbereichen, etwa Berufswelt, Familie, Freizeit, Konsum und Politik. Er konstruierte zur Analyse des Wählerverhaltens neun Lebensstil-Dispositionen – verfestigte Systeme aufeinander bezogener Einstellungen –, anhand derer „Individuen ihr alltägliches Leben in typischer Weise organisieren" (Gluchowski 1988: 18). Lediglich zur Beschreibung dieser neun Gruppierungen berücksichtigte er zusätzlich sozialstrukturelle Merkmale. Kritisch sei angemerkt, dass es sich bei diesen Lebensstil-Gruppierungen allerdings „nicht [um] Gruppen im sozialen Sinne, sondern [um] Aggregate in einem technischen

Kritik

---

10 Zum aktuellen Stand der wissenschaftlichen Diskussion vgl. Hermann 2004.
11 Zur These von der Differenzierung der Schicht- und Klassenstruktur und zu der Bedeutung dieser These für das Wahlverhalten vgl. u. a. Vester et al. 2001.

Sinne mit bestimmten Eigenschaften" (Müller 1992: 374), nämlich Parteien- oder Freizeitpräferenzen, handelt. Die Konstanz
und somit verhaltensrelevante, theoretisch erklärende Bedeutung
dieser verfestigten Einstellungssysteme ist ungeklärt, zumal Gluchowski bezeichnenderweise mit denselben, im März 1986 erhobenen Daten zur Erforschung der Marktchancen der CDU
neun, zur Erklärung des Freizeitverhaltens lediglich nur sieben
verhaltenssteuernde Lebensstile ermittelte.

Anders ging das Heidelberger Sinus-Institut vor, dessen Metho- Heidelberger
dik aus dem Kontext der Markt- und Imageforschung sich inzwi- Sinus-Institut
schen auch für politische Studien weitgehend durchgesetzt hat.
Im ersten, qualitativen Teil einer zweistufigen Lebensweltanalyse
wird die Anzahl der Milieus unter Berücksichtigung von langfristig stabilen „soziale[n] Syndrome[n], bestehend aus sozialen
Lagen einerseits und Wertorientierungen sowie lebensweltlichen
Sinn- und Kommunikationszusammenhängen andererseits"
(Flaig et al. 1993: 58)[12] ermittelt und ein entsprechender Milieu-In-
dikator erstellt. Durch repräsentative Umfragen wird anschließend anhand dieses Milieu-Indikators, der mit einer hohen Anzahl von *Items* ausschließlich Wertorientierungen abfragt, die
Verbreitung der vormals acht, seit 1991 neun und inzwischen
zehn Milieus in der Bevölkerung gemessen.[13] Es stellt sich aller- Kritik
dings auch bei diesem Ansatz die kritische Frage nach der Konstanz und verhaltensrelevanten Bedeutung dieser neun Milieus,
die explizit mit den von Lepsius aufgezeigten sozialmoralischen
Milieus der Weimarer Republik verglichen werden (vgl. Flaig et al.
1993 : 137 mit Bezug auf Lepsius 1966). Fragmentarisch und unbefriedigend bleiben die Angaben über mögliche funktionale Äquivalente der zur organisatorischen Abstützung stabiler Milieus notwendigen vorpolitischen Institutionen wie etwa Gewerkschaften,
Vereine oder Verbände, der milieuspezifischen Kommunikations-
strukturen – über unterschiedliche Mediennutzungsgewohnhei-
ten hinaus – sowie der historischen, milieukonstituierenden Faktoren.

Längst haben sich die Lebensstil-Studien als Ergänzung der Probleme bei
traditionellen sozialstrukturellen Wahlanalysen etabliert. Und der Operationa-
dennoch bleiben bislang noch nicht befriedigend gelöste Pro- lisierung von
Lebensstil-
modellen

---

[12]   Zum gesamten Analysedesign: Flaig et al. 1993: 69-74. Detailliertere Angaben
zum Verfahren, insbesondere zur Einbeziehung sozialstruktureller Merkmale
im qualitativen Teil, sind vom Sinus-Institut bislang nicht publiziert worden.

[13]   Die aktuellen Lebensstilmilieus und ihre Charakterisierungen finden sich
unter Falter, Jürgen W./Schoen, Harald (2014): Handbuch Wahlforschung, 2.
Aufl., Wiesbaden.

bleme bei der Operationalisierung von Lebensstilmodellen zur Erklärung von Wählerverhalten. Zum einen erscheint es theoretisch nicht ausreichend reflektiert, ob und unter welchen Umständen die Gesetzmäßigkeiten des Konsumverhaltens bei Zigaretten, Automarken oder Kücheneinrichtungen unbesehen auf politisches Verhalten übertragen werden können. Die dem Konsumartikel zugeschriebene integrative und gleichzeitig auch distinktive Funktion beruht gerade auf seiner öffentlichen Verwendung, Wahlverhalten hingegen ist gemeinhin ein geheimes, der Öffentlichkeit entzogenes Verhalten (vgl. Schulze 1992: 108-114). Zum anderen verweisen gerade die bisherigen Studien auf eine notwendige Ergänzung, nicht jedoch auf eine Ablösung der Sozialstrukturanalyse, stimmen sie doch in dem Ergebnis überein, dass die Lebensstil- und Milieuabgrenzungen für die nicht vom Wertewandel erfassten, den konventionellen Pflicht- und Akzeptanzwerten verpflichteten Bevölkerungsteile entlang des traditionellen Schichtmodells verlaufen.

Die zum Wählerverhalten bislang erstellten Lebensstilstudien sind möglicherweise gut geeignet, die für einen an Marketingstrategien ausgerichteten Wahlkampf benötigten Zielgruppen der entsprechenden Parteien zu identifizieren und quantifizieren – zumal sie häufig auch von diesen finanziert wurden. Dem praktischen Nutzen steht allerdings die Tatsache gegenüber, dass die Kausalbeziehung zwischen Lebensstil und Wahlverhalten bislang theoretisch nicht befriedigend geklärt ist (vgl. explizit Roth 2010: 36).

3.2   Der individualpsychologische Erklärungsansatz

Individual-
psychologische
Erklärungsansatz

Angus Campell

Einen deutlichen Perspektivenwechsel nimmt der zweite klassische Erklärungsansatz vor: *Wahlverhalten ist Ausdruck einer individuellen psychologischen Beziehung zu einer Partei.* In ihren Untersuchungen der amerikanischen Präsidentschaftswahlen der fünfziger Jahre entwickelten Angus Campbell und seine Mitarbeiter von der University of Michigan, Ann Arbor, in Auseinandersetzung mit dem statischen soziologischen Columbia-Modell einen dynamischeren, zu Prognosezwecken weitaus geeigneteren Erklärungsansatz des Wählerverhaltens (Campbell et al. 1954, 1960). Kernstück dieses als individualpsychologisches, Ann Arbor- oder Michigan-Modell bezeichneten Ansatzes bildet die individuelle Parteiidentifikation, eine langfristige emotionale Bindung des Wählers an seine Partei. Sie wird erworben während der politischen Sozialisation durch Elternhaus, Freundeskreis oder Mitgliedschaften in politischen Gruppen und beeinflusst, einmal ausgeprägt, die Wahrnehmung und Bewertung politischer Ereignisse in hohem Maße. Neben dieser Langzeitvariablen existieren zwei weitere Einflussfaktoren, die Bewertung der Kandidaten und die Orientierung an politischen Sachfragen (*issues*). Die individuelle Wahlentscheidung als Resultat des Zusammenspiels dieser drei Faktoren wird von Campbell mit einem *„funnel of causality"* (Campbell et al. 1960: 24), einem Entscheidungstrichter, beschrieben. Die langfristige politische Grundausrichtung des Wählers **Verhalten von** bestimmt demnach die Parteiidentifikation, Kandidaten und **Wählern** Sachfragen werden als kurzfristige, möglicherweise intervenierende Faktoren betrachtet. Das Verhalten von Wechselwählern erklärt sich somit durch auftretende Dissonanzen zwischen diesen drei Variablen; für den einzelnen Wähler wichtige Personal- oder Sachfragen lassen unter Umständen die individuelle punktuelle Wahlentscheidung entgegengesetzt der langfristig wirksamen Parteiidentifikation ausfallen.

Die anfänglichen Schwierigkeiten bei der Übertragung des für **Bundesdeutsches** die amerikanische Situation entwickelten Erklärungsansatzes auf **Wahlverhalten** bundesdeutsche Verhältnisse sind seit den späten 1970er Jahren überwunden.[14] Seit über zwanzig Jahren stehen miteinander vergleichbare Umfragen zur Verfügung. Neben der Parteiidentifikation werden unter anderem regelmäßig auch Daten zur Beliebtheit der Spitzenpolitiker, zur Rangfolge der wichtigsten politischen Probleme samt den entsprechend zugeschriebenen Lösungskompetenzen der Parteien, zur Zufriedenheit mit dem politischen System und der wirtschaftlichen Situation sowie die sogenannte Sonntagsfrage nach der Wahlentscheidung, wenn am nächsten Sonntag Bundestagswahl wäre, erhoben. Einige theoretisch wie empirisch anspruchsvolle Untersuchungen auf der Grundlage des Ann Arbor-Modells zeigen den Erkenntnisertrag, den dieses Modell für das Verständnis des Zusammenspiels kurz- und langfristiger Einflüsse auf das bundesdeutsche Wahlverhalten zu leisten imstande ist (vgl. zu einer aktuelle Anwendung Kellermann 2008). Allerdings bereitet die exakte Quantifizierung der kurz- und langfristigen Effekte auf die Wahlabsicht nach wie vor große Probleme.

---

[14]   Vgl. zu den Übersetzungsproblemen des zur Messung benutzten Indikators, zu den Spezifika des politischen Systems der Bundesrepublik sowie zu den Validitätsproblemen des Konzepts: Falter 1977.

Umstrukturie-
rungsprozesse

Auch dieser Erklärungsansatz bleibt nicht unberührt von den bereits genannten Umstrukturierungsprozessen seit Ende der sechziger Jahre, die zu einer spürbaren Erosion der langfristigen Parteibindungen geführt haben. So weist ein knappes Drittel der westdeutschen Wahlberechtigten seit Ende der achtziger Jahre keine langfristige Parteiidentifikation mehr auf und im Osten liegt der entsprechende Anteil in den neunziger Jahren bei etwa 40 %. Als Folge werden seit den frühen 1990-er Jahren ein zunehmendes Wechselwählerverhalten und eine Fragmentierung des Parteiensystems konstatiert.[15]

3.3 Das Modell des rationalen Wählers

Modell des
rationalen Wählers

Auswege aus dem Dilemma der beiden klassischen Erklärungsmodelle weisen Ansätze, die Wählerverhalten auf kurzzeitige, flexiblere Einflussfaktoren zurückführen. Ein lediglich das individuelle Entscheidungskalkül analysierendes Modell hat Anthony Downs in seiner ökonomischen Theorie der Demokratie (Downs 1968) entwickelt: *Die persönliche Wahlentscheidung wird bestimmt durch ihren maximalen politischen Nutzen.* Ein rationaler Wähler entscheidet sich demnach für diejenige Partei, von deren Politik er sich den größten Vorteil verspricht.

Anthony Downs

Ökonomischer
Rationalitätsbegriff

Der in Downs´ Studie verwendete ökonomische Rationalitätsbegriff bezieht sich „niemals auf die Ziele, sondern stets nur auf die Mittel eines Handlungsträgers" (Downs 1968: 5), also auf das ökonomisch effektive – rationale – Verfolgen eines selbstgewählten, dem eigenen Werturteil unterliegenden Ziels. Demnach ordnet ein rationaler Mensch seine Handlungsalternativen, wählt die an erster Stelle stehende aus und kommt bei gleichen Rahmenbedingungen stets zum selben Ergebnis. Ein derart verstandener Rationalitätsbegriff unterscheidet sich selbstverständlich stark von den umgangssprachlich benutzten Vorstellungen über Rationalität, seien sie mit normativen Forderungen einer Gemeinwohlverpflichtung des politischen Handelns oder einer Entscheidungsfindung mittels rein logischer, intersubjektiv nachprüfbarer Denkprozesse verbunden (vgl. Downs 1968: 4-11).

issue-voting:
Orientierung des
Wählers an
Sachfragen

Die Wahlforschung operationalisiert im Allgemeinen rationales Wahlverhalten mit *issue-voting*, der Orientierung des Wählers an Sachfragen. Der rationale Wähler ermittelt seine Wahlentschei-

---

[15]   Vgl. dazu skeptischer Zelle 1995; sowie als aktuellen Beitrag zum selben Thema: Schoen 2003.

dung unter Erstellung eines Nutzendifferentials. Er vergleicht hierzu die Arbeit der Regierung in der vergangenen Legislaturperiode mit dem vermuteten Ergebnis der Opposition, wäre diese an der Macht gewesen, und entscheidet sich für diejenige Partei, die seine individuellen Ziele am ehesten zu verwirklichen vermag. „Eine besondere Rolle fällt dabei wirtschaftlichen Indikatoren wie Inflationsraten, Arbeitslosenzahlen oder Wachstumsraten als Maßstäben erfolgreicher Regierungstätigkeit zu" (Falter et al. 1990: 12). Bereits Downs hat jedoch betont, dass die Wahlentscheidung in der Realität unter den Bedingungen von Ungewissheit und unvollständiger Information erfolgt. Dementsprechend ist es vor allem für Wähler mit einem eher geringeren politischen Kenntnisstand durchaus rational, sich bei ihrer Entscheidung an Ideologien oder auch an ihrer Parteiidentifikation – nun verstanden als generelle Parteienbewertung – zu orientieren (Downs 1968: 93-96).[16]

In diesem Erklärungsmodell finden die Einflüsse des sozialen Umfelds keine explizite Berücksichtigung. Des Weiteren lässt sich innerhalb des rationalen Modells die Beteiligung an einer Wahl bestenfalls mit expressiven Motiven schlüssig begründen: Die Wirkung der eigenen Stimme, also der instrumentelle Nutzen einer Beteiligung, ist verschwindend gering gegenüber den entstehenden Kosten, den Mühen einer Teilnahme. Ebenfalls unbefriedigend bleibt die Erklärung der Wahlentscheidung zugunsten kleiner Parteien, die keine Chance auf eine Regierungsbeteiligung haben (vgl. Falter et al. 1990: 13; Kühnel/Fuchs 1998).

Im forschungspraktischen Alltag greifen die Analysen zur Rationalität des Wählerverhaltens auf dieselben Wahlumfragen und Datensätze zurück, die auch in individualpsychologisch orientierten Untersuchungen Verwendung finden. Im rationalen Modell sind die erfragten Einstellungen zu Sachfragen für die Wahlerklärung von zentraler Bedeutung, im individualpsychologischen Ansatz werden sie als kurzfristige, bereits durch die Parteiidentifikation gefilterte Einflussfaktoren angesehen. Dieses aus beiden theoretischen Ansätzen resultierende Erkenntnisinteresse hat zu einer großen Anzahl detaillierter Studien zur Wirkungsweise kurzfristiger, vor allem ökonomischer Sachfragen auf die Wahlentscheidung geführt (vgl. bereits Klingemann 1973).

Kritik

---

[16] Zu unterschiedlichen Modellen rationalen Handelns vgl. Fiorina 1981; Fuchs/Kühnel 1994; Eith 1997: 40-49.

3.4 Auf dem Weg zu einer allgemeinen Theorie des Wählerverhaltens?

Drei Problem-
bereiche

Die Diskussion der wichtigsten Erklärungsansätze verdeutlicht den differenzierten Forschungsstand, aber auch die Schwierigkeiten der Wahlforschung, den komplexen Prozess der Wahlentscheidung in theoretischen Modellen adäquat zu erfassen. Mindestens drei Problembereiche lassen sich diskutieren.

Spannungsfeld
zwischen
Kurz- und
Langzeiteinflüssen

a) Die Wahlentscheidung steht im *Spannungsfeld zwischen Kurz- und Langzeiteinflüssen*. Die meisten Erklärungsansätze konzentrieren sich jedoch nur auf eine der beiden Komponenten. Im diesbezüglich vielseitigsten Ann Arbor-Modell ist es wiederum außerordentlich schwierig, die einzelnen Effekte zu quantifizieren. Messungenauigkeiten bei der Datenerhebung durch Umfragen und die Notwendigkeit sehr aufwendiger statistischer Verfahren bleiben wohl noch auf absehbare Zeit große Herausforderungen der empirischen Wahlforschung.

Zusammenspiel
von individuellen
Bedürfnissen und
gruppenspezifi-
schen Interessen

b) Die Wahlentscheidung fällt im *Zusammenspiel von individuellen Bedürfnissen und gruppenspezifischen Interessen*. Diesem Anspruch wird bislang keiner der vorgestellten Ansätze ausreichend gerecht. Vielmehr beschränken sich alle weitgehend darauf, die Komplexität entweder der individuellen oder der gruppenspezifischen Prozesse möglichst exakt zu erfassen.

Umstrukturie-
rungsprozesse

c) Keine Einigkeit herrscht in der Wahlforschung bislang darüber, aus welcher theoretischen Perspektive heraus *die Umstrukturierungsprozesse im Wahlverhalten* am besten zu erklären sind. Handelt es sich lediglich um eine Auflösung bestehender Bindungen (*dealignment*) oder um die Kristallisation eines neuen, noch unscharfen Zuordnungsmusters (*realignment*)?[17] Und in welchem Ausmaß handelt es sich hierbei um eigenständige, autonome Prozesse oder aber um Konsequenzen von Veränderungen des parteipolitischen Angebots?

Die Antworten auf diese Fragen unterscheiden sich je nach gewähltem Erkenntnisinteresse und dem zugrundeliegenden Erklärungsmodell. Mit einem Wechsel der theoretischen Perspektive, der verwendeten Daten oder der benutzten Methoden verbindet sich häufig auch eine andere Sicht und Bewertung der die Wahlentscheidung beeinflussenden Faktoren. Hinzu kommt, dass auch dem Zustand des politischen Systems und besonders dem Handeln der politischen Eliten wahlrelevante Bedeutung zuge-

---

[17] Vgl. die unterschiedlichen Positionen und Ansätze bei: Oberndörfer/Mielke 1990; Rohe 1992: 172-191; Schultze 1991; Klingemann/Wattenberg 1990.

schrieben werden muss. Auch wenn ihre theoretische Anbindung an die vorgestellten Erklärungsmodelle nur indirekter Natur ist, weil ihr Einfluss im allgemeinen nicht exakt zu quantifizieren ist, so stellen diese Variablen doch entscheidende Kontextfaktoren des Wählerverhaltens dar.

Darüber hinaus zeichnet sich ein eher forschungspraktisches Problem ab, die Kluft zwischen den theoretisch-analytischen Diskussionen einerseits und dem Bestand an dafür erforderlichen empirischen Daten andererseits. Als Hindernis für eine systematische Umsetzung der Forschungsdiskussionen erweist sich vor allem der Umstand, dass ein wesentlicher Teil der verfügbaren Daten von kommerziellen Instituten nach deren Erfordernissen erhoben wird. Zwar ist ein Großteil dieser Daten der Wissenschaft zugänglich, aber die Interessen und Vorgaben der öffentlichen und privaten Auftraggeber der Institute richten sich vorrangig auf kurzfristige, politisch und medial aktuell verwertbare Aspekte des Wahlverhaltens. Gerade deshalb ist auch in der Bundesrepublik aus den Universitäten immer wieder der Ruf nach einer regelmäßig durchgeführten nationalen Wahlstudie laut geworden, in der auch längerfristige Fragestellungen und soziologische Kontextvariablen berücksichtigt werden können.

Theoretisch-analytische Diskussion vs. empirische Daten

Bei dieser Auflistung der Desiderate der Erklärungsmodelle gilt es jedoch, die Anforderungen an die Wahlforschung auf ein realistisches, einer empirischen Wissenschaft angemessenes Maß zu beschränken. So zählt im Bereich der empirischen Sozialforschung gerade die Wahlforschung mit ihren theoretischen und methodischen Fundamenten zu den am weitesten entwickelten Disziplinen.

Eine umfassende, allgemeine Theorie des Wählerverhaltens ist allerdings bislang nicht in Sicht. Analog zur Politikwissenschaft, die sich nur in einer synoptischen Herangehensweise ihres Gegenstandes versichern kann, gilt es auch in der Wahlforschung, individualpsychologische Dispositionen und Verhaltensmuster, soziologische Bestimmungsfaktoren sowie die Spezifika des Parteien- und politischen Systems aufeinander zu beziehen. Oder, um es in einem Bild von Karl R. Popper auszudrücken, je mehr leistungsstarke Scheinwerfer die Wahlforschung in Form von Theorien anzuschalten versteht, desto klarer und konturenreicher erkennt sie ihren Untersuchungsgegenstand, das Wählerverhalten (Popper 1992: 305f.).

Allgemeine Theorie des Wählerverhaltens?

4. Zur politischen und öffentlichen Wirkung der Wahlforschung

Demokratietheore-
tische Auswirkung

Auf die demokratietheoretischen Auswirkungen der empirischen Wahlforschung, also die aus ihren Ergebnissen abzuleitenden normativen Vorstellungen über den politisch mündigen Bürger und die entsprechenden anthropologischen Prämissen, wurde zu Beginn bereits ausführlich eingegangen. In diesem Sinne kommt der Wahlforschung für die durchaus normative, aber eben auch empirische Eckdaten aufgreifende und interpretierende Demokratietheorie eine sich immer wieder erneuernde Korrektivfunktion zu. Dabei ist offenkundig, dass diese Korrekturen in Abhängigkeit von den Theorien über den Wähler und seine Beweggründe erfolgen, die den Rahmen der einzelnen empirischen Befunde abgeben. Jede dieser im vorausgegangenen Kapitel skizzierten Theorien vermag ein anderes Bild von der gesellschaftlichen und politischen Wirklichkeit zu erzeugen.

Herausbildung
einer neuen
Wählerschaft?

So ist folgende Entwicklung doch erstaunlich. Angesichts der Abschmelzung traditioneller Segmente in der deutschen Wählerschaft, etwa der kirchlich gebundenen Wähler oder der klassischen Industriearbeiterschaft, und der Entstehung neuer, relativ instabiler und differenzierter Statuslagen ist – gewissermaßen als neue herrschende Lehre – die Herausbildung einer neuen Wählerschaft propagiert worden. Stichworte wie „neue ungebundene Mittelschichten", „Individualisierungsschub", „Situationswähler" und „rationale Wahlentscheidung" umreißen diese herrschende Lehre, die über den eigentlichen Bereich der Wahlforschung hinaus relativ zügig in benachbarte Forschungsgebiete wie etwa die Parteienforschung, vor allem aber auch in den publizistischen und politischen Bereich Eingang gefunden hat.

Welche neuartigen Formen des Wahlverhaltens auch zu vermelden sind, sei es das Aufkommen rechtsextremistischer Parteien oder der deutliche Rückgang der Wahlbeteiligung, fast immer werden diese politischen Verhaltensmuster in den Kategorien dieser neuen herrschenden Lehre vom situativ entscheidenden, sozial weitgehend ungebundenen Wähler interpretiert. Die Folge dieser breit vorgetragenen These der Wahlforschung ist die Korrektur vom Bild des Wählers als eines vor allem von langfristigen sozialen und psychologischen Bindungen und Einflüssen bestimmten Wesens.

Diese Korrektur ist wiederum nicht unproblematisch, beruht sie doch auf der Annahme, dass die Ergebnisse der Lebensstilstudien stimmen bzw. dass die situativen Wahlentscheidungen keine theoretisch erzeugten Artefakte sind. Genau dies ist aber nicht auszuschließen, wie ein Blick auf die in der Wahlforschung seit einiger Zeit ablaufende Debatte um die Auflösung von wahlverhaltensrelevanten Großgruppen oder eben deren Umgruppierung entlang neuer sozialer Konfliktlinien belegt.

All dies ist keineswegs lediglich ein akademisches Glasperlenspiel, denn die Bilder, die die Wahlforschung zunächst wissenschaftsintern vom Wähler gewinnt, schlagen in mehrfacher Hinsicht auf Politik, Publizistik und Öffentlichkeit durch. So zeigen sich der Unterhaltungswert und die Faszination empirischer Sozialforschung im außerwissenschaftlichen Bereich nicht nur in den turnusmäßigen, mittlerweile perfekt inszenierten Hochrechnungs- und Analyseshows anlässlich überregionaler Wahlen im Fernsehen. Beides zeigt sich auch in der oftmals unkritischen, die Reichweite der Erklärung außer acht lassenden Übernahme und Trivialisierung ihrer Ergebnisse: Vermeintlich gesicherte Aussagen über die Motive von Nichtwählern, eine völlige Überschätzung des Anteils der parteipolitisch ungebundenen Wähler und ungesicherte Annahmen über das Ausmaß und die Folgen eines allgemeinen Wertewandels lassen sich je nach Standpunkt und Motivlage zu einem angeblich wissenschaftlich abgesicherten Bild über den Zustand des gesellschaftlichen und politischen Systems verdichten, das in erster Linie jedoch nur den eigenen politischen, ideologischen oder auch kommerziellen Interessen entgegenkommt.

Politische und öffentliche Wirkung der Wahlforschung

Demgegenüber besteht die Bedeutung einer empirischen Wissenschaft wie der Wahlforschung in der Bereitstellung von Entscheidungshilfen ohne Anspruch auf absolute Wahrheiten. Eine in „Wenn-dann"-Aussagen vorliegende Erkenntnis in der Tradition des Kritischen Rationalismus ermöglicht immer nur eine vorsichtige Abschätzung möglicher Folgen einer Handlung. Bereits Max Weber fasste diese Erkenntnis in dem viel zitierten Satz zusammen: „Eine empirische Wissenschaft vermag niemanden zu lehren, was er s o l l, sondern nur, was er k a n n und – unter Umständen – was er w i l l" (Weber 1951: 151).

Bereitstellung von Entscheidungshilfen

Literatur

Annotierte Auswahlbibliographie

Falter, Jürgen W./Schoen, Harald (Hrsg.) (2005): Handbuch Wahlforschung, Wiesbaden.
Grundlegende und gleichzeitig vertiefende Einführung in die Theorien des Wahlverhaltens sowie zu speziellen Fragestellungen der Wahlforschung mit einem umfassenden, 140-seitigen Literaturverzeichnis.

Falter, Jürgen W./Gabriel, Oscar W./Rattinger, Hans (Hrsg.) (2000): Wirklich ein Volk? Die politischen Orientierungen von Ost- und Westdeutschen im Vergleich, Opladen.
Dieser Sammelband diskutiert die Unterschiede und Ähnlichkeiten der Bevölkerungsteile in den alten und neuen Bundesländern anhand der Wahrnehmungen des politischen Systems, der Wertorientierungen und Einstellungen sowie der politischen Partizipation mit aktuellen Daten.

Fischer, Claus A. (Hrsg.) (1990): Wahlhandbuch für die Bundesrepublik Deutschland. Daten zu Bundestags-, Landtags- und Europawahlen in der BRD, in den Ländern und in den Kreisen 1946-1989, Paderborn.
Vollständige Dokumentation der Ergebnisse aller genannten Wahlen.

Hennis, Wilhelm (1957): Meinungsforschung und repräsentative Demokratie, Tübingen.
Immer noch zur kritischen Reflexion regt die frühe Streitschrift von Hennis an. Er wendet sich gegen den Anspruch der Demoskopie, öffentliche Meinung widerzuspiegeln, und die von ihr verursachte, schleichende Demontage der Prinzipien der repräsentativen Demokratie.

Rohe, Karl (1992): Wahlen und Wählertraditionen in Deutschland, Frankfurt a. M.
Rohe verknüpft in dieser Breite erstmals Wahlgeschichte und Parteiengeschichte. Aus dieser historisch-kulturellen Perspektive heraus skizziert der Autor Kontinuität und Wandel des deutschen Parteiensystems seit dem 19. Jahrhundert.

Roth, Dieter (2010): Empirische Wahlforschung. Ursprung, Theorien, Instrumente und Methoden, 2. Aufl., Wiesbaden.
Nach einer Einführung in die Anfänge sowie die Erklärungsmodelle der empirischen Wahlforschung bespricht Roth ausführlich methodische Grundlagen. Kurze Hinweise zur Entwicklung der deutschen und europäischen Wahlforschung beschließen diese Einführung.

Weiterführende Literatur

Adorno, Theodor W. (1984): Soziologie und empirische Forschung, in: Adorno, Theodor W. et al. (Hrsg.): Der Positivismusstreit in der deutschen Soziologie, Darmstadt, S. 81-101.

Adorno, Theodor W. et al. (Hrsg.) (1984): Der Positivismusstreit in der deutschen Soziologie, Darmstadt.

Almond, Gabriel A./Verba, Sidney (1963): The Civic Culture. Political Attitudes and Democracy in Five Nations, Princeton.

Almond, Gabriel A./Verba, Sidney (Hrsg.) (1980): The Civic Culture Revisited, Boston.

Barnes, Samuel H./Kaase, Max et al. (1979): Political Action. Mass Participation in Five Western Democracies, Beverly Hills.

Beck, Ulrich (1986): Risikogesellschaft. Auf dem Weg in eine andere Moderne, Frankfurt a. M.

Behnke, Joachim/Baur, Nina/Behnke, Nathalie (2010): Empirische Methoden der Politikwissenschaft, 2. Aufl., Paderborn.

Bergstraesser, Arnold (1966): Die Stellung der Politik unter den Wissenschaften, in: Bergstraesser, Arnold (Hrsg.): Politik in Wissenschaft und Bildung. Schriften und Reden, Freiburg, S. 17-31.

Brettschneider, Frank/Niedermayer, Oskar/Weßels, Bernhard (Hrsg.) (2007): Die Bundestagswahl 2005: Analysen des Wahlkampfes und der Wahlergebnisse, Wiesbaden.

Brettschneider, Frank/van Deth, Jan W./Roller, Edeltraud (Hrsg.) (2004): Die Bundestagswahl 2002: Analysen der Wahlergebnisse und des Wahlkampfes, Wiesbaden.

Brettschneider, Frank/van Deth, Jan W./Roller, Edeltraud (Hrsg.) (2002): Das Ende der politisierten Sozialstruktur?, Opladen.

Burdick, Eugene (1959): Political Theory and the Voting Studies, in: Burdick, Eugene/Brodbeck, Arthur J. (Hrsg.): American Voting Behavior, Glenco, S. 136-149.

Campbell, Angus/Gurin, Gerald/Miller, Warren E. (1954): The Voter Decides, Evanstone.

Campbell, Angus/Converse, Philip E./Miller, Warren E./Stokes, Donald E. (1960): The American Voter, New York.

Diederich, Nils (1965): Empirische Wahlforschung. Konzeptionen und Methoden im internationalen Vergleich, Köln.

Downs, Anthony (1968): Ökonomische Theorie der Demokratie, Tübingen (im Orig.: An Economic Theory of Democracy, New York 1957).

Eith, Ulrich (1997): Wählerverhalten in Sachsen-Anhalt. Zur Bedeutung sozialstruktureller Einflussfaktoren auf die Wahlentscheidungen 1990 und 1994, Berlin.

Eith, Ulrich/Mielke, Gerd (Hrsg.) (2001): Gesellschaftliche Konflikte und Parteiensysteme, Opladen.

Falter, Jürgen W. (1977): Einmal mehr: Läßt sich das Konzept der Parteiidentifikation auf deutsche Verhältnisse übertragen?, in: PVS 18, S. 476-500.

Falter, Jürgen W. (1991): Hitlers Wähler, München.

Falter, Jürgen W./Schumann, Siegfried/Winkler, Jürgen (1990): Erklärungsmodelle von Wählerverhalten, in: APuZ 40 B 37-38, S, 3-13.

Falter, Jürgen W./Schoen, Harald (2014): Handbuch Wahlforschung, 2. Aufl., Wiesbaden.

Falter, Jürgen W./Schoen, Harald (2014): Handbuch Wahlforschung, 2. Aufl., Wiesbaden.

Fiorina, Morris P. (1981): Retrospective Voting in American National Elections, New Haven.

Flaig, Berthold Bodo/Meyer, Thomas/Ueltzhöffer, Jörg (1993): Alltagsästhetik und politische Kultur. Zur ästhetischen Dimension politischer Bildung und politischer Kommunikation, Bonn.

Fuchs, Dieter/Kühnel, Steffen (1994): Wählen als rationales Handeln. Anmerkungen zum Nutzen des Rational-Choice-Ansatzes in der empirischen Wahlforschung, in: Kaase, Max/Klingemann, Hans-Dieter (Hrsg.): Wahlen und Wähler. Analysen aus Anlaß der Bundestagswahl 1990, Opladen, S. 305-364.

Gabriel, Oscar W. (1986): Politische Kultur, Postmaterialismus und Materialismus in der Bundesrepublik Deutschland, Opladen.

Gabriel, Oscar W. (Hrsg.) (1997): Politische Orientierungen und Verhaltensweisen im vereinigten Deutschland, Opladen.

Gabriel, Oscar W./Falter, Jürgen W. (Hrsg.) (1996): Wahlen und politische Einstellungen in westlichen Demokratien, Frankfurt a. M.

Gluchowski, Peter (1987): Lebensstile und Wandel der Wählerschaft in der Bundesrepublik Deutschland, in: APuZ 37 B 12, S. 18-32.

Gluchowski, Peter (1988): Freizeit und Lebensstile. Plädoyer für eine integrierte Analyse von Freizeitverhalten, Erkrath.

Gluchowski, Peter (1991): Lebensstile und Wählerverhalten, in: Veen, Hans-Joachim/Noelle-Neumann, Elisabeth (Hrsg.): Wählerverhalten im Wandel, Paderborn, S. 209-244.

Heberle, Rudolf (1963): Landbevölkerung und Nationalsozialismus. Eine soziologische Untersuchung der politischen Willensbildung in Schleswig-Holstein 1918-1932, Stuttgart.

Hermann, Dieter (2004): Bilanz der empirischen Lebensstilforschung, in: Kölner Zeitschrift für Soziologie und Sozialpsychologie 56, S. 153-179.

Inglehart, Ronald (1989): Kultureller Umbruch. Wertwandel in der westlichen Welt, Frankfurt a. M.

Jennings, M. Kent/van Deth, Jan W./Barnes, Samual H. (1990): Continuities in Political Action: A Longitudinal Study of Political Orientations in Three Western Democracies, Berlin.

Kaase, Max (1973) : Die Bundestagswahl 1972: Probleme und Analysen, in: PVS 14, S. 145-190.

Kaase, Max (Hrsg.) (1977): Wahlsoziologie heute. Analysen aus Anlaß der Bundestagswahl 1976, Opladen.

Kaase, Max/Klingemann, Hans-Dieter (Hrsg.) (1998): Wahlen und Wähler. Analysen aus Anlaß der Bundestagswahl 1994, Opladen.

Kellermann, Charlotte (2008): Trends and Constellations. Klassische Bestimmungsfaktoren des Wahlverhaltens bei den Bundestagswahlen 1990-2005, Baden-Baden.

Klingemann, Hans D. (1973): Issue-Kompetenz und Wahlentscheidung. Die Einstellungen zu wertbezogenen politischen Problemen im Zeitvergleich, in: PVS 14, S. 227-256.

Klingemann, Hans-Dieter/Wattenberg, Martin P. (1990): Zerfall und Entwicklung von Parteisystemen: Ein Vergleich der Vorstellungsbilder von den politischen Parteien in den Vereinigten Staaten von Amerika und der Bundesrepublik Deutschland, in: Kaase, Max/Klingemann, Hans-Dieter (Hrsg.): Wahlen und Wähler. Analysen aus Anlaß der Bundestagswahl 1987, Opladen, S. 325-344.

Klingemann, Hans-Dieter/Kaase, Max (Hrsg.) (1986): Wahlen und politischer Prozeß. Analysen aus Anlaß der Bundestagswahl 1983, Opladen.

Klingemann, Hans-Dieter/Kaase, Max (Hrsg.) (1994): Wahlen und Wähler. Analysen aus Anlaß der Bundestagswahl 1990, Opladen.

König, René (Hrsg.) (1973-1978): Handbuch der empirischen Sozialforschung, Bd. 1-12, 2./3. Aufl., Stuttgart.

Kühnel, Steffen M./Fuchs, Dieter (1998): Nichtwählen als rationales Handeln: Anmerkungen zum Nutzen des Rational-Choice Ansatzes in der empirischen Wahlforschung II, in: Kaase, Max/Klingemann, Hans-Dieter (Hrsg.): Wahlen und Wählen. Analysen aus Anlaß der Bundestagswahl 1994, Opladen, S. 317-356.

Lamnek, Siegfried (1995): Qualitative Sozialforschung, Bd. 1: Methodologie, Weinheim.

Lazarsfeld, Paul F./Berelson, Bernard /Gaudet, Hazel (1944): The People´s Choice. How the Voter makes up his Mind in a Presidential Campaign, New York.

Lazarsfeld, Paul F./Berelson, Bernard /Gaudet, Hazel (1969): Wahlen und Wähler. Soziologie des Wahlverhaltens, Neuwied (im Orig.: The People´s Choice. How the Voter makes up his Mind in a Presidential Campaign, New York 1944).

Lepsius, M. Rainer (1966): Parteiensystem und Sozialstruktur: zum Problem der Demokratisierung der deutschen Gesellschaft, in: Abel, Wilhelm et al. (Hrsg.): Wirtschaft, Geschichte und Wirtschaftsgeschichte, Stuttgart, S. 371-393.

Lipset, Seymour M./Rokkan, Stein (1967): Cleavage Structures, Party Systems, and Voter Alignments. An Introduction, in: Lipset, Seymour M./Rokkan, Stein (Hrsg.): Party Systems and Voter Alignments: Cross-National Perspectives, New York, S. 1-64.

Mielke, Gerd (1987): Sozialer Wandel und politische Dominanz in Baden-Württemberg. Eine politikwissenschaftlich-statistische Analyse des Zusammenhangs von Sozialstruktur und Wahlverhalten in einer ländlichen Region, Berlin.

Müller, Hans-Peter (1992): Sozialstruktur und Lebensstile. Der neuere theoretische Diskurs über soziale Ungleichheit, Frankfurt a. M.

Niedermayer, Oskar/Schmitt, Hermann (Hrsg.) (1994): Wahlen und europäische Einigung, Opladen.

Nohlen, Dieter (2013): Wahlrecht und Parteiensystem, 7. Aufl., Opladen/Farmington Hills.

Oberndörfer, Dieter (1978): Politische Meinungsforschung und Politik, in: Oberndörfer, Dieter (Hrsg.): Wählerverhalten in der Bundesrepublik Deutschland. Studien zu ausgewählten Problemen der Wahlforschung aus Anlaß der Bundestagswahl 1976, Berlin, S. 13-38.

Oberndörfer, Dieter/Mielke, Gerd (1990): Stabilität und Wandel in der westdeutschen Wählerschaft, Freiburg.

Oberndörfer, Dieter/Rattinger, Hans/Schmitt, Karl (Hrsg.) (1985): Wirtschaftlicher Wandel, religiöser Wandel und Wertwandel. Folgen für das politische Verhalten in der Bundesrepublik Deutschland, Berlin.

Pappi, Franz Urban (1973): Parteiensystem und Sozialstruktur in der Bundesrepublik, in: PVS 14, S. 191-213.

Pappi, Franz Urban (1979): Konstanz und Wandel der Hauptspannungslinien in der Bundesrepublik, in: Matthes, Joachim (Hrsg.): Sozialer Wandel in Westeuropa, Berlin, S. 465-479.

Plasser, Fritz/Gabriel, Oscar W./Falter, Jürgen W./Ulram, Peter A. (Hrsg.) (1999): Wahlen und politische Einstellungen in Deutschland und Österreich, Frankfurt a. M.

Popper, Karl R. (1984): Zur Logik der Sozialwissenschaft, in: Adorno, Theodor W. et al. (Hrsg.): Der Positivismusstreit in der deutschen Soziologie, 11. Aufl., Darmstadt, S. 103-124.

Popper, Karl R. (1992): Die offene Gesellschaft und ihre Feinde II. Falsche Propheten. Hegel, Marx und die Folgen, 7. Aufl., Tübingen.

Rattinger, Hans/Gabriel, Oscar W./Falter, Jürgen W. (Hrsg.) (2007): Der gesamtdeutsche Wähler. Stabilität und Wandel des Wählerverhaltens im wiedervereinigten Deutschland, Baden-Baden.

Sartori, Giovanni (1992): Demokratietheorie, Darmstadt.

Schauff, Johannes (1928): Die deutschen Katholiken und die Zentrumspartei. Eine politisch-statistische Untersuchung der Reichstagswahlen seit 1871, Köln.

Schoen, Harald (2003): Wählerwandel und Wechselwahl, Wiesbaden.

Schoon, Steffen (2007): Wahlverhalten und politische Traditionen in Mecklenburg und Vorpommern (1871 – 2002), Düsseldorf.

Schultze, Rainer-Olaf (1991): Wählerverhalten und Parteiensystem, in: Wehling, Hans-Georg (Hrsg.): Wahlverhalten, Stuttgart, S. 11-43.

Schulze, Gerhard (1992): Die Erlebnisgesellschaft. Kultursoziologie der Gegenwart, Frankfurt a. M.

SPD-Parteivorstand (Hrsg.) (1984): Planungsdaten für die Mehrheitsfähigkeit der SPD. Zusammenfassender Bericht, Bonn.

Thomassen, Jacques (Hrsg.) (2005): The European Voter. A Comparative Study of Modern Democracies, Oxford.

van Deth, Jan W./Maloney, William A. (Hrsg.) (2008): Civil Society and Governance in Europe, Cheltenham.

van Deth, Jan W./Montero, Jose/Westholm, Anders (Hrsg.) (2007): Citizenship and Involvement in European Democracies: a Comparative Analysis, London.

Veen, Hans-Joachim/Gluchowski, Peter (1988): Sozialstrukturelle Nivellierung bei politischer Polarisierung – Wandlungen und Konstanten in den Wählerstrukturen der Parteien 1953-1987, in: ZParl 19, S. 225-248.

Vester, Michael/von Oertzen, Peter/Geiling, Heiko/Hermann, Thomas/Müller, Dagmar (2001): Soziale Milieus im gesellschaftlichen Strukturwandel, Frankfurt.

Vogel, Bernhard/Nohlen, Dieter/Schultze, Rainer-Olaf (1971): Wahlen in Deutschland. Theorie-Geschichte-Dokumente 1848-1970, Berlin.

Weber, Max (1951): Die Objektivität sozialwissenschaftlicher und sozialpolitischer Erkenntnis, in: Weber, Max: Gesammelte Aufsätze zur Wissenschaftslehre, Tübingen, S. 146-214.

Westle, Bettina/Kühnel, Steffen (2007): Geschlecht als Determinante des Wahlver-
    haltens?, in: Brettschneider, Frank/Niedermayer, Oskar/Wessels, Bernhard
    (Hrsg.): Die Bundestagswahl 2005: Analysen des Wahlkampfes und der Wahl-
    ergebnisse, Wiesbaden, S. 293-320.
Zelle, Carsten (1995): Der Wechselwähler. Politische und soziale Erklärungsansät-
    ze des Wählerwandels in Deutschland und den USA, Opladen.

Entwicklungstheorien und Entwicklungspolitik

Jörg Faust

1. Einleitung

Gemäß Schätzungen der Weltbank lebten 2011 in den sogenannten Entwicklungsländern (EL) Afrikas, Asiens und Lateinamerikas immer noch ca. 1.01 Milliarden Menschen in extremer Armut.[1] Weit mehr Menschen müssen auf sauberes Wasser, Grundbildung oder grundlegende, staatliche Gesundheitsdienstleistungen verzichten. Auch leben viele Bürger in den genannten Regionen nicht in politischen Systemen, die durch freiheitlich demokratische Strukturen gekennzeichnet sind. Folgt man dem Index der Nicht-Regierungsorganisation Freedom House zu politischen Freiheitsrechten, so werden 2008 von den 163 erfassten Nicht-OECD-Ländern lediglich 61 als frei eingestuft, 59 als teilweise frei und 43 als nicht frei (Freedom House 2008). Doch warum sind manche Länder arm und manche Länder reich? Warum sind einige Staaten demokratisch regiert während andere autokratische und stark zentralistische Regime beherbergen? Und wie kann man mittels kooperativer Unterstützung von außen auf wirtschaftliche Entwicklung und politische Herrschaft einwirken? Diese und ähnliche Fragen gehören zu den zentralen Problemstellungen der im Titel dieses Beitrags genannten Forschungsfelder, die in den letzten Jahren erneut einen Bedeutungsaufschwung in den Gesellschaftswissenschaften erfahren.

Warum sind manche Länder arm und manche Länder reich?

Die Begriffe Entwicklungstheorie(n) und Entwicklungspolitik tauchen zumindest in der Politikwissenschaft oft im Zusammenhang auf. Eine der Sektionen der Deutschen Vereinigung für Politikwissenschaft trägt etwa den gleichen Titel wie dieser Beitrag. Einerseits ist dies plausibel, da die Entwicklungspolitik zumindest partiell die Erkenntnisse empirisch fundierter Entwicklungstheorien aufgreift und auch die theoretisch geleitete Entwicklungsforschung Bezug auf Erkenntnisse der Entwicklungspolitik nimmt. Andererseits sind Entwicklungstheorien und Entwicklungspolitik schwierig einzugrenzen. Sie spiegeln vielmehr in ihrer theoretischen, methodischen und empirischen Vielfalt verschiedene Diskussionsstränge aus der Vergleichenden Politikwissenschaft und den Internationalen Beziehungen wider. Dabei ist die politikwissenschaftliche Entwicklungsforschung eher – aber keinesfalls

Entwicklungstheorie(n) und Entwicklungspolitik

Politikwissenschaftliche Entwicklungsforschung

---

[1] www.povertdata.worldbank.org/poverty/home

ausschließlich – in die Vergleichende Politikwissenschaft eingebettet, während die Entwicklungspolitik eher der Teildisziplin der
Internationalen Beziehungen zugeordnet werden kann.

Vor diesem Hintergrund versucht der vorliegende Beitrag in die
beiden Forschungsfelder einzuführen und dabei sowohl deren
jeweilige Besonderheiten herauszustellen wie auch auf die Verschränkungen zwischen beiden Themenbereichen einzugehen.
Kapitel zwei widmet sich den Entwicklungstheorien bzw. der politikwissenschaftlichen Entwicklungsforschung. Zunächst wird die
Darstellung des Gegenstandsbereichs der politikwissenschaftlichen Entwicklungsforschung mit einer historischen Beschreibung wichtiger Entwicklungen in der Politikwissenschaft seit der
zweiten Hälfte des 20. Jahrhunderts verknüpft. Daraufhin erfolgt
eine Skizze der wesentlichen theoretischen Auseinandersetzungen sowie der methodischen Entwicklungen und Herausforderungen im dargestellten Forschungsbereich. Kapitel drei befasst
sich mit der Entwicklungspolitik im weiteren, maßgeblich aber
mit der Entwicklungszusammenarbeit im engeren Sinne: dem
Politikfeld, dass sich vor allem der Förderung von sozioökonomischer Entwicklung und „guter" Regierungsführung in EL widmet.
Hierbei wird der Gegenstand von Entwicklungspolitik und Ent-   Entwicklungszu-
wicklungszusammenarbeit diskutiert und ein Überblick über we-   sammenarbeit
sentliche Veränderungen und Instrumente des Politikfeldes während der letzten Dekaden gegeben. Anschließend erfolgt eine
knappe Darstellung wichtiger Aspekte der aktuellen Wirksam-
keitsdebatte in der EZ sowie eine kurzer Überblick über akteurszentrierte Analysen des Politikfeldes. Kapitel vier fasst die wesentlichen Argumente dieses Beitrags zusammen und gibt einen
Ausblick auf zukünftige Forschungsfragen.

Entwicklungstheorien und politikwissenschaftliche   2.
Entwicklungsforschung

Gegenstand und Forschungschronologie   2.1

Die Teildisziplin der politikwissenschaftlichen Entwicklungsforschung oder Entwicklungstheorie ist eng verknüpft mit der Entstehung und Ausdifferenzierung der Politikwissenschaft seit dem
Ende des zweiten Weltkrieges. Aus historischer Perspektive lassen
sich grob fünf, sich partiell überlagernde Phasen unterscheiden.

In der *ersten Phase* der fünfziger und sechziger Jahre stieg das
Erkenntnisinteresse der Politikwissenschaft an den Gesellschafts-

Dekolonialisie-
rungsprozesse

strukturen jener Vielzahl von Staaten, die vornehmlich in den Dekolonialisierungsprozessen des 19. (Lateinamerika) und insbesondere des zwanzigsten Jahrhunderts (Asien, Afrika) entstanden waren. Das Verständnis von politischen Strukturen und sozioökonomischen Entwicklungspfaden in diesen Gesellschaften hatte dabei einen klaren, realpolitischen Hintergrund. Angesichts der Bedeutung dieser Staaten in der entstehenden Systemkonkurrenz zwischen marktwirtschaftlich-demokratischen (1. Welt) und sozialistischen Gesellschaftsordnungen (2. Welt), bestand ein

Informations-
und politischer
Beratungsbedarf
mit Blick auf den
übrigen Teil der
Staaten, die unter
dem Begriff „Dritte
Welt" zusammen-
gefasst wurde

enormer Informations- und politischer Beratungsbedarf mit Blick auf den übrigen Teil der Staaten, die unter dem Begriff „Dritte Welt" zusammengefasst wurde. Nicht zuletzt hierfür mussten auf Seiten der Wissenschaft entsprechende Kapazitäten bereit gestellt werden, was der Forschung über die Länder Afrikas, Asiens und Lateinamerikas zu einem entsprechenden Bedeutungsgewinn in den Gesellschaftswissenschaften verhalf.

Die sogenannten Modernisierungstheorien fassten politische Modernisierung hin zur rechtsstaatlichen Demokratie als eine Konsequenz ökonomischer Modernisierung (Lipset 1959) auf. Letztere wurde wiederum mit einfachen, volkswirtschaftlichen Modellen erklärt: etwa dem postkeynesianischen Harrod-Domar-Modell (vgl. Easterly 2001: 28). Der Entwicklungsbegriff jener Phase war in seiner ökonomischen Dimension schlicht am Bruttosozialprodukt orientiert und in seiner politischen Dimension an die Zielmargen der politischen Einstellungs- und Kulturforschung geknüpft. Demnach war eine „civic culture", also ein Mix an tugendhaften, die staatliche Autorität akzeptierenden und zugleich partizipativen Einstellungen der Bürger Voraussetzung für die Stabilität demokratischer Herrschaftssysteme (Almond/Verba 1963).

Die *zweite Phase* der Entwicklungstheorien begann in den 1960er Jahren und erlebte ihre Hochzeit während der 1970er Jahre. Dependencia-Theorien und anderer Varianten von Abhängigkeitstheorien sahen dabei in externen Faktoren die Hauptursache für das geringere sozioökonomische Entwicklungsniveaus in den EL (Prebisch 1950; Cardoso/Faletto 1969; Frank 1969). Abhängige Weltmarktintegration, offene Ausbeutung der EL durch die Staaten Westeuropas und Nordamerikas, ungerechte Terms of Trade: all dies waren wichtige Erklärungsfaktoren, die in einem breiten Spektrum von imperialistischen, marxistischen oder stark sozialreformerische Theorien eingebettet waren.

Die Abgrenzung von den auf innergesellschaftliche Faktoren gerichteten Modernisierungstheorien hatte neben deren Erklärungsdefiziten auch realpolitische Ursprünge: erstens die ebenso sozialreformerisch und teilweise sozialistisch inspirierten Trends innerhalb der Industrieländer (IL); zweitens die Emanzipierungsversuche von EL, die sich von der Auseinandersetzung des Ost-West-Konflikts nicht mehr vereinnahmen lassen wollten. Ihren Ursprung hatten letztere Bestrebungen bereits in der Bandung-Konferenz von 1955 sowie in der Gründung der Bewegung Blockfreier Staaten 1961 durch Ägypten, Indien, Indonesien und Jugoslawien. Deutlicher wurden die Forderungen auf ein Recht nach eigenständiger Entwicklung und internationaler Umverteilung im Verlauf der 1960er und frühen 1970er Jahre.[2]

In dieser zweiten Phase wandelte sich auch der Entwicklungsbegriff. Erstens wurde wirtschaftliche Entwicklung und politische Entwicklung nicht mehr als Sequenz erachtet, sondern als ein unteilbares Phänomen. Zweitens wurde der Entwicklungsbegriff umfassender.[3] Im ökonomischen galt das Volkseinkommen nicht mehr als Richtgröße, da es wenig über Verteilungsaspekte und Lebensqualität der Bevölkerung aussagte, wobei mit Blick auf letztere neben sozialen auch erstmals ökologische Faktoren Berücksichtigung fanden. Zudem wurde die Verwirklichung politischer aber auch wirtschaftlicher, sozialer und kultureller Menschenrechte zunehmend als Zielsystem von Entwicklung angesehen.[4]

---

[2]   In einer Reihe von Foren, wie etwa der UNCTAD (United Nations Conference on Trade and Development), oder der Gruppe der 77 organisierten sich EL, um ihre Rechte auf Entwicklung und internationale Umverteilung einzufordern. Am deutlichsten fand letzteres 1974 Ausdruck in der UN-Generalversammlung veröffentlichten Erklärung über die „Errichtung einer Neuen Weltwirtschaftsordnung", in der u.a. eine entwicklungsfreundlichere Rohstoff-, Handels- und Verschuldungspolitik eingefordert wurde.

[3]   Die zunehmende Komplexität des Entwicklungsbegriffs produziert damit auch Zielkonflikte zwischen einem mehrdimensionalen Zielsystem. Dies kommt etwa in dem Begriff des „magischen Sechsecks der Entwicklung" (Nohlen/Nuscheler 1993) zum Ausdruck in dem die Autoren sechs Komponenten des Entwicklungsbegriffs definieren, die zumindest partiell in Konkurrenz zueinander stehen können: 1) Arbeit, 2) wirtschaftliches Wachstum, 3) soziale Gerechtigkeit, 4) Partizipation, 5) politische und wirtschaftliche Unabhängigkeit, 6) Schutz der natürlichen Lebensgrundlagen.

[4]   Auch begünstigten sowohl die Bürgerrechtsbewegungen in den Industriestaaten, vor allem in den USA, aber auch offensichtliche Menschenrechtsverletzungen in etlichen EL die Orientierung an den Menschenrechten. Bereits 1966 wurden völkerrechtlich verbindliche Menschenrechtskonventionen durch die UN-Generalversammlung verabschiedet. Der „Internationale Pakt über Bürgerliche und Politische Rechte" („Zivilpakt") und der „Internationale Pakt über wirtschaftliche, soziale und kulturelle Rechte" („Sozialpakt") traten 1976 in Kraft, nachdem eine ausreichende Zahl von Staaten sie ratifiziert hatte.

Die *dritte Phase* der Entwicklungstheorien kennzeichnete eine stärkere Konzentration auf die Rolle des Staates im Entwicklungsprozess. Hierbei löste eine ebenfalls ideologisch eingefärbte Debatte um den für wirtschaftliche Prosperität angemessenen Umfang des Staates den zunehmend fruchtlosen Streit zwischen Modernisierungs- und Dependenztheoretikern ab. Auslöser dieser Auseinandersetzung war insbesondere der wachsende Einfluss neoliberaler Theorien auf die Wirtschaftspolitik in den USA und Großbritannien aber auch in EL wie Chile unter dem Militärregime Pinochets (1973-1989). Der Einfluss neoliberaler Theorien mit ihrer Skepsis gegenüber staatlichen Gestaltungsansprüchen wurde zudem begünstigt durch die enttäuschende Performanz keynesianischer orientierter Politiken in den IL und offensichtlichen Erschöpfungserscheinungen staatsinterventionistischer, importsubstituierender Entwicklungsstrategien in einer Vielzahl der
Verschuldungs- Länder des Südens. Die in den 1980er Jahren einsetzende Ver-
krise schuldungskrise offenbarte dabei Ineffizienz und klientelistische Strukturen. Von umfassenden Staatsstrukturen hatten vor allem gut organisierte gesellschaftliche Akteursgruppen oder Staatsklassen (Elsenhans 1977) profitiert, die sich über ihren Einfluss auf die Wirtschaftspolitik Privilegien (Renten) zu Lasten großer Bevölkerungsmehrheiten verschafften. Die Schuldenkrise in sol-
rent-seeking chen „rent-seeking Gesellschaften" (Krueger 1974) bot daher eine Gelegenheit, gemäß neoliberaler Vorstellungen den Abbau entwicklungsabträglicher Staatsstrukturen voranzutreiben.

Die neoliberale Denkschule blieb in der Entwicklungsforschung jedoch nicht konkurrenzlos. Seit Mitte der 1980er zeigten einige prominente Arbeiten, dass auch umfassendere Staatstätigkeit entwicklungsförderlich sein kann. Als Beleg für den Erfolg staatsinterventionistischer Strategien wurden immer wieder die ostasiatischen Entwicklungsstaaten Japan, Korea und Taiwan angeführt (Wade 1990). Deren Bürokratien hatten in einigen Fällen langfristig angelegte und komplexe Industrialisierungspläne umgesetzt, ohne gleich eine sozialistisch inspirierte Planwirtschaft zu etablieren. Staatliche Akteure konnten demzufolge in ein Netzwerk aus privatwirtschaftlichen Interessengruppen eingebettet sein, ohne hierdurch automatisch ihre staatliche Steuerungsautonomie bzw. -fähigkeit aufzugeben (Evans 1995).[5] Politische Ent-

---

[5]   Auch das Konzept systemischer Wettbewerbsfähigkeit weist auf die Bedeutung von Netzwerken zwischen staatlichen und gesellschaftlichen Akteuren hin, die für eine Entwicklungsbarrieren überwindende Politikfeldgestaltung etwa in der Infrastruktur-, der Technologie- oder der Umweltpolitik von großer Bedeutung sind (Esser et al. 1996).

scheidungsträger waren somit nicht zwangsläufig Geiseln mächtiger gesellschaftlicher Interessengruppen oder Staatsklassen. Vielmehr offenbarte die empirische Evidenz eine Varianz, die kaum in Einklang mit den neoliberalen Maximalforderungen eines minimalistischen Entwicklungsstaates stand.

Die *vierte Phase* der Entwicklungsforschung kennzeichnete das Interesse an der Qualität des Staates in Form politischer Institutionen. Ursächlich war die Erkenntnis, dass alleine der Umfang des Staates – zumindest in einer gewissen Bandbreite – nur begrenzte Schlüsse auf die gesellschaftliche Entwicklungsdynamik zuließ. Weiterhin kam es zur intensiveren Beschäftigung mit den Ursachen institutionellen Wandels: vor allem mit Blick auf Demokratisierungsprozesse in den EL und den Transformationsstaaten Osteuropas und Zentralasiens.

Politische Institutionen sind definiert als die Normen und Spielregeln, an denen sich politische Entscheidungsprozesse orientieren. Politische Institutionen sind handlungsleitend und üben erheblichen Einfluss auf die Verteilung bzw. Verwendung produktiver Ressourcen und politischer Rechte (vgl. u.a. North 1990).[6] Empirische Evidenz zeigt, dass politische Institutionen, die Eigentumsrechte bzw. Rechtssicherheit begünstigen sowie politische Transparenz stärken bzw. Korruption begrenzen, maßgebliche Determinanten wirtschaftlichen Wachstums sind (Keefer/Knack 1997; Acemoglu et al. 2002). Insofern erfolgte eine bedeutsame Einschränkung des neoklassischen Wachstumsmodells, dem zufolge bei freiem Güter- und Kapitalverkehr ärmere Länder schneller wachsen müssten als reichere. Konditionierte Konvergenz bedeutet in diesem Zusammenhang, dass ein solcher Aufholprozess armer Länder nur dann stattfindet, wenn dem eine Anpassung der politischen Rahmenbedingungen vorausgeht.[7]

> Politische
> Institutionen

> Konditionierte
> Konvergenz

---

[6] Ein Beispiel für eine politische Institution ist die Regulierung der Herrschaftsbestellung, die viele Formen annehmen kann: sei es durch freie und faire Wahlen, dem dynastischen Prinzip oder – wie lange Zeit in Mexiko – per „Fingerzeig" des amtierenden Präsidenten. Politische Institutionen können dabei sowohl formell – also gesetzlich normiert – wie auch informell als Brauch oder Gepflogenheit ihre handlungsleitende Wirkung entfalten. Formelle und informelle Institutionen stehen dabei nicht immer in Einklang, was insbesondere die vergleichende Demokratieforschung betont (vgl. Lauth 2000).

[7] Mit der Erkenntnis, dass politische Institutionen Schlüsselfaktoren für nachholende oder auch ausbleibende wirtschaftliche Entwicklung sind, orientierte sich der Entwicklungsbegriff in seiner politischen Dimension zunehmend an „guter Regierungsführung", Damit ist im engeren Sinne lediglich transparentes und korruptionsfreies Staatshandeln gemeint. Im weiteren Sinne um-

Vergleichende
Demokratie-
forschung

Mit Blick auf die vergleichende Demokratieforschung relativieren mittlerweile einige Befunde die Annahmen der traditionellen
Modernisierungstheorien. Zwar wurde bislang keine direkte Wirkung des Demokratieniveaus auf das Wirtschaftswachstum identifiziert. Ob die Wahrscheinlichkeit des Zusammenbruchs eines
bereits etablierten demokratischen Regimes mit zunehmendem
Pro-Kopf-Einkommen der Gesellschaft abnimmt (Przeworski et
al. 2000), ist jedoch mittlerweile umstritten (Robinson 2006).
Genauso verhält es sich mit der Annahme, dass steigende Prosperität einer Gesellschaft die Wahrscheinlichkeit der Demokratisierung begünstigt (Acemoglu et al. 2008). Zudem haben eine
Reihe von Studien gezeigt, dass ein zunehmendes Demokratie-
niveau durchaus positive ökonomische Effekte zeitigt: etwa auf
das Bildungsniveau, auf die Gesundheitsvorsorge oder die Effizienz ökonomischer Ressourcenverwendung (vgl. Lake/Baum
2001; Faust 2006). Dies wird damit begründet, dass sich Regierungen in (funktionierenden) demokratischen Regimen aufgrund des inklusiven Wettbewerbsprozesses der Demokratie
stärker an umfassenden Mehrheiten und weniger an Sonderin-
teressen kleiner Eliten orientieren als autokratische Regime (vgl.
Olson 1993).[8]

Demokratisie-
rungsprozesse

Parallel zu den Erkenntnissen über die Wirkungen politischer
Rahmenbedingungen auf die ökonomische Entwicklung, stieg
auch das Interesse an den Ursachen politischen Wandels. Seit
ersten systematischen Arbeiten zu den Ursachen der Demokratisierungsprozesse der siebziger und achtziger Jahre (O'Donnell/
Schmitter 1986) boomte die vergleichende Demokratisierungsforschung vor allem in den 1990er Jahren. Die Untersuchung
junger Demokratien in Asien, Afrika, Lateinamerika sowie in Ost-
und Mittelosteuropa offenbarte erhebliche Unterschiede existie-
render Demokratien. Zugleich wurde offensichtlich, dass der
Wandel von der Autokratie zur funktionierenden Demokratie keinesfalls linear verlaufen muss. Viele der „jungen" Demokratien
– wie etwa in Lateinamerika – weisen noch Jahrzehnte nach der
Transition erhebliche Defizite im Bereich der Rechtsstaatlichkeit
auf oder sind – wie vielfach in Zentralasien – wieder zu autokra-

---

fasst good governance auch rechtsstaatliche, demokratische Verfahren sowie
institutionelle Arrangements zur Gleichberechtigung von Frau und Mann
sowie zum nachhaltigen Umgang mit natürlichen Ressourcen.

[8]   Entsprechend begünstigen demokratische Institutionen das Entstehen von
wettbewerbsorientierten Wirtschaftspolitiken, die den wirtschaftlichen Wettbewerb begünstigen und zugleich öffentliche Güter in Bereichen wie Bildung
und Gesundheit bereit stellen.

tischen Herrschaftsformen zurückgekehrt. Offensichtlich geworden ist in diesem Zusammenhang, dass der Übergang von der
Autokratie zur Demokratie enorme politische wie ökonomische
Umverteilungskonflikte birgt, der diese Prozesse trotz der kollektiven Vorteile demokratischer Herrschaft zum Scheitern bringen
kann (Acemoglu/Robinson 2006).

Politische wie ökonomische Umverteilungs-konflikte

Die *fünfte, gegenwärtige Phase* der Entwicklungsforschung ist
einerseits durch die anhaltende Auseinandersetzung über spezifische ökonomische Auswirkungen politischer Institutionen bzw.
über die Ursachen institutionellen Wandels charakterisiert. Doch
stehen nicht mehr nur die politischen Institutionen auf nationalstaatlicher Ebene im Mittelpunkt, sondern es werden in zunehmendem Maße auch die Verschränkungen zwischen lokalen,
nationalen und internationalen Anreizstrukturen untersucht
(Mehr-Ebenen-Regieren). Zur stärkeren Beachtung lokaler Strukturen haben neben der steigenden Bedeutung der Urbanisierung
für die Überwindung von Entwicklungsbarrieren (Weltbank
2008) vor allem Dezentralisierungsprozesse beigetragen, welche
die Bedeutung subsidiaritätskonformer Strukturen offenbarten.

Mehr-Ebenen-Regieren

Dezentralisie-rungsprozesse

Die Forschung zu Dezentralisierungsprozessen als einer Perspektive auf Mehr-Ebenen-Regieren ähnelt in ihren Befunden teilweise der Demokratisierungsforschung. Dezentralisierung zu Gunsten nachgeordneter Gebietskörperschaften wie Gemeinden und
Provinzen vollzog sich in vielen EL parallel zu Demokratisierung
und wirtschaftlicher Öffnung und beinhaltet drei Dimensionen:
die Übertragung politischer Rechte (politische Dezentralisierung),
die Übertragung finanzieller Ressourcen und Steuerbefugnisse
(fiskalische Dezentralisierung) sowie die Übertragung politikfeld-
spezifischer, administrativer Kompetenzen (administrative Dezentralisierung). Eine geordnete, subsidiaritätsorientierte Dezentralisierung wird dabei in der Regel sowohl als förderlich für die
wirtschaftliche Entwicklung wie auch für die Stärkung der Demokratie erachtet (vgl. Weingast 1995). Gleichwohl birgt jeder De-
zentralisierungsprozess als institutioneller Wandel erhebliches
Konfliktpotential, da es um die Umverteilung von politischen
Rechten, finanziellen Ressourcen und administrativen Kompetenzen geht (Prud'Homme 1995). Daher sind Dezentralisierungsprozesse in der Regel politisiert, iterativ und folgen oft nicht primär einer funktionalen, gemeinwohlorientierten Logik sondern
sind das Ergebnis der politischen und ökonomischen Kräfteverhältnisse.

Politische Dezentralisierung

Fiskalische Dezentralisierung

Administrative Dezentralisierung

Dies gilt auch für eine weitere Perspektive auf das Mehr-Ebenen-Regieren: die Integration von EL in Prozesse globalen Re-

gierens. In dem Maße, wie die Verregelung zunehmend globalisierter Politikfelder – Welthandel, Drogenschmuggel oder Klimaschutz – an Bedeutung für wirtschaftliche Entwicklung und

Global Governance politische Stabilität gewinnt, wird auch Global Governance zum Feld der Entwicklungsforschung. Die Partizipation einflussreicher EL wie China, Indien, Brasilien oder Südafrika macht dabei die Verregelung globaler Probleme nicht einfacher, sondern vielfach konfliktiver und kompetitiver (Conzelmann/Faust 2009). Denn auch die Regulierung internationaler Politikfelder produziert Verlierer und Gewinner, etwa wenn es um die Verteilung von CO_2 Emissionsrechten oder den Abbau von Handelsschranken geht. Bei der Suche nach Kompromissen ist jedoch der Verhandlungsspielraum für viele große EL oftmals gering. Aufgrund hoher Bevölkerungsanteile, die noch eine ausreichende Grundbedürfnissicherung einfordern sowie meist konfliktiver interner Transformationsprozesse, können die Regierungen solcher Staaten ihren internationalen Verhandlungspartnern meist nur begrenzte Zugeständnisse machen, ohne interne Legitimationseinbussen hinzunehmen.

2.2 Theoretische und methodische Auseinandersetzungen

2.2.1 Überblick

Auch in der vergleichenden Entwicklungsforschung fanden heftige Auseinandersetzungen zwischen den Anhängern historisch-hermeneutischer, kritisch-dialektischer und empirisch-analytischer Schulen statt (vgl. u.a. Mols 1990; Menzel 1995). Erst in

Historisch-hermeneutische, kritisch-dialektische und empirisch-analytische Schule der letzten Dekade setzten sich allmählich und mit einer zeitlichen Verzögerung zur Mutterdisziplin moderne, dem Positivismus verpflichtete Auffassungen von Wissenschaft durch. Gleichwohl ist dieser Prozess gradueller Natur, da die Vertreter von eher historisch-verstehender und kritisch-dialektischen Wissenschaftsauffassungen in der Teildisziplin lange dominierten. Dies kann damit begründet werden, dass die Entwicklungsforschung in der OECD-Welt stark durch das Interesse und die Kontroversen der praktischen Politik beeinflusst wurde. Diese war (und ist) oft eher an beschreibend-verstehenden Einzelfallstudien ferner EL interessiert, als an ausgefeilten deduktiv-theoretischen Modellen, die mit komplexen Methoden probabilistische Schlüsse ziehen. Diese stärkere Nachfrage der Politik nach Beschreibung statt Erklärung begünstigte zumindest zeitweise eine partielle Abkopplung der vergleichenden Entwicklungsforschung von den theoretischen

Tab. 1: Fünf Phasen der politikwissenschaftlichen Entwicklungsforschung

	Theoretische Strömung	Inhaltlicher Fokus	Realpolitischer Hintergrund
Phase 1 1950er und 1960er Jahre	Strukturfunktionalistische System- und Modernisierungstheorien	Endogene Determinanten wirtschaftlicher und politischer Entwicklung. Politische Entwicklung folgt ökonomischer Entwicklung	Politisches Interesse an EL und Rechtfertigung kapitalistischer Wirtschaftsordnungen im Kontext des Ost-West-Konfliktes
Phase 2 1960er und 1970er Jahre	Abhängigkeits- bzw. Dependenztheorien	Exogene Determinanten wirtschaftlicher und politischer Entwicklung. Verschränkung von politischer und ökonomischer Entwicklung	Soziale u. politische Reformbewegung in IL und Einforderung von mehr Unabhängigkeit u. Entwicklungsrechten seitens der EL
Phase 3 1980er und 1990er Jahre	Neoliberale vs. „neostrukturalistische" Entwicklungstheorien	Kontroverse um die angemessene Rolle und den angemessenen Umfang des Staates im Entwicklungsprozess von Gesellschaften.	Neoliberale Reformen in den USA u. Großbritannien, Schuldenkrise in EL durch fehlgeleitete, staatsinterventionistische Entwicklungsstrategien.
Phase 4 1990er Jahre	Neuer Institutionalismus – Ökonomischer Institutionalismus – Soziologischer Institutionalismus – Historischer Institutionalismus	Politische Institutionen als Determinanten wirtschaftlicher Entwicklung. Ursachen institutionellen Wandels, insbesondere von Demokratisierungsprozessen	Ende des Ost-West-Konfliktes und politische Reformversuche bzw. Demokratisierungsprozesse in vielen EL.
Phase 5 Gegenwart	Wie Phase 4, zusätzlich Mehrebenen-Ansätze	Wie Phase 4, zusätzlich die Verschränkung von lokaler, nationaler und internationaler (globaler) Ebene.	Unterversorgung mit globalen öffentlichen Gütern und Bedeutung lokaler Governance-Strukturen/Urbanisierung

und methodischen Innovationen der Gesellschaftswissenschaften. In der Konsequenz war die Länder- und Regionalexpertise vieler Vertreter der Entwicklungsforschung zwar seitens staatlicher Administrationen gefragt. Doch das Ansehen der Entwicklungsforschung bzw. der *area studies* (Regionalstudien) in der Politikwissenschaft geriet aufgrund ihrer methodischen und theoretischen „Rückständigkeit" in Mitleidenschaft.

area studies

In dem Maße, in dem sich seit den 1990er Jahren, ausgehend vom angelsächsischen Raum, immer mehr Wissenschaftler um stringentere theoretische Fundierungen sowie bessere Methoden in der Entwicklungsforschung bemühen, wurde das Forschungsfeld allmählich wieder zu einer Quelle gesellschaftswissenschaftlicher Innovation. Zudem stieg das Maß an produktiver Interdisziplinarität, insbesondere zwischen politik- und wirtschaftswissenschaftlicher Entwicklungsforschung: aufgrund der zunehmenden Akzeptanz mikrofundierter Entscheidungstheorien in der Politikwissenschaft einerseits und andererseits aufgrund der sich in der Volkswirtschaftslehre durchsetzenden Erkenntnis hinsichtlich der fundamentalen Bedeutung politischer Institutionen für die Allokation produktiver Ressourcen.[9]

Allerdings ist angesichts der Vielfältigkeit der möglichen Problemstellungen in der Entwicklungsforschung unsicher, inwieweit das Forschungsfeld bei einer theoretischen und methodischen Integration in den politik- wie gesellschaftswissenschaftlichen „mainstream" seine Eigenständigkeit bewahrt. Denn die Fragestellungen nach dem Wandel politischer Institutionen oder den Auswirkungen politischer Herrschaftsmerkmale auf soziale oder ökonomische Variablen sind nicht für die EL von Relevanz, sondern auch für die OECD-Welt.

---

[9] So widmeten sich einige der einflussreichsten Wissenschaftler aus der Volkswirtschaftslehre (z.B. Olson 2002; North 1990) sowie der Politikwissenschaft (Bueno de Mesquita et al. 1999; Weingast 1995) auf Grundlage ähnlicher theoretischer und methodischer Fundierungen grundsätzlichen Fragen der Entwicklungsforschung wie etwa den Ursachen bzw. den Auswirkungen unterschiedlicher politischer Herrschaftsformen. Das prominentestes Beispiel dieser Interdisziplinarität findet sich gegenwärtig wohl in dem Werk des Ökonomen Daron Acemoglu und des Politologen John Robinson (2006), die auch mittels reichhaltiger historischer Evidenz der Frage nach den ökonomischen Ursachen von Autokratie und Demokratie nachgehen.

Strukturfunktionalismus   2.2.2

In den Anfängen der Entwicklungsforschung mischten sich zu einem gewissen Maße die historisch-beschreibenden Elemente der Forschung zu den Staaten der „Dritten Welt" mit den damals dominierenden strukturfunktionalistischen Systemtheorien. Im Unterschied zu der sich etablierenden Werte- und Einstellungsforschung für die OECD Welt wurde in der Entwicklungsforschung nur selten mit differenzierten Methoden der Messung und des Vergleichs gearbeitet. Vielmehr dominierten historisch angeleitete Länder- oder Regionalstudien, die kaum strenge Tests über die Hypothesen strukturfunktionalistischer Erklärungen ermöglichten. Zudem offenbaren die strukturfunktionalistischen Ansätze eine Reihe von weiteren Schwächen. In ihrer Anwendung waren sie zumindest in der Entwicklungsforschung stark auf die Inputfunktionen politischer Systeme konzentriert, also politische Sozialisation und Rekrutierung, Interessenartikulation, Interessenaggregation und politische Kommunikation. Die Auswirkungen der Strukturen des politischen Systems – seiner Output-Funktionen Regelerstellung, Regelanwendung und Regelüberwachung – auf die sozioökonomische Entwicklung fanden weit weniger Beachtung. Schließlich weist der Strukturfunktionalismus auch theoretische Defizite auf. Streng genommen, handelt es sich aus empirisch-analytischer Perspektive gar nicht um eine Theorie, sondern lediglich um einen heuristischen Bezugsrahmen (vgl. Lehner/ Widmayer 2002: 40ff.).

Strukturfunktionalistische Systemtheorie

Abhängigkeitstheorien   2.2.3

Die Kritik der unterschiedlichen Abhängigkeitstheorien an Modernisierungstheorien und Strukturfunktionalismus war jedoch nicht primär auf die genannten Probleme gerichtet. Vielmehr wurde die empirische Engführung angeprangert und unterstellt, dass diese auch politisch motiviert sei. Die von den Dependenztheorien oder der Weltsystemtheorie Wallersteins (1979) fokussierte internationale Einbettung von EL in ein kapitalistisches Weltsystem offenbarte eine wichtige Blindstelle der Modernisierungstheorien. Die dem Marxismus entlehnte kritisch-dialektische Perspektive versuchte ökonomische Entwicklung nicht als Ergebnis technokratischen Modernisierungsmanagements aufzufassen, sondern viel stärker durch politische Faktoren, maßgeblich internationaler Provinienz, zu erklären.

Abhängigkeitstheorien

Dependenztheorien

Sozioökonomische Entwicklungsunterschiede zwischen Staaten wurden durch deren zentrale bzw. periphere Positionierung im kapitalistischen Weltsystem erklärt. Ebenso wurden die variierenden innergesellschaftlichen Kräfteverhältnisse und „Klassenkonflikte" auf die unterschiedliche Einbindung der jeweiligen Akteure in den Weltmarkt zurückgeführt. Kolonialismus und die fortwährende Ausübung von politischer Macht seitens der IL gegenüber EL begünstigen demzufolge das Entstehen und die Persistenz von kapitalistischen Weltmarktstrukturen, die für die ökonomischen Diskrepanzen zwischen Staaten wie auch innerhalb von Gesellschaften verantwortlich seien. Demnach führen politische Machtasymmetrien im internationalen System zu ungleichen Handelsbedingungen (Terms of Trade), die wiederum niedrige Löhne in EL sowie Technologieexporte aus Industrie- in EL sowie die Rohstoffausbeutung der EL begünstigen.

Trotz der genannten Innovationen sind auch die Abhängigkeitstheorien kritisch zu betrachten. Blendeten die Modernisierungstheorien internationale Faktoren systematisch aus, so ist den Abhängigkeitstheorien der Vorwurf zu machen, dass ihre Argumentation innergesellschaftliche Erklärungsfaktoren vernachlässigt. Damit fällt es diesem Theorienstrang der Sozialwissenschaften schwer, die zunehmende Heterogenität der EL zu erklären. Wie also kann es sein, dass bei ähnlichen internationalen Rahmenbedingungen einige EL wie Südkorea, Botswana, Costa Rica aber auch große Staaten wie China und Indien einen sozioökonomischen Aufschwung erfahren haben, während andere von Stagnation oder lediglich geringem Fortschritt gekennzeichnet sind.

Neben diesem Bias weisen die Dependenztheorien weitere Probleme auf. Ähnlich wie bei anderen neomarxistisch beeinflussten Theorien vermischt sich die normative Zielsetzung, soziale Veränderungen voranzutreiben mit dem Anspruch, empirisch fundiert, gesellschaftliche Zustände zu erklären. Hieraus entstand ein oftmals stark selbstreferentielles Theoriegebäude, bei dem konkurrierende Erklärungsansätze oft als politisch motiviert diskriminiert wurden. Schließlich waren auch viele dependenztheoretischen Analysen Länder- oder Regionalstudien ohne sorgsame Vergleichsanlage, so dass insbesondere die Auseinandersetzung zwischen Modernisierungs- und Dependenztheoretikern mittels einer großen Anzahl von Fallstudien geführt wurde, deren methodische Defizite jedoch viel Spielraum für induktive Fehlschlüsse ließ.

Die institutionalistische Wende   2.2.4

Seit der zweiten Hälfte der 80er Jahre gewann schließlich auch in der Entwicklungsforschung der empirisch-analytische Ansatz zunehmend an Bedeutung. Diese Tendenz ging einher mit dem Aufstieg unterschiedlicher Spielarten des Institutionalismus: dem soziologischen, dem ökonomischen oder akteurszentrierten sowie dem historischen Institutionalismus (Immergut 1998). Vertretern aller drei Spielarten ist gemeinsam, dass sie Institutionen als Normen und Spielregeln eine zentrale Bedeutung bei der Allokation und Verwendung von ökonomischen Ressourcen und politischen Rechten zumessen. In ihrer Interpretation über das Zustandekommen und die Auswirkungen von institutionellen Arrangements stehen sich jedoch insbesondere der soziologische und der ökonomische Ansatz gegenüber (vgl. Faust/Marx 2004).

Der soziologische oder auch sozialkonstruktivistische Institutionalismus argumentiert auf Grundlage des homo sociologicus und begreift Institutionen stärker als durch Sozialisation internalisierte Norm- und Wertorientierungen (vgl. March/Olsen 1989). Diese strukturieren dann entwicklungszu- bzw. -abträgliche Handlungen gesellschaftlicher Akteure. Offensichtlich sind hier die Bezüge zu den Modernisierungstheorien und zum Behaviouralismus (Inglehart/Welzel 2005). Entsprechend wird angenommen, dass langfristige kulturelle Werte und Traditionen starken Einfluss auf die wirtschaftliche Entwicklung nehmen.[10]

Soziologische oder auch sozialkonstruktivistische Institutionalismus

Allerdings hat die soziologische Variante des Institutionalismus ein Erklärungsdefizit. So wird zwar behauptet, dass sich Strukturen auf der gesellschaftlichen Makroebene – z.B. Kultur – mittels Sozialisierungsprozesse als Einstellungen auf der Mikroebene der Akteure einnisten und damit handlungsleitend werden. Unbeantwortet bleibt jedoch, wie sich das Wertesystem auf der gesellschaftlichen Makroebene durch das Verhalten der Akteure verändern kann. Der soziologische Institutionalismus (im engeren Sinne) verfügt mithin kaum über eine mikrotheoretische Fundierung, die Veränderungen von institutionellen Arrangements erklären können (Faust/Marx 2004). Auch empirisch ist die kulturalistische Argumentation nicht robust. So zeigen quan-

---

[10]   Letzteres wird etwa mit Blick auf die asiatischen Werte als treibende Kraft hinter den Entwicklungserfolgen in Südost- und Ostasien betont, aber auch anhand von quantitativen Studien aus der Einstellungsforschung zu belegen versucht (Granato et al. 1996).

titative Tests, dass der Einfluss von kulturellen Variablen auf das Wirtschaftswachstum schwindet, wenn um politische Anreizstrukturen kontrolliert wird (Jackman/Miller 1996). Dies lässt sich auch anhand natürlicher Experimente verdeutlichen. Denn wären kulturelle Merkmale über Jahrhunderte eingeprägt und von großer Bedeutung für die wirtschaftliche Entwicklung, dann hätte die künstliche Teilung von Gesellschaften, wie etwa in Korea oder Deutschland, nicht so rasch zu solch divergierenden ökonomischen Wachstumspfaden führen dürfen.

Im Unterschied zum soziologischen Institutionalismus verfügt der akteurszentrierte oder ökonomische Institutionalismus über eine Mikrofundierung. Hier wird unterstellt, dass Institutionen nicht internalisiert sind, sondern Akteure als externe Anreizstrukturen umgeben. Akteure schätzen die Kosten und Nutzen verschiedener Handlungsoptionen mit Blick auf ihre Präferenzen ab. Weil sie aber aufgrund begrenzter Information zugleich mit hoher Unsicherheit konfrontiert sind und daher lediglich begrenzt rational handeln, bieten Institutionen Orientierungshilfe. Schützen die Spielregeln in einer Gesellschaft etwa die Wirtschaftssubjekte vor Enteignung, werden diese eher bereit sein, zu investieren, weil sie nicht um ihr Eigentum bangen müssen. Verhindern wirtschaftspolitische Spielregeln Monopolbildung und exzessive Marktmacht, dann entsteht eher inklusiver Wettbewerb mit positiven Konsequenzen für Produktivität und Konsumentenorientierung.

Aufgrund der Wirkung von Institutionen, werden diese zum Gegenstand politischer Auseinandersetzungen. Denn Akteure trachten danach, institutionelle Arrangements gemäß ihrer Präferenzen zu beeinflussen. Insofern wirkt die Mikroebene der Präferenz- und der Akteurskonstellation auf die Makroebene der institutionellen Strukturen ein. So wird etwa das Entstehen mehr oder weniger demokratischer Spielregeln vereinfachend als das Ergebnis oftmals konfliktiver Auseinandersetzungen zwischen an der Beibehaltung ihrer Privilegien interessierten Elite(n) sowie der an Umverteilung interessierten Bevölkerungsmehrheit interpretiert (Acemoglu/Robinson 2006). Die Etablierung eines konkreten instutionellen Arrangements hängt von Spezifika der Akteurskonstellation ab: etwa die Anzahl Akteure, deren Ressourcenausstattung, Mobilisierungsfähigkeit, etc. Argumentiert wird etwa, dass die Fragmentierung sowie die geringe Ressourcenausstattung und Organisationsfähigkeit der Landbevölkerung in vielen EL dazu führte, dass sich die Regierungen in ihrer Wirtschaftspolitik stärker an den politisch einflussreicheren und besser

Akteurszentrierter oder ökonomischer Institutionalismus

organisierten urbanen Interessengruppen orientiert haben. Die
resultierenden wirtschaftspolitischen Institutionen begünstigten
dann einen *urban bias* – die Umverteilung vom Land in die Stadt   urban bias
und damit die weitere Marginalisierung der Landbevölkerung. Bei
einer anderen Akteurskonstellation, also bei gut organisierten und
politisch einflussreiche Akteuren aus der Landwirtschaft, werden
auch die wirtschaftspolitischen Spielregeln anders ausgerichtet
– wie etwa in der Agrarpolitik der Europäischen Union.

Aus einer Perspektive des akteurszentrierten Institutionalismus können sich Institutionen dauerhaft verfestigen, wenn sie
über ihre entwicklungsrelevanten Allokationswirkungen eine sich
selbst stabilisierende Akteurskonstellation begünstigen. Insofern
sind in der neueren institutionenökonomischen Forschung verstärkt Bezüge zur Bedeutung historischer Pfadabhängigkeit zu
finden, die etwa mittels sequentieller Spiele modelliert werden.
Auch wird im Sinne historischer Pfadabhängigkeit argumentiert   Historische
und empirisch zu belegen versucht, dass unterschiedliche Kolo-   Pfadabhängigkeit
nialisierungsstrategien von zentraler Bedeutung für die unterschiedliche politisch-institutionelle und damit auch für die sozioökonomische Entwicklung der Länder Amerikas, Ozeaniens,
Afrikas und Asiens waren (Acemoglu et al. 2001). Neben der Berücksichtigung historischer Faktoren werden auch kulturelle Faktoren erfasst. Allerdings wird Kultur nicht als internalisierte   Kultur
Norm, sondern als ein externes Set von informellen Spielregeln
aufgefasst. Je nach ihrem Inhalt können etwa Gewohnheiten und
Bräuche sozioökonomische Entwicklung von Gemeinschaften behindern (z.B. klientelistische Seilschaften) oder befördern (z.B.
Sozialkaptial). Doch treten andere Anreize aufgrund externer Veränderungen auf, dann können sich kulturelle Merkmale in wenigen Jahren verändern – so etwa verdeutlicht am vergleichsweise
raschen Rückgang von Sozialkapital in Teilen der US-amerikanischen Gesellschaft (Putnam 2000).

Schließlich lassen sich auch politische Normen und Spielregeln
auf lokaler wie internationaler Ebene als institutionelle Rahmenbedingungen auffassen, welche die politische und ökonomische
Entwicklung beeinflussen. Im Rahmen der Dezentralisierungs-
forschung existiert etwa das Risiko, dass bei zu rascher fiska-
lischer Dezentralisierung klientelistische und illiberale Strukturen auf lokaler Ebene durch den Ressourcenfluss alimentiert werden können (Prud'Homme 1995). Auf internationaler Ebene
schließlich entfalten die in globalen und regionalen Arenen ver-
einbarten institutionellen Arrangements oder internationalen
Regime einen erheblichen Einfluss auf die Handlungsspielräume

der EL. Entsprechend ist das verstärkte Bemühen vieler EL zu interpretieren, an der Regelerstellung zur Behandlung globaler Herausforderungen zu partizipieren. Eine institutionalistische Perspektive auf Entwicklungsprozesse ist daher nicht nur auf nationale Normen und Spielregeln begrenzt, sondern kann sowohl Entstehung wie auch Wirkung lokaler, nationaler und internationaler Institutionen analysieren.

3. Entwicklungspolitik und Entwicklungszusammenarbeit

3.1 Definitionen, Inhalte und historischer Verlauf

Entwicklungspolitik im weiteren Sinne

Als Entwicklungspolitik im weiteren Sinne können alle Maßnahmen seitens staatlicher und gesellschaftlicher Akteure der IL sowie Internationaler Organisationen verstanden werden, die – zumindest rhetorisch – auf die Förderung der politischen und sozioökonomischen Lebensbedingungen in den EL zielen. Entwicklungspolitik staatlicher Akteure und internationaler Regierungsorganisationen kann somit u.a. sozialpolitische, handelspolitische, sicherheitspolitische, umweltpolitische Maßnahmen beinhalten.

Entwicklungszusammenarbeit

Als „offizielle" Entwicklungszusammenarbeit (EZ) – Official Development Assistance (ODA) – im engeren Sinne werden dagegen nur die Aktivitäten spezialisierter staatlicher Organisationseinheiten definiert, die explizit Instrumente zur Förderung politischer und sozioökonomischer Modernisierung in EL anwenden bzw. finanzieren. Hiermit sind also die Aktivitäten spezialisierter Ministerien sowie nationaler wie internationaler Durchführungsorganisationen gemeint.[11] Hinsichtlich der Zielsetzungen der EZ können insbesondere zwischen kurzfristigen und langfristig-strukturellen Zielen unterschieden werden. Eine eher kurzfristige Orientierung ist vor allem im Rahmen von humanitärer Flüchtlings-, Hunger-, Katastrophenhilfe gegeben, die darauf zielt, möglichst rasch die Auswirkungen von Naturkatastrophen und Kriegen zu mildern. Hauptaufgabe der EZ ist es allerdings, einen

---

[11] Für Deutschland wären etwa das Bundesministerium für Wirtschaftliche Zusammenarbeit und Entwicklung (BMZ) sowie die nachgeordneten Durchführungsorganisationen der technischen und finanziellen Zusammenarbeit zu nennen – also vornehmlich die Deutsche Gesellschaft für internationale Zusammenarbeit (GIZ) sowie die KfW-Entwicklungsbank. Auf internationaler Ebene ließen sich u.a. die Weltbank, regionale Entwicklungsbanken oder das United Nations Development Programme (UNDP) anführen.

Beitrag zur Etablierung entwicklungsförderlicher, langfristig-struktureller Rahmenbedingungen zu leisten. Hierunter fällt dann etwa die Förderung „guter" Regierungsführung sowie die Förderung institutioneller Rahmenbedingungen in einer Vielzahl von Politikfeldern, die eine ökologisch nachhaltige, sozial inklusive und vor allem armutsreduzierende sozioökonomische Modernisierung begünstigen.[12]

Der Begriff EZ hat dabei den der Entwicklungshilfe abgelöst, was den allgemeinen Trend von einer einseitigen Unterstützungsleistung hin zu einer partnerschaftlichen Zusammenarbeit zwischen Gebern und Nehmern veranschaulicht. Dieser Trend geht soweit, dass seit den 1990er Jahren ein hohes Maß an Eigenverantwortung (ownership) seitens der Nehmer-Akteure bei der Zusammenarbeit eingefordert wird. Argumentiert wird hierbei, dass effektive EZ-Maßnahmen bzw. deren Priorisierung in hohem Maße von den Partnerländern selbst bestimmt werden müssen, da externe Planungs- und Implementierungsstrategien zu oft an den tatsächlichen Bedürfnissen der Zielgruppen vorbeigehen.[13]

Eigenverantwortung (ownership)

Schließlich ist auf die Herausforderung hinzuweisen, Entwicklungszusammenarbeit im engeren Sinne aber auch Entwicklungspolitik im weiteren Sinne kohärent zu gestalten und die Vielzahl an außenorientierten Aktivitäten in Einklang mit entwicklungspolitischen Zielen zu setzen (Ashoff 2007). Typisches Beispiel für diese Herausforderung ist etwa die entwicklungspolitisch fragwürdige Agrarpolitik der Europäischen Union, die Importe konkurrenzfähiger Produkte aus EL behindert und zudem ihre eigenen Agrarexporte subventioniert.

---

[12] Seitens der OECD-Staaten wird die Förderung „guter" Regierungsführung, insbesondere die Achtung von Menschenrechten sowie die Etablierung rechtsstaatlicher und demokratischer Verfahren aus zweierlei Gründen gerechtfertigt: Erstens werden die genannten Aspekte „guter" Regierungsführung als universelle politische Werte bzw. Rechte begriffen und zweitens wird „gute" Regierungsführung instrumentell als Voraussetzung für nachhaltige, inklusive wirtschaftliche Entwicklung aufgefasst.

[13] Dieser prinzipiell richtigen Erkenntnis steht allerdings eine doppelte Herausforderung gegenüber. Erstens sind besonders arme Gesellschaften meist durch „schlechte" Regierungsführung gekennzeichnet; es kann also nur sehr begrenzt davon ausgegangen werden, dass die entsprechenden Regierungen die Durchführung von EZ-Maßnahmen verantwortungsvoll im Sinne kollektiver Entwicklungsziele beeinflussen. Zweitens verlangt „Ownership" von den Gebern, ihre EZ-Mittel weitgehend frei von eigenen Präferenzen, sondern nur im Sinne und gemäß der Prioritäten „verantwortungsvoller" Partnerregierungen einzusetzen: ein sehr hoher normativer Anspruch an die Akteure der EZ.

Betrachtet man die EZ im historischen Verlauf, so wurde diese sowohl von zeitgeschichtlichen Faktoren wie auch von den vorherrschenden entwicklungstheoretischen Leitbildern geprägt (vgl. u.a. Nuscheler 2012). Seit den 1950er Jahren lassen sich hierbei *Fünf Phasen* grob fünf Phasen unterscheiden. Allerdings sind diese Phasen eher durch einen *„add on"* Prozess charakterisiert, d.h. eine nachfolgende Phase hat nicht unbedingt einen drastischen Rückgang der Instrumente der vorherigen Phase bedingt, sondern meist additiv neue Schwerpunkte etabliert. Da seit den sechziger Jahren die Anzahl der mit Entwicklungszusammenarbeit betrauten Organisationen auf staatlicher, multilateraler und gesellschaftlicher Ebene kontinuierlich zugenommen hat, bildete sich allmählich eine überkomplexe und kaum steuerbare Organisationenlandschaft im Politikfeld heraus.

1) In den 1950er und 1960er Jahren orientierte sich die Entwicklungspolitik maßgeblich an einfachen Wachstumsmodellen, die davon ausgehen, dass eine (vermeintliche) Investitionslücke in den EL durch externen Ressourcenfluss in kapitalbildende Investitionsprojekte geschlossen werden kann (vgl. kritisch Easterly 2001). Entsprechend stand das volkswirtschaftliche Wachstum im Vordergrund, bevorzugt finanziert wurden große Infrastrukturprojekte. Diese strategische Orientierung deckte sich auch mit den politikwissenschaftlichen Modernisierungstheorien, die Demokratie als Folge ökonomischer Modernisierung betrachteten (Lipset 1959). Hierdurch wurde auch die Förderung nichtdemokratischer Staaten legitimiert, so sie sich in der Ost-West-Auseinandersetzung nur auf Seiten der westeuropäischen und nordamerikanischen Gesellschaftssysteme positionierten.

2) In den 1970er Jahren erfasste die sozialreformerischen Strömungen in der OECD-Welt sowie die internationale Umverteilungs- und Gerechtigkeitsdebatte auch die EZ. Umverteilung und Wachstum standen nun zumindest gleichberechtigt nebeneinander. Die Grundbedürfnissicherung der Bevölkerung sowie die Verwirklichung der Menschenrechte und die Gleichberechtigung der Geschlechter rückten in den Vordergrund. Um die in den EL marginalisierten Bevölkerungsteile zu erreichen, entstanden eine *Proliferation von* Vielzahl von lokalen Projekten. Die einsetzende Proliferation von *Projekten* Projekten der EZ wurde noch durch das zunehmende entwicklungspolitische Engagement von NGOs begünstigt.

3) Während der 1980er Jahre setzte sich einerseits das entwicklungspolitische Engagement auf der gesellschaftlichen Mikroebene mittels einer Vielzahl von Entwicklungsprojekten fort. Andererseits provozierte das im Rahmen der Schuldenkrise in

zahlreichen EL offensichtlich gewordene Staatsversagen eine neue Schwerpunktsetzung der EZ. Vornehmlich von den Internationalen Finanzinstitutionen wie Weltbank und Internationalem Währungsfonds getrieben und durch eher neoliberale Strömungen befördert, stand die makroökonomische Stabilisierung im Vordergrund. Strukturanpassungsprogramme knüpften dabei stabilisierende Finanzierungsleistungen bzw. Entschuldungsprogramme an makroökonomisch orientierte Reformprogramme sowie Privatisierung und außenwirtschaftliche Liberalisierung. Insofern verschob sich allmählich der Fokus der EZ von der Mikroebene lokaler Projekte hin zur Makroebene gesamtwirtschaftlicher Reformprogramme, die sich an den Kriterien des Washingtoner Konsenses orientierten.[14]

Strukturanpassungsprogramme

4) In den 1990er gerieten die Strukturanpassungsprogramme zunehmend in die Kritik. Obwohl noch vielfach genutzt, wurde allmählich offensichtlich, dass dieses Instrument zwar oft makroökonomische Stabilisierung, jedoch kaum breitenwirksames Wirtschaftswachstum befördert hatte. In Konformität mit der institutionalistischen Wende und begünstigt durch das Ende der Ost-West-Auseinandersetzung richtete sich das Augenmerk der EZ nun verstärkt auf die politischen Rahmenbedingungen und hierbei vor allem auf staatliche Institutionen. Die Förderung von Rechtsstaatlichkeit, Dezentralisierung und einer meritokratischen Verwaltung – sprich von *„good" governance* – wurde nun auch seitens entwicklungspolitischer Organisationen als Voraussetzung für inklusive wirtschaftliche Entwicklung anerkannt. Schwierig gestaltete sich hierbei allerdings die konkrete Umsetzung dieser Zielsetzungen, da Organisationen der staatlichen EZ ja immer an die Kooperation mit den Regierungen der EL gebunden waren – und damit an diejenigen, die oftmals allenfalls nur ein limitiertes Interesse an Veränderungen hatten. Auch um diese Herausforderung zu umschiffen, suchten viele entwicklungspolitische Organisationen verstärkt die Zusammenarbeit mit

„good" governance

---

14 Der Begriff Washington Konsens umschreibt die informelle Übereinkunft vornehmlich der US-Regierung, IMF und Weltbank während der 1980er und 1990er Jahre hinsichtlich neoliberal orientierter Politikempfehlungen und Konditionalitäten gegenüber EL. Der Maßnahmenkatalog des Washington Konsens umfasst dabei folgende zehn Kernelemente: 1) Haushaltsdisziplin, 2) Abbau von Subventionen und Fokussierung der öffentlichen Ausgaben auf Bildung, Gesundheit und Infrastruktur, 3) Steuerreformen, 4) kompetitive Wechselkurse, 5) Öffnung der Kapitalbilanz für Direktinvestitionen, 6) marktkonforme Zinspolitik, 7) Handelsliberalisierung, 8) Privatisierung staatlicher Unternehmen, 9) Deregulierung, 10) Verbesserung von Rechtssicherheit und Schutz des Privateigentums (vgl. Williamson 1993).

zivilgesellschaftlichen Akteuren und setzten ihre Bemühungen auf lokaler Ebene an.

5) Wenngleich in der EZ die Bedeutung von politischen Institutionen und „good" governance weiter hervorgehoben wird, so sind doch in der aktuellen Dekade einige inhaltliche, vor allem aber auch instrumentelle und ordnungspolitische Veränderungen bzw. Reformen eingetreten. Inhaltlich bestimmte die von den UN-Mitgliedsstaaten im Jahr 2000 verabschiedete Millenniumserklärung ein sehr breites Aufgabenspektrum. Neben Armutsbekämpfung und wirtschaftlicher Entwicklung sowie den wichtigsten Aspekten von „Good" Governance traten nun zwei weitere, gleichberechtigte Zielkomplexe offiziell auf die entwicklungspolitische Agenda: Frieden und Sicherheit sowie Umweltschutz.[15] Beide sind angesichts der Bedrohungen durch zerfallende Staaten und zunehmender Umweltbelastungen auch mit bedeutsamen Herausforderungen für die OECD Welt verknüpft.[16]

Millenniums-erklärung

Die Bedeutung eines funktionierenden, zentralstaatlichen Gewaltmonopols für die Implementierung effektiver und ökologisch nachhaltiger Entwicklung führte wiederum zu einer Instrumentenanpassung, die nunmehr wieder stärker die Makroebene des Zentralstaates betonte. So sollen etwa in Form von Budgethilfe EL in Folge von institutionellen Reformleistungen finanzielle Ressourcen zufließen, die von diesen nach eigenen, wenngleich mit den Gebern abgestimmten Prioritäten verwendet werden können. Damit verbunden sind Anforderungen an eine transparentere Haushaltspolitik, die meritokratische Verwaltungsstrukturen in den Empfängerländern stärken sollen. Durch die Prioritätensetzung des Partnerlandes soll erstens die Eigenverantwortung (Ownership) der Empfängerregierungen gestärkt und zweitens ein transparenter, gemeinwohlorientierter Zentralstaat gefördert werden.

Budgethilfe

Die skizzierte entwicklungspolitische Wende, die auf mehr Eigenverantwortung der Nehmer bei abgestimmterem Verhalten der Geber zielt, ist auch eine Antwort auf die zunehmende Kritik

---

[15]   In den Millenium Development Goals (MDGs) wurden die Zielkomplexe der Millenniumserklärung teilweise konkretisiert: die prominenteste dieser Konkretisierungen ist das Ziel, die extreme Armut auf Grundlage des Basisjahres 1990 bis 2015 zu halbieren.

[16]   In einem entwicklungspolitischen Bestseller verdeutlichte der Oxford-Ökonom Paul Collier (2007) etwa, dass der überwiegende Teil der in extremer Armut lebenden Menschen aus Staaten stammte, die durch latente oder explizit gewaltsame Konflikte gekennzeichnet sind.

an der begrenzten Wirksamkeit der EZ (vgl. im Überblick Faust/
Leiderer 2008). Allerdings stellt sich die Frage, wie die EZ einen
zunehmend anspruchsvollen Zielkatalog bewältigen soll, wenn
andere außenorientierte Politiken wie etwa die Handels- oder Sicherheitspolitik nicht stärker auf die entwicklungspolitischen Anforderungen dieses Zielkataloges ausgerichtet werden (Ashoff
2007). Die im Rahmen der Paris-Erklärung 2005 erstmals öffent-   Paris-Erklärung
lich geübte Selbstkritik an den fragmentierten, oft selbstreferen-
tiellen und zuwenig auf die Bedürfnisse der eigentlichen Zielgruppen ausgerichteten EZ-Strukturen verlangt insofern einen
deutlich kohärenteren Abstimmungsprozess außenorientierter
Politiken in der OECD-Welt. Letzteres beinhaltet auch stärkere
Arbeitsteilung und institutionelle Reformen einer fragmentierten
Akteurskonstellation auf multilateraler Ebene, wo Weltbank, verschiedene UN-Unterorganisationen aber auch die EU bislang
oftmals zueinander in Konkurrenz stehen und ihre Entwicklungs-
projekte untereinander nur gering harmonisieren. Damit einher-
gehend muss die Entwicklungspolitik in zunehmendem Maße
konstruktive Beiträge zu einer globalen Strukturpolitik leisten.
Denn viele der entwicklungspolitischen Ziele thematisieren zunehmend globale Probleme, wie etwa der Klimaschutz, faire Handelspolitik, Demokratieförderung oder Friedenssicherung. Entsprechend werden konkrete entwicklungspolitische Maßnahmen
vor Ort nur dann nachhaltig wirken, wenn sie in kongruente institutionelle Arrangements auf regionaler oder globaler Ebene eingebettet sind. Es ist daher nicht weiter verwunderlich, dass die EZ
in zunehmendem Maße versucht, in den genannten Feldern und
in Kooperation mit Akteuren aus den EL die Herausbildung bzw.
Weiterentwicklung regionaler bzw. globaler Regime zu befördern
(vgl Messner/Scholz 2005).

Wirkungsanalyse in der Entwicklungszusammenarbeit   3.2

Einher mit der zunehmenden ordnungspolitisch orientierten Diskussion über die EZ ging eine kritische Betrachtung der Wirksamkeit entwicklungspolitischer Maßnahmen. Grob kann zwischen
dem *Input, Output, Outcome* und *Impact* entwicklungspolitischer   Input, Output,
Maßnahmen unterschieden werden. Input Indikatoren messen   Outcome und
dabei die finanziellen, personellen und sachlichen Ressourcen,   Impact
die seitens der EZ bereitgestellt werden. Output-Indikatoren messen die direkten Ergebnisse des Inputs, während Outcome-Indi-
katoren den direkten Nutzen eines EZ-Projektes bzw. Programms

beschreiben. Der Impact ist schließlich die für die Wirksamkeit entwicklungspolitischen Handelns entscheidende Größe, misst dieser doch die Wirkungen auf die eigentlichen Ziele der EZ, also etwa Wirtschaftswachstum, Armutsreduktion oder Achtung der Menschenrechte. Allerdings wird in der Öffentlichkeit immer noch meist nur über Input und Output-Größen debattiert; vornehmlich über die monetäre Höhe der ODA. Dem liegt immer noch die irrige Annahme zu Grunde, dass die Höhe der ODA linear mit positiven Wirkungen der eingesetzten Mittel korreliere (vgl. Faust/Leiderer 2008).[17]

Die Messung des Impacts entwicklungspolitischer Maßnahmen wiederum stellt die Forschung vor große methodische Herausforderungen. Denn je weiter die Wirkungsmessung sich von der Inputebene entfernt, desto schwieriger wird es aufgrund zusätzlicher Einflussgrößen, Veränderungen der Zielgrößen auf entwicklungspolitische Maßnahmen zurückzuführen. So lässt sich etwa vom Anstieg der Armut in einer Gesellschaft nicht notwendigerweise auf eine kontraproduktive Wirkung entwicklungspolitischer Maßnahmen schließen. Vielmehr können auch Drittfaktoren, wie natürliche Katastrophen oder externe ökonomische Schocks für die Veränderung des Armutsniveaus verantwortlich sein.

Zuordnungslücke Um diese sogenannte Zuordnungslücke möglichst klein zu halten, bieten sich unterschiedliche Vergleichsverfahren an. Alle

Kontrafaktische beruhen auf einer kontrafaktischen Argumentation. Im eher sel-
Argumentation tenen Falle eines natürlichen Experiments kommt der differenzmethodische Vergleich zweier sehr ähnlicher Fälle zum Zuge, die sich idealiter lediglich aufgrund eines historischen Ereignisses – hier der entwicklungspolitischen Intervention – voneinander unterscheiden. Dann wird eine Veränderung einer entwicklungspolitischen Zielgröße auf diesen einen Unterschied zurückgeführt.

Ökonometrische Als Alternative kommen ökonometrische Verfahren zum Einsatz.
Verfahren Hierbei werden für eine Vielzahl von Untersuchungseinheiten möglichst viele potentielle Einflussfaktoren auf die zu untersuchende Zielgröße ermittelt. Mittels unterschiedlicher Varianten

---

[17] Gegenwärtig liegt die Summe aus bilateralen und multilateralen ODA-Mitteln bei ca. 100 Mrd. USD. Dies entspricht in etwa lediglich 0,3% des Bruttonationaleinkommens anstatt der lange offiziell versprochenen 0,7% des BNE der Geberstaaten. Da aber im statistischen Mittel bislang keine robusten Wirkungen zunehmender ODA auf Wirtschaftswachstum oder Armutsreduzierung identifiziert werden konnten, liegt es nahe, zunächst effektivere EZ-Strukturen zu schaffen und erst danach eine substantielle Erhöhung der Transfers in Angriff zu nehmen.

multivariater – also um Drittfaktoren kontrollierende – Verfahren der schließenden Statistik wird dann zu ermitteln versucht, inwieweit EZ-Maßnahmen einen signifikanten Einfluss auf die unabhängige Variable haben. Schließlich haben randomisierte Experimente in den letzten Jahren stark an Bedeutung gewonnen (Duflo/Kremer 2005). Aus der Grundgesamtheit einer hinreichend großen Zielgruppe kommt nur ein Teil, nach dem Zufallsprinzip ausgewählter, Akteure in den Genuss der entwicklungspolitischen Maßnahme. Ist die Kommunikation zwischen beiden Gruppen ausgeschlossen und keine Gruppe weiteren außergewöhnlichen Einflüssen ausgesetzt, wird am Ende der Intervention der durchschnittliche Unterschied bei der Entwicklung der Zielgröße auf die EZ-Maßnahme zurückgeführt.

Randomisierte Experimente

Alle Verfahren sind mit spezifischen Problemen konfrontiert (Deaton 2005). Natürliche Experimente sind selten und schwierig zu identifizieren. Bei ökonometrischen Untersuchungen ist es schwierig, eine hinreichend große Menge an aussagekräftigen Daten zu identifizieren. Auch ist ex ante der Entwurf eines plausiblen theoretischen Modell notwendig, das Auskunft über die relevanten Kontrollgrößen gibt, da diese operationalisiert und gemessen werden müssen. Randomisierte Verfahren sind hingegen kostspielig und erfordern einen frühzeitigen und hohen Planungsaufwand. Darüber hinaus sind sie meist nur auf der Mikroebene von Projekten anwendbar, da nur hier die Voraussetzungen einer „sauberen" Trennung der Interventions- und der Kontrollgruppe möglich ist. Alle Evaluierungen stehen schließlich vor dem Problem der Nachhaltigkeitsmessung, die eine Identifikation der „korrekten" Wirkungszeiträume von Projektwirkungen voraussetzt.

Nachhaltigkeitsmessung

Randomisierte Experimente in der EZ: Ein Beispiel

Das Forschernetzwerk des „Poverty Action Lab" am MIT hat sich auf randomisierte Experimente in der Entwicklungsforschung konzentriert und u.a. mit Unterstützung der Weltbank folgende Wirkungsanalyse durchgeführt.
Die indonesische Regierung finanziert mit der Weltbank einfache Infrastrukturprojekte im Straßenbau in ca. 15.000 Dörfern und Kommunen. Die Qualität der Projekte leidet oftmals aufgrund fehlerhafter Mittelverwendung und Korruption. Daher

sollte ermittelt werden, welche Maßnahmen eine solche Fehl-
verwendung reduzieren können. Hierfür wurden zunächst insgesamt ca. 600 Munizipien ausgewählt und dann nach Zufallsprinzip in sechs ca. gleich große Gruppen unterteilt:

1. In der ersten Gruppe wurden die Infrastrukturprojekte wie
   gewohnt ohne spezifische Ergänzungsmaßnahmen durchgeführt.
2. In der zweiten Gruppe wurde vor Projektbeginn angekündigt,
   dass ex post eine Evaluierung durch den indonesischen Rechnungshof stattfinden werde.
3. Zwei weitere Gruppen beinhalteten jeweils unterschiedliche
   Partizipationsmaßnahmen, welche die Dorfbewohner direkt
   an Planung und Durchführung beteiligten, um damit die Eigenverantwortung der lokalen Bevölkerung zu stärken.
4. In den letzten beiden Gruppen wurde jeweils eine der beiden
   Partizipationsmaßnahmen mit einer ex ante Ankündigung der
   Evaluierung durch den Rechnungshof kombiniert.

Nach der Durchführung kontrollierten speziell geschulte Inge-
nieure, inwieweit die Qualität der Straßen zu den in der kommunalen Buchhaltung angegebenen Daten über Materialien und
Arbeitszeiten passte. So konnte das Ausmaß an Misswirtschaft
verhältnismäßig gut geschätzt werden. Da die Auswahl nach
dem Zufallsprinzip erfolgte und eine statistisch hinreichend große Zahl an Kommunen für jede Gruppe existierte, ließen sich
die Unterschiede der durchschnittlichen Misswirtschaft in jeder
Gruppe auf die unterschiedlichen Maßnahmen zurückführen.

Die Ergebnisse deuten daraufhin, dass die Ankündigung einer
Kontrolle durch den Rechnungshof die Materialmisswirtschaft
am stärksten reduzierte. Allerdings wurden nun stärker Famili-
enmitglieder der lokalen Eliten eingestellt. Partizipationsmaßnahmen führten nur zu sehr geringen Effizienzgewinnen bei der
Materialverwendung, erhöhten aber immerhin die Bereitschaft
der Bevölkerung, kostenlos Arbeitskraft in den Straßenbau einzubringen (vgl. Olken 2007).

Mikro-Makro-Paradoxon

Neben der Anwendung angemessener Verfahren der Evaluierung
hat sich die Wirkungsforschung verstärkt mit dem sogenannten
Mikro-Makro-Paradoxon in der EZ auseinandergesetzt. Einerseits
werden auf der Mikroebene für weit mehr als die Hälfte einzelner
EZ-Projekte zumindest zufriedenstellende Wirkungen festgestellt. Andererseits jedoch lassen sich auf der Makroebene des

statistischen Ländervergleichs zumindest bis zum Ende der 1990er Jahre keine robusten positiven Effekte zunehmender EZ-Transfers auf Wirtschaftswachstum oder Armutsreduktion identifizieren. Um dieses Paradoxon zu erklären, werden vornehmlich zwei Arten nicht-intendierter externer Effekte zunehmender EZ-Abhängigkeit angeführt (Faust/Leiderer 2008).

– Dutch-Desease-Effekte Eine hohe Abhängigkeit von EZ-Transfers kann die internationale Wettbewerbsfähigkeit des Empfängerlandes beeinträchtigen. Denn der Devisenzufluss der EZ-Transfers begünstigt eine Aufwertung des Wechselkurses und damit eine geringere Wettbewerbsfähigkeit einheimischer gegenüber ausländischen Produkten. *(Dutch-Desease-Effekte)*

– Negative Governance-Effekte Eine hohe Abhängigkeit von EZ-Transfers kann sich negativ auf entwicklungsbegünstigende politischen Institutionen auswirken (Knack 2001). Die Fungibilität[18] von EZ-Transfers oder der direkte Missbrauch durch entwicklungsfeindliche Eliten aber auch die dem Partnerland aufgebürdeten Transaktionskosten bei der Abwicklung von EZ-Projekten sind hierbei Gründe für diese unerwünschten Effekte. *(Negative Governance-Effekte / Fungibilität)*

Neben den methodischen Herausforderungen der Evaluierung, kann die Wirkungsanalyse in der EZ auch aus politökonomischer Sicht betrachtet werden kann. Eine möglichst wirklichkeitsnahe Evaluierung erfordert ein hohes Maß an Objektivität, Transparenz und Unabhängigkeit. Da die zahlreichen EZ-Organisationen um knappe Mittel konkurrieren und daher ein starkes Interesse an positiven Evaluierungsergebnissen haben, ist die Umsetzung dieser Prinzipien nicht selbstverständlich. Eine Kritik an der EZ, welche der skizzierten Methodendiskussion zusätzliche Dynamik verschaffte, war denn auch, dass Evaluierungen vielfach nicht hinreichend sorgfältig, unabhängig und vergleichbar seien.

---

18 Fungibilität bedeutet, dass ein Zufluss – auch von an bestimmte Sektoren oder Projekte gebundene – EZ-Transfers der Regierung des Empfängerlandes fiskalische Handlungsspielräume eröffnet. Diese Spielräume können auch für entwicklungsabträgliche Ziele eingesetzt werden, etwa für die Finanzierung eines militärischen Repressionsapparates oder die Alimentierung klientelistischer Netzwerke. Gerade aufgrund des Fungibilitätsproblems zielen neue Ansätze und Instrumente wie etwa die Budgethilfe auf die Makroebene der zentralstaatlichen Haushaltsführung, um eine transparente und entwicklungzuträgliche Verwendung aller staatlichen Ressourcen zu begünstigen.

3.3 Akteurszentrierte Politikfeldanalyse

Der letzte Abschnitt des vorausgegangenen Unterkapitels verweist bereits auf grundsätzliche Herausforderungen der EZ. Denn es ist nicht selbstverständlich, dass sowohl Partnerregierungen wie auch Geberorganisationen mit der EZ primär die offiziellen Ziele wie Armutsbekämpfung, Demokratieförderung oder Umweltschutz verfolgen.

Das Fungibilitätsproblem oder aber die Möglichkeit einer entwicklungsabträglichen Zweckentfremdung von EZ-Transfers rückt dabei die konkurrierenden Interessen der Partnerregierungen in den Blick. Regierungen und Eliten in vielen EL sind oftmals nur begrenzt an der Versorgung ihrer Bevölkerung mit Kollektivgütern interessiert. Ihr Überleben ist vielmehr oft davon abhängig, kleine und besonders einflussreiche Interessengruppen wie ihren eigenen Klan, das Militär oder mächtige Oligarchien mit Privilegien zu versorgen, deren Alimentierung zu Lasten gemeinwohlorientierter Politiken geht. Die Akteurskonstellation in vielen EL bedingt somit, dass die *Ownership* der Partnerregierungen an entwicklungsbegünstigenden Reformen nicht sonderlich ausgeprägt ist. Da aber die staatliche EZ an eine Kooperation mit den Regierungen gebunden ist, ergibt sich ein enormes Kontrollproblem. Denn gerade die oftmals informellen politischen Beziehungsgeflechte in den Empfängerländern sind für außenstehende Akteure nur schwer zu durchschauen und zu beeinflussen.

Doch auch auf der Geberseite ist eine effiziente und an den offiziellen Zielen der EZ orientierte Mittelverwendung nicht selbstverständlich. Seit den Anfängen der EZ existieren Vorwürfe, dass die Geberregierungen mit ihrer Entwicklungspolitik lediglich eigene, sicherheitspolitische oder außenwirtschaftliche Interessen verfolgen. Bereits Hans Morgenthau (1962) argumentiert, dass das Gros der EZ lediglich eine Art „Bestechung" der Partnerregierungen zum Zwecke der Interessenverfolgung der Geberstaaten sei. Auch aus dependenztheoretischer Perspektive wird die Entwicklungsorientierung der EZ vielfach hinterfragt. Demnach sind EZ-Maßnahmen wie etwa die Strukturanpassungsprogramme der Weltbank oft lediglich ein Instrument, um die Abhängigkeit der EL von einem kapitalistischen Weltsystem zu zementieren und damit die privilegierte Stellung der IL zu sichern. Eine Vielzahl multivariater Allokationsstudien zeigt allerdings ein differenzierteres Bild. Einerseits wird etwa die Allokation von EZ-Transfers in bestimmten Zeiträumen durch diplomatische oder außenwirtschaftliche Interessen der Geberstaaten beein-

Sicherheitspolitische oder außenwirtschaftliche Interessen

flusst. Gleichwohl variieren die Ergebnisse nicht nur bezüglich
der Zeiträume sondern auch hinsichtlich der untersuchten Geberstaaten und multilateralen Organisationen und zumindest mit
Blick auf letztere ist zu konstatieren, dass sich in der letzten Dekade die Allokation von EZ-Transfers stärker an Bedürftigkeit der
Partnerländer und Kriterien von „good" governance orientiert (vgl.
im Überblick Faust/Leiderer 2008).

Neben den Interessen der Empfängerregierungen und denjenigen der Geberstaaten sind in den letzten Jahren die Strukturen der EZ ins Blickfeld des wissenschaftlichen Interesses
gerückt. Hierbei wird oft aus bürokratietheoretischer Perspektive das zunehmend komplexe System aus Geberregierungen
und Durchführungsorganisationen kritisch analysiert (Martens
et al. 2002; Gibson et al. 2006). Ausgangspunkt dieser Überlegungen sind meist Prinzipal-Agenten-Modelle, die den EZ   Prinzipal-
Organisationen (Agenten) Eigeninteressen unterstellen, die von   Agenten-Modelle
denjenigen ihrer Auftraggeber abweichen können. Aus dieser
Perspektive sind die Auftraggeber (Prinzipale) der EZ die Steuerzahler in den Geberstaaten sowie die bedürftigen Zielgruppen
in den EL. Diese verfügen jedoch im Falle der Steuerzahler lediglich über sehr begrenzte Informationen über das Handeln
und die Auswirkungen von EZ-Organisationen. Oder aber sie
haben, wie im Falle der bedürftigen Zielgruppen nur über sehr
begrenzten Einfluss auf das Handeln der EZ-Organisationen.
Diese vergleichsweise schwache Stellung der Prinzipale am An-
fang und am Ende der EZ-Wirkungskette eröffnet den Durch-   EZ-Wirkungskette
führungsorganisationen der EZ große Handlungsspielräume
zur Verfolgung von Partikularinteressen. Zudem wird in einem
immer unübersichtlicheren und fragmentierteren System aus
multilateralen und bilateralen Organisationen der EZ die Kontrolle einer ausufernden „Entwicklungsbürokratie" immer
schwieriger (Easterly 2002).

Das nachfolgende Schaubild verdeutlicht anhand einer noch
stark vereinfachten Darstellung, welche Rollenverteilungen in
der „Wertschöpfungskette" der EZ vorgenommen werden können, wenn man sowohl das Ownership-Prinzip wie auch die Existenz von Konditionalität bei der Vergabe von EZ-Mitteln ernst
nimmt. Die beiden „Akteure", denen vornehmlich die Rolle der
Prinzipale zugeschrieben werden kann (Steuerzahlern und bedürftigen Zielgruppen), dürften über den geringsten Einfluss
bzw. die geringste Information über das EZ-System haben. Die
komplexeste Position ist hingegen diejenige der Durchführungsorganisationen, die meist als Agenten unterschiedlicher Prinzi-

pale auftreten und diesen gegenüber in der Regel auch erhebliche Informationsvorteile hinsichtlich des EZ-Systems haben.

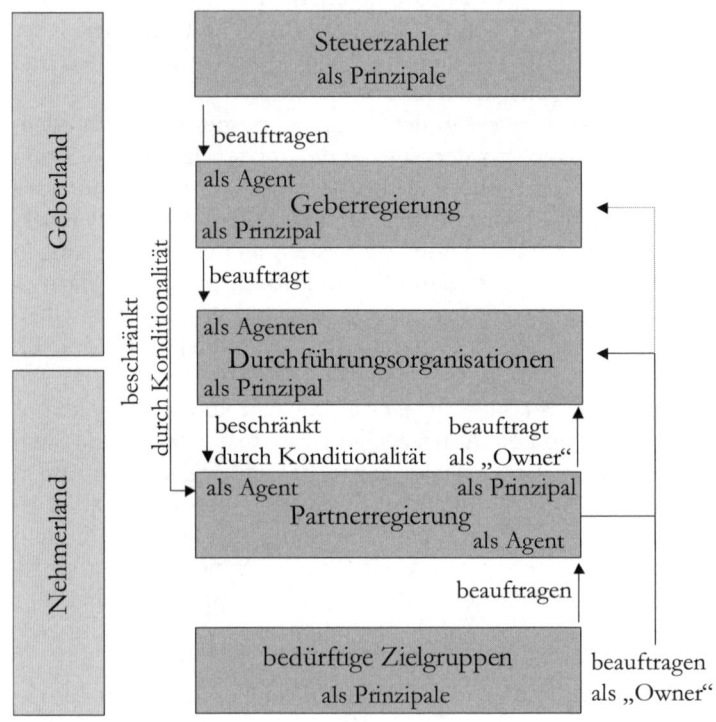

Abb.2: Prinzipale und Agenten in der EZ

Aus dieser Kritik lassen sich jedoch auch Schlussfolgerungen für Reformen ableiten, die in der Paris-Erklärung des Jahres 2005 prominent geäußert wurden. So wird formuliert, dass für effektive EZ-Maßnahmen ein hinreichendes Maß an Ownership bzw. politisches Interesse an entwicklungsförderlichen Reformen bestehen muss. Partnerregierungen, die eher im Sinne der kollektiven Interessen ihrer Bevölkerung handeln, dürften dann auch die EZ anhalten, sich effektivitätsorientiert zu verhalten. In diesem Falle seien dann aber auch die Geber verpflichtet sich entsprechend der Prioritätensetzung der Partnerregierungen zu koordinieren. Von den Gebern wird verlangt, ihre Verfahren zu harmonisieren, sowie transparent und zielorientiert zu gestalten, um hiermit den

Spielraum für die Verfolgung von Eigeninteressen zu reduzieren. Diese Forderung steht in Einklang mit empirischer Evidenz, wonach Geberländer, deren politische Institutionen transparenter und demokratisch inklusiver sind, eine höhere Entwicklungsorientierung ihrer Außenpolitiken aufweisen (Faust 2008).

Die Umsetzung dieser Reformen ist jedoch mit zwei Herausforderungen konfrontiert. Auf der Geberseite sind in einem überkomplexen und durch zu viele Akteure mit Eigeninteressen gekennzeichneten EZ System Harmonisierungs- und Koordinierungserfolge nur begrenzt möglich oder aber münden in einen eher zentralistischen Planungs- und Koordinierungsapparat. Insofern ist eine Reduktion der Anzahl der internationalen EZ-Organisationen sowie ein deutliches mehr an Arbeitsteilung zwischen den Organisationen notwendig. Auf der Nehmerseite besteht ein Dilemma darin, dass die notleidensten Gesellschaften meistens über die schlechtesten Regierungen verfügen oder aber von gewalttätigen Konflikten gekennzeichnet sind. Ausreichendes Ownership auf der Partnerseite kann mithin nicht einfach vorausgesetzt werden, sondern ist meist ursächlich für Not und Elend.

Ausblick   4.

In dem Maße wie die vergleichende Entwicklungsforschung ihre Vielzahl an empirischen Phänomenen orientierten Fragestellungen mit theoretisch elaborierten und methodisch anspruchsvollen Verfahren bearbeitet, wird das Forschungsfeld vom „exotischen" Randbereich der Politikwissenschaft zu einem Forschungsfeld mit hohem Innovationspotential. Wenn spezifische Länderkenntnis oder Regionalexpertise alleine nicht mehr ausreichen, um anspruchsvolle, sozialwissenschaftliche Entwicklungsforschung zu betreiben, dann werden die Grenzen zu anderen Teildisziplinen angesichts der übergeordneten Fragestellungen der Entwicklungsforschung zunehmend verschwimmen. Grundsätzlich ist dies zu begrüßen, da eine solche Entwicklung Innovationspotential für die Entwicklungsforschung wie auch die anderen politikwissenschaftlichen Teildisziplinen verspricht. Für die Studierenden wie für die Lehrenden ist für eine solche Entwicklung aber auch notwendig, dass gleichberechtigt neben dem Interesse an fernen Ländern und Regionen auch das Interesse an theoriegeleitetem Arbeiten und methodischen Erhebungs- und Vergleichstechniken stehen muss.

Auch in der Forschung zur Entwicklungszusammenarbeit ist eine deutliche Annäherung an moderne Theorien und Methoden der Politik- bzw. Gesellschaftswissenschaften zu erkennen. Zunehmend kommen bei der Analyse der EZ Instrumente der Politikfeldanalyse aus der Vergleichenden Politikwissenschaft und den Internationalen Beziehungen zum Einsatz. Entwicklungszusammenarbeit kann dabei auch ähnlich wie andere sozialpolitische Politikfelder begriffen werden, die eines ordnungspolitischen Rahmen bedürfen, damit staatliche Umverteilung nicht primär den Interessen einflussreicher Gruppen im Politikfeld zu Gute kommt. Da es sich bei der EZ um ein internationales Politikfeld handelt, sind weiterhin vielfältige Bezüge zur Forschung über internationale Regime und zu Prozessen globalen Regierens möglich. Die Analyse des Politikfeldes wird dabei eine zunehmende Anzahl von relevanten Akteuren zu berücksichtigen haben. Denn neben den bereits zahlreich vorhandenen offiziellen Geberorganisationen der OECD-Welt agieren in stärkerem Maße auch große NGOs, die wie etwa die Gates-Stiftung, über Summen in Milliardenhöhe verfügen. Auch treten seit geraumer Zeit eine Reihe von EL wie China nicht mehr nur als Nehmer, sondern auch als relevante Geber auf. Deren Allokationskriterien und Durchführungsmodalitäten sind jedoch, soweit dies bislang aufgrund der intransparenten Datenlage zu beurteilen ist, oftmals nicht an den Standards der OECD Entwicklungszusammenarbeit ausgerichtet und verfolgen wohl noch stärker außenpolitische und außenwirtschaftliche Eigeninteressen. Will die EZ der OECD-Welt tatsächlich einen signifikanten Beitrag zu wirtschaftlicher Entwicklung, Armutsbekämpfung, Demokratieförderung und Umweltschutz leisten, dann bedarf es zunehmend internationaler Arrangements, die diese Akteure in ihrer Funktion als Geber integrieren.

Literatur

Annotierte Auswahlbibliografie

Acemoglu, Daron/Robinson, James A. (2006): Economic Origins of Dictatorship and Democracy, Cambridge.

In dem preisgekrönten Werk gelingt es den Autoren, die relevante politikwissenschaftliche und ökonomische Literatur über die Entstehung und Stabilität unterschiedlicher Herrschaftsordnungen aufzuarbeiten und einen schlanken und erklärungskräftigen theoretischen Rahmen zu entwickeln. Mit viel empirischer Evidenz und historischer Kenntnis (u.a. Fallstudien zu Argentinien, England, Singapur oder Südafrika) veranschaulichen die Autoren ihre Überlegungen.

Collier, Paul (2007): The Bottom Billion. Why the Poorest Countries are Failing and What Can Be Done About It, Oxford.

In diesem Buch stehen die ca. 50 Staaten der Welt im Mittelpunkt, die in einer Falle aus Armut und Gewalt gefangen sind. Diese Staaten, so der Autor, sind die zentrale Herausforderung für die internationale EZ aber auch von großer Bedeutung für die internationale Sicherheit. Collier geht zum einen der Frage nach, welche Faktoren erklären, dass Gesellschaften in ein solch anhaltend prekäres Gleichgewicht geraten. Zum anderen versucht Collier darzulegen, dass traditionelle Ansätze der EZ in solchen Staaten nur wenig bewirken können und analysiert die Vor- und Nachteile unterschiedlicher entwicklungspolitischer Instrumente in solchen Staaten. Darüber hinaus fordert der Autor eine stärkere Harmonisierung entwicklungspolitischer, militärischer und außenpolitischer Strategien seitens der IL in den betroffenen Staaten.

Easterly, William (2001): The Elusive Quest for Growth. Economists' Adventures and Misadventures in the Tropics, Cambridge/London.
William Easterly setzt sich in diesem Buch kritisch mit einigen grundlegenden Theorien wirtschaftlicher Entwicklung auseinander, die starken Einfluss auf Strategien der Entwicklungspolitik ausüben. Er zeigt dabei, wie jene Theorien Eingang in die praktische Entwicklungspolitik der internationalen Finanzorganisationen fanden, dass jene Theorien konform mit den Eigeninteressen dieser Organisationen waren aber letztlich auch aufgrund der Vernachlässigung originärer politischer Faktoren nicht sonderlich erklärungskräftig sind. Ein auch für Nicht-Ökonomen verständlich geschriebenes Buch.

Menzel, Ulrich (1995): Geschichte der Entwicklungstheorie. Einführung und systematische Bibliographie, 3. Aufl., Hamburg.
In einem entwicklungsgeschichtlichen Einleitungskapitel weist Menzel unter Rückgriff auf die historischen Wurzeln der Entwicklungsdiskussion nach, dass fast alle Beiträge Modifikationen der vier Grundpositionen Universalismus, Nationalismus, Sozialismus und Rationalismus der Klassiker Ricardo, List, Marx und Weber darstellen. Dem schließt sich die umfangreichste deutschsprachige Bibliographie (ca. 2500 Titel) an.

Nuscheler, Franz (2012): Lern- und Arbeitsbuch Entwicklungspolitik, 7. Aufl., Bonn.
Nuschelers grundlegende Einführung in die Entwicklungsproblematik ist seit Jahren ein Standardwerk. Durch seine einfache Sprache wendet sich der Band gleichermaßen an ein Fachpublikum wie an interessierte Laien. Inhaltlich ist der Bogen weit gespannt. Er reicht von der Ursachenanalyse von Unterentwicklung über die Theoriedebatte, die Krisen der Dritten Welt bis zu Fragen des Nord-Süd-Konflikts und der praktischen Entwicklungspolitik im nationalen und internationalen Bereich.

Nuscheler, Franz/Roth, Michèle (2006): Die Millenniums-Entwicklungsziele: Entwicklungspolitischer Königsweg oder nur ein Irrweg, Bonn.
Dieses Buch setzt sich kritisch mit den Millenniums-Entwicklungszielen auseinander. Auf der einen Seite argumentieren die Autoren, dass die Millenniums-Entwicklungsziele einen Fortschritt darstellen, da zum ersten Mal auf internationaler Ebene ein Konsens mit konkreten Zielsetzungen erreicht wurde. Auf der anderen Seite betrachten die Autoren die Zielerreichungsstrategien der Entwicklungspolitik kritisch, da gerade in den ärmsten Ländern der Erfolg der Ziele am unrealistischsten scheint.

Olson, Mancur (2002): Macht & Wohlstand: kommunistischen und kapitalistischen Diktaturen entwachsen, Tübingen.
Das letzte Werk Mancur Olsons thematisiert die Frage, inwiefern politische Institutionen einen Einfluss auf die wirtschaftliche Entwicklung von Staaten nehmen. Neben einem Erklärungsansatz, der auf der Theorie kollektiven Handelns basiert, zeigt Olson insbesondere anhand von kommunistischen Diktaturen, wie sich autokratische Herrschaft auf die Allokation ökonomischer

Ressource auswirkt und vor welchen Herausforderungen erfolgreiche Demokratisierungsprozesse stehen. Das Buch ist auch für Nicht-Ökonomen verständlich geschrieben und nutzt Erkenntnisse empirischer Arbeiten der 1990er Jahre.

Weiterführende Literatur

Acemoglu, Daron/Johnson, Simon/Robinson, James A. (2001): The Colonial Origins of Comparative Development. An Empirical Investigation, in: The American Economic Review 91 (5), S. 1369-1401.

Acemoglu, Daron/Johnson, Simon/Robinson, James A. (2002): Reversal of Fortune: Geography and Institutions in the Making of the Modern World Income Distribution, in: Quarterly Journal of Economics 117, S. 1231-1294.

Acemoglu, Daron/Johnson, Simon/Robinson, James A./Yared, Pierre (2008): Income and Democracy, in: American Economic Review Review 98 (3), S. 808 – 842.

Almond, Gabriel (1965): A Developmental Approach to Political Systems, in: World Politics 17 (1), S. 183-214.

Almond, Gabriel/Verba, Sidney (1963): The Civic Culture. Political Attitudes and Democracy in Five Nations, Princeton.

Ashoff, Guido (2007): Entwicklungspolitischer Kohärenzanspruch an andere Politiken, in: Aus Politik und Zeitgeschichte B 48, S. 17-22.

Bueno de Mesquita, Bruce et al. (1999): An Institutional Explanation of the Democratic Peace, in: American Political Science Review 93, S. 791-807.

Cardoso, Fernando/Faletto, Enzo (1969) [1979]: Dependency and Development in Latin America, Los Angeles.

Conzelmann, Thomas/Faust, Jörg (2009): Globales Regieren zwischen „Nord" und „Süd", in: Politische Vierteljahresschrift 50 (2), S. 203-225.

Dahl, Robert (1971): Polyarchy – Participation and Opposition, New York.

Deaton, Angus (2005): Some Remarks on Randomization, Econometrics, and Data, in: Pitman, George/Feinstein, Osvaldo/Ingram, Gregory (Hrsg.): Evaluating Development Effectiveness, World Bank Series on Evaluation and Development 7, Washington, S. 263-271.

Duflo, Esther/Kremer, Michael (2005): Use of Randomization in the Evaluation of Development Effectiveness, in: Pitman, George/Feinstein, Osvaldo/Ingram, Gregory (Hrsg.): Evaluating Development Effectiveness, World Bank Series on Evaluation and Development 7, Washington, S. 205-239.

Easterly, William (2002): The Cartel of Good Intentions: The Problem of Bureaucracy in Foreign Aid, in: Journal of Policy Reform 5 (4), S. 1–28.

Esser, Klaus /Hillebrand, Wolfgang /Messner, Dirk (1996): Systemic competitiveness: a new challenge for firms and for government, in: CEPAL Review 59, S. 39-53.

Elsenhans, Hartmut (1977): Die Staatsklasse/Staatsbourgeoisie in den unterentwickelten Ländern zwischen Privilegierung und Legitimationszwang, in: Verfassung und Recht in Übersee 10 (1), S. 29-42.

Evans, Peter (1995): Embedded Autonomy: States and Industrial Transformation, Princeton.

Faust, Jörg/Marx, Johannes (2004): Zwischen Kultur und Kalkül? Vertrauen und Sozialkapital im Kontext der neoinstitutionalistischen Wende, in: Swiss Political Science Review 10 (1), S. 29-55.

Faust, Jörg (2006): Die Dividende der Demokratie: Politische Herrschaft und gesamtwirtschaftliche Produktivität, in: Politische Vierteljahresschrift 47 (1), 62-83.

Faust, Jörg (2008): Are More Democratic Donors more Development Oriented?, in: World Development 36 (3), S. 383-393.

Faust, Jörg/Leiderer, Stephan (2008): Zur Effektivität und politischen Ökonomie der Entwicklungszusammenarbeit, in: Politische Vierteljahresschrift 49 (1), S. 129-152.

Frank, André Gunter (1969): Kapitalismus und Unterentwicklung in Lateinamerika, Frankfurt.

Gibson, Clark/Andersson, Krister/Ostrom, Elinor/Shivakumar, Sujailemma (2006): The Political Economy of Development Aid, Oxford.

Granato, Jim/Inglehart, Ronald/Lebland, David (1996): The effect of cultural values on economic development: Theory, hypotheses, and some empirical tests, in: American Journal of Political Science 40 (3), S. 607-631.

Immergut, Ellen (1998): The Theoretical Core of the New Institutionalism, in: Politics and Society 26 (1), S. 5-34.

Inglehart, Ronald/Welzel Christian (2005): Modernization, Cultural Change and Democracy, Cambridge.

Jackman, Robert/Miller, Ross (1996): A renaissance of political culture?, in: American Journal of Political Science 40, S. 632-659

Keefer, Philip/Knack, Stephen (1997): Why Don't Poor Countries Catch Up? A Cross-Country Test of an Institutional Explanation, in: Economic Inquiry 35 (3), S. 590-602.

Knack, Stephen (2001): Aid Dependence and the Quality of Governance: Cross-Country Empirical Tests, in: Southern Economic Journal 68, S. 210-329.

Krueger, Anne (1974): The Political Economy of the Rent-seeking Society, in: American Economic Review 64 (3), S. 291-303.

Lake, David/Baum, Matthew (2001): The Invisible Hand of Democracy. Political Control and the Provision of Public Services, in: Comparative Political Studies 34 (6), S. 587-621.

Lauth, Hans-Joachim (2000): Informal Institutions and Democracy, in: Democratization 7 (4), S. 21-50.

Lauth, Hans-Joachim (Hrsg.) (2010): Vergleichende Regierungslehre: Eine Einführung, 3. Aufl., Wiesbaden.

Lehner, Franz/Widmaier, Ulrich (2002): Vergleichende Regierungslehre, 4. Aufl., Opladen.

Lipset, Seymour M. (1959): Some Social Requisites of Democracy: Economic Development and Political Legitimacy, in: The American Political Science Review 53 (1), S. 69-105.

Lipton, Michael (1997): Why poor people stay poor: urban bias in world development, Cambridge.

March, James G./Olsen, Johan P. (1989): Rediscovering Institutions. The Organizational Basis of Politis, New York.

Martens, Bertin/Mummert, Uwe/Murrell, Peter (Hrsg.) (2002): The Institutional Economics of Foreign Aid, Cambridge.

Messner, Dirk/Scholz, Immer (2005): Einleitung, in: dies. (Hrsg.): Zukunftsfragen der Entwicklungspolitik, Baden-Baden, S. 15-40.

Mols, Manfred (1990): Entwicklungsdenken am Vorabend des 21. Jahrhunderts. Anmerkungen aus politikwissenschaftlicher Sicht, in: Mols, Manfred/Mühleisen, Hans-Otto/Vogel, Bernhard (Hrsg.): Normative und institutionelle Ordnungsprobleme des modernen Staates, Paderborn u.a., S. 137-152.

Morgenthau, Hans (1962): A Political Theory of Foreign Aid, in: American Political Science Review 56 (2), S. 301-309.

North, Douglas (1990): Institutions, Institutional Change and Economic Performance, Cambridge.

Nohlen, Dieter/Nuscheler, Franz (1993): Das magische Sechseck, in: Nohlen, Dieter (Hrsg.): Handbuch der Dritten Welt. Grundprobleme, Theorien, Strategien, Bd. 1, Bonn.

Olken, Benjamin (2007): Monitoring Corruption: Evidence from a Field Experiment in Indonesia, in: Journal of Political Economy 115 (2), S. 200-249.

Olson, Mancur (1993): Dictatorship, Democracy and Development, in: American Political Science Review 87 (3), S. 567-576.

O'Donnell, Guillermo/Schmitter, Philippe C. (1986): Transitions From Authoritarian Rule. Tentative Conclusions About Uncertain Democracies, Baltimore.

Prebisch, Raul (1950): The Economic Development of Latin America and its Principal Problems, New York.

Prud'Homme, Rémy (1995): The Dangers of Decentralization, in: World Bank Research Observer 10 (2), S. 201-220.

Przeworski, Adam/Alvarez, Michael/Cheibub, José Antonio/Limongi, Fernando (2000): Democracy and Development: Political Institutions and Well-Being in the World, 1950-1990, Cambridge.

Putnam, Robert D. (2000): Bowling Alone: The Collapse and Revival of American Community, New York.

Robinson, James (2006): Economic Development and Democracy, in: Annual Review of Political Science 9, S. 503-527.

Wade, Robert (1990): Governing the Market: Economic Theory and the Role of Government in East Asia's Industrialization, Princeton.

Wallerstein, Immanuel (1979): The Capitalist World-Economy, Cambridge.

Weingast, Barry (1995). The Economic Role of Political Institutions: Market-Preserving Federalism and Economic Growth, in: Journal of Law, Economics and Organization 11, S. 1-31.

Williamson, John (1993): Development and the „Washington Consensus", in: World Development 21 (8), S. 1239-1336.

Politikdidaktik und Politikwissenschaft

Uwe Franke

Einleitung 1.

Uwe Franke

Verfolgt man die aktuellen Diskussionen um Anspruch und Wirklichkeit des schulischen Politikunterrichtes, trifft man auf ein äußerst ambivalentes Bild.[1] Während gesellschaftliche Probleme wie Parteiverdrossenheit, Extremismus und Individualisierung nach verantwortungsbewussten jungen Bürgern verlangen und dem Fach Politik bei der Suche nach Problemlösungen eine besondere Rolle zugeschrieben wird, fristet es allerorts ein bescheidenes Dasein. So fallen die geringe Wochenstundenzahl[2] und der oftmals fachfremde Unterricht von politikdidaktisch[3] und -wissenschaftlich nicht ausgebildeten Lehrkräften ins Gewicht, was die politische Bildung in nahezu allen Bundesländern immer mehr an die Peripherie des schulischen Lehrangebotes drängt (vgl. Sander 2002: 36 und Hedtke 2018). Demgegenüber zeigen sich aber aktuelle Herausforderungen wie etwa die Folgen der Globalisierung, Fragen der Integration und Identität, der wachsende Terrorismus, eine veränderte Sicherheitspolitik, zunehmende ökonomische Problemfelder sowie die veränderte Mediengesellschaft, die Gegenstand intensiver gesellschaftlicher Diskussionen sind und daher –nach einer angemessenen fachdidaktischen Erschließung- einer verstärkten Beachtung im Unterricht bedürfen.

Politikunterricht – Probleme und Herausforderungen

Die professionelle Vermittlung jener politischen Wissensbestände mit dem Ziel der Mündigkeit leistet einen überaus wichtigen Beitrag zur Demokratiefähigkeit junger Menschen, die für die Stabilisierung und Weiterentwicklung der politischen Kultur und auch im Sinne der Systemerhaltung von wichtiger Bedeutung ist. Die Legitimation erfolgt daher einerseits aus einer

Ziel der Mündigkeit und Systemerhalt

---

[1] Die folgenden Ausführungen beziehen sich auf die schulische Ausrichtung der Politikdidaktik.

[2] So wird in Rheinland-Pfalz das Fach Sozialkunde an Gymnasien erst ab der 9. Klasse (zweistündig) unterrichtet, in der 10. Klasse nur einstündig.

[3] Während der enge Didaktikbegriff lediglich nach den Auswahlkriterien für Unterrichtsinhalte fragt, befasst sich der weite Begriff, der sich in der Wissenschaft überwiegend durchgesetzt hat, mit den Inhalten, Zielen, Methoden, Medien und Lernvorgängen selbst (vgl. Detjen 2013). Die Begriffe *Politikdidaktik* und *Fachdidaktik* werden in diesem Ansatz gleichbedeutend verwendet.

individuell angelegten normativen Perspektive mit dem Ziel der Mündigkeit und andererseits einem erweiterten normativen Bezugspunkt auf das politische System. Die Sinnhaftigkeit politischer Bildung in der Schule steht somit außer Frage: Sie dient dazu, den Schüler zur Wahrnehmung seiner Rolle in der Demokratie zu befähigen[4], indem sie ihn zu selbstständigem Denken anregt und ein Politik- und Demokratiebewusstsein[5] entwickelt.

Notwendigkeit einer fundierten Politikdidaktik

Dass die hierzu geforderten Kompetenzen der politischen Urteils- und Handlungsfähigkeit sowie der Methoden nicht allein durch die kognitive Vermittlung von Wissen gleichermaßen belehrend weitergegeben werden können sondern vielmehr eines Erfahrungs- und Anwendungshintergrundes bedürfen, steht außer Frage, auch wenn in der Politikdidaktik als Wissenschaft vom politischen Lernen über die Akzentuierung des eigentlichen Kerns von Politikunterricht diskutiert wird. Unbestritten ist, dass die jeweilige Lehrperson gemäß des Beutelsbacher Konsenses (vgl. Kap. 2) im Unterricht äußerst sensibel vorgehen muss, um der Zieldimension politischer Bildung gerecht zu werden.[6] Vor dem Hintergrund der letzten Pisa-Studie, bei der deutlich wurde, dass die Verwendung von Wissen für die Lösung von Problemen bei vielen Schülern defizitär ist, verlangt Politikunterricht – und hier im besonderen auch der Politiklehrer – nach professioneller Hilfe bei der Vermittlung und Umsetzung von Wissen, nämlich nach einer fundierten Politikdidaktik.

Schwächen der universitären Ausbildung

Die Universität als Ort politikdidaktischer Vermittlung zeigt jedoch offenkundige Schwächen. Vor allem an rein politikwissenschaftlichen Instituten, die bisher keinen eigenen Lehrstuhl für Politikdidaktik innehatten, kämpft die Fachdidaktik zuweilen um ihre Existenzberechtigung. So setzt man die ohnehin geringen Anteile der Fachdidaktik als ein vom Bildungsministerium aufer-

---

[4]   Der sogenannte „Darmstädter Appell" aus dem Jahre 1995 von Seiten bekannter Multiplikatoren aus der politischen Bildung zur Stärkung der Mündigkeit sieht die Ausformung diverser Kompetenzen vor, so zum Ersten ein kognitives Wissen über das politische System und seine Abläufe, zum Zweiten die Förderung bestimmter Einstellungen und Verhaltensdispositionen, und zum Dritten eine auf Partizipation ausgelegte Entscheidungs- und Problemlösungsfähigkeit. Dies ist auch Duktus des „Münchner Manifestes" von Leitern der Bundes- und Landeszentralen für politische Bildung aus dem Jahre 1997 (vgl. Darmstädter Appell 1996 und Bundeszentrale für Politische Bildung 1997 sowie Detjen 2000).

[5]   Zur aktuellen Diskussion um Demokratiebewusstsein vgl. Lange/Himmelmann 2007.

[6]   Zur Rolle des Politiklehrers vgl. etwa Reinhardt 2012.

legtes Anhängsel herab, das im Lehramtsstudiengang notgedrungen angeboten werden muss. Zudem fehlen meist Experten mit Schulerfahrung, die entsprechende, weitgehend praxisorientierte, Veranstaltungen anbieten könnten. Hinzu kommt, dass man an den Instituten um den Bedeutungsverlust genuin politikwissenschaftlicher Inhalte fürchtet, da sich die Politikdidaktik nicht (mehr) allein ihrer Bezugswissenschaft sondern auch anderen Sozialwissenschaften offen zuwendet. Durch die fehlende personelle und materielle Ausstattung an den politikwissenschaftlichen Instituten kann die Fachdidaktik oftmals keine aus der Forschung gespeiste Lehre aufweisen, was ihren Stellenwert zusätzlich schmälert.

Demgegenüber steht die außerordentliche Bedeutung der Politikdidaktik – nicht nur für die universitäre Ausbildung –, denn diese konnte sich in den letzten Jahrzehnten an zahlreichen Hochschulen

Selbstverständnis der Politikdidaktik

> „(...) als junge Wissenschaftsdisziplin auf einer paradigmatischen Grundlage entwickeln, welche die politische Orientierung an der Demokratie, den fachlichen Bezug auf die Sozialwissenschaften und die Traditionen einer aufklärerischen, subjektorientierten Bildungstheorie miteinander verbindet" (Sander 2002: 36).

Dabei ist Politikdidaktik weit mehr als die Planung und Durchführung von Unterricht. Vielmehr zeigt sie eine zunehmende theoretische und wissenschaftliche Positionierung in den letzten Jahren, was die Professionalisierung ihres Selbstverständnisses vorantreibt.[7]

Politikdidaktik und Politikwissenschaft stehen somit in einem eigentümlichen Spannungsverhältnis. Politische Bildung kann weder als Teildisziplin noch als didaktische Umsetzung der Fachwissenschaft verstanden werden. Vielmehr hat sie eine Eigendynamik entfaltet, die sie als einen eigenständigen interdisziplinären und praxisbezogenen Handlungszusammenhang konstituiert, der aber in vielerlei Hinsicht mit der Politikwissenschaft in Beziehung steht.

Im Folgenden wird die Politikdidaktik als Wissenschaft in der politischen Bildung positioniert und ihr Bezug zur Politikwissen-

---

[7]   Sander verweist auf einen stattfindenden Generationenwechsel in der Politikdidaktik, auf die Gründung mehrerer Fachzeitschriften, die Belebung der Tagungskultur, die Gründung einer Gesellschaft für Politikdidaktik und politische Jugend- und Erwachsenenbildung (GPJE), auf neue Theorieansätze sowie den Ausbau der empirisch-basierten Forschung (vgl. Sander 2002: 36).

schaft – wenn auch untergeordnet- in den einzelnen Kapiteln herausgearbeitet. Zur Verdeutlichung des unterschiedlichen Verständnisses von politischer Bildung gilt es zunächst, die maßgeblichen Konzeptionen in der Geschichte der Bundesrepublik nachzuzeichnen. Anschließend wird die heutige Politikdidaktik als Wissenschaftsdisziplin verortet. Dabei spielen auch Kontroversen der letzten Jahre in der Politikdidaktik eine Rolle, so etwa die Diskussion um *Demokratie lernen* versus *Politik lernen*, den Konstruktivismus und die Empirische Forschung. Abgerundet werden die Ausführungen mit der aktuellen Diskussion um neue Basiskonzepte in Folge der Implementierung von nationalen Bildungsstandards sowie einem kurzen Entwurf über das zukünftige Verhältnis von Politikdidaktik und Politikwissenschaft.

2. Didaktische Konzeptionen im Wandel: Zur Geschichte der politischen Bildung in der Bundesrepublik Deutschland

2.1 1950er Jahre – Die Debatte zwischen Oetinger und Litt

reeducation   Den Beginn der politischen Bildung in der Bundesrepublik Deutschland[8] markierte das politische Anliegen der westlichen Siegermächte – insbesondere der USA –, demokratische Werte und Verhaltensweisen der Bevölkerung zu vermitteln und in ihr zu verankern.[9] Diese externen Anstöße wurden unterschiedlich aufgenommen. Die Konferenz der Kultusminister (KMK) griff mit den im Jahr 1950 verabschiedeten „Vorläufigen Grundsätzen zur politischen Bildung" das Wort Demokratie nicht auf. Diskutiert wurde darüber, ob es eines eigenen Unterrichtsfaches für die politische Bildung bedürfe oder ob diese als ein allgemeines Unterrichtsprinzip anderer Fächer genüge. Dass Politische Bildung noch heute in den Bundesländern unter verschiedenen Bezeichnungen unterrichtet wird, ist darauf zurückzuführen, dass die KMK den Schwerpunkt noch auf das allgemeine Unterrichtsprinzip legte und die Einrichtung eines Faches nur empfahl. Dabei war den Ländern auch die Benennung eines solchen nicht näher ausgeführten Faches freigestellt (vgl. Sander 2012: 113f.).

---

8   Zur ausführlichen Geschichte der politischen Bildung vgl. Gagel 2005 und Detjen 2013.

9   Merkmale der amerikanischen Bildungspolitik waren etwa das Eintreten für Chancengleichheit im Bildungssystem, die Demokratisierung des Schullebens, die Auffassung von Demokratie als Lebensform, die sozialwissenschaftliche Bildung in Schule und die Ausbildung der Lehrer (vgl. Gagel 2005: 35).

Die wichtige Diskussion fand an einem anderen Ort statt. Wortführend und prägend für die politische Bildung war zunächst die Pädagogik. Exemplarisch wurden die verschiedenen Grundpositionen, die im ersten Jahrzehnt der BRD maßgeblich waren, in der Kontroverse zwischen Friedrich Oetinger und Theodor Litt dargelegt. Gemeinsames Ziel war die Überwindung der nationalsozialistischen antidemokratischen Traditionen durch die Entwicklung einer Bürgerkultur.

Entwicklung einer Bürgerkultur

Oetinger, Professor für Pädagogik, verstand politische Bildung in der Tradition des amerikanischen Pragmatismus und dem pädagogischen Denken von John Dewey im Wesentlichen als Abwendung vom Staat als zentralen Bezugspunkt politischer Bildung und als Einübung sozialer Verhaltensweisen im Sinne friedvoller Kooperation (Erfahrungslernen). Dabei sollte nicht das theoretische Wissen Erkenntnis schaffen, sondern die Konfrontation mit expliziten sozialen Problemsituationen. Demokratie wurde hier nicht als Staats- sondern als Lebensform verstanden, wobei der sozialen Interaktion der im Staat vereinten Menschen als Erziehung zur Initiative und Übernahme zur Verantwortung zentrale Bedeutung zukam (vgl. Oetinger 1956: 85ff.).

Oetinger – Erfahrungslernen

Politische Bildung reflektierte man aus der sozialpädagogischen Ebene als „Theorie der Partnerschaft" (Gagel 2005: 54) und drängte die Vermittlung von politischem Urteilsvermögen und Wissen in den Hintergrund. Dieser Rückzug auf ein vermeintlich unpolitisches Selbstverständnis von Politikunterricht zugunsten einer Vermittlung von bestimmten zwischenmenschlichen Verhaltensformen entsprach der damaligen Angst zahlreicher Lehrer vor einer offenen politischen Auseinandersetzung mit dem Nationalsozialismus im Unterricht.

Theodor Litt, Professor für Philosophie und Pädagogik, dagegen sah die Notwendigkeit, die richtige Einsicht in das Wesen des demokratischen Staates zu vermitteln, das er im Kontext einer pluralistischen Gesellschaftstheorie verankert sah. Damit einher ging ein enges Politikverständnis (staatliches Handeln, Kampf um die politische Macht), während Oetinger mit dem Einbezug von Sozialisationsprozessen einen weiten Politikbegriff favorisierte. Gegen das Konzept der Partnerschaftserziehung setzte Litt auf die Herausbildung eines Staatsbewusstseins (vgl. Litt 1961: 8). Da die Ursache der deutschen Katastrophe nach Litt auf einer falschen Staatsform beruhte, wollte er die Bürger für die Demokratie als Staatsform sensibilisieren. Politik setzte für ihn nach der Tradition der deutschen Staatsphilosophie auf der Ebene des Staates an. Die Kluft zwischen der Lebenswelt der Schüler und der Realität

Litt – Herausbildung eines Staatsbewusstseins

des Staates, der das gesellschaftliche Leben ermöglicht und garantiert, sollte dabei durch kognitives Lernen, durch das Verstehen und die Einsicht in das Handeln des Staates überwunden werden.

Abgrenzung zum Kommunismus

In den Anfängen der bundesrepublikanischen Politikwissenschaft besaß die Vermittlung von Demokratie als anzustrebende Staatsform gleichfalls einen bedeutenden Stellenwert, der sich jedoch wenig explizit in Überlegungen zur politischen Bildung äußerte. Das Demokratieverständnis in diesen Jahren wurde oft nur in Abgrenzung zum Kommunismus begriffen. Damit konnte es zwar als gemeinsamer Nenner der bürgerlichen Kräfte zur Integration beitragen, erschwerte jedoch die Ausprägung demokratischer Tugenden wie Toleranz, Kritik- und Urteilsfähigkeit oder öffentliche Auseinandersetzung. Sowohl in der wissenschaftlichen Debatte (z.B. von Dahrendorf, Eschenburg, Flechtheim, Habermas) als auch in der tagespolitischen Auseinandersetzung (z. B. in der Spiegel-Affäre) geriet solch eine Demokratieauffassung zunehmend in die Kritik.

2.2   1960er Jahre – Die Didaktische Wende

Geburtsstunde der Politikdidaktik

Verstärkt durch Hakenkreuzschmierereien auf jüdischen Friedhöfen und einen zunehmenden Rechtsradikalismus in den 1960er Jahren wurde die politische Bildung zunehmend zu einem Politikum mit hohem gesellschaftlichem Interesse. Die bildungspolitische Reaktion war die Einführung des Faches Politische Bildung in fast allen Bundesländern auf Beschluss der KMK von 1962. Die Ausbildung von Lehrern setzte ein, politikdidaktische Professuren an wissenschaftlichen Hochschulen wurden errichtet und 1965 die Deutsche Vereinigung für politische Bildung (DVPB) als Fachverband gegründet. Aus der Erkenntnis heraus, dass eine wissenschaftliche Fundierung politischer Bildung für den Bestand des Gemeinwesens von großem bildungspolitischen Interesse sei (vgl. Detjen 2004: 21), begann die systematische Entwicklung mit der Frage nach der Leistungsfähigkeit politischer Bildung in modernen Gesellschaften.

Trennung von Politikwissenschaften

Die dadurch gewachsene Eigenständigkeit in Form der institutionalisierten politischen Didaktik hatte nicht nur einen Anstieg der Professionalität zur Folge, sondern war gleichfalls mit einer deutlich bemerkbaren Trennung von der Politikwissenschaft verbunden, die im gleichen Zeitraum durch ihre interne Differenzie-

rung spürbar heterogene Züge entfaltete.[10] Als Folge der behavio-
ristischen Revolution der 1970er Jahre und der einhergehenden
Professionalisierung der Politikwissenschaft standen dort fachwissenschaftliche Fragestellungen im Mittelpunkt, die nur am
Rande mit der politischen Bildung verbunden wurden. Im
Selbstverständnis der Politikwissenschaft spielte die didaktische
Ausrichtung keine Rolle mehr, obgleich die jeweiligen Institute
an den Universitäten nach dem Zweiten Weltkrieg in ihrem
Selbstverständnis auch mit dieser Perspektive gegründet wurden
(vgl. Gabriel 2004: 43f.). So leistete die Politikwissenschaft zwar
einen wichtigen Bezugspunkt zu den Lerngegenständen politischer Bildung, doch überließ sie die aufkommende Frage nach
den konkreten Inhalten, den Zielen, der methodischen Umsetzung und der Bedingung von Lehr- und Lernprozessen der Politikdidaktik. Nicht zuletzt durch die rasche Modernisierung und Differenzierung der Gesellschaften wie auch der Wissenschaften
konnte die Frage nach einem feststehenden Stoffkatalog in der
politischen Bildung nicht mehr beantwortet werden, zumal verschiedene gesellschaftliche Gruppen zu unterschiedlichen Zeiten
das zu erlernende Wissen anders bewerten. So wurde die Frage
nach den Auswahlkriterien politischer Bildungsinhalte und ihrer
Umsetzung immer mehr zum zentralen Gegenstand der Politikdidaktik als eigenständige Disziplin (vgl. Sander 2014: 21ff.).

Die Entwicklung der fachdidaktischen Positionierung in der
Bundesrepublik bezeichnet man auch als Didaktische Wende. Es
war das Verdienst etwa von Kurt Gerhard Fischer, Wolfgang Hilligen und Hermann Giesecke in den 1960er Jahren, diese Wende
herbeigeführt zu haben. Dabei verstanden sie es, sowohl die ver-
engte Staatsbürgerkunde als auch die naiv harmonisierende Ge-
meinschaftskunde der 50er Jahre zu überwinden, „indem sie das
Politische als Gegenstand politischer Bildung in einer spezifisch
didaktischen Weise zu erfassen sowie Ziele und Inhaltswahl zu
bestimmen versuchten" (Sutor 2002b: 18). Durch die Ausarbeitung sogenannter didaktischer Gesamtkonzeptionen fragten sie
erstmals umfassend und zusammenhängend nach jener Gestaltung von politischen Lernsituationen, wobei die Frage nach der
Zielperspektive immer auch eine normative Komponente einschloss.[11]

Didaktische
Wende

---

[10]   So gab es in der Politikwissenschaft lange Zeit keinen speziellen Beitrag zum
       Bereich der politischen Bildung und ihrer Didaktik. Vgl. Beyme 1986.
[11]   Eine Systematisierung findet sich bei Klee 2008: 47ff. Positionen der Didak-
       tiker sind ebenfalls bei Pohl 2004 in Interviewform nachzulesen.

Didaktische Gesamt-konzeptionen

Konzeptionen allgemein bilden hierbei ein umfassendes System didaktischen Denkens. Sie sind zu definieren als „plausibler Gesamtzusammenhang von hypothetischen oder mehr oder weniger gesicherten Aussagen über Ziele, Inhalte, Unterrichtsorganisation und Bedingungen der politischen Bildung bzw. des politischen Unterrichts" (Hilligen 1991: 15).

Fischers Einsichtendidaktik

Kurt Gerhard Fischer (vgl. Fischer/Herrmann/Mahrenholz 1960) lehnte 1960 einen Stoffkanon für die politische Bildung vehement ab. Systematisches Wissen sei für diesen Zweck nicht begründbar. Vielmehr sei es Ziel politischer Bildung, das Wesentliche und Sinnelementare zu erfassen, das in Form sogenannter Einsichten durch die Auseinandersetzung mit Politik an konkreten Fällen exemplarisch aufbereitet werden soll. Dabei bilden die Einsichten Denkvoraussetzungen, die bei den Lernern die Perzeption politischer Wirklichkeit vorstrukturieren. Jene Zusammenstellung von Aussagen wurde als statisch kritisiert, welche die eigentlichen gesellschaftlichen Widersprüche leugnete. Zudem stellte man die Einsichten als Werturteile und Tatsachenaussagen in Frage, da Fischer keine Kriterien für die Aufstellung und Geltung aufführte. Trotz der berechtigten Kritik an jener Einsichtendidaktik gingen von Fischer Impulse für die zukünftige didaktische Diskussion aus, so etwa durch sein Prinzip des exemplarischen Lernens, der Kritik an der Verstofflichung von Lerngegenständen sowie durch sein generelles Eintreten für die politische Bildung als Unterrichtsprinzip.

Hilligens problemorientierte Didaktik

Wolfgang Hilligen (1961, 1985, 1991) gilt ebenfalls als Initiator der didaktischen Wende. Ausgehend von einer umfangreichen – als von Gefahren bestimmten – Zeitdiagnose müsse seiner Ansicht nach Didaktik auf das Existentielle zielen, um auf „Daseinserhellung und Daseinsbewältigung" (Hilligen 1961: 61) abzuzielen. Diese soll den Schüler „in den Stand setzen, Chancen zu wahren, die er anders übersehen hätte, Gefahren zu vermeiden, denen er sonst erlegen wäre" (ebd.). Hilligen definierte sogenannte Schlüsselprobleme, von deren Bewältigung die menschliche Existenz abhänge, so etwa die weltweite Interdependenz, die technische Massenproduktion und die weltweiten Macht- und Vernichtungsmittel. Da der Schüler durch den direkten subjektiven Bezug oder die objektiv existenzbeeinflussende Wirkung „betroffen" ist, setzt politisches Verständnis die Auseinandersetzung mit den angegeben Krisensymptomen voraus, die als Auswahl- und Bewertungskriterium von Lehrplaninhalten gelten können. Die Grenzen des zeitdiagnostischen Ansatzes sahen Kritiker in der Gefahr, dass angesichts der Bedrohungen eine rationale Kommu-

nikation in Bildungsprozessen nicht möglich ist (vgl. Gagel 2005:
122), ohne einer Katastrophendidaktik anheim zu fallen.

Hermann Gieseckes 1965[12] erschienene „Didaktik der politischen
Bildung" ist bis heute die am weitesten verbreitete Monographie zur
Politikdidaktik. Indem er den Konflikt als zentrales Prinzip seines
didaktischen Modells erklärte, griff Giesecke in hohem Maße auf
sozialwissenschaftliche Erkenntnisse etwa der soziologischen Kon-
flikttheorie Ralf Dahrendorfs und der politikwissenschaftlichen Pluralismustheorie zurück. Die ausgeprägt liberalistische Vorstellung
von Konflikten war gegen die harmonisierende Gemeinschaftskun-
de der 50er Jahre gerichtet und sah in der Betonung von Auseinandersetzungen die Normalform politischer Meinungsbildung. Nur
die Analyse politischer Konflikte käme somit als Gegenstand des
Politikunterrichts in Frage, da sich das genuin Politische in der
kontroversen Aktualität am sichtbarsten zeige (vgl. Detjen 2013:
163). Der Umgang mit Kontroversen führe zu verstärkter Konflikt-
fähigkeit beim Schüler, der die Auseinandersetzung als Normalform
des politischen Lebens begreife und zur Partizipation[13] ermutigt
werde. Eine wichtige Rolle spielt die kategoriale Analyse.

Basierend auf Klafki (1959) entwickelte Giesecke zunächst elf
Kategorien, die er später schließlich auf fünf Kategorien reduzierte. Diese repräsentieren die zentralen Merkmale des Politischen:
Konflikt, Konkretheit, Macht, Recht, Funktionszusammenhang,
Interesse, Mitbestimmung, Solidarität, Ideologie, Geschichtlichkeit und Menschenwürde (Giesecke 1965: 102ff.). Jene Instrumente politischer Analyse sollen helfen, die unüberschaubaren
politischen Sachverhalte zu strukturieren und zu analysieren. Dabei werden die Kategorien in Erschließungsfragen[14] umgewandelt
und beantwortet, um politische Grundeinsichten zu ermöglichen,
ohne die Ergebnisse bereits im Vorfeld zu determinieren.

Gieseckes konfliktorientierte Didaktik

Kategoriale Analyse

1970er Jahre – Studentenbewegung und parteipolitische Streitigkeiten 2.3

Die Studentenbewegung von 1968 forderte die Demokratisierung
aller Lebensbereiche. Gegenüber einem Harmonieverständnis
wurde der Konfliktcharakter von Politik betont, der entsprechend

Kritische Erziehungs- wissenschaft

---

[12]   Giesecke überarbeitete seine Monographie in den Jahren 1972 und 2000.
[13]   Giesecke spricht 1965 zunächst von *politischer Beteiligung*, 1972 von *Mitbestim-
      mung*.
[14]   So kann die Erschließungsfrage zur Kategorie Macht lauten: „Welche Durch-
      setzungsmittel zur Aufrechterhaltung einer Situation bzw. zur Verwirklichung
      einer Aktion können die Akteure einsetzen?" (Detjen 2013: 165)

als Ausgangspunkt der politischen Didaktik aufgenommen wurde. Richter, Hilligen und Giesecke entwickelten ihre Konzepte weiter und rezipierten Elemente der Kritischen Theorie. Der emanzipatorische Anspruch der kritischen Erziehungswissenschaft war der gemeinsame Nenner. Am deutlichsten formulierte Rolf Schmiederer 1971 jene Emanzipation als Herrschafts- und Ideologiekritik, wobei politische Bildung als gesamtgesellschaftlicher Demokratisierungsprozess verstanden wurde, der irrationale und überflüssige Herrschaft abzubauen habe. Im Zentrum standen hier die kritische Analyse von Herrschaft und die Aufklärung über bestehende Dependenzen und deren Ursachen. Im Unterricht spielten fernab der Institutionenkunde Themen eine Rolle, die in Beziehung zur Emanzipationsbewegung standen und den Schüler im Sinne einer „realen Utopie" (Schmiederer 1971: 39) zur politischen Aktivität aufforderten. Schmiederers negative Perzeption des demokratischen Verfassungsstaates und seiner Institutionen wurde vielfach kritisiert. Die offensichtliche Beeinflussung der Schüler und die Gleichsetzung politischer Herrschaft mit Macht und Gewalt standen im Zentrum der Kritik (vgl. Detjen 2013).

Schmiederers Emanzipationsdidaktik

Ziel der gesamtdidaktischen Konzeptionen war somit nun nicht mehr die Integration des Staatsbürgers in ein von Institutionen geprägtes demokratisches Staatswesen (im Sinne der Stabilitätserhaltung), sondern seine Befähigung, als aktiver Bürger an der Gestaltung von Staat und Gesellschaft (im Sinne einer Transformation) auf der Basis eines umfassenden Demokratiebegriffes mitzuwirken. Partizipation und Emanzipation lauteten die Schlüsselbegriffe, denen von konservativer Seite durch Bernhard Sutor (1973, 1984) mit dem Konzept der Rationalität des Urteilens begegnet wurde. Nach Sutor war der Missbrauch von Macht nur durch eine herrschaftlich garantierte Ordnung zu verhindern, worauf er die Notwendigkeit einer institutionellen, normativen Herrschaftsstruktur gründete. Basierend auf der politischen Philosophie argumentierte Sutor, Unterricht habe die Aufgabe, zur Fähigkeit und Bereitschaft zur politischen Beteiligung durch möglichst unvoreingenommene Urteilsbildung und verantwortliche Entscheidungen zu erziehen. Die Legitimationsbasis bilde hierbei das Grundgesetz, da es die politischen Wertüberzeugungen einer Gesellschaft bündele. Schließlich garantiere der Pluralismus des Grundgesetzes die Vielfalt von Interessen, Ideen und Konzeptionen, was eine einseitige Ausrichtung sozial- oder politikwissenschaftlicher Theorien, auch im Schulwesen, obsolet mache. In seinem prak-

Sutors praktisch-normative Didaktik

tisch[15]-normativen Ansatz entwickelte Sutor erstmals für die politische Bildung ein Kompetenzmodell, das kognitive, kommunikative und moralische Kompetenzen als Lernziele explizit formuliert.

Mitte der siebziger Jahre war die politische Bildung nicht nur durch die skizzierten inhaltlichen Spannungen geprägt, sondern zugleich begannen sich neue Gemeinsamkeiten abzuzeichnen. Der Begriff Demokratie wurde in wachsendem Maß positiv gefüllt und als Vermehrung der Chancen politischer Beteiligung verstanden (Demokratisierungspostulat). Zugleich wurde – mit unterschiedlicher Akzentuierung – der Einbezug von Gesellschaftsanalysen, Problemlagen (Gesellschafts- und Herrschaftskritik) und Lösungsformulierungen (Emanzipation, Chancengleichheit) anerkannt. Das gewandelte Verständnis von politischer Bildung war auch Ausdruck der gesellschaftlichen Umwälzungen und geänderter politischer Mehrheiten. Die unterschiedlichen Positionen, die von neomarxistischen über sozialdemokratische bis hin zu konservativen Sichtweisen reichten, erforderten in der Interpretation von Gesellschaft und darauf aufbauender didaktischer Modelle eine systematische Begründung. Gerade dies zeigte etwa die Formulierung vorgestellter umfassender didaktischer Konzeptionen, in der sich die weitere Ausdifferenzierung der politischen Bildung und nun auch eine schrittweise Praxisorientierung der Diskussion zeigte, so etwa bei Rolf Schmiederer. In seiner neueren didaktischen Gesamtkonzeption von 1977 verließ er die Ebene der fundamentalen Gesellschaftskritik und entwarf die Konzeption einer schülerzentrierten politischen Bildung, wie der Titel „Politische Bildung im Interesse der Schüler" bereits andeutet. Dieser Wandel zur Praktikabilität politischer Bildung setzte den Fokus verstärkt auf den Unterricht und verlagerte didaktische Überlegungen nunmehr auf den Interessen- und Bedürfnishorizont der Schüler. Der problem- und projektorientierte Unterricht sollte an der Lebensrealität der Schüler ansetzen, ihre Mitbestimmung fördern, eine reale Bedeutung für ihr Leben haben und in der Arbeitsweise wissenschaftsorientiert sein (vgl. Schmiederer 1977). Dabei übernahm politische Bildung nicht mehr die Funktion der Gesellschaftsveränderung. Vielmehr wechselte Schmiederer mit seiner neuen Didaktik „von der politischen Instrumentalisierung der Schüler hinüber zu der Anerkennung ihrer gegenwärtigen Subjektivität" (Gagel 2005: 240). Diese Ausrichtung politischer Bildung auf das Konkrete und Machbare im Unterricht fernab

Gemeinsamkeiten

Schülerorientierung

Pragmatische Wende

---

[15]   Sutor versteht Praxis als kommunikatives Handeln.

ideologischer Positionierungen wurde in der Literatur auch als „pragmatische Wende" bezeichnet (vgl. Knütter 1979: 150).

Parteienstreit   Im Gegensatz dazu blieben die Kontroversen im politischen Bereich stärker bestehen und manifestierten sich etwa im Parteienstreit um Richtlinien für den Sozialkundeunterricht oder Schulbuchzulassungen. Auch geriet die Didaktik in die parteipolitische Polarisierung v.a. in Hessen und Nordrhein-Westfalen hinein[16], wobei eine Spaltung der jungen Wissenschaft in Richtungen aber vermieden werden konnte, obwohl die einflussreichsten Didaktiker vielfältig als Lehrplan- und Schulbuchautoren in die Kontroverse um die Ziele politischer Bildung involviert waren. So gelang es zumindest in der Politikdidaktik, jene Polarisierung auf einer Tagung in Beutelsbach zu überwinden, die von der Landeszentrale Baden-Württemberg unter Leitung von Siegfried Schiele organisiert wurde. Trotz grundsätzlicher Kontroversen – hauptsächlich zwischen Sutor und Schmiederer – konnte der Teilnehmer Hans-Georg Wehling nachträglich drei Grundprinzipien

Beutelsbacher   herausarbeiten, die er unter der Überschrift „Konsens à la Beutels-
Konsens   bach" formulierte und die bis heute als „Beutelsbacher Konsens" im Grundsatz unbestritten sind:

Grundprinzipien des Beutelsbacher Konsens

1. Überwältigungsverbot. Es ist nicht erlaubt, den Schüler – mit welchen Mitteln auch immer – im Sinne erwünschter Meinungen zu überrumpeln und damit an der „Gewinnung eines selbständigen Urteils" zu hindern. Hier genau verläuft nämlich die Grenze zwischen Politischer Bildung und Indoktrination. Indoktrination aber ist unvereinbar mit der Rolle des Lehrers in einer demokratischen Gesellschaft und der – rundum akzeptierten – Zielvorstellung von der Mündigkeit des Schülers.
2. Was in Wissenschaft und Politik kontrovers ist, muss auch im Unterricht kontrovers erscheinen. Diese Forderung ist mit der vorgenannten aufs engste verknüpft, denn wenn unterschiedliche Standpunkte unter den Tisch fallen, Optionen

---

[16] Auf die parteipolitischen Kontroversen und die Instrumentalisierung der Didaktik soll hier nicht genauer eingegangen werden. Vgl. genauer Gagel 2005: 21 ff. und Sander 2012: 139ff.

unterschlagen werden, Alternativen unerörtert bleiben, ist der Weg zur Indoktrination beschritten. Zu fragen ist, ob der Lehrer nicht sogar eine Korrekturfunktion haben sollte, d. h. ob er nicht solche Standpunkte und Alternativen besonders herausarbeiten muss, die den Schülern (und anderen Teilnehmern politischer Bildungsveranstaltungen) von ihrer jeweiligen politischen und sozialen Herkunft her fremd sind (...)

3. Der Schüler muss in die Lage versetzt werden, eine politische Situation und seine eigene Interessenlage zu analysieren, sowie nach Mitteln und Wegen zu suchen, die vorgefundene politische Lage im Sinne seiner Interessen zu beeinflussen. Eine solche Zielsetzung schließt in sehr starkem Maße die Betonung operationaler Fähigkeiten ein, was aber eine logische Konsequenz aus den beiden vorgenannten Prinzipien ist (...) (Wehling 1977: 179f.).

Der „Beutelsbacher Konsens" als klare Trennlinie zwischen der politischen Position des Lehrers und seiner fachlich-pädagogischen Aufgabe wurde trotz seiner Interpretationsspielräume[17] zu einem zentralen Bestandteil der Politikdidaktik und förderte deren Professionalisierung in Deutschland, da er historische Kontroversen um die Zielsetzung politischer Bildung überwand, nämlich „zum Abschied von Aufgabenverständnissen, die politische Bildung als pädagogisches Instrument zur Herrschaftslegitimation oder zur Besserung gesellschaftlich-politischer Verhältnisse durch Verbreitung erwünschter Gesinnungen („Mission") verstanden" (Sander 2012: 148).

1980er und 90er Jahre – Von der institutionellen Krise zur Konsolidierung   2.4

Die 80er Jahre waren allgemein von einer Stagnation in der Bildungspolitik gekennzeichnet. Mit dem Abflauen der parteipolitischen Kontroversen um Lehrpläne und Schulbücher in den

Stagnation der Bildungspolitik

---

[17] Dies bezieht sich v.a. auf den dritten Konsens, da er das Gemeinwohl außer Acht lässt. Auch ist unklar, wie nach dem Kontroversitätsprinzip mit extremistischen Positionen umzugehen sei. Zur aktuellen Diskussion vgl. Buchstein 2016.

Bundesländern schwand gleichzeitig das parteipolitische Interesse an diesem Thema. Auf wissenschaftlicher Ebene wurden in dieser Zeit keine didaktischen Gesamtkonzeptionen entworfen und der Theoriestreit in der politischen Bildung geriet zugunsten einer verstärkten Praxisorientierung in den Hintergrund. In der Frage der Vermittlung gewann der Einbezug von Subjekt-, Lebenswelt- und Handlungsorientierung an Bedeutung, der sich zum einen in Vermittlungsformen (Projektarbeit, Stadtteilarbeit etc.) niederschlug und zum anderen als Auswahl- und Bewertungskriterium fungierte. Damit erfuhr affektives Lernen eine Aufwertung. Neue Anstöße erfolgten auch in der Bestimmung der Zielvorstellungen, die eine aktualitätsbezogene Konkretisierung des Staatsbürgerverständnisses betrafen. Gleichfalls intensivierte sich im Zuge der globalen Veränderungen die Diskussion um Schlüsselbegriffe wie Risikogesellschaft, Prinzip Verantwortung, Zukunftsbewältigung, Weltinnenpolitik, Wiedervereinigung und nationale Integration, multikulturelle Gesellschaft und Verfassungspatriotismus (vgl. Lauth/Mols/Wagner 2006: 389).

Politikwissenschaft als Leitdisziplin Ende der 1980er Jahre, in denen die Konturen der Politikdidaktik an Schärfe verloren, wandte man sich der eigentlichen inhaltlichen Domäne des Faches und damit der Politikwissenschaft als Leitdisziplin wieder zu. Auf Basis eines engen Politikbegriffes rückten fachwissenschaftliche Gegenstände und Instrumentarien wie etwa die Politik-Trias (Polity, Politics, Policy) in das Zentrum der didaktischen Auseinandersetzung (vgl. Lange 2006: 29). Auch das aus der Policy-Forschung entlehnte Politikzyklusmodell diente als Hilfsinstrument zur Problemverarbeitung und beide sind bis heute sichtbare Zeichen für die fachwissenschaftliche Ausrichtung politischer Bildung.[18] Die Politikwissenschaft wurde somit in der Diskussion um didaktische Modelle wiederentdeckt und als Bezugsdisziplin aufgewertet.

Reetablierung der Disziplin Im Zuge der Vereinigung und einer zunehmenden Fremdenfeindlichkeit rückte in den 1990er Jahren die Notwendigkeit politischer Bildung erneut in den Fokus öffentlichen Interesses und trug wesentlich zur Reetablierung der Disziplin bei. Die Neu- und Wiederbesetzung von politikdidaktischen Professuren, auf die in den 1980er Jahren verzichtet wurde, und das Erstarken des wissenschaftlichen Diskurses, etwa um neue Gesamtdidaktiken, waren hierbei sichtbare Zeichen.

---

[18]   Exemplarisch hierzu Ackermann et al. 2010. Die Politik-Trias als auch der Politikzyklus werden auch heute von zahlreichen Didaktikern als geeignete Arbeitsbegriffe für den Unterricht angesehen (vgl. Pohl 2004: 312).

Politikdidaktik heute – Arbeitsfelder und Kontroversen   3.

Die Arbeitsfelder der Politikdidaktik kreisen heute neben der Diskussion um ökonomische und kritisch-politische Bildung erneut um die Aussagekraft von Gesamtdidaktiken und verstärkt um die Entwicklung von Werkzeugen für die Planung, Durchführung und Bewertung von Unterricht. Während die Gesamtkonzeptionen der 1970er und 80er Jahre ausschließlich dem kategorialen Prinzip folgten[19], etabliert sich nunmehr mit den beiden Didaktiken von Grammes 1998 und Sander 2001 und Scherb 2014 das pragmatische Paradigma, das subjektive Bedürfnisse und Lernvoraussetzungen stärker in den Mittelpunkt rückt.

Konstruktivistische Perspektiven   3.1

Die konstruktivistisch argumentierenden Autoren sprechen sich generell gegen einen Kanon von Grundwissen aus und warnen vor einer Verstofflichung politischer Bildung. Politikdidaktik mache sich so zu einer Hilfsdisziplin der Politikwissenschaft und stünde in ihrem Schatten ohne originären Untersuchungsgegenstand. So merkt Lange an, dass politisches Lernen mehr sei als die Übernahme von Fachwissen und fordert daher einen Zugriff auf die subjektive Perspektive von Politik, um Lernprozesse in der politischen Bildung angemessen zu erfassen. Die Politiktrias als auch der Politikzyklus seien lediglich Instrumente, um das fachwissenschaftliche Terrain abzustecken (vgl. Lange 2006: 33). Der Zugang zur individuellen Seite von Politik erschließe sich jedoch über die subjektive Vorstellung von Politik, die von außen nicht determinierbar sei: „Aus einer konstruktivistischen Sicht wäre *Unterricht als Lernumgebung* zu denken. Eine konstruktivistisch denkende Schulpädagogik sieht Schule sehr viel stärker als systemischen Interaktionszusammenhang, in dem das Handeln der Lehrenden nur ein Faktor neben vielen anderen ist. Diese Lernumgebungen so zu gestalten, dass Lernen erfolgreich sein wird, ist die professionelle Leistung von Lehrerinnen und Lehrern" (Sander 2013a: 136). Dazu gehört nach Grammes die kommunikative Konstituierung der Lerngegenstände, denn nur über das Medium des Ge-

Unterricht als Lernumgebung

---

[19] Kategoriensysteme sind in Anlehnung an Klafki und Giesecke als Auflistungen verschiedener Begriffe wie zum Beispiel *Macht, Interesse, Akteure* zu verstehen, die als Analyseinstrumente in der Unterrichtspraxis als Fragen umformuliert werden, um Konflikte oder Fälle strukturiert zu bearbeiten.

sprächs kann über die als Handlungs- und Kommunikationssystem verstandenen Institutionen angemessen nachgedacht werden.

Politikbewusstsein Dieser neue Ansatz in der Politikdidaktik wird laut Konstruktivismus der nunmehr outputgesteuerten politischen Bildung zunehmend gerecht. Während die Fokussierung auf die fachwissenschaftlichen Inhalte und deren methodische Umsetzung noch der kognitiv auf Wissenszuwachs ausgerichteten Inputsteuerung entsprachen, reichen diese Kategorien zur individuellen Erfassung von Politik nicht mehr aus und müssen dementsprechend erweitert werden. So wehrt sich Lange (2006: 34) gegen die Verengung auf den fachwissenschaftlichen Begriff der Politik und schlägt vielmehr vor, den fachdidaktischen Terminus des *Politikbewusstseins* als Kern der Disziplin zu begreifen. Die Gegner eines solchen konstruktivistischen Ansatzes verweisen auf das Fehlen verbindlicher Inhalte für den Fachunterricht und lehnen eine „Subjektivierung aller Inhalte" (Detjen 2001, zitiert nach Pohl 2004: 325) ab. Georg Weißeno etwa kritisiert die zunehmende Bedeutungsabnahme der Fachwissenschaft und stellt ihr die normativ-empirische Schule gegenüber.

3.2 Empirische Perspektiven

Gewarnt wird vor einer Entkernung des Politikbegriffs durch die postmodernen Denker des Konstruktivismus, die Lerngegenstände den beliebigen Konstruktionen der Lerner und Lehrer überlassen. Dadurch werde die Politikwissenschaft als Bezugswissenschaft marginalisiert. Die Vertreter der normativ-empirischen Schule stellen diesem ein normativ geprägtes Demokratieverständnis gegenüber, um „die normativ strittigen Fundamente der Politik nicht der beliebigen Perzeption zu überlassen und den Unterricht weiterhin inhaltlich konzise planbar zu machen" (Weißeno 2002: 115).

Fehlen gesicherten Wissens Dies darf nicht darüber hinwegtäuschen, dass der empirische Anspruch der Politikdidaktik bisher nur in Ansätzen eingelöst werden konnte (vgl. Henkenborg 2004: 48). Auch in bezug auf die aktuelle bildungspolitische Debatte mit der einhergehenden Forderung nach Outputorientierung ist die Politikdidaktik bisher kaum in der Lage, fachrelevante outputs statistisch zu erheben, was sicherlich auch an den zahlreichen abstrakten Zielformulierungen in der politischen Bildung liegt: „Wenn nicht klar ist, welche konkreten psychischen Dispositionen ein allgemeines Richtziel beschreiben, kann weder zum Grad noch zu den Mitteln

der Zielerreichung empirisch gesichertes Wissen generiert werden" (Schattschneider/May 2006: 15). Folglich gibt es bisher in
der Politikdidaktik kaum empirisch gesichertes Wissen über Wirkungen der Politikdidaktik, auch wenn seit den 1990er Jahren die
Bedeutung vorwiegend qualitativer Forschungen zugenommen
hat. Hier gilt es in einer outputgesteuerten Bildungslandschaft   *Entwicklung*
geeignete Messmodelle zur Analyse der Zielkompetenzen politi-   *geeigneter*
scher Bildung zu entwickeln, die als Grundlage auch für die   *Messmodelle*
Implementierung von Bildungsstandards dienen können (vgl.
Abs/Roczen/Ulieme 2007: 72). Dies würde vor allem Lehrern ein
empirisch gesichertes Rüstzeug zur Verfügung stellen, um Lehr-
und Lernziele zu erreichen und ihren Unterricht auf Basis empirisch gesicherter Ergebnisse zu reflektieren und zu evaluieren
(vgl. Schattschneider/May 2006: 16).

Demokratie lernen versus Politik lernen   3.3

Unabhängig von der empirischen Forschung erfuhr die Politik-   *Handlungs-*
didaktik im Laufe der 90er Jahre eine gewisse Inhaltsverschie-   *orientierung*
bung durch Einsparungen im Bildungsbereich. Die Förderung
der Demokratie in den neuen Bundesländern in Folge der Vereinigung sowie die massiv auftretende Fremdenfeindlichkeit,
die sich etwa in Angriffen auf Asylbewerberheime niederschlug,
verlangte nach wirkungsvollen Strategien.[20] Zunehmend wurde
die Handlungsorientierung der Schülerinnen und Schüler thematisiert, die zur Wahrnehmung der Bürgerrolle in der Demokratie gestärkt werden sollte. Die Debatte um das mögliche Bür-
gerleitbild definierte im Rahmen der Handlungsorientierung
den interventionsfähigen Bürger zum Leitbild der politischen
Bildung (vgl. Himmelmann 2006: 215f.).[21] Durch diesen Diskurs rückte das Augenmerk der Politikdidaktik verstärkt auf die
Demokratie als Lehr- und Lernfeld in der politischen Bildung.
Entwickelt wurden Konzepte, die sich am politischen *Lernen* von
Demokratie orientieren und versuchen, die Politik als Kern der

---

[20] Vgl. hierzu die Reaktionen in Form des Darmstädter Appells und Münchner
      Manifests.
[21] Himmelmann verweist darauf, dass die Diskussionen zur Bürgerrolle auch in
      der Politikwissenschaft geführt wurden, hier v.a. in den Debatten um Sozial-
      kapital, Zivil- und Bürgergesellschaft, Zivilcourage und Ehrenamt, Individua-
      lisierung und die wachsende Orientierungslosigkeit von Jugendlichen sowie
      der Gewalt an Schulen.

politischen Bildung in Frage zu stellen (vgl. Massing 2004: 82).[22]

Demokratie-pädagogik Der *demokratiepädagogische* Ansatz versteht politische Bildung nicht als sozialwissenschaftliche Analyse konkreter Fälle sondern setzt an der individuellen Erfahrung demokratischen Handelns an. Wolfgang Edelstein und Peter Fauser definieren in ihrem Gutachten zum Programm „Demokratie lernen und leben", das von der Bund-Länder-Kommission für Bildungsplanung und Forschungsförderung (BLK) durchgeführt wurde, politische Bildung als lebensweltlich orientiertes soziales Lernen, bei dem durch konkrete und positive Partizipationserfahrung und Verantwortungsübernahme der Schüler eine kritische Loyalität zum politischen System erfahren soll.[23] Im Projektzeitraum 2002-2007 beteiligten sich rund 200 allgemeinbildende und berufliche Schulen in 13 Bundesländern, die entsprechende didaktische Bausteine, wie zum Beispiel Mediation, Deliberation, Klassenräte, Schülerparlamente und Service-Learning, in ihr Schulprogramm aufnahmen, um durch die Demokratisierung von Unterricht und Schule die Bereitschaft der Lerner zur aktiven Mitarbeit an der Zivilgesellschaft zu fördern.[24] Die Vorstellung, dass demokratisches Handeln im Mikrobereich zwangsläufig auf die Ebene des politischen Systems, den Makrobereich, ausstrahlt[25] und der damit verbundene Anspruch, faktisch eine Alternative zum bisherigen Selbstverständnis der politischen Bildung zu liefern, ist Gegenstand kontroverser Diskussionen.

Kritik So argumentieren die Gegner eines engeren Demokratiebegriffes mit dem Hinweis auf die Unzulänglichkeit sozialen Lernens im Nahbereich, das nicht in der Lage sei, die komplexen Funktionsprinzipien des politischen Systems zu erfassen: „Die Gleichsetzung von

---

[22] Vgl. auch Himmelmann 2006: 218: „Ist der Ansatz „Politik als Kern" weiter tragfähig? Ist die fast ausschließliche Bezugnahme auf die Politikwissenschaft angemessen? Ist der weitgehend etatistische Zugriff sachgerecht?"

[23] Vgl. hierzu Edelstein/Fauser 2001: 19: „Soll nämlich Schule für demokratische Verhältnisse oder Loyalität sorgen, muss sie zu allererst selber demokratische Verhältnisse als Erfahrung bieten."

[24] Vgl. hierzu im Einzelnen die Homepage des Projektes: www.blk-demokratie.de

[25] „Verständnis für die Funktion und das Funktionieren politischer Institutionen setzt Erfahrung im Umgang mit mikropolitischen Prozessen im Nahbereich voraus, wo Schüler lernen können, ihre Positionen zu klären und gegen andere Positionen zu verteidigen, abzuwägen, Lösungen abzustimmen, über Handlungsprobleme zu verhandeln zwischen unterschiedlichen Optionen zu wählen, den Sinn von Abstimmungen zu begreifen, Aufgaben und damit Verantwortung zu übernehmen und mit anderen zu teilen, entsprechend Macht auszuüben und Einfluss zu gewinnen, Ämter wahrzunehmen und sich für Handlungen in Ämtern zu rechtfertigen" (Edelstein/Fauser 2001: 22f.).

Erfahrungslernen und Handeln mit politischem Lernen verkennt, dass die Überbrückung der Distanz zwischen der eigenen Lebenswelt und der Welt der „Politik" kognitive Anstrengung, analytische Leistungen, die Bereitschaft zur Information und Einsichten benötigt. Politische Urteilsbildung ohne hinreichende Wissensbestände kommt über bloßes Meinen und alltägliches Lamentieren nicht hinaus" (Schiele 2002: VIIf.). Verstehe man nämlich dieses Verhältnis als eine Art Kontinuum, laufe man vielmehr Gefahr, Kurzschlüsse zwischen Mikro- und Makrowelt herzustellen, die den Zugang zum politischen System sogar blockieren können. Die Parallelisierung vernachlässige die angemessene Reflexion, die für das Verständnis des komplexen politischen Systems unerlässlich ist. Politikunterricht solle daher über das Erfahren von Partizipation hinausgehen und vielmehr die Verfahren und Instanzen der indirekten Einflussnahmen lern- und erlebbar machen, statt durch romantisierende nahraumorientierte Ansätze falsche Vorstellungen von demokratischer Teilhabe hervorzurufen.[26]

In Zukunft wird es darum gehen, das Verhältnis von fachwissenschaftlicher und subjektiver Orientierung gleichermaßen zu definieren und beide wichtigen Ansätze entsprechend zusammenzuführen: „Die Demokratiepädagogik und die Politische Bildung gehören zusammen und sollten dringend wieder zu einem gemeinsamen Diskurs zurückfinden. Das Erfahren und Reflektieren gesellschaftlicher Partizipation ist eine Voraussetzung dafür, dass Demokratie nicht nur formal, sondern substantiell in ihren Sinngehalten erlernt wird" (Lange 2006: 37).

Notwendigkeit einer Symbiose

Didaktische Prinzipien als Brücke zwischen Theorie und Praxis   3.4

Zu den diskutierten Kontroversen kommt hinzu, dass zwischen der politikdidaktischen Theorie und der konkreten Unterrichtspra-

---

[26] Vgl. hierzu exemplarisch die dezidierte Kritik von Sander 2007, Massing 2004 und Buchstein 2002: „Wer Schülern demokratische Werte glaubwürdig vermitteln will, muss die Demokratie im Schulunterricht mit ihren Stärken aber auch mit ihren Schwächen und Zumutungen glaubwürdig behandeln. Der Vorteil der Demokratie gegenüber anderen politischen Herrschaftsformen erschließt sich nicht auf der Basis demokratischer Propaganda, sondern dem informierten Abwägen mit anderen politischen Systemen. Dafür eine sachliche Grundlage zu schaffen, darin besteht die unabdingbare Aufgabe der schulischen politischen Bildung heute. In diesem Sinne muss sich die schulische politische Bildung umfassender als bisher auf die Vermittlung der Mechanismen politischer Prozesse und Entscheidungen konzentrieren, statt Partizipationsillusionen zu schüren" (zitiert nach Massing 2004: 84).

xis eine spürbare Distanz besteht. So wird der wissenschaftlichen
Politikdidaktik eher die „Aufgabe der Abstraktion und Generalisierung" (Pohl 2004: 332) zuteil, wobei sie dem Lehrer keine fertigen
Rezepte zur Unterrichtsanleitung verspricht.[27] Das Angebot verschiedener didaktischer Konzeptionen dient vielmehr dazu, dem
Lehrer seine alltägliche Unterrichtspraxis mit Hilfe wissenschaftlicher Erkenntnis bewusst zu machen, zu legitimieren, zu reflektieren, und gegebenenfalls zu korrigieren. Dabei kann sie die Aufgabe einer Orientierungsinstanz selten erfüllen, da Lehrende
vielmehr konkrete Handreichungen und Materialien erwarten und
nicht bereit sind, sich mit einem theoretischen Korrektiv ihres
pädagogischen Tagesgeschäftes auseinanderzusetzen.

Didaktische   Die Politikdidaktik stellt neben fachwissenschaftlichen Instru-
Prinzipien   menten wie der Politik-Trias und dem Politikzyklusmodell sogenannte didaktische Prinzipien bereit, die eine Brücke zwischen
Theorie und Praxis bilden können und auf breite Zustimmung in
der Politikdidaktik stoßen. Sie dienen der Auswahl und Legitimation von Unterrichtsinhalten, Zielen und methodischen Vorhaben,
um lernzielorientiertes und gutes Unterrichten zu garantieren. Als
„grundlegende Handlungsregeln für die Planung und Lenkung
von Unterricht" (Sutor 2004b: 57) werden etwa Handlungsorientierung, Problemorientierung, kategoriale Bildung und Schülerorientierung, Kontroversität, exemplarisches Lernen, Wissen-
schaftsorientierung sowie Erfahrungsorientierung[28] zu zentralen
Kriterien für die Bildung einer -auf Unterrichtspraxis ausgelegten-
didaktischen Perspektive. Auch wenn das Verhältnis dieser Prinzipien untereinander nicht frei von Spannungen ist (z.B. Wis-
senschaftsorientierung versus Lebensweltorientierung), dienen
die didaktischen Prinzipien dazu, „die Sachlogik der realen Welt
und die Psychologik der Lernenden so zu vermitteln, dass beide
zur Geltung kommen" (Detjen 2013: 320). Dazu gehören auch die
Auseinandersetzung der Politikdidaktik mit Medien, insbesondere
der neuen, digitalen Medien, sowie die intensive Beschäftigung
mit entsprechenden Mikro- und Makromethoden, die eine Um-

---

[27] „Das Verhältnis zwischen Politikdidaktik und Politikunterricht, genauer zwischen wissenschaftlichen Didaktikern und praktizierenden Didaktikern, also
Politiklehrern, gilt seit längerer Zeit als gestört. Den Praktikern ist die wissenschaftliche Didaktik zu theoretisch. Den Wissenschaftlern ist der reale Unterricht häufig zu weit von dem entfernt, was als anerkannte und bewährte wissenschaftliche Theorie gilt. Während die Wissenschaftler unter der Nichtbeachtung
der Theorie leiden, sind die Praktiker nicht selten stolz auf ihre Theorieabsti-
nenz" (Detjen 2004: 74).

[28] Zu den einzelnen Prinzipien vgl. Reinhardt 2012: 75-160.

setzung der didaktischen Prinzipien fördern sollen. Hier hat sich
in den letzten Jahren eine umfassende Methodenkultur entwickelt,
die von der Politikdidaktik systematisiert wird und dem Politiklehrer ein wichtiges Werkzeug anbietet, um Lernerfolge mit Hilfe
gezielter Methoden zu erreichen.[29]

Die Diskussion um Bildungsstandards, Kompetenzen und Basiskonzepte

3.5

Die anhaltenden Diskussionen um die Pisa-Ergebnisse haben auf
Seiten der Politik einen weitreichenden bildungspolitischen Ak-
tionismus ausgelöst, der in unterschiedlichen Maßnahmen zur
Qualitätssicherung zum Ausdruck kommt. So wurden im Dezem-
ber 2003 durch die Kultusministerkonferenz (KMK) so genannte
Nationale Bildungsstandards für (zunächst) ausgewählte Fächer
beschlossen[30]. Diese Standards orientieren sich weniger an zu
erlernenden fachwissenschaftlichen Inhalten, um Bildungsziele
zu formulieren, sondern an Zielvorgaben in Form von Kompetenzen, die evaluierbar sind. Die zunehmende Outputorientierung
bedeutet konkret für den Politikunterricht, dass Informationsbe-
stände sich bei den Schülern erkenntnisnah aufbauen, „d.h. sie
müssen in der Lage sein, die Urteils- und Handlungsfähigkeit der
Subjekte auf historische, zeitdiagnostische und zukünftig relevante
gesellschaftspolitische Problemstellungen und Konfliktlinien und
damit auf gesellschaftspolitische Anwendungsmöglichkeiten zu beziehen" (Backhaus et al. 2010: 14f.). Unter Berücksichtigung dieser
Entwicklungen hat die Gesellschaft für Politikdidaktik und politische Jugend- und Erwachsenenbildung (GPJE) einen Entwurf gemäß den Anforderungen an die nationalen Standards vorgelegt, der
sich auf den Fachunterricht in der politischen Bildung bezieht (vgl.
Gesellschaft für Politikdidaktik und politische Jugend- und Erwachsenenbildung 2004). In diesem Entwurf stehen die Kompetenzen
„Politische Urteilsfähigkeit", „Politische Handlungsfähigkeit" und
„Methodische Fähigkeiten" im Zentrum der übergeordneten Lernziele, wobei diese nicht an ein bestimmtes didaktisches Konzept
gebunden sind. Sie gelten vielmehr in der *scientific community* als
„weithin unumstrittene Zielvorstellungen für eine zeitgemäße po-

Bildungsstandards

Kompetenzen

---

[29] Verwiesen sei hier auf die Publikation der Bundeszentrale für Politische Bildung 2003.
[30] Zunächst nur für Deutsch, Mathematik und die erste Fremdsprache, 2004
folgten die Fächer Physik, Chemie und Biologie.

litische Bildung" (Sander 2014: 42). Dennoch vermissen einige
Didaktiker in den Zielvorgaben konkretere fachwissenschaftliche
Anteile. So etwa kritisiert Weißeno (2008: 13ff. und auch Backhaus
et al. 2010), dass ein Anteil von Fachwissen zwar implizit in den
Lernzielen der GPJE mitgedacht, aber nicht strukturiert erfasst wird.
Er fordert daher auch aufgrund der Vielzahl an Bezugsdisziplinen
in der politischen Bildung eine explizit formulierte und fachwissenschaftlich begründete Auflistung von so genannten Fach- oder Basiskonzepten. Diese würden den Politikunterricht transparenter
machen und die erforderte empirische Standardisierung vorantreiben.

Basiskonzepte   Mit der Thematisierung jener Fach- oder Basiskonzepte ist die
aktuelle Diskussion in der Politikdidaktik umrissen. Der Bezug
auf die inhaltliche Dimension scheint bei Fächern wie Mathematik
oder Physik einfacher zu sein, da es hier gelungen ist, sich auf
Basiskonzepte im Sinne der Standards zu einigen und die entsprechende Bezugs- oder Fachwissenschaft auf ausgewählte Inhalte exemplarisch zu reduzieren. Auch wenn es wichtige Gemeinsamkeiten unter den Didaktikern bei der Konkretisierung
von Fachwissen gibt (vgl. Massing 2008: 185ff.), lassen sie sich
jedoch nicht fachwissenschaftlich stringent ableiten und unterliegen somit einer subjektiven Auswahl. In Zukunft bedarf es einer Übereinkunft, die von einer großen Mehrheit der Didaktiker
getragen werden muss, wobei die politische Bildung hier jedoch
erst am Anfang der Diskussion steht (vgl. Backhaus et al. 2010).

4. Statt einer Zusammenfassung – Was kann die Politikwissenschaft für die Positionierung der Politikdidaktik leisten?

Basisannahmen   Für die politische Kultur einer Demokratie ist die politische Bil-
und Schwerpunkte   dung von großer Bedeutung. Die wissenschaftliche Fundierung
liegt im übergeordneten bildungspolitischen Interesse, daher ist
eine wissenschaftliche Politikdidaktik unverzichtbar. Wissenschaft lebt von Kontroversen, und so sind die vorliegenden didaktischen Gesamtkonzeptionen wohlweislich als konkurrierende
Modelle zu verstehen. Trotzdem kann man neben dem Beutelsbacher Konsens und dem Bezug auf ausgewählte didaktische
Prinzipien gewisse Basisannahmen und Schwerpunkte definieren, die von den verschiedenen Didaktikern geteilt werden und
sich im Laufe der Zeit bis heute herausgebildet haben. Dazu gehört nach Sander (2013a: 28) der Bezug auf politisches Lernen als
Gegenstandsbereich der Politikdidaktik, ein Verständnis von po-

litischer Bildung in der Tradition der Aufklärung als einer vom Leitmodus der Rationalität geprägten Auseinandersetzung mit Politik, die Orientierung an einem Verständnis des Menschen als Subjekt, dessen Mündigkeit im Sinne selbständigen Urteilens und Handelns politische Bildung fördern will, der Bezug auf die Demokratie als wünschenswerte politische Ordnung sowie schließlich die wissenschaftssystematische Verortung der Politikdidaktik als interdisziplinäre Sozialwissenschaft im Überschneidungsfeld zur Erziehungswissenschaft.[31]

Was die Rolle der Politikwissenschaft betrifft, so waren in den Anfängen der Bundesrepublik Deutschland noch Gemeinsamkeiten in ihrer Zielsetzung und der politischen Bildung festzustellen. Sarcinelli (1990: 369) weist folgerichtig darauf hin, dass sich diese Beziehung im Laufe der Jahre gelockert hat: „Die ehemals selbstverständliche Symbiose von Wissenschafts- und Bildungsorientierung, von fachwissenschaftlicher Forschung und demokratiewissenschaftlichem Impetus scheint jedenfalls aufgelöst". Aufgrund der gewachsenen Eigenständigkeit der politischen Didaktik, die den Rang einer interdisziplinären Sozialwissenschaft beansprucht und entsprechend mit verschiedenen sozialwissenschaftlichen Disziplinen in engem Dialog steht, kann Politikwissenschaft kaum noch einen Führungsanspruch begründen. Doch zugleich „spricht einiges dafür, dass eine Separierung von Politologie und politischer Bildung der gegenwärtigen Situation weder angemessen noch wünschenswert ist" (Claußen 1990: 357). Politische Bildung bleibt als fachdidaktisch geprägter Teilbereich auf die inhaltlichen Diskussionen der sozialwissenschaftlichen Einzelfächer und damit auch der Politikwissenschaft angewiesen, vor allem im Blick auf die internationalen Herausforderungen des 21. Jahrhunderts (vgl. Engelland 1997).[32]

Verhältnis zur Politikwissenschaft

Um dies abschließend auf Problemlagen anzuwenden: Neben den bisherigen Anliegen, sich etwa den Dimensionen politischer Partizipation, dem guten Funktionieren von Institutionen, dem

Gesellschaftliche Problemlagen

---

[31]   Vgl. auch die weiteren Übereinstimmungen der Interviewantworten bei Pohl 2004: 336f. Diese zielen zum Beispiel neben der Betonung politischer Urteilsfähigkeit auf die Chancen handlungsorientierter Methoden, die Bedeutung der Sozialwissenschaften –insbesondere der Politikwissenschaft- in der Lehramtsausbildung wie auch auf die Notwendigkeit, dass die Politikdidaktik Handlungsanregungen und Reflexionskriterien für die Praxis zur Verfügung stellen sollte.

[32]   Einen informativen Überblick über die aktuelle Diskussion bietet die 1997 gegründete Zeitschrift „Kursiv: Journal für politische Bildung".

Erkennen des Gemeinwohls innerhalb einer Pluralität von berechtigten Einzelansprüchen (Fragen der Gleichberechtigung) zu
widmen, werden Phänomene wie Politikverdrossenheit, Rechtsradikalismus und Rassismus, die Möglichkeiten multikulturellen
Zusammenlebens und die Auflösungstendenzen gesellschaftlicher Integrationszusammenhänge (Individualisierung) behandelt. Darüber hinaus rücken immer stärker neue internationale
Themenfelder ins Blickfeld. Diskutiert werden die Relevanz und
Stabilität kultureller Identitäten, eine effektiv wirksame Sicherheitspolitik nach dem Ende des Kalten Krieges sowie die ordnungspolitischen Konturen eines global vernetzten *sustainable
development* (einer nachhaltigen und ökologisch verantwortbaren
Entwicklung auf der Grundlage der Anerkennung einer globalen
Gleichheit) und einer entsprechenden Umweltpolitik, die unter
anderem die Zunahme der Weltbevölkerung und des ungleichen
Ressourcenverbrauchs in Rechnung stellt.

Leistung der Politikwissenschaft   Die Behandlung solcher Themen gestaltet sich in der politischen Bildung nicht immer einfach; dies geschieht nicht nur des-
halb, weil die neuen Materien an sich komplizierter und erfah-
rungsferner sind als die früheren der Bürgerverfassung. Auch das
Leitbild des national abgegrenzten, demokratischen Verfassungsstaates stößt im Rahmen der vielfältigen Globalisierungsprozesse
an Grenzen, wie die intensive Diskussion zu Möglichkeit von
Demokratie in einer entgrenzten Welt verdeutlicht (Lauth/Mols/
Wagner 2006: 387f.). Somit steht die Politikwissenschaft in ihrer
sozialwissenschaftlichen Kompetenz vor der großen Herausforderung, zunächst im kognitiven Bereich empirische „Befunde
über die Funktionsabläufe, Funktionsvoraussetzungen und Funk-
tionsstörungen verschiedener politischer Systeme" (Gabriel 2004:
59) bereitzustellen, damit einerseits den Lehrern zu einer plausiblen strukturellen Vorstellung ihrer Lehrgegenstände verholfen
und andererseits der Schüler über die Auseinandersetzung mit
den Stärken und Schwächen politischer Systeme im Sinne der
Mündigkeit aufgeklärt wird.

Leitbild   An welchem Leitbild sollte sich nun hier die politische Bildung
orientieren? Ist das Urteil eines mündigen Bürgers das Maß aller
Dinge? So stellt sich die Frage, ob jeder Standpunkt zu tolerieren
ist, wenn er nur (in Maßnahmen der politischen Bildung) ausreichend reflektiert wurde (wie es im Beutelsbacher Konsens durch-
scheint). Geht die Zuschreibung von Eigenverantwortlich so weit,
dass damit auch menschenverachtende Positionen zu dulden
sind? Und was ist als menschenverachtend zu verstehen? Wenn
dies bei Fremdenfeindlichkeit noch möglich ist, bleibt dies im

vielfältigen Kontext der Gen-Technologie sehr viel unklarer. Daher ist stets auf das Neue die Grenzziehung zwischen der Freiheit individueller Selbstbestimmung auf der einen Seite und einem als unverzichtbar angesehenen gesellschaftlichen Basiskonsens auf der anderen Seite zu klären (vgl. Hepp et al. 1994). Die Veränderungen betreffen somit nicht nur die empirischen Trends, sondern auch die anzustrebende Zielvorstellungen. Folglich beinhaltet jede Konzeption von politischer Bildung, die den Mut zum Entwurf von Gesellschaften und zwischengesellschaftlichen Konfigurationen mit wünschbaren Zügen zeigt, normative Fragen.

Normative Fragen

Die Diskussion von solchen Fragen erfordert nicht nur eine umfangreiche argumentative Absicherung, sondern gleichfalls die Bereitschaft zu einem Denken in einem utopischen Duktus. Wenn es richtig ist, dass zum Signum einer lernfähigen Gesellschaft die Möglichkeit zu utopischen Entwürfen gehört (Saage 1992: XI), weil jeder Verzicht darauf recht schnell zu Versteinerungen und damit zu nicht mehr abbaubaren Problemstaus führt, dann kommen wir nicht „um die Vision einer Welt herum, in der wir gerne leben wollen" (ebd.). Zur Präzisierung solcher Vorstellungen bietet die Diskussion im Bereich der neueren politischen Philosophie zahlreiche Ansatzpunkte, und zwar sowohl hinsichtlich der Bearbeitung von gesellschaftlichen und politischen Grundsatzfragen als auch hinsichtlich der Gestaltung der internationalen Ordnung.

Politische Bildung in unserer Zeit ist nicht mehr das gleiche wie in früheren Zeiten. Schon seit einiger Zeit ist ein Rollenwandel zu beobachten. Ausgerichtet auf staatsbürgerliche Mündigkeit und politisch-gesellschaftliche Verantwortung ist die politische Bildung immer mehr in die Situation geraten, der Politikwissenschaft und den Sozialwissenschaften überhaupt Fragen nach einer gestaltbaren, besseren Zukunft zu stellen und sie damit an ihre Verantwortlichkeit auch als Orientierungswissenschaft zu erinnern. Zwar lässt sich kaum klären, welche Wirkungen politische Bildung hervorruft, sei es hinsichtlich der Einstellungen in der Gesellschaft zu prinzipiellen normativen Grundlagen (Demokratie, Toleranz) oder hinsichtlich der Partizipation am politischen Prozess oder in der Übernahme von Verantwortung. Die Ausführungen zur Geschichte der politischen Bildung haben zumindest gezeigt, dass diese nicht nur von den gesellschaftlichen Veränderungen und politischen Interessen geprägt wurde, sondern dass sie in der Lage war, diese Veränderungen aufzunehmen, die Machtverhältnisse zu reflektieren und richtungsweisende Impulse

Politische Bildung der Zukunft

zu geben. Für die Zukunft kann sich das Verhältnis zwischen Politikwissenschaft und politischer Bildung in zweierlei Hinsicht fruchtbar gestalten. Zum einen bietet die gegenwärtige didaktische Diskussion eine Fülle von Anregungen, welche die traditionelle kognitive Wissensvermittlung ergänzen können. Zum anderen bietet die aktuelle Diskussion in verschiedenen Teildisziplinen der Politikwissenschaft ein Angebot, die drängenden, relevanten Problemfelder stärker in die politische Bildungsarbeit einzubringen. Dazu tragen Teildisziplinen der Politikwissenschaft wie politische Soziologie und Kulturforschung, politische Philosophie, vergleichende Politikwissenschaft und Internationale Beziehungen ihren Teil bei, der sich sicherlich anhand zentraler Themen, wie Umwelt und Entwicklung, weiter ausdifferenzieren ließe.

Literatur

Annotierte Auswahlbibliografie

Detjen, Joachim (2013): Politische Bildung. Geschichte und Gegenwart in Deutschland, akt. & erw. Aufl., München/Wien.
Die Monografie bietet neben einer umfassenden wissenschaftlichen Darstellung der Politikdidaktik einen historischen Überblick über die politische Bildung in Deutschland und inhaltliche und methodische Aspekte der Unterrichtspraxis.

Sander, Wolfgang (Hrsg.) (2014): Handbuch politische Bildung, 4. Aufl., Schwalbach.
Das Handbuch liefert einen breiten Überblick über die verschiedenen theoretischen, methodisch-didaktischen und inhaltsbezogenen Teilbereiche der politischen Bildung. Darüber hinaus werden verschiedene Praxisfelder der politischen Bildung vorgestellt sowie Probleme der bildungspolitischen Rahmenbedingungen erörtert.

Weiterführende Literatur

Abs, Hermann Josef/Roczen, Nina/Klieme, Eckhard (2007): Abschlussbericht zur Evaluation des BLK-Programms „Demokratie lernen und leben", Frankfurt.
Ackermann, Paul et al. (Hrsg.) (2010): Politikdidaktik kurzgefasst: 13 Planungsfragen für den Politikunterricht, Schwalbach.
Ackermann, Paul (2004): Die Politiklehrenden in den Schulen – Rollenerwartungen und -konflikte, Qualifikationsprofil, Ausbildungserfordernisse, in: Breit, Gotthard/Schiele, Siegfried (Hrsg.): Demokratie braucht politische Bildung, Schwalbach, S. 267-277.
Backhaus, Kerstin/Moegling, Klaus/Rosenkranz, Susanne (2010): Kompetenzorientierung im Politikunterricht. Kompetenzen, Standards, Indikatoren in der politischen Bildung der Schulen. Sekundarstufen I und II, 2. Aufl., Baltmannsweiler.

Behrens, Rico (Hrsg.) (2014): Kompetenzorientierung in der politischen Bildung: überdenken - weiterdenken, Schwalbach

Behrmann, Günter C. (2008): Lösen „Basiskonzepte" die Probleme mit dem „Stoff"?, in: Polis. Report der Deutschen Vereinigung für Politische Bildung 1, S. 22-24.

Beutel, Wolfgang/Fauser, Peter (2001): Erfahrene Demokratie. Wie Politik praktisch gelernt werden kann, Opladen.

Beyme, Klaus von (Hrsg.) (1986): Politikwissenschaft in der Bundesrepublik Deutschland. Entwicklungsprobleme einer Disziplin, Opladen.

Buchstein, Hubertus (2004): Politikunterricht als Wirklichkeitsunterricht. Zum Nutzen der Politikwissenschaft für die politische Bildung, in: Breit, Gotthard/Schiele, Siegfried (Hrsg.): Demokratie braucht politische Bildung, Schwalbach, S. 47-62.

Buchstein, Hubertus/Frech, Siegfried/Pohl, Kerstin (2016): Beutelsbacher Konsens und politische Kultur. Siegfried Schiele und die Politische Bildung, Schwabach/Ts.

Bundeszentrale für Politische Bildung (1997): „Demokratie braucht politische Bildung". Zum Auftrag der Bundeszentrale und der Landeszentralen für politische Bildung, „Münchner Manifest vom 26. Mai 1997, in: Aus Politik und Zeitgeschichte B 32, S. 36-39.

Bundeszentrale für Politische Bildung (Hrsg) (2003): Methodentraining für den Politikunterricht, Bonn.

Claußen, Bernhard (1990): Zum Interesse der Politikwissenschaft an der politischen Bildung. Kurzbericht über einen Arbeitszusammenhang und eine Umfrage, in: Bundeszentrale für politische Bildung (Hrsg.): Zur Theorie und Praxis der politischen Bildung, Bonn, S. 328-338.

Darmstädter Appell (1996): Aufruf zur Reform der politischen Bildung in der Schule, in: Aus Politik und Zeitgeschichte B 47, S. 34-38.

Deichmann, Carl/Tischner, Christian C. (Hrsg.) (2013): Handbuch fächerübergreifender Unterricht in der politischen Bildung, Schwalbach.

Detjen, Joachim (2000): Die Demokratiekompetenz der Bürger. Herausforderung für die politische Bildung, in: Aus Politik und Zeitgeschichte B 25, S. 11-20.

Detjen, Joachim (2004): Die wissenschaftliche Politikdidaktik als Leitdisziplin der politischen Bildung, in: Breit, Gotthard/Schiele, Siegfried (Hrsg.): Demokratie braucht politische Bildung, Schwalbach, S. 63-80.

Detjen, Joachim (2013): Politische Bildung. Geschichte und Gegenwart in Deutschland, 2. akt. & erw. Aufl., München/Wien.

Edelstein, Wolfgang/Fauser, Peter (2001): Demokratie lernen und leben. Gutachten für ein Modellversuchsprogramm der Bund-Länder-Kommission, Bonn.

Engelland, Reinhard (Hrsg.) (1997): Utopien, Realpolitik und politische Bildung: über die Aufgaben politischer Bildung angesichts der politischen Herausforderungen am Ende des Jahrhunderts, Opladen.

Fischer, Kurt Gerhard/Herrmann, Karl/Mahrenholz, Hans (1960): Der politische Unterricht, Bad Homburg.

Frech, Siegfried/Richter, Dagmar (Hrsg.)(2013): Politische Kompetenzen fördern, Schwalbach.

Gabriel, Oscar W. (2004): Was leistet die Analyse politischer Kultur für die politische Bildung?, in: Breit, Gotthard/Schiele, Siegfried (Hrsg.): Demokratie braucht politische Bildung, Schwalbach, S. 27-46.

Gagel, Walter (2002): Der lange Weg zur demokratischen Schulkultur. Politische Bildung in den fünfziger und sechziger Jahren, in: Aus Politik und Zeitgeschichte B 45, S. 6-16.

Gagel, Walter (2005): Geschichte der politischen Bildung in der Bundesrepublik Deutschland 1945-1989/90, 3. Aufl., Wiesbaden.

Gesellschaft für Politikdidaktik und politische Jugend- und Erwachsenenbildung (GPJE) (2004): Anforderungen an Nationale Bildungsstandards für den Fachunterricht in der Politischen Bildung an Schulen. Ein Entwurf, 2. Aufl., Schwalbach.

Gessner, Susann (2014): Politikunterricht als Möglichkeitsraum, Schwalbach.

Giesecke, Hermann (1965): Didaktik der Politischen Bildung, München.

Giesecke, Hermann (1974): Methodik des politischen Unterrichts, 2. Aufl., München.

Giesecke, Hermann (2000): Politische Bildung. Didaktik und Methodik für Schule und Jugendarbeit, 2. Aufl., München.

Grammes, Tilman (1998): Kommunikative Fachdidaktik. Politik – Geschichte – Recht – Wirtschaft, Opladen.

Hedtke, Reinhold/Gökbudak, Mahir (2018): Ranking Politische Bildung 2017. Politische Bildung an allgemeinbildenden Schulen der Sekundarstufe I, working paper No 7, Universität Bielefeld.

Henkenborg, Peter (2004): Die Institution Schule und ihre Bedeutung für die politische Bildung, in: Breit, Gotthard/Schiele, Siegfried (Hrsg.): Demokratie braucht politische Bildung, Schwalbach, S. 130-148.

Henkenborg, Peter (2014): Empirische Forschung zur politischen Bildung- Methoden und Ergebnisse, in: Sander, Wolfgang (Hrsg.): Handbuch politische Bildung, Bonn.

Hepp, Gerd/Schiele, Siegfried/Uffelmann, Uwe (Hrsg.) (1994): Die schwierigen Bürger, Schwalbach.

Hilligen, Wolfgang (1961): Worauf es ankommt. Überlegungen und Vorschläge zur Didaktik der politischen Bildung, in: Gesellschaft-Staat-Erziehung 6, S. 339-359.

Hilligen, Wolfgang (1985): Zur Didaktik des politischen Unterrichts, 4. Aufl., Opladen.

Hilligen, Wolfgang (1991): Didaktische Zugänge in der politischen Bildung, Schwalbach.

Himmelmann, Gerhard (2004): Debatte um Standards in der politischen Bildung: „Die neue politische Bildung", in: Breit, Gotthard/Schiele, Siegfried (Hrsg.): Demokratie braucht politische Bildung, Schwalbach, S. 213-225.

Himmelmann, Gerhard (2006): Leitbild Demokratieerziehung. Vorläufer, Begleitstudien und internationale Ansätze zum Demokratie-Lernen, Schwalbach.

Himmelmann, Gerhard (2007): Demokratie lernen als Lebens-, Gesellschafts- und Herrschaftsform. Ein Lehr- und Studienbuch, 3. Aufl., Schwalbach.

Husfeldt, Vera (2008): Politikkompetenzen in der standardisierten schulischen Leistungsmessung, in: Weißeno, Georg (Hrsg.): Politikkompetenz. Was Unterricht zu leisten hat, Bonn, S. 50-60.

Klafki, Wolfgang (1959): Kategoriale Bildung, in: Zeitschrift für Pädagogik 4, S. 386-412.

Klee, Andreas (2008): Entzauberung des Politischen Urteils. Eine didaktische Rekonstruktion zum Politikbewusstsein von Politiklehrerinnen und Politiklehrern, Wiesbaden.

Knütter, Hans-Helmuth (1979): Die pragmatische Wende im schulischen Politikunterricht, in: Gutjahr-Löser, Peter et al. (Hrsg.): Die realistische Wende in der politischen Bildung, München, S. 147-166.

Lange, Dirk (2005): Demokratie leben und lernen. Didaktische Überlegungen zu einem Praxisfeld der Politischen Bildung, in: Praxis Politik 1 (3), S. 10-12.

Lange, Dirk (2006): Demokratiepädagogik zwischen Fachlichkeit und Schulprinzip. Demokratie-Lernen als Politische Bildung, in: Sächsische Akademie für Lehrerfortbildung (Meißen) (Hrsg.): „Demokratisch Handeln" in Sachsen. Beiträge zur Demokratiepädagogik (Siebeneichener Diskurse 4), Meißen, S. 29-40.

Lange, Dirk (2006): Politik oder Politikbewusstsein? Zum Gegenstand der Politikdidaktik, in: Besand, Anja (Hrsg.): Politische Bildung Reloaded. Perspektiven und Impulse für die Zukunft, Schwalbach, S. 31-42.

Lange, Dirk/Himmelmann Gerhard (Hrsg.) (2007): Demokratiebewusstsein. Interdisziplinäre Annäherungen an ein zentrales Thema der Politischen Bildung, Wiesbaden.

Lange, Dirk/Oeftering, Tonio (Hrsg.) (2014): Politische Bildung als lebenslanges Lernen, Schwalbach.

Lauth, Hans-Joachim/Mols, Manfred/Wagner, Christian (2006): Politische Bildung und Politikwissenschaft, in: Lauth, Hans-Joachim/Mols, Manfred/Wagner, Christian (Hrsg.): Politikwissenschaft: Eine Einführung, 5. Aufl., Stuttgart, S. 373-394.

Litt, Theodor (1961): Die politische Selbsterziehung des deutschen Volkes, 6. Aufl., Bonn.

Massing, Peter (2002): Demokratie-Lernen oder Politik-Lernen?, in: Breit, Gotthard/Schiele, Siegfried (Hrsg.): Demokratie-Lernen als Aufgabe der politischen Bildung, Bonn, S. 160-187.

Massing, Peter (2004): Der Kern der politischen Bildung?, in: Breit, Gotthard/Schiele, Siegfried (Hrsg.): Demokratie braucht politische Bildung, Schwalbach, S. 81-98.

Massing, Peter (2008): Basiskonzepte für die politische Bildung. Ein Diskussionsvorschlag, in: Weißeno, Georg (Hrsg.): Politikkompetenz. Was Unterricht zu leisten hat, Bonn, S. 184-198.

Oetinger, Friedrich (1956): Partnerschaft. Die Aufgabe der politischen Erziehung, 3. Aufl., Stuttgart.

Petrik, Andreas (2006): Best-Practice-Modelle als Missing Link zwischen Kerncurricula und Kompetenzen, in: Besand, Anja (Hrsg.): Politische Bildung Reloaded. Perspektiven und Impulse für die Zukunft, Schwalbach, S. 43-61.

Pohl, Kerstin (2004): Politikdidaktik heute – Gemeinsamkeiten und Differenzen. Ein Resümee, in: Pohl, Kerstin (Hrsg.): Positionen der politischen Bildung 1. Ein Interviewbuch zur Politikdidaktik, Schwalbach, S. 302-349.

Reinhardt, Sibylle (2012): Politikdidaktik. Praxishandbuch für die Sekundarstufe I und II, 4. Aufl., Berlin.

Reinhardt, Sybille/Richter, Dagmar (Hrsg.) (2007): Politik-Methodik: Handbuch für die Sekundarstufe I und II, Berlin.

Saage, Richard (Hrsg.) (1992): Hat die politische Utopie eine Zukunft? Darmstadt.

Sander, Wolfgang (2001): Politik entdecken – Freiheit leben. Neue Lernkulturen in der politischen Bildung, Schwalbach.

Sander, Wolfgang (2013a): Politik entdecken – Freiheit leben. Neue Lernkulturen in der politischen Bildung, 4. Aufl., Schwalbach.

Sander, Wolfgang (2013b): Politik in der Schule, 3. Aufl., Marburg.

Sander, Wolfgang (2002): Politische Bildung nach der Jahrausendwende. Perspektiven und Modernisierungsaufgaben, in: Aus Politik und Zeitgeschichte B 45, S. 36-44.

Sander, Wolfgang (2012): Politik in der Schule. Kleine Geschichte der politischen Bildung, 3. Aufl., Bonn.

Sander, Wolfgang (2014): Theorie der politischen Bildung: Geschichte – didaktische Konzeptionen – aktuelle Tendenzen und Probleme, in: Sander, Wolfgang (Hrsg.): Handbuch politische Bildung, 4. Aufl., Bonn.

Sander, Wolfgang (2007): Demokratie-Lernen und politische Bildung. Fachliche, überfachliche und schulpädagogische Aspekte, in: Beutel, Wolfgang/Fauser, Peter (Hrsg.): Demokratiepädagogik. Lernen für die Zivilgesellschaft, Schwalbach, S. 71-85.

Sander, Wolfgang (2007): Vom „Stoff" zum „Konzept" – Wissen in der politischen Bildung, in: Polis. Report der Deutschen Vereinigung für Politische Bildung 4, S. 19-24.

Sander, Wolfgang (2008): Politik entdecken – Freiheit leben: Didaktische Grundlagen politischer Bildung, 3. durchgesehene Auflage, Schwalbach.

Sarcinelli, Ulrich (1990): „Prinzip Verantwortung" als politische und pädagogische Bezugsgröße. Überlegungen zum Verhältnis von Politikwissenschaft und politischer Bildung, in: Bundeszentrale für politische Bildung (Hrsg.): Zur Theorie und Praxis der politischen Bildung, Bonn, S. 367-378.

Schattschneider, Jessica/May, Michael (2006): Für eine empirisch fundierte kompetenztheoretische Politikdidaktik, in: Besand, Anja (Hrsg.): Politische Bildung Reloaded. Perspektiven und Impulse für die Zukunft, Schwalbach, S. 13-29.

Scherb, Armin (2014): Pragmatische Politikdidaktik – Making It Explicit, Schwalbach.

Schiele, Siegfried (2002): Vorwort, in: Breit, Gotthard/Schiele, Siegfried (Hrsg.): Demokratie – Lernen als Aufgabe der politischen Bildung, Bonn, S. VII-VIII.

Schmiederer, Rolf (1971): Zur Kritik der politischen Bildung. Ein Beitrag zur Soziologie und Didaktik des Politischen Unterrichts, Frankfurt.

Schmiederer, Rolf (1977): Politische Bildung im Interesse der Schüler, Köln/Frankfurt.

Sutor, Bernhard (1973): Didaktik des politischen Unterrichts. Eine Theorie der politischen Bildung, 2. Aufl., Paderborn.

Sutor, Bernhard (1984): Neue Grundlegung politischer Bildung (2 Bde.), Paderborn.

Sutor, Bernhard (2002a): Demokratie-Lernen? – Demokratisch Politik lernen! Zu den Thesen von Gerhard Himmelmann, in: Breit, Gotthard/Schiele, Siegfried (Hrsg.): Demokratie-Lernen als Aufgabe der politischen Bildung, Bonn, S. 40-52.

Sutor, Bernhard (2002b): Politische Bildung im Streit um die „intellektuelle Gründung" der Bundesrepublik Deutschland. Die Kontroversen der siebziger und achtziger Jahre, in: Aus Politik und Zeitgeschichte B 45, S. 17-27.

Sutor, Bernhard (2004a): 50 Jahre politische Bildung – Erfolge und Defizite in einer subjektiven Bilanz, in: Breit, Gotthard/Schiele, Siegfried (Hrsg.): Demokratie braucht politische Bildung, Schwalbach, S. 117-129.

Sutor, Bernhard (2004b): Meine Didaktik des politischen Unterrichts basiert auf der Tradition der Praktischen Philosophie, in: Pohl, Kerstin (Hrsg.) Positionen der politischen Bildung. Ein Interviewbuch zur Politikdidaktik, Schwalbach, S. 46-61.

Wehling, Hans-Georg (1977): Konsens à la Beutelsbach? Nachlese zu einem Expertengespräch, in: Schiele, Siegfried/Schneider, Herbert (Hrsg.): Das Konsensproblem in der politischen Bildung, Stuttgart, S. 173-184.

Weißeno, Georg (2002): Demokratie besser verstehen – Politisches Lernen im Politikunterricht, in: Breit, Gotthard/Schiele, Siegfried (Hrsg.): Demokratie-Lernen als Aufgabe der politischen Bildung, Bonn, S. 95-116.

Weißeno, Georg (2005): Standards für die politische Bildung, in: Aus Politik und Zeitgeschichte B 12, S. 32-38.

Weißeno, Georg (2004): Vom Input zum Output – zur Zukunft empirischer Untersuchungen für den Politikunterricht, in: Breit, Gotthard/Schiele, Siegfried (Hrsg.): Demokratie braucht politische Bildung, Schwalbach, S. 149-165.

Weißeno, Georg (2008): Politikkompetenz. Neue Aufgaben für Theorie und Praxis, in: Weißeno, Georg (Hrsg.): Politikkompetenz. Was Unterricht zu leisten hat, Bonn, S. 11-21.

Methoden und Arbeitsweisen III.

Wissenschaftstheoretische und methodische Grundlagen

Christian Welzel

> „Denn das bloße Anblicken einer Sache kann uns nicht fördern. Jedes Ansehen geht über in ein Betrachten, jedes Betrachten in ein Sinnen und jedes Sinnen in ein Verknüpfen, und so kann man sagen, dass wir schon bei jedem aufmerksamen Blick in die Welt theoretisieren." (Johann Wolfgang von Goethe: Farbenlehre)

Einleitung 1.

Als Angehörige eines Gemeinwesens stehen Menschen in verschiedenen Rollenbezügen zur Politik. Als Aktive können sie die Politik unmittelbar beeinflussen, als Interessierte können sie sich über Politikinhalte informieren, und als Betroffene sind sie den Wirkungen der Politik unterworfen. In all diesen Rollen gewinnen die Menschen Alltagserfahrungen im Umgang mit Politik. Im Unterschied zu diesen Alltagserfahrungen – die auch dann, wenn sie reichhaltig sind, *subjektiv* gefärbt bleiben – setzt die wissenschaftliche Beschäftigung mit Politik auf *objektive* Standards des Erkenntnisgewinns. Diese Standards sind zum Verständnis der Politikwissenschaft unverzichtbar, und deshalb sollen sie in diesem Beitrag dargestellt werden. Standards des Erkenntnisgewinns

Wie in den Sozialwissenschaften insgesamt so sind die wissenschaftlichen Standards auch in der Politikwissenschaft umstritten. Das hängt u.a. damit zusammen, dass Politikwissenschaft immer auch praktische Gestaltungswissenschaft ist. Unterschiedliche Auffassungen über die Gestaltungsmöglichkeiten der Politik und über die Gestaltungsziele, die sie verfolgen soll, schlagen sich deshalb auch in der wissenschaftlichen Beschäftigung mit Politik nieder. Damit tun sich Gegensätze auf, die bei unterschiedlichen Auffassungen über die Beschaffenheit sozialer Realität ansetzen und daraus unterschiedliche Schlüsse über die Methoden des Erkenntnisgewinns ziehen.

Im Folgenden werde ich die unterschiedlichen Wissenschaftsverständnisse von ihren theoretischen Grundlagen und deren Unterschiedliche Wissenschaftsverständnisse methodischen Konsequenzen her beleuchten. Um der Klarheit willen werde ich vor allem die Unterschiede zwischen den Wissenschaftsverständnissen herausarbeiten und die Gegensätze pointieren. So manche Differenzierung kommt dabei zu kurz. Im Dienste einer Darstellung, die sich um Trennschärfe bemüht, ist dies aber unvermeidlich.

2. Wissenschaftstheorie

Verstehen und Erklären

Wissenschaftstheorien liegen als Prämissen dem Forschungsprozess zugrunde. Sie werden aber selten ausdrücklich formuliert, weil sie Bestandteil des Selbstverständnisses sind, dessen sich der Forscher nicht ständig neu versichern muss. Deshalb ist es wichtig, die unterschiedlichen Selbstverständnisse hier explizit zu machen. Im Grunde kann man von einer Zweiteilung der Sozialwissenschaften sprechen – je nach dem, ob die Teildisziplinen eher einem geistes- oder einem naturwissenschaftlichen Erkenntnisideal verpflichtet sind. Den Unterschied zwischen Geistes- und Naturwissenschaften brachte *Wilhelm Dilthey* mit dem Dualismus zwischen *Verstehen* und *Erklären* auf den Punkt (Dilthey 1924; Wright 1974: 32). Verstehende und erklärende Positionen unterscheiden sich in drei miteinander verwobenen Gesichtspunkten: im Verständnis von den „wahrheitsfähigen" Aspekten sozialer Realität; im theoretischen Erkenntnisanspruch; und in ihrer Position zum Werturteilsstreit.

Ungeachtet dieser wissenschaftstheoretischen Zweiteilung war in der deutschsprachigen Politikwissenschaft jahrzehntelang eine Drei-Schulen-Gliederung vorherrschend. Dabei wurde der „Freiburger Schule" eine *normativ-ontologische*, der „Frankfurter Schule" eine *historisch-dialektische* und der „Mannheimer Schule" eine *empirisch-analytische* Position zugeordnet (Alemann/Forndran 1974; Berg-Schlosser/Stammen 2012; Beyme 2006). Diese Unterteilung existiert so heute allerdings nicht mehr. Sie war auch schon früher nicht unbedingt kennzeichnend für die wissenschaftstheoretische Hauptdifferenz. Zwar zeichneten sich die normativ-ontologische und die historisch-dialektische Denkschule durch tiefe Gegensätze in ihren gesellschaftspolitischen Zielvorstellungen aus. Hinsichtlich des Wissenschaftsverständnisses bildeten sie aber eine gemeinsame Front gegen die empirisch-analytische Denkschule.[1] Diese Trennli-

---

[1]   Siehe dazu die 1987 von *Peter Graf Kielmannsegg* geleitete Diskussion zwischen *Jürgen Falter* für die empirisch-analytische, *Iring Fetscher* für die historisch-dia-

nie spiegelt in weiten Zügen den Unterschied zwischen Verstehen und Erklären wider (Meinefeld 1995). Von daher ist es gerechtfertigt, die Wissenschaftsverständnisse primär auf diesen Unterschied zuzuspitzen. Ich ordne deshalb die normativ-ontologische und die historisch-dialektische Denkschule der *verstehend-rekonstruierenden* Position zu und stelle diese der *erklärend-analytischen* Position entgegen.

Die verstehend-historiographische Position   2.1

Verstehende Positionen haben eine besondere Vorstellung von dem, was an der sozialen Realität „wahrheitsfähig" ist.[2] Verstehende Positionen sehen einen prinzipiellen Unterschied zwischen der Realität der Natur und der Realität der Kultur oder Gesellschaft. Im Unterschied zur Realität der Natur ist die Realität der Gesellschaft mit einem inneren Sinn behaftet, der den Absichten, Motiven und Sollensvorstellungen der Menschen entspringt. Sinnbezüge bilden den tieferliegenden Wahrheitskern sozialer Realität. Beispielhaft für eine Sinndeutung ist Aristoteles' Staatsverständnis:

> Sinnhaftigkeit sozialer Realität

> „Die aus mehreren Dörfern sich bildende vollendete Gemeinschaft nun aber ist bereits der Staat [...]. Drum, wenn schon jene ersten Gemeinschaften naturgemäße Bildungen sind, so gilt dies erst recht von jedem Staat, denn dieser ist das Endziel von jenen; die Natur ist eben Endziel, denn diejenige Beschaffenheit, welche ein jeder Gegenstand erreicht hat, wenn seine Entwicklung vollendet ist, eben diese nennen wir Natur derselben [...]" (Aristoteles 1968: III/6 1279a93).

Das Wesen des Staates und anderer sozialer Phänomene liegt also nicht in äußerlich erkennbaren Merkmalen, sondern in einem hintergründigen Sinn – einem Daseinszweck (*telos*), der aus den Absichten rührt, die die Menschen an eine soziale Handlung oder an die Schaffung einer sozialen Einheit, wie der des Staates, knüpfen. Naturwissenschaftliche Methoden, die auf standardisierten

---

lektische und *Wilhelm Hennis* für die normativ ontologische Seite. Die Diskussion ist abgedruckt in *Beyme* et al. 1987: 78-101.

[2]   Im erfahrungswissenschaftlichen Sinn meint „Wahrheit" natürlich keine endgültige Wahrheit im religiösen oder metaphysischen Sinn. Es geht vielmehr darum, was unter den immer gegebenen Einschränkungen unseres Erfahrungshorizontes zumindest vorläufig als wahr oder falsch gelten kann. Mit den „wahrheitsfähigen" Aspekten der Realität sind jene Merkmale gemeint, mit deren Hilfe man entscheiden kann, ob eine Aussage wahr oder falsch ist. Zum Begriff der Wahrheit vgl. Føllesdal/Walløe/Elster 1988: 32-40.

Beobachtungs- und Messtechniken basieren, können daher immer nur die Oberfläche, aber nie den inneren Sinn der sozialen Realität erfassen.

Hermeneutik als Sinnerschließung

Da soziale Realität eine andere ist als die der Beobachtung zugängliche natürliche Realität, muss auch das Wissen um diese Realität auf anderen Wegen erschlossen werden. Denn die Methode der Wissenserschließung muss sich dem Wahrheitscharakter ihres Gegenstandes anpassen. Wenn also die Wahrheit der sozialen Realität in ihrer Sinnbehaftetheit liegt, dann muss sozialwissenschaftliches Wissen durch Sinndeutungen erschlossen werden. Konkret bezieht sich Sinndeutung auf die Motive und Absichten sozialen Handelns. Die angemessene Erkenntnismethode, die *Hermeneutik*, kann von daher keine standardisierte Forschungstechnik, kein „Fachwissen im Sinne der wissenden Beherrschung von Arbeitsvorgängen" sein (Gadamer 1972: 328). Hermeneutik ist vielmehr ein Verfahren, das „ein natürliches Vermögen [nämlich intuitives Nachempfinden] methodisch in Zucht nimmt und kultiviert" (Habermas 1970: 73). Hermeneutik rationalisiert die unbewussten Verfahren, mit denen Alltagserfahrungen gewonnen werden, und bewahrt damit den lebenspraktischen Bezug.

Da der Sinn einer sozialen Situation aus den Motiven und Absichten der handelnden Menschen verstanden werden muss, richtet sich die hermeneutische Methode auf „sprachliche Äußerungen menschlichen Geistes", im wesentlichen also auf Textquellen, aus denen die Absichten und Motive der Handelnden explizit und implizit sprechen.

Hermeneutischer Zirkel

Beim Verstehen einer sozialen Situation kommen der „kongenialen Veranlagung" (Betti 1972), also dem Einfühlungsvermögen, sowie dem Vorverständnis des Forschers entscheidende Bedeutung zu. Der Forscher nutzt sein Vorverständnis, indem er Analogien zwischen der untersuchten und ihm bekannten sozialen Situationen bildet. Einerseits fließt damit das eigene Vorverständnis in die Situationsdeutung ein; andererseits verbessert sich dieses Vorverständnis laufend. Es wird um eine sich verdichtende Kenntnis der untersuchten Situation angereichert, und es wird immer bewusster hinsichtlich der Bestandteile reflektiert, die der untersuchten Situation wesensfremd sind. In diesem, auf höherer Verständnisebene immer neu einsetzenden Deutungsvorgang (*hermeneutischer Zirkel*) passt sich das subjektive Verständnis immer besser dem objektiven Sinngehalt der untersuchten Situation an. Und genau das ist auch das Ziel hermeneutisch-verstehenden Erkenntnisgewinns (Gadamer 1969): die Erreichung der „Sinnadäquanz des Verstehens" (Betti 1972: 53).

Verstehende Positionen haben ein prinzipiell *historiographisches* Realitätsverständnis. Damit verbinden sich zwei Prämissen: Erstens stehen soziale Situationen immer in historischen Kontexten, die nur als Ganzheiten zu begreifen sind; und zweitens sind diese Kontexte in ihrer jeweiligen Ganzheit stets einzigartig. Geschichtlichkeit, Singularität und „Totalität" bilden somit Wesensmerkmale sozialer Realität.[3] Angesichts dieser Wesensmerkmale können soziale Situationen nicht in Variablenbeziehungen aufgelöst und solche Variablenbeziehungen nicht aus dem historischen Kontext herausgelöst werden. Wissenschaftliches Verstehen muss deshalb darauf abzielen, konkrete historische Situationen in ihrer Einzigartigkeit, Ganzheit und Komplexität zu *rekonstruieren*.

Rekonstruktion von Komplexität als Erkenntnisziel

Die verstehende Sinndeutung sozialer Wirklichkeit kommt nicht ohne Werturteile und Sollenspostulate aus, weil erst sie einer sozialen Situation einen Sinn geben. Der Sozialwissenschaft wird deshalb die Funktion einer normativen Leitwissenschaft zugeschrieben, deren vornehmste Aufgabe es ist, den Diskurs um die „gute Ordnung" und das Gemeinwohl anzuführen. Iring Fetscher hat dies folgendermaßen zum Ausdruck gebracht:

Normative Bindung

> „Ich glaube nicht, dass bei einer so praxisnahen Wissenschaft wie der Politikwissenschaft auf eine normative Orientierung verzichtet werden kann [...]. Nur eine Politikwissenschaft, die sich bewusst normativ bindet, ist nicht missbrauchbar" (Beyme et al. 1987: 85, 100).

Im Werturteilsstreit vertreten Anhänger der verstehenden Position eine Auffassung, die die von Max Weber geforderte Trennung zwischen Werturteilen und Tatsachenaussagen ablehnt (Habermas 1972; Albert 1990). Die analytische Trennung zwischen Werturteilen und Tatsachenaussagen scheitere daran, dass in der sozialen Wirklichkeit Sollen und Sein untrennbar ineinander verwoben sind. Der Sinn gesellschaftlichen Seins erschließe sich erst aus dem Sollen, aus das Sein Legitimität gewinnt (Habermas 1972: 155-192).

In der Frage aber, worin das eigentliche Sollen bestehe, bzw. was die legitime und „gute Ordnung" eigentlich ausmacht, existieren sehr unterschiedliche Positionen. Beispielhaft lassen sich diese Unterschiede an zwei gegensätzlichen Haltungen zur liberalen Demokratie festmachen. Beide Haltungen gründen bezeich-

Beispiel: Sinndeutung liberaler Demokratie

---

3   „Totalität" ist ein einschlägiger Begriff, an dem im „Positivismusstreit" die konträren Positionen von Verstehen und Erklären hart aufeinander prallten. Für die „verstehende" Seite vgl. Habermas 1972. Für die „erklärende" Seite vgl. Albert 1972.

nenderweise auf Motivdeutungen des historischen Entstehungs-
zusammenhangs der liberalen Demokratie.

Bei Vertretern der normativ-ontologischen Schule fällt die Motivdeutung in etwa so aus: Die liberale Demokratie entstand aus
der Forderung nach individuellen Schutz- und Abwehrrechten
gegen die staatliche Willkürherrschaft des Absolutismus. Der
Sinn der liberalen Demokratie ist deshalb die Sicherung der persönlichen Freiheit vor staatlich-kollektiven Zwängen. In diesem
Sinn liegt die Schutzwürdigkeit der liberalen Demokratie als einer
„guten Ordnung" begründet. Diese würden wir nur gefährden,
wenn wir die kollektiven Stimmrechte auf alle gesellschaftlichen
Bereiche ausdehnten. Die liberale Demokratie muss deshalb vor
zu weitgehenden Partizipationsrechten bewahrt werden (Hennis
1973: 39).

Anhänger der historisch-dialektischen Schule kamen dagegen
zu einer ganz anderen Motivdeutung: Die liberale Demokratie ist
eine Errungenschaft des kapitalistischen Bürgertums gegen die
feudale Aristokratie. Später wurde sie gegen die Forderungen der
Arbeiterschaft nach Wirtschaftsdemokratie verteidigt. Die liberale
Demokratie sichert die Dominanz der bürgerlichen Kapitalinter-
essen über die Interessen der Arbeitermassen, indem sie private
Freiheitsrechte über kollektive Stimmrechte stellt. Das ist der eigentliche Sinn der liberalen Demokratie. Sie ist deshalb kein schüt-
zenswertes Gut, sondern muss durch eine partizipative Demokratie überwunden werden, die die kollektive Mitbestimmung auf alle
Bereiche des gesellschaftlichen Lebens ausdehnt (Agnoli 1973).

Diese Gegenüberstellung verdeutlicht, wie sehr die Situationsdeutung von normativen Vor-Urteilen des Interpreten abhängen
kann. Unterschiedliche Vorverständnisse und Standpunkte können darum zu sehr unterschiedlichen Interpretationen desselben
Phänomens führen. Die Differenzen zwischen der normativ-ontologischen und der historisch-dialektischen Schule machen dies
besonders deutlich. Trotz dieser Gegensätze in Inhalten teilen
diese beiden Denkschulen die Auffassung, dass die Suche nach
der „guten Ordnung" den eigentlichen Zielpunkt der Gesellschaftswissenschaften markiert.

2.2   Die erklärend-analytische Position

einheitliche
Prüfbarkeit von
Wahrheitsgehalten

Vertreter erklärender Positionen glauben nicht, dass sich die Rea-
litäten der Natur und der Gesellschaft im Wesen ihres Wahrheits-
gehalts unterscheiden. „Wahrheitsfähig" seien in der Natur wie in

der Gesellschaft allein die beobachtbaren und messbaren Merkmale.[4] Verborgene Sinnbezüge sind es nach Auffassung der erklärenden Positionen dagegen nicht (Popper 1972: 103-124). Beispielhaft für das erklärende Realitätsverständnis ist Max Webers Staatsdefinition, die in klarem Kontrast zu der aristotelischen Deutung steht:

> „Staat ist diejenige menschliche Gemeinschaft, welche innerhalb eines bestimmten Gebietes – dies: das ‚Gebiet', gehört zum Merkmal – das Monopol legitimer physischer Gewaltsamkeit für sich (mit Erfolg) beansprucht. Denn das der Gegenwart Spezifische ist: dass man allen anderen Verbänden oder Einzelpersonen das Recht zur physischen Gewaltsamkeit nur so weit zuschreibt, als der Staat sie von ihrer Seite zulässt: er gilt als alleinige Quelle des ‚Rechts' auf Gewaltsamkeit" (Weber 1977: 8).

Anhand dieser Definition erkennen wir, dass erklärende Positionen nicht nach dem Sinn eines Phänomens fragen, sondern danach, durch welche empirischen Merkmale es beschrieben werden kann. Die hintergründige Sinnbehaftetheit eines Phänomens kann deshalb nicht als Wahrheitskriterium für wissenschaftliche Aussagen herangezogen werden.[5] Maßgebend ist vielmehr, ob alle Betrachter, die ein Phänomen unter den gleichen Voraussetzungen beobachten, auch zum gleichen Beobachtungsergebnis gelangen. Unser Wissen hängt demnach von der Schärfe unserer Beobachtungen und nicht von unseren interpretativen Begabungen ab. Sozialwissenschaftlicher Erkenntnisgewinn ist weniger dem subjektiven Vorverständnis und der Interpretationskunst als dem theoretischen Wissen und der Methodenbeherrschung des Forschers geschuldet.

Beobachtbarkeit als Maßgabe

Der Erkenntnisanspruch der verstehenden Positionen ist phänomenologisch-rekonstruierend. Das historisch auftretende Phänomen an und für sich soll in seiner Einzigartigkeit und Komplexität rekonstruiert werden. Diesem Anspruch steht das erklärende Paradigma distanziert gegenüber. Sein Anliegen richtet sich nicht

Auflösung von komplexität isolierbare Variablenbeziehungen

---

4 Das Wahrheitsverständnis der erklärenden Positionen ist wesentlich durch Karl Poppers „kritischen Rationalismus" geprägt. Wahrheitsfähigkeit bzw. Verifizierbarkeit gilt dabei immer nur unter der Einschränkung auf den je gegenwärtigen, in Raum und Zeit, begrenzten Kenntnisstand. Popper zufolge ist unser Wissen nie endgültig, sondern immer nur vorläufig verifiziert. Eine empirisch bestätigte Vermutung gilt nur so lange als verifiziert (bestätigt), wie sie nicht falsifiziert (widerlegt) wird. Vgl. *Popper* 1989.

5 In der empirischen Wahrnehmungspsychologie entspricht diese Position dem „radikalen Konstruktivismus", demzufolge Erkenntnisse nicht die Beschaffenheit der Welt, sondern allein die Struktur des Erkenntnisorgans abbilden. Vgl. *Meinefeld* 1995.

auf das Einzelphänomen als solches, sondern auf universelle Merkmalsbeziehungen, die über die Einzelphänomene hinausweisen und sich aus deren je spezifischem Kontext herauslösen lassen. Es geht also nicht um die Rekonstruktion eines historischen Kontextes in seiner „Totalität", sondern im Gegenteil um die Auflösung der „Totalität" in isolierbare Merkmalsbeziehungen. Die theoretische Leistung besteht weniger in der Deutung von Sinnzusammenhängen als in der Generalisierung beobachtbarer Merkmalszusammenhänge. Das geschieht in Form von Wenn-Dann- oder Je-Desto-Hypothesen. Ein Beispiel dafür ist Seymour Martin Lipsets berühmt gewordene These über den Zusammenhang zwischen ökonomischer Entwicklung und Demokratie:

> „The more well-to-do a nation, the greater the chances that it will sustain democracy" (Lipset 1960: 31).

Als Je-Desto-Hypothese besagt dieses Zitat etwa folgendes: Je wohlhabender eine Nation ist, desto wahrscheinlicher ist es, dass sie demokratisch bleibt oder wird. Das praktische Interesse an solchen Merkmalsbeziehungen besteht in „sozialtechnologischen" Problemlösungen: Die Kenntnis der Bedingungen für das Eintreten eines bestimmten Effektes, wie zum Beispiel der Stabilisierung demokratischer Institutionen, kann genutzt werden, um diesen Effekt zu erzielen oder zu vermeiden – je nach dem, ob er gewünscht wird oder nicht. Träfe Lipsets Hypothese zu, dann müsste eine Nation, um eine stabile Demokratie werden zu können, zunächst ihre ökonomische Entwicklung ankurbeln.

Tatsachenfragen statt Sollensfragen   Im Werturteilsstreit gehen erklärende Positionen von dem Gebot der Trennung zwischen Werturteilen und Tatsachenaussagen aus. Aus der Sicht der erklärenden Positionen können Werturteile zwar die Verwertung von Tatsachenaussagen beeinflussen; sie können aber nicht deren logisches Ergebnis sein. Der Vorwurf an die verstehenden Positionen ist also, dass ihre Vertreter eigene Sollensvorstellungen in die Tatsachen hinein interpretieren, dann aber so tun, als hätten sie diese Sollensvorstellungen aus den Tatsachen erschlossen. Die Rede von der unauflöslichen „Totalität" von Sollen und Sein führe nur dazu, dass vermischt wird, was sauber getrennt werden sollte: nämlich Seins- und Sollensaussagen (Albert 1972: 193-234). So lässt sich die Frage, ob die Demokratie durch ökonomische Entwicklung gefördert wird oder nicht, wissenschaftlich klären, weil dies eine Tatsachenfrage ist, die mit *richtig oder falsch* beantwortet werden kann. Die Frage aber, ob die Demokratie eine wünschenswerte Regierungsform ist, lässt sich wissenschaftlich nicht klären, weil dies eine Sollensfrage ist, deren Beantwortung davon abhängt, ob wir Demokratie *gut oder schlecht* finden. Fragen nach richtig oder falsch sind wissenschaftlich klärbar, Fragen nach gut oder schlecht dagegen nicht – so zumindest die Auffassung der erklärenden Positionen.[6]

Zwischenbilanz   2.3

Verstehende Positionen gehen davon aus, dass soziale Realität sinnbehaftet ist. Dieser Sinn entzieht sich der Beobachtung und Messung. Dem Wahrheitskern sozialer Realität geht man deshalb erst durch Sinndeutungen auf den Grund. Eine nach den Maßgaben der Beobachtbarkeit standardisierte Methodologie wird deshalb für die Sozialwissenschaften abgelehnt (Adorno 1972: 10-20). Verstehende Positionen setzen mehr Vertrauen auf das subjektive Vorverständnis, die Belesenheit und auf die Interpretationskunst des Forschers als auf feste methodologische Standards. Das Erkenntnisinteresse der verstehenden Positionen ist ein *rekonstruierendes*. Es geht vor allem darum, das konkrete historische Phänomen in seiner Einzigartigkeit und „Totalität" zu rekonstruieren. Das historiographische Interesse begründet Vorbehalte gegenüber der vergleichenden Methode, denn die Einzigartigkeit der historischen Phänomene macht sie im Prinzip unvergleichlich. Ein „Rekonstruktivist", der die Demokratisierungsprozesse in Spanien und Ungarn vergleicht, würde das jeweils Besondere und Eigentümliche beider Prozesse herausarbeiten.[7]

Rekonstruieren ...

Nach Auffassung der erklärenden Positionen sind nur Tatsachenfragen in bezug auf beobachtbare Seinsmerkmale „wahrheitsfähig" Eine Sozialwissenschaft, die auf Erkenntnisgewinn abzielt, muss deshalb die Methoden der Datengewinnung und -verarbeitung weiterentwickeln anstatt die Interpretationskünste zu kultivieren. Hieraus resultiert eine starke Orientierung an methodologischen Standards. Das Erkenntnisinteresse der erklärenden Positionen ist ein *analytisches* (im Gegensatz zum rekonstruierenden). Es richtet sich auf universelle Merkmalsbeziehungen, die aus der Phänomenologie der Einzelfälle herauszulösen sind.

... versus Analysieren

---

6   Dies heißt keineswegs, dass Vertreter erklärender Positionen normative Positionen für irrelevant erachten. Sie neigen aber dazu, diese als Gegenstand der politischen Philosophie und nicht der empirischen Politikwissenschaft zu sehen.

7   Die Ursprünge solcher Vergleichsbemühungen gehen zurück auf Aristoteles, der mit Hilfe seiner Regimetypologie zahlreiche politische Systeme seiner Zeit verglichen hat. Vgl. hierzu den Beitrag von *Michael Becker* in diesem Band.

Die analytische Politikforschung hat deshalb keine Vorbehalte gegenüber dem Vergleich. Im Gegenteil gilt ihr der Vergleich von Einzelfällen als Voraussetzung, um überhaupt Merkmalsbeziehungen erforschen zu können. Ein „Analytiker" würde die Demokratisierungsprozesse in Spanien und Ungarn lediglich als Exemplare einer größeren Ereignisklasse, nämlich erfolgreicher Übergänge zur Demokratie, betrachten. Er würde sie deshalb mit weiteren Beispielen in Lateinamerika und Südostasien vergleichen, um allgemeine Regeln über die Bedingungen erfolgreicher Demokratisierung zu finden. Ein „Analytiker" würde versuchen, das, was dem „Historiographen" als landestypische Besonderheit erscheint, als Ausprägung eines allgemeinen Merkmals auszudrücken.[8]

Sind die verstehende und die erklärende Position miteinander unversöhnlich? Oder gibt es nicht doch fruchtbare Verknüpfungsmöglichkeiten? Beide Fragen sind teilweise mit Ja und Nein zu beantworten. Zunächst einmal sind sowohl die verstehende als auch die erklärende Position an wissenschaftlichen Erkenntnissen über gesellschaftliche Wirklichkeit interessiert. Beiden geht es um Erkenntnisse, deren Informationsbreite und Reflexionstiefe über Alltagskenntnisse hinausgehen. Diese Gemeinsamkeit reicht aber nicht aus, um schon von fruchtbaren Verknüpfungsmöglichkeiten sprechen zu können. Was also können die verstehende und die erklärende Position voneinander lernen, bzw. was haben ihre Vertreter voneinander gelernt?

Zweifelsohne ist es eine fundamentale Einsicht der verstehenden Positionen, dass soziale Phänomene sinn- und zweckbehaftet sind, weil sie aus den Absichten, Motiven und Interessen handelnder Menschen erwachsen. Die Sinndimension ist aus der gesellschaftlichen Realität nicht wegzudenken. Vertreter erklärender Positionen haben dies durchaus eingesehen und Fragen nach Absichten, Präferenzen, Interessen und Ideologien in ihr Forschungsprogramm aufgenommen. Sie haben dabei aber auch demonstriert, dass sich diese „Äußerungen menschlichen Geistes" durchaus nach festen methodischen Regeln bearbeiten lassen, wenn man sie als Variablen behandelt.

Im Übrigen ist auf ein verbreitetes Missverständnis bezüglich des Werturteilsstreits hinzuweisen. Die Feststellung, dass Werturteile und Tatsachenbehauptungen auf logisch unterschiedlichen Aussageebenen liegen, bedeutet keineswegs, dass man beide nicht argumentativ verknüpfen könne. Dies haben bereits Webers Arbeiten

---

[8]   Das ist es, was Przeworski/Teune (1970: 30) meinen, wenn sie sagen, wir sollen „Ländernamen durch Variablen ersetzen".

verdeutlicht. Aber auch neuere Arbeiten zeigen, dass die interessanteren Fragestellungen, die die empirische Politikforschung verfolgt, normativ begründet sind. Die empirischen Studien zu den Leistungen unterschiedlicher Typen der Demokratie beziehen ihren Reiz gerade aus der normativen Frage nach der „guten" oder „besten Ordnung" (Schmidt 1999). Normative Vorurteile, z.B. über die ökonomische Leistungsfähigkeit der Demokratie, können empirisch sehr wohl untermauert oder widerlegt werden.

Damit verschmelzen verstehende und erklärende Positionen aber nicht im wohlgefälligen Sowohl-als-auch. Bestimmte Unterschiede bleiben bestehen. Diese Unterschiede sind auch dann prinzipieller Natur, wenn man die Positionen als komplementär betrachtet. Denn komplementär kann nur sein, was voneinander verschieden ist. Eine Synthese zwischen dem verstehenden und dem erklärenden Erkenntnisanspruch mag sich zwar wissenschaftstheoretisch gut begründen lassen (Meinefeld 1995: 275-309); für die Forschungspraxis ist diese Synthesemöglichkeit bislang aber folgenlos geblieben.

Was verstehende und erklärende Positionen nach wie vor und wohl auch in der Zukunft trennt, ist der Unterschied zwischen dem empirisch-rekonstruierenden und dem empirisch-analytischen Erkenntnisinteresse. Es bleibt eben ein prinzipieller Unterschied, ob man eher dem einzelnen Phänomen in seiner vollen Komplexität gerecht werden will, oder ob man in erster Linie an der Generalisierung über den Einzelfall hinaus interessiert ist. Diese Differenz strukturiert nach wie vor die ländervergleichende politikwissenschaftliche Forschung. Grob gesprochen vollzieht sich an ihr die Teilung in Regionalforscher, die empirisch-rekonstruierend arbeiten, und Komparatisten, die empirisch-analytisch vorgehen.

Je nach dem, wie sehr ein Forscher dem empirisch-analytischen Interesse zuneigt, steigt seine Bereitschaft, soziale Phänomene als Variablenbeziehungen zu denken. Zugleich damit steigt auch seine Bereitschaft, standardisierte Methoden der Variablenanalyse anzuwenden. Es kommt deshalb nicht von ungefähr, dass die standardisierten Methoden im wesentlichen, wenn nicht gar ausschließlich, innerhalb des empirisch-analytischen Zweigs der Sozialwissenschaften entwickelt wurden. Unser Blick verengt sich daher zwangsläufig auf diesen Zweig, wenn wir uns mit dem Methodenprogramm im engeren Sinne beschäftigen.[9]

---

[9]   Für die Hermeneutik sind zwar auch einige methodische Regeln entwickelt worden (vgl. die vier „Kanones" bei *Betti* 1972), doch handelt es sich hierbei mehr um grobe Richtlinien als um genaue Arbeitsanweisungen.

3. Methodenlogik

3.1 Die Logik von Variablenbeziehungen

Instrumentalität des Falls als Merkmalsträger

Die empirisch-analytische Politikwissenschaft ist nicht an der Faktizität des *Einzelfalls per se* interessiert, sondern an generellen sozialen Merkmalen, wie Regierungstypen oder Konfliktstrategien, deren Beziehungen unter einer bestimmten Theorieperspektive relevant sind. Einzelfälle interessieren lediglich als Träger der Merkmale, deren *Beziehungen* man untersuchen will. Deshalb arbeitet nur die analytische Sozialwissenschaft mit standardisierten Regeln, um Informationen über *einzelne* Ereignisse und Phänomene in *allgemeine* Merkmale zu übersetzen, die von den Einzelfällen abstrahieren.

Interesse an generellen Merkmalsbeziehungen

Die empirisch-analytische Wissenschaft arbeitet in dem Sinne theoriegeleitet, dass sie nach *generell* gültigen, und damit fallunspezifischen, Merkmalsbeziehungen fahndet. Dieses Erkenntnisanliegen lässt sich nur in einer *fallvergleichenden* Vorgehensweise umsetzen. Denn Merkmalsbeziehungen kann man nur erforschen, indem man mehrere, ja möglichst viele Merkmalsträger vergleicht. In einer ländervergleichenden Untersuchung über Wirtschaftsentwicklung und Demokratie interessiert nicht das wirtschaftliche und politische Schicksal der einzelnen Länder, sondern die generelle Beziehung zwischen Wirtschaftsentwicklung und Demokratie, die sich aus den Länderdaten gewinnen lässt.

Variablen gleich Merkmale mit unterschiedlichen Ausprägungen

In der empirisch-analytischen Forschung bilden Merkmalsträger die Vergleichs- oder Untersuchungseinheiten. Wir bezeichnen sie schlicht als *Fälle*. Fälle, die man auf ihre Merkmale vergleicht, sind Individuen auf der *Mikro*ebene, soziale Gruppen oder formelle Organisationen auf der *Meso*ebene und ganze Nationen auf der *Makro*ebene. Die Merkmale dieser Fälle bezeichnen wir als *Variablen*. Im Unterschied zu *Konstanten* haben Variablen unterschiedliche *Ausprägungen*.

Hypothesen und Theorien

Die Variable „Systemtyp" kann beispielsweise die Ausprägungen „Demokratie" und „Diktatur" haben. Und die Variable „zwischenstaatliche Beziehung" kann die Ausprägungen „Frieden" und „Krieg" aufweisen. Die empirisch-analytische Wissenschaft fragt nach systematischen Beziehungen zwischen solchen Variablen. Behauptungen solcher Beziehungen bezeichnen wir als *Hypothesen*. Einen Satz von mehreren solcher Beziehungshypothesen sowie die Logiken, mit denen diese Beziehungen begründet werden, bezeichnen wir als *Theorien*.

Eine Beziehung zwischen zwei Variablen besteht dann, wenn bestimmte Ausprägungen in der einen Variablen in Verbindung mit bestimmten Ausprägungen in der anderen Variablen auftreten. Eine Beziehung zwischen den Variablen Systemtyp und zwischenstaatliche Beziehung bestünde beispielsweise dann, wenn die Ausprägung „Demokratie" in Verbindung mit der Ausprägung „Frieden" auftreten würde.[10]

Variablenbezeichnung

Quantitative und qualitative Variablen   3.1.1

Grundsätzlich ist zwischen qualitativen und quantitativen Variablen zu unterscheiden. Dieser Unterschied berührt nicht die Logik der Variablenbeziehungen, sondern das Informationsniveau der Variablen. Qualitative Variablen können nominale oder ordinale Merkmale sein. *Nominal* sind Merkmale, deren Ausprägungen nicht mehr als die Existenz von Gleichheit oder Ungleichheit ausdrücken. Ein Beispiel für ein nominales Merkmal ist die Variable „Systemtyp", wenn sie die Ausprägungen „Demokratie" und „Diktatur" aufweist. Ausprägungsunterschiede in nominalen Merkmalen kann man in *Klassifikationssätzen* ausdrücken, beispielsweise: Indien ist eine Demokratie und die Volksrepublik China eine Diktatur.

Nominale Merkmale und Klassifikationssätze

Ordinale Merkmale haben Ausprägungen, die in einer Rangordnung zueinander stehen. Für das Merkmal „Machtposition" wären dies etwa die Ausprägungen „Kleinmacht", „Mittelmacht" und „Großmacht". Durch ordinale Merkmale können Ausprägungsunterschiede in *Rangordnungssätzen* formuliert werden, zum Beispiel: Belgien ist eine Kleinmacht, Frankreich eine Mittelmacht und Russland eine Großmacht.

Ordinale Merkmale und Rangordnungssätze

Für statistische Analysen müssen nominale und ordinale Variablen numerisch kodiert werden. Beispielsweise kann man die Ausprägungen des Merkmals „Machtposition" mit 1 für Kleinmacht, 2 für Mittelmacht und 3 für Großmacht kodieren. Aufsteigende Werte zeigen dabei höhere Stufen der Macht an. Man kann aber nicht sagen, dass eine 2 doppelt so viel Macht bedeutet wie eine 1. Numerische Kodierungen von qualitativen Merkmalen sind also nicht als *reale* Quantitäten zu verstehen.

Demgegenüber bringen *metrische* Merkmale, wie zum Beispiel „Wählerstimmenanteil" oder „Bruttosozialprodukt", reale Quan-

---

[10]   In der Tat ist dies eine der am meisten untersuchten Fragestellungen im Bereich der internationalen Beziehungen. Vgl. *Oneal/Russett* 1999: 1-37.

Metrische
Merkmale und
Differenzsätze

titäten zum Ausdruck. Allein metrische Merkmale sind als quantitative Variablen im eigentlichen Sinne anzusehen. Mit metrischen Merkmalen kann man Ausprägungsunterschiede in *Differenzsätzen* ausdrücken, etwa: Das Bruttosozialprodukt der Schweiz ist mit 33.000 US-$ pro Kopf gut doppelt so hoch wie dasjenige Großbritanniens mit 16.000 US-$.

Transferierbarkeit
von Skalenniveaus

Der statistische Informationsgehalt (das sog. *Skalenniveau*) nimmt von nominalen über ordinale zu metrischen Merkmalen zu (DeVellis 1991). Merkmale eines höheren können dabei stets in Merkmale eines niederen Informationsniveaus umgewandelt werden, aber nicht umgekehrt. Beispielsweise kann man die sehr differenzierten Daten zum Bruttosozialprodukt zu einer ordinalen Variable zusammenfassen, die ökonomische Wohlstandsstufen in wenigen Ausprägungen wiedergibt. So verfährt beispielsweise die Weltbank, wenn sie die Nationen in fünf Wohlstandsstufen zwischen *low income* und *high income countries* einteilt.

Numerische
Kodierung
qualitativer
Merkmale

Häufig ist es sinnvoll, auch qualitative Variablen numerisch zu kodieren. Beispielsweise können programmatische Positionen von Parteien an Hand eines Kategorienschemas numerisch kodiert werden, um sie einer quantitativen Inhaltsanalyse zugänglich zu machen. Mit einer solchen Analyse kann man untersuchen, wie stark die Häufigkeit bestimmter Themen, beispielsweise Kriminalität oder Arbeitslosigkeit, nach Parteien variiert und in welchen Argumentationssträngen solche Themen typischerweise auftauchen. Ebenso macht es Sinn, den Eintritt oder Nichteintritt bestimmter Ereignisse, wie Putsch, Revolution, Krieg oder Protest dichotom zu verkoden (0: Nichteintritt, 1: Eintritt), um zu erkunden, wie häufig solche Ereignisse in Verbindung mit bestimmten anderen Faktoren auftreten. Auf diese Weise lassen sich Einsichten in die Bedingungen wichtiger politischer Geschehnisse gewinnen. All diese Erkenntnisse lassen sich in Variablenbeziehungen ausdrücken.

3.1.2 Deterministische Variablenlogik

Falsifikationsversuche

Eine Variablenbeziehung ist *deterministischer* Natur, wenn eine bestimmte Ausprägung in der einen Variablen eine bestimmte Ausprägung in der anderen Variablen notwendig oder hinreichend *bedingt*. Die Beziehung zwischen Systemtyp und Konflikt wäre deterministisch, wenn gelten würde, dass Frieden immer

(oder nur) zwischen Demokratien herrscht. Deterministische Beziehungshypothesen lassen keine Ausnahmen zu. Deshalb genügt eine einzige Gegenbeobachtung, um eine deterministische
Hypothese zu widerlegen. Die Prüfung einer deterministischen
Hypothese vollzieht sich daher als gezielte Suche nach Gegenbe-
obachtungen (*Falsifikatoren*). Der theoretische Fortschritt besteht
darin, diejenigen Hypothesen zu selektieren, die solchen *Falsifi-
kationsversuchen* stand halten.[11]

Es macht einen Unterschied, ob man eine deterministische   Notwendige und
Hypothese als *notwendige* oder als *hinreichende* Bedingung formu-   hinreichende
liert. Denn daraus leitet sich ab, nach welcher Gegenbeobachtung   Bedingtheit
man suchen muss, um die Hypothese zu widerlegen. Als notwendige Bedingung müsste die Hypothese über die Beziehung
zwischen Systemtyp und Konflikt heißen: *Nur* wenn zwei Staaten
Demokratien sind, herrscht Frieden zwischen ihnen. In diesem
Falle bestünde die Gegenbeobachtung in zwei Staaten mit friedlichen Beziehungen, von denen aber einer keine Demokratie ist.
Als hinreichende Bedingung würde die Hypothese lauten: *Immer*
wenn zwei Staaten Demokratien sind, herrscht Frieden zwischen
ihnen. Hier bestünde die Gegenbeobachtung in zwei demokratischen Staaten, die sich bekriegen.

Komplexere Theorien basieren auf mehreren aufeinander auf-   Prämissen und
bauenden Beziehungshypothesen. Dabei kann sich das Problem   Konklusionen
ergeben, dass man aus bestätigten Beziehungen auf solche schließen möchte, die man nicht direkt untersucht hat. Das ist über
logische Schlussketten möglich. Logische Schlussketten, die wir
auch als *Argumente* bezeichnen, bestehen aus *Prämissen*, die als
wahr gelten, und den daraus abgeleiteten Schlussfolgerungen,
den *Konklusionen* (Føllesdal/Walløe/Elster 1988: 244-256). Es folgt
je ein Beispiel für eine logisch richtige und eine logisch falsche
Konklusion:

(1)   In allen Demokratien (*D*) herrscht Frieden (*F*).
(2)   Alle Wohlstandsgesellschaften (*W*) sind Demokratien (*D*).
Æ   In allen Wohlstandsgesellschaften (*W*) herrscht Frieden (*F*).

(1)   In allen Demokratien (*D*) herrscht Frieden (*F*).
(2)   Alle Demokratien (*D*) sind Wohlstandsgesellschaften (*W*).
Æ   In allen Wohlstandsgesellschaften (*W*) herrscht Frieden (*F*).

---

11   Das Prinzip der Falsifikation spielt in dem von Popper entwickelten „kritischen
Rationalismus" eine zentrale Rolle. Vgl. Anm. 4. Zur Erläuterung vgl. *Gehring/
Weins* 2004: 20-25.

Logischer Schluss   Die erste Konklusion ist logisch folgerichtig, die zweite dagegen nicht. Zu diesem Ergebnis gelangen wir, indem wir die Prämissen und die Konklusion in Mengenverknüpfungen ausdrücken. Daraufhin prüfen wir, ob die Mengenverknüpfung der Konklusion in den Mengenverknüpfungen der Prämissen aufgeht. Im ersten Argument sind (1) die demokratischen Staaten eine Teilmenge der friedlichen Staaten ($D \in F$) und (2) die wohlhabenden Staaten eine Teilmenge der demokratischen Staaten ($W \in D$). Zieht man diese Informationen zusammen, so gilt die Mengenverknüpfung: $W \in D \in F$. Und dies impliziert notwendig den Inhalt der ersten Konklusion: Die wohlhabenden Staaten sind Teilmenge der friedlichen Staaten ($W \in F$). Die Mengenverknüpfung der Konklusion geht also in der Mengenverknüpfung der Prämissen auf.

Im zweiten Argument ist die Menge der demokratischen Staaten (1) Teilmenge der friedlichen Staaten ($D \in F$) und (2) Teilmenge der wohlhabenden Staaten ($D \in W$). F und W sind aber verschiedene Grundmengen, über deren Relation uns die Prämissen nichts sagen. Deshalb können wir nicht ausschließen, dass die Menge der wohlhabenden Staaten auch Krieg führende Staaten enthält. Folglich ist der Schluss, dass alle wohlhabenden Staaten Teilmenge der friedlichen Staaten sind ($W \in F$), logisch nicht zwingend. Diese Verknüpfung geht nicht in den Mengenverknüpfungen der Prämissen auf.

Deterministische Beziehungshypothesen lassen sich also nicht nur eindeutig widerlegen. Darüber hinaus kann man auf ihrer Grundlage weitere Beziehungshypothesen logisch zwingend erschließen oder ausschließen.

3.1.3 Probabilistische Variablenlogik

Statistische   Deterministische Beziehungen können durch eine einzige Ge-
Sachverhalte   genbeobachtung endgültig widerlegt werden. Sie können aber durch noch so viele bestätigende Beobachtungen (*Verifikatoren*) niemals *endgültig* verifiziert werden. Insofern besteht eine logische Asymmetrie zwischen theoriebestätigenden und -widerlegenden Beobachtungen. Der Satz „Alle Schwäne sind weiß" wird durch einen einzigen schwarzen Schwan endgültig widerlegt. Aus deterministischer Betrachtung ist der Satz „Alle Schwäne sind weiß" genau so falsch wie der Satz „Alle Schwäne sind schwarz", obwohl doch unbestreitbar ist, dass die weit überwiegende Mehrzahl aller Schwäne weiß ist. Bei deterministischen Beziehungen spielt das Zahlenverhältnis zwischen den Verifikatoren und den Falsifika-

toren einer Beziehung keine Rolle: Eine Beziehung mit millionen-
fachen Verifikatoren und nur einem Falsifikator ist genauso widerlegt wie eine Beziehung mit keinem einzigen Verifikator.
Deterministische Beziehungen sind deshalb blind für statistische
Sachverhalte. Solche Sachverhalte haben aber Überlebenswert
und liegen daher einer jeden Risiko- und Chancenabschätzung
zugrunde. Statistische Sachverhalte sind deshalb Basis jeder informierten Hypothese, Vorhersage und Entscheidungsfindung.

Statistische Sachverhalte werden durch *probabilistische* Be- | Kovarianz von
ziehungen ausgedrückt. Eine Variablenbeziehung ist probabi- | Variablen
listischer Natur, wenn bestimmte Ausprägungen in der einen Variable mit einer bestimmten, über dem Zufall liegenden Wahrscheinlichkeit mit einer bestimmten Ausprägung in der anderen
Variable auftreten. Man kann auch sagen, dass Variationen in der
einen Variable mit einer bestimmten Wahrscheinlichkeit mit Variationen in der anderen Variablen auftreten. Die *Varianzen* der
beiden Variablen überlappen entsprechend mehr oder weniger
deutlich. Sie zeigen ein bestimmtes Maß an *Kovarianz*.

Probabilistische Variablenbeziehungen basieren auf der Wahr-
scheinlichkeitslogik. Eine probabilistische Beziehungshypothese
ist dann gültig, wenn die Anzahl der bestätigenden Beobachtungen signifikant über der *Zufallswahrscheinlichkeit* liegt. Wenn wir
also die These, dass Demokratie und Frieden zusammenhängen,
probabilistisch überprüfen wollen, dann zählen wir die bestätigenden Beobachtungen, also die Fälle, in denen zwischen zwei Demokratien Frieden herrscht, und vergleichen sie mit der Zufallswahrscheinlichkeit.

Die Zufallswahrscheinlichkeit ist die die relative Häufigkeit, mit | Zufallswahrschein-
der eine bestimmte Merkmalsausprägung in einer *Zufallsauswahl* | lichkeit
von Fällen auftritt. Die Zufallswahrscheinlichkeit einer Merkmalsausprägung ist identisch mit der Repräsentanz dieser Ausprägung
in der *Grundgesamtheit*, d. h. der Gesamtheit aller existierenden
Fälle. Ist die Merkmalsausprägung „weiß" in der Grundgesamtheit aller existierenden Schwäne zu 95 Prozent vertreten, so beträgt die Wahrscheinlichkeit, in einer beliebigen Zufallsauswahl
von Schwänen als erstes einen weißen Schwan anzutreffen, ebenfalls 95 Prozent. Wir wollen dies an einem Beispiel verdeutlichen
(Agresti/Finlay: 1997: 80-120).

Angenommen es gäbe in der Welt 142 Staaten mit einer Grund- | Nullhypothese
gesamtheit von 10.000 bilateralen Beziehungen.[12] Nehmen wir | und Zusammen-
hangshypothese

---

[12] Exakt sind es 10.011 bilaterale Beziehungen bei 142 Staaten. Diese Anzahl
      ergibt sich aus einer Matrixbetrachtung. Angenommen wir haben eine Matrix

darüber hinaus an, dass ca. 3.000 dieser bilateralen Beziehungen kriegerisch und ca. 7.000 friedlich sind. Dann beträgt die Wahrscheinlichkeit, in einer beliebigen Zufallsauswahl dieser 10.000 Beziehungen friedliche anzutreffen, genau 0,7 (=7.000/10.000) oder 70 Prozent. Nehmen wir weiterhin an, je 71 der 142 Staaten wären Demokratien und Diktaturen, und nehmen wir zudem an, dass wir aus den rund 2.500 bilateralen Beziehungen zwischen den Demokratien[13] etwa 250 zufällig auswählen. Bestünde zwischen Systemtyp und Konflikt *kein* Zusammenhang, müssten etwa 70 Prozent und also rund 175 dieser Beziehungen friedlich sein. Würden wir aber 240 friedliche Beziehungen zählen, so wäre das ein Anteil von ca. 95 Prozent. Diese Quote liegt deutlich über der Marke von 70 Prozent, die wir erwarten würden, wenn kein Zusammenhang zwischen Demokratie und Frieden bestünde. Die sog. *Nullhypothese*, nach der es einen solchen Zusammenhang nicht gibt, ist folglich zurückzuweisen. Die gegenteilige Hypothese, die sog. *Zusammenhangshypothese*, wäre dagegen zu bestätigen.

Signifikanz einer Variablenbeziehung

Mit statistischen *Beziehungsmaßen* können wir angeben, *wie eng* die Beziehung zwischen Demokratie und Frieden ist. In unserem Beispiel würde sie +0,57 von maximal +1,0 möglichen Skalenpunkten einer sog. *Pearson-Korrelation* betragen.[14] Darüber hinaus können wir berechnen, wie stark die ermittelte Beziehung

---

mit je 142 Zeilen und Spalten für jeden der 142 Staaten, dann repäsentieren die Zellen in dieser Matrix die Paarkombinationen zwischen den Staaten. Dies ergibt 142*142=20.164 Paarungen. Davon sind 142 Eigenpaarungen (die Hauptdiagonale der Matrix) zu subtrahieren: macht 20.022 Paarungen. Diese sind auch noch durch 2 zu teilen, weil jede Paarbeziehung in der Matrix zweimal auftritt (einmal im Dreieck oben rechts und einmal unten links von der Hauptdiagonalen). Somit haben wir (142*142−142)/2=10.011 Paarbeziehungen.

[13]   Exakt wären es (71*71-71)/2=2.485 bilaterale Beziehungen.

[14]   Die Pearson-Korrelation ist ein Beziehungsmaß, das Werte zwischen −1,0 (perfekter negativer Zusammenhang) und +1,0 (perfekter positiver Zusammenhang) annehmen kann. Je näher der Wert an 0 liegt, desto schwächer ist die Beziehung. Die Pearson-Korrelation (r) zwischen zwei Variablen x und y errechnet sich, indem man die Kovarianz dieser Variablen durch das Produkt ihrer Standardabweichungen teilt: $r_{x, y}=cov(x, y)/s_x{}^*s_y$. Die *Kovarianz* ist das Produkt der Varianzen zweier Variablen. Die *Varianz* einer Variablen ist ein Streuungsmaß. Es errechnet sich, indem man alle Abweichungen vom Mittelwert addiert und die Summe dann durch die Anzahl der Fälle teilt. Die Abweichungen jedes Falls werden vor der Addition allerdings quadriert, damit sich positive und negative Abweichungen nicht zu 0 aufwiegen. Deshalb zieht man aus der Varianz nochmals die Quadratwurzel und erhält so die sog. *Standardabweichung* als weiteres Streuungsmaß. Vgl. *Agresti/Finlay* 1997: 318-325.

gegen einen Zufallsirrtum gesichert ist. Bei einer Stichprobe von 250 Fällen aus einer unendlich gedachten Grundgesamtheit liegt die Wahrscheinlichkeit, dass die Beziehung in der Grundgesamtheit *nicht* existiert, bei unter 0,1 Prozent. Wir können also mit einer äußerst geringen Irrtumswahrscheinlichkeit die Nullhypothese zurückweisen und die Zusammenhangshypothese annehmen. In diesem Kontext spricht man auch von statistischer *Signifikanz*. In unserem Fall ist die Irrtumswahrscheinlichkeit sehr gering und damit die Signifikanz sehr hoch. Wir sagen auch, die Beziehung ist hoch signifikant (Agresti/Finlay: 1997: 154-209).

Die deterministische Variablenlogik ist ein sehr grobes analytisches Instrument, weil sie nur die Existenz und Nichtexistenz einer Variablenbeziehung erlaubt. Die probabilistische Logik erlaubt es dagegen, eine Variablenbeziehung numerisch exakt zu erfassen. Sie erfasst den Determinations*grad* einer Beziehung. So kann man genau berechnen, *zu wie viel Prozent* die Varianz in der einen Variable die Varianz in der anderen Variablen erklärt. In unserem konstruierten Beispiel erklärt die Varianz im Merkmal Systemtyp die Varianz im Merkmal Konflikt zu 25 Prozent (dieser Wert ergibt sich aus dem Determinationskoeffizienten, welcher das Quadrat der Pearson-Korrelation ist: $r^2 = 0{,}50 * 0{,}50 = 0{,}25$). Die probabilistische Logik ist sozialwissenschaftlichen Zusammenhängen angemessener als die deterministische Logik, weil die Beziehungen zwischen sozialen Merkmalen so gut wie nie den Charakter naturwissenschaftlicher Gesetze haben, die keine Ausnahmen zuließen. Gesellschaftliche Zusammenhänge sind mehr oder weniger lose Regelbeziehungen.

Kausale Variablenlogik   3.1.4

Das Problem der Kausalität wird in der empirisch-analytischen Wissenschaft nur selten adäquat behandelt (Davis 1985: 118-140). Unzählige „Variablenforscher" insinuieren Kausalität schlicht definitorisch, indem sie eine der Variablen als *unabhängige* und die andere als *abhängige* deklarieren. Damit wird unterstellt, dass Änderungen in der unabhängigen Variablen entsprechende Änderungen in der abhängigen Variablen tatsächlich *verursachen*. Aus der statistischen Beziehung alleine ist dieser Schluss jedoch keineswegs zu ziehen – insbesondere dann nicht, wenn beide Variablen zum selben Zeitpunkt gemessen wurden. Man braucht schon starke theoretische Gründe, um einer statistischen Beziehung zwischen zwei gleichzeitig gemessenen

Zusammenhang ungleich Kausalität

Merkmalen eine eindeutige Wirkungsrichtung zuschreiben zu können.

Manchmal liegen solche Gründe sehr nahe. Wenn wir eine enge Beziehung zwischen der Größe von Bränden und der Menge des Wassereinsatzes der Feuerwehr ermitteln, dann ist es nahe liegend, dass nicht der Wassereinsatz die Brände, sondern umgekehrt die Größe der Brände den Wassereinsatz verursacht hat. Nicht selten aber liegt die kausale Interpretation einer Beziehung nicht so eindeutig auf der Hand. Ein Beispiel dafür gibt unser Schaubild (Abb. 1). Es trägt auf der horizontalen Achse das Ausmaß der individuellen Ressourcen ab, das dem „Durchschnittsmenschen" einer Gesellschaft zur Verfügung steht.[15] Die vertikale Achse zeigt, wie stark in einer Gesellschaft das Streben der Menschen nach persönlicher Selbstentfaltung ausgeprägt ist.[16] Wie die Trendlinie zeigt, gibt es einen linear positiven Zusammenhang: Je reichhaltiger die individuellen Ressourcen in einer Gesellschaft sind, desto stärker ist das Entfaltungsstreben der Menschen in dieser Gesellschaft. Immerhin können wir 72 Prozent der natio-

---

[15]   Grundlage ist ein von Vanhanen erstellter Index, der auf sechs Indikatoren basiert: (1) Anteil der städtischen Bevölkerung (als Indikator für Beschäftigungsvielfalt); (2) Anteil der nicht im Agrarsektor beschäftigten Bevölkerung (als weiterer Indikator für Beschäftigungsvielfalt); (3) die Anzahl der Besucher tertiärer Bildungseinrichtungen pro 100.000 Einwohner (als Indikator für kognitive Ressourcen); (4) die Alphabetisierungsrate (als weiterer Indikator für kognitive Ressourcen); (5) Anteil von Privatbetrieben an der agrarischen Nutzfläche (als Indikator für Streuung von Produktionsbesitz); (6) die Streuung des Produktionsbesitzes außerhalb des Agrarsektors (festgemacht am Wertschöpfungs- oder Beschäftigtenanteil, der nicht auf Staat und Großkonzerne entfällt). Die Indikatoren (1) und (2) fasst Vanhanen zum Index der Beschäftigungsvielfalt zusammen. Die Indikatoren (3) und (4) fasst er zum Index der Wissensverteilung zusammen. Und die Indikatoren (5) und (6) fasst er zum Index der Besitzstreuung zusammen. Diese Zusammenfassungen erfolgen durch arithmetische Mittelungen, außer im Falle der Besitzstreuung, wo der Agrarsektor nach seinem Anteil an der Wertschöpfung gewichtet wird. Dann multipliziert Vanhanen die drei Teilindizes und dividiert das Produkt durch 10.000, so dass der Gesamtindex zwischen 0 und 100 gebunden ist. Vgl. *Vanhanen* 1997: 42-47.

[16]   Die Abbildung stammt aus *Welzel* 1999. Die Entfaltungswerte fassen folgende Einstellungsvariablen zusammen: Priorität für „Schutz der Meinungsfreiheit" und „Einfluss der Bürger auf wichtige Entscheidungen der Regierung", „Teilnahme an Demonstrationen und Unterschriftensammlungen", „Toleranz gegenüber Homosexualität", „Lebenszufriedenheit" und „zwischenmenschliches Vertrauen". Diese Einstellungsvariablen wurden mit dem Verfahren der Faktorenanalyse zusammengefasst. Für eine genauere Beschreibung vgl. *Welzel* 2000: 132-162.

nalen Unterschiede im Entfaltungsstreben mit den Unterschieden in den individuellen Ressourcen erklären.

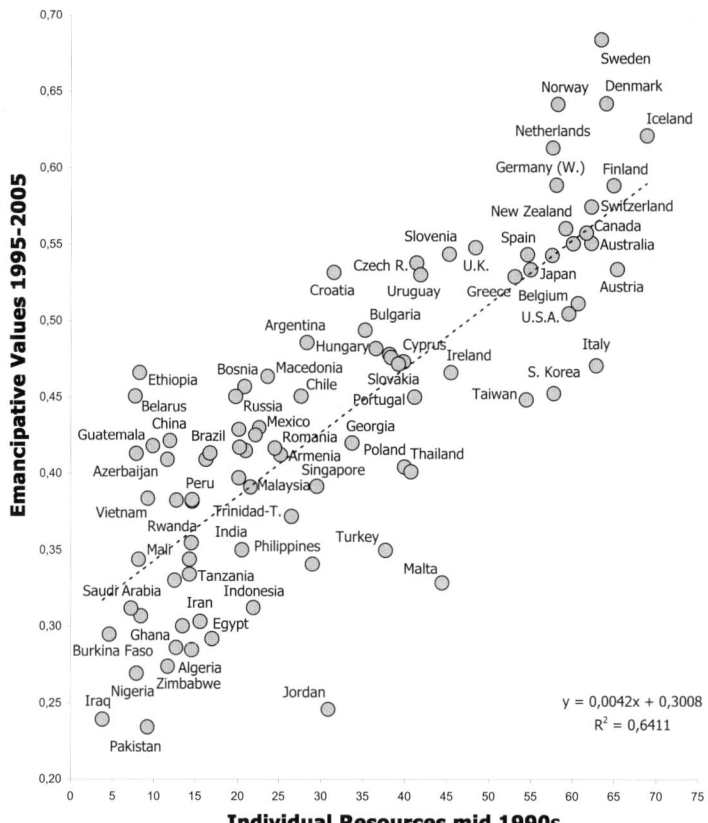

Abb. 1: Entfaltungswerte und individuelle Ressourcen

Dies sagt uns aber nichts über Ursache und Wirkung. Wir können die Achsen genauso gut vertauschen und dann 72 Prozent der Varianz in den individuellen Ressourcen mit der Varianz im Entfaltungsstreben erklären. Auch die Theorie hilft uns hier nicht weiter. Denn für beide Kausalrichtungen gibt es plausible Argumente. Geht man von der Theorie der Anspruchsanpassung (Maslow 1970) aus, dann ist es plausibel, wenn die Menschen Ansprüche auf Selbstentfaltung erst dann stellen, wenn reichhaltige individuelle Ressourcen ihnen entsprechende Entfaltungsmöglichkeiten bieten. Unter dieser Annahme sind die individuellen Ressourcen die Ursache und das Entfaltungsstreben die Wirkung.

Umgekehrt ist es aber ebenso plausibel anzunehmen, dass entfaltungsorientierte Menschen mehr Kreativität entfalten, dadurch produktiver sind und folglich die Ressourcen in einer Gesellschaft mehren. In diesem Falle wären das Entfaltungsstreben die Ursache und der Reichtum an individuellen Ressourcen die Wirkung. Auf der theoretischen Ebene ist die Kausalitätsfrage also nicht zu klären.

Statistische Möglichkeiten der Kausalitätsprüfung

Kann man mit statistischen Mitteln etwas tun, um dieses theoretische Dilemma zu lösen? Durchaus, wenn man sich an das Fundamentaltheorem hält, dass Ursachen ihren Wirkungen zeitlich vorausgehen müssen (Davis 1985). Dazu berechnen wir die Beziehung zwischen Entfaltungsstreben und individuellen Ressourcen in zwei gegenläufigen Sequenzen. Einmal berechnen wir die Beziehung unter der Bedingung, dass die individuellen Ressourcen früher und das Entfaltungsstreben später gemessen ist; und das andere Mal berechnen wir die Beziehung für den umgekehrten Fall. Tatsächlich zeigt sich, dass das Beziehungsmaß deutlich stärker ausfällt, wenn die individuellen Ressourcen *zeitlich vor* dem Entfaltungsstreben gemessen werden. Das ist ein erster Hinweis auf die dominierende Wirkungsrichtung: Reichhaltige individuelle Ressourcen scheinen eher ein stärkeres Entfaltungsstreben zu verursachen als umgekehrt.

Schein-beziehungen

Um einer Variablenbeziehung eine bestimmte Kausalität zuschreiben zu können, genügt es aber nicht, diese Beziehung in gegenläufigen zeitlichen Sequenzen zu untersuchen. Darüber hinaus muss man ausschließen können, dass die untersuchte Beziehung eine *Scheinbeziehung* ist (sog. *statistisches Artefakt*). Zwischen zwei Variablen besteht eine Scheinbeziehung, wenn andere verdeckte Variablen für diese Beziehung verantwortlich sind. In Großstädten kann man eine enge Beziehung zwischen dem täglichen Kohlenmonoxidausstoß und der Anzahl der verspätet zur Arbeit erscheinenden Menschen feststellen. Keines dieser beiden Phänomene ist aber die Ursache des anderen. Sie treten nur deshalb gepaart auf, weil sie eine gemeinsame „dritte" Ursache haben – nämlich das Aufkommen von Verkehrsstaus.

Drittwirkungen

Auch die Beziehung zwischen individuellen Ressourcen und Entfaltungsstreben könnte eine Scheinbeziehung sein. In Anlehnung an Max Weber haben viele Forscher argumentiert, dass Ressourcenreichtum und Entfaltungswerte ein Phänomen protestantischer Gesellschaften seien. Träfe dies zu, so stünden die individuellen Ressourcen und das Entfaltungsstreben in keiner unmittelbar ursächlichen Beziehung zueinander. Statistisch bestünde die Beziehung nur deshalb, weil Ressourcenreichtum und

Entfaltungsstreben eine gemeinsame, aber „dritte" Ursache im Protestantismus haben.

Solche Scheinbeziehungen kann man aufdecken, indem man sie nach der potentiell „dritten" Ursache kontrolliert (*Drittvariablenkontrolle*). Handelt es sich um eine Scheinbeziehung, so bricht sie nach Kontrolle der Drittvariablen zusammen. In unserem Beispiel habe ich die Beziehung zwischen individuellen Ressourcen und Entfaltungsstreben nach dem Anteil der Protestanten in einer Gesellschaft kontrolliert. Die Beziehung brach nicht zusammen, sondern es zeigte sich im Gegenteil, dass der Protestantismus überhaupt keinen Einfluss auf das Entfaltungsstreben hat, sobald man die ökonomische Entwicklung berücksichtigt.

Drittvariablen-kontrolle als Kausalitätstest

Unsere Daten erlauben einen Einblick in ein weiteres Problem, das in den Sozialwissenschaften zu selten angegangen wird: nämlich die Frage nach den Wechselwirkungen zwischen Beziehungen auf der Individualebene und Beziehungen auf der Aggregatebene (*Mehr-Ebenen-Problem*). In allen Gesellschaften, für die wir Umfragedaten haben, gibt es einen signifikanten Zusammenhang zwischen den individuellen Ressourcen und dem Entfaltungsstreben der Individuen: Die Menschen sind um so entfaltungsorientierter, je höher ihr Einkommen und ihre Bildung sind. Auf der Individualebene beziffert sich dieser Zusammenhang aber lediglich auf eine Pearson-Korrelation von 0,21. Auf der Aggregatebene, also im Durchschnitt über nationale Gesellschaften, beläuft sich der gleiche Zusammenhang dagegen auf eine Pearson-Korrelation von 0,85 (Welzel/Inglehart/Klingemann 2003). Folglich verstärkt sich die Beziehung zwischen individuellen Ressourcen und Entfaltungsstreben beim Transfer von der Individual- auf die Aggregatebene. Diese Beobachtung lässt sich auf soziale Verstärkereffekte zurückführen. Die Wohlhabenden und Gebildeten sind in jeder Gesellschaft entfaltungsorientierter als die weniger Wohlhabenden und weniger Gebildeten. Wenn es aber mehr Wohlhabende und Gebildete gibt, dann verstärken sie sich wechselseitig in ihrem Entfaltungsstreben. Auf diese Weise wird das Entfaltungsstreben auch im gesamtgesellschaftlichen Durchschnitt angehoben. Das Entfaltungsstreben des Einzelnen ist darum nicht nur eine Funktion der jeweils eigenen Bildung und des eigenen Wohlstands; es ist auch eine Funktion des Anteils der Menschen mit Bildung und Wohlstand. Soziale Verstärkung macht daher die Unterschiede zwischen den Gesellschaften größer, als es die Unterschiede zwischen den Individuen in derselben Gesellschaft sind. Das ist ein

Mikro-Makro-Beziehungen

Grund, warum die gleichen Effekte auf der Aggregatebene stärker ausfallen als auf der Individualebene.[17]

Anhand dieses Beispiels zu Wertewandel und ökonomischer Entwicklung lässt sich nachvollziehen, wie man konkurrierende Hypothesen testet und einen Beitrag zur Hypothesenselektion und damit zur Theoriefortbildung leistet.

Tab. 1: Übersicht zu Untersuchungsmethoden und ihrem Nutzen zur Theoriebildung

| | Anlage der Untersuchung: | | | |
	Einzelfallstudie (N=1)		Quasi-experimentelle und experimentelle* Studie (N > 1)	
Untertyp:	Narrative Fallstudie	Studie eines „kritischen" Falls	Qualitative Studie mit kleiner Fallzahl	Quantitative Studie mit großer Fallzahl
Kontrolle von Varianz:	Keine Varianzkontrolle	Keine Varianzkontrolle	Varianzkontrolle durch gezielte Fallauswahl	Varianzkontrolle durch multivariate Analyse
Nutzen für Theoriebildung:	Ohne Nutzen für allgemeine, prüfbare Theorien	Nützlich für Plausibilitätstests und Hypothesenbildung	Nützlich zum Test deterministischer Theorien	Nützlich zum Test probabilistischer Theorien
Ziel:	Rekonstruktion von Komplexität	Generalisierung regulärer Muster		

→

Von *Fall-* zur *Variablen*-Orientierung

*Anmerkung: In experimentellen Studien besteht höchstmögliche Varianzkontrolle durch geplante Kontrolle des Stimulus, dessen Wirkung es zu erforschen gilt.

3.2   Die Forschungspraxis

3.2.1   Operationalisierung des Untersuchungsplans

Theoretische Relevanz als Ausgangskriterium

Auf der Grundlage des bisher Gesagten gibt Tabelle 1 eine Übersicht über verschiedene Untersuchungstypen und deren Beitrag

---

[17]   Allerdings hat nicht jede Beziehung auf der Makroebene ihre Entsprechung auf der Mikroebene und umgekehrt. Deshalb ist nicht ungeprüft von einer Ebene auf die andere zu schließen *Inglehart/Welzel* 2003.

zur Theoriebildung. Ungeachtet der dort aufgeführten Unterschiede muss die Qualität eines Untersuchungsplans zunächst eine theoretische sein. Es geht in der Politikwissenschaft nicht darum, jede beliebige Variablenbeziehung zu untersuchen. Ein Untersuchungsplan gewinnt erst durch die theoretische und praktische Relevanz der Problemstellung an Attraktivität. Die großen Fragen der international vergleichenden Politikforschung sind immer noch die nach den Grundlagen der Demokratie, nachhaltiger Wohlstandstandsentwicklung und friedlicher Konfliktregelung. Untersuchungspläne, die sich auf diese und davon abgeleitete Probleme beziehen, erfüllen das theoretische Relevanzkriterium.

Auf der forschungspraktischen Ebene sind die Anforderungen an ein erfolgreiches Untersuchungsprogramm indes nicht minder anspruchsvoll. Der praktische Erfolg entscheidet sich an zwei Aufgabenstellungen: der *Erhebung* bzw. Aufzeichnung und der *Analyse* von empirischen Informationen. Diese Arbeitsschritte unterliegen Regeln, die wir als Forschungstechniken bezeichnen. Ein konkretes Untersuchungsprogramm wird immer durch die Verbindung von Erhebungs- mit Analysetechniken konstituiert.

Am Anfang der praktischen Umsetzung eines Untersuchungsplans steht die *Operationalisierung* der theoretisch interessierenden Variablen. Dies beinhaltet die Erstellung eines *Verschlüsselungsplans*, der die Regeln dokumentiert, nach denen empirische Informationen in die Merkmalsausprägungen der interessierenden Variablen überführt werden. Der Verschlüsselungsplan kann ein verbales *Kategorien-* oder ein numerisches *Kodierungsschema* sein. Was man für jeden Verschlüsselungsplan braucht, sind *operationale Definitionen* für die Ausprägungen der interessierenden Variablen. Interessiert uns die Variable „zwischenstaatliche Beziehung", so können wir sie ordinal nach den folgenden Ausprägungen definieren: (1) „militärischer Konflikt", wenn es zwischen zwei Staaten zu bewaffneten Auseinandersetzungen kommt; (2) „militärische Spannung", wenn es zwischen zwei Staaten zu Androhungen militärischer Gewalt kommt; (3) „diplomatische Spannung", wenn es zu feindseligen Handlungen unterhalb der militärischen Ebene kommt; (4) „friedliche Beziehungen", wenn es zu keinerlei feindseligen Handlungen kommt; (5) „freundschaftliche Beziehungen", wenn zwei Staaten vertragliche Kooperationsbeziehungen unterhalten. Diese operationale Definition enthält bereits einen numerischen Kodierungsschlüssel und bestimmt, welche Informationen wir brauchen, um die Variable „zwischenstaatliche Beziehung" bilden zu können. Der nächste

Operationalisierung

Schritt besteht deshalb in der Erschließung der Quellen, die diese Informationen enthalten.

3.2.2 Informationsquellen

Als Informationsquellen dienen überlieferte Aufzeichnungen in Bild und Ton, zumeist aber in Form von Texten (Akten, Protokolle, Gesetzes- und Beschlusstexte, Programmtexte, Memoiren etc.) und Zahlenmaterial (amtliche oder sonstige Statistiken). Informationsquellen können aber auch vom Forscher selbst erhoben werden – und zwar durch Befragung, Beobachtung, Experiment oder Simulation. Bei diesen Verfahren erzeugt der Forscher seine Informationsquellen durch Interviewaufzeichnungen, Beobachtungs- und Versuchsprotokolle. Dabei kann er genau die Informationen erheben, die zur Beantwortung der Forschungsfragen erforderlich sind.

Reliabilität und Validität Bei der Gewinnung von Informationen aus überlieferten und erhobenen Quellen sind natürlich die Regeln der Quellenkritik zu beachten. Dabei sind zwei Kernforderungen an die Qualität der Informationsquellen zu stellen: nämlich *Reliabilität* (Verlässlichkeit) und *Validität* (Gültigkeit). Reliabel sind Informationen, wenn sie durch Wiederholung der gleichen Erhebungsprozedur reproduziert werden können. Valide sind Informationen, wenn sie genau die Merkmale erfassen, die auch erfasst werden sollen (Müller-Rommel/Schmidt 1979: 76-129).

3.2.3 Erhebungsverfahren

Befragung Als *Befragung* bezeichnen wir Erhebungen, bei denen Personen interviewt werden. Die Befragung ist die wichtigste Methode zur Gewinnung von Individualdaten (Schumann 1997). Hinsichtlich der Untersuchungseinheit unterscheidet man Experten- und Gruppenbefragungen sowie repräsentative Bevölkerungsumfragen. Bei Expertenbefragungen wird eine Auswahl (*Stichprobe*) oder eine Grundgesamtheit von Sachverständigen (*Vollerhebung*) auf Informationen befragt, die nur sie als Insider geben können. Von Bedeutung sind Elitenbefragungen, aus denen sich Informationen über die an politischen Entscheidungen beteiligten Akteure, die Einflussverteilung zwischen diesen Akteuren und die Ablaufmuster der Entscheidungsprozesse gewinnen lassen. Demgegenüber wird bei Bevölkerungsumfragen eine Zufallsstichpro-

be der Bevölkerung auf politische Einstellungen und Verhaltens-
bereitschaften befragt. Nach den Gesetzen der Wahrscheinlichkeit
kann aus den Merkmalsbeziehungen in der Stichprobe auf die
Merkmalsbeziehungen in der Grundgesamtheit geschlossen werden (*Repräsentationsschluss*) (Bürklin 1995).

Unter *Beobachtung* verstehen wir Erhebungen, bei denen der   Beobachtung
Forscher ein zu untersuchendes Geschehen direkt mitverfolgen
kann. In der Politikwissenschaft eignet sich die Beobachtung zur
Erhebung von Informationen über institutionelle Entscheidungsprozesse, so zum Beispiel von parlamentarischen Gesetzgebungs-
verfahren. Allerdings bleibt der Forschung ein geregelter Zugang
zu den wichtigen informellen Entscheidungsprozessen häufig
versagt. Beobachtungstechnisch lassen sich die offene und verdeckte sowie die teilnehmende und nicht-teilnehmende Beobachtung unterscheiden (Atteslander 1995: 95-128).

In *Experimenten* werden die Informationen aus kontrollierten   Experiment
Versuchen gewonnen. Üblicherweise werden die Probanden in
eine Testgruppe und eine Kontrollgruppe geteilt. Die Testgruppe
wird einem gezielten Stimulus ausgesetzt, dem die Kontrollgruppe nicht ausgesetzt wird. Hält man dabei alle Randbedingungen
konstant, lässt sich ein Stimulus-Reaktions-Mechanismus isolieren, der sich in eine Variablenbeziehung übersetzen lässt. Das
Experiment hat große Bedeutung in der Sozialpsychologie, wo
man das soziale Verhalten kleiner Personengruppen untersuchen
kann. Die großen Untersuchungsfelder der Politikwissenschaft,
wie zum Beispiel Staatsaktivitäten, entziehen sich dagegen einer
experimentellen Kontrolle durch den Forscher. Kontrollierte Experimente waren in der Politikwissenschaft daher lange Zeit von
untergeordneter Bedeutung, werden in jüngster Zeit aber wichtiger – z. B. um kognitive Prozesse der politischen Präferenzbildung und der Wählerentscheidung nachzuvollziehen.

Wegen der ungeheuren Fortschritte in der elektronischen Da-   Simulation
tenverarbeitung gewinnt die *Simulation* immer mehr an Bedeutung. Bei diesem Verfahren werden aus vorhandenen Daten und
gesetzten Prämissen fehlende Daten geschätzt. Von Bedeutung
ist beispielsweise die *multiple imputation*, bei der fehlende Daten
(*missing values*) in einem iterativen Verfahren geschätzt werden,
um auch für Subgruppenvergleiche noch genügend Fälle zur Verfügung zu haben. Ebenso sind Simulationen für Extrapolationen
von Bedeutung. Dabei nutzt man die Informationen über vorhandene Variablenbeziehungen sowie eine oder mehrere zusätzliche
Annahmen, um zukünftige Entwicklungen zu schätzen. Wenn
man beispielsweise weiß, dass pro Einheit Wirtschaftswachstum

auch das Entfaltungsstreben um einen bestimmten Betrag ansteigt (vgl. Beispiel in 2.1.4), dann kann man unter der zusätzlichen Annahme, dass die Wirtschaft pro Jahr um zwei Prozent wächst, schätzen, auf welchem Niveau das Entfaltungsstreben in fünf Jahren liegen wird (King/Tomz/Wittenberg 2000: 341-355).

3.2.4 Analyseverfahren

Nach der Erschließung und Aufbereitung der Quellen erfolgt die Kategorisierung und Kodierung der Informationen. Dabei werden die in den erschlossenen Quellen befindlichen Informationen anhand des Verschlüsselungsplans in die Merkmalsausprägungen der erforderlichen Variablen übersetzt. Ist dieser Schritt abgeschlossen, kann die eigentliche Informationsauswertung beginnen.

Die Informationsauswertung folgt den Regeln bestimmter Analysetechniken. Innerhalb der Analysetechniken ist wiederum zwischen qualitativen und quantitativen Verfahren zu trennen. Bei qualitativen Verfahren werden Variablenbeziehungen zwischen qualitativen Merkmalen, bei quantitativen solche zwischen quantitativen Merkmalen untersucht (Backhaus/Erichson/Plinke 1987; Gehring/Weins 2004; Lauth/Pickel/Pickel 2015). Wie schon erwähnt, muss eine Sozialwissenschaft, die Variablenbeziehungen untersucht, vergleichend arbeiten. Darin unterscheiden sich quantitative und qualitative Verfahren nicht. Beide arbeiten beispielsweise im Mehr-Länder-Vergleich und folgen einer *quasi-experimentellen Logik*, indem sie den Effekt einer unabhängigen Variable auf eine abhängige Variable unter Kontrolle der Randbedingungen prüfen. In der grundsätzlichen Zielstellung, Variablenbeziehungen zu isolieren, unterscheiden sich die beiden Verfahren nicht.

Kontrolle von
Randbedingungen
durch Fallauswahl

Die beiden Verfahren unterscheiden sich aber in der Art und Weise, wie sie die Randbedingungen kontrollieren und die interessierenden Variablenbeziehungen isolieren. Im qualitativen Vergleich wird dies durch eine gezielte Auswahl der untersuchten Länder erreicht. Vereinfacht gesagt, sucht man nach Fällen, die sich nur in den interessierenden Merkmalen unterscheiden, ansonsten aber gleiche Randbedingungen aufweisen (*most similar cases design*). Auf diese Weise lässt sich ausschließen, dass die interessierenden Merkmalsbeziehungen lediglich Artefakte einer anderen Beziehung sind, die nicht berücksichtigt wurde (Aarebrot/Bakka 1997: 46-66).

Angenommen wir stellen fest, dass Länder, die demokratischer sind als andere zugleich auch friedlicher sind. Wenn sich die demokratischeren Länder nun auch in einigen anderen Merkmalen von den übrigen Ländern unterscheiden, so können wir nicht ausschließen, dass es diese anderen Merkmale sind, die die Demokratien friedlicher machen. Um in dieser Frage mehr Gewissheit zu erlangen, müssen wir die Beziehung zwischen Demokratie und Frieden isolieren. Dies geschieht dadurch, dass wir die Länder betrachten, die in allen Merkmalen gleich sind außer dem Demokratisierungsgrad. Sollte sich dann immer noch zeigen, dass die demokratischeren auch die friedlicheren Länder sind, so könnten wir sicher sein, dass dieser Zusammenhang kein statistisches Artefakt ist.

In vergleichbarer Weise haben *Berg-Schlosser/de Meur* die Frage des Zusammenbruchs bzw. Überlebens von Demokratien der Zwischenkriegszeit untersucht. Dabei haben sie verschiedene Zusammenbruchsbedingungen getestet, zum Beispiel ob das Militär politisch intervenierte oder ob es zu sozialen Unruhen kam. Die Logik ihres Verfahrens basiert auf dem Vergleich von Ländergruppen mit unterschiedlichen Merkmalskombinationen. Im ersten Schritt betrachtet man beispielsweise nur die Länder, in denen es keine politische Intervention des Militärs gab, um zu sehen, ob dann soziale Unruhen den Ausschlag zum Zusammenbruch der Demokratie gaben. Im nächsten Schritt betrachtet man die Länder ohne soziale Unruhen, um zu erkennen, ob die Intervention des Militärs den Ausschlag gab. Um auch komplexere Bedingungsverknüpfungen zu testen, haben Berg-Schlosser/de Meur ein computergestütztes Programm (QCA: *Qualitative Comparative Analysis*) verwendet, das durch die Bildung von Fallgruppen die interessierenden Bedingungen konstant hält und variiert (Berg-Schlosser/de Meur 1994: 253-279; Ragin 1987).

Die Analyse von Berg-Schlosser/de Meur demonstriert die Vorzüge des makro-qualitativen Ländervergleichs. Das qualitative Verfahren ist geeignet, um die *Notwendigkeit* einer Bedingung für den Eintritt eines erwünschten Effekts zu untersuchen. Gleichermaßen eignet es sich, um das *Genügen* einer Bedingung für die Vermeidung eines unerwünschten Effekts zu testen. Die Stärke dieses Verfahrens kommt dann zum Tragen, wenn es um Phänomene geht, die eine sehr kleine Grundgesamtheit von Fällen umfassen – beispielsweise die Demokratien der Zwischenkriegszeit. Qualitative Verfahren eignen sich vor allem zur Untersuchung *deterministischer* Beziehungen zwischen *dichotomen* Merkmalen in *kleinen* Grundgesamtheiten.

> Qualitative
> Comparative
> Analysis

Kontrolle von
Randbedingungen
durch multivariate
Analyse

Spiegelbildlich dazu verhalten sich die Vorzüge der quantitativen Verfahren, wie der *multiplen Korrelations- oder Regressionsanalyse*. Sie eignen sich besonders zur Analyse *probabilistischer* Beziehungen zwischen *metrischen* Merkmalen in *großen* Grundgesamtheiten. In quantitativen Verfahren wird die Kontrolle der Randbedingungen nicht durch gezielte Fallauswahl erreicht, sondern dadurch, dass man die Randbedingungen explizit als Kontrollvariablen modelliert. Diese Vorgehensweise erfordert möglichst viele Fälle, welche die Variation in allen relevanten Merkmalen breit abdecken. Damit ändert sich der Fokus der Untersuchung: Er verlagert sich noch mehr von den Fällen auf die Variablen. Quantitative Methoden kommen deshalb dem Kernanliegen empirisch-analytischer Politikwissenschaft, nämlich der Entdeckung fallunspezifischer Variablenbeziehungen, noch näher.

4. Schlussbemerkungen

Die Möglichkeiten der empirisch-analytischen Politikwissenschaft kommen insbesondere dann zur Entfaltung, wenn Anstrengungen der Datenerhebung mit neuen Theorien verknüpft werden. Ein Beispiel für eine solche Verknüpfung sind die *World Values Surveys*. Aus diesem internationalen Verbundprojekt ist eine exzeptionelle Datenkollektion mit repräsentativen Umfragen aus über 90 Nationen aller Kontinente entstanden. Mit den Daten der Weltwertestudien lässt sich nachweisen, dass außerordentlich enge Beziehungen zwischen der ökonomischen Entwicklung, der Stärke von Selbstentfaltungswerten und dem Demokratisierungsgrad von Nationen bestehen. Dieser Befund hat auch neue Vorstöße in der Theoriebildung angeregt.

Bisher wurden die Beziehungen zwischen Wirtschaftsentwicklung, Wertewandel und Demokratisierung immer nur als zweiseitige Merkmalsbeziehungen diskutiert. Die Beziehungen zwischen diesen drei Prozessen wurden selten als Gesamtzusammenhang konzeptualisiert. Dadurch geriet aus dem Blick, in welchem Fluchtpunkt diese drei Prozesse zusammenlaufen und was sie also substantiell verbindet. Deshalb haben Forscher der Weltwertestudien nach der tragenden Grunddimension sozialen Wandels gefahndet, die diesen drei Prozessen gemeinsam ist. Kennt man diese Grunddimension, lässt sich die je spezifische Funktion der Teilprozesse im Gesamtprozess besser „verstehen".

Diese gemeinsame Grunddimension lässt sich als „Humanentwicklung" charakterisieren, womit wir die wachsende Optionsviel-
falt menschlichen Handelns in der Gesellschaft meinen. Die Teilprozesse tragen auf je spezifische Weise zur Humanentwicklung
bei, indem sie bestimmte Einschränkungen menschlicher Freiheit verringern. Die Wirtschaftsentwicklung verringert Einschränkungen auf der ökonomisch-materiellen Ebene; der Wertewandel
verringert Einschränkungen auf der ethisch-motivationalen Ebene; und die Demokratisierung verringert Einschränkungen auf
der rechtlich-institutionellen Ebene. Alle drei Prozesse hängen
empirisch sehr eng miteinander zusammen. Und dafür bietet die
Theorie der Humanentwicklung ein umfassenderes Verständnis
(Welzel 1999; Welzel/Inglehart/Klingemann 2003).

Was also braucht man, um ein erfolgreiches Forschungsprogramm im Sinne der empirisch-analytischen Sozialforschung zu
verfolgen? *Erstens* bedarf es eines praxisrelevanten Problems mit
Gemeinwohlbezug. Solche Probleme können die Förderung der
Demokratie, friedlicher Konfliktregelung oder nachhaltigen Wachstums oder daraus abgeleitete Teilprobleme sein. *Zweitens* bedarf
es eines Satzes etablierter Theorien über Variablenbeziehungen
im Sinne der Bedingungen, die zur Maximierung eines wünschbaren Effektes (Demokratie, Frieden, Wohlstand etc.) beitragen.
Drittens sollte man über eine eigene theoretische Idee verfügen,
die eine neue Beziehungshypothese zum etablierten Theoriestock
hinzufügt. Dadurch werden neue Variablen oder neue Verknüpfungen zwischen bestehenden Variablen in die Diskussion eingeführt. *Viertens* muss man die Variablenbeziehungen spezifizie-
ren, die als „Verifikatoren" und „Falsifikatoren" der eigenen und
konkurrierenden Theorien anzusehen sind. Damit ist die Kon-
zeptualisierung eines Forschungsprogramms abgeschlossen, und
es folgt die praktische Umsetzung.

Die Untersuchungspraxis beginnt *fünftens* mit der Operationalisierung, bei der man Verschlüsselungspläne konstruiert, mit deren Hilfe man die Informationen einer Quelle in die Ausprägungen der gesuchten Variablen überführen kann. *Sechstens* müssen
wir überlieferte Quellen erschließen oder selbst welche erheben.
Diese Quellen müssen für eine Auswahl oder eine Grundgesamtheit von Fällen die benötigten Informationen enthalten. Nach der
Quellenerschließung folgt *siebtens* die Informationserfassung, das
heißt die variablengenerierende Verschlüsselung der Informationen. Ist die Informationserfassung abgeschlossen, beginnt *ach-
tens* die Auswertung, die dann *neuntens* in ein Forschungsergeb-
nis mündet. An letzter Stelle steht *zehntens* die Niederschrift und

Dokumentation der Forschungsergebnisse für fachwissenschaftliche Publikationen. Diese bilden dann die Grundlage für weitere Forschungen. Hieran kann ein neues Forschungsprogramm anknüpfen, und so setzt sich der Forschungsprozess fort. Um es mit Mattei Dogan zu halten, wird ein erfolgreiches Forschungsprogramm durch die „Troika aus Theorie, Daten und Methode" vorangebracht, wobei die Theorie plausibel, die Daten aussagefähig und die Methode aufschlussreich sein muss.

Literatur

Annotierte Auswahlbibliografie
Agresti, Alan/Finlay, Barbara (2008): Statistical Methods for the Social Sciences, 4. Aufl., New Jersey (hier: 1997).
Ein didaktisch hervorragend aufbereitetes Werk, das Einstieg und Vertiefung in quantitative Methoden vermittelt.

Behnke, Joachim/Baur, Nina/Behnke, Nathalie (2010): Empirische Methoden der Politikwissenschaft, 2. Aufl., Paderborn u.a.
Vermittelt einen umfassenden und sehr verständlichen Überblick in qualitative und quantitative Methoden, die für die Politikwissenschaft relevant sind.

Føllesdal, Dagfinn/Walløe, Lars/Elster, Jon (1988): Rationale Argumentation. Ein Grundkurs in Argumentations- und Wissenschaftstheorie, Berlin.
Lichbach, Mark Irving/Zuckerman, Alan S. (1997): Comparative Politics. Rationality, Culture, and Structure, Cambridge.
Diese beiden Werke sind zum Verständnis der methodologischen Grundlagen der Politikwissenschaft zu empfehlen. Das erste Buch stellt die Grundlagen der Argumentationslogik heraus; das zweite gibt einen Überblick über die disziplinären Ausrichtungen der Politikwissenschaft.

Meinefeld, Werner (1995): Realität und Konstruktion, Opladen.
Der Autor gibt eine aktuelle und instruktive Aufarbeitung der Verstehen-Erklären-Kontroverse mit dem Versuch einer Synthese.

Ragin, Charles (1987): The Comparative Method, Berkeley.
Was oben für die quantitativen Methoden gilt, gilt hier für die qualitativen.

Weiterführende Literatur:
Aarebrot, Frank H./Bakka, Paul H. (1997): Die vergleichende Methode in der Politikwissenschaft, in: Berg-Schlosser, Dirk/Müller-Rommel, Ferdinand (Hrsg.): Vergleichende Politikwissenschaft, Opladen, S. 49-66.
Adorno, Theodor W. et al. (Hrsg.) (1972): Der Positivismusstreit in der deutschen Soziologie, Berlin.

Agnoli, Johannes (1973): Thesen zur Transformation der Demokratie und zur außerparlamentarischen Opposition, in: Matz, Ulrich (Hrsg.): Grundprobleme der Demokratie, Darmstadt, S. 461-471.

Albert, Hans (1972): Der Mythos der totalen Vernunft, in: Adorno, Theodor W. et al. (Hrsg.): Der Positivismusstreit in der deutschen Soziologie, Berlin, S. 193-234.

Albert, Hans (1990): Theorie und Praxis. Max Weber und das Problem der Werturteilsfreiheit und der Rationalität, in: Albert, Hans/Topitsch, Ernst (Hrsg.): Werturteilsstreit, Darmstadt, S. 200-236.

Alemann, Ulrich von (Hrsg.) (1995): Politikwissenschaftliche Methoden. Grundriss für Studium und Forschung, Opladen.

Alemann, Ulrich von/Forndran, Erhard (1974): Methodik der Politikwissenschaft, Stuttgart.

Aristoteles (1968): Politik, herausgegeben von E. Grassi, Hamburg.

Atteslander, Peter (1995): Methoden der empirischen Sozialforschung, Berlin/New York.

Backhaus, Klaus/Erichson, Bernd/Plinke, Wulff (1987): Multivariate Analysemethoden. Eine anwendungsorientierte Einführung, Berlin.

Benninghaus, Hans (1996): Einführung in die sozialwissenschaftliche Datenanalyse, München.

Berg-Schlosser, Dirk/de Meur, Giselle (1994): Conditions of Democracy in Interwar Europe. A Boolean Test of Major Hypotheses, in: Comparative Politics 26 (3), S. 253-279.

Berg-Schlosser, Dirk/Maier, Herbert/Stammen, Theo (2012): Einführung in die Politikwissenschaft, 8. Aufl., München.

Betti, Emilio (1972): Die Hermeneutik als allgemeine Methode der Geisteswissenschaften, Tübingen.

Beyme, Klaus von (2006): Die politischen Theorien der Gegenwart, 8. Aufl., München.

Beyme, Klaus von et al. (1987): Funk-Kolleg Politik, Bd. 2, Frankfurt.

Bürklin, Wilhelm (1995): Umfrageforschung und Sekundäranalyse von Umfragen, in: Alemann, Ulrich von (Hrsg.): Politikwissenschaftliche Methoden, München.

Davis, James (1985): The Logic of Causal Order, Beverly Hills.

DeVellis, R. F. (1991): Scale Development. Theory and Applications, Newbury Park/London.

Diekmann, Andreas (2010): Empirische Sozialforschung. Grundlagen, Methoden, Anwendungen, 4. Aufl., Reinbek.

Dilthey, Wilhelm (1924): Ideen über eine beschreibende und zergliedernde Psychologie [1894], in: Dilthey, Wilhelm: Gesammelte Schriften, Bd. V, Berlin u. a., S. 139-240.

Gadamer, Hans Georg (1969): Wahrheit und Methode. Grundzüge einer philosophischen Hermeneutik, Tübingen.

Gadamer, Hans Georg (1972): Hermeneutik als praktische Philosophie, in: Riedel, Manfred (Hrsg.): Rehabilitierung der praktischen Philosophie, Freiburg i. Br., S. 325-344.

Gehring, Uwe W./Weins, Cornelia (2004): Grundkurs Statistik für Politologen, 4. Aufl., Opladen/Wiesbaden.

Görtz, G. (2006): Social Science Concepts, Princeton.

Habermas, Jürgen (1970): Der Universalitätsanspruch der Hermeneutik, Tübingen.

Habermas, Jürgen (1972): Analytische Wissenschaftstheorie und Dialektik, in: Adorno, Theodor W. et al. (Hrsg): Der Positivismusstreit in der deutschen Soziologie, Berlin, S. 155-192.

Hennis, Wilhelm (1973): Die missverstandene Demokratie. Demokratie, Verfassung, Parlament, Freiheit, Freiburg.

Inglehart, Roland/Welzel, Christian (2003): Democratic Institutions and Political Culture, in: Comparative Politics 35 (4), S. 61-79.

King, Gary/Keohane, Robert O./Verba, Sidney (1994): Designing Social Inquiry, Princeton.

King, Gary/Tomz, Michael/Wittenberg, Jason (2000): Making the Most of Statistical Analyses, in: American Journal of Political Science 44 (2), S. 341-355.

Krämer, Walter (1991): So lügt man mit Statistik, Frankfurt/New York.

Kriz, Jürgen/Nohlen, Dieter/Schultze, Rainer-Olaf (Hrsg.) (1994): Politikwissenschaftliche Methoden, München (= Nohlen, Dieter (Hrsg.): Lexikon der Politik, Bd. 2).

Kromrey, Helmut (1995): Empirische Sozialforschung. Modelle und Methoden der Datenerhebung und Datenauswertung, Opladen.

Lauth, Hans-Joachim/Pickel, Gert/Pickel Susanne (2015): Methoden der vergleichenden Politikwissenschaft, 2. Aufl., Wiesbaden.

Lipset, Martin Seymour (1960): Political Man. The Social Bases of Politics, New York.

Maslow, Adam (1970): Motivation and Personality, New York.

Miller, Warren (1999): Temporal Order and Causal Inference, in: Political Analysis 8 (2), S. 119-146.

Müller-Rommel, Ferdinand/Schmidt, Manfred G. (1979): Empirische Politikwissenschaft, Stuttgart.

Oneal, John R./Russett, Bruce (1999): The Kantian Peace: The Pacific Benefits of Democracy, Interdependence, and International Organizations, in: World Politics 52 (1), S. 1-37.

Opp, Karl-Dieter (1999): Methodologie der Sozialwissenschaften. Einführung in Probleme ihrer Theoriebildung und praktischen Anwendung, Opladen.

Pickel, Susanne/Pickel, Gert/Lauth, Hans-Joachim/Jahn, Detlef (2008) (Hrsg.): Methoden der vergleichenden Politik- und Sozialwissenschaft. Neuere Entwicklungen und Anwendungen, Wiesbaden.

Popper, Karl R. (1972): Die Logik der Sozialwissenschaften, in: Adorno, Theodor et al. (Hrsg.): Der Positivismusstreit in der deutschen Soziologie, Berlin, S. 103-124.

Popper, Karl R. (1989): Logik der Forschung, Tübingen.

Przeworski, Adam/Teune, Henri (1970): The Logic of Comparative Social Inquiry, New York.

Wolf, Christof/Best, Henning (2010): Handbuch sozialwissenschaftliche Datenanalyse, Wiesbaden.

Schmidt, Manfred G. (1999): Ist die Demokratie wirklich die besten Staatsverfassung, in: ÖZP 2, S. 187-200.

Schnell, Rainer/Hill, Paul B./Esser, Elke (1993): Methoden der empirischen Sozialforschung, München/Wien.

Schumann, Siegfried (1997): Repräsentative Umfrage. Praxisorientierte Einführung in empirische Methoden und statistische Analyseverfahren, München.

Stegmüller, Wolfgang (1969): Probleme und Resultate der Wissenschaftstheorie und Analytischen Philosophie, Bd. 1, Berlin u.a.

Vanhanen, Tatu (1997): Prospects for Democracy, London.

Wagschal, Uwe (1999): Statistik für Politikwissenschaft, München/Wien.

Weber, Max (1977): Politik als Beruf, München.

Welzel, Christian (1999): Fluchtpunkt Humanentwicklung. Modernisierung, Wertewandel und Demokratie in globaler Perspektive, FU Berlin: Habilitationsschrift, Berlin (unter gleichem Titel erschienen im Westdeutschen Verlag 2002).

Welzel, Christian (2000): Humanentwicklung und Demokratie, in: Lauth, Hans-Joachim/Pickel, Gerd/Welzel, Christian (Hrsg.): Empirische Demokratiemessung, Opladen, S. 132-162.

Welzel, Christian/Inglehart, Roland/Klingemann, Hans-Dieter (2003): The Theory of Human Development: A Cross-Cultural Analysis, in: European Journal of Political Research 42 (2), S. 341-380.

Wright, Georg Henrik von (1974): Erklären und Verstehen, Frankfurt a. M.

Wissenschaftliches Arbeiten im Studium: Wie schreibe ich eine Hausarbeit?

Christoph Wagner

1. Einleitung

Mit der 1999 von den Bildungsministern aus 29 europäischen Ländern unterzeichneten Bologna-Erklärung sollte eine europaweite Harmonisierung von Studiengängen und -abschlüssen sowie eine Förderung der internationalen Mobilität der Studierenden erreicht werden. Diese transnationale Hochschulreform führte in Deutschland zur fast flächendeckenden Abschaffung der Magister- und Diplomstudiengänge, die durch die heutigen Bachelor- und Masterstudiengänge ersetzt wurden. Im Zuge dieses sogenannten Bologna-Prozesses ist die deutsche Hochschullandschaft sehr viel ausdifferenzierter und damit auch gleichzeitig sehr viel unübersichtlicher geworden.

Die Einführung der neuen Bachelor- und Masterstudiengänge wurde begleitet von Kontroversen, die teilweise bis heute andauern. So wurde und wird etwa kritisiert, dass es eine „Verschulung" des Studiums mit wenig Spielraum für Eigenstudium gebe. Damit bleibe auch das problemorientierte und theoriegeleitete wissenschaftliche Arbeiten auf der Strecke, u.a. wegen des hohen Prüfungsaufwandes, einer allzu starren Studienstruktur und inhaltlich verdichteter Lernstoffe, die bei kürzerer Studiendauer kaum noch zu bewältigen seien. Befürworter der Studienreform widersprechen dem und wenden dies positiv: Studienbegleitende Prüfungen, eine bessere Strukturierung des Studiums und eine Konzentration auf die zentralen Inhalte des Faches würden die Qualität des universitären Studiums erhöhen. Andere Reformbefürworter wiederum sehen es durchaus ähnlich wie die Skeptiker, argumentieren dann aber, dass sowieso nur die wenigsten Studierenden eine wissenschaftliche Karriere anstreben würden. Muss dann ein Bachelorstudiengang überhaupt hehren wissenschaftlichen Ansprüchen genügen? Es gibt, so das Argument, ja schließlich auch noch die Masterstudiengänge für diejenigen, die sich dann wirklich wissenschaftlich weiter qualifizieren möchten.

Gegenstand des vorliegenden Beitrags ist es nicht, diese hier nur kurz angerissene Diskussion im Folgenden weiter zu führen und darüber zu streiten, wer nun Recht hat. Ob unter der Einführung des Bachelors die Qualität des Universitätsstudiums

[Randnotiz:] Qualität des Studiums

leidet, wird sich erst in ein paar Jahren beurteilen lassen bzw. wird sicher auch dann noch kontrovers diskutiert werden. Doch auf welchem qualitativen Niveau auch immer: Reformbefürworter und -skeptiker dürften sich bei aller Unterschiedlichkeit der Positionen darüber einig sein, dass im Rahmen der Bachelorstudiengänge nicht nur die inhaltlichen Basics eines Faches, sondern auch die Grundlagen des wissenschaftlichen Arbeitens vermittelt werden sollen (müssen!). Dabei geht es nicht darum, alle Studierenden zu zukünftigen Universitätsprofessoren ausbilden zu wollen. Es geht aber sehr wohl darum, dass Universitätsabsolventen auch mit einem Bachelorabschluss über besondere Qualifikationen verfügen, zu denen ganz wesentlich auch die Fähigkeit zum wissenschaftlichen Arbeiten gehört. Wenn ein Universitätsstudium entsprechende Fähigkeiten nicht mehr vermittelt, würde es letztendlich seine Existenzberechtigung verlieren.

Das zentrale Anliegen dieses Artikels besteht darin, brauchbare Anregungen, verwertbare Hinweise und sinnvolle Orientierungshilfen für Studienanfänger zu geben, die wissenschaftlich arbeiten bzw. eine wissenschaftliche Arbeit schreiben. Ausgehend von einleitenden Überlegungen zum Sinn und Zweck von wissenschaftlichen Hausarbeiten folgen einige Hinweise zu den zentralen Prinzipien, die dem wissenschaftlichen Arbeiten zugrunde liegen. Ausführlicher werden dann spezifische Schwierigkeiten, mit denen sich Studierende in der Phase vor dem Schreiben einer wissenschaftlichen Arbeit immer wieder konfrontiert sehen, thematisiert. Nach diesem „Krisenszenario", aus dem jede Leserin und jeder Leser eigene Schlüsse ziehen kann, folgen einige praktische Hinweise, wie diese Schwierigkeiten überwunden werden können und wie beim Schreiben einer wissenschaftlichen Hausarbeit sinnvoll vorgegangen werden kann. Es schließen sich dann Erläuterungen zu den methodisch-analytischen und formalen Anforderungen an. Dabei sollen Antworten auf diesbezüglich immer wieder sich stellende Fragen sowie praxis- und anwendungsorientierte Hilfestellungen für „typische" Probleme gegeben werden.

Ziel und Vorgehensweise

Wissenschaftliches Arbeiten im Studium: Frust oder Lust?   2.

Der Weg zum Bachelor- und Masterabschluss ist für Studierende mit bestimmten, in Prüfungsordnungen festgelegten Leistungsanforderungen gepflastert. Diese Studien- und Prüfungsleistungen während des Studiums werden meist in Form von Klausuren und Hausarbeiten, seltener auch in Form von mündlichen Prüfungen

Studien- und Prüfungsleistungen

erbracht. In Seminaren und Übungen wird häufig zusätzlich auch eine Präsentation bzw. ein mündliches zu haltendes, längeres Referat zu einem bestimmten Thema verlangt, zu dem manchmal auch ein Thesenpapier vorzulegen ist.[1] Ergänzt werden kann dies durch Anforderungen, die unter das Stichwort „aktive Teilnahme" fallen. Dabei kann es sein, dass z.B. um das Lesen und eventuell auch schriftliche Bearbeiten von Pflichtlektüretexten oder das Halten von Kurzreferaten handelt. Während Studienleistungen und Elemente der aktiven Teilnahme in der Regel nicht benotet werden und auch nicht in die Gesamtnote eingehen, ergeben die Prüfungsleistungen als Modulprüfungen (manchmal auch als kumulative Modulteilprüfungen) zusammen mit der Abschlussarbeit – und ggf. einer mündlichen Abschlussprüfung oder einer Abschlussklausur – die Gesamtnote am Ende des Studiums. Was genau an Leistungsanforderungen im Studium verlangt wird, ist nicht nur von Fach zu Fach verschieden, sondern variiert innerhalb eines Faches oft auch von Modul zu Modul.

Unabhängig von dieser Uneinheitlichkeit sehen sich alle Studierenden der Politikwissenschaft im Verlauf ihres Studiums meist früher als später damit konfrontiert, eine Haus- bzw. Seminararbeit (beide Begriffe werden im Folgenden synonym verwendet) verfassen zu müssen. Dies wird von Studierenden immer wieder als Last, teilweise sogar als Quälerei empfunden, da dies – ernsthaft angegangen – ein aufwändiges Unterfangen ist und nicht wenig Zeit und Mühe kostet. In seinem Buch „Wie man eine wissenschaftliche Abschlussarbeit schreibt" kommt Umberto Eco allerdings zu der für manche vielleicht überraschenden Schluss-

Spaß am wissenschaftlichen Arbeiten — folgerung, dass eine wissenschaftliche Arbeit zu schreiben Spaß haben bedeutet (Eco 2010: 265) bzw. bedeuten kann. Sein Anspruch an wissenschaftliches Arbeiten erinnert an die Faszination, der seine beiden Romanfiguren in „Der Name der Rose" erliegen: Bruder William von Baskerville und dessen Gehilfe waren als Zeichendeuter und Spurensucher vom Untersuchungsfieber nach dem Mörder mehrerer Mönche gepackt. Was aber hat dies mit dem Verfassen einer wissenschaftlichen Arbeit zu tun? Aufschluss geben die folgenden Zeilen von Eco:

---

[1] Von einem Thesenpapier zu unterscheiden ist ein Handout, das lediglich Informationen liefert, oder eine reine Kurzfassung des Vortrags darstellt. Ein Thesenpapier hingegen fasst die zentralen Aussagen des Referats in Form von Thesen (!) zusammen. Es soll nicht nur helfen, dem Vortrag besser folgen zu können, sondern gleichzeitig zu Diskussion, Rückfragen und Widerspruch anregen.

„Wichtig ist, dass man das Ganze *mit Spaß* macht. Und wenn ihr ein
Thema gewählt habt, das euch interessiert, wenn ihr euch entschlossen
habt, der Arbeit jene (wenn auch vielleicht kurze) Zeitspanne zu widmen, [...] dann werdet ihr merken, dass man die Arbeit als Spiel, als
Wette, als Schatzsuche erleben kann. [...] Wenn ihr die Partie mit sport-
lichem Ehrgeiz spielt, werdet ihr eine gute Arbeit schreiben. Wenn ihr
dagegen schon mit der Vorstellung startet, dass es sich um ein bedeu-
tungsloses Ritual handelt und dass es euch nicht interessiert, dann habt
ihr verloren, ehe ihr anfangt. Für diesen Fall [...] lasst euch die Arbeit
schreiben, schreibt sie ab, ruiniert euch nicht das Leben, ruiniert es
nicht denen, die euch helfen und die sie durchlesen müssen" (Eco 2010:
265f.).

An Ecos Ratschlägen im letzten Satz sollte sich natürlich niemand
ernsthaft orientieren; denn eine solche Vorgehensweise, darauf
weist der Meister selbst bereits am Beginn seines Buches explizit
hin, ist rechtswidrig (Eco 2010: 11). Es würde sich um einen Betrug
handeln, dessen Aufdeckung im Extremfall bis zur Zwangsexma-
trikulation oder Aberkennung eines akademischen Titels führen
kann. Konzentrieren wir uns also auf die vorhergehenden Sätze
des Zitats. Obwohl sich das Buch von Eco auf eine wissenschaftliche Abschlussarbeit bezieht, lassen sich seine Darlegungen auch
auf während des Studiums zu verfassende Arbeiten übertragen,
die Gegenstand des vorliegenden Beitrages sind. Vordergründig
mögen solche Arbeiten allein dem Leistungsnachweis und der
Leistungskontrolle dienen. Selbstverständlich sollen schriftliche
Hausarbeiten während des Studiums auch diese Funktion erfüllen, wohlgemerkt „auch". Denn reduziert allein auf ein solches
Verständnis würde dies dem entsprechen, was Eco als bedeu-
tungsloses Ritual bezeichnet und zu Recht als *Missverständnis* darstellt.

Ein noch größeres Missverständnis besteht dann, wenn Studierende von der völligen „Nutzlosigkeit dieser Übung" (Heinzen/Koch
1985: 71) ausgehen. Wer an der Universität kennt nicht die Gedanken und Zweifel, die Heinzen/Koch in ihrem Roman schon vor über
30 Jahren dem Protagonisten in den Mund gelegt haben: „Keiner
brauchte mein Referat, und vielleicht nahm der Professor zu Hause
nur die Heftklammern von meiner ungelesenen Arbeit, um seinen
Kindern die weißen Rückseiten zum Bemalen zu geben" (Heinzen/
Koch 1985: 71). Vor solchen oder ähnlichen frustrierenden Gedanken ist kaum jemand im Studium gefeit. Dies sollte jedoch nicht
den Blick darauf verstellen, welchen Sinn und Zweck das Schreiben
von Hausarbeiten über den reinen Leistungsnachweis hinaus erfüllt. Es geht ganz zentral um die (anzustrebende) Aneignung inhaltlicher und formaler Kenntnisse. Dies schließt eine unmittelbar

Aneignung inhaltlicher und formaler Kenntnisse

vorbereitende Funktion für die größere, schwierigere und gewichtigere Abschlussarbeit am Ende des Studiums ein.

Idealtypisch lässt sich für wissenschaftliche Arbeiten während des Studiums folgende Unterscheidung treffen: Ihre Funktion in den ersten Semestern besteht zum einen im Erwerb von fachspezifischem Wissen und in der problemorientierten Auseinandersetzung mit einer politikwissenschaftlich relevanten Thematik, zum anderen im Erlernen und Einüben von Arbeitstechniken und formalen Kenntnissen, die zum Verfassen einer wissenschaftlichen Arbeit nötig sind. Es soll das Handwerks- und Rüstzeug für den gesamten weiteren Studienverlauf erworben werden. In fortgeschrittenen Semestern, spätestens im Masterstudiengang, wird dann eine noch stärkere Hinwendung zur inhaltlichen und wissenschaftlichen Auseinandersetzung erwartet, bei der die eigenständige, theoretisch fundierte Analyse und Bewertung noch sehr viel mehr in den Vordergrund rückt. Unabhängig von den Unterschieden hinsichtlich des wissenschaftlichen Anspruchs je nach Studienstand ist in allen Hausarbeiten während des Studiums das eigene Erkenntnisinteresse zu formulieren, indem eine konkrete, sinnvolle, problemorientierte und nicht zuletzt natürlich auch bearbeitbare Fragestellung oder These/Hypothese entwickelt wird, an der sich der eigene Text ausrichtet und die im Rahmen der Arbeit zu beantworten bzw. zu überprüfen ist.

Nur durch Übung lerne ich wissenschaftlich zu arbeiten. Dies kann durchaus immer wieder als Last, manchmal vielleicht sogar als pure Quälerei empfunden werden. Mühe und Arbeit bereitet das gewissenhafte Schreiben von Hausarbeiten auf alle Fälle. Aber halt! Wer redet hier von „Mühe" und „Arbeit"? War es nicht Eco, der im genannten Zitat so viel Wert auf den „Spaß" gelegt hat? Sicher, Eco idealisiert, wenn er den Spaßfaktor beim wissenschaftlichen Arbeiten so hoch bewertet. Andererseits stehen Arbeit und Spaß nicht zwangsläufig in einem unmittelbaren Widerspruch zueinander. Klar ist, dass das das Verfassen einer Hausarbeit ebenso wenig immer nur Spaß bedeutet wie das Studium insgesamt.

Grundvoraus-
setzungen:
politisches
Interesse und
Lesebereitschaft

Als Grundvoraussetzung dafür, dass das Studium der Politikwissenschaft auch Spaß macht, müssen Studierende selbstredend politisches Interesse mitbringen. Regelmäßiges Zeitungslesen, das über den Sportteil und die Seite mit Vermischtem hinausgeht, und Offenheit für nationale und internationale politische Entwicklungen wie überhaupt die Bereitschaft viel zu lesen, sind notwendige, aber noch keine hinreichenden Voraussetzungen für einen erfolgreichen Studienverlauf und das Schreiben von guten Hausarbeiten.

Wie in anderen Fächern stellt sich auch in der Politikwissenschaft häufig erst in den ersten Semestern heraus, ob das Studium und das wissenschaftliche Arbeiten in dem gewählten Studienfach grundsätzlich Freude bereitet. Manche, die zwar politisch interessiert und vielleicht sogar politisch aktiv sind, können mit einer Politikwissenschaft, die theoriegeleitet arbeitet, nicht viel anfangen. Dies bedeutet nicht, dass Spaß und Interesse je nach Teildisziplin bzw. Thema nicht variabel ausgeprägt sein können. Es gehört dazu, dass mich z. B. der Bereich „Analyse und Vergleich politischer Systeme" mehr interessiert als der Bereich „Internationale Beziehungen" (oder umgekehrt). Die Präferenzen sind hier nicht nur bei den Lehrenden, sondern auch bei den Studierenden individuell sehr unterschiedlich. Auch die Momente, in denen man sich zur Universität oder an den Schreibtisch quälen muss, gehören zur studentischen Realität.[2]

Trotzdem: Wer dies als Dauerzustand wahrnimmt, wer sich buchstäblich durch die ersten Semester quält, hat für sich wohl die falsche Entscheidung getroffen und sollte seine Studienwahl unbedingt noch einmal grundsätzlich überdenken. Je früher dann eine Korrektur erfolgt, desto besser. Doch wer für sich selbst herausgefunden hat, dass Politikwissenschaft das „richtige" Studienfach ist, befindet sich auf dem Weg, den Eco angedeutet hat. Und wenn es gelingt, das Verfassen von Hausarbeiten als intellektuelle Herausforderung zu begreifen, um eine Problemstellung sinnvoll zu entwickeln, diese methodisch und analytisch in den Griff zu bekommen und inhaltlich angemessen zu bearbeiten, dann macht dies bei allen Mühen tatsächlich Spaß. Zusätzlich erwerbe ich mir unabhängig von den behandelten Inhalten spezifische Qualifikationen, die ich mir später bei ganz verschiedenen qualifizierten beruflichen Tätigkeiten nutzbar machen kann.

Prinzipien des wissenschaftlichen Arbeitens   3.

Mit dem Eintritt in die Universität, von der für viele immer noch ein besonderes Fluidum ausgeht, ist häufig ein Bewusstseinswandel verbunden. Studierende können sich nun als Teil des Wissenschaftsolymps verstehen, dessen Quasi-Götter den Titel „Professor" tragen. Dieses Bild mögen viele als eine Übertreibung empfinden. Zu deren Beruhigung: Es ist auch als solche gedacht.

---

[2]   Es mag zwar ein schwacher Trost sein: aber auch Lehrende sind gewiss nicht immun gegenüber solchen Gefühlen.

Bringen wir also die Wissenschaft auf den Boden der Realität zurück, nehmen wir ihr das Mystische! Hierzu folgen nun keine seitenlangen Abhandlungen auf die durchaus interessante Frage, was Wissenschaft bedeutet.[3] Auf eine einfache und allgemeine Formel gebracht, sollte die Realität der Wissenschaft darin bestehen, Wissen zu schaffen (Erkenntnisgewinn durch Forschung) und Wissen weiterzugeben (Erkenntnisvermittlung durch Lehre). Die sich wechselseitig befruchtende Verbindung von Forschung und Lehre ist auch wesentliches Element dessen, was gerne als das humboldtsche Bildungs- bzw. Universitätsideal bezeichnet wird. Es ist umstritten, ob die Universitäten heute diesem Ideal noch nahe kommen; es ist sogar umstritten, ob es überhaupt wünschenswert ist, dass die Universitäten diesem Ideal nahe kommen. Völlig unabhängig von diesem Ideal setzt Wissenschaft nicht nur voraus, dass diejenigen, die Wissenschaft betreiben, sich in der Vergangenheit besondere Kenntnisse angeeignet haben; Wissenschaft heißt auch, weiterhin ständig zum Lernen bereit zu sein.

Wissenschaft

Was bedeutet nun Wissenschaftlichkeit? Umberto Eco beantwortet diese Frage mit verschiedenen Anforderungen, die erfüllt werden müssen (Eco 2010: 39ff.). Jenseits unterschiedlicher wissenschaftstheoretischer Positionen sind davon ohne Wenn und Aber und ohne damit den Anspruch zu hoch zu setzen zwei dieser Anforderungen als Minimalstandards auch auf Seminararbeiten zu übertragen: a) Es muss ein erkennbarer „Gegenstand" untersucht (nicht nur beschrieben!) werden, der so genau umrissen ist, dass er auch für andere erkennbar ist. b) Es müssen die notwendigen Angaben enthalten sein, um nachprüfen zu können, was behauptet wird. Grundsätzlich gilt für das wissenschaftliche Arbeiten das Rationalitätspostulat, das aus drei Anforderungen besteht (vgl. Abb. 1).

*Wissenschaft-
lichkeit*

Das qualifizierte wissenschaftliche Arbeiten in der Politikwissenschaft zeichnet sich durch problemorientierte und theoriegeleitete Analyse aus. Es ist also mehr als reine Darstellung und Beschreibung. Politikwissenschaftliche Analyse orientiert sich an

---

[3]   Zu einer Skizzierung unterschiedlicher Wissenschaftsverständnisse und der Kontroversen verschiedener Traditionen und Schulen über die wissenschaftliche Methodik vgl. die Beiträge von *Manfred Mols* und *Christian Welzel* in diesem Band. Allgemein zur politikwissenschaftlichen Schulenbildung in Deutschland vgl. Bleek/Lietzmann 1999.

- *Präzision* (beim wissenschaftlichen Arbeiten muss die Sprache eindeutig sowie die Argumentation logisch und widerspruchsfrei sein)
- *Intersubjektivität* (bei entsprechender Vorbildung hat Wissenschaft für jeden nachvollziehbar und damit auch kontrollierbar zu sein, wobei unabhängig von der Person die Anwendung gleicher Methoden bei der Untersuchung eines bestimmten Gegenstandes auch zu gleichen Ergebnissen führen muss)
- *Begründbarkeit* (die getroffenen Aussagen und erzielten Ergebnisse müssen durch Daten belegt bzw. durch Argumente intersubjektiv begründet werden können)

Rationalitäts-postulat: Präzision, Intersubjektivität und Begründbarkeit

Abb. 1: Rationalitätspostulat

einem bestimmten Erkenntnisinteresse; dieses Erkenntnisinteresse wiederum resultiert aus einer bestimmten, politikwissenschaftlich relevanten Problemstellung. So ist es zwar eine schöne Fleißarbeit, das System der „checks and balances" im politischen System der USA differenziert und ausführlich zu beschreiben. Politikwissenschaftlich interessant wird dies allerdings erst, wenn ich diese Deskription als Grundlage dafür nehme, um z. B. zu untersuchen, ob der US-amerikanische Präsident als Spitze der Exekutive seine Macht auf Kosten der Legislative so ausweitet, dass das Prinzip der Gewaltenteilung verletzt und die Qualität der Demokratie beeinträchtigt wird. Um dies beurteilen zu können, benötige ich zusätzlich zur Deskription einen Analyserahmen, in dem u. a. die für meine Untersuchung zentralen Begriffe *(Wie definiere ich z. B. „Demokratie"?)* geklärt und Indikatoren *(Wie messe ich z. B. konkret die Qualität einer Demokratie?)* entwickelt werden.[4] Dies geschieht in der Regel unter Zuhilfenahme von brauchbaren Theorien und Konzepten.

Problemorientierte und theorie-geleitete Analyse

---

[4]   Weiteres dazu sowie zu den methodischen und analytischen Anforderungen vgl. Kapitel 4.2.1.

4. Von der Theorie zur Praxis

4.1 Themenstellung, Recherche und Lektüre

4.1.1 Typische Hürden im Arbeitsprozess

Typische Hürden
im Arbeitsprozess

Eine Arbeit zu schreiben, die den erwähnten Minimalstandards genügt, bedeutet auch, bestimmte Schwierigkeiten zu überwinden. Welche Hürden können auf dem Weg zur Niederschrift auftauchen? Dies soll nun recht schematisch dargestellt werden, ohne dabei zwangsläufige Zusammenhänge oder Gesetzmäßigkeiten im Sinne festgelegter Reiz-Reaktions-Mechanismen unterstellen zu wollen.

Eco geht von dem Idealfall aus, dass sich Studierende das Thema ihrer Arbeit selbst auswählen können. Diese Möglichkeit ist bei politikwissenschaftlichen Abschlussarbeiten in der Regel gegeben. Bei Seminararbeiten ist die Freiheit der Themenwahl oft begrenzter, wodurch meist bereits in der einführenden Seminarsitzung die erste mögliche Hürde ins Blickfeld der Studierenden rückt:

Das *Ritual der Themenvergabe*: Ein suchender Blick schweift durch die Runde, Köpfe senken sich langsam zu Boden. Ein bestimmtes Ausmaß an Überredungskunst bzw. Überzeugungsarbeit ist notwendig, damit Lehrende alle auf dem Seminarplan vorgesehenen Themen an die Frau bzw. den Mann bringen können. Manchmal gestaltet sich dieser Prozess recht mühsam und zäh. Ist er erfolgreich abgeschlossen, sehen sich mehrere Studierende mit einem Thema beglückt, mit dem sie sich auseinander zu setzen haben, ohne genau zu wissen, was sie erwartet.

Das *Überforderungssyndrom I*: Bevor die eigentliche Arbeit beginnt, macht sich zusammen mit einer gewissen Orientierungslosigkeit ein diffuses Gefühl der Überforderung breit. Wie komme ich weiter, wo soll ich anfangen, worum soll es überhaupt gehen, was ist denn eine sinnvolle Problemstellung und eine politikwissenschaftlich relevante Fragestellung? Um sich jedoch entmutigen zu lassen, ist es noch viel zu früh. Ehrgeiz und Wille, die gestellte Aufgabe zu lösen, siegen über Befürchtungen, den Anforderungen nicht gewachsen zu sein.

Die *Recherche*: Mehr oder weniger systematisch beginnt die Suche nach Literatur, das Sichten von Katalogen, Büchern und Zeitschriften. Dabei bietet das Internet heutzutage Recherchemöglichkeiten, von denen ältere Studierendengenerationen sicher nicht einmal zu träumen gewagt haben. Das grenzenlose Surfen im Internet wird aber schnell auch kontraproduktiv.

Die *Google-Manie* und *die endlosen Weiten des Internet*: Es wird gegoogelt, was das Zeug hält. Suchmaschinen durchforsten eine unendliche Zahl von Websites. Blogs, Online-Foren und News-groups bieten die Möglichkeit grenzüberschreitender Informati-on und Kommunikation. Ein Ergebnis: Die Informationsfülle ist kaum zu bewältigen. Und das, was tatsächlich gesucht wird und wirklich zum Thema passt, lässt sich auch nach Stunden immer noch nicht finden. Zudem ist das Ablenkungspotenzial des Inter-net riesig. Wir sind eben noch auf den Seiten der Mainzer Uni-versitätsbibliothek und landen von dort mit nur zwei Klicks auf den Seiten von Mainz 05. „Nur mal kurz schauen, ob der Torwart noch verletzt ist. Ach ja, die Basketball-Ergebnisse der NBA kenne ich auch noch nicht." Nach einer Stunde weiß ich über Facebook schließlich sogar, wer aus meinem Abi-Jahrgang gerade im Aus-land studiert. Der eigentliche Anlass der Internet-Recherche ist dann schon längst vergessen...

Die *Hoffnung*: Es hilft aber alles nichts: Ohne entsprechende Literatur keine Hausarbeit. Die Suche geht also weiter. Begleitet wird dies von der ständigen Hoffnung, das entscheidende Buch, den Schlüssel-Artikel, den richtungsweisenden Hinweis zu fin-den. Erfüllt wird diese Hoffnung selten. Stattdessen wird eine Frage mit vielen „Ws" – manchmal vielleicht auch mit vielen „Wehs" – zum ständigen Begleiter: Was wird wann warum wirk-lich wichtig werden?

Die *Kopiersucht* und die *Ausdruckmanie*: Aus dieser Unsicher-heit heraus entsteht der unwiderstehliche Drang, gleichsam prä-ventiv alles zu kopieren und auszudrucken, was dem Titel nach für die Arbeit gebraucht werden könnte. Zudem vermittelt dieser Akt das gute Gefühl, wirklich etwas gearbeitet zu haben. Lesen ist da viel unbefriedigender. Einen Tag verbracht mit Lektüre muss kein greifbares Ergebnis zeigen. Aber nach einem Tag am Kopie-rer und/oder Drucker türmen sich verschiedene Stapel Papier, die man anfassen kann. Doch die anfängliche Zufriedenheit erweist sich schnell als trügerisch.

Das *Überforderungssyndrom II*: Spätestens, wenn es in das Be-wusstsein dringt, dass a) das Kopieren und das Ausdrucken von Quellen inhaltlich noch keinerlei Fortschritte gebracht hat und b) hierzu der angehäufte Berg von Papier durchgearbeitet werden müsste, rücken Bedenken in den Vordergrund nach dem Motto: Wie soll ich das bloß schaffen? Denn das Durcharbeiten bereitet ungleich mehr Mühe und Aufwand als das Kopieren und Dru-

cken. An einer Sichtung der Materialien ist absolut nicht vorbei-
zukommen.[5]

Die *Hand- und Kopfarbeit*: Auf der Basis der bisherigen Vorarbeiten geht es an die Lektüre der als relevant erachteten Texte. Lektüre heißt nicht Lesen verstanden als rein passive Angelegenheit,
sondern vielmehr Arbeiten an und mit dem, was andere geschrieben haben. Die Strategien, wie mit Texten umgegangen wird,
können sehr verschieden sein; das Ziel hingegen lässt sich dahingehend verallgemeinern, dass es gilt, Begründungszusammen-
hänge zu verstehen, sich Inhalte zu verinnerlichen und sich damit
kritisch auseinander zu setzen, um diese im Rahmen eines eigenen (!) Textes auf einer sicheren Argumentationsbasis problemorientiert verarbeiten zu können.

Die *Schreibhemmung*: Wer bislang durchgehalten hat und sich
(mehr oder weniger) gut vorbereitet glaubt, um endlich mit dem
Verfassen der Arbeit zu beginnen, wird eventuell mit einer weiteren Hürde konfrontiert. Für viele ist der erste Satz einer Arbeit
der mit Abstand schwierigste. Wie viele Papierkörbe sich Semester
für Semester mit Blättern füllen, die nicht mehr dokumentieren
als den gescheiterten Versuch, einleitende Worte zu finden, wird
immer ein Geheimnis bleiben.

Als Stolpersteine zwischendurch tauchen Phänomene auf, die
mit dem Stichwort *Uni-Bluff* auf einen Nenner gebracht werden
können. Die Erscheinungsformen sind unterschiedlich, das Spiel
des „so tun als ob" wird verschieden gut beherrscht. Besonders
Studienanfänger lassen sich gerne von den vermeintlichen geistigen Fähigkeiten, von der demonstrierten Überlegenheit und
Souveränität anderer blenden. Irritationen, die bis zu völligem
Selbstzweifel führen können, sind manchmal die Folge. Doch die
meisten Studierenden durchschauen schnell, dass bei manchen
Kommilitoninnen und Kommilitonen die Handlungsmaxime
„mehr Schein als Sein" gilt.[6] Sicher fast jeder, der zumindest ein

Uni-Bluff

---

[5]   Zwar ist auch denkbar, dass nicht das Zuviel an Material zum Problem wird,
sondern das Zuwenig; dies dürfte aber eine Ausnahme sein. Es ist davon auszugehen, dass gerade in den ersten Semestern nur Themen vergeben werden,
bei denen sich die Literaturlage zumindest als befriedigend darstellt. Bei Arbeiten im späteren Verlauf des Studiums und bei Examensarbeiten ist die Gefahr
des Zuwenig ungleich größer, da dann auch „exotischere" Themen vergeben
werden.

[6]   Siehe hierzu das schon längst zum Klassiker gewordene Buch von Wolf Wagner
2007. Zu anderen psychologischen Aspekten, die das wissenschaftliche Arbeiten beeinflussen können, wie z. B. Lerngewohnheiten oder die Frage nach der
Motivation, siehe neben anderen Rückriem/Stary/Franck 1997: 10-55 und
Dahmer/Dahmer 1998: 22-70.

paar Semester studiert hat, hat in Seminaren Bekanntschaft mit Studierenden gemacht, die sich bei jeder sich bietenden Gelegenheit wortreich und eloquent artikulieren, deren Aussagen auf den inhaltlichen Kern reduziert im ungünstigsten Fall aber stark gegen Null tendieren. Neben diesen „Worthülsen-Generalisten" gibt es auch die „Einzelfragen-Spezialisten", die sich vollständig auf das eigene Referats- oder Hausarbeitsthema konzentrieren, abgesehen davon in den Seminarsitzungen aber nur rein körperliche Anwesenheit demonstrieren und von den übrigen Lehrinhalten kaum etwas mitnehmen.

Zum Glück lassen sich die wenigsten Studierenden, die genau wie die Lehrenden immer noch Menschen sind und bleiben, in derartige Schablonen pressen. Wie in anderen gesellschaftlichen Bereichen findet sich in der Universität eine Vielzahl unterschiedlicher Typen jenseits irgendwelcher Charaktermasken. Deren Lebensgeschichte, Vorbildung, intellektuelle Fähigkeiten, Stärken und Schwächen sind ebenso unterschiedlich wie deren Motivationen und soziale Kompetenzen. Ohne Zweifel ist das Spektrum studentischer Verhaltensweisen viel komplexer als hier skizziert. Wenn in erster Linie von Überforderungssyndromen, verschiedenen Formen von Irrungen und Wirrungen die Rede war, heißt dies nicht, dass Phänomene wie im einen Extrem völlige Selbstüberschätzung und im anderen Extrem bodenlose Faulheit nicht auch vorkommen. Beide Extreme machen vernünftiges und erfolgreiches wissenschaftliches Arbeiten unmöglich.

Zur praktischen Vorgehensweise   4.1.2

Patentrezepte, wie die oben thematisierten Schwierigkeiten überwunden werden können, gibt es nicht, wohl aber verallgemeinerbare Hinweise zu einer sinnvollen Vorgehensweise. Unbedingt *Praktische* zu empfehlen ist, den eigenen individuell auszugestaltenden Ar- *Vorgehensweise* beitsplan mit konkreten zeitlichen Vorstellungen in Verbindung zu bringen. Allerdings sollten nicht drei Tage damit verbracht werden, einen ausgeklügelten Arbeits- und Zeitplan zu erstellen. *Arbeits- und* Dies wäre nur ein Verdrängungsmechanismus, um vom Beginn *Zeitplan* des wirklichen Arbeitsprozesses abzulenken. Zumindest eine grobe Planung, was in welchem Zeitraum erledigt werden kann/ soll, ist aber als Anhaltspunkt zur Gestaltung des Arbeitsablaufes sehr sinnvoll. Denn schnell – besonders gegen Semesterende, wenn geballt Klausuren bevorstehen und Abgabetermine für

Hausarbeiten drohen – kann einem die Arbeit über den Kopf wachsen.

Bei der Vergabe von Themen für Seminararbeiten sind Studierende im Grundstudium nur selten von vornherein in der Lage einzuschätzen, inwieweit sie das Thema interessiert. Denn was mit einzelnen Themen, die auf dem Seminarplan stehen, inhaltlich verbunden ist, bleibt zunächst unter dem Mantel der Wissenschaft verborgen. Wer sich z. B. mit Entwicklungstheorien beschäftigen will, könnte neben vielen anderen Möglichkeiten mit folgenden, ganz verschiedenen Themen auf dem Seminarplan überrascht werden: die unterschiedlichen Grundsätze politischer Ökonomie bei Ricardo und List, der strukturell-funktionale Ansatz von Almond, die Modernisierungs- und Dependenztheorien, Keynesianismus und Neoliberalismus, Galtungs strukturelle Theorie des Imperialismus, peripherer Kapitalismus und autozentrierte Entwicklung, sustainable development, neoklassische Wachstumstheorien, Gender-Ansatz, der entitlement-approach von Amartya Sen usw. Diese Themen haben gemeinsam, dass unmittelbar keine eindeutige Problem- und keine daraus resultierende Fragestellungen erkennbar sind, die Ausgangspunkte jeglicher wissenschaftlichen Analyse zu sein haben. Im Rahmen eines Seminars müssten die Lehrenden ausreichend über die zu vergebenden Referats- und Hausarbeitsthemen informieren. Das heißt nicht, damit bereits alles Wichtige vorwegzunehmen. Dies heißt aber sehr wohl, die Perspektive, aus der ein Thema bearbeitet werden soll, wenigstens grob zu erläutern. Dabei können sich Studierende (die sich übrigens nicht scheuen sollten, bei Bedarf nachzufragen) auch ein Bild davon machen, welches Thema sie interessieren könnte. Die im Rahmen einer Hausarbeit zu erfolgende weitergehende inhaltliche Problematisierung und Konkretisierung der Fragestellung ist dann in der Regel die Aufgabe und die „eigene Leistung" der Studierenden selbst.

Themenstellung: Problematisierung und Fragestellung

Nicht immer aber sind Studierende völlig auf die Informationen in der ersten Seminarsitzung angewiesen. In der Regel geben Lehrende vor Semesterbeginn online, in kommentierten Vorlesungsverzeichnissen oder auf der eigenen website die Inhalte ihrer Lehrveranstaltung bekannt. Bei entsprechender Eigeninitiative können dann Studierende frühzeitig ein Thema finden, welches sie bearbeiten wollen. Trotzdem kann weiterhin die Schwierigkeit bestehen, dass aus dem vorgegebenen Thema keine eindeutige Fragestellung ableitbar ist oder dass die Zielrichtung einer eventuellen Fragestellung unklar bleibt. In diesen

Fällen ist die Vorgehensweise zulässig, dass eine eigenständige Konkretisierung und Abgrenzung der Fragestellung durch die Studierenden selbst erfolgen kann:

> „Jeder Themenstellende hat eine Behandlung der Fragestellung in einem nicht von ihm gemeinten Sinne und in einer Form, die die gesamte Seminarveranstaltung nicht weiterbringt, selbst zu verantworten, wenn er das Thema dem Studenten in zu allgemeiner Weise aufgibt. Allerdings sollte der Student in der Lage sein, seine Sicht des Themas beziehungsweise die von ihm ausgewählten Fragen an den Gegenstand wohl zu begründen. [...] Sollte der Student den Eindruck gewinnen, er weiche mit seiner Fragestellung zu weit von dem ab, was der Dozent eventuell bearbeitet sehen will, und seine Begründung für dieses Abweichen sei eventuell nicht ausreichend plausibel, sollte er sich mit dem Dozenten schon in der Frühphase der Bearbeitung des Themas in Verbindung setzen" *(Alemann/Forndran 2005: 124).*

Ist die Fragestellung geklärt, kann intensiv mit der Literaturrecherche und Informationsbeschaffung begonnen werden. Das Erschließen der für das Thema relevanten Literatur wird als *Bibliografieren* bezeichnet. Die wichtigsten Bücher und Aufsätze zur Lehrveranstaltung werden häufig in von den Lehrenden zusammengestellten Literaturlisten angegeben und befinden sich gegebenenfalls in einer in der Institutsbibliothek gesondert aufgestellten Sammlung, dem Handapparat. Es ist häufig auch üblich, dass zu Seminaren sog. elektronische Reader eingerichtet werden, wobei hier – aber dies nur am Rande – oft Probleme hinsichtlich der Urheberrechte bestehen. Seminarteilnehmer können dann zentrale Texte über diesen Reader downloaden. Wichtige, weiterführende Literaturhinweise gibt es meist in einführenden Überblicksdarstellungen sowie in diversen politikwissenschaftlichen Wörterbüchern und Lexika (= Tertiärliteratur). Bei dieser Vorgehensweise nach dem Schneeballprinzip spielt zwar der Zufall im Sinne der *trial-and-error*-Methode ein Rolle, doch die Chancen, die für das Thema wichtigen Arbeiten zu finden, sind meist recht gut.

Zur Erschließung der aktuellsten Literatur sollten die letzten Nummern relevanter Fachzeitschriften durchgesehen werden; auch Zeitschriftenregister geben bei der Literatursuche wichtige Anhaltspunkte. Z. B. erscheint zusätzlich zu den regulären Nummern von *Aus Politik und Zeitgeschichte* nach Abschluss jeden Jahres ein Inhaltsverzeichnis des jeweiligen Jahrganges mit einem alphabetischen Sach- und Autorenregister sowie einem chronologischen Index. Ähnliches haben auch andere Fachzeitschriften. Insgesamt aufwändiger, aber auch systematischer, erfolgt die Li-

Bibliografieren

teratursuche über Sachkataloge[7] der Bibliothek und über die Durchsicht von Bibliografien.

PVS – ZPol – IPSA
Hinter diesen Kürzeln verbergen sich politikwissenschaftliche Zeitschriften bzw. Bibliografien, die bei der Recherche der mittlerweile selbst für Experten nicht mehr überschaubaren aktuellen politikwissenschaftlichen Literatur sehr hilfreich sein können.
Diesbezüglich im deutschsprachigen Raum führend sind sicher die Zeitschrift der Deutschen Vereinigung für Politikwissenschaft (DVPW) namens *Politische Vierteljahresschrift* (PVS) und die *Zeitschrift für Politikwissenschaft* (ZPol). Dort werden jedes Quartal eine große Zahl von Publikationen vorgestellt. Es gibt manchmal mehr, manchmal weniger ausführliche Inhaltsangaben sowie Einzel- und Sammelbesprechungen von wichtigen nationalen und internationalen Neuerscheinungen. Von den Bibliografien, die internationale Zeitschriftenaufsätze erfassen, ist neben anderen *International Political Science Abstracts* (IPSA) zu empfehlen.
Zusätzlich zu solch umfassenden Bibliografien gibt es auch Hunderte von thematischen Bibliografien, die bei der Recherche zu einem Spezialthema sehr hilfreich sein können. Diese sind in der Regel in Bibliografiensammlungen der Universitätsbibliotheken erfasst.

Abb. 2: Bibliografien: Politische Vierteljahresschrift, Zeitschrift für Politikwissenschaft und *International Political Science Abstracts*

War man früher noch sehr auf solche und ähnliche Bibliografien angewiesen, so bietet heute hinsichtlich Literatursuche sowie Daten- und Informationsbeschaffung das Internet weltweite Recherchemöglichkeiten, sei es in Online-Katalogen (sog. OPACs,

Internetrecherche   Online Public Access Catalogue) von in- und ausländischen Bibliotheken mit Hilfe von Schlagwortfunktionen, sei es in Zeitschriftendatenbanken, sei es über Webportale und Links, die sich auf relevanten websites aufgelistet finden, sei es mit Suchhilfen

---

7   Während alphabetische Kataloge dem Auffinden von Büchern bestimmter, namentlich bekannter Autoren dienen, helfen Sachkataloge bei der Suche nach Literatur zu bestimmten Sachgebieten und Inhalten. Unterschieden werden können systematische Kataloge und Schlagwortkataloge. Der generelle Nachteil solcher Kataloge besteht darin, dass in der Regel Zeitschriftenaufsätze und Beiträge in Sammelbänden nicht erfasst sind.

wie thematische Verzeichnisse, Online-Dienste und Suchmaschinen. Besonders erwähnenswert ist die „Zeitschriftendatenbank" (ZDB), die von der Staatsbibliothek zu Berlin und der Deutschen Nationalbibliothek Frankfurt betrieben und weiterentwickelt wird. Die ZDB gilt als eine der weltweit größten Datenbank für den Nachweis von Zeitschriften, Zeitungen, Schriftenreihen und anderen periodisch erscheinenden Veröffentlichungen in gedruckter und elektronischer Form. Unter http://zdb-katalog.de finden sich 1,8 Mio. Titel mit 15 Mio. Besitznachweisen von 3700 deutschen und österreichischen Bibliotheken (Stand: Januar 2018). Interessante Recherchemöglichkeiten bieten außerdem u. a. die „Digitale Bibliothek" (DigiBib) unter www.digibib.net sowie der „Karlsruher Virtueller Katalog" (KVK). Der von der Universitätsbibliothek Karlsruhe entwickelte KVK ist eine Meta-Suchmaschine zum Nachweis von mehreren hundert Mio. Büchern, Zeitschriften und anderen Medien in Bibliotheks- und Buchhandelskatalogen weltweit. Der KVK greift direkt auf Originaldatenbanken zu, wobei man angeben kann, über welche Kataloge die eingegebene Suchanfrage gehen soll.

Zeitschriftendatenbank

DigiBib und KVK

Speziell auf die fachwissenschaftliche Recherche ausgerichtet ist der Anfang 2018 gestartete Fachinformationsdienst Politikwissenschaft namens POLLUX unter http://www.pollux-fid.de/. Lohnend ist die Suche über Fachdatenbanken, die ähnlich funktioniert wie die Recherche im OPAC. Der Zugang zu diesen Fachdatenbanken erfolgt in der Regel über das Datenbank-Infosystem (DBIS) der Universitätsbibliothek. In DBIS wird angegeben, was frei im Web verfügbar ist, was sich im Netz der eigenen Universität findet, was deutschlandweit frei zugänglich ist und was als kostenpflichtiges Pay-per-Use-Angebot erhältlich ist. Zu den wichtigsten sozial- bzw. politikwissenschaftlichen Datenbanken zählen „International Bibliography of the Social Sciences" (IBSS), „wiso Sozialwissenschaften" und „Worldwide Political Science Abstracts" (WPSA).

POLLUX

Wenig Sinn macht eine unsystematische und eher zufällig ausgerichtete Recherche im Internet. Wie bereits erwähnt und wie es sicher jeder auch schon einmal erlebt hat, frisst das Surfen im World Wide Web schnell Stunde um Stunde und häufig ist es nicht einfach, aus einer wahren Informationsflut das Relevante herauszufiltern. Um bei der Suche nach Informationen nicht von Tausenden von angegebenen Seiten erschlagen zu werden, bietet sich die Recherche über Suchmaschinen mit Textindex an. Hier lassen sich bestimmte Suchbegriffe miteinander verknüpfen. Damit können Themen eingegrenzt und präzisiert werden, womit sich die

Effizienz der Suche erheblich steigern lässt.[8] Aber auch diese Vorgehensweise ist nicht frei von Tücken. Bei allen unbegrenzt scheinenden Möglichkeiten und – unbestreitbar – riesigen Vorteilen, die das Internet gegenüber den Recherchemöglichkeiten vergangener Zeiten zu bieten hat, ist bei der Literaturrecherche auch heute noch manches Mal der Gang in die Bibliothek eine durchaus sinnvolle, nicht zu vernachlässigende Alternative.[9]

Der Gang in die Bibliothek als sinnvolle Alternative

Ist ein Titel am eigenen Universitätsstandort nicht erhältlich oder online nicht direkt verfügbar, kann immer noch versucht werden, diesen gegen eine Gebühr per Fernleihe zu besorgen. An das Fernleihsystem sind viele Universitäten und Institute angeschlossen, doch nicht immer muss dieses Verfahren erfolgreich verlaufen; zudem muss manchmal eine längere Wartezeit einkalkuliert werden. Meist schneller – und ebenfalls kostenpflichtig – kann man sich Kopien von Zeitschriftenaufsätzen u. a. von „subito. Dokumente aus Bibliotheken e. V." unter https://www. subito-doc.de liefern lassen. Mit Inkrafttreten des neuen Urheberrechts in Deutschland Anfang 2008 wurden allerdings die Möglichkeiten der elektronischen Lieferung von Zeitschriftenaufsätzen, Dokumenten usw. eingeschränkt.[10]

Fernleihe und Online-Lieferservice

subito

Parallel zum Bibliografieren ist es sinnvoll, relevante Passagen in der Überblicks- und Tertiärliteratur zu lesen, um sich inhaltlich größere Klarheit über das zu bearbeitende Thema zu verschaffen.[11] Dies

---

[8]   Sehr hilfreich sein können in diesem Zusammenhang auch Datenbankschulungen, wie sie an einigen Universitäten für Studienanfänger angeboten werden.

[9]   Für die Politikwissenschaft einschlägige Bibliotheken, Archive, Datenbanken und Informationsstellen finden sich in Verbindung mit Erläuterungen zu Suchstrategien sowie zum Beschaffen und Archivieren von Literatur und Material in Simonis/Elbers 2011: 141-174. Hinweise zu politikwissenschaftlichen Handbüchern, Recherchehilfen und Nachschlagewerken geben auch Schlichte/Sievers 2015: 153-166 und Stykow et al. 2010: 191-279.

[10]   In der Regel sind elektronische Lieferungen nur noch dann möglich, wenn es eine entsprechende vertragliche Vereinbarung mit dem betreffenden Verlag gibt. Nach eigenen Angaben versucht „subito," Lizenzen für die elektronische Lieferung zu erwerben, und stellt in den Fällen, in denen dies nicht gelingt, auf digitale Fax- und Postlieferung um.

[11]   Es existiert eine Reihe politikwissenschaftlicher Nachschlagewerke, z. B. das von Dieter Nohlen und Rainer-Olaf Schultze herausgegebene, zweibändige „Lexikon der Politikwissenschaft: Theorien, Methoden, Begriffe" (Nohlen/Schultze 2010) und das von Dieter Fuchs und Edeltraud Roller herausgegebene „Lexikon der Politik. Hundert Grundbegriffe" (Fuchs/Roller 2010). Neben Einführungen zur Politikwissenschaft insgesamt gibt es auch zu den einzelnen Teildisziplinen hilfreiche Lehrbücher, Überblicksdarstellungen und Lexika. Siehe hierzu die Literaturangaben in den jeweiligen Kapiteln des vorliegenden Sammelbandes. Standardwerke der Politikwissenschaft sind dargestellt und kommentiert u. a. in Berg-Schlosser/Quenter 1999 und Kailitz 2007.

sollte so weit gehen, dass man in der Lage ist, ein eigenes Konzept für die zu schreibende Arbeit zu entwickeln. Diese Skizze kann die Form eines Exposés oder einer Arbeitsgliederung, eines (vorläufigen) Inhaltsverzeichnisses haben, eventuell auch mit zusammenfassenden Inhaltsangaben zu jedem Kapitel. Wenn sich die Vorstellungen über das zu bearbeitende Thema dergestalt konkretisiert haben, dass sie auch schriftlich festgehalten sind, ist man bereits einen entscheidenden Schritt weitergekommen. Eine solche Orientierung hilft auch, der *Kopiersucht* und *Ausdruckmanie* vorzubeugen.

Schwierig und zeitaufwändig gestaltet sich häufig das Durchforsten des Materials. Vor der eingehenden Lektüre eines Textes ist zu prüfen, ob dieser für die eigene Arbeit überhaupt von Bedeutung ist. Hier kann eine Vorgehensweise entsprechend Abbildung 3 empfohlen werden.

Relevanzprüfung

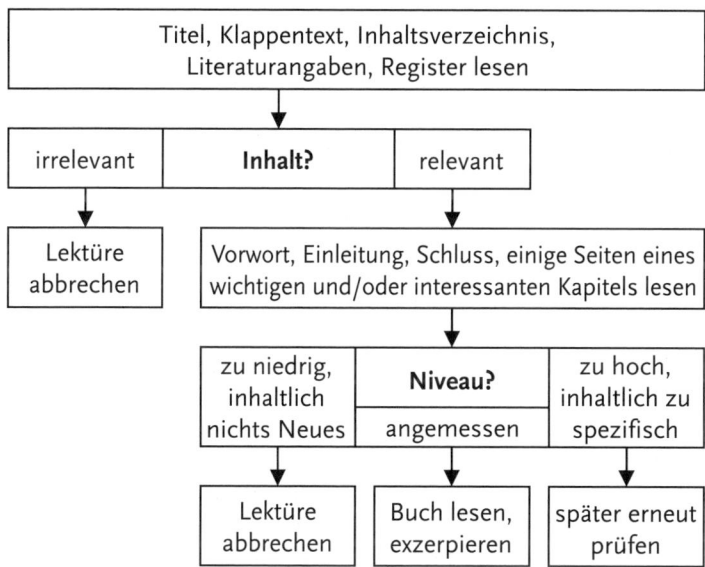

Abb. 3: Relevanzprüfung eines Buches[1]

[1] Diese Abbildung wurde erstellt in Anlehnung an Rückriem/Stary/Franck 1997: 136.

Beim Lesen von Texten sind grundsätzlich zwei unterschiedliche Arten zu unterscheiden, die es zu beherrschen gilt: a) das intensive, studierende Lesen und b) das kursorische, diagonale Lesen.

zu a) Das *intensive, studierende Lesen*, also das sorgfältige Durcharbeiten von Texten, liefert die Grundlage für das wissenschaftliche

Intensives, studierendes Lesen

Arbeiten und das gesamte Studium. Es geht dabei um eine gedankliche, inhaltliche Auseinandersetzung mit den vorgetragenen Thesen, um das Verstehen und kritische Hinterfragen von Argumentationen, um das Infragestellen von Positionen und Ergebnissen. Textstellen müssen dann oft auch mehrmals gelesen werden. Alemann/Forndran haben hierzu einen „Tipp für Anfänger":

> „Die meisten Anfänger neigen dazu, einen Text zu lesen, um dann davon auszugehen, diesen Text verstanden zu haben. Bei Vorträgen – z. B. in Seminaren – oder in Prüfungen sind sie dann überrascht, mit dem Stoff nicht zurechtzukommen. Es gilt eine grundsätzliche Regel: Ein Text ist erst dann wirklich verstanden, wenn man ihn in eigenen Worten und mit einer kritischen Würdigung seiner Aussagen wiedergeben kann. Diese Fähigkeit kann man einüben. Es empfiehlt sich z. B., einem Bekannten die eigenen Thesen und Meinungen über einen Gegenstand oder die Sekundärliteratur dazu geordnet und auf Einwände eingehend vorzutragen" (Alemann/Forndran 2005: 133).[12]

Diagonales Lesen

zu b) „Die *Kunst des ,diagonalen' Lesens* muss sich jeder geistig arbeitende Mensch irgendwann aneignen, wenn er nicht im bedruckten Papier ertrinken will" (Opgenoorth 2001: 225; Hervorh. nicht im Original). Diese Art des Lesens (praktisch ein Überfliegen längerer Textpassagen) erfordert ein gewisses Maß an Übung, um den Sinnzusammenhang grob erfassen zu können. Das Auge bzw. das Gehirn lässt sich sogar so weit trainieren, dass es auf bestimmte Signalwörter konditioniert wird.[13] Beschäftige ich mich z. B. mit dem politischen System Uruguays, so erspare ich mir viele Stunden Lektüre, wenn ich in der Lage bin, Texte, die den gesamten lateinamerikanischen Subkontinent zum Gegenstand haben, auf den mir quasi ins Auge springenden Schlüsselbegriff „Uruguay" hin zu überfliegen.

Lesen bedeutet nicht nur Kopfarbeit: „Es hat wenig Sinn und führt meist zu späteren Ärgernissen, wenn man meint, die einschlägige Literatur zunächst einmal durchlesen und auf sich wirken lassen zu sollen" (Standop/Meyer 2008: 21). Es sind immer bestimmte Hilfsmittel und zusätzliche Methoden, die zum Einsatz kommen, wenn ein Text wirklich bearbeitet bzw. mit ihm gearbeitet wird. Dieser von mir zugegebenermaßen nicht ganz korrekt als „Handarbeit" bezeichnete Umgang mit Texten kann

Verschiedene Hilfsmittel

---

[12]   Es bietet sich auch an, mit bestimmten Fragen an die Lektüre eines Textes heranzugehen. Vgl. hierzu Alemann/Forndran 2005: 132 mit konkreten Fragebeispielen. Weitergehend zu den methodischen Grundlagen und Techniken einer anspruchsvollen Textanalyse siehe z. B. Brun/Hirsch Hadorn 2018.

[13]   Es sei darauf hingewiesen, dass es hier nicht um das ausgefeilte Training anspruchsvoller Schnell-Lesemethoden und sog. Speed Reading geht. Siehe hierzu u.a. Schmitz 2015 und Koch 2015.

unterschiedlich aussehen: angefangen vom Unterstreichen, farbigen Kenntlichmachen wichtiger Textstellen und Visualisieren ganzer Texte mit Hilfe symbolischer und ikonischer Zeichen über eigene Kommentierungen im Text und die Anfertigung von Exzerpten[14] bis hin zur Arbeit mit Karteikarten, Zettelkasten oder elektronischen Literaturverwaltungsprogrammen.

Gerade für größere wissenschaftliche Arbeiten bieten moderne Literaturverwaltungsprogramme wie z. B. Citavi und EndNote oder webbasierte Software wie etwa RefWorks, Jabref, Bibliographix und Zotero viele Vorteile und tragen erheblich zu Arbeitserleichterung und Zeitersparnis bei. Sie helfen nicht nur, Literatur inhaltlich zu erschließen und die verwendeten Titel zu systematisieren, sondern können bei professioneller Verwendung sogar zu einem quasi persönlichen elektronischen Textgedächtnis werden. Außerdem lassen sich mit entsprechender Software, die in herkömmliche Textverarbeitungsprogramme integriert werden kann, Titel aus Datenbanken importieren, so dass diese nicht mehr extra eingetippt werden müssen. So können auch Verzeichnisse der verwendeten Literatur automatisch erzeugt werden, was nicht nur bequem ist, sondern auch zu vermeiden hilft, dass die Angabe eines Titels im Literaturverzeichnis vergessen wird. Allerdings sollten die aus solchen Programmen übernommenen bibliographischen Angaben immer noch einmal gewissenhaft überprüft werden, um Fehler zu vermeiden.

Es gibt eine Reihe von Möglichkeiten, die die Arbeit leichter machen. Welche davon sinnvoll und hilfreich sind, ist individuell verschieden. Studierende kommen kaum daran vorbei, diverse Arbeitsweisen auszuprobieren, um die für sie beste herauszufinden. Gerade aber auch mit der Nutzung von Literaturverarbeitungsprogrammen sollte schon frühzeitig im Studium begonnen werden und nicht erst, wenn die Examensarbeit ansteht. Denn nur bei ausreichender Übung und einer gewissen Routine im Umgang mit solchen Programmen kommt deren Nutzen voll zum Tragen.[15]

Literaturverwaltungsprogramme

---

[14] „Das Exzerpt ist die *auszugsweise* Wiedergabe eines Textes. [...] Exzerpte können *wörtliche* oder *paraphrasierende* (d. h. mit eigenen Worten arbeitende) Auszüge sein. In der Praxis empfiehlt sich oft eine Mischform zwischen beiden: Definitionen, zentrale Begriffe und Thesen werden wörtlich übernommen, Überleitungen und Argumentationsketten knapp paraphrasiert. Exzerpte sollten möglichst knapp abgefasst werden. Auch hier sind Abkürzungen, Symbole usw. sinnvoll" (Rückriem/Stary/Franck 1997: 144).

[15] Viele weiterführende praxisbezogene Hinweise von der Recherche, dem Sammeln und Ordnen des Materials über die Praxis des Lesens und des inhaltlichen Erfassens von Texten bis hin zur elektronischen Literaturverwaltung finden sich in der umfangreichen Literatur zum wissenschaftlichen Arbeiten. Speziell mit

Wenn wir uns an den Schreibtisch setzen, um mit der Niederschrift der Arbeit zu beginnen, setzen wir nicht am Nullpunkt an. Nicht nur im Kopf existieren mehr oder weniger ausgereifte Vorstellungen über das, was wir schreiben wollen; wir verfügen auch über Notizen verschiedener Art, über schriftlich festgehaltene fremde und eigene Gedanken zum behandelten Thema, vielleicht sogar systematisiert in einer eigenen Datenbank. Trotzdem sehen

Überwindung von Schreibhemmungen

sich viele mit dem Phänomen der *Schreibhemmung* konfrontiert. Dieses Problem lässt sich manchmal vielleicht nicht völlig umgehen, aber doch in den Griff bekommen. Eine Devise kann lauten, den womöglich auch unbewusst vorhandenen Anspruch, sofort perfekt und druckreif formulieren zu wollen, aufzugeben. Warum nicht durchaus im Bewusstsein der Unvollkommenheit des eigenen Textes erst einmal überhaupt etwas zu Papier bringen, das dann ja immer noch überarbeitet werden kann (muss)? Denn mit und an Gedanken, die schwarz auf weiß aufgeschrieben sind, lässt es sich besser arbeiten als mit Ideen, die nur im Kopf vorhanden sind. Als eine weitere Möglichkeit, Schreibhemmungen abzubauen, bietet es sich an, die einzelnen Kapitel nicht unbedingt in der Reihenfolge der Gliederung zu schreiben. Auch hier ist getrost dem Rat von Umberto Eco zu vertrauen:

> *„Versteift euch nicht darauf, mit dem ersten Kapitel anzufangen.* Vielleicht ist eure Vorbereitung und Materialsammlung für das vierte Kapitel weiter gediehen. Fangt damit so routiniert an, als hättet ihr die vorangehenden Kapitel schon geschrieben. Das gibt euch Mut. Natürlich müsst ihr einen Anker haben, und den bildet die vorläufige Inhaltsangabe, die euch von Beginn an leitet" (Eco 2010: 190f., Hervorh. im Original).[16]

Eine gute Seminararbeit setzt ebenso wie ein erfolgreicher Studienabschluss eine bestimmte Motivationshaltung voraus. Dies schließt die Bereitschaft a) zum intensiven Lesen von Texten ebenso ein wie b) zum Nachholen eventuell nicht vorhandener Fremdsprachenkenntnisse.

a) Das Studium der Politikwissenschaft ist vor allem ein Lesestudium. Das Wissen, welches durch die Lehrveranstaltungen vermittelt wird, macht immer nur einen Teil der sich anzueignenden

---

Blick auf die Politikwissenschaft interessant, da fachspezifisch ausgerichtet und deshalb besonders lohnenswert, sind die Bücher von Alemann/Forndran 2005, Schlichte/Sievers 2015, Stykow et al. 2010 und Simonis/Elbers 2011.

[16] Wenn Eco von einer vorläufigen Inhaltsangabe spricht, bedeutet dies, dass sie im Verlauf des Arbeitsprozesses zu überarbeiten und dem jeweils neuesten Kenntnisstand anzupassen ist. Weitere Hinweise zur Überwindung von Schreibhemmungen gibt Kruse 2007. Darüber hinausgehend und umfassend zum Thema »Schreiben« siehe Frank/Haacke/Lahm 2013.

Grundkenntnisse aus. Darüber hinaus ist eine parallele, eigenständige Lektüre der politikwissenschaftlichen Standardwerke erforderlich, um sich das Basiswissen des Faches erwerben zu können. Die bei manchen immer wieder zu beobachtende ablehnende Haltung gegenüber der Textlektüre wird manchmal auch mit dem Stichwort „Theoriefeindlichkeit" in Verbindung gebracht. Denn gerade „theoretische" Texte erwecken oft den Eindruck, dass deren Verstehen viel Mühe und Zeit erfordert. Dies mag in vielen Fällen auch durchaus so sein. Eine theorielose Politikwissenschaft ist allerdings nicht vorstellbar. An dieser Stelle kann keine Theoriedebatte geführt werden. Aber die Existenzberechtigung der Theorien gründet sich darauf, dass sie keinen Selbstzweck darstellen, sondern vielmehr helfen sollen, soziale und politische Wirklichkeit zu strukturieren und zu erklären (möglichst mit einer gewissen Prognosefähigkeit). In diesem Sinne bilden Theorien und Konzepte auch bei empirisch ausgerichteten Hausarbeiten den Rahmen für die Analyse; es geht darum, sich diese für die eigene Arbeit nutzbar zu machen.

Lesestudium und Theorieorientierung

b) Zu den Fremdsprachen: Es soll zwar immer noch Möglichkeiten geben, an deutschen Universitäten allein mit Deutsch-Kenntnissen bis zum Abschluss des politikwissenschaftlichen Studiums zu gelangen; es gibt aber im Prinzip keine Teildisziplin, in der auf geläufige Englisch-Kenntnisse verzichtet werden kann. Selbst bei Arbeiten zum politischen System der BRD ist es manchmal sinnvoll, auch ausländische Autoren zu berücksichtigen, um so aus einer reinen Binnensicht herauszukommen. Politikwissenschaft ist eine international angelegte Disziplin. Oft sind neben der Beherrschung der englischen Sprache weitere Fremdsprachenkenntnisse notwendig, vor allem, wenn eine regionale Spezialisierung angestrebt wird. Wer sich z. B. wissenschaftlich intensiver mit Lateinamerika beschäftigen will, benötigt auf alle Fälle spanische Sprachkenntnisse (bzw. Portugiesischkenntnisse für Brasilien). Die Lektüre fremdsprachiger Literatur verlangt nicht, dass jedes einzelne Wort verstanden werden muss; erforderlich ist vielmehr, sich den jeweiligen Sinnzusammenhang erschließen zu können. Auch hier macht die Übung den Meister.

Fremdsprachen

An dieser Stelle noch ein wichtiger Hinweis: Es ist eine illusorische, praxisferne Vorstellung zu meinen, die Lese- und Recherchierphase sei komplett abgeschlossen, wenn mit der Niederschrift der Arbeit begonnen wird. Vielmehr wird es immer auch beim Schreiben notwendig sein, noch einmal einen Blick in die Literatur zu werfen, um z. B. bestimmte Sachverhalte erneut zu überprüfen, noch offene oder auch vielleicht im Arbeitsprozess neu aufgekommene Fragen zu klären. Das ständige Hin und Her zwischen schriftlicher Bearbeitung der Fragestellung und Auseinandersetzung mit dem der Arbeit zugrunde liegenden Material ist typisch für das wissenschaftliche Arbeiten.

4.2   Das Schreiben der Arbeit

Eine wissenschaftliche Arbeit muss sowohl methodischen und analytischen Anforderungen, die sich u. a. auf Problematisierung, Fragestellung, Konzeption, theoretische Fundierung, begriffliche Klarheit, Methodik, Operationalisierung, Argumentation und Diskussionsniveau beziehen, genügen, als auch formalen Anforderungen hinsichtlich z. B. Gestaltung und Belegpraxis. Im Folgenden wird auf beides eingegangen, wobei gesondert noch einmal die Plagiatsproblematik und Fragen zum sprachlichen Stil thematisiert werden.

4.2.1   Aufbau und methodisch-analytische Anforderungen

Aufbau einer Hausarbeit
Zum Aufbau einer Seminararbeit gibt es verbindliche Vorgaben. Sie besteht aus den Einzelelementen Titelblatt, Inhaltsverzeichnis (ggf. Verzeichnisse mit Abkürzungen, Tabellen, Abbildungen und Schemata), Einleitung, Hauptteil, Schlusskapitel (ggf. Anhang mit ergänzenden Materialien) und Literaturverzeichnis. Ergänzt wird dies durch Anmerkungen, Belege und Quellennachweise. In schriftlichen Arbeiten sollen Studierende ihre Kenntnisse des Forschungsstandes zu einer bestimmten, eingegrenzten Fragestellung zeigen und den Nachweis erbringen, dass sie einen Untersuchungsgegenstand wissenschaftlich bearbeiten können. Rein deskriptive Darstellungen entsprechen nicht den Anforderungen an eine wissenschaftliche Arbeit. Die Aussagen in der relevanten Literatur sind nicht nur zu referieren, sondern auch problemorientiert einer kritischen Analyse zu unterziehen. Entsprechend fundiert ist eine eigene, logische, in sich schlüssige und für den Leser nachvollziehbare Argumentationsführung zu entwickeln. Alles dies geschieht auf der Basis des bereits erläuterten Rationalitätspostulats in den drei Textteilen *Einleitung*, *Hauptteil* und *Schluss*, wobei beschreibende Darstellung, Analyse und eigene Bewertung klar voneinander zu trennen sind.

Einleitung
In der *Einleitung* wird der Grundstein für das Gelingen einer wissenschaftlichen Arbeit gelegt. Die Möglichkeiten des Einstiegs in ein Thema sind verschieden. Man kann z. B. aus aktuellen

Bezügen argumentieren, genauso aber auch von dem historischen Hintergrund einer Fragestellung ausgehen. Aus der Perspektive einer wie auch immer gearteten persönlichen Betroffenheit in ein Thema einzuleiten ist hingegen nicht angemessen, es sei denn es gelingt, über die eigene Person bzw. Erfahrung hinausgehende, wirklich politikwissenschaftlich relevante Bezüge herzustellen. Grundsätzlich gilt, dass in der Einleitung noch nicht zu tief in die inhaltliche Diskussion eingestiegen wird oder gar eventuelle Ergebnisse der Arbeit vorweggenommen werden. Beides bleibt den der Einleitung folgenden Textteilen vorbehalten. Die Bedeutung der Einleitung für die Qualität der gesamten Arbeit wird häufig unterschätzt. Abbildung 4 fasst zusammen, welches die wesentlichen Elemente und Funktionen einer guten Einleitung sind.

Die Funktionen der Einleitung bestehen darin:

- an das Thema heranzuführen, indem die Problemstellung erläutert und darauf aufbauend eine erkenntnisleitende Fragestellung oder These entwickelt wird, an der sich die gesamte Arbeit orientiert *(Worin besteht das Ziel der Arbeit?)*;
- die (politikwissenschaftliche) Relevanz der Fragestellung zu diskutieren *(Warum ist sie interessant?)*;
- den Gegenstand der Arbeit einzugrenzen *(Um was soll es genau gehen?)* und diese Eingrenzung sinnvoll zu begründen *(Warum wird auf bestimmte Aspekte verzichtet, während andere hervorgehoben werden?)*;
- die gewählte Vorgehensweise bzw. Methode[1] anhand der Gliederungspunkte darzustellen und zu erläutern; dies bedeutet mehr als nur das Inhaltsverzeichnis in Sätzen wiederzugeben *(Wie ist die Arbeit aufgebaut? Wie soll versucht werden, das gesetzte Ziel zu erreichen? Wie sehen die einzelnen Arbeitsschritte aus? Wie gewinne ich die für meine Analyse notwendigen Informationen und wie werte ich diese aus?)*.

---

[1] Der Begriff „Methode" wird in den Sozialwissenschaften unterschiedlich verwendet. „Er kann allgemein den Gang einer wissenschaftlichen Untersuchung meinen, aber auch [...] die konkreten Verfahren der Informationsgewinnung (Datenerhebung) und der Informationsauswertung (Datenanalyse [...])" (Simonis/Elbers 2011: 118). Ausführlicher behandelt wird diese Thematik im vorliegenden Sammelband im Beitrag von Christian Welzel. Weitergehende Erläuterungen zu quantitativen und qualitativen Auswertungsverfahren in der Politikwissenschaft geben Behnke/Baur/Behnke 2012. Zu den Methoden speziell der vergleichenden Politikwissenschaft siehe einführend Lauth/Pickel/Pickel 2015 und weiterführend Pickel et al. 2009.

Abb. 4: Funktionen der Einleitung

Im *Hauptteil* ist zunächst ein Rahmen für die eigene Analyse zu entwickeln; auf dieser Basis findet dann die ausführliche, kritische Auseinandersetzung mit der in der Einleitung aufgeworfenen Fra-

Hauptteil

gestellung statt. Theoretische Fundierung, Deskription und Ana-
lyse haben hier ihren Platz. Die einzelnen Kapitel und Unterkapi-
tel des Hauptteils sollten entsprechend der Vorgehensweise und
Argumentation logisch angeordnet und sinnvoll strukturiert sein.
Ihre Anzahl hat in einem vernünftigen Verhältnis zum Gesamt-
umfang der Arbeit zu stehen. Ein einzelnes Kapitel für drei Zeilen
Text ist ebenso unangebracht wie ein nicht weiter unterteiltes
Kapitel, welches drei Viertel der gesamten Arbeit ausmacht. Der
Hauptteil ist grundsätzlich nicht mit „Hauptteil" überschrieben,
sondern er trägt immer eine inhaltliche Überschrift, bei mehreren
Hauptteilkapiteln jeweils eine. Innerhalb der einzelnen Kapitel
und Unterkapitel dient das Einfügen von Absätzen dazu, den Text
sinnvoll zu strukturieren.

Analyserahmen   Die Entwicklung eines Analyserahmens geschieht in der Regel
in einem separaten Kapitel, in größeren wissenschaftlichen Studien häufig in Verbindung mit einer Zusammenfassung des Forschungsstandes. Bei Seminararbeiten kann die theoretische Einbettung in Ausnahmefällen auch in der Einleitung erfolgen; dies
ist themen- und kontextabhängig. Als Minimalanforderung sind
die Schlüsselbegriffe der Arbeit klar zu definieren. Lediglich Begriffe, die in der Politikwissenschaft einen unmissverständlichen,
feststehenden und unbestrittenen Inhalt zugeordnet bekommen
(z. B. Regierung oder Parlament), brauchen nicht definiert zu
werden. Generell gilt, dass in wissenschaftlichen Arbeiten präzise
und konsistente Begriffe verwendet werden müssen, die einen
eindeutigen Bedeutungsinhalt haben. Die Bedeutung eines Be-
Der Unterschied   griffs wird meist durch eine *Nominaldefinition* festgelegt. Dies ist
von Nominal- und   eine rein sprachliche Konvention, die bestimmt, welcher Vorstel-
Realdefinition   lungsinhalt einem Begriff im Kontext der Arbeit zukommen soll.
Nominaldefinitionen können demnach nie richtig oder falsch
sein, sondern nur zweckmäßig oder unbrauchbar, sinnvoll oder
unsinnig. Demgegenüber kann eine *Realdefinition*, die versucht,
das Reale, das Wesen eines Sachverhaltes zu beschreiben, durchaus falsch sein.

Über die Begriffsklärung hinaus müssen in einem theoretischen Bezugsrahmen die Untersuchungskriterien und -variablen
Operationalisie-   hergeleitet und festgelegt sowie Operationalisierungshinweise
rung heißt, etwas   gegeben werden (*Welche Indikatoren dienen dazu, etwas messbar zu*
messbar zu   *machen?*). Je nach Anspruch und Anlage der Arbeit erfolgt dies
machen   mehr oder weniger ausführlich und theoretisch fundiert und kann
abhängige und   auch die Formulierung zu überprüfender Thesen bzw. Hypothe-
unabhängige   sen beinhalten. Hinsichtlich der Variablenbildung sind abhängige
Variablen   Variablen – also das, was zu erklären ist (Explanandum) – und

unabhängige Variablen – die Erklärung für ein Phänomen (Explanans), bestehend aus Rahmenbedingungen, Einflussgrößen, Gesetzmäßigkeiten – auseinander zu halten. Dabei ist darauf zu achten, dass manchmal auch nur bei einer geringfügigen Modifizierung der ursprünglichen Fragestellung eine vormals abhängige Variable zu einer unabhängigen Variablen werden kann und umgekehrt.[17]

Bei der Indikatorenbildung ist immer darauf zu achten, dass die Validität gegeben ist. Wird also tatsächlich das gemessen, was gemessen werden soll? Ist z. B. die Wahlbeteiligung wirklich ein verlässlicher Indikator für Politikverdrossenheit (ein Begriff, der zunächst einmal zu definieren wäre) oder kann eine geringe Wahlbeteiligung im Gegenteil nicht vielleicht auch Ausdruck einer Zufriedenheit mit der aktuellen Politik sein, so dass keine Veranlassung gesehen wird, zur Wahl zu gehen? Eventuell ist es auch viel banaler, und es hat möglicherweise am Wahltermin den ganzen Tag gestürmt und geregnet, so dass viele Wahlberechtigte allein aus diesem Grund den Weg zum Wahllokal gescheut haben.

Validität von Indikatoren

Wie ausführlich im Analyserahmen über Begriffsklärung, Indikatorenbildung usw. hinaus eine umfassendere theoretische Fundierung erfolgt, ist nicht zuletzt von der Fragestellung und dem Anspruch der Arbeit abhängig. Wenn auf Theorien Bezug genommen wird, so hat dies aber generell mit Blick darauf zu geschehen, wie diese für die eigene Analyse auch tatsächlich nutzbar gemacht werden können. Ein „Theorieteil" allein als schmückendes Beiwerk, der keine wirkliche Verbindung zur Problemstellung der Hausarbeit und der folgenden Analyse hat, macht keinen Sinn.

Theoretische Fundierung

Im Hauptteil werden auch die Informationen geliefert, die zum Verständnis der zu behandelnden Problematik und als Grundlage für die Analyse erforderlich sind. Erschöpft sich eine Arbeit allerdings in reiner Deskription, so ist dies eindeutig zu wenig. Es ist auch unbedingt darauf zu achten, dass sich der Text auf die Vermittlung der wirklich notwendigen Informationen konzentriert und Überflüssiges weggelassen wird. Immer wieder finden sich in Arbeiten z. B. zur aktuellen Qualität der Demokratie in einem bestimmten Land ausführliche, chronologisch sortierte Angaben zur Geschichte seit der Unabhängigkeit oder als „Basisinforma-

Deskription nur, soweit dies für die Analyse erforderlich ist

---

[17] Zum Thema Variablenbildung vgl. neben dem bereits am Anfang dieses Kapitels erwähnten Beitrag von *Christian Welzel* auch den Beitrag von *Hans-Joachim Lauth/Christoph Wagner*.

tionen" bezeichnete Hinweise zur geographischen Lage und Einwohnerzahl, zu klimatischen Gegebenheiten und kulturellen Besonderheiten u. ä., die in keinem unmittelbaren Zusammenhang mit der zu beantwortenden erkenntnisleitenden Fragestellung stehen. Es ist durchaus angebracht, dass ich mir als Autor eine inhaltliche Kompetenz aneigne, die über die eigentliche Themenstellung einer Hausarbeit hinausgeht. In die Endfassung der Arbeit gehören dann aber nur die Informationen, die der Leser auch tatsächlich zum Verstehen des Textes benötigt. Dies bedeutet, dass ich mich vor Abgabe der Arbeit von überflüssigen Textpassagen trennen muss, selbst wenn sie für mich als Autor im Rahmen der Auseinandersetzung mit der Themenstellung durchaus wichtig gewesen sein mögen. Auch wenn es ein gewisses Maß an Überwindung kosten mag, solche Textstellen, die vielleicht mit viel Mühe erarbeitet worden sind, zu streichen: Die Arbeit gewinnt immer an Qualität, wenn ich sie von unnötigem Ballast befreie.

Überflüssige Textpassagen streichen!

Dies gilt auch für den analytischen Teil der Arbeit. Die Analyse hat zum Ziel, zu einer plausiblen Antwort auf die Fragestellung zu kommen. Argumentationen, die auf irgendwelche Nebengleise führen, sind dabei in der Regel nicht hilfreich. Es ist unbedingt auch darauf zu achten, dass ich bei der Analyse tatsächlich die Arbeitsschritte vollziehe, die in der Einleitung angekündigt wurden. Es ist möglich, dass ich im Arbeitsprozess merke, dass ich den ursprünglich geplanten Ablauf der Analyse modifizieren muss. Möglicherweise muss ich Arbeitsschritte ergänzen oder streichen, zusätzliche Begriffe einführen und definieren, neue Untersuchungskriterien hinzunehmen und Indikatoren entwickeln o. ä. Dies ist auch völlig in Ordnung. Wenn aber solche Änderungen vorgenommen werden, müssen Einleitung bzw. Analyserahmen immer entsprechend angepasst werden.

Der *Schlussteil* – überschrieben z. B. mit „Schluss", „Zusammenfassung", „Fazit", „Bilanz und Perspektiven", „Resümee und Ausblick" oder auch einer inhaltlichen Überschrift – fasst die „gewonnenen Ergebnisse pointierend (nicht nur wiederholend) zusammen" (Poenicke 1988: 112). Es geht also nicht darum, wie es manchmal praktiziert wird, Sätze aus dem Hauptteil der Arbeit einfach zu kopieren und im Schlussteil wieder einzufügen. Vielmehr soll nun explizit eine Antwort auf die anfangs aufgeworfene Fragestellung gegeben bzw. ggf. erläutert werden, ob sich die Ausgangsthesen der Arbeit bestätigt haben oder nicht. Darüber hinaus geht es im Schlusskapitel nicht um eine persönliche Meinungsäußerung, sondern vielmehr um eine auf der in der Arbeit

Schluss

durchgeführten eigenen Analyse beruhende kritische und wissenschaftlich fundierte Bewertung. Gelegentlich wird dies mit einer Auswertung der Ergebnisse hinsichtlich ihres Stellenwertes für die allgemeine Forschungslage verbunden oder mit einem Ausblick, welche offenen Fragen für weitere Arbeiten von Interesse sind bzw. welche aktuellen Problemstellungen sich aus den gewonnenen Erkenntnissen ergeben.

Formale Anforderungen   4.2.2

Kommen wir zu den *formalen Standards* einer wissenschaftlichen Arbeit. Hierzu gehört zunächst die Übersichtlichkeit der Darstellung. Zur besseren Lesbarkeit sollte der Textteil in der Regel in eineinhalbfachem Zeilenabstand ausgedruckt werden, mit Ausnahme eventuell vorhandener Fußnoten. Diese können einzeilig am unteren Rand der entsprechenden Seite geschrieben werden, am besten mit einer Linie vom übrigen Textteil abgesetzt. Für den oberen und unteren Seitenrand bieten sich als Orientierungsgröße jeweils ca. drei cm an, für den linken bzw. rechten Rand etwas mehr, so dass ausreichend Platz für handschriftliche Anmerkungen des Bewertenden bleibt. Ob eine ausgedruckte und/oder elektronische Fassung der Arbeit vorgelegt werden muss, ist im Zweifelsfall immer direkt mit dem jeweiligen Dozenten abzuklären, manchmal ist dies auch explizit in der Prüfungsordnung oder im Modulhandbuch festgelegt.

Formale Standards

Zeilenabstand und Seitenrand

An manchen Institutionen gibt es verbindliche Vorgaben zur Textgestaltung oder unverbindliche Hinweise als Orientierungshilfe, teilweise bleibt es Studierenden aber auch selbst überlassen, wie der eigene Text zu gestalten ist. Die Differenzierungsmöglichkeiten beim Layout, angefangen von verschiedenen Schrifttypen und Schriftgrößen bis zu diversen Arten der optischen Hervorhebung, haben sich immer an Kriterien der Übersichtlichkeit und Lesbarkeit zu orientieren. Generell ist ein sparsamer Gebrauch solcher Gestaltungsmittel zu empfehlen, da ein Zuviel schnell Unruhe in das Schriftbild bringt und den Lesefluss stört. Überschriften sind so vom Text abzuheben, dass sie auf den ersten Blick als solche erfasst werden können. Ebenso eindeutig sind Absätze kenntlich zu machen, z. B. durch Einfügen einer Leerzeile oder Einrücken der ersten Zeile.[18]

---

[18]   Weitergehende Hinweise zu Textgestaltung und Layout finden sich u. a. bei Sesink 2012 und Nicol/Albrecht 2011.

Der Titel einer Seminararbeit erscheint auf einem gesonderten,

Titelblatt   überschaubar gestalteten *Titelblatt*. Eine von mehreren Möglichkeiten der Aufteilung eines Din-A4-Titelblattes, das alle erforderlichen Angaben zu einer Hausarbeit enthält, ist in Abbildung 5 exemplarisch dargestellt.

Johannes Gutenberg-Universität Mainz
Institut für Politikwissenschaft
Seminar: Regierungsbildung in Westeuropa
Seminarleitung: Prof. Dr. Angela Merkel
Sommersemester 2018
Modulprüfung im Modul „Analyse und Vergleich politischer Systeme"

Die besondere Problematik von Großen Koalitionen

Vorgelegt von:
Frank-Walter Steinmeier
Steinbrücke 2   Bachelorstudiengang
54321 Kanzlershausen   Politikwissenschaft
Tel. 0815 / 47 11   (4. Fachsemester)
E-Mail: fwstein@students.uni-mainz.de   Abgabetermin: 9.7.2018
Matrikelnummer: 1234567

Abb. 5: Muster eines Titelblatts

Inhaltsverzeichnis,
Kapitel- und
Seitenzählung
Das *Inhaltsverzeichnis* beinhaltet alle folgenden Gliederungsteile und gibt Aufschluss über die Struktur der Arbeit. Die einzelnen Gliederungspunkte müssen denselben Wortlaut wie die Überschriften im Text haben; auch nur geringste Abweichungen stellen

einen Fehler dar. Anders als bei umfangreicheren Arbeiten, die von der ersten beschriebenen Seite durchgezählt werden, beginnt bei Seminararbeiten die Zählung erst mit der Einleitung. Bei der Nummerierung der Gliederungspunkte ist darauf zu achten, dass die Zählung im Inhaltsverzeichnis mit der Zählung der Kapitel und Unterkapitel im Text identisch sein muss. Die Verwendung (und Kombination) von Buchstaben, römischen und arabischen Ziffern ist zwar möglich, aber nicht sehr weit verbreitet, so dass es Lehrende gibt, die dies durchaus auch als Fehler markieren. Wegen seiner Übersichtlichkeit, Einfachheit und Klarheit hat sich die Nummerierung mit arabischen Ziffern weitgehend durchgesetzt.

Verzeichnisse mit Abkürzungen, Tabellen, Abbildungen bzw. Schemata sind dann zu erstellen, wenn diese Elemente vermehrt in einer Arbeit vorkommen. Sie können zwischen Inhaltsverzeichnis und Einleitung stehen. In einem *Anhang* werden ergänzende Materialien (Statistiken, Tabellen, Exkurse, Dokumente, Ausdruck einer verwendeten Website u. ä.) untergebracht; er wird an den Text „angehängt".

Abkürzungs-, Tabellen-, Abbildungsverzeichnis und Anhang

Das *Verzeichnis der Literatur (Bibliografie)* findet sich am Ende der Arbeit. Grundsätzlich gibt es mehrere zulässige Möglichkeiten der Titelangabe im Literaturverzeichnis. Davon ist eine auszuwählen, die dann durchgängig Anwendung finden muss. Dabei ist allerdings darauf zu achten, dass die Standards je nach Studienfach durchaus voneinander abweichen können.[19] Im Literaturverzeichnis müssen alle Arbeiten, aus denen zitiert worden ist und die im Text genannt worden sind, aufgeführt werden. Die Titel sind alphabetisch nach den Nachnamen der Autoren zu ordnen. Liegen von einem Autor mehrere Titel vor, sind diese entweder alphabetisch nach Titel oder chronologisch nach Erscheinungsjahr zu ordnen. Schriften von demselben Verfasser aus demselben Jahr müssen eindeutig gekennzeichnet werden, indem „a", „b" usw. an das Erscheinungsjahr anhängt wird. Bei mehr als drei Verfassern oder Herausgebern kann auch nur der erste Verfasser oder Herausgeber mit dem Zusatz „u. a." oder „et al." angegeben werden. Bei englischsprachigen Titeln werden alle Wörter außer Artikeln, Konjunktionen und Präpositionen groß geschrieben;

Literaturverzeichnis

---

[19] Als Orientierung für die Politikwissenschaft können z. B. Schlichte/Sievers 2015: 171ff. und Simonis/Elbers 2011: 138ff. genutzt werden. Bei Unsicherheiten und Fragen hilft auch ein Blick in „professionelle" Literaturverzeichnisse. Doch dabei ist insofern Vorsicht geboten, als selbst Werke namhafter Autoren nicht immer fehlerfrei sind. Dies ist bei den Literaturverzeichnissen im vorliegenden Buch – hoffentlich – anders.

das erste Wort des Titels wird jedoch unabhängig von der Wortart immer groß geschrieben. Akademische Titel wie Prof. und Dr. sind grundsätzlich nicht anzugeben.

Zu den wichtigsten das Literaturverzeichnis betreffenden Regeln gehört, dass alle bibliografischen Angaben enthalten sein müssen, um die Literatur eindeutig identifizieren zu können. Bei Monographien sind dies Autor, Erscheinungsjahr, Titel und Erscheinungsort; der Verlag kann, muss aber nicht unbedingt angegeben werden. Wenn Verlage angegeben werden, muss dies durchgängig erfolgen. Wird in der verwendeten Quelle kein Erscheinungsort bzw. -jahr angegeben, so ist dies eindeutig kenntlich zu machen, indem man „o. O." (d. h. ohne Ort) bzw. „o. J." (d. h. ohne Jahr) dazu schreibt. Eine Auflagenzahl wird erst ab der zweiten Auflage genannt.

Angabe von Monographien

Bei Sammelbänden und Zeitschriften ist immer der einzelne Beitrag, auf den man sich im Text bezogen hat, mit Autor, Titel und der genauen Seitenzahl (Beginn und Ende des Beitrags) anzugeben. Zusätzlich gehören bei Sammelbänden neben Erscheinungsjahr und -ort noch Herausgeber und Titel des Sammelbandes, bei Zeitschriftenaufsätzen neben Erscheinungsjahr der Titel und die Nummer der Zeitschrift zu den bibliografischen Angaben dazu; es ist auch üblich den Band bzw. Jahrgang der Zeitschrift anzugeben.

Angabe von Beiträgen in Sammelbänden und Zeitschriften

Wurden Internet-Quellen im Text verwendet, so müssen diese auch im Literaturverzeichnis aufgeführt werden. Auch hier muss das Kriterium der Nachprüfbarkeit immer erfüllt sein. Als absolutes Minimum müssen Name des Autors/der Organisation, die (vollständige!) URL-Adresse (URL = *uniform resource locator*) und das Datum des Zugriffs angegeben werden. Soweit verfügbar, gehören auch Erstellungsdatum bzw. Datum der letzten Revision und der Titel des Dokuments zu den Angaben. Wird eine persönliche Website angegeben, die in der Regel keinen Titel trägt, steht statt des Titels der Hinweis „Homepage". Eine gebräuchliche Angabe von Online-Quellen im Literaturverzeichnis sieht z. B. folgendermaßen aus:

Angabe von Online-Quellen

Wagner, Christoph 2007: Demokratie und Politik in Uruguay. http://www.bpb.de/themen/OCFGNI,0,Demokratie_und_Politik_in_Uruguay.html (Zugriff 9.4.2017)

Sorgfältiges *Belegen* der im Text verarbeiteten Quellen ist Grundsatz jeder wissenschaftlichen Arbeit; es steht in unmittelbarem Zusammenhang mit dem an die Wissenschaft gestellten Anspruch der Nachvollziehbarkeit und Nachprüfbarkeit. Allgemein nicht bekannte Tatsachen und Daten sowie Informationen und fremde Gedanken, die übernommen werden, sind grundsätz-

Belegpraxis muss Nachvollziehbarkeit und Nachprüfbarkeit garantieren

lich immer kenntlich zu machen. Zur Allgemeinbildung zu zählende, unumstrittene Tatsachen (z. B. Buenos Aires ist die Hauptstadt von Argentinien) brauchen nicht belegt zu werden. Auch wenn sich mehrere aufeinander folgende Angaben auf eine Quelle beziehen, muss nicht jede einzeln belegt werden. Dies kann auch durch einen zusammenfassenden Beleg am Anfang oder Ende des Absatzes erfolgen. Generell gilt aber die Regel, dass im Zweifelsfall lieber zu viel als zu wenig belegt werden sollte.

Bei Belegen und Quellennachweisen gibt es ähnlich wie im Literaturverzeichnis mehrere Angabemöglichkeiten. Auch hier ist auf Einheitlichkeit zu achten! Die gewählte Art des Belegens muss konsequent durchgehalten werden. Prinzipiell zu unterscheiden ist das Belegen im Text und in der Fuß- bzw. Endnote. Bei der amerikanischen Zitierweise mit Belegen im Text (sog. *Harvard Notation*) erscheint nach der entsprechenden Textstelle in Klammern der Nachname des Autors[20], das Erscheinungsjahr und die genaue Seitenangabe der Fundstelle. Werden mehrere Werke des Autors aus demselben Jahr verarbeitet, müssen diese analog den bibliographischen Angaben im Literaturverzeichnis alphabetisch gekennzeichnet werden (z. B. Wagner 2008a: 17). Belege in der Fußnote (am unteren Seitenrand) oder Endnote (am Ende des Gesamttextes) können in ausführlicher Form erfolgen, d. h. mit den kompletten bibliografischen Angaben. Wird ein Titel zum wiederholten Male genannt, ist ein Kurzbeleg ausreichend.[21] Fuß- bzw. Endnoten sind durchzunummerieren; die jeweilige Zahl wird in hochgestellter Form an der Stelle des Textes eingefügt, auf die sich der Beleg bezieht.

Fuß- und Endnoten können im Übrigen nicht nur Belege enthalten, sondern sie bieten in Form von *Anmerkungen* auch Raum für Zusatzinformationen, die zwar in Zusammenhang mit dem Text stehen, zu dessen unmittelbarem Verständnis aber nicht notwendig sind. Dies wird manchmal missverstanden: Es widerspricht der geforderten Einheitlichkeit nicht, wenn in einer Arbeit

Belegen im Text: Harvard Notation

Belegen in Fuß- oder Endnoten

Anmerkungen in Fuß- und Endnoten

---

[20] Auch wenn sich ein Beleg auf einen Artikel in einem Sammelband bezieht, ist immer der Verfasser und nicht der Herausgeber anzugeben. Letzterer steht bei den kompletten bibliografischen Angaben im Literaturverzeichnis dabei sowie auch dann, wenn ausführlich in der Fuß- oder Endnote belegt wird.

[21] Eine Möglichkeit des Kurzbelegs in Fuß- und Endnote ist: Wagner, Uruguay, S. 17. Zusätzliche Hinweise vor der Seitenzahl wie „loc. cit" (loco citato) oder „a. a. O." (am angeführten Ort) sind zwar möglich, aber wenig informativ. Es kann auch auf die Fußnote verwiesen werden, in der der Titel erstmals und in voller Länge genannt ist: Wagner 2008 (Anm. 88), S. 17. Der Verweis mit der Abkürzung „ebd." (ebenda) und der entsprechenden Seitenzahl ist dann möglich, wenn unmittelbar im Beleg zuvor ebenfalls darauf Bezug genommen wurde.

amerikanisch im Text belegt wird und gleichzeitig Fuß- oder Endnoten als Anmerkungen mit zusätzlichem Text vorkommen.

Unsicherheiten bestehen häufig im Umgang mit *Internet-Quellen*. Kann ich überhaupt aus dem Internet zitieren? Zunächst
einmal ist festzuhalten, dass auch Quellen aus dem Internet zitierfähig sind, solange sie verlässlich sind bzw. wissenschaftlichen Ansprüchen genügen. Bei vielen Quellen ist dies eindeutig
gegeben, bei anderen eindeutig nicht, bei manchen ist dies umstritten. Grundsätzlich gilt, dass die Internet-Recherche immer
mit einer gesunden Skepsis und einem besonders kritischen
Blick begleitet werden sollte, da durch den im Prinzip uneingeschränkten Zugang zum Netz der Spielraum für einen leichtfer-
tigen bzw. nachlässigen Umgang mit Informationen, Daten und
Fakten bis hin zur bewussten Manipulation im wahrsten Sinne
des Wortes grenzenlos ist. Da elektronische Quellen jederzeit
verändert werden können, lässt sich auch bei vollständiger Quellenangabe die Nachvollziehbarkeit nicht garantieren. Deswegen
empfiehlt es sich, einen Ausdruck der verwendeten Internet-Quel-
le aufzuheben. Wer ganz sicher gehen will bzw. wem ein Inter-
net-Dokument im Kontext der Arbeit besonders wichtig erscheint,
kann einen Ausdruck auch im Anhang der Hausarbeit beifügen.
Dabei ist aber immer Zurückhaltung angebracht, damit der Leser
nicht von einem allzu umfangreichen Anhang „erschlagen" wird.

Umgang mit Internet-Quellen

Egal, ob elektronische oder gedruckte Quelle, lassen sich drei
Arten von Belegen unterscheiden: Verweise, sinngemäße Wieder-
gaben und wörtliche Zitate. *Verweise* belegen nicht einen konkreten
Gedankengang, sondern geben Hinweise auf Werke, deren Inhalt
sich auf den textlichen Sinnzusammenhang bezieht und die die
Argumentation ergänzen und weiterführen. Solchen Belegen wird
in der Fuß- oder Endnote das Wort „Siehe" vorangestellt und es
werden nicht unbedingt Seitenzahlen angegeben. Demgegenüber
müssen wörtliche und sinngemäße Wiedergabe fremden Gedan-
kenguts immer mit genauer Seitenangabe belegt werden. Im Unterschied zu wörtlichen Zitaten wird der Beleg bei einer *sinngemä-
ßen Wiedergabe* – auch indirektes Zitat genannt – fremder Gedanken
in eigenen Worten mit „Vgl." (vergleiche) eingeleitet. Bei der amerikanischen Zitierweise mit Kurzbelegen im Text kann – so wie im
vorliegenden Buch praktiziert – auf Hinweise wie „siehe" und
„vgl." verzichtet werden, dann aber konsequent.

Drei Arten von Belegen

Verweise

Sinngemäße Wiedergabe/ indirekte Zitate

Das *wörtliche Zitieren* unterliegt strengen und verbindlichen
Regeln. Zu den Wichtigsten gehören: Wörtliche Zitate sind immer
als solche zu kennzeichnen, gewöhnlich durch Anführungszeichen, und absolut originalgetreu wiederzugeben. Dies geht so

Wörtliche Zitate

weit, dass sogar ggf. orthografische Fehler übernommen werden müssen. Jegliche Veränderungen müssen offen gelegt werden. Auslassungen sind mit drei Punkten in eckigen Klammern [...] anzugeben. Ergänzungen (sog. Interpolationen) stehen in eckigen Klammern mit einem nach einem Komma anzufügenden Vermerk, dass diese Ergänzung vom Verfasser der Arbeit stammt (z. B. indem die Initialen des Verfassers „XY" oder der Hinweis „d. Verf." angefügt werden). Auslassungen wie Ergänzungen dürfen den Sinn des Zitates nicht verändern. Hervorhebungen, die nicht im Original zu finden sind, dürfen nur dann vorgenommen werden, wenn dies dem Leser mitgeteilt wird (z. B. durch den Hinweis „Hervorh. XY" oder „Hervorh. nicht im Original"). Beinhaltet das Original eine Hervorhebung, ist diese wenn möglich genau so zu übernehmen, auf alle Fälle aber kenntlich zu machen (z. B. durch Unterstreichung). Werden Zitate in eine eigene Satzkonstruktion eingefügt, erfordert dies möglicherweise sprachliche Anpassungen in Form von Wortumstellungen; diese stehen dann auch in eckigen Klammern.

Nicht nur in der Form, sondern auch inhaltlich sind Zitate genau zu übernehmen, d. h. so, dass sie nicht verfälschend in einen Kontext eingebunden werden, sondern ihren ursprünglichen Sinn behalten. Zitiert werden sollte prinzipiell aus der Primärquelle. Lediglich wenn das Original nicht zu beschaffen ist, ist das Zitieren aus zweiter Hand angebracht. Dann hat vor dem Quellennachweis allerdings der Zusatz „zitiert nach" bzw. „zit. nach" zu stehen, wobei bedacht werden muss, dass nicht alle Quellen zitierfähig sind. Aus allgemeinen Lexika, Zitatensammlungen und Reiseführern etwa sollte in wissenschaftlichen Arbeiten nicht zitiert werden. Auch Quellen, die geeignet sind, um sich erste Informationen und einen Überblick über ein Thema zu verschaffen, wie z. B. die von der Bundeszentrale für politische Bildung herausgegebenen „Informationen zur politischen Bildung" oder die Internet-Enzyklopädie Wikipedia, sind in der Regel nicht zitierfähig.[22]

Nicht zitierfähige Quellen: z. B. Lexika, Zitatensammlungen, Reiseführer und Wikipedia

Eine verbindliche Regel zur Wiedergabe fremdsprachiger Quellen gibt es nicht. Ob ein Zitat in der Originalsprache oder als Übersetzung übermittelt wird, hängt vom Thema der Arbeit, von der Art der Quelle und den zu vermutenden Sprachkenntnissen der Leserschaft ab, in Zweifelsfällen von der Absprache mit dem Dozenten. Für englischsprachige Quellen bietet es sich aber meist

Wiedergabe fremdsprachiger Quellen

---

[22] Präzisiert werden die Gründe für die Nicht-Zitierfähigkeit von Wikipedia u. a. von Weber 2009: 31-41.

an, sie in der Originalsprache zu belassen. Da Englisch die internationale wissenschaftliche Verkehrssprache Nummer eins ist, können in wissenschaftlichen Arbeiten Englisch-Kenntnisse immer guten Gewissens vorausgesetzt werden. Zu beachten ist, dass auch ein wortgetreu übersetztes Zitat ein wörtliches Zitat ist und als solches gekennzeichnet werden muss.

Fast schon zu einer Konvention ist es geworden, dass längere Zitate (in der Regel länger als drei Zeilen) vom normalen Text abgesetzt, eingerückt und mit einzeiligem Abstand geschrieben werden. In der Literatur zu den formalen Regeln des wissenschaftlichen Arbeitens findet sich manchmal der Hinweis (z. B. Poenicke 1988: 130), dass auf Anführungszeichen auch verzichtet werden kann, wenn Gestaltungsmittel wie Einrücken usw. Zitaten vorbehalten bleiben und diese dadurch eindeutig gekennzeichnet sind. Da dies in der Politikwissenschaft allerdings kaum so praktiziert wird, ist dies für politikwissenschaftliche Arbeiten auch nicht zu empfehlen. Es kann passieren, dass man sich ggf. dann sogar mit einem Plagiatsvorwurf konfrontiert sieht, weil eben die „obligatorischen" Anführungszeichen fehlen.

Einrücken von längeren Zitaten

Grundsätzlich sollten wörtliche Zitate nicht zu lang sein. Ein Zitat über eine viertel Seite ist nur in absoluten Ausnahmefällen zu vertreten. Sinnvoller ist es, den Inhalt in eigenen Worten wiederzugeben und dann die entsprechende Belegstelle anzugeben. Grundsätzlich ist dabei auch der Lerneffekt im Sinne des Verstehens von Zusammenhängen und Argumentationen, des Verarbeitens von Inhalten und der Aneignung von Wissen ungleich größer als beim reinen Abschreiben von Textstellen. Übermäßiges wörtliches Zitieren kann den Schluss nahe legen, dass der Verfasser aus Bequemlichkeit darauf verzichtet, fremde Gedanken in eigene Worte zu fassen, oder dazu sogar nicht in der Lage ist, weil er den Inhalt nicht verstanden hat.

Lerneffekt durch Wiedergabe in eigenen Worten

Üblicherweise wird wörtlich zitiert, um sich z. B. auf dieser Grundlage mit bestimmten Positionen auseinander zu setzen oder um die eigene Argumentation zu stützen. Manchmal bieten sich wörtliche Zitate auch an, um begriffliche Präzisierungen und Definitionen aus der Literatur zu übernehmen. Eine sehr schlechte, aber gerade in den ersten Semestern unter Studierenden weit verbreitete „Richtlinie" für das wörtliche Zitieren ist der Eindruck, dass ich eine Textstelle nicht so gut in eigenen Worten wiedergeben und paraphrasieren kann, wie sie im Original lautet. Wer sich daran ernsthaft orientiert, dessen Arbeit wird mit an Sicherheit grenzender Wahrscheinlichkeit viel zu viele wörtliche Zitate enthalten. Denn gerade zu Beginn des Studiums wird es mir bei der Lektüre

Wann wörtlich zitieren, wann nicht?

ständig so ergehen, dass ich das Gefühl habe: So gut wie XY in seinem Text kann ich das selbst gar nicht formulieren. Damit mache ich es mir aber viel zu einfach. Im Extremfall ist die von mir vorgelegte Hausarbeit dann nur eine Fleißarbeit dergestalt, dass ich Zitate mehr oder weniger aneinander reihe, ohne eigene Gedanken beizusteuern, ohne eine eigene Argumentation zu entwickeln und letztendlich ohne eine eigene intellektuelle Leistung zu erbringen. Abgesehen davon, dass dies als Leistungsnachweis mit „nicht ausreichend" zu bewerten ist (= nicht bestanden), tendiert damit der bereits angesprochene Lerneffekt stark gegen Null.

„Copy & Paste"-Versuchung und Plagiat-Falle   4.2.3

Zu Zeiten, als Hausarbeiten noch nicht an einem PC mit komfortablen Möglichkeiten der Textverarbeitung geschrieben werden konnten, war es durchaus üblich, mit der Zuhilfenahme einer Schere Textteile „umzusortieren" und in eine andere Reihenfolge zu bringen. Diese heutzutage vorsintflutlich anmutende Praxis stellte in gewisser Weise den mühsamen Vorläufer dessen dar, was heute als „Copy & Paste" (bzw. „Cut & Paste") bezeichnet wird. Es ist heute völlig unkompliziert, Textteile in der eigenen Arbeit zu verschieben, also virtuell auszuschneiden und an anderer, geeigneter erscheinender Stelle wieder einzufügen. Dies ist manchmal zwar fehleranfällig (wenn z. B. dazugehörige Fußnoten nicht entsprechend mit kopiert werden oder durch die Verschiebung von Textteilen in ein anderes Kapitel die dazugehörigen Erläuterungen in der Einleitung nicht angepasst wurden); manchmal ist dies auch unangebracht (z. B. wenn ein Absatz aus dem Hauptteil kopiert und dann im Fazit eingefügt wird, so dass sich an zwei Stellen im Text Passagen mit identischem Wortlaut befinden, es sich also um eine reine Wiederholung handelt). Hingegen ist „Cut & Paste" als Sonderfall des „Copy & Paste" in der Regel nicht zu beanstanden.

Probleme des „Copy & Paste"

Völlig anders verhält sich dies allerdings, wenn „Copy & Paste" dazu benutzt wird, fremde Texte zu kopieren und in die eigene Arbeit einzufügen, ohne dies den Regeln des formal korrekten wissenschaftlichen Arbeitens entsprechend kenntlich zu machen. Dann handelt es sich um ein Plagiat, also um „[...] die Ausweisung fremden geistigen Eigentums als eigenes" (Weber 2009: 45). Und dies ist kein „Kavaliersdelikt", sondern eine solche Praxis verstößt gegen die grundlegenden Standards wissenschaftlichen Arbeitens und ist – wie Stykow et al (2010: 100) es formulieren – „akademische Kriminalität". Wie manche in Zeiten von GuttenPlag und VroniPlag schmerzlich erfahren mussten, kann eine solche Form der Täuschung, des Betrugs und Diebstahls geistigen Eigentums nicht nur zur Aberkennung eines akademischen Titels, sondern auch zum Verlust politischer Ämter führen.

Die Bandbreite dessen, was als Plagiat gilt, reicht vom Übernehmen kompletter Arbeiten aus dem Internet bis hin zum unbeabsichtigten Plagiieren aufgrund von Unwissenheit bzw. Unerfahrenheit. Letzteres stellt zwar keinen bewussten Betrugsversuch dar, ein „unbeabsichtigtes" Plagiat bleibt aber trotzdem ein Plagiat und führt zumindest zum Nichtbestehen der Hausarbeit. Deswegen ist es wichtig zu klären, was überhaupt als Plagiat gilt:

Wann ist ein Plagiat ein Plagiat?

> „All of the following are considered plagiarism:
> – turning in someone else's work as your own
> – copying words or ideas from someone else without giving credit
> – failing to put a quotation in quotation marks
> – giving incorrect information about the source of a quotation
> – changing words but copying the sentence structure of a source without giving credit
> – copying so many words or ideas from a source that it makes up the majority of your work, whether you give credit or not [...]"
> (Plagiarism.org 2017).

Es reicht also beispielsweise nicht aus, einige Wörter umzustellen, Synonyme zu verwenden oder Füllwörter einzusetzen, damit ein wörtliches Zitat kein wörtliches Zitat mehr ist. Wenn ich nur un-

---

- Copy & Paste-Totalplagiat: Eine fremde Arbeit wird komplett oder annähernd komplett kopiert.
- Copy & Paste-Teilplagiat („Cuvée"): Verschiedene Arbeiten werden miteinander „gekreuzt" und zu einer neuen Arbeit zusammengestellt; es handelt sich also um einen Verschnitt aus mehreren fremden Arbeiten.
- Shake & Paste-Plagiat: Textstellen aus vielen verschiedenenArbeiten werden miteinander kombiniert; es entsteht eine „Collage" aus einer Vielzahl unterschiedlicher Quellen.
- Strukturplagiat: Die Struktur einer fremden Arbeit wird übernommen.
- Ideenplagiat: Zentrale Ideen einer fremden Arbeit werden übernommen.

Quelle: Weber 2009: 49-51

Abb. 6: Arten des Textplagiarismus

wesentliche Veränderungen an einer aus der Literatur übernommenen Textstelle vornehme und diese dann nicht mehr als wörtliches Zitat kenntlich mache, handelt es sich um ein Plagiat, auch
wenn ich die dazugehörige Quelle angebe. Das Problem: In solchen und ähnlichen Fällen sind die Grenzen zwischen Plagiat und
Nicht-Plagiat fließend. Gerade hier kann es demzufolge auch besonders schnell zum unbeabsichtigten Plagiieren kommen. Umso
wichtiger ist es, in den ersten Semestern des Studiums die Belegpraxis und den korrekten Umgang mit wörtlichen und indirekten
Zitaten einzuüben.

Es gibt Studierende, die sich beim Plagiieren reichlich dumm
anstellen. So wurde mir, um nur ein Beispiel zu nennen, im Seminar „Analyse und Vergleich politischer Systeme" eine Hausarbeit
vorgelegt, die mit dem Zitat „Man kann sein Stimmrecht nicht essen!" und dem nachfolgenden Hinweis „Diese Worte sagte der ehe-
malige Präsident der Südafrikanischen Republik Munde F. de
Klerks" eingeleitet wurde. Als Quelle für das wörtliche Zitat wurde
DIE ZEIT angegeben. Abgesehen davon aber, dass der Nachname
als „de Klerks" falsch geschrieben wurde, bekam de Klerk auch noch
den eigentümlichen, falschen Vornamen „Munde" zugewiesen, der
zur Krönung dann so auch im Literaturverzeichnis angegeben wurde. Für diesen Unsinn fand sich schnell eine Erklärung: Im Buch
„Demokratietheorien" von Manfred G. Schmidt findet sich auf S.
439 genau dieses Zitat von de Klerk mit der Quellenangabe DIE
ZEIT und dem Hinweis: „Diese Worte entstammen dem Munde de
Klerks, dem ehemaligen Präsidenten der Südafrikanischen Republik [...]". Hier wurde also nicht nur vorgetäuscht, das Zitat selbst in
der ZEIT recherchiert zu haben, sondern beim Abschreiben noch
dazu ein ziemlich blamabler Fehler eingebaut.

Leider sind falsche Quellenangaben, Plagiate und andere Be-
trugsversuche nicht immer so einfach zu erkennen. Manche Studierende und Promovenden (auch Nicht-Politiker...) haben hier
ihre diesbezüglichen Strategien perfektioniert. Plagiate gab es zwar
schon immer; durch die Möglichkeiten, die das Internet bietet, ist
das Plagiieren aber sehr viel einfacher und verlockender geworden.
Allerdings sind auch die Lehrenden hinsichtlich der Überprü-
fungsmöglichkeiten bei einem Plagiatsverdacht nicht immer so
unbedarft, wie manchmal vorschnell unterstellt wird. Es gibt mittlerweile auch entsprechende Software, die beim Aufspüren von
Plagiaten eingesetzt wird, oder ich kann einen kostenpflichtigen
Dienst wie beispielsweise unter http://www.turnitin.com nutzen.
Es dürfte nur noch eine Frage der Zeit sein, bis es an Universitäten
zum Standard wird, dass elektronische Fassungen der Hausar-

beiten abgegeben werden müssen, die dann einer systematischen Online-Überprüfung unterzogen werden. Aber selbst, wenn ein Betrugsfall unentdeckt bleibt: Der Übungseffekt, ohne den wissenschaftliches Arbeiten nicht gelernt werden kann, bleibt beim Plagiieren auf alle Fälle aus. Und spätestens dann, wenn ich eine mündliche Prüfung, eine Klausur oder gar die Abschlussarbeit aufgrund mangelnder inhaltlicher und/oder formaler Kenntnisse nicht bestanden habe, bin ich in die Plagiat-Falle getappt.

4.2.4 Stilfragen

Sprachlicher Stil Der sprachliche Stil ist zwar individuell verschieden; deswegen sind Stilfragen jedoch nicht zugleich auch reine Geschmacksfragen. Zu den wichtigen Fragen, die sich grundsätzlich stellen, zählen folgende:

Wie bezeichne ich mich selbst? – *Wie bezeichne ich mich selbst?* Heute ist es in wissenschaftlichen Arbeiten weitgehend überholt, von sich selbst in der dritten Person zu sprechen. Dies wirkt meist zu gestelzt und kann sogar Verwirrung stiften, wenn nicht klar wird, wer gemeint ist. Die Verwendung der „Wir"-Form von einem einzelnen Autor ist dann angebracht, wenn der Autor den Leser einbeziehen will: „Aufgrund der Darstellung haben wir gesehen ...", „Wir erkennen bei der Analyse dieser Problematik..." In anderen Fällen ist die „Ich"-Form einem schnell affektiert wirkenden „Wir" vorzuziehen. Zudem gibt es viele Möglichkeiten, um eine allzu häufige, womöglich aufdringliche Verwendung der „Ich"-Form zu vermeiden: „Es sei darauf hingewiesen...", „Es wird betont...", „Wie gezeigt wurde...".

Wie bezeichne ich die Akteure in meiner Arbeit? – *Wie bezeichne ich die Akteure in meiner Arbeit?* Leider ist die Unsitte weit verbreitet, dass Akteure, um die es geht, nicht klar benannt werden. Z. B.: „In Berlin denkt man, dass bei der Gesundheitsreform Nachbesserungen notwendig sind." Es sei unbestritten, dass in Berlin gedacht wird. Welche Denkenden hier aber genau gemeint sind, bleibt äußerst vage (Berliner Bevölkerung, Ärzte in Berlin, einzelne Politiker, offizielle Meinung der Regierung, Äußerung aus der Opposition, Konsens zwischen allen im Bundestag vertretenen Parteien?). Konkrete Akteure sind immer auch zu benennen und nicht hinter irgendwelchen Floskeln zu verstecken. Dabei ist zu beachten, dass diejenigen, die als Akteure dargestellt werden, auch tatsächlich agieren können. Eine falsche Formulierung wäre etwa: „Die Politikwissenschaft vertritt die Meinung ..."

– *Muss meine Sprache „wissenschaftlich" klingen?* „Dr. W., Redakteur einer philosophischen Zeitschrift, war gestern bei mir. Er scheint unfähig, auch nur nach der Uhr zu fragen, ohne dabei Kunstausdrücke zu verwenden" (Anders 1992: 21). Wissenschaft wird häufig mit der – wie es Hans-Joachim Schoeps nicht ohne Sarkasmus für die Soziologie formuliert haben soll – Kunst verwechselt, eine Sache, die jeder versteht und die jeden interessiert, so auszudrücken, dass sie keiner mehr versteht und keinen mehr interessiert. Vor der Seduktion, durch die Verwendung komplexer satzbaulicher, mit möglichst exotischen Fremdwörtern angereicherter, polysyndetischer Konstruktionen die exorbitante Reichweite des eigenen geistigen Horizontes, hohes Reflexionsniveau und Belesenheit demonstrieren zu wollen, ist kaum jemand im Wissenschaftsbetrieb gefeit. Diesen letzten, vergleichsweise harmlosen Satz hätte ich auch sehr viel einfacher formulieren können, ohne inhaltlich prinzipiell etwas anderes zu sagen, nämlich: Wir drücken uns kompliziert aus, um zu zeigen, dass wir etwas wissen. Mit Wissenschaft hat dies überhaupt nichts zu tun. Komplizierte Ausdrucksweise, Bandwurmsätze und unnötiger Fachjargon sind im Gegenteil eher ein Zeichen wissenschaftlicher Schwäche. Denn ich bin dann nicht in der Lage, einen Sachverhalt einfach, klar und präzise darzustellen. Oder aber ich habe sogar den Inhalt nicht verstanden, da ich mich nicht verständlich ausdrücken kann. Lange, verschachtelte Sätze sind in einer wissenschaftlichen Arbeit ebenso zu vermeiden wie Fremdwörter, für die es gleichwertige deutsche Begriffe gibt. Durch Sachlichkeit, Prägnanz und Klarheit der Sprache bleibt es dem Leser erspart, dass er sich nur unter Anstrengungen durch den Text quälen muss. Es ist eine größere Leistung, einen Sachverhalt verständlich und nachvollziehbar auszudrücken, als ihn durch sprachliches Brimborium zu vernebeln. Dabei sollte durchaus auch versucht werden, ansprechend, interessant und abwechslungsreich zu schreiben.

– Also soll ich keine Fachbegriffe verwenden? Wenn auf eine gekünstelte Sprache mit unnötigem Fachjargon verzichtet werden soll, bedeutet dies nicht, dass die Politikwissenschaft immer ohne Fachbegriffe auskommt. So gibt es beispielsweise für das, was wir im Deutschen mit „Politik" bezeichnen, im Englischen drei Worte, die die unterschiedlichen Dimensionen des Politikbegriffs bezeichnen: *politics, policy, polity.* Für den alltäglichen Gebrauch ist das Wort „Politik" ausreichend; für die Wissenschaft kann sich aber ein Problem ergeben, das folgendes Zitat verdeutlicht: Politik ist „die Verwirklichung von Politik – *policy* – mit Hilfe von Politik – *politics* – auf der Grundlage von Politik – *polity* – [...]" (Rohe 1994: 67). Wenn – so wie hier – mit einem Begriff unterschiedliche Vorstellungsinhalte verbunden sind, muss in der Wissenschaft

Seitenrandnotizen:

Muss meine Sprache „wissenschaftlich" klingen?

Wann soll ich Fachbegriffe verwenden?

am besten ohne ausschweifende Erklärungen eindeutig sein, was gemeint ist. Fachbegriffe können hier eine sehr viel klarere Trennschärfe liefern. Im Verlauf des Studiums kommen Studierende also nicht umhin, sich die Fachterminologie anzueignen.

Ist „einfache"
Sprache gleich
Alltagssprache?

– *Ist „einfache" Sprache gleichbedeutend mit Alltagssprache?* An dem Beispiel des Wortes „Politik" wurde angedeutet, warum sich politikwissenschaftliche Fachsprache von der Alltagssprache unterscheidet bzw. unterscheiden muss. So sind wissenschaftliche Arbeiten auch nicht der Platz, wo rein umgangssprachliche Formulierungen angebracht sind. „Ich mache jetzt mal einen Sprung zu einer ganz anderen Geschichte", „Nach dem Putsch ist der Staatschef schnell abgehauen", „Damit hat sich die Kanzlerin ins eigene Knie geschossen" oder „Der Autor fährt voll auf sein Thema ab" sind Stilblüten, die bestenfalls zum Schmunzeln anregen. Möglichst vermieden werden sollten auch unnötige Füllwörter (nun, übrigens, eigentlich, irgendwie, an und für sich, durchaus usw.) und Wendungen wie „selbstverständlich", „natürlich", „bekannterweise" oder „wie alle wissen". Erstere blähen einen Text künstlich auf; letztere vermitteln leicht den Eindruck von Überheblichkeit, da unterstellt wird, dass das, was ich weiß, auch alle Leserinnen und Leser zu wissen haben.

Insgesamt ist das Spektrum von Fachjargon bis Alltagssprache ebenso groß, wie es unterschiedliche sprachliche Stilmittel gibt. Ein Zweck von Seminararbeiten besteht auch darin, sich das nötige stilistische Fingerspitzengefühl anzueignen.[23] Auch hier macht also – wie bei fast allen in diesem Beitrag angesprochenen Punkte – die Übung den Master (bzw. Bachelor).

5. Zum – hoffentlich guten – Schluss

Beim wissenschaftlichen Arbeiten ist immer sorgfältig und gewissenhaft vorzugehen und auf Genauigkeit zu achten. Fehler schleichen sich von selbst genügend ein. Vor der Abgabe einer schriftlichen Arbeit ist auf alle Fälle eine Endredaktion durchzu-

Korrekturlesen

führen, die intensives, auch inhaltliches Korrekturlesen mit einschließt. Sind alle Formalien in Ordnung, ist alles einheitlich und komplett? Wie sieht es mit Wortstellung, Grammatik, Rechtschreibung, Zeichensetzung und Stil aus? Gibt es unklare Formulie-

---

[23]   Hilfreich und nützlich ist hier der Anhang im Buch von Standop/Meyer 2008, wo die häufigsten Schreib- und Stilfehler zusammengestellt sind. Weitere Tipps zur sprachlichen Gestalt einer Arbeit gibt Göttert 2002.

rungen und nur schwer verständliche Sätze, die noch einmal überarbeitet werden müssen? Fehlen wichtige, zu ergänzende
Aspekte? Kommen Bemerkungen und Gedankengänge vor, die
nur am Rande etwas mit der Fragestellung zu tun haben, die über-
flüssig sind und gestrichen werden können? Finden sich Gedan-
kensprünge, Wiederholungen, Widersprüche, unnötige Füllwörter? Wurde ein wirklich problemorientierter Zugang zur Thematik
gefunden? Sind die zentralen Begriffe geklärt? Ist die Argumentation klar, schlüssig und stringent?

Wenn im Idealfall nach Fertigstellung der Arbeit bis zum Abgabetermin noch etwas Zeit bleibt, ist es sinnvoll, die (vorläufige)
Endfassung einige Tage liegen und die Gedanken zum Thema
entsprechend lange ruhen zu lassen. So kann Abstand gewonnen
werden. Bei nochmaligem Lesen der Arbeit mit etwas Distanz
fallen Defizite eher ins Auge. Trotzdem überliest man bei einem
selbst verfassten Text Fehler und Schwachstellen schneller als bei
fremden Texten. Es ist deswegen sehr hilfreich und unbedingt zu
empfehlen, andere Korrektur lesen zu lassen. So lassen sich womöglich peinliche Fehler am ehesten vermeiden, die Arbeit gewinnt an Qualität. Am besten wäre es, die Arbeit einer Person zur
kritischen Durchsicht zu geben, die über politikwissenschaftliche
Kenntnisse verfügt und auf entsprechende Fehler und Schwächen
hinweisen kann, und zusätzlich die Arbeit einer fachfremden Person zum Korrekturlesen zu geben, die besonders auf Rechtschreibung, Zeichensetzung, Grammatik und sprachliche Verständlichkeit, aber auch noch einmal auf die Logik und Stringenz der
Argumentation u. ä. achten soll.

Klar ist, dass die Verantwortung für einen Text immer bei der
Autorin bzw. dem Autor selbst liegt. Das heißt nicht, dass sie oder er
auch immer Recht hat. Wenn beim Korrekturlesen etwas nicht verstanden wird, liegt es in der Regel nicht an der fehlenden geistigen
Kapazität desjenigen, der Korrektur liest, sondern an mangelnder
Klarheit der Argumentation, missverständlicher Ausdrucksweise,
unklaren Begrifflichkeiten o. ä. Wenn geschilderte Zusammenhänge
nur durch zusätzliche mündliche Erklärungen klar werden, ist dies
ein Mangel der Arbeit, der behoben werden muss.

An mehreren Stellen dieses Beitrages wurde darauf verwiesen,
dass sich vieles im Zusammenhang mit wissenschaftlichem Arbeiten
nur durch Übung lernen lässt: Dafür sind Seminararbeiten da – und
nicht nur zur Aneignung politikwissenschaftlicher Inhalte, und schon
gar nicht nur zum Erwerb von Leistungspunkten im Kontext von
Modulprüfungen. Das eigenständige Üben und Sammeln von Erfahrungen ist die eine Seite; die andere Seite sind die wichtigen Anre-

gungen und Rückkopplungen von außen. Nur wenn ich Kenntnis erhalte, wo meine Schwächen und Defizite liegen, kann ich sie auch abbauen. Dies sollten Studierende von den Lehrenden erfahren, deren berufliche Existenzberechtigung als Dozierende sich nun einmal auch in der Vermittlung von Inhalten und Kenntnissen einschließlich des wissenschaftlichen „Handwerkszeugs" gründet. Allein durch eine gute oder schlechte Note stellt sich kaum ein Lerneffekt ein, sondern erst, wenn deutlich gemacht wird, wie die Note zustande kommt, sei es in einem schriftlichen Kommentar oder einer mündlichen Besprechung der Arbeit. Lehrende müssen hier trotz zeitlicher Belastung in die Pflicht genommen werden. Und in der Regel sind die meisten Lehrenden dazu auch gerne bereit, Studierende sollten hier also keine Berührungsängste haben. Dies bedeutet aber auch, dass Studierende Eigeninitiative entwickeln, indem sie z. B. den Weg in die Sprechstunde gehen und, wenn nötig, Begründungen für das Zustandekommen einer Note einfordern. Zusätzlich bietet gerade das gegenseitige Korrekturlesen unter Studierenden eine große Lernchance für alle Beteiligten. Ein angenehmer Nebeneffekt dabei: Gemeinsam und im Austausch mit anderen macht das Studium sehr viel mehr Spaß als ein Einzelkämpferdasein. Und damit wären wir wieder bei Umberto Eco...

Literatur

Annotierte Auswahlbibliografie

Alemann, Ulrich von/Forndran, Erhard (2005): Methodik der Politikwissenschaft. Eine Einführung in Arbeitstechnik und Forschungspraxis, 7. Aufl., Stuttgart.
Bei dem 1974 in der ersten Auflage erschienenen Buch von Alemann/Forndran handelt es sich um den „Klassiker" zum politikwissenschaftlichen Arbeiten im deutschsprachigen Raum. Mehrfach überarb. und akt. vermitteln die beiden Autoren Basiskenntnisse praktischer und theoretischer Art über das Fach und geben systematische Hinweise zum Forschungsprozess und zu Arbeitstechniken. Der Gewinnung und Analyse von Daten ist ein eigenes Kapitel gewidmet. Nach 13 Jahren seit der letzten Überarbeitung wäre allerdings eine Aktualisierung angebracht.

Berninger, Ina et al. (2017): Grundlagen sozialwissenschaftlichen Arbeitens. Eine anwendungsorientierte Einführung, 2. Aufl., Opladen & Toronto.
Die fünf Autorinnen und Autoren spannen in insgesamt elf Kapiteln den Bogen über den gesamten Prozess des wissenschaftlichen Arbeitens in den Sozialwissenschaften und liefern damit eine vor allem für Studierende in den ersten Semestern hilfreiche Orientierung. Das Buch ist gleichzeitig aber auch ein gutes Beispiel dafür, wie schwer es heutzutage im Wissenschaftsbetrieb ist, mit den Online-Entwicklungen Schritt zu halten. Denn obwohl im Jahr 2017 in zweiter, aktualisierter Auflage erschienen, ist z.B. der Hinweis auf das sozialwissenschaftliche Online-Portal „sowiport" schon wieder überholt, da diese Ende 2017 eingestellt wurde.

Eco, Umberto (2010): Wie man eine wissenschaftliche Abschlussarbeit schreibt. Doktor-, Diplom- und Magisterarbeiten in den Geistes- und Sozialwissenschaften, 13. Aufl., Wien.
Auch wenn das Buch in den Zeiten vor PC und Internet geschrieben wurde, lohnt sich die Lektüre. Denn Eco gelingt es, seine eigene Begeisterung für das Schreiben zu vermitteln. Das Buch liest sich gut, ist anregend und enthält eine Fülle praktischer Hinweise zum wissenschaftlichen Arbeiten. Aber nicht alle Details dieser für italienische Studierende geschriebenen „Handreichung" lassen sich ohne weiteres auf Deutschland übertragen; gerade die technischen Hinweise sollten deswegen kritisch gelesen werden, denn nicht immer gibt der Übersetzer einen entsprechenden Hinweis auf in der deutschen Politikwissenschaft Unübliches.

Franck, Norbert/Stary, Joachim (Hrsg.) (2013): Die Technik wissenschaftlichen Arbeitens: eine praktische Anleitung, 17. Aufl., Paderborn u. a.
Die beiden Herausgeber geben zusammen mit sechs weiteren Autoren hilfreiche Hinweise zu den drei Schwerpunktthemen *„Literatur ermitteln, lesen und festhalten", „schreiben"* und *„referieren und diskutieren"*. Eingeleitet wird das durchweg sehr praxisbezogene Buch mit einem als Brief an Studierende gefassten Artikel des Politikwissenschaftlers Wolf-Dieter Narr zum Thema „Was ist Wissenschaft? Was heißt wissenschaftlich arbeiten? Was bringt ein wissenschaftliches Studium?".

Schlichte, Klaus/Sievers, Julia (2015): Einführung in die Arbeitstechniken der Politikwissenschaft, 3. Aufl., Wiesbaden.
Schlichte/Sievers behandeln nicht nur (politik-)wissenschaftliche Arbeitstechniken im engeren Sinne, sondern geben auch eine ganze Reihe allgemeiner, studienpraktischer Tipps. In einem separaten „Serviceteil" finden sich Hinweise zum Umgang mit Internetquellen, zu formalen Anforderungen, richtiger Zitierweise und Bewertungskriterien für Hausarbeiten sowie Literaturtipps zu den Teilbereichen der Politikwissenschaft und eine kommentierte Linkliste. Das Buch ist gut lesbar und gerade für Studienanfänger als Einstiegslektüre besonders geeignet.

Sesink, Werner (2012): Einführung in das wissenschaftliche Arbeiten Inklusive E-Learning, Web-Recherche, digitale Präsentationen u.a., 9. Aufl., München.
Sesink gibt einen umfassenden, fachübergreifenden Überblick über das wissenschaftliche Arbeiten, wobei dies unter dem Motto „Studieren in digitalen Zeiten" steht. So liegt ein Schwerpunkt des Buches im Unterschied zu einigen anderen Einführungen zum wissenschaftlichen Arbeiten auch auf das E-Learning und den Kommunikations-, Kooperations- und Koproduktionsmöglichkeiten, die Social Media bieten. Zu den acht Musterseiten am Ende des Buches bleibt ebenso wie zu manchen der formalen festzuhalten, dass diese mit einer gewissen Vorsicht zu genießen sind. Denn es gibt je nach Fachkultur teilweise abweichende Regeln bzw. verbindlich einzuhaltende andere formale Vorgaben.

Simonis, Georg/Elbers, Helmut (2011): Studium und Arbeitstechniken der Politikwissenschaft, 2. Aufl., Opladen.
Das Buch zeichnet sich durch die Verknüpfung von formalen Aspekten und Arbeitstechniken mit politikwissenschaftlichen Inhalten aus. Durch die konsequente Ausrichtung auf die Politikwissenschaft ist das auch als Nachschlagewerk konzipierte Werk von Simonis/Elbers ein guter Begleiter für das gesamte politikwissenschaftliche Studium.

Standop, Ewald/Meyer, Matthias L. G. (2008): Die Form der wissenschaftlichen Arbeit, 18. Aufl., Wiebelsheim.
Es gibt wohl kein deutschsprachiges Buch zu den formalen Anforderungen an eine wissenschaftliche Arbeit, mit dem eine ähnliche Erfolgsstory geschrieben wurde. Seit nunmehr einem halben

Jahrhundert auf dem Markt liegt mittlerweile die 18. Auflage dieses immer wieder verbesserten und neuen Entwicklungen angepassten Standardwerks vor, das sich durch hilfreiche Beispiele, ausführliche Erläuterungen und praktische Ratschläge auszeichnet. So werden auch die Möglichkeiten der elektronischen und digitalen Medien zur Recherche und Texterstellung ausführlich behandelt sowie Tipps zu PDF und Postscript gegeben. Es würde allerdings so langsam wieder Zeit für eine Aktualisierung.

Stykow, Petra et al. (2010): Politikwissenschaftliche Arbeitstechniken, 2. Aufl., Paderborn.
Die vier Autoren haben den Anspruch, mit ihrem Lehrbuch Studierende dabei zu unterstützen, „das systematische, problemorientierte, sachlich informierte und präzise Denken zu entwickeln" (Stykow et al. 2010: 13). Insofern ist auch dieses Buch mehr als ein Ratgeber zu formal-technischen Aspekten des wissenschaftlichen Arbeitens und dürfte durchaus auch für fortgeschrittene Studierende noch interessant sein.

Weiterführende Literatur

Anders, Günther (1992): Über philosophische Diktion und das Problem der Popularisierung, Göttingen.

Becker, Howard S. (2000): Die Kunst des professionellen Schreibens. Ein Leitfaden für die Geistes- und Sozialwissenschaften, 2. Aufl., Frankfurt a. M./New York.

Behnke, Joachim/Baur, Nina/Behnke, Nathalie (2012): Empirische Methoden der Politikwissenschaft, 2. Aufl., Paderborn u. a.

Berg-Schlosser, Dirk/Quenter, Sven (Hrsg.) (1999): Literaturführer Politikwissenschaft. Eine kritische Einführung in die Standardwerke und „Klassiker" der Gegenwart, Stuttgart.

Bleek, Wilhelm/Lietzmann, Hans J. (Hrsg.) (1999): Schulen in der deutschen Politikwissenschaft, Opladen.

Brun, Georg/Hirsch Hadorn, Getrude (2018): Textanalyse in den Wissenschaften. Inhalte und Argumente analysieren und verstehen, 3. Aufl., Zürich.

Chalmers, Alan F. (2007): Wege der Wissenschaft. Einführung in die Wissenschaftstheorie, 6. Aufl., Berlin u. a.

Dahmer, Hella/Dahmer, Jürgen (1998): Effektives Lernen. Anleitung zu Selbststudium, Gruppenarbeit und Examensvorbereitung, 4. Aufl., Stuttgart u. a.

Ebster, Claus/Stalzer, Lieselotte (2017): Wissenschaftliches Arbeiten für Wirtschafts- und Sozialwissenschaftler, 5. Aufl., Wien.

Esselborn-Krumbiegel, Helga (2017): Von der Idee zum Text. Eine Anleitung zum wissenschaftlichen Schreiben, 5. Aufl., Paderborn u. a.

Esselborn-Krumbiegel, Helga (2017): Richtig wissenschaftlich schreiben: Wissenschaftssprache in Regeln und Übungen, 5. Aufl., Paderborn.

Frank, Andrea/Haacke, Stefanie/Lahm, Swantje (2013): Schlüsselkompetenzen: Schreiben in Studium und Beruf, 2. Aufl., Stuttgart/Weimar.

Fuchs, Dieter/Roller, Edeltraud (Hrsg.) (2010): Lexikon der Politik. Hundert Grundbegriffe, Stuttgart.

Göttert, Karl-Heinz (2002): Kleine Schreibschule für Studierende, 2. Aufl., München.

Heinzen, Georg/Koch, Uwe (1985): Von der Nutzlosigkeit erwachsen zu werden, Reinbek.

Hug, Theo/Poscheschnik, Gerald (2015): Empirisch forschen: die Planung und Umsetzung von Projekten im Studium, 2. Aufl., Wien.

Jele, Harald (2003): Wissenschaftliches Arbeiten in Bibliotheken, 2. Aufl., München/Wien.

Kailitz, Steffen (Hrsg.) (2007): Schlüsselwerke der Politikwissenschaft, Wiesbaden.

Karmasin, Matthias/Ribing, Rainer (2017): Die Gestaltung wissenschaftlicher Arbeiten: ein Leitfaden für Seminararbeiten, Bachelor-, Master- und Magisterarbeiten sowie Dissertationen, 9. Aufl., Wien.

Koch, Günther (2015): Speed Reading fürs Studium, Paderborn.

Kornmeier, Martin (2016): Wissenschaftlich schreiben leicht gemacht: für Bachelor, Master und Dissertation, 7. Aufl., Bern u.a.

Krämer, Walter (2009): Wie schreibe ich eine Seminar- oder Examensarbeit?, 3. Aufl., Frankfurt a. M./New York.

Kruse, Otto (2007): Keine Angst vor dem leeren Blatt. Ohne Schreibblockaden durchs Studium, 12. Aufl., Frankfurt a. M./New York.

Kühmstedt, Estella (2012): Klug recherchiert: für Politikwissenschaftler, Göttingen.

Lauth, Hans-Joachim/Pickel, Gert/Pickel, Susanne (2015): Methoden der vergleichenden Politikwissenschaft. Eine Einführung, 2. Aufl., Wiesbaden.

Mallok, Wolfgang/Riege, Udo/ Stahl, Matthias (2016): Informationsressourcen für die Sozialwissenschaften – Portale – Institutionen, Wiesbaden.

Narr, Wolf-Dieter/Stary, Joachim (Hrsg.) (2006): Lust und Last des wissenschaftlichen Schreibens. Hochschullehrerinnen und Hochschullehrer geben Studierenden Tips, 3. Aufl., Frankfurt a. M.

Nicol, Natascha/Albrecht, Ralf (2011): Wissenschaftliche Arbeiten schreiben mit Word 2010, mit CD-ROM, 7. Aufl., München u. a.

Nohlen, Dieter/Grotz, Florian (Hrsg.) (2015): Kleines Lexikon der Politik, 6. Aufl., München.

Nohlen, Dieter/Schultze, Rainer-Olaf (Hrsg.) (2010): Lexikon der Politikwissenschaft. Theorien, Methoden, Begriffe, 2 Bde., 4. Aufl., München.

Opgenoorth, Ernst (2010): Einführung in das Studium der neueren Geschichte, 7. Aufl., Paderborn u. a.

Opp, Karl-Dieter (2014): Methodologie der Sozialwissenschaften. Einführung in Probleme ihrer Theoriebildung und praktische Anwendung, 7. Aufl., Wiesbaden.

Pickel, Susanne et al. (Hrsg.) (2009): Methoden der vergleichenden Politik- und Sozialwissenschaft. Neuere Entwicklungen und Anwendungen, Wiesbaden.

Perrin, Daniel et al. (Hrsg.) (2003): Schreiben. Von intuitiven zu professionellen Schreibstrategien, 2. Aufl., Wiesbaden.

Peterßen, Wilhelm H. (1999): Wissenschaftliche(s) Arbeiten. Eine Einführung für Schule und Studium, 6. Aufl., München.

Plagiarism.org (2017): What is Plagiarism? http://www.plagiarism.org/article/what-is-plagiarism (Zugriff 28.12.2017).

Plümper, Thomas (2012): Effizient Schreiben: Leitfaden zum Verfassen von Quali-
fizierungsarbeiten und wissenschaftlichen Texten, 3. Aufl., München.

Poenicke, Klaus (1988): Duden – Wie verfasst man wissenschaftliche Arbeiten? Ein
Leitfaden vom ersten Studiensemester bis zur Promotion, 2. Aufl., Mannheim u. a.

Prexl, Lydia (2016): Mit digitalen Quellen arbeiten: Richtig zitieren aus Datenbanken, E-Books, YouTube & Co., 2. Aufl., Paderborn.

Rohe, Karl (1994): Politik: Begriffe und Wirklichkeiten. Eine Einführung in das
politische Denken, 2. Aufl., Stuttgart u. a.

Rost, Friedrich (2018): Lern- und Arbeitstechniken für das Studium, 8. Aufl., Wiesbaden.

Rückriem, Georg/Stary, Joachim/Franck, Norbert (1997): Die Technik wissenschaftlichen Arbeitens: eine praktische Anleitung, 10. Aufl., Paderborn u. a.

Schmitz, Wolfgang (2015): Schneller lesen – besser verstehen, 3. Aufl., Reinbek.

Staaden, Steffi (2016): Rechtschreibung und Zeichensetzung endlich beherrschen.
Regeln und Übungen, 2. Aufl., Paderborn.

Stary, Joachim/Kretschmer, Horst (1994): Umgang mit wissenschaftlicher Literatur. Eine Arbeitshilfe für das sozial- und geisteswissenschaftliche Studium,
Frankfurt a. M.

Stickel-Wolf, Christine/Wolf, Joachim (2016): Wissenschaftliches Arbeiten und
Lerntechniken. Erfolgreich studieren – gewusst wie!, 8. Aufl., Wiesbaden.

Theisen, Manuel René (2017): Wissenschaftliches Arbeiten: Erfolgreich bei Bache-
lor- und Masterarbeit, 17. Aufl., München.

Wagner, Wolf (2007): Uni-Angst und Uni-Bluff heute. Wie studieren und sich nicht
verlieren, 7. Aufl., Berlin.

Weber-Wulff, Debora (2014): False Feathers. A Perspective on Academic Plagiarism,
Heidelberg u.a.

Weber, Stefan (2009): Das Google-Copy-Paste-Syndrom. Wie Netzplagiate Ausbildung und Wissen gefährden, 2. Aufl., Hannover.

Wymann, Christian (2016): Schreibmythen entzaubern. Ungehindert schrieben in
der Wissenschaft, Opladen.

Berufsperspektiven IV.

Politikwissenschaft und Arbeitsmarkt

Christian Wagner und Jenniver Sehring

Einleitung 1.

Kaum ein Vorurteil über ein Studienfach hält sich hartnäckiger als der Satz: ‚Wer Politikwissenschaft studiert, wird Politiker.' Vor allem für Personen außerhalb des Faches und der Universität ist es schwierig, eine Verbindung zwischen dem Fach und späteren Berufen herzustellen. Aus Medizinstudenten werden Ärzte, aus Jurastudenten Richter oder Rechtsanwälte, was also wird aus Politikwissenschaftlern, wenn nicht Politiker? Einige prominente Beispiele lassen sich für diese Karriere anführen, wie z.B. der frühere SPD-Verteidigungsminister Rudolf Scharping, Matthias Wissmann, einst CDU-Verkehrsminister, Walter Momper, ehemals Bürgermeister in Berlin, Bernd Protzner, früherer Generalsekretär der CSU, Bernhard Vogel, der Ministerpräsident in Thüringen oder Dieter Salomon, der erste Oberbürgermeister von Bündnis 90/Die Grünen in Freiburg. Obwohl Altbundeskanzler Helmut Kohl Historiker ist, könnte er mit in die Reihe aufgenommen werden, denn seine Dissertation über die Parteienentwicklung in Rheinland-Pfalz nach dem 2. Weltkrieg würde heute als politikwissenschaftliches Thema gelten. Doch die wenigen Beispiele bleiben Ausnahmen und erklären nicht umfassend, in welchen Bereichen die Absolventen und Absolventinnen des Faches Beschäftigungsmöglichkeiten finden können.

Ziel des Beitrags ist es, Chancen und Probleme des Arbeitsmarktes für Politikwissenschaftler darzustellen. In welchen Bereichen haben Absolventen des Faches bislang Beschäftigung gefunden, welche Qualifikationen waren hierzu zusätzlich zum Studium erforderlich? Um diese Fragen zu klären, werden zunächst einige Ergebnisse von Verbleibsstudien und daran anschließend die ‚klassischen' Berufsfelder kurz vorgestellt. Der folgende Teil befasst sich mit den Studienabschlüssen und möglichen Zusatzqualifikationen. Abschließend werden die Probleme und Möglichkeiten im Übergang von Studium und Beruf erörtert.

Berufswege von Politologen

2. Die Verbleibsstudien: Wo sind sie geblieben?

Unklares
Berufsbild

Wer sich für mögliche Berufsperspektiven interessiert, stößt zunächst immer wieder auf Auskünfte wie: „Für Politologen gibt es [...] kaum ein festgelegtes und klar umrissenes Berufsbild" (Bund-Länder-Kommission für Bildungsplanung und Forschungsförderung und Bundesanstalt für Arbeit 1992: 195). Der Verweis auf das ‚unscharfe' Berufsbild findet sich in vielen anderen Publikationen und hängt mit der gängigen Definition von Beruf zusammen:

> „Als Beruf werden die auf Erwerb gerichteten, charakteristische Kenntnisse und Fertigkeiten sowie Erfahrungen erfordernden und in einer typischen Kombination zusammenfließenden Arbeitsverrichtungen verstanden" (Statistisches Bundesamt 1981, zit. nach Wittkämper 1988: 276).

Diese Definition trifft sicherlich für viele der klassischen Universitätsfächer wie Medizin und Jura zu. Aber für die Politikwissenschaft? Bei der Betrachtung möglicher Berufsfelder ist es wichtig, sich stets vor Augen zu führen, dass ‚Politologe' oder ‚Politikwissenschaftler' keine Berufsbezeichnungen darstellen, sondern lediglich die Absolventen des Studienfaches bezeichnen. Solche unspezifischen Berufsbilder führen oft zu einer größeren Konkurrenz um mögliche Arbeitsplätze. Wer Arzt werden will, muss Medizin studieren. Wer Journalist werden will, kann Biologie ebenso studieren wie Geschichte, Volkswirtschaft oder Politikwissenschaft. Dieses Beispiel macht eines der Grundprobleme für Politologen auf dem Arbeitsmarkt deutlich. Als relativ junge Disziplin weist die Politikwissenschaft zahlreiche Berührungspunkte mit benachbarten Fächern wie Soziologie, Geschichtswissenschaft, Wirtschaftswissenschaft, Rechts- und Verwaltungswissenschaft oder Philosophie auf (Wittkämper 1987). Diese Überschneidungen sind im Lehrbetrieb durchaus fruchtbar, führen jedoch auf dem Arbeitsmarkt zu einer Konkurrenz zwischen den Absolventen dieser Fächer. Das Problem der Identität der Disziplin (Grottian 1985) stellt sich somit nicht nur in Lehre und Forschung, sondern spiegelt sich auch auf dem Arbeitsmarkt wider.

Die bisherigen Verbleibsstudien über den beruflichen Werdegang von Absolventen der Politikwissenschaft vermitteln nicht unbedingt ein repräsentatives Bild der Arbeitsmarksituation (Wittkämper 1988). Die Mehrzahl der Studien befasst sich mit den Absolventen des früheren Diplomstudienganges, wohingegen die Arbeitsmarktssituation der Magisterabsolventen eher unterrepräsentiert ist. Zu den Arbeitsmarktperspektiven von Absolventen der relativ jungen Bachelor- und Masterstudiengänge gibt es ebenfalls erst wenige Studien. Trotz dieser Einschränkungen lässt sich anhand der Untersuchungen die Bandbreite der Tätigkeitsbereiche darstellen.

Eine der ersten Studien befasste sich mit dem Berufseinstieg von Absolventen der Freien Universität Berlin bis 1968, obwohl damals die Meinung vorherrschte, dass für Absolventen des Faches kein Bedarf auf dem Arbeitsmarkt bestehe. In dieser Zeit des Hineindrängens in neue Gebiete fanden Politologen zunächst Beschäftigung in den Hochschulen, im öffentlichen Dienst, bei den Medien und in der Erwachsenenbildung. Erstaunlich wenige Möglichkeiten gab es bei genuin politischen Institutionen, wie Parteien und Verbänden. Insgesamt konnten Politikwissenschaftler damals noch ihre Tätigkeitsbereiche weitgehend selbst prägen (Hartung/Nuthmann/Winterhager 1970). Frühe Arbeitsfelder

Die frühen siebziger Jahre galten als ‚Goldene Zeiten' für Politologen. Dem ‚Zeitgeist' entsprechend wurde der Ausbau der Hochschulen forciert, die Planungseuphorie und die damit verbundene ‚Verwissenschaftlichung' von Politik und Verwaltung ließen überall Planungsreferate entstehen. Zudem fand das Fach Politik Aufnahme in die Lehrpläne der Schulen. Die Reformeuphorie ließ jedoch bald nach, der Ausbau der Hochschulen geriet ins Stocken, und in der Verwaltung setzte sich das Monopol der Juristen durch. Die zweite Absolventenuntersuchung aus Berlin belegte, dass die Politikwissenschaft, von der kurzen Phase Anfang der siebziger Jahre abgesehen, ein Studium mit unkalkulierbaren Berufschancen und fehlenden Karrieremustern blieb (Rentrop 1978a, 1978b). Stabile Berufspositionen eröffneten sich nur dann, wenn die Absolventen ein hohes Maß an Mobilität, Flexibilität und Eigeninitiative mitbrachten. ‚Goldene Zeiten' in den 1970ern

Die dritte Berliner Studie von Ebbinghausen et al. (1983) zeigte einen widersprüchlichen Befund. Trotz fehlender Berufsbilder konnten fast 60% der Absolventen eine Anstellung gemäß ihrer sozialwissenschaftlichen Ausbildung finden. Zunehmend wichtiger wurde jedoch der ‚Grauzonen-Arbeitsmarkt', d.h. Werkverträge, Honorartätigkeiten und befristete Arbeitsverhältnisse. Wesentliche Voraussetzungen für einen erfolgreichen Berufseinstieg waren fundierte methodische Kenntnisse sowie ‚extrafunktionale Fähigkeiten' wie Artikulationsvermögen, Kooperation, Problemerkennung. Die Absolventen kritisierten, dass gerade solchen Punkten im Studium zu wenig Beachtung geschenkt worden war.

Berufliche   Die vierte Studie aus Berlin von Fiebelkorn/Schramm (1989)
Instabilität   stellte fest, dass 40% der Absolventen eine studienadäquate Beschäftigung und 60% eine sozialversicherungspflichtige Tätigkeit
aufnehmen konnten. Als günstig für den Berufseinstieg wurden
persönliche Kontakte und Praktika genannt. Allerdings konstatierten die Autoren ein hohes Maß an beruflicher Instabilität, die
durch den ‚Rotationsarbeitsmarkt‘, dem Wechsel zwischen sozial
sehr unterschiedlich abgesicherten Arbeitsverhältnissen, bedingt
war.

Die fünfte Studie hat demgegenüber ein positiveres Bild der
Arbeitsmarktsituation gezeichnet und einige der früheren Thesen, z.B. über den Grauzonen- und Rotationsarbeitsmarkt zumindest abgeschwächt (Rössle 1995). Der taxifahrende Politologe war
bereits in den 1990ern, den empirischen Befunden Rössles zufolge, mehr ein Trugbild denn Realität. Wenngleich auch er kein
allzu rosiges Bild der Arbeitsmarktsituation zeichnet, so zeigt sich
doch, dass der Anteil der Tätigkeiten mit politikwissenschaftlichem Bezug mit ca. 75% vergleichsweise hoch ist.

Politologen als   Die Untersuchung von Hamburger Absolventen des dortigen
‚Allrounder‘   Diplomstudienganges führte zu ähnlichen Ergebnissen wie in
Berlin. Erfasst wurden hierbei die Absolventen der Abschlussjahr-
gänge 1970 bis 1991. Auch hier waren Politikwissenschaftler „flexible Allrounder“ (Butz et al. 1997), die sich nur schwer auf bestimmte Berufsbilder festlegen ließen. Dennoch zeigt sich als
Trend, dass bei einer deutlichen Mehrheit (über 80 Prozent) eine
positive Einschätzung der beruflichen Situation vorherrschte.

Auch eine Studie der Uni Duisburg-Essen schätzt Politologen
als „Allzweckwaffe“ ein, die in den unterschiedlichsten Bereichen
tätig sind. Hier hatten alle Befragten der Absolventenjahrgänge
1994-2006 des Diplomstudiengangs innerhalb eines Jahres eine
Stelle gefunden, davon ungefähr die Hälfte mit starkem fachlichen Bezug (Hoppe et al. 2008).

Verbleib von   Während die Situation von Absolventen des Diplomstudien-
Magister-   ganges relativ gut erforscht ist, gibt es für Magisterabsolventen
Absolventen   eine Forschungslücke, da es gemessen an der Zahl der Hochschulorte mehr Studienmöglichkeiten für den Magisterabschluss
in Politikwissenschaft gab als für das Diplom. Eine der wenigen
Absolventenstudien für den Magisterstudiengang kommt aus
Münster und erfasst die Absolventen der Jahrgänge 1972-1988
(Bellers et al. 1990). Hier gibt es allerdings methodische Probleme, da z.B. nur ein Drittel der 220 Befragten Politikwissenschaft im Hauptfach studierten. Die Wahl eines anderen Haupt-
fachs (besonders Publizistik) erklärt, warum ca. 40% der

Absolventen eine Anstellung im Medienbereich gefunden haben – ein im Vergleich mit anderen Verbleibsstudien überpropor-
tional hoher Anteil.

An der Universität Köln wurden die Magister-Hauptfach-Ab-
solventen der Jahrgänge 1995-2001 befragt. Auch hier haben fast
50% der Befragten eine Anstellung im Mediensektor gefunden,
was mit dem Standort Köln erklärt wird (Thull 2004).

Eine Marburger Untersuchung erfasste Absolventen des Dip-
lom- und Magisterstudienganges der Jahre 1980 bis 1993 (Jahr
1998). Ihre Ergebnisse wiesen ebenfalls darauf hin, dass die Berufseinmündung bei Politikwissenschaftlern eher ein biographi-
scher Prozess denn eine klassische Berufskarriere darstellt. Dieser
ergibt sich aus dem

> „Zusammenspiel verschiedenster Faktoren wie der Spezialisierung
> während des Studiums, dem Thema der Abschlussarbeit, Praktika, stu-
> dentischen Jobs, Kontakten, individuellen Neigungen, persönlichem
> Auftreten und soft skills, politischem Engagement und, nicht zuletzt,
> Zufällen" (Jahr 1998: 17).

Die zweite Marburger Verbleibsstudie aus dem Jahr 2000 hat
ebenfalls ein relativ günstiges Bild der Arbeitsmarktsituation für
Politikwissenschaftler entworfen: „Fast vier Fünftel haben eine
studienadäquate Tätigkeit inne, für die ein Hochschulabschluss
Voraussetzung ist, etwa die Hälfte übt Tätigkeiten mit Studien-
fachbezug aus" (Jahr et al. 2000: 23).

2007 erschien eine Auswertung von 31 Absolventenstudien zu   **Allgemeine Trends**
Soziologie, Politikwissenschaft und Sozialwissenschaften von Andreas Ortenburger. Mit seinem Vergleich kann er aufzeigen, dass
fast jeder politologische Berufsweg auch Phasen der Arbeitslosigkeit kennt. Die Arbeitslosenquote unter Sozialwissenschaftlern ist
immerhin dreimal so hoch wie unter Akademikern allgemein. Er
zeigt auch den Trend auf, dass die Privatwirtschaft ein zunehmend wichtigeres Arbeitsfeld wird. Selbst Politologen, die anfangs
noch in der Wissenschaft arbeiten, wechseln später nicht selten
zu Anstellungen in Industrie, Handel oder im Dienstleistungs-
bereich. Dabei haben die meisten Stellen immer noch einen Bezug zum Studium (Ortenburger 2007; Habenicht/Ortenburger/
Tegthoff o.J.).

Auch für die neuen Bachelor-Studiengänge gibt es bereits erste   **BA-Absolventen:**
Absolventenstudien, wobei diese meist nicht spezifisch für poli-   **unklare Aussichten**
tikwissenschaftliche Studiengänge sind. Die Hochschul Informa-
tions System GmbH erfasst in ihren Absolventenbefragungen
2005 und 2009 sozial- und politikwissenschaftliche Bachelor-

Studiengänge in einer Kategorie (Briedis 2007, Rehn u.a. 2013). Hier zeigte sich, der Großteil dieser Bachelor-Absolventen (75%) eine weitere Qualifikation (z.B. über ein Masterstudium) anschließt oder plant. Gleichzeitig gehen aber kanpp 20% der Absolventen bereits in den ersten 12 Monaten nach dem Bachelor-Abschluss einer regulären Erwerbstätigkeit nach (Rehn u.a. 2013). Über Berufsfelder und die Berufsperspektiven von Master-Absolventen gibt es noch keine Studien.

Die Universität Düsseldorf befragte die Absolventen ihres bereits 1999 eingerichteten Bachelor-Studiengangs „Sozialwissenschaften", der Soziologie, Politikwissenschaft sowie Kommunikations- und Medienwissenschaft kombiniert. Hier hat die Hälfte der befragten Absolventen seit 2002 beruflich Fuß gefasst, davon erwartungsgemäß über die Hälfte in den Bereichen Journalismus, Werbung, Marketing, und Öffentlichkeitsarbeit (Dohle/Vowe 2007).

Die Verbleibstudien zeigen, dass es Absolventen der Politikwissenschaft trotz unklarer Berufsperspektiven immer wieder gelungen ist, sich Beschäftigungsmöglichkeiten in unterschiedlichsten Berufsfeldern zu eröffnen. Die Vergleichbarkeit der Studien ist aber nur eingeschränkt möglich. So sind die Beschäftigungsverhältnisse nicht immer danach unterschieden, ob eine sozialversicherungspflichtige Tätigkeit vorlag. An den Universitäten sind die meisten Stellen zeitlich befristet, und Tätigkeiten im Dienstleistungssektor weisen z.T. einen hohen Anteil an ausbildungsfremden Tätigkeiten auf.

3. Berufsfelder für Politikwissenschaftler

Haupttätigkeits-bereiche von Politikwissenschaftlern

Wenngleich die einzelnen Studien unterschiedliche Kategorien für die Berufsfelder verwenden, so lassen sich trotzdem die wichtigsten Tätigkeitsbereiche herausdestillieren, in denen Politikwissenschaftler bislang Beschäftigungsmöglichkeiten gefunden haben. Es sind dies die Bereiche: Universität/Forschung, private Dienstleistungen, Medien, Öffentliche Verwaltung, öffentliche/ soziale Dienstleistungen und Schulen, Internationale Organisationen, Gewerkschaften/ Verbände/Stiftungen, Parteien/ Parlamente/ Abgeordnete.[1]

Die Größe und Aufnahmekapazität der Bereiche ist sehr unterschiedlich und stark von konjunkturellen Bedingungen abhängig.

---

[1]   Die Unterteilung folgt *Rössle* 1995: 53-60, umfasst aber auch die wichtigsten Bereiche bei *Fiebelkorn*/Schramm 1989, *Butz* et al. 1997 sowie bei *Jahr 1998*.

Während die Einsparungen in den öffentlichen Haushalten zu beträchtlichen Stelleneinsparungen geführt haben, hat der Ausbau der privaten Medien eine deutliche Ausweitung der Beschäftigungsmöglichkeiten mit sich gebracht.

1. *Universität und Hochschule* bilden eines der wichtigsten Berufsfelder für Politikwissenschaftler. Anstellungsmöglichkeiten finden sich als wissenschaftliche Mitarbeiter bei Forschungsinstituten[2], Fachhochschulen und Universitäten. Für diesen Bereich ist es unabdingbar, die akademische Karriere zu durchlaufen. Nach dem ersten Studienabschluss muss zunächst die Dissertation und danach Juniorprofessur oder die Habilitation erfolgen. Dies geschieht in Verbindung mit Forschungsprojekten, mit befristeten Verträgen an der Universität oder über Stipendien. Eine Dissertation kann auch im Rahmen eines Graduiertenkollegs oder einer Graduiertenschule erfolgen. Für eine der eher seltenen Professuren für Politikwissenschaft an Fachhochschulen muss neben der Promotion zumeist auch eine fünfjährige Berufspraxis nachgewiesen werden.

Universität und Hochschule

2. Im Bereich *private Dienstleistungen/Privatwirtschaft* haben sich im letzten Jahrzehnt zunehmend Beschäftigungsmöglichkeiten für Politikwissenschaftler ergeben, wie die zweite Marburger Verbleibsstudie und die Studie von Ortenburger deutlich gemacht haben. Hier ist die Bandbreite sehr groß und reicht vom freiberuflichen Taxiunternehmer bis hin zur Referententätigkeit bei Großunternehmen wie Banken und Versicherungen in so unterschiedlichen Bereichen wie Auslandsbeziehungen, Personalwesen, Öffentlichkeitsarbeit, interne Weiterbildung oder Marktforschung. Gerade hier werden in immer stärkerem Maße sog. Schlüsselqualifikationen wie kommunikative Kompetenz, analytisches Vorgehen, organisatorisches Geschick und Teamarbeit verlangt.

Privatwirtschaft

3. Durch den Ausbau der privaten *Medien* und des online-Journalismus haben sich in diesem Bereich eine Reihe neuer Berufsmöglichkeiten auch für Politikwissenschaftler ergeben. Die Bandbreite der beruflichen Tätigkeiten reicht hier vom freiberuflichen Journalisten bis zum fest angestellten Redakteur. Der Journalistenberuf erfordert neben der publizistischen Fähigkeiten auch die notwendige Sachkenntnis in einem bestimmten Gebiet – in unserem Fall der Politik. Darüber hinaus sind Recherchieren und

Medien

---

[2]   Ein anschauliches Beispiel für die Arbeit als Politologe in einem Forschungsinstitut findet sich im Unimagazin, vgl. ohne Autor, Seit jeher Frankreich im Blick, in: Unimagazin, 21 (Januar 1997) 1, S. 58-61.

Schreiben unter Termindruck unabdingbare Voraussetzungen für eine solche Tätigkeit.

Öffentlicher Dienst   4. Der *öffentliche Dienst* zählte lange Zeit zu den wichtigsten Arbeitgebern für Politikwissenschafter. Dieser Bereich ist ebenfalls sehr breit und umfasst neben den Bundes- und Landesministerien auch, die Kommunen, die Bundesanstalt für Arbeit oder die Hochschulverwaltung. Die Beamtenstellen in diesen Bereichen werden aufgrund der Anforderungen vor allem von Juristen eingenommen, doch können sich in einigen Bundesländern Politikwissenschaftler ebenfalls für den höheren Dienst bewerben und nach einer erfolgreich absolvierten Prüfung ein Referendariat absolvieren.

Öffentliche und soziale Dienstleistungen   5. Der Bereich *öffentliche und soziale Dienstleistungen* reicht von den Schulen bis hin zu sozialen Einrichtungen verschiedener Träger. Hier findet sich der Sozialkundelehrer ebenso wie der Referent in einer kirchlichen Entwicklungshilfeorganisation oder der freiberufliche Referent in der politischen Erwachsenenbildung. Wer eine Tätigkeit im Schuldienst anstrebt, muss auf jeden Fall den Abschluss Staatsexamen wählen. Für die Erwachsenenbildung ist das Staatsexamen ebenfalls sinnvoll, denn in diesem Studiengang werden pädagogische Kenntnisse vermittelt, die nicht nur in der Schule, sondern auch in der politischen Bildung gefragt sind.

Internationale Zusammenarbeit   6. Die wichtigsten Anlaufstellen im Bereich *internationale Organisationen* sind zunächst der diplomatische Dienst. Das Auswärtige Amt führt jährlich einen Eingangstest durch, der hohe Anforderungen in den Bereichen Politik, Wirtschaft, Recht und Fremdsprachen stellt. Nach bestandener Prüfung und einem Vorbereitungsdienst erfolgt dann der weltweite Einsatz.[3] Das Aufgabenfeld ist weit gesteckt und reicht von der Presse- und Öffentlichkeitsarbeit über die Kulturpolitik bis hin zur politischen Lagebeurteilung der jeweiligen Staaten. Zu den für Politikwissenschaftler interessanten internationalen Organisationen zählen u.a. die Europäische Union (EU), der Europarat und die Vereinten Nationen (VN) mit ihren Unterorganisationen. Auch hierfür gibt es allgemeine Eingangstests für Nachwuchsbewerber, die unregelmäßig ausgeschrieben werden. Um den Einstieg deutscher Absolventen in dieses Berufsfeld zu erleichtern, gibt es spezielle Programme wie das Carlo-Schmid-Programm des DAAD oder das Programm Beigeordnete Sachverständige des

---

[3]   Informationen hierzu finden sich u.a. auf der Startseite des Auswärtigen Amtes http://www. auswaertiges-amt.de.

BMZ.[4] Für alle Tätigkeiten im diplomatischen Dienst oder bei internationalen Organisationen gilt, dass neben einem sehr guten Exa-
men ein breites Allgemeinwissen sowie Kenntnisse in mindestens
zwei Fremdsprachen vorhanden sein müssen.

7. *Gewerkschaften, Verbände, Stiftungen und Nichtregierungsorga-*   Nichtregierungs-
nisationen (NGOs) bilden ebenfalls ein potentielles Berufsfeld für   sektor
Politikwissenschaftler. Die Bandbreite reicht hierbei vom Wirt-
schaftsverband über Gewerkschaften und kirchliche Einrichtungen bis hin zu NGOs wie Amnesty International oder Greenpeace.
Gerade NGOs haben sich in den letzten Jahren zu wichtigen politischen Akteuren auf nationaler wie globaler Ebene entwickelt und
bieten die Möglichkeit für „Politik als Beruf jenseits von Parteien"
(Frantz 2005). Konkrete Arbeitsbereiche sind wiederum Referen-
tentätigkeiten in der Öffentlichkeits- und Pressearbeit oder zu
bestimmten Schwerpunkten wie Arbeitsmarktpolitik, Menschen-
rechtsfragen oder Umweltprobleme.

8. Daneben gibt es natürlich Politikwissenschaftler, die bei *Par-*   Parteien und
teien, Parlamenten und *Abgeordneten* sowohl auf Bundes- wie Län-   Parlamente
derebene eine Anstellung gefunden haben. Hier gibt es in erster
Linie Referentenstellen für bestimmte Sachfragen, z.B. Entwi-
cklungs-, Bildungs-, Umwelt-, Sozialpolitik zu besetzen. Haupt-
aufgabenbereich ist hier u.a. die Aufbereitung von Informationen
zu den einzelnen Themengebieten für den politischen Entscheidungsprozess sowie die Erstellung von Konzepten und Vorlagen
für die jeweiligen Abgeordneten oder Parteien.

Die klassischen Tätigkeitsbereiche für Politikwissenschaftler
sind wie folgt umschrieben worden: „Politologen forschen, lehren, vermitteln Informationen und Meinungen, dokumentieren,
leisten wissenschaftliche Beratung, planen, steuern Organisationen und ‚verwalten'" (Bundesanstalt für Arbeit 1996: 8). Allerdings zeigen die verschiedenen Studien, dass der politikwissenschaftliche Arbeitsbezug in den einzelnen Bereichen mit der
konkreten Stellenposition schwankt. Er ist in den Bereichen Uni-
versität/Hochschule, Parteien/Parlamente/Abgeordnete sowie
Internationale Organisationen erwartungsgemäß am größten
und schwächt sich im Bereich soziale Dienstleistungen deutlich
ab (Rössle 1995: 57).

---

4   Weitergehende Informationen über den Einsatz und die Bewerbungsmodali-
    täten bei internationalen Organisationen erteilt das ‚Büro Führungskräfte zu
    internationalen Organisationen' (BFIO) in Bonn.

Große Bandbreite
von Berufsmög-
lichkeiten

Nach der Darstellung der Verbleibsstudien und Berufsfelder lässt sich ein erstes Fazit ziehen: Wer Politikwissenschaft studiert, dem erschließt sich eine große Bandbreite von Berufsmöglichkeiten. Dies erklärt sich aus der Entwicklung des Faches, denn Politikwissenschaft, als noch immer verhältnismäßig junge Disziplin, hatte vor allem den Anspruch einer Bildungs- und Demokratiewissenschaft.

Das fehlende eigenständige Berufsprofil führt gleichzeitig dazu, dass die Absolventen auf dem Arbeitsmarkt einer großen Zahl von Konkurrenten aus benachbarten Disziplinen gegenüberstehen. Die Verbleibsstudien zeigen zudem, dass es schwierig geworden ist, ‚nur‘ mit der Qualifikation eines abgeschlossenen Studiums der Politikwissenschaft einen der Ausbildung adäquaten Arbeitsplatz zu finden. Eine stärker berufsorientierte Qualifizierung kann und sollte deshalb bereits im Studium angestrebt werden.

4. Studium und Beruf: Abschlüsse und Qualifikationen

4.1 Ausgangslage und Probleme

Fehlendes
spezifisches
Berufsprofil

Neben der angesprochenen Konkurrenzsituation mit anderen Studienfächern lässt sich auch in der bisherigen Ausbildungsstruktur an den Universitäten eine Ursache für die oft als schlecht eingeschätzten Berufsperspektiven von Politikwissenschaftlern sehen. Lange hatte man den Eindruck, Hochschulen bilden noch so aus, als ob sich die Situation auf dem Arbeitsmarkt seit den ‚Goldenen Zeiten‘ der siebziger Jahre nicht verändert hat (Grottian 1985). Auch angesichts der neuen B.A./M.A.-Studien- und Prüfungsordnungen und ihrer Inhalte mag sich der eine oder andere fragen, welche arbeitsmarktrelevanten Qualifikationen er daraus für sein späteres Berufsleben ziehen kann. Das fehlende spezifische Berufsprofil der Politikwissenschaft und damit die ungesicherten beruflichen Perspektiven führen auf Seiten der Studierenden oftmals zu einer Motivationslosigkeit.

> „Der zentrale Punkt bei dieser Form der Selbstwertkrise ist, dass die Studenten daran irre zu werden drohen, Fähigkeiten erlernen zu sollen, die sie womöglich später nicht einbringen können; es erscheint gleichgültig, ob sie sich diese oder jene Qualifikation aneignen, diesen oder jenen Kurs besuchen, diese oder jene Seminararbeit fabrizieren" (Grottian 1989: 148).

Eine solche Haltung, die bei ‚höheren Semestern' nicht selten zu Resignationsschüben führt, ist fatal. Der akademische und persönliche Freiraum der Universität lassen das Fach zu einem Schonraum werden, der vor dem Unbill des Arbeitsmarktes zu schützen scheint. Allerdings gibt es genügend Möglichkeiten, solche Perspektivlosigkeit durch Eigeninitiative, sei es durch einen Hochschulortwechsel oder den Erwerb von Zusatzqualifikationen, zu umgehen.

Die Abschlüsse   4.2

Die beruflichen Möglichkeiten hängen u.a. auch von der Wahl des Studienabschlusses ab, denn Bachelor-, Master-, oder Staatsexamensabschluss ziehen unterschiedliche Studienpläne nach sich.[5]

Wer mit dem Studium der Politikwissenschaft einen Beruf als Lehrer in den Fächern Sozialkunde/Gemeinschaftskunde anstrebt, muss den Studienabschluss Staatsexamen wählen. Je nach Schulstufe (Sekundarstufe I oder II) und Bundesland sind unterschiedliche Fächerkombinationen möglich. Für die Sekundarstufe II (Lehramt an Gymnasien) müssen in der Regel zwei Fächer miteinander kombiniert werden, wobei Sozialkunde (entspricht im wesentlichen der Politikwissenschaft) als eigenständiges Fach gewählt werden kann.[6] *Staatsexamen*

Ein in der Regel sechssemestriges Studium wird mit dem *Bachelor of Arts* (B.A.) abgeschlossen. Darauf aufbauend besteht die Möglichkeit, in einem meist zweijährigen Studium den Abschluss *Master of Arts* (M.A.) zu erwerben. Dieser zielt auf Studierende, die eine weitere wissenschaftliche Laufbahn anstreben. MA-Studiengänge bieten die Möglichkeit zur Spezialisierung und damit Profilbildung. Inzwischen gibt es über 200 B.A. und M.A.-Studiengänge, die einen politikwissenschaftlichen Schwer- *Bachelor/Master*

---

[5] Einen Überblick über die verschiedenen Studienabschlüsse und Hochschulorte bietet der Hochschulkompass der HRK (www.hochschulkompass.de). Informationen können auch dem jährlichen neu aufgelegten Buch „Studien- und Berufswahl" der Bund-Länderkommission oder anderen Nachschlagewerken entnommen werden.

[6] Die Begrifflichkeiten über das Studium der Politikwissenschaft im Abschluss Lehramt können allerdings je nach Bundesland differieren. Während in Rheinland-Pfalz das Fach ‚Sozialkunde' studiert wird, muss in Mecklenburg-Vorpommern das Fach ‚Sozialwissenschaften' für den Abschluss Lehramt belegt werden.

punkt oder Anteil haben.[7] Die Chancen der B.A.-Absolventen
auf dem Arbeitsmarkt sind noch unklar. Bisher strebt der Großteil der B.A.-Absolventen ein Masterstudium an.

4.3 Fachliche Qualifikationen und Zusatzkenntnisse

Grundquali-
fikationen

Das politikwissenschaftliche Studium vermittelt eine große Bandbreite von inhaltlichen und methodischen Qualifikationen (Druwe 1994; Patzelt 2007). Hierzu zählt, erstens, ein breites, fundier-
tes Wissen über die Strukturen und Institutionen, über die
politischen Prozesse sowie die ideengeschichtliche Grundlage
politischer Systeme. Hinzu kommen die Inhalte von Politikfeldern, wie z.B. Internationale Politik, Regierungslehre, Umwelt-
und Sozialpolitik. Zweitens erwerben die Studierenden eine breite methodische Kompetenz, von qualitativen Methoden der
Textinterpretation bis hin zu quantitativen Methoden der empirischen Sozialforschung.

Wer seine beruflichen Interessengebiete gefunden hat, wird
womöglich feststellen, dass diese an der eigenen Universität nicht
ausreichend genug angeboten werden. Ein Wechsel an eine andere Universität, die den entsprechenden Schwerpunkt anbietet,
sollte dann in Erwägung gezogen werden. Wer z.B. im Berufsfeld
‚Europa‘ tätig werden möchte, sollte sich eine Universität mit einem entsprechenden politikwissenschaftlichen Schwerpunkt und
spezialisierten B.A./M.A.-Studiengängen suchen.

Auslandserfahrung

Ein *Auslandsaufenthalt* gilt ebenfalls als wichtiges Kriterium auf
dem Arbeitsmarkt. Er vertieft nicht nur bereits vorhandene Fremdsprachenkenntnisse, sondern erweitert auch den kulturellen,
fachlichen und persönlichen Horizont. Angesichts z.T. hoher Stu-
diengebühren in anderen Ländern ist es oftmals notwendig, sich
für ein Stipendium zu bewerben. Erste Informationen über die
Studienmöglichkeiten im Ausland bietet das an jeder Universität
vorhandene Akademische Auslandsamt. Es informiert über die
jeweiligen Partnerschaften der eigenen Hochschule und die damit
möglichen Auslandsaufenthalte sowie über die Programme der
Europäischen Union (EU), z.B. das ERASMUS-Programm im
Rahmen von SOKRATES, welches die Studentenmobilität in Eu-

---

[7] Für eine Übersicht siehe http://www.dvpw.de/wir/studienreform/bama.
html

ropa fördern soll.[8] Da die Bearbeitungszeiten für Auslandsaufenthalte relativ lange dauern, sollte eine Bewerbung bereits frühzeitig erfolgen. Darüber hinaus können bereits im Studium auch
weitere *Zusatzqualifikationen*, z.B. im Computerbereich oder   Zusatzquali-
durch das Erlernen einer weiteren Fremdsprache, erworben wer-   fikationen
den. Hierzu werden oftmals Kurse für Studierende an den Re-
chenzentren und Sprachlabors angeboten.

Praxiserfahrungen   4.4

Fast alle Absolventenstudien weisen auf die Bedeutung prakti-   Praktika
scher Erfahrungen und persönlicher Kontakte beim Berufseinstieg hin. Aufgrund dessen sind an einigen Universitäten spezielle Programme zur Vermittlung von Praktika für Geistes- und
Sozialwissenschaftler entstanden. Es wurden dabei nicht nur öffentliche Einrichtungen, sondern auch Unternehmen um die Bereitstellung von Praktikumsplätzen gebeten. Gerade in der Wirtschaft galt es eine Reihe von Problemen zu überwinden, wie z.B.
Vorurteile über die mangelnde Motivation bei den Studierenden,
oder die Vorbehalte gegenüber ‚theorielastigen' Studierenden auf
Seiten der Unternehmen.

Trotz dieser anfänglich vorhandenen Vorurteile erwiesen sich
die Programme für beide Seiten als sehr sinnvoll. Die Unternehmen erkannten, dass auch Absolventen geistes- und sozialwissenschaftlicher Fächer für qualifizierte Tätigkeiten in der Wirtschaft
geeignet sind. Die Studierenden hatten nach ihren praktischen
Erfahrungen oft eine größere Motivation für ihr weiteres Studium.
Verschwommene Berufschancen hellten sich auf, die Notwendigkeit, sich Zusatzqualifikationen anzueignen wurde deutlicher
wahrgenommen (Honolka 1991).

Eine Langzeitevaluation des Münchner Programms ‚Student
und Arbeitsmarkt' zeigte u.a., dass 35 Prozent der Studienabsol-
venten von den Unternehmen, bei denen sie ein Praktikum ab-
solviert hatten, übernommen wurden. Auch im Hinblick auf die
Entlohnung oder die beruflichen Perspektiven zeigten die geistes-

---

8   Darüber hinaus bieten Organisationen wie der Deutsche Akademische Aus-
    tauschdienst (DAAD) Studienmöglichkeiten im Ausland. Speziell auf Auf-
    enthalte in Entwicklungsländern ist das ASA-Programm ausgerichtet.
    Weitergehende Informationen hierzu erhält man u.a. über die Startseiten
    der Organisationen z.B. http://www.daad.de und http://www.asa-pro-
    gramm.de/.

und sozialwissenschaftlichen Absolventen ein hohes Maß an Zufriedenheit (o.A. 1998).

Bedeutung persönlicher Kontakte Die Bedeutung von Praktika und die damit gegebenen persönlichen Kontakte werden auch auf Seiten der Unternehmen geschätzt. So gaben in einer Umfrage 72,6 % der Arbeitgeber an, dass sie freie Stelle über persönliche Kontakte vergeben. Stellenanzeigen in überregionalen Zeitungen folgten auf Platz 2, eigene Stellengesuche oder die Vermittlung durch die Arbeitsämter rangierte hingegen am Schluss (Kammerer 1998). In den Verbleibsstudien wird ebenfalls immer wieder auf die Bedeutung von Praktika und Auslandsaufenthalten hingewiesen. So nannten in der Hamburger Absolventenstudie 95 % der Befragten das Praktikum „ziemlich wichtig" bis „unabdingbar", 91 % sagten dasselbe über die Bedeutung eines Auslandsaufenthalts (Butz et al. 1997). In den Duisburg-Essener, Kölner und Bochumer Studien betonten die Absolventen ebenfalls die Bedeutung von Praktika und informellen Kontakten bei der Stellensuche (Hoppe et al. 2008; Thull 2004, Habenicht et al. o.J.).

Praktikumsprogramme gibt es mittlerweile an verschiedenen Universitäten, wobei diese oft an einer unzureichenden Institutionalisierung und Finanzierung leiden. Wo solche Programme nicht vorhanden sind, besteht natürlich jederzeit die Möglichkeit, sich auf eigene Faust um einen Praktikumsplatz bei Firmen oder öffentlichen Einrichtungen zu bemühen.

Generation Praktikum Kritisch diskutiert wurden in jüngster Zeit Praktika nach Studienabschluss: auf der einen Seite können sie als Sprungbrett für eine Festanstellung dienen. Auf der anderen Seite werden sie als un- oder unterbezahlte Ausbeutung qualifizierten Nachwuchses kritisiert. Das Schlagwort der „Generation Praktikum" verweist auf Hochschulabsolventen die sich auch nach Studienabschluss von Praktikumsplatz zu Praktikumsplatz hangeln in der Hoffnung, irgendwann übernommen zu werden. Inzwischen ist umstritten, inwieweit es sich dabei um ein Massenphänomen handelt (Briedis/Minks 2007). Doch bleibt festzuhalten, dass der Berufseinstieg meist erstmals in einer unsicheren Phase über Praktika, Werkverträge oder Kurzzeitanstellungen stattfindet. Um einen Missbrauch zu verhindern, wurden verschiedene „Gütesiegel" eingeführt wie Fairwork oder Fair Company, die sicherstellen sollen, dass Praktika auch tatsächlich dem Berufseinstieg von Absolventinnen dienen.[9]

---

[9] Siehe http://www.fairwork-ev.de, http://www.karriere.de/beruf/fair-company/.

Eng verbunden mit dem Praktikum ist die Ausübung von Neben- **Nebentätigkeiten**
tätigkeiten, die eine berufliche Erfahrung neben dem Studium vermitteln. Hier gibt es eine Vielzahl von Möglichkeiten. Vor allem im
Mediensektor ist es unerlässlich, sich bereits frühzeitig als freier
Mitarbeiter bei Zeitungen oder anderen Medien zu engagieren. Im
Bereich der Erwachsenenbildung bieten sich Nebentätigkeiten als
freiberuflicher Referent zu bestimmten Schwerpunktthemen, oder
die Mitarbeit bei einer Einrichtung in der organisatorischen Vorbereitung und praktischen Durchführung solcher Veranstaltungen.

Schlüsselqualifikationen   4.5

Die Bedeutung von sog. Schlüsselqualifikationen – „soft skills" – „Soft skills"
wurde zunächst im Zusammenhang mit neuen Berufsmöglich-
keiten in der Wirtschaft betont (Schlaffke 1991). In den letzten
Jahren sind sie im Rahmen der Zielkompetenzen von B.A. und
M.A.-Studiengängen immer stärker in den Vordergrund gerückt.
Als Schlüsselqualifikationen gelten: „Kenntnisse, Fähigkeiten
und Fertigkeiten, welche nicht unmittelbaren und begrenzten Bezug zu bestimmten praktischen Tätigkeiten erbringen, sondern
sich für viele Positionen und Funktionen gleichermaßen eignen"
(Behrend et al. 1988: 76). Hierzu zählen Kommunikations- und
Kooperationsfähigkeit, Leistungs- und Lernbereitschaft, Anpas-
sungs- und Teamfähigkeit, Kreativität und Sozialverhalten.

In diesen Bereichen können Politikwissenschaftler eine Reihe Aneignung
von Vorteilen verbuchen, bietet doch das Studium viele Möglich- von Schlüssel-
keiten, diese Schlüsselqualifikationen zu verbessern. Zumeist qualifikationen
überfüllte Seminare machen es notwendig, die Angst abzulegen,
sich vor größeren Gruppen zu äußern. Die Organisation von
Arbeitsgruppen stärkt die Eigeninitiative, das Vortragen von Re-
feraten verbessert die eigene Ausdrucksfähigkeit, das Verfassen
von Thesenpapieren erfordert die Präsentation einer komplexen
Materie auf einem begrenzten Raum. Das hohe Maß an Eigen-
arbeit und Selbstorganisation fördern Flexibilität und Eigeninitiative. Vor diesem Hintergrund sollten selbst überfüllte Lehrveranstaltungen nicht als lästige Pflichtübungen oder notwendiges
Übel gesehen werden, sondern als Trainingsplatz, auf dem viele
der Schlüsselqualifikationen immer wieder geübt werden können.

5. Vom Studium in den Beruf

Wenn man nach langem Studium endlich die begehrte Abschluss-
urkunde in den Händen hält, macht sich in manchen Fällen eine
gewisse Leere breit. Für die einen beginnt mit der Promotion eine
wissenschaftliche Karriere, andere haben die Zusage für ein Auf-
baustudium, ein Volontariat, ein Praktikum oder gar einen Platz
in einem Traineeprogramm, die meisten beginnen, regelmäßig
Stellenanzeigen zu durchforsten.

5.1   Die Stellensuche

Print- und
Online-Stellen-
märkte

Der wohl größte und wichtigste überregionale Markt für Stellenanzeigen im Bereich der Geistes- und Sozialwissenschaften findet
sich jeden Donnerstag in der Wochenzeitung DIE ZEIT. Daneben
gibt es mittlerweile auch im Internet eine fast nicht mehr zu
überschauende Zahl an Stellenmärkten.[10] Die Stellenbörsen im
Internet sind teils auf bestimmte Berufsfelder spezialisiert und
können über Email abonniert werden. Auch international kann
man auf diese Weise bequem nach Stellen suchen. Bei einigen
großen Firmen oder Organisationen kann man auch selbst sein
Profil für den Stellenpool anlegen. Speziell für Geistes- und Sozialwissenschaftler bietet der Wissenschaftsladen Bonn eine wö-
chentliche Zusammenstellung von im Durchschnitt 400-500
Stellenanzeigen aus Print- und Onlinemedien.[11] Wenn eine Stelle
gefunden ist, die dem eigenen Profil und den Erwartungen entspricht, muss ein Bewerbungsschreiben verfasst werden, um den
potentiellen Arbeitgeber auf die eigenen Qualifikationen auf-

Blindbewerbungen

merksam zu machen. Eine weitere Möglichkeit bieten sog. ‚Blindbewerbungen‘. Hier liegen keine konkreten Stellenangebote vor,
sondern man bewirbt sich zunächst ‚blind‘ bei Einrichtungen, die
einem als möglicher Arbeitgeber interessant erscheinen. Es ist
allerdings ratsam, bei solchen Bewerbungen die Qualifikationen,
Praxiserfahrungen und möglichen Arbeitsgebiete zu verdeutlichen, um die Aufmerksamkeit des Arbeitgebers auf sich zu len-
ken. Der Verweis auf ein abgeschlossenes politikwissenschaft-

---

[10]   Beispiele hierfür wären u.a. http://www.arbeitsamt.de, http://www.deut-
scher-stellenmarkt.de oder auf europäischer und internationaler Ebene http://
www.jobpilot.de und http://www.wwj.de. Der Stellenmarkt der ZEIT ist ebenfalls über das Internet unter http://www. jobs.zeit.de/ einzusehen.

[11]   Siehe http://www.wilabonn.de/index.html

liches Studium und der Wunsch nach einem Arbeitsplatz in der betreffenden Einrichtung dürfte nicht ausreichend sein.

,Bewerbungsschreiben' und ,Vorstellungsgespräche' sind mittlerweile eine Wissenschaft für sich geworden. Neben einer Vielzahl an Büchern werden auch entsprechende Kurse zum ,Bewerbertraining' an den Universitäten angeboten. Solche Angebote sollten, trotz des eventuell anstehenden Prüfungsstresses, in der Endphase des Studiums oder direkt danach genutzt werden.

Traineeprogramme   5.2

Wer sich nach Abschluss seines Studiums für eine Tätigkeit in der Wirtschaft interessiert und bereits über einige der o.g. Qualifikationen verfügt, der kann sich auch für ein so genanntes Traineeprogramm bewerben. Viele große Unternehmen bieten solche speziellen Ausbildungsprogramme für Hochschulabsolventen an. Die Programme wenden sich vor allem an die Absolventen ingenieur-, natur- oder wirtschaftswissenschaftlicher Fächer und sollen sie mit den verschiedenen Abteilungen des Unternehmens vertraut machen. In einigen Unternehmen haben aber auch sozialwissenschaftliche Absolventen eine Chance. Wer als Politologe keine Berührungsängste vor Großunternehmen, wie Banken und Versicherungen, hat, dem bieten sich hier interessante Berufsfelder.[12] Stellenanzeigen, in denen Unternehmen Universitätsabsolventen ,allgemein' ansprechen und nicht nur die bestimmter Fächer, bilden ebenso Anknüpfungspunkte wie ,Jobmessen', bei denen Vertreter von Großunternehmen gezielt auf etwaige Traineeprogramme und den Teilnehmerkreis angesprochen werden können.

Ein spezielles Ausbildungsprogramm, das zwischen Traineeprogramm und einem weiterführenden Studium angesiedelt ist, bietet das Deutsche Institut für Entwicklungspolitik (DIE). Es umfasst einen neunmonatigen Ausbildungsgang, der auf eine Tätigkeit im Bereich nationaler und internationaler Entwicklungshilfeorganisationen vorbereiten soll. Absolventen verschiedener Fachrichtungen können sich hierfür bewerben, wobei neben zwei Fremdsprachen auch Auslandserfahrung bei der

Spezielle Ausbildungsprogramme für Hochschulabsolventen

---

[12] Das Career Service Netzwerk Deutschland verbindet die verschiedenen berufsvorbereitenden Programme der Hochschulen miteinander. Vgl. http://www.csdn.de.

Auswahl von Bedeutung sind. So groß die Hürden beim Zugang sind, so groß sind auch die Möglichkeiten, nach erfolgreichem Abschluss des Programms einen interessanten Arbeitsplatz zu finden.[13]

5.3 Die Promotion

Vor- und Nachteile einer Doktorarbeit

Wer einen überdurchschnittlichen Studienabschluss abgelegt hat, erhält in vielen Fällen von seinem Professor das Angebot, eine Doktorarbeit (Promotion) anzufertigen. Verbunden mit einer Stelle an der Hochschule, in einem Forschungsprojekt oder durch ein Stipendium kann damit die wissenschaftliche Forschung vertieft werden. Neben den Vorteilen einer, wenn auch befristeten, Finanzierung, gilt es zwei Aspekte zu beachten: zum einen das höhere Alter beim nachfolgenden Berufseintritt, zum anderen die durch die Promotion erreichte wissenschaftliche Spezialisierung. Die Dauer einer Promotion ist am Anfang nur schwer zu überblicken. Die finanziellen Förderungsmöglichkeiten gehen im Schnitt zwei bis drei Jahre. Ob die Arbeit bis dahin abgeschlossen ist, steht auf einem anderen Blatt, verfügen doch solche Forschungsvorhaben über eine Eigendynamik, die sich im Allgemeinen nicht an den zeitlichen und finanziellen Rahmen hält. An vielen Universitäten gibt es Graduiertenschulen, die ein mehr oder weniger strukturiertes Promotionsstudium anbieten. In begleitenden Seminaren werden fachliche und methodische Kompetenzen sowie Schlüsselqualifikationen vermittelt. Oft werden auch Stipendien angeboten. Das Ziel ist eine bessere Betreuung und eine verkürzte Promotionsdauer (in der Regel drei Jahre).

Die Frage, ob durch die Promotion die Berufschancen verbessert werden, hängt vom angestrebten Tätigkeitsfeld ab. Möchte man weiterhin an der Universität oder in der Forschung tätig bleiben, ist sie fast unabdingbar. Möchte man allerdings in die Wirtschaft wechseln, kann die wissenschaftliche Spezialisierung als Überqualifizierung gewertet werden und die lange Zeit an der Universität als zu praxisfern. Allerdings besteht die Möglichkeit, sich ein Promotionsthema zu suchen, das auf zukünftige Tätigkeitsgebiete ausgerichtet ist. Die Frage, ob eine Promotion bessere berufliche Aufstiegsmöglichkeiten und eine höhere Bezahlung erbringt, ist zu sehr vom jeweiligen Arbeitgeber abhängig, als dass

---

[13] Informationen zum DIE finden sich unter der Startseite des Institutes http:// www.die-gdi.de.

sich hierzu allgemeine Aussagen machen ließen. Für bestimmte Führungspositionen gerade im öffentlichen Dienst, im Wissenschaftsmanagement oder bei Verbänden ist ein Doktortitel sicher förderlich. Oft wird jedoch neben der wissenschaftlichen Qualifikation auch Praxiserfahrung gewünscht, wozu universitäre Berufserfahrung meist nicht gerechnet wird. Beachtet werden sollte allerdings, dass einige Nachwuchsprogramme, Vorbereitungsdienste für den Öffentlichen Dienst und Regeln zur Verbeamtung immer noch eine Altersgrenze haben – für Berufseinsteiger oft zwischen 30 und 35 Jahren. Wer also nach der Promotion in solche Bereiche möchte, sollte sich über mögliche Altersgrenzen kundig machen, um seine Berufschancen nicht zu verschlechtern.

Weiterführende Studienangebote   5.4

Weiterführende Studienangebote umfassen die verschiedenen Aufbau-, Zusatz-, Kontakt- und Ergänzungsstudien sowie weiterbildende Studien. Aufbaustudiengänge setzen ein abgeschlossenes Hochschulstudium voraus, Zusatz- und Ergänzungsstudiengänge können parallel zum Studium belegt werden.[14] Gerade die neuen Master-Studiengänge bieten hier viele Möglichkeiten für eine Spezialisierung oder die Vertiefung von Fachkenntnissen. Für Politikwissenschaft und verwandte Studiengänge gibt es mittlerweile zahllose Angebote in diesem Bereich. Die Bandbreite reicht dabei von Afrikanistik über Datenverarbeitung, Internationales Marketing, Journalistik bis hin zum Ergänzungsstudium Wirtschaftswissenschaft. In der Regel dauern diese Studiengänge zwei bis vier Semester. Interessante Möglichkeiten bieten verwaltungswissenschaftliche Aufbaustudiengänge, da z.B. Bundesministerien oft eher Juristen, Volkswirte und Verwaltungswissenschaftler einstellen als Politikwissenschaftler. Wer sich für eine solche berufliche Perspektive interessiert, sollte einen solchen Aufbaustudiengang in Erwägung ziehen, der u.a. an der Verwaltungsfachhochschule Speyer angeboten wird.

Aufbaustudien

---

[14]   Eine Übersicht über weiterführende Studienangebote findet sich auf der Seite der Hochschulrektorenkonferenz (HRK) unter www.hochschulkompass.de.

6. Politikwissenschaft und Arbeitsmarkt: Perspektiven

Politikwissenschaft wird auch weiterhin ein Studium ohne festes Berufsbild und vorgegebene Karrieremuster sein. Dies impliziert Risiken und Chancen zugleich. Diese Perspektiven erfordern von den Absolventen eine große Flexibilität und andauernde Lernbereitschaft, um auf dem Arbeitsmarkt zu bestehen. Sie beinhalten zugleich die Möglichkeit, ein individuelles Profil gemäß den eigenen Interessen und Vorstellungen aufzubauen, und durch diese Eigeninitiative und Spezialisierung zukünftige Arbeitgeber zu überzeugen. Das Hochschulstudium bietet zwar keine Garantie für einen ausbildungsadäquaten Arbeitsplatz. Allerdings sollte nicht vergessen werden, dass eine höhere Qualifikation auch weiterhin das beste Mittel gegen Arbeitslosigkeit darstellt. Die Arbeitslosenzahlen unter Akademikern liegen immer noch deutlich unter dem Durchschnitt, ein Befund, der sich auch in den politikwissenschaftlichen Verbleibsstudien trotz aller Probleme immer wieder bestätigte. Wie erfolgreich der Einstieg in den Arbeitsmarkt erfolgt, hängt letztendlich auch mit den jeweiligen Zusatzqualifikationen jenseits des Curriculum zusammen. In den neuen Bachelor-Studiengängen sollen berufsqualifizierende Elemente stärker im Vordergrund stehen, doch bleibt abzuwarten, ob dies auch umgesetzt werden kann. Insofern wird es weiterhin eine Aufgabe der Studierenden sein, sich entsprechende Kompetenzen selbst anzueignen und bereits während ihres Studiums in eigener Initiative Schritte in diese Richtung zu unternehmen.

Literatur

Annotierte Bibliografie

Ortenburger, Andreas (2007): Was machen eigentlich Sozialwissenschaftler?, Saarbrücken.
Diese Studie vergleicht über 20 Absolventenbefragungen und bietet auf dieser Basis einen profunden Überblick über die Arbeitsmarktsituation für Sozialwissenschaftler. Gleichzeitig werden auch die methodischen Schwierigkeiten und Schwächen von Verbleibstudien thematisiert.

Achterhold, Gunda (2009): Politik studiert – und dann?, in: FAZ Hochschulanzeiger, 14. Mai.
Dieser Artikel zeichnet anhand mehrerer Porträts politikwissenschaftlicher Absolventen und ihrer Tätigkeiten ein Bild der gegenwärtigen Berufsfelder und -perspektiven.

Weiterführende Literatur

Albrecht, Ulrich/Altvater, Elmar/Krippendorf, Ekkehart (Hrsg.) (1989): Was heißt und zu welchem Ende betreiben wir Politikwissenschaft? Kritik und Selbstkritik aus dem Otto-Suhr-Institut, Opladen.

Behrend, Diederich/Biel, Georg/Bönisch, Walter/Honolka, Harro/Reimann, Herbert (1988): Wohin nach dem Studium? Chancen für Geistes- und Sozialwissenschaftler in der Wirtschaft, Landsberg a. L.

Bellers, Jürgen/Grobe, Daniela/Haase, Ingo/Jachertz, Stefanie (1990): Münsteraner Politologen auf dem Arbeitsmarkt. Eine empirische Verbleibsstudie über die Absolventenjahrgänge 1972 bis 1988, in: Politische Vierteljahresschrift 31 (4), S. 661-671.

Briedis, Kolja (2007): Übergänge und Erfahrungen nach dem Hochschulabschluss. Ergebnisse der HIS-Absolventenbefragung des Jahrgangs 2005. HIS: Forum Hochschule 13, abrufbar unter http://www.his.de/pdf/pub_fh/fh-200713.pdf.

Briedis, Kolja/Minks, Karl-Heinz (2007): Generation Praktikum – Mythos oder Massenphänomen? HIS Projektbericht, abrufbar unter http://www.his.de/pdf/22/generationpraktikum.pdf.

Bund-Länder-Kommission für Bildungsplanung und Forschungsförderung und Bundesanstalt für Arbeit (1992): Studien- und Berufswahl, Bad Honnef.

Bund-Länder-Kommission für Bildungsplanung und Forschungsförderung und Bundesanstalt für Arbeit (1999): Studien- und Berufswahl, 29. Aufl., Bad Honnef.

Bundesanstalt für Arbeit (1996): Blätter zur Berufskunde, Bd. 3: Politologie/ Politologin, 8. Aufl., Nürnberg.

Bundesministerium für Bildung und Forschung (2008): Studiensituation und studentische Orientierungen. 10. Studierendensurvey an Universitäten und Fachhochschulen, abrufbar unter http://www.bmbf.de/pub/studiensituation_studentetische_orientierung_zehn.pdf.

Butz, Bert/Haunss, Sebastian/Hennies, Robert/Richter, Martina (Hrsg.) (1997): Flexible Allrounder: Wege in den Beruf für PolitologInnen. Ergebnisse einer AbsolventInnenbefragung am Institut für Politische Wissenschaft der Universität Hamburg, Hamburg.

Dohle, Marco/Vowe, Gerhard (2007): Wo sind Bachelorabsolventen heute und wie sehen sie ihr Studium? Ergebnisse einer Befragung von Absolventinnen und Absolventen des BA-Studiengangs Sozialwissenschaften an der Universität Düsseldorf, in: Soziologie 36 (2), S. 131-145.

Druwe, Ulrich (1994): Studienführer Politikwissenschaft, 2. Aufl., München.

Ebbinghausen, Rolf/Grottian, Peter/Grühn, Dieter/Jákli, Zoltán/Ost, Reinhard/ Osterholz, Uwe/Preißer, Rüdiger/Sämann, Ulrich (1983): Berliner Politologen auf dem Arbeitsmarkt – Suche nach einer neuen Identität? Eine empirische Verbleibsstudie über die Absolventenjahrgänge 1974-1980, in: Politische Vierteljahresschrift 24 (1), S. 113-130.

Fiebelkorn, Joachim/Schramm, Thomas (1989): Berliner Politologen auf dem Arbeitsmarkt. Verbleibsuntersuchung der Absolventenjahrgänge des Berliner Otto-

Suhr-Instituts von 1979 bis 1986, in: Politische Vierteljahresschrift 30 (4), S. 674-677.

Frantz, Christine (2005): Karriere in NGOs. Politik als Beruf jenseits von Parteien, Wiesbaden.

Gallio, Claudio (Hrsg.) (1995): Freie Laufbahn. Berufe für Geisteswissenschaftler, Mannheim.

Grottian, Peter (1985): Politologin oder Politologe – Suche nach einer neuen Identität, in: Fetscher, Iring/Münkler, Herfried (Hrsg.): Politikwissenschaft. Begriffe-Analysen-Theorien. Ein Grundkurs, Hamburg, S. 637-648.

Grottian, Peter (1989): Wie das Band zwischen Ausbildung und Berufsperspektiven knüpfen?, in: Albrecht, Ulrich/Altvater, Elmar/Krippendorf, Ekkehart (Hrsg.): Was heißt und zu welchem Ende betreiben wir Politikwissenschaft? Kritik und Selbstkritik aus dem Otto-Suhr-Institut, Opladen, S. 143-157.

Habenicht, Karin/Ortenburger, Andreas/Tegthoff, Hans Georg (o.J.): Absolventenbefragung an der Fakultät für Sozialwissenschaften, abrufbar unter http://www.ruhr-uni-bochum.de/imperia/md/content/sowi/fakultaet/qualitaetsmanagement/biss2.pdf.

Hartung, Dirk/Nuthmann, Reinhard/Winterhager, Wolfgang D. (1970): Politologen im Beruf. Zur Aufnahme und Durchsetzung neuer Qualifikationen im Beschäftigungssystem, Stuttgart.

Hartwich, Hans-Herrmann (Hrsg.) (1987): Politikwissenschaft. Lehre und Studium zwischen Professionalisierung und Wissenschaftsimmanenz, Opladen.

Honolka, Harro (1991): Geisteswissenschaftler in die Wirtschaft – aber wie?, in: Montani Adams, Marco (Hrsg.): Geisteswissenschaftler in der Wirtschaft. Starthilfen und Aussichten, Frankfurt/New York, S. 143-152.

Hoppe, Markus et al. (2008): Politikwissenschaftler der Universität Duisburg-Essen in Studium & Beruf – Ergebnisse der Absolventenbefragung 2006/2007, hrsg. vom Politikwissenschaftliches Studenten-Netzwerk Duisburg, abrufbar unter www.vdfuf.de.

Institut der deutschen Wirtschaft (Hrsg.) (1993): Studieren – und was dann? Beschäftigungschancen für Akademiker in der Privatwirtschaft, Köln.

Jahr, Volker (1998): Bunte Vielfalt an Tätigkeiten, in: Unimagazin 22 (1), S. 16-21.

Jahr, Volker/Frechenhäuser, David/Büchner, Thorsten/Galgon, Thomas (2000): Marburger Politolog/innen auf dem Arbeitsmarkt revisited: Die Jahrgänge 1993-2000, abrufbar unter: http://www.uni-marburg.de/politikwissenschaft/absolventenbefragung_2000.htm.

Jüde, Peter (1999): Berufsplanung für Geistes- und Sozialwissenschaftler, Köln.

Kammerer, Till (1998): Mit Schlüsselqualifikationen den Absturz ins Magisterloch verhindern, in: Frankfurter Allgemeine Zeitung, 17. Januar.

Montani Adams, Marco (Hrsg.) (1991): Geisteswissenschaftler in der Wirtschaft. Starthilfen und Aussichten, Frankfurt/New York.

Ohne Autor (1998): Von Kant zur Kostenrechnung, in: Informationen für die Beratungs- und Vermittlungsdienste der Bundesanstalt für Arbeit (ibv) 51, S. 4611-4614.

Ohne Autor (1999): Sozialwissenschaftliche Berufe, in: Informationen für die Beratungs- und Vermittlungsdienste der Bundesanstalt für Arbeit (ibv) 23, S. 1939.

Patzelt, Werner (2007): Einführung in die Politikwissenschaft, 6. Aufl., Passau.

Rehn, Torsten/Brandt, Gesche/Fabian, Gregor/Briedis, Kolja (2013): Hochschulabschlüsse im Umbruch. Studium und Übergang von Absolventinnen und Absolventen reformierter und traditioneller Studiengänge des Jahrgangs 2009. HIS: Forum Hochschule 17, abrufbar unter http://www.dzhw.eu/pdf/pub_fh/fh-201117.pdf

Rentrop, Gisela (1978a): Besser Generalist oder Spezialist?, in: Uni Berufswahl-Magazin 11, S. 10-14.

Rentrop, Gisela (1978b): Politologe ist noch kein ‚Beruf‘, in: Uni Berufswahl-Magazin 12, S. 6-11.

Rössle, Tim (1995): Berufseinmündung und Berufsverbleib Berliner PolitologInnen. Eine empirische Untersuchung über die AbsolventInnen der Jahre 1987 bis 1992, Frankfurt a. M.

Schlaffke, Winfried (1991): Die Chancen von Geisteswissenschaftlern in der Wirtschaft. Das Beispiel der Lehrer, in: Montani Adams, Marco (Hrsg.): Geisteswissenschaftler in der Wirtschaft. Starthilfen und Aussichten, Frankfurt/New York, S. 123-142.

Thull, Eva (2004): Kölner Politikwissenschaftlerinnen und Politikwissenschaftler in Studium und Beruf: Ergebnisse einer Absolventenbefragung, in: ZA-Information 55, S. 50-84.

Wittkämper, Gerhard W. (1987): Zur tätigkeitsfeldorientierten Professionalisierung der politikwissenschaftlichen Ausbildung, in: Hartwich, Hans-Herrmann (Hrsg.): Politikwissenschaft. Lehre und Studium zwischen Professionalisierung und Wissenschaftsimmanenz, Opladen, S. 111-126.

Wittkämper, Gerhard W. (1988): Politikwissenschaft und Beruf, in: Bellers, Jürgen/Robert, Rüdiger (Hrsg.): Politikwissenschaft I. Grundkurs, Münster, S. 276-316.

Zeitschriftenverzeichnis

Ein Überblick über wichtige politikwissenschaftliche Zeitschriften:

Allgemeine Zeitschriften

American Political Science Review (APSR), vierteljährlich
Aus Politik und Zeitgeschichte (APuZ), wöchentlich (als Beilage in: Das Parlament)
International Political Science Review, fünfmal jährlich
Leviathan, Zeitschrift für Sozialwissenschaft, vierteljährlich
Politische Vierteljahresschrift (PVS), vierteljährlich
World Politics, vierteljährlich
Zeitschrift für Politik (ZfP), vierteljährlich
Zeitschrift für Politikwissenschaft (Zpol), vierteljährlich
Zeitschrift für Staats- und Europawissenschaften (ZSE), vierteljährlich

Einen Überblick über laufende Neuerscheinungen bieten die beiden Rezensionsorgane *Neue Politische Literatur* (NPL) und *Das Historisch-Politische Buch* (HPB). Aufgrund des fächerübergreifenden Charakters vieler politikwissenschaftlicher Themengebiete empfiehlt es sich, zudem die Zeitschriften aus den Nachbardisziplinen zu berücksichtigen, z. B. aus der Soziologie die *Kölner Zeitschrift für Soziologie und Sozialpsychologie* (KZfSS) und die Zeitschrift für Soziologie (ZfS), aus der Rechtswissenschaft z. B. das *Archiv des öffentlichen Rechts* (AöR) sowie *Der Staat*, Zeitschrift für Staatslehre, Öffentliches Recht und Verfassungsgeschichte, aus der Geschichtswissenschaft z. B. die *Vierteljahreshefte für Zeitgeschichte* (VfZ). Hinsichtlich der Politikberatung sei auf die *Zeitschrift für Politikberatung* (ZPB) verwiesen.

Die gängigen Zeitschriften der verschiedenen Teildisziplinen werden in den entsprechenden Beiträgen genannt. An dieser Stelle soll nur ein Überblick über die gebräuchlichsten Zeitschriften gegeben werden.

Das politische System der BRD

Deutschland-Archiv, Zeitschrift für das vereinigte Deutschland, zweimonatlich
Vierteljahrshefte für Zeitgeschichte, vierteljährlich
Zeitschrift für Parlamentsfragen (ZParl), vierteljährlich

Vergleichende Politikwissenschaft

Comparative Political Studies (CPS), monatlich
Comparative Politics (CP), vierteljährlich
Comparative Sociology, vierteljährlich
European Journal of Political Research, unregelmäßig (8 Ausgaben)
Government and Opposition, vierteljährlich
Westeuropean Politics, unregelmäßig (5 Ausgaben)
Democratization, vierteljährlich
Journal of Democracy, vierteljährlich
Zeitschrift für vergleichende Politikwissenschaft (ZfVP), halbjährlich

Internationale Beziehungen
– allgemein:

Blätter für deutsche und internationale Politik, monatlich
Foreign Affairs, zweimonatlich
Foreign Policy, vierteljährlich
International Affairs, zweimonatlich
International Organization, vierteljährlich
Internationale Politik, monatlich
WeltTrends, zweimonatlich
Zeitschrift für Außen- und Sicherheitspolitik (ZfAS), vierteljährlich
Zeitschrift für internationale Beziehungen (ZIB), halbjährlich

– Schwerpunkt Entwicklungsländerforschung:

Development and Change, zweimonatlich
Entwicklung und Zusammenarbeit, monatlich
Nord-Süd-Aktuell, halbjährlich
Peripherie, vierteljährlich
The European Journal of Development Research, vierteljährlich
Third World Quarterly, vierteljährlich

Für das Studium außereuropäischer Regionen gibt es eine Vielzahl von Zeitschriften, z. B. für Asien: *Asian Survey, Asien, The Pacific Review, Central Asian Survey;* für Afrika: *Afrika-Studien, The Journal of Modern African Studies* und für Lateinamerika: *Latin American Research Review, Journal of Politics in Latin America* (JPLA) und *Journal of Interamerican Studies and World Affairs.*

Politische Philosophie und Politische Theorie

Ethics, vierteljährlich
Journal of Theoretical Politics, vierteljährlich
Neue Hefte für Philosophie, erscheint unregelmäßig
Political Studies, vierteljährlich
Political Theory, zweimonatlich
Politics and Society, vierteljährlich
Zeitschrift für Politische Theorie, halbjährlich

Wirtschaft und Gesellschaft

American Economic Review, vierteljährlich
Business and Politics, vierteljährlich
Journal of Law, Economics and Organization, halbjährlich
Political Economy, dreimal jährlich
Politische Studien, Zweimonatsschrift für Politik und Zeitgeschehen
Public Policy, dreimal jährlich

Sachregister

Personenregister

Autorenverzeichnis

PD Dr. Michael Becker, 1958, Lehrbereich Politische Theorie am Institut für Politikwissenschaft und Soziologie an der Universität Würzburg.
michael.becker@uni-wuerzburg.de

Dr. Daniel Buhr, 1973, Professor für Policy Analyse und Politische Wirtschaftslehre am Institut für Politikwissenschaft an der Universität Tübingen.
Daniel.buhr@uni-tuebingen.de

Dr. Ulrich Eith, 1960, Professor für Politikwissenschaft, Direktor des Studienhauses Wiesneck, Institut für Politische Bildung Baden-Württemberg e.V. in Buchenbach.
ulrich.eith@politik.uni-freiburg.de

Dr. Jörg Faust, 1967, Direktor am Deutschen Evaluierungsinstitut der Entwicklungszusammenarbeit (DEval) in Bonn.
joerg.faust@DEval.org

OStR Uwe Franke, M.A., 1967, Lehrbeauftragter für Didaktik und Internationale Beziehungen an der Johannes Gutenberg-Universität Mainz, Fachleiter für Sozialkunde am Studienseminar Bad Kreuznach und Gymnasiallehrer in Bad Kreuznach.
ufranke@uni-mainz.de

Dr. Karl-Rudolf Korte, 1958, Professor für Politikwissenschaft an der Universität Duisburg-Essen und Direktor der NRW School of Governance.
krkorte@uni-due.de

Dr. Hans-Joachim Lauth, 1957, Professor für Vergleichende Politikwissenschaft und Systemlehre an der Universität Würzburg.
Hans-Joachim.Lauth@uni-wuerzburg.de

Dr. Gerd Mielke, 1947, Honorarprofessor am Institut für Politikwissenschaft der Universität Mainz.
mielke@politik.uni-mainz.de

Dr. Manfred Mols, 1935, Professor emeritus für Politikwissenschaft an der Universität Mainz.
mols-weiler@t-online.de

Dr. Peter Thiery, 1959, wiss. Mitarbeiter, Institut für Politische Wissenschaft an der Universität Heidelberg.
peter.thiery@ipw.uni-heidelberg.de

Dr. Frank Schimmelfennig, 1963, Professor für europäische Politik am Zentrum für vergleichende und internationale Studien der ETH Zürich.
frank.schimmelfennig@eup.gess.ethz.ch

Dr. Josef Schmid, 1956, Professor für Politische Wirtschaftslehre und vergleichende Politikfeldanalyse am Institut für Politikwissenschaft an der Universität Tübingen.
Josef.schmid@uni-tuebingen.de

Dr. Jenniver Sehring, Jg. 1974, ehemals Environmental Affairs Adviser, Organization for Security and Co-operation in Europe (OSCE).
Jenniver.Sehring@osce.org

Dr. habil. Christian Wagner, 1958, Senior Fellow bei der Stiftung Wissenschaft und Politik, Deutsches Institut für Internationale Politik und Sicherheit (SWP) in Berlin.
christian.wagner@swp-berlin.org

Dr. Christoph Wagner, 1964, akademischer Direktor am Institut für Politikwissenschaft der Universität Mainz.
wagner@politik.uni-mainz.de

Dr. Christian Welzel, 1960, Professur für Politische Kulturforschung an der Universität Lüneburg.
cwelzel@uni.leuphana.de